本书为北京市社会科学基金项目

《网络时代的领导干部意识形态能力问题研究》（项目编号13KDB046）、

教育部人文社会科学重点研究基地清华大学高校德育研究中心

研究成果

Ideological Capacity Construction of
Leading Cadres in New Era

新时期领导干部
意识形态能力建设

朱继东 著

人民出版社

目　　录

序 ………………………………………………………………… 1

绪论　意识形态能力建设——理论和实践的双重呼唤 ………… 1

　　一、加强意识形态能力建设的迫切性和重要性 …………… 3

　　二、国内外意识形态问题研究现状综述 …………………… 6

　　三、本书的研究特色、创新之处与时代意义 ……………… 12

第一章　马克思主义意识形态理论的诞生和发展 ………… 16

　第一节　意识形态理论的起源、波折和演变 ……………… 16

　　一、意识形态概念的起源和提出 …………………………… 17

　　二、意识形态遭遇的第一次重大波折 ……………………… 21

　　三、意识形态理论的演变和发展 …………………………… 25

　第二节　马克思主义意识形态理论的形成 ………………… 30

　　一、作为"青年黑格尔派"的马克思及其在《莱茵报》的
　　　　革命斗争 ……………………………………………… 30

　　二、完成向唯物主义者、共产主义者转变的马克思 ……… 38

　　三、《德意志意识形态》的闪光思想和里程碑意义 ……… 44

　第三节　马克思主义意识形态理论的发展 ………………… 53

　　一、从《哲学的贫困》到《共产党宣言》 ………………… 54

　　二、从创办《新莱茵报》到总结法国革命的经验教训 …… 62

三、从《政治经济学批判》到《资本论》 ………………… 68

第二章 意识形态能力问题的提出和内涵…………… 73

第一节 恩格斯和列宁对马克思主义意识形态理论的丰富

和发展 ………………………………………… 73

一、恩格斯进一步丰富、发展和完善了马克思主义意识

形态理论 ……………………………………… 74

二、列宁提出社会主义意识形态概念并成功实践 ……… 82

三、从列宁到斯大林时期的意识形态建设探索 ……… 90

第二节 毛泽东将马克思主义意识形态理论推向历史新高度 …… 97

一、毛泽东反对教条主义,最早提出、始终坚持马克思

主义中国化 …………………………………… 97

二、毛泽东关于党在中国革命中战胜敌人的"三大

法宝"的思想 ………………………………… 109

三、毛泽东强调意识形态的鲜明阶级性、相对独立性和

极端重要性 …………………………………… 120

第三节 意识形态能力问题的提出、发展和内涵变化 …… 130

一、改革开放以来意识形态领域遭受巨大冲击 ……… 130

二、意识形态能力问题的提出和发展 ……………… 135

三、意识形态能力的内涵和变化 …………………… 141

第三章 社会主义意识形态在新时期面临三大考验 …… 158

第一节 全球化的全面渗透和对中国的巨大挑战 ……… 158

一、全球化思潮的演变过程 ………………………… 159

二、全球化的特点和本质 …………………………… 166

三、全球化对社会主义意识形态的冲击 ……………… 172

第二节 市场化的不断推进和对中国的巨大挑战 ……… 179

一、市场经济在中国的发展过程 …………………… 179

二、社会主义市场经济的特征和本质 ……………… 188

三、市场化对社会主义意识形态的冲击 ·················· 194

第三节　网络化的迅猛发展和对中国的巨大挑战 ·········· 201

一、互联网的出现和在中国的发展过程 ··············· 201

二、微博兴起背景下的网络传播特点 ················ 218

三、网络化对社会主义意识形态的冲击 ··············· 228

第四章　国外意识形态能力建设的经验教训 ·········· 237

第一节　苏共亡党的意识形态教训及时代警示 ··········· 237

一、领导层的背叛是最关键、最主要的原因 ··········· 238

二、国内外多种错误思潮泛滥危害巨大 ··············· 248

三、新闻舆论的失控甚至反动加速亡党进程 ··········· 259

第二节　自我背叛导致卡扎菲走向灭亡的根源和警示 ······ 264

一、卡扎菲完全倒向西方国家的巨大转变的深层原因 ····· 265

二、卡扎菲对理想信念的自我背叛后果严重 ··········· 271

三、卡扎菲走向自我毁灭带给我们的警示 ············· 275

第三节　查韦斯大力加强意识形态建设的做法和启示 ······ 278

一、将毛泽东思想作为"21 世纪社会主义"的指导思想 ··· 279

二、带领民众学习马列著作扩大了马克思主义的影响 ····· 286

三、查韦斯敢于反对美国霸权向全世界普及了社会
主义思想 ···································· 292

第五章　从十个方面加强领导干部意识形态能力建设 ······· 302

第一节　坚定信仰、加强学习,构建价值自信 ············ 303

一、以领导干部道德为抓手,加强思想道德建设,坚定
正确理想信念的能力 ·························· 303

二、以纠正错误倾向为抓手,加强理论知识学习,增强
引导社会思潮的能力 ·························· 317

三、以弘扬红色文化为抓手,加强先进文化建设,增强
建设价值自信的能力 ·························· 325

第二节 拒腐防变、服务群众,团结共创伟业 …………… 335

一、以清除不合格党员为抓手,加强纯洁性建设,增强
主动拒腐防变的能力 ……………………………… 335

二、以教育实践活动为抓手,加强调查研究工作,增强
做好群众工作的能力 ……………………………… 353

三、以核心价值体系为抓手,加强统一战线建设,增强
团结共创伟业的能力 ……………………………… 368

第三节 坚持原则、尊重民意,抵制渗透演变 …………… 381

一、以真实性原则为抓手,加强新闻宣传工作,创新
掌控舆论阵地的能力 ……………………………… 382

二、以通达社情民意为抓手,加强六大能力建设,提高
处置突发事件的能力 ……………………………… 392

三、以坚持共同富裕为抓手,加强市场经济研究,增强
推进科学发展的能力 ……………………………… 410

四、以反意识形态渗透为抓手,加强国际问题研究,
增强反和平演变的能力 …………………………… 427

结论 在一个新的研究领域尝试用理论指导现实……………… 445

参考文献 ……………………………………………………… 451

后 记 ………………………………………………………… 460

序

中国共产党历来高度重视意识形态工作。无论是社会主义制度建立前后，还是改革开放前后，我们都始终在紧紧抓住党的工作中心的同时，一刻也不放松意识形态工作。改革开放以来，我们党坚持以经济建设为中心、集中力量进行社会主义现代化建设，但始终没有放松意识形态工作。党的十八大以后，以习近平为总书记的党中央对意识形态工作高度重视，从坚持和发展中国特色社会主义的大局着眼，对于意识形态工作进行了明确的定位。毫无疑问，党今天的中心工作是经济建设，意识形态工作必须服从和服务于党的中心工作，但这不等于说意识形态工作只是局部的、可有可无的工作，相反，这是一项事关党的领导和社会主义政权建设全局的、必须一刻也不放松的特别重要工作。全党要树立"大宣传"的观念，党的领导干部都应具备驾驭意识形态的能力。朱继东的论著《新时期领导干部意识形态能力建设》正式出版，真可谓是适逢其时。

作为观念的上层建筑的意识形态，本质上是集团性话语，是一切文明社会中的任何国家都实际存在的一个必要和重要的社会结构或社会领域。在当代中国，意识形态问题实质上就是党和国家的"形象"问题，是其能否得到国内民众和国际社会广泛认同的问题。因此，适应时代的变化，正视时代的挑战，表达时代的呼声，是社会主义意识形态能够成为社会的"水泥"和"黏合剂"的先决条件。从这个意义上说，意识形态就是执政党的精神状态和思想路线，把意识形态问题解决好是搞好经济建设的重要保障。旗帜引领道路，道路支撑旗帜，意识形态就是树立旗帜、引领方向，因而是事关中国前途和命运的关键性问题。

改革开放以来，面对全球化、市场化、网络化等大潮冲击，中国的主流意识形态建设面临着严峻挑战。一方面,适应世界现代化、经济全球化的潮流而实行的市场化改革,以及在经济等方面与国际接轨的过程中,传统意识形态的地位及其话语方式都难免被弱化;另一方面,在当代西方强势文化的包围中,如果缺乏有力的意识形态守护的国家,独立自主和本国特色就无从谈起。而当今世界的基本格局是"西强东弱",不管我们是否愿意承认和面对,长期共存共处于一个地球上的社会主义国家和资本主义国家,由于这两种社会形态在制度构架、理想信念、价值取向上的异质性,决定了它们之间存在着包括意识形态在内等各方面的交往、碰撞和斗争在所难免,也无法回避。尤其是近年来,随着我国综合国力的不断增强,西方越来越把中国崛起视为对其模式的挑战,对我国进行意识形态渗透的力度在不断地加大。马克思曾告诫我们:"如果从观念上来考察,那么一定的意识形式的解体足以使整个时代覆灭。"①他所说的意识形式就是意识形态,揭示出了意识形态问题的极端重要性。世情、国情、党情的深刻变化都对意识形态能力提出了新要求,意识形态领域面临的风险和考验比以往任何时候都要复杂和严峻,担负的责任和任务也比以往任何时候都更为繁重和紧迫。

但是,在当今世界包括在像新中国这样的社会主义国家的现实生活中,"意识形态"却是一个被一些人搞得混乱不堪的话域。某"权威"政治学工具书就片面地断言,意识形态的"要害是为现状辩护,因此它是'虚假意识'"。基于这种意识形态"虚假性"的前提,"非意识形态化"的歪风借以狂吹。除了所谓"意识形态虚假论"外,还有什么"意识形态多元化"、"意识形态淡化论"、"意识形态终结论"和"消解主流意识形态论"等论调,在思想界、学术界都不乏制造意识形态和文化、意识形态和学术对立的人物,即便不能根本摧毁社会主义主流意识形态,也让它"悬空化",使之在现实生活中难以立足。与此相呼应,一大批西方意识形态的观念,从"宪政民主"、"公民社会"到自由、人权,借助"普世价值"的外衣登堂入室,抢占思想阵地。为了坚持和巩固马克思主义在我国意识形态领域的指导地位,廓清国内外一些人在意识形态问题上散布层层迷雾,引领全党和全国各族人民沿着正确道路建设好中国特色社会主义,就必须加强意识形态能力建设,进一

①《马克思恩格斯文集》第8卷,人民出版社2009年版,第170页。

步增强思想辨别力、理论创新力、共识凝聚力,在国内外的严峻考验和巨大挑战面前,继续把人民对我们党的"考试"、把我们党正在经受和将要经受各种考验的"考试"考好,早日实现中华民族伟大复兴的中国梦。

意识形态能力就是通过新的理论观念、理论概括、理论创新来辨别、引领、掌控社会思潮和社会主流意识的实际水平,主要体现为思想辨别力、理论创新力、共识凝聚力和话语支配力。尽管意识形态能力是一种客观存在,然而作为一个概念提出还是新尝试,是一个值得研究的新问题,也很可能会开辟一个新的研究领域。确实,意识形态能力的概念是一个新概括,是一个思想性、学术性和实践性都很强的研究领域。《新时期领导干部意识形态能力建设》一书不仅在这个新领域进行了有意义的探索和研究,既梳理了意识形态能力发展的相关理论轨迹和学术前沿,也深入剖析了意识形态能力在新时期面临的全球化、市场化、网络化三大冲击以及考验,还在理论和实践结合的基础上从十个方面深入总结了加强领导干部意识形态能力建设的科学路径。因此,这是一本值得去读的好书。广大领导干部或许会从中发现自己过去有所忽略的某些素质要求并得到教益,广大理论工作者或许可以借此祛除一些思想上的"屏蔽"而开拓视野、从中获得一些有价值的思考,青年学者或许可以借此入门意识形态研究并拥有一个较好的起点。

本书的作者朱继东博士是在工作十多年后攻读博士学位的。多年的新闻工作经历使他养成了调查研究、深入思考的好习惯,并且新华社记者的一些优势和干一行爱一行的敬业精神使他具有很强的问题意识、全局意识乃至全球意识,而攻读博士学位正好弥补了他的理论短板。理论与实践相结合也成了他在理论学习、研究中的最大特色。他攻读博士学位瞄准的并非一个博士文凭,而是想在理论研究上有所建树,想通过理论与实践结合的研究成果对党的建设、国家和社会发展作出自己的贡献。因此,他在攻读博士学位的三年期间非常努力,不仅令人惊讶地在核心期刊发表了几十篇学术论文及出版了两本专著,而且所有成果都体现出了理论与实践结合的特色。本书是他的博士论文选题的最终成果,这既是一个很好的学术课题,也是我们当前迫切需要解决好的现实问题。要做好这个研究,不仅需要较强的理论思维能力,而且需要实证分析的本领。作者具备了这些素质,这也是我欣然同意其选择这个博士论文题目的主要原因。

理论与实践相结合使得该选题的阶段性成果十分丰硕。作者在攻读博士学位期间在业内最具权威的期刊《马克思主义研究》、《中国社会科学内部文稿》各发表三篇论文,在国内外具有广泛影响的《红旗文稿》、《党建》、《思想政治工作研究》等理论性、实践性都很强的期刊上也发表多篇文章,并且绝大多数都是个人独著。此外,他还在《人民论坛》、《理论探讨》、《理论探索》、《中国党政干部论坛》、《中国井冈山干部学院学报》、《党建研究》、《中州学刊》、《思想教育研究》、《世界社会主义研究》、《国外社会科学》、《当代组工干部》等期刊上发表多篇理论文章,不少文章被《中国社会科学文摘》、《新华文摘》、《红旗文摘》以及人大报刊复印资料《中国共产党》、《思想政治教育》、《马克思主义文摘》等转发,多篇文章被中央领导批示,并获得了教育部"博士生学术新人奖"、中国社会科学院研究生院优秀研究生、中国社会科学院研究生院奖学金一等奖、研究生优秀论文一等奖、安东石油奖学金一等奖等多项奖励,产生了很好的学术影响和社会影响。因此,当他完成初稿达四十多万字的博士论文时,我并没有感到惊讶;在参加他博士论文答辩的导师们纷纷给予较高评价时,我也没有感到意外;当得知他的博士论文要由国内最具影响力和权威性的人民出版社出版时,我同样感到是在意料之中。作为他的博士生导师,在为自己的学生不断取得新成绩感到高兴的同时,我更期待本书能够得到广大读者的认同、取得有益于我国社会主义意识形态建设的良好社会效果,期待作者以此为起点创作出更多的好作品。

本书最大的特色就是把新时期的全球化、市场化、网络化三大特点和领导干部、意识形态能力等几个各具特色的视点连成一个整体,在大量文献阅读、研究的基础上,坚持理论与实践相统一的原则,坚持历史与逻辑相统一的方法,从"意识形态"概念的起源和提出到"非意识形态化"的出现,从马克思主义意识形态理论的形成到曲折发展,从恩格斯和列宁对马克思意识形态理论的丰富和发展到毛泽东将马克思主义意识形态理论推向历史新高度,从改革开放以来意识形态领域遭受的严峻挑战到意识形态能力问题的提出和发展,从全球化的全面渗透和对中国的严峻考验到市场化的不断推进及其对中国的巨大挑战、网络化的迅猛发展及其对中国的巨大挑战等,环环相扣、步步深入地提出了"新时期领导干部意识形态能力建设"这样一个具有一定创新性的题目。不仅通过大量调研总结其中的经验、揭示其面临的众多问题,而且借鉴了国外意识形态能力建设的经验教训,有针对性地求解出了具体的解决办法,在探索中为我国的意识形态建设提供了一些新思路、新举措,而且尝试着开辟了意识形态能力建设这个新的研究领域。这既体现出了作者坚定的马克思主义立场、扎实的理论功底和较强的科研能力,也体现出其强烈的问题意识、责任意识和较强创新能力。

本书的创新之处主要体现在研究对象、研究方法和具体观点上:一是在研究对象上,以马克思主义意识形态理论的诞生、发展、完善为基础,社会主义意识形态在新时期面临的全球化、市场化、网络化三大考验为背景,以领导干部这一特殊群体为对象,以意识形态能力建设为切入点,借鉴国内外的经验教训,重点揭示新时期领导干部意识形态能力建设面临的考验、内在逻辑与演进规律,将理论探讨与实证研究相结合;二是研究方法上强调理论和实践相结合,注重对一线的领导干部的实地调研,整体上完成了对两千名领导干部进行走访、调研(级别从科级的乡镇干部到省部级领导,范围涉及全国二十多个省市自治区、绝大部分中央部委和一部分国有企业);三是在新时期面对全球化、市场化、网络化三大冲击下,领导干部意识形态能力建设应采取的具体对策方面,该书从十个方面提出了一系列具有一定指导性、实用性、创新性、前瞻性的具体对策,既有大量的现实依据和很强的指导性,又有较强的理论价值和实践意义,彰显出理论对现实的指导作用,力图达到理论性、实践性、创新性、指导性的有机统一。

共产党和所谓西方"现代政党"的根本区别在哪里? 这个问题可以从很多方面来谈,但最为根本的就是指导思想、理论旗帜上的区别,因为世界观、历史观是决定政党性质(先进性和阶级性)的首要因素。毛泽东历来认为搞清楚什么是马克思主义、如何对待马克思主义是第一位重要的事情,这就是理论联系实际,用马克思主义解决中国实践的问题。坚持马克思主义在意识形态的指导地位,最根本的就是用马克思主义武装头脑、引领方向、指导行动。当代中国的改革开放本质上是社会主义的自我完善和自我发展。因此,保持意识形态的连贯性不仅是稳定大局的策略需要,也是中国特色社会主义的制度特征。这就决定了我们的意识形态变革、调整,是坚持前提下的发展、继承前提下的创新,因而是一脉相承下的与时俱进。我们今天讲意识形态的变革和话语转换,研究领导干部意识形态能力建设,就是要运用马克思主义的立场、观点、方法回答新形势下中国的实践新课题,是在继承和发展马列主义、毛泽东思想的前提下破新题、说新话、讲新理,使得意识形态能力成为每一位领导干部必须具备的核心能力。

坚持既一脉相承又与时俱进的马克思主义是新中国的灵魂,也是新中国主流意识形态建设的基本经验。邓小平曾非常鲜明地指出:"我们党的十一届三中全会决定实行开放政策,同时也要求刹住自由化的风,这是相互关联的问题。不刹住这股风,就不能实行开放政策。要搞四个现代化,要实行开放政策,就不能搞资产阶级自由化。自由化的思想前几年有,现在也有,不仅社会上有,我们共产党内也有。"①新时期中国意识形态建构有三大基本价值取向:一是世界眼光(坚持马克思主义的世界观和方法论);二是时代潮流(现代化建设);三是中国特色(前两者在当代中国的结合)。其中,"中国特色"这一价值取向成为我国意识形态核心理念及其更新的依据,是当代中国最具标志性的形象。这一理念表明,一切是非曲直、一切价值评价,都必须以是否有利于中国的现代化为尺度,没有什么抽象的理想尺度,因而不能离开这一尺度搞抽象的争论。所以,必须改革开放,充分吸收一切人类优秀文明成果,有效地提升社会生产力和人民生活水平;必须坚持社会主义方向,形成价值日益多元化下的共同理想,有效地整合日益复杂的社会多元利益,保持社会的和谐稳定。作者在书中总结出包括加强以领导干部道德为抓手,加强思想道德建设,坚定正确理想信念的能力;以纠正错误倾向为抓手,加强理论知识学习,增强引导社会思潮的能力;以弘扬红色文化为抓手,加强先进文化建设,增强建设价值自信的能力;以清除不合格党员为抓手,加强纯洁性建设,增强主动拒腐防变的能力;以教育实践活动为抓手,加强调查研究工作,增强做好群众工作的能力;以核心价值体系为抓手,加强统一战线建设,增强团结共创伟业的能力;以真实性原则为抓手,加强新闻宣传工作,创新掌控舆论阵地的能力;以通达社情民意为抓手,加强六大能力建设,提高处置突发事件的能力;以坚持共同富裕为抓手,加强市场经济研究,增强推进科学发展的能力;以反意识形态渗透为抓手,加强

---

① 《邓小平文选》第三卷,人民出版社 1993 年版,第 124 页。

国际问题研究,增强反和平演变的能力等在内的新时期领导干部意识形态能力建设的十条科学路径,就是在坚持四项基本原则的前提下,科学剖析当前复杂多变的社会思潮和考验重重的国际国内形势进行的科学求解,是对新中国刚刚开始的又一个三十年意识形态建设的有益探索。

中国的现代化建设是在一个特殊的国际背景下展开的。一方面,和平与发展的时代主题使得中国争取一个较为有利的国际环境成为可能;另一方面,世界社会主义的低潮和现行不平等的国际政治经济秩序又使得中国的改革开放面临着巨大的风险。这种风险主要来自世界霸权主义。它总是力图左右中国的现代化进程,总是不断地为中国的发展设置障碍,总是企图让中国在世界格局中扮演不平等的角色。对于这种企图,邓小平在改革开放之初就明确指出:"任何外国不要指望中国做他们的附庸,不要指望中国会吞下损害我国利益的苦果。"①中国的历史、文化和现实都不允许它按照西方设计的方式实现现代化,而必须坚持具有中国特色的社会发展道路。否则,将不仅对于中国是一场大灾难,对于世界也是一幅难以想象的图景。而要彻底打破某些国家企图西化、分化甚至控制中国的企图,就需要作为社会精英和我们事业中坚力量的领导干部具有过硬的意识形态能力,这不仅直接关系着党的事业兴衰成败,也关系到国家的前途和命运。有没有一个正确的意识形态作为指导,有没有过硬的意识形态能力,是事关改革开放能否沿着正确道路继续前进的根本性问题,更是关系到社会主义事业生死存亡的重大问题。面对社会主义市场经济发展中出现的众多问题,面对艰巨繁重的改革发展任务,面对亟待破解的国内社会难题,面对复杂多变的国际形势,我们应该坚持什么样的改革,沿着什么方向推进改革,如何更好地进一步坚持改革?我们如何才能做到在方向和道路问题上坚定不移,不为艰险所惧,不为干扰所惑,不为歪理所误,做到"既不走封闭僵化的老路、也不走改旗易帜的邪路"?因此,如何把坚持四项基本原则同坚持改革开放结合起来,把坚持社会主义政治制度同发展社会主义民主结合起来,把坚持社会主义经济制度同发展市场经济结合起来,把坚持独立自主同参与经济全球化结合起来,把促进经济发展同建设美丽中国结合起来,把推进社会改

---

① 《邓小平文选》第三卷,人民出版社1993年版,第3页。

同保持社会稳定结合起来……这一系列亟须解决好的重大问题,都需要各级领导干部具有较强的意识形态能力,需要我们高度重视、大力加强意识形态能力建设。可见,所谓的"领导干部的意识形态能力"不是指技术、技巧层面的本领,而是指价值层面的理想信念,是世界观、人生观的根本追求问题。因此,我期待本书的问世有助于推动我们的领导干部能够更多地思考和践行中国共产党的根本宗旨,努力解决做中国特色社会主义共同理想和共产主义远大理想的坚定信仰者和忠实践行者这一核心问题。

是为序。

侯惠勤

2014 年 1 月 31 日

绪论　意识形态能力建设——理论和实践的双重呼唤

作为社会的观念或思想的上层建筑,意识形态是对一定社会经济形态以及由经济形态所决定的政治制度的自觉、真实、全面和客观地反映,其在本质上是集团性话语,具有价值导向、行动导向和群众导向的性质。在阶级社会里,意识形态具有鲜明的阶级性,是统治阶级为了达到改造世界、建立政权和巩固自己统治等目的而提出并确立的社会理想、价值观念、政治原则、行动纲领和实践战略等,是直接或间接反映了社会的经济及政治等特点,体现出一定阶级、阶层和利益集团的利益和要求,力图保持或改变现存社会制度的思想理论体系,是政党用来表达自己的政治信仰、政治观点和动员民众的最主要手段,是统治阶级和被统治阶级都不可缺少的重要工具。意识形态在本质上是集团性话语,是一切文明社会中的任何国家都实际存在的一个必要和重要的社会层次或社会领域。尤其是在当代世界,意识形态更是一个国家生存发展的灵魂。在当代中国,意识形态问题是一个极其混乱又极其重大的话题,其在实质上就是党和国家的"形象"问题,是其能否得到国内民众和国际社会广泛认同的问题。马克思主义是社会主义国家意识形态的旗帜和灵魂,是执政党的精神内核和思想路线,也是无产阶级执政党巩固执政地位的强大思想保证。意识形态工作是事关全局的重要工作,长期以来,我们党和国家一直坚持高度重视意识形态工作的方针。当前,我国正处在改革发展的又一个关键时期,面对刚刚开始的又一个三十年,旗帜问题更加至关重要,而旗帜就是意识形态。党管意识形态,是中国共产党在社会主义革命和建设的长期实践中形成的重要原则和制度,也是坚持、加强和完善党的领导的一个重要方面,必须始终牢牢坚持,任何时候都不能、也绝不应该动摇。

意识形态能力就是通过新的理论观念、理论概括、理论创新来辨别、引领、掌控社会思潮、社会主流意识的实际水平,主要体现为思想辨别力、理论创新力、共识凝聚力和话语支配力,其主体是以执政党的领导成员为主的广大领导者。在当代中国,意识形态能力主要表现为高度重视、大力推进意识形态工作,通过加强思想教育、提高理论素养、坚定理想信念和破解现实难题等建立强大的道路自信、理论自信、制度自信、政治自信和价值自信,通过建立、巩固和弘扬体现统治阶级利益的国家主流意识形态,充分发挥意识形态的感召、激励、引领作用,团结、动员、指引人民齐心协力,不断巩固和发展国家的基本经济制度、政治制度、社会制度和文化制度,反对国内外敌对势力或者对立国家的意识形态渗透,为实现民族复兴、国家强盛而奋斗的能力。本书中所讲的领导干部意识形态能力就是高度重视意识形态工作,认真学习马列主义、毛泽东思想、中国特色社会主义理论,通过加强纯洁性建设、先进性建设和社会主义核心价值体系建设,通过加强思想政治教育、提高理论素养、坚定理想信念和破解现实难题等建立强大的道路自信、理论自信、制度自信、政治自信和价值自信,通过建立、巩固和弘扬社会主义意识形态,充分发挥意识形态的感召、激励、引领作用,团结、动员、指引全党和全国人民齐心协力,不断巩固和发展社会主义国家的基本经济制度、政治制度、社会制度和文化制度,反对来自国内外敌对势力的意识形态渗透,为实现"两个百年目标"、实现中国民族伟大复兴的中国梦而奋斗的能力。经过研究剖析,本书初步总结出意识形态能力主要包括加强以领导干部道德为抓手,加强思想道德建设,坚定正确理想信念的能力;以纠正错误倾向为抓手,加强理论知识学习,增强引导社会思潮的能力;以弘扬红色文化为抓手,加强先进文化建设,增强建设价值自信的能力;以清除不合格党员为抓手,加强纯洁性建设,增强主动拒腐防变的能力;以教育实践活动为抓手,加强调查研究工作,增强做好群众工作的能力;以核心价值体系为抓手,加强统一战线建设,增强团结共创伟业的能力;以真实性原则为抓手,加强新闻宣传工作,创新掌控舆论阵地的能力;以通达社情民意为抓手,加强六大能力建设,提高处置突发事件的能力;以坚持共同富裕为抓手,加强市场经济研究,增强推进科学发展的能力;以反意识形态渗透为抓手,加强国际问题研究,增强反和平演变的能力等十个方面。

一、加强意识形态能力建设的迫切性和重要性

新时期是指 1978 年 12 月党的十一届三中全会召开以来的中国发展新阶段。十一届三中全会的胜利召开实现了新中国成立以来党和国家的历史的伟大转折,开启了我国改革开放历史新时期。三十多年来,中国和世界都发生了翻天覆地的变化,尤其是中国成为经济实力居世界第二的大国。新时期最鲜明的特点是改革开放,新时期最显著的成就是快速发展,新时期最突出的标志是与时俱进,其中改革开放被称为是党在新的时代条件下带领人民进行的新的伟大革命。但是,新时期的党情、国情、世情发生了深刻变化,中国也面临着前所未有的严峻考验,尤其是在新时期面临全球化、市场化、网络化(信息化)三大考验,不仅"去意识形态化"、"非意识形态化"、"意识形态多元化"、新自由主义、"普世价值"论、"中国威胁论"、"中国崩溃论"等错误思潮在中国大行其道,历史虚无主义、"军队国家化"、西方的新闻自由等在国内曾销声匿迹的有害言论也借机沉渣泛起,再加上精神懈怠、能力不足、脱离群众、消极腐败四大危险凸显,使我们在很多领域面对的挑战、考验和冲击前所未有,而意识形态领域是首当其冲。

马克思曾告诫我们:"如果从观念上来考察,那么一定的意识形式的解体足以使整个时代覆灭。"[①]他所说的意识形式就是意识形态,揭示出了意识形态问题的极端重要性。世情、国情、党情的深刻变化都对意识形态能力提出了新要求,意识形态领域面临的风险和考验比以往任何时候都要复杂和严峻,担负的责任和任务也比以往任何时候都更为繁重和紧迫。正如习近平总书记 2013 年 8 月 19 日至 20 日在北京召开的全国宣传思想工作会议上的重要讲话中所强调,经济建设是党的中心工作,意识形态工作是党的一项极端重要的工作。宣传思想工作就是要巩固马克思主义在意识形态领域的指导地位,巩固全党全国人民团结奋斗的共同思想基础。而加强意

---

① 《马克思恩格斯文集》第 8 卷,人民出版社 2009 年版,第 170 页。

识形态能力建设则是意识形态工作的重中之重,不仅可以大大巩固马克思主义在意识形态领域的指导地位,而且为经济建设创造更好的社会环境、舆论环境,是经济建设真正实现科学、持久发展的不竭动力源泉。

2013 年 7 月 17 日,中国互联网络信息中心(CNNIC)在京发布第 32 次《中国互联网络发展状况统计报告》显示,截至 2013 年 6 月底,我国网民人数达到 5.91 亿,较 2012 年底增加 2656 万人;互联网普及率为 44.1%,较 2012 年底提升了 2.0%;手机网民规模达 4.64 亿,网民中使用手机上网的人群占比提升至 78.5%;微博用户数达 3.31 亿,较 2012 年底增长 7.2%;网民中微博使用率达到了 56.0%,较上年底增长 1.3%……各项指标都远远超过世界平均水平,我国已经进入全面的信息化、网络化时代。2014 年 1 月 16 日 CNNIC 发布的第 33 次《中国互联网络发展状况统计报告》显示,截至 2013 年 12 月底,中国网民规模达 6.18 亿,其中手机网民达 5 亿,互联网普及率达 45.8%……我们大多数人的生活已离不开互联网。微博、论坛、博客、微信等网络时代传播手段日新月异,颠覆了传统意识形态传播规律,打破了传统意识形态传播格局,再加上全球化趋势进一步强化,市场化意识全面渗透,社会意识多元、多样、多变的特征日益明显,正确的与错误的、先进的与落后的、主流的与边缘的思想观念相互交织,意识形态领域的噪音、杂音此起彼伏。近些年来,"去意识形态化"、"非意识形态化"等主张在思想理论界以至社会上产生了不小影响,有意或无意淡化意识形态,竟然成了一种比较普遍的社会现象。而对中国改革开放的评价,国际上一些人总结出一条"经验",就是"去意识形态化"或"淡化意识形态"。国内也有人认为,改革开放的一条重要经验是"去意识形态化",甚至把这说成是解放思想的动力。值得注意的是,虽然不少人都在讲"去意识形态化"、"非意识形态化",并且在实际行动中也是这么做的。但是由于种种原因,尤其是 20 世纪 80 年代邓小平带领全党进行了两次全党性、全国范围的坚决反对资产阶级自由化的斗争以后,在比较长的一个时期内,敢于在公开场合这么宣扬的人并不是很多,公开撰文宣扬的更少一些。直到近年,这些论调才开始多了起来。

值得注意的是,由于理论界对意识形态的研究有一种越来越学术化的趋势以及不少领导干部对意识形态工作重视不够、思维僵化等一些现实原因,再加上历史虚无主义、全盘西化论等资产阶级自由化思潮再度沉渣泛起,借助微博、论坛、网络新闻等迅猛发展的互联网载体大肆传播,西方的"意识形态虚假论"、"意识形态淡化论"、"意识形态终结论"和"消解主流意识形态论"等论调在中国社会抬头,"去意识形态化"、"非意识形态化"、"意识形态多元化"和"普世价值"论等论调对马克思主义在意识形态领域的指导地位形成巨大挑战。这些言论不仅误导了很多网民,也误导了不少领导干部,一些领导干部不仅接受了"去意识形态化"、"意识形态多元化"等论调,甚至在一些场合打着所谓解放思想的旗号公开宣扬这些论调,再加上个别领导干部好色、弄权、贪污等腐败问题的发生,尤其是一些领导干部在公开场合讲话道貌岸然、背地里却是贪污腐化,这种强烈对比在群众中造成很恶劣的影响,这也表明新时期对领导干部意识形态能力建设提出了更高的要求。

笔者在已经完成的对两千多名领导干部的专题调研中也发现,不少领导干部存在片面强调经济建设、轻视意识形态能力建设的问题。一些领导干部对理想信念、意识形态的轻视、嘲弄可以用"三笑"来概括:听到马克思主义冷冷一笑,听到中国特色社会主义微微一笑,听到共产主义哈哈一笑。江苏南部的一位区委书记说:"意识形态工作很重要,意识形态能力建设也非常重要。但是上级对我们的考核主要是经济发展的指标,还有维稳、廉政等,我们要随着指挥棒转。更重要的是,如果上级没有强调要加强意识形态能力建设,我们主动去做了还会招来非议甚至压力,所以加强意识形态能力建设必须从上至下才最好,最好是中央大力倡导和强调!"山西东南部某县的一位县委常委、副县长告诉我,在片面强调"一切以经济建设为中心"的现实中,现在干部中已经很少有人谈加强意识形态工作了,更别说意识形态能力建设了。"即使是开常委会,也大都是传达一下上级文件,很少主动去谈重视和加强意识形态工作。尤其是如果一把手书记不讲,其他常委都不会去谈意识形态工作,否则很可能被视为另类!"河南东部某市的市委常委、宣传部长也诉苦说:"一说到意识形态工作,很多人都认为是宣传部门的事情,和自己无关。一有意识形态方面的事情,书记、市长往往就是交给宣传部,其他部门几乎都不管。尤其是政府部门的一些行政机关更是不谈意识形态,认为自己抓好本部门的工作就行了。"这些地方干部的心里话凸显出领导干部如何切实加强意识形态能力建设,团结带领广大群众同心同德投身于中国特色社会主义建设的伟大事业,已经成为加强党的执政能力建设和巩固执政基础的重中之重,成为党和国家必须积极面对和高度重视的重大现实问题。

二、国内外意识形态问题研究现状综述

虽然国内关于意识形态的理论研究成果不少,本书作为博士论文在 2012 年 4 月初开题时,仅在中国知网的人文与社科学术文献网络出版总库中以"意识形态"为关键词进行文献检索就有记录 70000 多条,不过标题或者主题为"意识形态"的论文只占一小部分。更重要的是,由于意识形态研究中理论和现实的结合存在一定的顾虑和难度,尤其是意识形态能力是个新概念,目前还没有明确的定义,所以国内外尚未见研究成果。除了笔者的一些相关文章外,在中国知网的人文与社科学术文献网络出版总库中以"意识形态能力"为关键词进行文献检索仅有记录 5 条,并且没有一篇文献是真正写意识形态能力的,也没有人提出意识形态能力的概念。在中国知网的中国博士学位论文全文数据库以"意识形态能力"为关键词进行文献检索,显示"找到 0 条结果"。这一切表明,意识形态能力是一个新的研究领域。

经过对现有著作、论文以及博士论文等查阅、整理、分析,国内与本书主题相关的研究成果主要集中于三个领域:

第一,主要集中在关于马克思主义意识形态理论的基础理论研究。这部分研究重点在于探讨马克思主义意识形态理论的发展和主要内容,介绍分析国际著名意识形态研究专家的学说,着力于认识社会主义意识形态发展规律及其在当代的特点。如俞吾金教授在博士论文基础上出版的专著《意识形态论》系统介绍了意识形态概念的产生、发展,较为全面地阐发和论述了马克思主义意识形态理论,提出了"元批判"和"意识意识形态"等不少新见解。童世骏教授主编的《意识形态新论》介绍了西方主流意识形态思潮,并对当代中国意识形态发展的新矛盾、新问题作出了分析。由中国社

会科学院马克思主义研究院侯惠勤教授主编的《马克思恩格斯列宁斯大林论意识形态》，汇集了经典作家关于意识形态的论述，为对马克思主义意识形态理论的相关课题进行进一步研究奠定了理论基础。而由侯惠勤、姜迎春、吴波三人合著的《新中国意识形态史论》采用"总—分—总"的框架，导论和第一章主要是阐述意识形态研究的方法论问题，第二章至第五章分别研究社会主义意识形态在不同历史时期的发展，第六章以后对新中国成立以来我国意识形态的发展进行了系统总结。全书通过对新中国成立六十多年来我国社会主义意识形态变化过程的深入研究，探讨了社会主义意识形态的发展规律，使我们可以更加清楚地把握社会主义意识形态的发展规律，从而为我国社会主义意识形态的未来发展提供方法论的启迪。全书以全面、辩证的视角研究了新中国成立以来我国意识形态的发展过程、重大问题和经验教训，不仅填补了意识形态专题史研究上的空白，而且在一定程度上弥补了我国意识形态研究的空白，在国内外意识形态研究史上都是一部重要著作，也是加强领导干部的意识形态能力建设的必读著作。

此外，聂立清的《我国当代主流意识形态认同研究》、敖带芽的《社会主义意识形态建设：热问题与冷思考》、彭继红的《中国共产党意识形态工作研究（1949—2009）》、徐海波的《意识形态与大众文化》、郭明飞的《网络发展与我国意识形态安全》、张宏毅的《意识形态与美国对苏俄和中国的政策》、魏小萍的《探求马克思：〈德意志意识形态〉原文文本的解读与分析》、王晓升的《西方马克思主义意识形态理论》、郑永廷等的《社会主义意识形态研究》、朱兆中的《中国社会主义意识形态建设纵论》、杨海英的《社会主义意识形态创新研究》、张秀琴的《马克思主义意识形态理论的当代阐释》、宋惠昌的《当代社会意识形态》、张秀琴的《西方马克思主义意识形态理论的当代阐释》、李辽宁的《当代中国思想政治教育意识形态功能研究》、曹长盛等的《苏联演变进程中的意识形态研究》以及李向国和李晓红合著的《主流意识形态新论》等著作也在理论层面从不同角度对马克思主义意识形态的历史、现状和问题进行了梳理，并作出了分析与探讨，在理论上有一定的借鉴作用。

当然，关于这方面的论文也数量不少，作者主要是社科院、党校和高校系统的专家学者。其中和本书主题有些相近的论文有侯惠勤的《〈德意志意识形态〉的理论贡献及其当代价值》、《我国意识形态建设的第二次战略性飞跃》等,中共西安市委党校李清芳的《对提高执政党领导意识形态能力的几点思考》,中央党校戴焰军、李英田的《论意识形态工作对提高党的执政能力的作用》,吉林大学马克思主义学院陈秉公的《论国家意识形态"高势位"建设的规律性——30年国家意识形态建设成功经验的理论解读》,湛江师范学院袁铎的《意识形态:弱化与强化——从思维方式的转变看邓小平对意识形态理论的创新》,中国人民大学吴恒的《牢固树立当代中国的主流意识形态权威——对主流意识形态的"泛化"、"淡化"、"儒化"的思考》等。主要是进行了理论上的梳理和归纳,大都理论和现实结合得不够。

关于这方面的博士论文有《中国共产党意识形态观研究》、《社会主义意识形态功能研究》、《江泽民意识形态建设理论研究》、《苏共执政时期意识形态工作研究》、《全球化进程中的意识形态问题研究》、《论我国的意识形态安全》、《马克思意识形态理论及其演变》、《马克思主义意识形态理论与我国意识形态建设》、《互联网与社会主义意识形态建设研究》、《当代中国意识形态转型研究》、《利益关系变迁与意识形态创新》、《关于当代我国意识形态建设问题的若干思考》、《我国构建和谐社会进程中的意识形态建设研究》、《社会主义意识形态建设研究》、《我国新时期意识形态建设研究》、《意识形态认同:新时期中国共产党社会整合的思想基础》、《改革开放以来我国社会主义意识形态建设研究》等,大都是一般的理论性研究,着重于对文献的梳理,对实践的指导作用较弱。

第二,针对近年来我国意识形态领域出现的问题,包括西方的意识形态渗透以及社会上流行的错误思潮,一些学者进行了针锋相对的批判性研究。侯惠勤教授在2010年推出的专著《马克思的意识形态批判与当代中国》,是一部有厚度、有广度、有深度、有力度和有高度的学术专著,这部厚达787页、76万余字的意识形态领域扛鼎之作,不仅通过对马克思著作进行历史唯物主义解读体现出了其具有的厚重学术含量,而且通过纵观160多年的马克思主义发展史和放眼90年的马克思主义中国化进程展现出宏大的历史视野,并通过对"普世价值"直指要害、一语中地批判体现出其贯穿着辩证思维的"革命的批判"精神,体现了马克思主义理论的原则性、彻底性和战斗性。尤其是针对"意识形态"混乱的理解现状,对其进行了进一步的澄清，并对"意识形态虚假论"、"去意识形态化"、"意识形态淡化论"、"意识形终结论"和"消解主流意识形态论"等进行了深入地分析与批判，回应了国内外对于我国主流意识形态的种种歪曲和责难。通过富有尖锐的现实性兼有高度的思辨性的研究主题、鲜明坚定的理论立场、条分缕析的逻辑论证和睿智闪光的话语表述，从理论和实践的统一、历史和逻辑的统一上，有理有据地回应了国内外一些人对于我国主流意识形态的种种歪曲和责难，通过对笼罩其上的层层迷雾的拨开，从根本上推倒了"非意识形态化"的所谓马克思学理根据，为在新的历史条件下坚持和发展马克思主义的党性原则、建构当代中国的富有活力的意识形态阵地提供了有力的理论支撑。

袁铎的《非意识形态化思潮研究》一书通过深入研究非意识形态化思潮的历史，全面梳理了非意识形态化思潮的演变历程；以苏东剧变的教训为参照，揭示了非意识形态化思潮的主要表现、特征、本质及其危害，反思社会主义意识形态的经验教训，把分析的视角深入到当代中国的实践语境中，说明了重建马克思主义话语权的重大意义及其路径选择，并得出了在当代中国进一步强化马克思主义的话语权既要有底线意识又要有创新意识的深刻结论。类似著作还有徐海波的《中国社会转型与意识形态问题》、王永贵等的《经济全球化与社会主义意识形态建设研究》、李培林等的《社会冲突与阶级意识——当代中国社会矛盾问题研究》等，在研究理论的同时对现实也有了一定的关注，但不够深入。

此外，围绕关于"去意识形态化"、"意识形态多元化"以及"普世价值"论的争论，也有多篇文章参与论战，一些学者也对"去意识形态化"的本质和危害进行了研究。最具代表性的是侯惠勤发表的《马克思的意识形态批判与哲学变革》、《"普世价值"与核心价值观的反渗透》、《关于举旗问题的理论思考》、《当代中国信仰问题的出路是坚定马克思主义信仰》、《中国共产党在意识形态建设理论上的创新》、《论资产阶级实行思想统治和价值渗透的方式》、《新中国主流意识形态建设的基本经验》（上、下）、《弱化与强化：意识形态的当代走向与马克思主义的话语权》、《意识形态的变革与话语权——再论马克思主义在当代的话语权》等一系列理论文章都产生了重大影响，中国社会科学院马克思主义研究院程恩富教授的《创新马克思主义思潮比较——当前多元思潮激荡下的马克思主义》《中国模式是社会主义本质的中国实现形式》《应对资本主义危机要超越新自由主义和凯恩斯主义》和教育部高等学校社会科学发展研究中心杨河教授的《马克思主义中国化最新成果成就改革开放伟大事业》、南京大学哲学系孙伯鍨教授的《以科学的理论态度研究"当代性"问题》、北京大学马克思主义学院郭建宁教授的《关于社会主义意识形态建设的几点思考》和中国社会科学院马克思主义研究院金民卿研究员的《意识形态虚假性及其超越》《切实把握社会主义意识形态的基本内涵和特征》等论文也从不同侧面进行了研究。如中共云南省楚雄州委党校李志昌在求是理论网发表《评"去意识形态化"》指出,"去意识形态化"是对待意识形态的另一种极端态度,也是一种不科学的主张。必须看到,现在社会生活中出现的一些问题,如理想信念淡化、价值观扭曲、道德滑坡、诚信缺失、消极腐败现象滋生蔓延等等,原因固然很多,但"去意识形态化"这种主张是影响很大、最重要的原因之一。南京航空航天大学王岩和茅晓嵩的《"意识形态终结论"批判与我国意识形态安全》以及江西景德镇市委党校张树林、江敏的《我国意识形态面临的挑战及应对之策》等论文也展开了一定层面的探讨,对我的进一步研究有一定的启发和帮助。而关于"普世价值"论、历史虚无主义和资产阶级自由化等问题,除了有李慎明、侯惠勤、李崇富、梁柱、梅宁华、辛向阳等专家进行过论述外,近年来由于某些原因,目前理论界对这些问题的关注比较少,有影响力的好文章也比较少。

关于这方面的博士论文有《意识形态和意识形态批判》《网络时代执政党意识形态危机及对策研究》《当前我国主流意识形态认同问题研究》、《国家意识形态安全与大学生政治价值观教育研究》《意识形态与近代中国社会变革》等,总体上数量较少,大都是对前人研究的梳理或再总结,理论创新不够,实践性较弱。

以上两部分研究的共同的特点是,大都偏重学理研究,缺少个案分析和对具体情况的深入调研,难以得出具有可操作性的切实可行的具体措施。

第三,中央及地方各级领导干部也有关于意识形态的相关研究。虽然历届中央领导集体一直重视,毛泽东、邓小平、江泽民、胡锦涛等都有过重要论述,习近平、刘云山等中央领导同志也强调过意识形态工作的重要性,但是在很长一个时期内并没有引起应有的重视。中共中央政治局常委刘云山的《中国文化安全和意识形态安全面临新挑战》，湖北省委书记李鸿忠的《奋力推进湖北由文化大省向文化强省的跨越》，中国社会科学院原副院长李慎明的《坚持人民当家作主是社会主义民主政治的出发点和落脚点》、《苏联意识形态工作的教训》、《苏联亡党亡国反思："公开性"与指导思想"多元化"》，广州军区政治部主任郑卫平的《妥善应对意识形态领域的挑战》和国家新闻出版广电总局党组书记、副局长蒋建国的《确保国家意识形态安全》等是其中的代表文章，并且产生过较大反响。这部分研究实践性强，对我国意识形态领域存在的问题、面临的挑战等进行了深入分析，并提出了一些对策建议。但总体上看仍然是数量有限，系统研究和微观研究仍显不足。

而国外的相关著作和论文更多的是意识形态的学术性研究，和中国联系的不多。并且，这类研究结合现实的研究非常少，而关于意识形态能力的研究可以说是空白。相近的著作主要有卡尔·曼海姆的《意识形态与乌托邦》、大卫·麦克里兰的《意识形态》、利昂·P.巴拉达特的《意识形态起源和影响》（第10版）、丹尼尔·贝尔的《意识形态的终结》、谢·卡拉-穆尔扎的《论意识操纵》、约翰·B.汤普森的《意识形态与现代文化》、克拉姆尼克等的《意识形态的时代》和罗伯特·鲍柯克、肯尼思·汤普森的《宗教与意识形态》等。这些著作基本都是意识形态的学术性研究，对意识形态的理论研究有一定帮助，但这些著作不仅和中国联系的不多，而且和现实联系的也不紧密。

总的来看，近些年来，面对西方的宪政民主、"普世价值"、"新闻自由"、公民社会、多党制、军队国家化、新自由主义、历史虚无主义等错误思潮的猛烈冲击，理论界不仅没有形成有力地回击，而且对意识形态的研究有一种越来越学术化的趋势，距离现实越来越远，对现实的指导性自然很差。而广大领导干部目前对意识形态的研究也大都重视不够，关于这方面的研究成果很少，对领导干部意识形态能力建设的研究更是几乎空白。正如胡锦涛在党的十七届六中全会第二次全体会议上讲话中所指出："我们必须清醒地看到，国际敌对势力正在加紧对我国实施分化、西化战略图谋，思想文化领域是他们进行长期渗透的重点领域。我们要深刻认识意识形态领域斗争的严重性和复杂性,警钟长鸣、警惕长存,采取有力措施加以防范和应对。"①鉴于此,本书顺着已有的研究成果进一步前进,以新时期的发展特点和意识形态建设规律为切入点,结合领导干部自身的特点,系统考察领导干部意识形态能力建设的规律、作用以及如何在面临全球化、市场化、网络化冲击的今天加强领导干部的意识形态能力建设,力求得出科学且操作性强的具体对策建议,为进一步加强党的执政能力建设以及组织、宣传部门制定相关制度、政策等提供参考。

三、本书的研究特色、创新之处与时代意义

本书最大的特色就是把新时期的全球化、市场化、网络化三大特点和领导干部、意识形态能力等几个各具特点、热点的关键词连成一个整体,提出了新时期领导干部意识形态能力建设这样一个具有一定创新性的题目,不仅采取理论和实践紧密结合的研究方法,通过大量调研揭示出了其面临的众多问题,也有针对性地求解出了具体的解决办法,不仅在探索中为我国的意识形态建设提供了一些新思路、新举措,而且尝试着开辟了意识形态能力建设这个新的研究领域。

本书的特点主要表现在:一是在研究对象上,以马克思主义意识形态理论的诞生、发展、完善为基础,社会主义意识形态在新时期面临的全球化、市场化、网络化三大考验为背景,以领导干部这一特殊群体为对象,以意识形态能力建设为切入点,借鉴国内外的经验教训,重点揭示新时期领导干部意识形态能力建设面临的考验、内在逻辑与演进规律,将理论探讨与实证研究相结合;二是研究方法上强调理论和实践相结合,注重对一线的领导干部第一手的调研,整体上完成了对两千多名党政领导干部进行走访、调研(级别从科级的乡镇干部到省部级领导,还有几位全国人大副委员长、全国政协副主席,范围涉及全国二十多个省市自治区、绝大部分中央部委和一部分国有

---

① 胡锦涛:《坚定不移走中国特色社会主义文化发展道路　努力建设社会主义文化强国》,《求是》2012 年第 1 期。

企业);三是在新时期面对全球化、市场化、网络化三大冲击下,领导干部意识形态能力建设应采取的具体对策方面,本书从十个方面提出了一系列具有一定指导性、实用性、创新性、前瞻性的具体对策,既有大量的现实基础和很强的指导性,又有较强的理论价值和实践意义,彰显出理论对现实的指导作用。

作为我们事业的中坚力量,领导干部的一言一行都是社会关注的焦点,领导干部的意识形态能力直接关系着党的事业兴衰成败。习近平总书记指出:"中国是一个大国,决不能在根本性问题上出现颠覆性错误,一旦出现就无法挽回、无法弥补。"因此,我们必须始终把意识形态工作的领导权、管理权、话语权牢牢掌握在手中,任何时候都不能旁落,否则就要犯"无可挽回的历史性错误"。有没有一个正确的意识形态作为指导,有没有过硬的意识形态能力,是事关改革开放能否沿着正确道路继续前进的根本性问题,更是关系到社会主义事业生死存亡的重大问题。因此,如何把坚持四项基本原则同坚持改革开放结合起来,把坚持经济建设为中心同高度重视意识形态工作结合起来,把坚持社会主义政治制度同发展社会主义民主结合起来,把坚持社会主义经济制度同发展社会主义市场经济结合起来,把坚持独立自主同参与经济全球化结合起来,把促进经济发展同建设美丽中国结合起来,把推进社会改革同保持社会稳定结合起来……这一系列问题都是亟须解决好的重大问题,都需要各级党的领导干部具有较强的意识形态能力,需要我们高度重视、大力加强意识形态能力建设。

毛泽东的意识形态理论的核心是"两破两立"——不断打破那种以为近代以来的中国可以成为独立自主的资本主义国家的幻想,立只有社会主义能够救中国;不断打破资本主义文明就是当代人类文明的幻觉,立只有社会主义文明才是当代人类文明的真正出路。意识形态领域从来没有真空地带,面对社会主义市场经济发展中出现的众多问题,面对艰巨繁重的改革发展任务,面对亟待破解的国内社会难题,面对复杂多变的国际形势,我们应该坚持什么样的改革,沿着什么方向推进改革,如何更好地进一步坚持改革?我们如何才能做到在方向和道路问题上坚定不移,不为艰险所惧,不为干扰所惑,不为歪理所误,做到"既不走封闭僵化的老路、也不走改旗易帜的邪路",这就需要大力加强意识形态能力建设,要求我们必须把意识形态工作真正提高到执政能力建设的重要核心和国家安全的重要抓手这样的战略地位。进行意识形态能力建设的关键环节是把握好"人"与"物",本书正是力图从这两点的结合上进行探论。从人的角度来讲,就是要抓住意识形态能力建设的关键对象,针对领导干部这一特殊群体的特点进行有针对性地突破;从历史经验来看,领导干部的意识形态能力建设是关系意识形态建设成败的重要环节;从"物"的角度来讲,就是要紧跟时代变化,随时跟踪、了解社会意识形态变化的时代特点,掌握并运用先进的意识形态建设路径、控制手段、传播技术,为意识形态能力建设提供符合现实国情、迎合时代特点、适应发展需要的实施策略。

意识形态工作是党的一项极端重要的工作,抓好意识形态工作需要全党动手,需要各地、各部门、各单位党政一把手高度重视,而意识形态能力建设是做好意识形态工作的最重要抓手和最核心任务。意识形态能力建设的研究虽然刚刚破题,但意识形态能力建设不仅关系到领导干部的执政能力,也关系到党和国家的执政基础,更关系到党和国家的前途命运,其重要意义正在一步步凸显。恰逢全党上下高度重视意识形态工作的大好历史机遇,我期待也相信本书能推动领导干部积极主动地适应新时期的新形势、新要求,主动、科学加强意识形态能力建设,弘扬中国精神,凝聚中国力量,走好中国道路,在增强主动为人民服务、抵制西方敌对势力进攻等能力方面不断取得新进步、新成就,真正巩固马克思主义在意识形态领域的指导地位,巩固全党全国人民团结奋斗的共同思想基础,在前进路上不为任何风险所惧,不被任何干扰所惑,既居安思危看到面临的问题和考验,更坚定信心地高举旗帜,及时回答实践提出的新课题,为实践提供科学理论指导,继续把人民对我们党的"考试"、把我们党正在经受和将要经受各种考验的"考试"考好,早日实现中华民族伟大复兴的中国梦,共同推动人类文明进步和世界和平繁荣,铸就我们中华民族新的伟大辉煌。

能否做好意识形态工作,能否搞好领导干部的意识形态能力建设,事关党的前途命运,事关国家长治久安,事关民族凝聚力和向心力。"苟利国家生死以,岂因祸福避趋之"。毛泽东早就强调,掌握思想领导是掌握一切领导的第一位。各地党委的第一书记应该亲自出马来抓思想问题,不应该只委托宣传部长、文教部长、教育和文化厅局长这些同志去做而自己不去管它们。江泽民也指出,党委书记主管思想政治和意识形态工作,这是我们党的一个好传统。各级党委书记都很忙,需要抓的大事确实不少,但任何情况下都不能放松对思想政治和意识形态工作的领导。习近平总书记更是强调,各级党委要负起政治责任和领导责任,加强对宣传思想领域重大问题的分析研判和重大战略性任务的统筹指导,不断提高领导宣传思想工作能力和水平。这就要求广大领导干部必须发扬好党管宣传、党管意识形态这个优良传统和政治优势,各级党委主要负责同志要带头抓好意识形态工作。而正是在各级党委、政府主要领导同志尤其是各级党委书记的高度重视下,意识形态工作的一个新的春天正在到来。

意识形态工作是党的一项极端重要的工作,是所有领导干部必须高度重视的一项极端重要的工作。在习近平同志为总书记的新一届党中央领导下,在中国步入又一个新的三十年的关键历史时期,全党对意识形态工作的重视被提高到了一个新的历史高度,意识形态工作也正迎来一个新时代。面对全球化、市场化、网络化大潮的冲击,面对以美国为代表的西方敌对势力一直没有放松甚至越来越强大的和平演变攻势,在事关党和国家前途命运的意识形态政治斗争中,所有党员干部都不应该是旁观者,广大领导干部更是必须增强主动性、掌握主动权、打好主动仗,一定要在政治原则和大是大非的问题上立场坚定、态度鲜明,不能含糊其词、模棱两可、语焉不详,不能搞"爱惜羽毛"、装扮"开明绅士"那一套,更不能东西摇摆、左右迎合、为虎作伥,关键时刻必须敢于"亮剑"、善战能胜。我相信,随着全党和全国人民进一步深入学习、贯彻马列主义、毛泽东思想和中国特色社会主义理论,随着党中央沿着正确道路进一步全面深化改革开放,随着全党动手齐心协力抓好意识形态工作,随着越来越多的领导干部越来越重视意识形态工作,本书的意义和价值将随着时代的发展和历史的进步得到进一步体现。

第一章 马克思主义意识形态
理论的诞生和发展

从法国哲学家、启蒙思想家德斯图特·德·特拉西（Destutt de Tracy）在18世纪末创造出"意识形态"这个词汇开始，意识形态一直就是一个非常重要而又极其混乱的领域。无论哪个时代，意识形态问题总是人们关注和争论的焦点，既是世界历史舞台上决定性力量之一，也是决定世界历史进程的主导性力量之一。无论是对马克思主义的意识形态概念的褒贬之争，还是曼海姆沿着马克思主义的理论轨道赋予意识形态以"利益集团的思想体系"的含义，或者是列宁赋予意识形态以"社会意识形式"的意义，以及丹尼尔·贝尔在20世纪60年代初率先提出"意识形态终结"的论调等等，人们对意识形态的概念及其本质的争论，不仅吸引了更多人对意识形态的兴趣，也使得意识形态在推动社会发展、历史进步中的作用越来越巨大。因此，深入研究意识形态理论的起源、演变和本质，科学把握马克思主义意识形态理论的演变历程，并从关于意识形态的命运之争把握其在当代世界政治、经济、文化竞争中的重大意义，在科学界定意识形态能力的定义和内涵的同时引起更多人对意识形态能力问题的关注和思考，使全党全国领导干部都高度重视和大力加强意识形态能力建设，是我们"既不走封闭僵化的老路、也不走改旗易帜的邪路"的根本保证。

第一节 意识形态理论的起源、波折和演变

虽然经过曲折的发展历程，并且有人故意概念化、神秘化"意识形态"

这个词汇,也有人故意丑化、妖魔化"意识形态"这个词汇,更有人故意将意识形态非政治化以迷惑更多的人;但无论披着怎样的学术外衣或者政治武装,意识形态研究的本质是统治意识和话语霸权却是不可否认的,我们每个人都生活在意识形态的笼罩之中。因此,我们今天研究意识形态,仍然应该坚持历史唯物主义和辩证唯物主义的基本观点,从梳理意识形态的基本概念以及相关的研究成果入手,以意识形态的概念、功能、本质等问题为中心,在梳理意识形态理论的起源和演变历程中认识其本质。

一、意识形态概念的起源和提出

"意识形态"(ideology)是由希腊语中的术语"理念"(eidos)和"逻各斯"(logos)合成的一个新词,前者的含义为观念或思想、后者的含义为学说,其法文为Idéologie、英文为ideology、德文为Ideologie,在被翻译成汉语时一般译为"意识形态"、"观念形态"或"思想体系"。ideology 意为"观念论"或"观念的科学",通常被定义为"观念的科学",是由特拉西在法国大革命时期首次提出。虽然还有一些争议,但特拉西最早创造出"意识形态"的概念的说法是目前被学术界广为认可的,只不过对于特拉西最早是在哪一年提出"意识形态"的概念,学术界尚无定论。澳大利亚国立大学高等研究所资深研究员、英国卡迪夫(Cardiff)威尔斯大学政治理论教授安德鲁·文森特在《现代政治意识形态》一书中研究指出:"'意识形态'一词首先由特拉西于 1796 年和 1798 年间在他向巴黎法兰西研究院分期宣读的题为《关于思维能力的备忘录》的论文中提出来的。他的一本名为《意识形态原理》(1810—1815)的著作随后出版。"①而英国学者、思想家大卫·麦克里兰对于特拉西首创"意识形态"一词不持异议,却断言这个术语"出现于 1797年"。② 但无论具体是 1796 年、1798 年还是 1797 年,"意识形态"这一概念的提出,标志着人类认知自身和世界的一次重大飞跃,是认识论发展史上的一场革命,不仅对当时的法国启蒙运动具有极其重要的意义,更对世界政

① [澳]安德鲁·文森特:《现代政治意识形态》,袁久红等译,江苏人民出版社 2005 年版,第1—2 页。
② [英]大卫·麦克里兰:《意识形态》,孔兆政、蒋龙翔译,吉林人民出版社 2005 年版,第7 页。

治、经济、社会的发展凸显出来越来越重要的意义。

(一)"意识形态"概念创立之前的意识形态

其实,在特拉西创造出"意识形态"这一概念之前,人类早已经生活在意识形态的笼罩之中,只不过用别的词汇来称呼罢了。在东方,无论是春秋战国时期各国知识分子中不同学派的涌现及各流派争芳斗艳的百家争鸣、西汉董仲舒提出并被汉武帝采纳和在全国推行的"罢黜百家,独尊儒术",还是魏晋隋唐时期的佛教、道教、儒教三个教派相互影响、相互融合的三教合一,以及宋明理学为代表的、占主导地位的儒家哲学思想体系的复兴,再到从清朝初期倡导"经道合一"思想到康熙后期向"以经代道"的儒学思想转变,都有着浓厚的意识形态色彩。

在西方,我们可以看到,无论是古希腊最伟大的哲学家、思想家之一柏拉图曾经提出的"理念世界"以及"洞穴比喻",还是英国著名哲学家、文学家、思想家弗朗西斯·培根在其1620年出版的、著名的《新工具》一书中提出的包含"种族假相"、"洞穴假相"、"市场假相"、"剧场假相"在内的"四假相"学说,或者欧洲大陆唯理论的创始人、法国思想家笛卡尔提出的"普遍怀疑"主张,"要想追求真理,我们必须在一生中尽可能地把所有的事物都来怀疑一次,凡可怀疑的,我们也都应当认为是虚妄的",①或者17世纪英国"光荣革命"时期著名的唯物主义哲学家、经济学家、经验主义的开创人、第一个全面阐述宪政民主思想的大思想家约翰·洛克所批判的"四种错误的尺度"②、提出的关于"自然状态"、"社会契约"和"三权分立"的社会政治理论,以及18世纪法国哲学的重要代表人物之一、著名哲学家、思想家孔狄亚克从彻底的感觉主义立场出发对"天赋观念说"所进行的激烈批判等,甚至还有法国启蒙思想家卢梭关于自由、平等、天赋人权、主权在民、法治的思想以及德国哲学家康德的批判哲学思想、德国国家主义的理论奠基者费希特的思辨哲学等等,都成为意识形态概念的催化剂,使人们对意识形态问题的探索和思考一步步发展,最终推动了"意识形态"概念从猜想、雏形到诞生。尤其是康德在《纯粹理性批判》中宣扬的"我们这个时代特别可以称之

① [法]笛卡尔:《哲学原理》,关文运译,商务印书馆1958年版,第1页。
② [英]约翰·洛克:《人类理解论》下册,关文运译,商务印书馆1981年版,第712页。

为批判的时代,所有的东西都无法逃避批判……因为理性只尊重那些经得起自由的、公开检查的东西",①把批判的矛头对准了神学、法学、伦理学等多门学科中旧形而上学的传统偏见和谬误,使批判精神成为时代的旗帜,并开创了一个批判的时代。而特拉西创造出"意识形态"概念并提出意识形态的学说就是受此影响,他一个重要的目的就是创立一门基础性的哲学理论——"观念学",他最具影响力的作品——《意识形态的要素》一书有着明显的教育方面的目的,也体现出他为之付出的努力,奠定了其在意识形态研究领域极其重要的奠基者、开拓者地位。

(二)特拉西创立意识形态概念的前期准备

发端于 17 世纪、兴起于 18 世纪的启蒙运动是欧洲新兴资产阶级发起的一场反封建、反教会的思想、文化、社会解放运动,涉及政治思想、哲学思想、经济学思想、自然科学等,是一次全面的思想解放运动和深刻的社会风气变革。正如康德1784 年在《什么是启蒙》中所指出,启蒙运动就是人类脱离自己所加之于人类自身的不成熟状态,其所要求的东西不是别的什么,而是自由,自由就是要在一切事情中公开地使用理性。启蒙运动的主旨,提出了人的解放、个性的解放,实际上是要用人权代替神权,用科学理性代替信仰主义和愚昧迷信,相应的价值观就体现在自由、平等、博爱的口号中。它为资产阶级革命作了思想准备和舆论宣传,是继文艺复兴运动之后欧洲近代第二次思想解放运动。当时先进的思想家积极著书立说来批判专制主义和宗教愚昧,积极宣传自由、平等和民主,其中最重大的变化在于开创了现代意识形态的变革。而启蒙运动对法国具有非常重要的意义,不仅为法国创建了高度的精神文明,而且为资产阶级取得统治地位做了思想和理论的准备,推动人类的社会体制开始从君主专制向共和政体转变,让人民开始享有真正的人权。法国启蒙主义学者认为,人只有解放自己,才能解放世界,而通过发掘人类自身的自然潜能(感觉和人性)就能合理安排世界。作为法国启蒙主义学者的代表人物,出身贵族的特拉西本来是一位军人,但他一直支持君主政体改革,他不仅是法国学士院副院士,而且是法兰西学院的伦理学和政治学部门的院士。他在法国大革命时期开始研究洛克和孔狄亚

---

① [德]伊曼努尔·康德:《纯粹理性批判》,蓝公武译,商务印书馆1957 年版,第 3 页。

克的哲学,并在自己周围形成了一个意识形态研究者的团体。因为孔狄亚克不仅把洛克的唯物主义经验论心理学思想发展为感觉主义心理学思想,而且从洛克经验论的立场出发批判了笛卡尔等人的天赋观念论等;所以,作为孔狄亚克的学生,继承和发展了孔狄亚克思想的特拉西相信人类可以应用科学来改良社会和政治环境,这种科学可以称为"理念的科学"。特拉西的意识形态概念和理论主要集中体现在他所著的四卷本《观念学原理》一书中。他认为,意识形态作为观念学有着确定的含义,主要任务就是研究认识的起源、界限以及可靠性的程度等,有着理论上、哲学认识论上的多重意义。

(三)特拉西的意识形态学说的意义

特拉西还赋予意识形态学说以实践的意义,使得意识形态变成了社会的理论基础,并在某种意义上为资产阶级革命后的法国的建设提供了科学的理论基础。正如他所指出的,科学必须建立在通过感觉获得观念发生的原因的精确知识的基础上,必须研究并揭示观念的自然起源。因此,他认为,意识形态就是作为一切经验科学基础的"第一科学"。如果能够透彻地获得并且进一步系统、深入地剖析这些观念,就可以为一切科学知识提供坚实基础。通过对观念和感知的谨慎分析,意识形态可以通达人性,从而使社会与政治秩序可以根据人类的需要与愿望重新加以安排。因此,意识形态一经产生便具有了认识论和社会学的双重含义。[1] "这个概念的出现是作为在标志现代科学诞生的社会与政治动荡背景下试图发展启蒙运动理想的一部分。不论意识形态概念自国家研究院时期以来的发展过程有多长,不论它的用法变得多么多种多样,然而它仍然联系着启蒙运动的理想,特别联系着对世界(包括社会—历史领域)理性的认识的理想,以及对人类理性自决的理想。"[2] 特拉西提出意识形态一词的实质,就是人类能否在自觉观念的支配下创造历史的问题,而后来人们对于意识形态的否定、包括对于作为

---

[1] 参见侯惠勤:《马克思主义的意识形态批判与当代中国》,中国社会科学出版社 2010 年版,第 13 页。

[2] [英]约翰·B.汤普森:《意识形态与现代文化》,高铦等译,译林出版社 2005 年版,第 35 页。

意识形态的马克思主义的否定,其实就是对于人类自觉创造历史的否定。①因此,"意识形态"概念的提出,不仅标志着认识论发展中的一场革命,也是实践生活中的一场重要革命,具有很大的进步意义。

特拉西的思想中一个鲜明的特征是唯物主义,并且唯物主义也是"意识形态"这一概念中的一个支配性主题。他认为,思想的产生来自于物质的刺激,理念的形成是一个物理过程而不是精神过程或者什么玄秘之类。他提出的"意识形态"概念既具有一般的哲学意义,也含有政治学意义。作为政治学、经济学、伦理学、教育学等众多学科的基础,意识形态不仅是社会的理论基础,而且还负有社会使命。并且,特拉西还努力以社会和政治的改良为意识形态的主要目标,致力于将自己从"理念的科学"中获得的知识应用于推动全社会的进步,为理性统治做好准备,并进一步改善人类的生活甚至拯救人类。特拉西等人的学说把对个人对自由的坚定信仰与经过精心设计的国家纲领加以结合,曾经被作为当时法国的国家法定学说加以推广,对整个国家发展起到了积极的推动作用,并且影响到了其他国家。由此可见,意识形态在最初的意义上是一个积极的、进步的概念,是作为一个肯定性的概念加以塑造的,而不是后来不少人心中的颠倒的、虚假的印象。拒绝任何天赋观念的特拉西,不仅主张批判非理性、形而上学和宗教思想等,而且主张共和政治与言论出版自由等,体现出一种顺应历史发展的、自由革命的进步思想。

二、意识形态遭遇的第一次重大波折

但意识形态的根本属性决定其发展注定要经历很多波折。当特拉西的意识形态理论被当作一种新的政治理念乃至是一种社会改造方案推行到社会实践领域中,就不可避免地触动甚至损害了统治阶级的一些利益,遭到了来自现实社会中不少人乃至统治者的极力反对。

(一)拿破仑向意识形态发难并打压学者

首先向意识形态发难的是曾在远征中下达过"让驴子和学者走在队伍

---

① 参见侯惠勤:《马克思主义的意识形态批判与当代中国》,中国社会科学出版社 2010 年版,第 14 页。

中间"这条著名的指令的法兰西第一共和国执政、法兰西第一帝国皇帝拿破仑·波拿巴,他在恢复帝制并日益暴露专制倾向时,发现特拉西等法国意识形态学者多数都对他进行批评且引发了欧洲其他国家学者跟随其后,就决定先下手为强,从而为自己恢复帝制扫清思想理论上的障碍。于是,拿破仑故意轻蔑地将特拉西等意识形态学者称为"意识形态家"、"民族道德的破坏者"、"强词夺理的理性主义者"、"险恶的形而上学家们"等,嘲笑他们的主张只不过是一种脱离政治现实的、抽象的、空洞的学说,不仅赋予"意识形态家"等词汇以污蔑、贬损等含义,而且将其视为秩序、宗教和国家的破坏者,认为其是国家所有的灾难之源。为了打压特拉西等人,1802年,拿破仑取缔法兰西学院的伦理学和政治学两大研究部门,"意识形态家"们被合并到其他研究部门,并被指派去教授历史、诗歌和从事翻译工作等,甚至还有人被组织去编撰法语词典。

拿破仑不仅试图阻止这些"意识形态家"们进行政治、经济等领域的独立研究,而且公然对意识形态学者进行迫害,使特拉西等处境艰难。并且,这位曾经不可一世的法国皇帝在1812年入侵莫斯科失败后,竟然将军事失败归咎于"意识形态家们"学说的影响,极其草率地公开声称:"我们美丽的法兰西所遭受的所有不幸,都要归咎于意识形态这种晦涩难解的玄学。它故弄玄虚地想照出给人民立法提供基础的第一因,而不是使法律与人类心灵的知识和历史教训相协调。"[1]"意识形态,这种模糊不清的形而上学,巧妙地寻找第一原因,希望在此基础上确立人民立法(legislation of people),而不是从关于人类心灵的知识和历史的教训中获取法则,我们必须把我们可爱的法兰西的一切不幸归罪于它。"[2]值得注意的是,在拿破仑对意识形态的诸多指责中,最为根本的是将其归结为一种激进的、危险的政治情绪,"'意识形态'这一贬抑用法——表示知识上贫乏、实践上的愚昧,更为特别的是作为一种危险的政治情绪——大有挥之不去的态势。"[3]在这种环境

---

[1] 转引自[美]刘易斯·科塞:《理念人》,郭方等译,中央编译出版社2001年版,第208页。
[2] 转引自[英]大卫·麦克里兰:《意识形态》,孔兆政、蒋龙翔译,吉林人民出版社2005年版,第8页。
[3] [英]大卫·麦克里兰:《意识形态》,孔兆政、蒋龙翔译,吉林人民出版社2005年版,第4页。

下,无论是保守派、复辟派,还是保皇派,都对特拉西的《意识形态原理》1829 年再版发行进行攻击,称再版行为是推翻"古老的政教一体"企图的一个组成部分。

因为拿破仑的强大影响力,意识形态这一词汇的轻蔑、否定的用法便在 19 世纪上半叶流行开来,并对后来产生了深远的影响。正如曼海姆所说:"当拿破仑发现这个哲学团体反对他的帝国野心,从而轻蔑地称这批人为'意识形态专家'时,现代的意识形态概念便诞生了。因此,这个词带上了贬义,像'doctrinaire'(空论家)这个词一样,一直把这样的贬义保留至今。"①从此,意识形态由一个被注入了很高的道义价值与使命感的、肯定性的科学概念逐渐变成包含盲目自信、夸夸其谈、华而不实等贬义性甚至污蔑性含义在内的否定性概念,Idéologies 这个法语词汇不仅在法国而且在全欧洲都被赋予了"意识形态家"与"空想家"这双重含义,并影响了包括马克思在内的后来的很多人。但与此同时,以特拉西为代表的意识形态学家也因为敢于与强大的统治者对抗而名声大振,不仅特拉西的影响力扩大到整个欧洲甚至更广阔的地域,也使得意识形态这个名词从法国走向世界。

(二)拿破仑为什么同意识形态研究者之间形成对抗

拿破仑同特拉西及其观念学派等意识形态研究者之间的学理分歧,以及政治纠葛成为意识形态发展史上具有重要划时代意义的重大事件,也在某种意义上改变了意识形态及其研究者的命运。从表面上看起来,拿破仑指责甚至妖魔化意识形态似乎主要是特拉西、法国哲学家卡巴尼斯等为代表的意识形态学者"清谈误国"、"空想祸国"甚至"无知殃民"等,并且其对特拉西等人彻底化、简单化的感觉主义立场的批判也有一定道理;但实际上是代表了其要否定以自由、民主、共和为取向的资产阶级革命变革的一股保守政治势力,本质上是进步和倒退两股力量之争。安德鲁·文森特对此进行了较好的总结:"第一,特拉西最初明确用它来指一门新的关于观念的经验科学;第二,该术语渐渐地意指与某种形式的世俗的自由共和主义相关;第三,它带上了一种贬抑的含义,隐含有知识和实践贫乏和危险的激进主义之意;最后,它被极为浅薄地用于一个非常有限的领域,指称一般而言的

---

① K.Mannheim, *Ideology and Utopia*, London:Routledge and Kegan Paul, 1955, p. 64.

'政治学说'。"①而透过历史的迷雾梳理拿破仑与意识形态家之间的关系，可以发现双方也曾经有过短暂的"蜜月"，但当拿破仑要把共和制政府演变为专制的帝制时，一直坚持自由、民主的信条和追求并维护良心自由、科学研究自由和宗教宽容等权利的意识形态理论家与他的分裂甚至对立便不可避免。这种对立使得意识形态本身成为两极对抗的斗争的新领域，也引发了更多人对意识形态的关注和思考。

拿破仑垮台之后，复辟的波旁王朝虽然恢复了特拉西在法国大革命时期失去的贵族称号，虽然复辟后的波旁王朝的性质也属于资产阶级的君主立宪体制，但由于路易十八是在军队和资产阶级的压力下被迫接受一部倾向自由主义的宪法，其在骨子里并不认可特拉西等人的意识形态学说；所以，虽然没有了拿破仑的公开打压，但以特拉西为代表的意识形态学家们的观点和理论仍然遭到波旁王朝的理论家们的怀疑、批判甚至否定。就这样，意识形态在法国步入了一个较长的低迷期，直到特拉西在1836年去世，他也没有看到意识形态重新获得人们的认可和尊重。

（三）意识形态在遭遇重大波折中的意外收获

意识形态的一个意外的收获却发生在德国，虽然这不是拿破仑的本意。随着拿破仑大军入侵并横扫腐朽不堪的德国，使得德国的"自由之友"等意识形态组织才免遭被德国政府打压甚至绞杀的厄运，并得到了迅速发展。因此，德国知识界先进人物中很多人对拿破仑给予了相当程度的肯定，认为他在德国是革命的代表，是旧封建社会的摧毁人，正是他接二连三地派军队袭击德国，才使得"基督教德意志"的旧社会最终地被消灭，并对德国社会发展产生了巨大的、强烈的推动作用。如大诗人歌德曾专程去拜见这位征服者，并"带着高兴的神情听他讲话"。大哲学家黑格尔看到拿破仑骑马巡视被法国军队侵占的德国城市耶拿，称赞他是踞于马上的世界精神，正是他使开明的政制散播到了四处八方。德国哲学家费希特这么评价："如果拿破仑和他的法国军队未曾迅速战胜我们，那些留在德国的自由之友会遭到更大的不幸……没有拿破仑，我们的哲学家和他们的观念一起会被绞刑和

---

① ［澳］安德鲁·文森特：《现代政治意识形态》，袁久红等译，江苏人民出版社2005年版，第2页。

车裂消灭的一干二净。"①事实上,德国意识形态的发展、繁荣确实在一定程度上要感谢甚至归功于拿破仑,某种意义上甚至可以称其是德国意识形态的大救星,虽然拿破仑本人也没有预料到这一点。

三、意识形态理论的演变和发展

在特拉西之后,意识形态的发展主要体现在德国,以乔治·威廉·弗里德里希·黑格尔、路德维希·安德列斯·费尔巴哈、布鲁诺·鲍威尔等为代表的一批德国大哲学家、思想家对意识形态理论的进一步发展和走向成熟作出了突出贡献,不仅使得意识形态作为一个崭新的研究领域被开辟出来,为马克思主义意识形态理论的形成奠定了基础,而且也使得意识形态成为人类精神生活中一个无法回避而又经久不衰的宏大主题,成为推动社会进步的重要力量和政治、社会发展的重要组成部分。

（一）黑格尔的巨大贡献

作为德国最优秀的哲学家、思想家之一,1770 年 8 月生于德国符腾堡公国首府斯图加特一个官吏家庭的黑格尔,在思想上继承了柏拉图、康德为代表的理性主义传统,并对以往哲学理论进行了批判与继承,在此基础上形成了自己的思想体系,是德国古典唯心主义的集大成者,象征着 19 世纪德国唯心主义哲学运动的顶峰,是近代客观唯心主义哲学的典型代表,可以说是对德国资产阶级的国家哲学作了最系统、最完整、最丰富地阐述,其思想对后世哲学流派产生了深远的影响。黑格尔虽是德国人,但却非常关注并热烈称赞法国大革命,因此他的思想应该说和特拉西的学说有一些或多或少的联系。虽然黑格尔并没有创造出意识形态的德语词汇 Ideologie,但他在意识形态发展史上的地位却是极其重要的。他不仅在其名著《哲学史演讲录》中几次借用意识形态的法语词汇 Idéologie,而且对特拉西等法国意识形态学家们的思想实质的分析非常切中要害,"以前的一切意识形态都是精神的抽象物,它们之所以成为那个样子,都是由于精神对自己进行了分析,区别了自己的环节,就停留于这些环节上了。"②值得注意的是,黑格尔

---

① Hans Barth, *Wahrheit und Ideologie*, Frankfurt: Suhrkamp Verlag, 1961, pp.30-31.
② ［德］黑格尔:《精神现象学》下卷,贺麟、王玖兴译,商务印书馆 1979 年版,第 3 页。

在其《精神现象学》一书中使用了 die Gestaltungen des Bewusstseins 和 die Gestalten des Bewusstseins 两个德语词汇来表述意识形态的意思，只不过他是用的是一种复数形式，被翻译为"意识诸形态"。此外，《精神现象学》书中对与社会历史发展的不同阶段相对应的不同意识形态进行了梳理和分析，引入了"异化"、"教化"的概念，并对"异化"了的现实世界进行了说明，而且敢于对"教化"的虚假性、欺骗性进行揭露和批判。这一方面表明意识形态学说在当时的影响力，同时也从一个侧面表明德国意识形态的发展已比较繁荣。

并且，黑格尔确立了以逻辑再现历史的哲学旨趣，第一次用逻辑再现了人类历史，通过逻辑和历史相一致的方式，确立了辩证的思维方式，从而使以往庞杂而混乱的世界史第一次有规律地呈现在人们面前，开创了将历史变为科学的新思维方式。他认为，从必然到自由是一个历史过程，"那种以上帝的启示为原始的基础、并且从上帝的启示后而有的思维精神的发展，最后必然进展到一个阶段，就是摆在感觉和想象的精神前面的东西，也可以用思想来理解。终究有这一天，人们会理解活动的'理性'的丰富产物，这产物就是世界历史。"①在这里，他把这种理性称为"绝对精神"或者"绝对理念"，不仅奠定了其历史一元观的思想基础和历史辩证法的思维方式，更实现了自由和必然的统一。列宁深刻揭示了其巨大价值："在这个体系中，黑格尔第一次——这是他的伟大功绩——把整个自然的、历史的和精神的世界描写为一个过程，即把它描写为处在不断的运动、变化、转变和发展中，并企图揭示这种运动和发展的内在联系。从这个观点看来，人类的历史已经不再是乱七八糟的、统统应当被这时已经成熟了的哲学理性的法庭所唾弃并最好尽快被人遗忘的毫无意义的暴力行为，而是人类本身的发展过程，而思维的任务现在就是要透过一切迷乱现象探索这一过程的逐步发展的阶段，并且透过一切表面的偶然性揭示这一过程的内在规律性。"②因此，黑格尔虽然是用唯心主义方式阐述了辩证法的基本思想、基本规律和基本原则，但仍对德国乃至整个西方哲学甚至世界哲学的发展产生了巨大影响，尤其

---

① ［德］黑格尔：《历史哲学》，王造时译，商务印书馆 1963 年版，第 53 页。
② 《马克思恩格斯选集》第 3 卷，人民出版社 1995 年版，第 362—363 页。

是为马克思主义的创立提供了重要的思想基础和源泉。恩格斯对于黑格尔的哲学成就给予了高度评价："黑格尔哲学的真实意义和革命性质，正是在于它彻底否定了关于人的思维和行动的一切结果具有最终性质的看法。"①列宁也同样给予了较高评价和充分肯定："虽说马克思没有遗留下'逻辑'（大写字母的），但他遗留下《资本论》的逻辑，应当充分地利用这种逻辑来解决这一问题。在《资本论》中，唯物主义的逻辑、辩证法和认识论（不必要三个词；它们是同一个东西）都应用于一门科学，这种唯物主义从黑格尔那里吸取了全部有价值的东西并发展了这些有价值的东西。"②从意识形态的视角看，黑格尔首次提出了跳出思想的抽象性而达到思想的具体整体的原则，促使意识形态从抽象教条向人类全部实践活动及其规律的把握转化。③也正是因为这些不可磨灭的贡献，黑格尔被认为是对意识形态这一概念的进一步发展和实现根本转折奠定了基础，其在意识形态方面的思想影响了此后几代人，也自然被认为是在意识形态发展史上作出了重要贡献的杰出人物。

（二）费尔巴哈和唯物主义

作为德国最著名的哲学家、思想家之一，1804 年 7 月出生于拜恩州的费尔巴哈的父亲是德国法学家保罗·约翰·安塞姆里特·冯·费尔巴哈，这样的家庭对费尔巴哈的成长自然有着重要影响。费尔巴哈年轻时曾跟随黑格尔学习哲学，从老师那里学习并接受了"异化"、"外化"、"对象化"等重要概念，成为"青年黑格尔学派"的重要成员。但他后来发表了《黑格尔哲学的批判》，对自己老师的唯心论进行了深入分析和批判。他从思维和存在的关系出发，开辟了一条通向唯物主义世界观的道路。虽然费尔巴哈不承认自己是无神论者，也没有使用过"意识形态"的概念，但他对基督教展开批判，其对宗教异化的批判思想是对 18 世纪法国唯物主义者的宗教批判的深化，同黑格尔一样触及了意识形态和异化的内在关系问题，是我们理解意识形态发展的一个重要节点。他把神学还原为人学，并提出一种机械

---

① 《列宁全集》第 55 卷，人民出版社 1990 年版，第 290 页。

② 《马克思恩格斯文集》第 4 卷，人民出版社 2009 年版，第 267 页。

③ 参见侯惠勤：《马克思主义的意识形态批判与当代中国》，中国社会科学出版社 2010 年版，第 170 页。

论的唯物主义,被认为是德国哲学史上第一个自觉、公开、坚定地同基督教决裂的资产阶级思想家。对于他的方法,费尔巴哈本人是这么总结的:"我的'方法'是什么呢? 是借助人,把一切超自然的东西归结为自然,又借助自然,把一切超人的东西归结为人。"①并且,他进一步指出,理解他的方法以至其全部人本主义原理的关键在于把握个体概念。"我只强调一点,而这一点却正是一切东西都围绕其周围的要点。这就是个体之概念。"②确实,个体概念是费尔巴哈思想体系中的一个核心概念,只有抓住了个体概念,才能真正弄清其人本主义体系和方法的优点和不足所在。正如他所说:"我是一个实在的感觉的本质,肉体总体就是我的'自我',我的实体本身。"③"我则把类跟个体同一起来,把普遍的东西个别化,而正因此却也把个体普遍化,换句话说,扩大了个体的概念,这样,对我来说,个体便是真正的、绝对的实体。"④因此,虽然费尔巴哈和18世纪法国唯物主义一样把个体理解为经验的、感性的存在,但他的个体概念还包含着精神和肉体的统一、认识主体和感性对象的统一以及个体和类、个别本质和普遍本质的统一等极丰富的规定,尤其是他把"类"的特性引进了个体概念之中,突破了个体的封闭、孤立的状态,使得其个体概念大大超过了18世纪法国唯物主义,架起了通向历史唯物主义的桥梁。

费尔巴哈的不少观点和思想在社会上产生了很大影响,并对马克思的思想产生了比较大的影响。虽然由于思想的局限性对现实的无奈,费尔巴哈把超越现实生活的人看作真正的人,最终以幻想代替了现实。但他不仅从宗教异化现象中找到了其属人的本源,而且令人信服地证明了世俗和天国的分裂根源在于个体本身的内在差别,"应当把上帝和人的这种分裂归结为存在于人本身里面的差别(在人里面,如果在他的我或自我意识跟他的实体或本性之间并不存在差别,那么,怎么能够解释宗教呢?)"⑤这其实是在告诉人们,人类生活中的一切异化现象只能归结于人的自我异化,社会

---

① 《费尔巴哈哲学著作选集》(上卷),荣震华等译,三联书店1959年版,第249页。
② 《费尔巴哈哲学著作选集》(下卷),荣震华等译,商务印书馆1984年版,第859页。
③ 《费尔巴哈哲学著作选集》(上卷),荣震华等译,三联书店1959年版,第169页。
④ 《费尔巴哈哲学著作选集》(下卷),荣震华等译,商务印书馆1984年版,第520页。
⑤ 《费尔巴哈哲学著作选集》(下卷),荣震华等译,商务印书馆1984年版,第424页。

分裂现象只能根源于人自身的现实差别。费尔巴哈这种对现实社会生活部分现象的独树一帜的解释,不仅影响了当时很多学者,而且为马克思等人提供了方法论上的启示。并且,他的唯物主义思想和对历史的分析也为当时的马克思提供了变革现实的理论根据,打开了思想突破和探索社会的新思路,构成了从黑格尔到马克思的"中间环节"和历史唯物主义的理论基础之一。

(三)鲍威尔和"自我意识"的影响

鲍威尔也曾跟随黑格尔学习神学,并在黑格尔的指导下完成了自己的博士论文《论康德哲学的原则》,是"青年黑格尔学派"代表人物和领袖之一,也是被马克思、恩格斯称为"神圣家族"的鲍威尔家的三兄弟之一。他认为黑格尔的自我意识就是同自然相脱离的绝对实在,并用这种解释来代替黑格尔的"绝对观念",宣称"自我意识"是一种既依存于人又独立于人的精神力量,是最强大的历史创造力,是历史发展的决定力量。他借助于对"自我意识"的强调来力图唤起对社会、人的世界及其作为"行动中的人的精神"现象进行批判,从而把"具有绝对意义的绝对精神的自我意识改造为具有绝对意义的人的自我意识,把自我意识从逻辑的天空拉近到尘世的人,把最高的神性赋予了人的自我意识"[1]。尽管鲍威尔没有明确使用过"意识形态"一词,但他在构建"自我意识"概念的过程中,特别是分析宗教问题时运用了意识形态批判的原则,并进一步将其与人的现实生活世界相联系,建立起一种"自我意识"哲学。并且,他敢于批判福音书,否认福音故事的可靠性以及耶稣其人的存在,宣称自己最主要的奋斗目标就是要用一个世俗的政权取代当时德国的基督教国家性质,体现出了其思想的进步性。更应该指出的是,马克思著名的博士论文——《德谟克利特的自然哲学和伊壁鸠鲁的自然哲学的差别》——就是在鲍威尔指导下完成的,这也是马克思被认为曾在"自我意识"哲学的视野下来考察意识形态概念的重要原因,而马克思则在对鲍威尔思想批判继承的基础上提出了自己的意识形态思想。

从培根、洛克、孔狄亚克到特拉西,再到黑格尔、费尔巴哈、鲍威尔,意识形态的概念从无到有,并发展成为近代西方哲学中一个重要概念。尽管这

---

① 黄楠森、庄福龄:《马克思主义哲学史》第 1 卷,北京出版社 1991 年版,第 67 页。

些哲学家、思想家都有其思想局限性,但他们不仅为意识形态理论的发展和成熟作出了自己的贡献,而且对此后的意识形态理论发展产生了深刻影响,也为马克思创立意识形态批判理论提供了重要的思想基础和理论启发,并对今天的意识形态理论研究也有着不可忽视的借鉴意义。

第二节　马克思主义意识形态理论的形成

在马克思创立历史唯物主义的思想发展进程中,对黑格尔、费尔巴哈、鲍威尔等人的思想都是在批判中汲取其有益成分,尤其是对费尔巴哈人本主义的批判扬弃具有最终的、决定性的意义。而《德意志意识形态》是被学界公认的唯物史观形成的标志性著作,马克思、恩格斯在这部著作里第一次对历史唯物主义基本原理作了系统阐述,不仅在马克思主义意识形态理论发展史上具有里程碑的意义,而且在马克思主义哲学史上无疑具有极为重要的地位。正是在深入剖析、批判德意志意识形态的过程之中,马克思创立和发展了对人类历史产生重大影响的历史唯物主义理论,推动了马克思主义意识形态理论的形成。因此,研究马克思主义意识形态理论的发展历程,尤其是其形成的过程,探究《德意志意识形态》的诞生及其核心思想不仅是关键所在,更是重中之重。

一、作为"青年黑格尔派"的马克思及其在《莱茵报》的革命斗争

马克思曾经说过一句关于哲学的经典名言:"任何真正的哲学都是自己时代的精神上的精华。"①确实,真正的哲学不仅是自己时代的精神上的精华,更是社会变革的先导。马克思主义哲学的产生是世界哲学史上最伟大的变革,而只有认真考察马克思主义意识形态理论是如何产生并不断完善的,弄清楚马克思是如何从一位历史唯心主义者转变为历史唯物主义者、从最初高喊"理性和自由"口号的民主主义者转变为以"使现存世界革命化"为己任的伟大共产主义者,才真正理解马克思主义哲学的思想内涵的

---

① 《马克思恩格斯全集》第1卷,人民出版社1995年版,第220页。

伟大意义。

（一）作为"青年黑格尔派"的马克思

卡尔·马克思 1818 年 5 月 5 日出生于德国最古老的城市之一特利尔城,父亲是一位非常有名的犹太律师,这使得少年马克思受到了良好的家庭教育。1835 年 8 月,即将中学毕业的马克思在一次考试中写下了一篇被后人广为传颂的作文《青年在选择职业时的考虑》,他在文章中写道:"如果我们选择了最能为人类而工作的职业,那么,重担就不能把我们压倒,因为这是为大家作出的牺牲;那时我们所享受的就不是可怜的、有限的、自私的乐趣,我们的幸福将属于千百万人,我们的事业将悄然无声地存在下去,但是它会永远发挥作用,而面对我们的骨灰,高尚的人们将洒下热泪。"①这篇文章表现出年仅 20 岁的马克思天才般思想的火花、远大志向和崇高理想,可以看出那时候的他已经能够把错综复杂的外部世界作为思考问题、探索真理的背景,立志为人类的幸福而努力奋斗了,而这种伟大志向一直伴随着他奋斗了一生。

1835 年中学毕业后,马克思被父亲送到了当时著名的波恩大学去学习法律。但进入波恩大学以后,他发现这里的不少学生整天追求的是吃喝玩乐、享受人生,根本没有一个良好的学习气氛和环境。失望之余,马克思在 1835 年转入当时学习气氛浓厚、在思想学术领域都处于领先地位的柏林大学,在这里他看到了渴望民主政治的"青年黑格尔派"和拥护专制政权的"老年黑格尔派"的对垒,开始喜欢上黑格尔哲学,并加入了"青年黑格尔派"的核心组织——博士俱乐部,成为其中积极的一份子。在"青年黑格尔派"俱乐部,马克思认真研读黑格尔的著作,并为自己能成为这位大思想家的学生而感到自豪,吸收了"青年黑格尔派"思想中的追求民主、自由、理性等成分和"自我意识"的理论,虽然这时候他仍是一位唯心主义者,但这期间的学习积累为他以后的思想发展、进步奠定了很好的基础。也许正是因为如此,尽管后来对黑格尔进行了批判,但马克思在 1873 年为《资本论》第二版所写的序言中仍然说:"我公开承认我是这位大思想家的学生,并且在关于价值理论的一章中,有些地方我甚至卖弄起黑格尔特有的表达方式。

---

① 《马克思恩格斯全集》第 1 卷,人民出版社 1995 年版,第 459—460 页。

辩证法在黑格尔手中神秘化了,但这决没有妨碍他第一个全面地有意识地叙述了辩证法的一般运动形式。"①由此可见黑格尔的思想对马克思的巨大影响以及马克思对哲学理论的渴求和思考。

青年马克思所处的是一个剧烈动荡、快速变革的时代,随着英、法、德等国家的资本主义经济迅速发展,资产阶级的民主主义和自由主义思想也得到非常广泛地传播,尤其是对大学校园内的学生影响很大。1841 年,即将大学毕业的马克思投入很大精力完成了他的博士论文《论德谟克利特的自然哲学和伊壁鸠鲁的自然哲学的差别》,这是一篇很优秀的哲学论文。他在文中系统完整地反映了自己的哲学观点、理论建树和思想内涵,并在"序言"中引用埃斯库罗斯的《被锁链锁住的普罗米修斯》中希腊神话最高尚的圣者和殉道者普罗米修斯对众神的侍者海尔梅斯所说的一段话:

> 我绝不愿像你那样甘受役使,来改变自己悲惨的命运,
>
> 你好好听着,我永不愿意!
>
> 是的,宁可被缚在崖石上,
>
> 也不为父亲宙斯效忠,充当他的信使。②

这段话表明了马克思决心为人类幸福而坚持奋斗甚至不惜献身的心胸和志向,也是他当时内心世界的真实反映,表明了他对自由和革命的热切渴望和向往。凭借这篇优秀的论文,马克思获得了博士学位。虽然博士论文中体现的还是黑格尔唯心主义的观点,但也指出了黑格尔哲学的本质其实就是被他的保守体系所掩盖了的辩证发展观。因此,博士论文是马克思思想发展中的一次具有重大意义的自我深化,为其投身政治斗争奠定了思想基础。正如他在这篇论文中所说"不妨把这篇论文仅仅看作是一部更大著作的先导"③,从博士论文开始,马克思的思想开始有了重大变化和进步,而历史唯物主义理论的形成和意识形态理论的确立便是其思想发展史上同一个过程中互相促进的两个不同侧面。

(二)《评普鲁士最近的书报检查令》及其进步思想

1841 年大学毕业后,马克思便积极投身于追求民主、革命的社会政治

---

① 《马克思恩格斯全集》第 44 卷,人民出版社 2001 年版,第 22 页。

② 《马克思恩格斯全集》第 1 卷,人民出版社 1995 年版,第 12 页。

③ 《马克思恩格斯全集》第 1 卷,人民出版社 1995 年版,第 10 页。

活动。而当时,为了压制日益高涨的资产阶级民主主义运动,也为了缓和人民对 1819 年颁布的书报检查令的反对情绪,普鲁士政府于 1841 年的 12 月 24 日发布了新的书报检查令。新的书报检查令在部分知识分子中起了一定欺骗作用,有人竟然错误地认为这个法令是走向出版自由的第一步,是有利于争取自由和进步的。对于这份新的书报检查令,马克思一开始就看透了其本质并对其充满厌恶和憎恨,并于 1842 年 2 月 10 日写出了他自己的第一篇政论文章《评普鲁士最近的书报检查令》,对书报检查令进行了透彻分析和深入批判,尖锐地指出:"你们赞美大自然令人赏心悦目的千姿百态和无穷无尽的丰富宝藏,你们并不要求玫瑰花散发出和紫罗兰一样的芳香,但你们为什么却要求世界上最丰富的东西——精神只能有一种存在形式呢?我是一个幽默的人,可是法律却命令我用严肃的笔调。我是一个豪放不羁的人,可是法律却指定我用谦逊的风格。一片灰色就是这种自由所许可的唯一色彩。每一滴露水在太阳的照耀下都闪现着无穷无尽的色彩。但是精神的太阳,无论它照耀着多少个体,无论它照耀什么事物,却只准产生一种色彩,就是官方的色彩!"①"对真理是否干脆就这样去理解,即凡是政府的命令都是真理,而探讨只不过是一种既多余又麻烦的、可是由于礼节关系又不能完全取消的第三者?看来情况差不多就是如此。"②犀利的语言富有感染力和鼓动力,对自由的追求跃然纸上。

在对普鲁士政府虚假的言论自由予以抨击的同时,他又以自己高度的政治敏感和深刻的洞察力剖析并揭露出,新的书报检查令与旧的书报检查令没有根本的区别,它们都是代表封建贵族的意志和利益,以扼杀出版自由、言论自由为主要目的的,从而深刻揭露了书报检查令的虚伪性、欺骗性和专制主义本质。这是马克思对统治阶级的思想意识的虚伪性和掩蔽性的最初的批判,马克思后来对意识形态的掩蔽性的批判在这里已初见端倪。③

（三）《莱茵报》对马克思的重大影响和深远意义

从 1842 年 3 月开始,在鲍威尔和《莱茵报》董事格·荣克的催促下,曾把绝大部分精力都用在了《德意志年鉴》上的马克思开始为《莱茵报》撰稿,

---

① 《马克思恩格斯全集》第 1 卷,人民出版社 1995 年版,第 111 页。
② 《马克思恩格斯全集》第 1 卷,人民出版社 1995 年版,第 113 页。
③ 参见俞吾金:《意识形态论》(修订版),人民出版社 2009 年版,第 45 页。

这也是对他一生有着重要影响的一份报纸。《莱茵报》1842年1月1日创刊，前身是《莱茵总汇报》，其最初公开的目标是维护莱茵地区大量中产阶级的利益，而这些中产阶级的目标就是保卫拿破仑法典和法律面前一律平等的基本原则，在创建报纸时起了重要作用的莫泽斯·赫斯也是一名革命者。报社两位负责物色编辑人员的年轻人都是忠实而热诚的黑格尔思想的追随者，他们自然更愿意在认可黑格尔思想的人中物色撰稿人。因此，"青年黑格尔派"注意了这张报纸，不少"青年黑格尔派"的学者成为《莱茵报》的经常撰稿人，也使得这张商业性报纸越来越趋向政治性。从给《莱茵报》撰稿第一天起，马克思写的文章就很突出，并且很快超过、压倒了其他所有撰稿人。由于马克思对待每个问题实事求是的态度比布鲁诺·鲍威尔、梅因·施蒂纳等人更能使《莱茵报》的股东们容忍青年黑格尔主义，就是在同年10月15日，年轻而充满激情的马克思被聘请担任《莱茵报》的主编。在担任主编的第一天，马克思就写了《共产主义和〈奥格斯堡总汇报〉》，抨击这份当时唯一具有全国意义甚至国际影响的德国报纸，开篇就说："奥格斯堡报第284号实在不高明，它居然发现《莱茵报》是普鲁士的共产主义者，虽然不是真正的共产主义者，但毕竟是一位向共产主义虚幻地卖弄风情和柏拉图式地频送秋波的人物。"①接着毫不留情地指出："在谈到共产主义的时候，你们使我们了解到，现在德国独立的人很少，十分之九的有教养的青年都为了自己的前途而向国家乞食，我国的河流未被利用，航运萧条，过去繁荣的商业城市失去了往日的光辉，自由的制度在普鲁士推行得缓慢无比，我国过剩的人口无依无靠地流浪四方，在其他民族中作为德国人逐渐衰亡。"②并进而抨击："奥格斯堡报从来也没有经受过那种当一个人的主观愿望起来反对他自己的理智的客观见解的时候所产生的良心的痛苦，因为它既没有自己的理智，又没有自己的见解，也没有自己的良心。"③从中可以看出，马克思已经清醒地认识到，那些有钱的、所谓"有教养的青年"只是想玩弄共产主义这个名词，他们不仅没有打算把自己的财产拿出来与工人均分，而且为了自己的利益随时都可能背叛自己的灵魂。但他也进一步指出，随

---

① 《马克思恩格斯全集》第1卷，人民出版社1995年版，第291页。
② 《马克思恩格斯全集》第1卷，人民出版社1995年版，第293页。
③ 《马克思恩格斯全集》第1卷，人民出版社1995年版，第296页。

着中等阶级战胜封建贵族而成为社会的统治阶级,共产主义已不可阻挡地成为当时整个欧洲极其重要的问题,并且具有重要的普遍意义。并且,那些一无所有的阶级正在要求并采取行动占有中等阶级的部分甚至更多财产,不管是英国的宪章运动还是法国的 1831 年和 1834 年工人起义,都是这种正在发生的行动的反映。

在马克思的支持下,《莱茵报》不断宣传民主、革命思想,其革命民主主义倾向也越来越强烈和明显。从 1842 年 5 月到 1843 年 1 月,他在《莱茵报》上先后发表了《第六届莱茵省议会的辩论(第一篇论文)》、《第 179 号〈科隆日报〉社论》、《〈莱比锡总汇报〉在普鲁士邦境内的查禁》、《摩泽尔记者的辩护》和《〈莱比锡总汇报〉的查禁和〈科隆日报〉》等充满革命思想的文章,提出和使用了"新闻出版自由"、"自由的出版物"、"自由报刊"、"人民报刊"、"自由报刊"等概念,正如他 1842 年 5 月在《莱茵报》上发表的第一篇论文《第六届莱茵省议会的辩论(第一篇论文)》中鲜明指出:"没有新闻出版自由,其他一切自由都会成为泡影。自由的每一种形式都制约着另一种形式,正像身体的这一部分制约着另一部分一样。只要某一种自由成了问题,那么,整个自由都成问题。只要自由的某一种形式受到指责,那么,整个自由都受到指责,自由就只能形同虚设,而此后不自由究竟在什么领域内占统治地位,将取决于纯粹的偶然性。不自由成为常规,而自由成为偶然和任性的例外。"①这是他第一次提出"新闻出版自由",并且对理性的理解已经具体化为"人民精神",而不是像以往那样停留在抽象的客观精神或人类精神上。

《〈莱比锡总汇报〉在普鲁士邦境内的查禁》是马克思为 1843 年 1 月 1 日《莱茵报》第 1 号写的社论,他认为报纸对普鲁士政府的批评才是政府采取行动的根本原因,这是普鲁士政府对所有反对派报刊采取全面制裁措施的第一步,并在文中指出:"报刊只是而且只应该是'人民(确实按人民的方式思想的人民)日常思想和感情的'公开的'表达者,诚然这种表达往往是充满激情的、夸大的和失当的'。因此,如同生活本身一样,报刊总是常变

---

① 《马克思恩格斯全集》第 1 卷,人民出版社 1995 年版,第 201 页。

常新,永远也不会老成持重。"①从中可以看出,在马克思眼中,方兴未艾的"人民报刊"才是真正的报刊,这种报刊是人民日常思想和感情的公开表达者,并且常变常新,具有强大的生命力。而在调查、收集了摩泽尔河沿岸地区农民的贫困状况等问题的大量材料后,马克思在专门为此而写的《摩泽尔记者的辩护》中再次指出:"民众的承认是报刊赖以生存的条件,没有这种条件,报刊就会无可挽救地陷入绝境。"②这里"民众"的含义不再仅仅是个别的受苦人群,而是贫困的和一无所有的阶级——整个无产阶级。在《〈莱比锡总汇报〉的查禁和〈科隆日报〉》中,马克思还指出:"在人民报刊正常发展的情况下,构成人民报刊实质的各个分子都应当首先各自形成自己的特征。这样,人民报刊的整个机体便分成许多各不相同的报纸,它们具有各种不同而又相互补充的特征……只有在人民报刊的各个分子都有可能毫无阻碍地、独立自主地各向一面发展,并使自己成为各种不同的独立报刊的条件下,'好的'人民报刊,即和谐地融合了人民精神的一切真正要素的人民报刊才能形成。那时,每家报纸都会充分地体现出真正的道德精神,就像每一片玫瑰花瓣都散发出玫瑰的芬芳并表现出玫瑰的特质一样。"③这就使得其"报刊的人民性"思想达到了一个新高度,使更多人明白了人民的需要才是"人民报刊"产生和发展的真正原因,"人民报刊"只有和谐地融合了人民精神的一切真正要素并深深扎根在人民之中才会得以发展和壮大。这些文章表明此时的马克思已经自觉站到了维护被压迫的劳动人民的权益的立场上,并且其研究领域从哲学、法学等政治领域扩展到了经济学领域。就是通过深入研究物质利益、经济问题等,马克思逐渐成为历史唯物主义意义上的唯物主义者。这些文章的思想为马克思主义意识形态理论和历史唯物主义的形成、发展奠定了坚实的理论基础和思想基础,并且成为马克思主义理论的重要组成部分,直到今天仍具有重要的意义。

此前的 1842 年 11 月,已经初步具有革命民主主义思想的弗里德里希·恩格斯来到英国曼彻斯特的欧门——恩格斯纺织厂学习经商。赴英途

---

① 《马克思恩格斯全集》第 1 卷,人民出版社 1995 年版,第 352 页。
② 《马克思恩格斯全集》第 1 卷,人民出版社 1995 年版,第 381 页。
③ 《马克思恩格斯全集》第 1 卷,人民出版社 1995 年版,第 397 页。

中,也是一名"青年黑格尔派"积极分子的他两次顺路来到科隆访问《莱茵报》编辑部,并在第二次访问《莱茵报》编辑部时和马克思第一次见面。恩格斯早在1842年3月就已经开始积极给《莱茵报》撰稿,这时他已经在《莱茵报》发表了十多篇文章,对黑格尔思想的研究等共同的兴趣爱好让他们一见如故。恩格斯非常钦佩和敬重马克思正在进行的斗争,也愿意和马克思一起为共同的目标而奋斗,他们之间伟大的友谊也从此开始。回到英国之后,恩格斯更加积极为《莱茵报》撰稿,竟一个月之内在这张报纸上发表了五篇文章,思想开始向唯物主义和共产主义转变。

马克思在《莱茵报》的革命言行和《莱茵报》鲜明的革命民主主义方针引起了普鲁士政府当局的敌视和恐慌,认为这家报纸对政府是一个很大的危险,这也使得《莱茵报》与政府的对立已进入公开化、尖锐化并且不可调和。开始,普鲁士政府对报纸采取了种种限制措施,这些限制措施遭到马克思的反对和抗争。在斗争了几个月后,尽管有几千人签名向柏林请愿呼吁不要打击《莱茵报》,但政府最后还是派人查封了《莱茵报》。无奈之下,3月17日,马克思愤而决定辞去了《莱茵报》主编的职务。3月18日,马克思《莱茵报》上发表了一个声明宣布:

> 本人因现行书报检查制度的关系,自即日起,退出《莱茵报》编辑部,特此声明。
>
> 马克思博士
>
> 1843年3月17日于科隆

这一天的《莱茵报》用红色油墨印刷出版了它的最后一期。在最后一期的报纸上,他们专门刊登和对外宣告了为之而勇敢斗争、争取自由的信仰:

> 我们高举自由的旗帜出海航行,
>
> 把祸患连同锁链和皮鞭统统埋葬;
>
> 水手们不需要监视,
>
> 他们都忠于职守。
>
> 让人们去说我们把命运作儿戏,
>
> 让他们去嘲笑和谈论各种灾难吧!
>
> 哥伦布当初虽遭嗤笑,

但他毫不畏惧铺向新世界的路。

新的战斗在彼岸等待着我们，

在战斗中我们会遇到战友，

如果征途上注定要遇险——

在艰难中我们将忠于自己。

二、完成向唯物主义者、共产主义者转变的马克思

1843 年 4 月 1 日，《莱茵报》被正式查封。当然，马克思并没有因此屈服，他拒绝了普鲁士政府邀请他去《普鲁士国家报》工作这种变相的收买，尽管国家报纸的撰稿人不仅有显赫的位置，而且还有一份不错的固定收入，对不少人颇有诱惑力。离开《莱茵报》后，马克思决定建立一个新的斗争阵地。在 1843 年 3 月到 9 月间，他给阿尔诺德·卢格写了几封信，建议卢格和他一起到法国巴黎去创办《德法年鉴》，因为他认为巴黎这个"新世界的新首府"才是像他这样"真正独立思考的人们"最适合的"新的集合点"。在这个时期，以《〈黑格尔法哲学批判〉导言》、《黑格尔法哲学批判》、《论犹太人问题》和《1844 年经济和哲学手稿》等为标志，青年马克思开始一步步完成了从唯心主义者到唯物主义者、从民主主义者到共产主义者的历史性转变，成为科学社会主义的创始人。

（一）高举批判旗帜的马克思

高举批判的旗帜是马克思这个时期文章的最大特色，并把批判的矛头对准了德国的现行制度。正如他在 1843 年年底至 1844 年 1 月完成并于 1844 年 2 月发表在《德法年鉴》上的《〈黑格尔法哲学批判〉导言》中所说："反宗教的批判的根据是：人创造了宗教，而不是宗教创造人。就是说，宗教是还没有获得自身或已经再度丧失自身的人的自我意识和自我感觉。但是，人不是抽象的蛰居于世界之外的存在物。人就是人的世界，就是国家，社会。这个国家、这个社会产生了宗教，一种颠倒的世界意识，因为它们就是颠倒的世界。宗教是这个世界的总理论，是它的包罗万象的纲要，它的具有通俗形式的逻辑，它的唯灵论的荣誉问题［Point-d' honneur］，它的狂热，它的道德约束，它的庄严补充，它借以求得慰藉和辩护的总根据。宗教是人的本质在幻想中的实现，因为人的本质不具有真正的现实性。因此，反宗教

的斗争间接地就是反对以宗教为精神抚慰的那个世界的斗争。"①"批判已经不再是目的本身,而只是一种手段。它的主要情感是愤怒,它的主要工作是揭露。"②"对当代德国政治状况作斗争就是对现代各国的过去作斗争,而对过去的回忆依然困扰着这些国家。这些国家如果看到,在它们那里经历过自己的悲剧的旧制度,现在又作为德国的幽灵在演自己的喜剧,那是很有教益的。当旧制度还是有史以来就存在的世界权力,自由反而是个人突然产生的想法的时候,简言之,当旧制度本身还相信而且也必定相信自己的合理性的时候,它的历史是悲剧性的。当旧制度作为现存的世界制度同新生的世界进行斗争的时候,旧制度犯的是世界历史性的错误,而不是个人的错误。"③他深化了对宗教、德国的国家哲学和法哲学的批判,进一步揭露指出:"德国的国家哲学和法哲学在黑格尔的著作中得到了最系统、最丰富和最终的表述;对这种哲学的批判既是对现代国家以及同它相联系的现实所作的批判性分析,又是对迄今为止的德国政治意识和法意识的整个形式的坚决否定,而这种意识的最主要、最普遍、上升为科学的表现正是思辨的法哲学本身。"④

　　马克思深刻剖析了黑格尔哲学的本质,从对宗教的批判过渡到对国家、社会的批判,不仅批判黑格尔把"市民社会"完全从属于政治国家、国家高于社会的观点,而且批判黑格尔把英雄和群众对立起来以及主张君主、官僚等少数杰出人物决定国家制度、历史命运的英雄史观,批判黑格尔在国家发展问题上仅仅从经验的角度去把握而否认有质变的缓慢进化论,从而对"市民社会"的概念做了进一步地发展、完善,并得出了一个著名结论——不是由政治国家来决定"市民社会",而是"市民社会"来决定政治国家。从而提出了人民决定国家命运、人民创造历史的思想和必须经过真正革命来建立新国家的唯物主义观点。

　　(二)将理论作为"批判的武器"的马克思

　　马克思更加注重理论的作用,并以科学共产主义理论作为自己的战斗

---

① 《马克思恩格斯文集》第1卷,人民出版社2009年版,第3页。
② 《马克思恩格斯文集》第1卷,人民出版社2009年版,第6页。
③ 《马克思恩格斯文集》第1卷,人民出版社2009年版,第7页。
④ 《马克思恩格斯文集》第1卷,人民出版社2009年版,第10页。

武器。正如他《〈黑格尔法哲学批判〉导言》中指出："批判的武器当然不能代替武器的批判，物质力量只能用物质力量来摧毁；但是理论一经掌握群众，也会变成物质力量。理论只要说服人［ad hominem］，就能掌握群众；而理论只要彻底，就能说服人［ad hominem］。所谓彻底，就是抓住事物的根本。"①不仅阐述了物质与精神、理论与实践之间的辩证关系，而且在强调物质力量对于革命的重要作用的同时，也论述了先进理论的强大力量，指出理论的解放对当时的德国有着特别的意义。在辩证地揭示了精神力量如何才能转化为物质力量的同时，指出理论批判与现实的革命运动都是实现人类解放必须具备的重要因素。这里"批判的武器"就是指正在形成中的科学共产主义理论和马克思主义，这是一种先进的革命理论和强大的精神武器，是用先进的理论武装群众的头脑、指导群众的革命。而"武器的批判"则是指实际的革命行动、物质武器，对不平等的社会、对旧制度进行"批判"，其所需要的现实的社会力量就是无产阶级的革命运动。正如他所指出，德国解放的实际可能性"就在于形成一个被戴上彻底的锁链的阶级，一个并非市民社会阶级的市民社会阶级，形成一个表明一切等级解体的等级，形成一个由于自己遭受普遍苦难而具有普遍性质的领域，这个领域不要求享有任何特殊的权利，因为威胁着这个领域的不是特殊的不公正，而是普遍的不公正，它不能再求助于历史的权利，而只能求助于人的权利，它不是同德国国家制度的后果处于片面的对立，而是同这种制度的前提处于全面的对立，最后，在于形成一个若不从其他一切社会领域解放出来从而解放其他一切社会领域就不能解放自己的领域，总之，形成这样一个领域，它表明人的完全丧失，并因而只有通过人的完全回复才能回复自己本身。社会解体的这个结果，就是无产阶级这个特殊等级"②。这表明，第一次阐述了无产阶级的历史使命的马克思已经预见到了无产阶级的正在形成和必然壮大，而推动无产阶级发展壮大的关键是使革命者找到真正的革命的理论并以此指导革命的实践。

尤其是马克思1843年夏天在莱茵省开始动手写的《黑格尔法哲学批

---

① 《马克思恩格斯文集》第1卷，人民出版社2009年版，第11页。
② 《马克思恩格斯文集》第1卷，人民出版社2009年版，第16—17页。

判》,在马克思主义意识形态理论发展史上具有重要价值。虽然这是一部未完成的大作,但作为批判黑格尔哲学的第一部著作,马克思通过自己参加《莱茵报》现实斗争的实践,再加上对费尔巴哈《关于哲学改造的临时纲要》的阅读,终于实现了对黑格尔辩证法的特定颠倒,并真正动摇了对黑格尔哲学的信仰。在这部书稿中,马克思对黑格尔《法哲学原理》中阐述国家问题的部分进行了深刻分析和批判,站在费尔巴哈人本主义的立场上,揭露和批判了黑格尔思辨哲学逻辑泛神论的神秘主义,不仅把被他颠倒了的逻辑观念和现实事物的关系重新颠倒过来,而且指出:"哲学的工作不是使思维体现在政治规定中,而是使现存的政治规定消散于抽象的思想。哲学的因素不是事物本身的逻辑,而是逻辑本身的事物。不是用逻辑来论证国家,而是用国家来论证逻辑。"①因此,可以说是《〈黑格尔法哲学批判〉导言》使革命者找到了真正的革命的理论,指出了只有无产阶级才能完成彻底废除私有制、推翻剥削制度、实现人类的真正解放的历史任务。正如列宁所指出:"马克思在这个杂志上发表的文章表明他已经是一个革命家。他主张'对现存的一切进行无情的批判',尤其是'武器的批判';他诉诸群众,诉诸无产阶级。"②马克思这篇文章像一篇无产阶级革命的宣言,积极呼吁、动员、召唤、引导着更多的群众参加到革命运动中来。

值得注意的是,马克思在《〈黑格尔法哲学批判〉导言》最后进一步指出:"哲学把无产阶级当做自己的物质武器,同样,无产阶级也把哲学当做自己的精神武器;思想的闪电一旦彻底击中这块素朴的人民园地,德国人就会解放成为人。"③"这个解放的头脑是哲学,它的心脏是无产阶级。哲学不消灭无产阶级,就不能成为现实;无产阶级不把哲学变成现实,就不可能消灭自身。"④这表明,他已经非常清醒地认识到,自己所处时代的德国哲学已经成为德国统治力量的一部分。他所说的要"消灭"的哲学就是德国旧哲学,是脱离真实社会关系的哲学,是代表德国国家制度的意识形态哲学,也就是形而上学和历史唯心主义哲学。"消灭哲学"也是在批判费尔巴哈称

---

① 《马克思恩格斯全集》第3卷,人民出版社2002年版,第22页。
② 《列宁专题文集　论马克思主义》,人民出版社2009年版,第4页。
③ 《马克思恩格斯文集》第1卷,人民出版社2009年版,第17—18页。
④ 《马克思恩格斯文集》第1卷,人民出版社2009年版,第18页。

之为"科学的科学"的形而上学的"哲学"所谓守护——"哲学这一似乎凌驾于一切专门科学之上并把它们包罗在内的科学的科学,对他来说,仍然是不可逾越的屏障,不可侵犯的圣物"①。其实就是向"哲学的哲学"开火、向德国制度开火等。而要"变成现实"的哲学则是真实反映德国具体阶级矛盾状况、在现实关系中延续的新哲学,是指导无产阶级革命的一种崭新的世界观,这才是真正的马克思主义哲学。从此,马克思创立了无产阶级革命理论——马克思主义,以更加科学、革命、完整、系统的理论,在以更大的热情全身心投入为人类解放而奋斗的伟大革命实践中,使无产阶级在斗争实践中学习并掌握了马克思主义这个"批判的武器"并取得了一个接一个胜利,马克思也被尊为马克思主义理论的奠基者、国际共产主义运动的伟大导师。

(三)完成向唯物主义和共产主义的伟大转变

《论犹太人问题》和《〈黑格尔法哲学批判〉导言》是两篇标志着马克思向唯物主义和共产主义伟大转变完成的重要文章,其中《论犹太人问题》是为批判鲍威尔在1843年发表的两篇关于犹太人问题的文章——《犹太人问题》、《现代犹太人和基督徒获得自由的能力》而写。当时的犹太人虽然大部分是商业资本家和高利贷者,并且已经形成了形成一个有经济实力的社会阶层,但他们在政治生活中却处于无权的地位。随着经济实力的不断增强,犹太人要求宗教平等、民族平等和政治平等的呼声越来越高,愿望越来越强烈,犹太人问题成为对德国政治、社会发展产生重大影响的问题和矛盾。而鲍威尔却仅仅把犹太人的问题完全归结为纯宗教问题,认为在德国没有人在政治上得到解放,犹太人要求一种特殊的解放就是利己主义者等。在费尔巴哈的影响下,马克思在《论犹太人问题》中把历史发展看成人的"类"本质不断返回自身的过程,其表现形式是"解放",认为:"犹太教徒、基督徒、一般宗教信徒的政治解放,是国家从犹太教、基督教和一般宗教中解放出来。当国家从国教中解放出来,就是说,当国家作为一个国家,不信奉任何宗教,确切地说,信奉作为国家的自身时,国家才以自己的形式,以自己本质所固有的方式,作为一个国家,从宗教中解放出来。摆脱了宗教的政治解放,不是彻头彻尾、没有矛盾地摆脱了宗教的解放,因为政治解放不是彻

---

① 《马克思恩格斯选集》第4卷,人民出版社1995年版,第241页。

头彻尾、没有矛盾的人的解放方式。"①"政治解放当然是一大进步；尽管它不是普遍的人的解放的最后形式，但在迄今为止的世界制度内，它是人的解放的最后形式。不言而喻，我们这里指的是现实的、实际的解放。"②"任何解放都是使人的世界即各种关系回归于人自身。"③他认为，不论是犹太教徒、基督徒以及一般宗教信徒的解放，不论是宗教解放、公民解放，还是犹太人解放、德国人解放，人的解放都与国家有直接的关系，在根本上就是政治解放。政治解放与宗教解放、国家解放有密切关系，但仅有政治解放还远远不够，最重要的是国家和人类自身要走向全人类的共同解放。资本主义社会虽然推倒了封建的专制制度，从形式上废除了政治上的等级、差别等，但仅有政治解放是远远不够的，因为私有财产实际上在资本主义国家继续存在且得到保护，实际上是以一种新的私有制形式代替了另一种旧的私有制形式。因此，我们必须看到政治解放的局限性，如果靠纯粹的政治解放无法实现全人类的共同解放，政治解放应该为全人类的最终解放创造条件。马克思通过剖析宗教解放、政治解放、人类解放批判了鲍威尔，指出犹太人问题的根源是现实的社会关系，要真正实现全人类的最终解放就必须废除私有制，并把人的解放归结为"人的个体感性存在和类存在的矛盾"的消除，在继承、超越费尔巴哈唯物主义的基础上，初步阐述和坚持了历史唯物主义的原则。

　　马克思进一步指出："金钱是以色列人的妒忌之神；在他面前，一切神都要退位。金钱贬低了人所崇奉的一切神，并把一切神都变成商品。金钱是一切事物的普遍的、独立自在的价值。因此它剥夺了整个世界——人的世界和自然界——固有的价值。金钱是人的劳动和人的存在的同人相异化的本质；这种异己的本质统治了人，而人则向它顶礼膜拜。"④金钱异化概念的提出是马克思思想发展史上的一个重要突破，不仅点出了人的异化本质的实际存在，指出这种"异化"是以私有制为基础的商品生产的必然产物，是客观经济规律在私有制社会里盲目起作用而形成的社会自发力量对于人

---

① 《马克思恩格斯文集》第 1 卷，人民出版社 2009 年版，第 28 页。
② 《马克思恩格斯文集》第 1 卷，人民出版社 2009 年版，第 32 页。
③ 《马克思恩格斯文集》第 1 卷，人民出版社 2009 年版，第 46 页。
④ 《马克思恩格斯文集》第 1 卷，人民出版社 2009 年版，第 52 页。

的支配,并且必将在人类生产活动的更高阶段上被消灭。而且,金钱异化同马克思后来提出的著名的"异化劳动"概念有直接联系,从而就把消除异化同消灭金钱对人的统治即共产主义革命有机联系起来。

而在《1844年经济学哲学手稿》中,马克思对社会关系的分析已开始深入到作为社会财富的特殊形态——私有财产的内在矛盾里,并试图从劳动和资本的矛盾中找到消灭私有制的根据。他认为私有财产内在矛盾运动的历史表现是,作为生产的基本要素的劳动者和产品,日益失去一切自然和社会性质,而成为以创造价值为目的的抽象存在;动产对不动产,工业对地产的胜利,"最终的结果是资本家和土地所有者之间的差别消失,以致在居民中大体上只剩下两个阶级:工人阶级和资本家阶级。"①这证明了资本和劳动的对立是私有财产内在矛盾的最高阶段,预示了私有财产的必然灭亡。这里对私有财产运动的分析虽然大体上依据了国民经济学家的成果,但和他们不同,马克思并不把劳动和资本看作是有产和无产的外在(财产关系)对立,而是看私有财产内在矛盾的历史运动的结果,由此而初步形成了无产阶级消灭私有制的历史根据。②

三、《德意志意识形态》的闪光思想和里程碑意义

爆发于18世纪80年代的英国工业革命不仅影响了19世纪的世界经济改革和发展,而且对人类社会发展也有着极其深刻、巨大的影响。1789年爆发的法国大革命是一场重大的政治革命和社会革命,这不是历史上一般意义上的政权更替,而是深刻影响了同一时期以及此后很长一个时期的世界政治和意识形态。作为资本主义的产物的革命意识形态使"人"真正登上了历史舞台,而启蒙主义则充当了这一意识形态的第一个思潮。启蒙主义的实质是"人的解放",其用自由、平等、博爱、天赋人权等来反对封建专制和特权,这对于当时的统治思想和统治秩序是一种整体性的颠覆,不仅提供了一个新的核心价值体系,而且从根本上更新了人类的思维形式和思维习惯,蕴含着人是历史的创造者和真正主人的历史哲学。历史观不仅始

---

① 《马克思恩格斯文集》第1卷,人民出版社2009年版,第150页。
② 参见侯惠勤:《马克思主义的意识形态批判与当代中国》,中国社会科学出版社2010年版,第210页。

终是马克思关注的主要焦点，更是马克思全部学说的核心和关怀所在。唯物主义历史观是科学社会主义的重要内容，也是无产阶级及其政党的行动指南。但和轰轰烈烈的政治大变革相比，历史观的革命就像是隐藏在地表下面的深流，持久而深刻地发生作用。从这个意义上说，"把'启蒙思想'称作革命的意识形态可能更为确切，虽然欧洲大陆的很多斗士在政治上小心谨慎、稳健节制，它们之中的大部分——直到 18 世纪 80 年代以前——都把它们的信念寄托于开明的君主专制政体。因为启蒙主义的意义就意味着欧洲大部分地区现行的社会和政治秩序都应废除。"①因此，启蒙主义就好像一道开启了的历史大闸门，在释放出滚滚革命洪流的同时，更展开了一幅幅前所未有的理想主义画卷，把人类的探索目光不断引向了历史的深处——人类社会发展规律，使得创立科学的历史观、世界观成为可能，预示着人类历史发展一个崭新时代的来临。虽然法国启蒙主义那种"我什么也不是，可我就是一切"的世俗化批判的、酣畅明快的革命战斗风格到了德国之后就变成了一种艰涩隐晦的哲学形而上，但德国古典哲学的革命成果却直接成为科学社会主义的理论起点，在对法国启蒙主义哲学的根本突破中实现了社会主义从空想到科学的发展，并最终推动了现代无产阶级的解放运动。德意志意识形态的理论立足点和思想体系的基地就是黑格尔哲学，其既是在它之前的哲学意识形态的概括与总结，也是在它之后的思想体系得以发展的前提。因此，对黑格尔哲学及其学派的批判便具有了一般意识形态批判的意义，这也是马克思主义意识形态批判的目标直接瞄准黑格尔之后的青年黑格尔学派的重要原因，同时也从根本上剖析和批判了青年黑格尔学派的根源——黑格尔哲学，再加上其流亡巴黎期间与法国的民主主义者、工人秘密组织尤其是社会主义者、德国秘密团体正义者同盟的领导人建立了较为密切的联系，马克思更深感批判世界的重要性，从而有了《德意志意识形态》这部伟大作品。

（一）旗帜鲜明地批判旧意识形态

作为历史唯物主义乃至整个马克思主义世界观形成的重要标志，无论

---

① ［英］艾瑞克·霍布斯鲍姆：《革命的年代》，王章辉等译，江苏人民出版社 1999 年版，第 25 页。

是在马克思主义意识形态理论史上,还是在整个马克思主义发展史上,《德意志意识形态》都堪称是一部里程碑式的、标志性的重要著作,当代中国乃至世界理论界的许多争论都发端于此或围绕着这一理论源头展开。正如马克思所说:"哲学家们只是用不同的方式解释世界,而问题在于改变世界。"①马克思、恩格斯的世界观经历了由唯心主义和革命民主主义向唯物主义和共产主义、再向辩证唯物主义、历史唯物主义和科学共产主义的两次重大转变,而《德意志意识形态》就是转变大致完成的标志。《德意志意识形态》的主要写作时间是 1845 年 11 月至 1846 年 8 月,在两人继《神圣家族》之后合作的第二部著作的第一卷第一章《费尔巴哈唯物主义观点和唯心主义观点的对立》中,马克思、恩格斯开篇便以轻蔑的口吻称那些鼓吹颠倒意识与存在、思想与现实的关系并以纯思想批判代替反对现存制度的实际斗争的德国哲学家们为"德意志意识形态家",态度鲜明地指出:"德国的批判,直至它最近所作的种种努力,都没有离开过哲学的基地。这个批判虽然没有研究过自己的一般哲学前提,但是它谈到的全部问题终究是在一定的哲学体系即黑格尔体系的基地上产生的。不仅是它的回答,而且连它所提出的问题本身,都包含着神秘主义。对黑格尔的这种依赖关系正好说明了为什么在这些新出现的批判家中甚至没有一个人试图对黑格尔体系进行全面的批判,尽管他们每一个人都断言自己已经超越黑格尔哲学。他们和黑格尔的论战以及他们相互之间的论战,只局限于他们当中的每一个人都抓住黑格尔体系的某一方面,用它来反对整个体系,也反对别人所抓住的那些方面。"②然后进一步指出:"思想、观念、意识的生产最初是直接与人们的物质活动,与人们的物质交往,与现实生活的语言交织在一起的。人们的想象、思维、精神交往在这里还是人们物质行动的直接产物。表现在某一民族的政治、法律、道德、宗教、形而上学等的语言中的精神生产也是这样。人们是自己的观念、思想等等的生产者,但这里所说的人们是现实的、从事活动的人们,他们受自己的生产力和与之相适应的交往的一定发展——直到交往的最遥远的形态——所制约。意识在任何时候都只能是被意识到了的存

---

① 《马克思恩格斯文集》第 1 卷,人民出版社 2009 年版,第 506 页。
② 《马克思恩格斯文集》第 1 卷,人民出版社 2009 年版,第 514 页。

在,而人们的存在就是他们的现实生活过程。如果在全部意识形态中,人们和他们的关系就像在照相机中一样是倒立成像的,那么这种现象也是从人们生活的历史过程中产生的,正如物体在视网膜上的倒影是直接从人们生活的生理过程中产生的一样。"①"我们不是从人们所说的、所设想的、所想象的东西出发,也不是从口头说的、思考出来的、设想出来的、想象出来的人出发,去理解有血有肉的人。我们的出发点是从事实际活动的人,而且从他们的现实生活过程中还可以描绘出这一生活过程在意识形态上的反射和反响的发展。"②马克思点出了当时德国社会的意识形态的本质以及意识形态批判的出发点。同时,通过提出"不是意识决定生活,而是生活决定意识"③这一影响深远的科学真理,进一步论述了社会意识形态与经济基础的关系。在此基础上,他进一步指出:"而且对实践的唯物主义者即共产主义者来说,全部问题都在于使现存世界革命化,实际地反对并改变现存的事物。"④"统治阶级的思想在每一时代都是占统治地位的思想。这就是说,一个阶级是社会上占统治地位的物质力量,同时也是社会上占统治地位的精神力量。支配着物质生产资料的阶级,同时也支配着精神生产资料,因此,那些没有精神生产资料的人的思想,一般地是隶属于这个阶级的。占统治地位的思想不过是占统治地位的物质关系在观念上的表现,不过是以思想的形式表现出来的占统治地位的物质关系;因而,这就是那些使某一个阶级成为统治阶级的关系在观念上的表现,因而这也就是这个阶级的统治的思想。"⑤

　　通过一步步深入剖析,在这部主要以论战形式出现的著作中,马克思、恩格斯论述了物质资料生产在社会生活中的决定作用,阐述了经济基础与上层建筑的关系,第一次提出了"唯物主义历史观"的这个概念,第一次全面系统地阐述了历史唯物主义。马克思、恩格斯创制了 Ideologie 这一德语名词,借用当时主要被用来表达颠倒了的虚假意识这一约定俗成的特殊含

①　《马克思恩格斯文集》第 1 卷,人民出版社 2009 年版,第 524—525 页。
②　《马克思恩格斯文集》第 1 卷,人民出版社 2009 年版,第 525 页。
③　《马克思恩格斯文集》第 1 卷,人民出版社 2009 年版,第 525 页。
④　《马克思恩格斯文集》第 1 卷,人民出版社 2009 年版,第 527 页。
⑤　《马克思恩格斯文集》第 1 卷,人民出版社 2009 年版,第 550—551 页。

义的"意识形态"概念,概括了以思辨哲学方式出现并使实在神秘化的哲学与观念形态,也就是被他们批判的对象,并深刻揭示了资本主义社会现实的颠倒性,从而完成了对资本主义社会的初步科学诊断,为进一步的批判奠定了坚实基础。这里的意识形态是一个包括政治思想、法律思想、哲学、道德等许多具体的意识形式在内的总体性概念,一定的意识形态总是通过一定的语言或术语来叙述自己,并且是社会的产物。这里所指出的"虚假"主要只是指其没有把观念摆在合适的位置之上,导致从根本上混淆了主宾、头足乃至本末。虽然这么一种规定在一定意义上含有价值上的否定,却并没有真正涉及这些思想观念在内容上的正确与错误、真实与虚假等问题,所以不能也不应该把意识形态的虚假性简单地等同于"错误的观念"。此外,书中还第一次揭示了马克思的阶级和阶级斗争理论的特点,形成了初步的无产阶级专政思想。更重要的是,马克思、恩格斯已经从《神圣家族》中自命为"现实人道主义者"变为开始承认自己是共产主义者了!

马克思、恩格斯在《德意志意识形态》中第一次弄清并初步陈述了生产力与生产关系之间的辩证关系——它们辩证的相互作用,并根据这一规律论证了历史上存在的各种所有制形式依次更替的必然性,揭示了历史发展的客观规律性。马克思在批判了黑格尔法哲学之后得出"市民社会决定国家"的结论,这个新的发现向前跨出了具有决定意义的一步:不仅给了我们了解社会全部结构和历史全过程的一把重要钥匙——《德意志意识形态》中一步步展开的唯物主义历史观的诸多观点就是它的结果,而且这也是第一次对科学共产主义理论的哲学论证。并且,这个重要的发现还派生出来了《德意志意识形态》中的其他基本特征。因此,作为第一部真正成熟的马克思主义哲学著作和马克思主义理论大厦的基石,《德意志意识形态》标志着其唯物主义历史观已经形成。可以说,没有《德意志意识形态》的马克思主义就不是完整的马克思主义。

(二)唯物主义历史观的确立

作为贯穿《德意志意识形态》全书的中心思想——唯物主义历史观,其前提是处在自然和历史的交汇点上的、针对着"思辨的个人"的"现实的个人",这不仅被认为是自然进化的终结、历史创造的开端,更被视为是一切历史过程与社会关系的重要前提。确立历史标尺的实质是确立人的真实存在,但现实的人总是受到这样那样历史条件的限制,所以只能是历史的存在,并不是"纯粹的存在",唯物史观就是建立在这个重要设定的基础之上。正如马克思所说:"我们开始要谈的前提不是任意提出的,不是教条,而是一些只有在臆想中才能撇开的现实前提。这是一些现实的个人,是他们的活动和他们的物质生活条件,包括他们已有的和由他们自己的活动创造出来的物质生活条件。"①"这种考察方法不是没有前提的。它从现实的前提出发,它一刻也不离开这种前提。它的前提是人,但不是处在某种虚幻的离群索居和固定不变状态中的人,而是处在现实的、可以通过经验观察到的、在一定条件下进行的发展过程中的人。"②在马克思看来,历史中形成的人和人的关系在以往的历史观中被作为不需要加以说明与考察的当然前提,可以说其实质上是"没有前提的"。"现实的个人"既不是"自然人",也不是"孤立的个人",也不是没有个体性的共性人,更不等同于"现存的个人",而是真正的科学抽象意义上的人。"现实的个人"就是必然要与其他人形成各种联系并总是属于一定的社会形态的个人,其表现形式是有着非常具体个性的自主活动类型,是人和自然、个人和类之间最基本、最本质关系的规定,是历史起点和逻辑起点的有机统一。把"现实的个人"作为唯物史观的前提,一方面确立了人的自我创造、自我生成的历史主体地位,从而避免了把人和历史加以割裂,使人沦为"历史"之工具的偏向;另一方面也奠立了人的历史制约性的科学根据,从而避免了把人和"自然"加以割裂,用"历史"冒充"自然"甚至完全取代自然的偏向。"现实的个人"是自然进化和历史创造、个性化和社会化的矛盾体,包含着历史进化过程的基本矛盾和可以简单抽象的要素,因此,它不仅是一切历史活动的前提,也是科学历史观的逻辑起点。③ 而只要从"现实的个人"出发,个人就必然要同自然、社会发生一定关系。"这样,生命的生产,无论是通过劳动而生产自己的生命,还是通过生育而生产他人的生命,就立即表现为双重关系:一方面是自然关系,另一方面是社会关系;社会关系的含义在这里是指许多个人的共同活动,不

---

① 《马克思恩格斯文集》第 1 卷,人民出版社 2009 年版,第 516—519 页。
② 《马克思恩格斯文集》第 1 卷,人民出版社 2009 年版,第 525 页。
③ 参见侯惠勤:《马克思主义的意识形态批判与当代中国》,中国社会科学出版社 2010 年版,第 232 页。

管这种共同活动是在什么条件下、用什么方式和为了什么目的而进行的。"①通过探究如何才能合理解决个人和自然、个人和他人的统一性问题，马克思揭示出唯物史观创立的关键所在就是对实践的自然物质性、社会历史性以及与此相近的众多两重性的科学区分。正如马克思后来对人们随着生产力的提高一定要改变已不适应的社会形式问题再次发表看法时所指出："人们永远不会放弃他们已经获得的东西，然而这并不是说，他们永远不会放弃他们在其中获得一定生产力的那种社会形式。恰恰相反。为了不致丧失已经取得的成果，为了不致失掉文明的果实，人们在他们的交往[commerce]方式不再适合于既得的生产力时，就不得不改变他们继承下来的一切社会形式。"②通过发现生产力与交往形式的矛盾运动规律，我们第一次有了观察历史运动的正确视角和科学理论指导，既看到了私有制和国家在生产力发展的一定阶段不可避免地要产生，更看到了其在生产力更高的发展阶段就不可避免地自己把自己推向灭亡之路。

在对生产方式矛盾运动进行分析和创制出生产关系的概念之后，马克思开始剖析市民社会（经济基础）决定上层建筑这一重要原理。他先是直接点题指出："受到迄今为止一切历史阶段的生产力制约同时又反过来制约生产力的交往形式，就是市民社会"③，"这个市民社会是全部历史的真正发源地和舞台"④，"市民社会包括各个人在生产力发展的一定阶段上的一切物质交往"⑤。然后进一步指出："真正的市民社会只是随同资产阶级发展起来的；但是市民社会这一名称始终标志着直接从生产和交往中发展起来的社会组织，这种社会组织在一切时代都构成国家的基础以及任何其他的观念的上层建筑的基础。"⑥这样就把社会划分成了"生产力——生产关系——政治上层建筑——社会意识形态"这样四个相互联系的层次，并在此基础上指出唯物史观就是努力、完整地把握历史全过程的学说，而不是片

---

① 《马克思恩格斯文集》第1卷，人民出版社2009年版，第532页。
② 《马克思恩格斯文集》第10卷，人民出版社2009年版，第43—44页。
③ 《马克思恩格斯文集》第1卷，人民出版社2009年版，第540页。
④ 《马克思恩格斯文集》第1卷，人民出版社2009年版，第540页。
⑤ 《马克思恩格斯文集》第1卷，人民出版社2009年版，第582页。
⑥ 《马克思恩格斯文集》第1卷，人民出版社2009年版，第582—583页。

面地强调经济作用的经济史观。马克思第一次科学地揭示了社会运动的内部机制和发展规律,并且旗帜鲜明地指出,实现社会进步的最高形式是革命实践,而不是批判。他通过对国家权力特点进行分析,进一步深入论述了革命在摧毁国家暴力、唤起人民大众以及教育革命者本身等多个方面不可替代的重要作用。"革命之所以必需,不仅是因为没有任何其他的办法能够推翻统治阶级,而且还因为推翻统治阶级的那个阶级,只有在革命中才能抛掉自己身上的一切陈旧的肮脏东西,才能胜任重建社会的工作。"[1]"较早时期的利益,在它固有的交往形式已经为属于较晚时期的利益的交往形式排挤之后,仍然在长时间内拥有一种相对于个人而独立的虚假共同体(国家、法)的传统权力,一种归根结底只有通过革命才能被打倒的权力。"[2]

(三)马克思主义意识形态理论的形成

通过一步步地剖析,马克思、恩格斯在《德意志意识形态》里从概念、内涵、本质等方面对意识形态进行了深入剖析、作出了科学概括,指出:"支配着物质生产资料的阶级,同时也支配着精神生产资料,因此,那些没有精神生产资料的人的思想,一般地是隶属于这个阶级的。占统治地位的思想不过是占统治地位的物质关系在观念上的表现,不过是以思想的形式表现出来的占统治地位的物质关系;因而,这就是那些使某一个阶级成为统治阶级的关系在观念上的表现,因而这也就是这个阶级的统治的思想。"[3]在把意识形态定位在支配性的阶级意识的基础上,马克思进而指出意识形态是指在每一时代占统治地位的统治阶级的思想,是现存经济关系在观念上的反映和表现,是构成现存社会制度和社会关系的重要部分,是现存统治关系的组成部分。同时指出:"一定时代的革命思想的存在是以革命阶级的存在为前提的"[4],"占统治地位的将是越来越抽象的思想,即越来越具有普遍性形式的思想。因为每一个企图取代旧统治阶级的新阶级,为了达到自己的目的不得不把自己的利益说成是社会全体成员的共同利益,就是说,这在观念上的表达就是:赋予自己的思想以普遍性的形式,把它们描绘成唯一合乎

---

[1]　《马克思恩格斯文集》第 1 卷,人民出版社 2009 年版,第 543 页。
[2]　《马克思恩格斯文集》第 1 卷,人民出版社 2009 年版,第 576 页。
[3]　《马克思恩格斯文集》第 1 卷,人民出版社 2009 年版,第 550—551 页。
[4]　《马克思恩格斯文集》第 1 卷,人民出版社 2009 年版,第 551 页。

理性的、有普遍意义的思想"①。这些论述使我们进一步弄清楚作为统治阶级思想的意识形态实际上就是"制度化的思想体系",其作为价值系统发挥作用并使人们认同于现存社会制度。而且马克思还进一步揭示出意识形态是在物质劳动与精神劳动的分工形成后产生的,任何社会的意识形态产生、发展、消亡等都关系到当时社会的物质生产发展史,关系到当时社会经济制度的变革;只要物质劳动与精神劳动的分工还是自发性甚至强制性的,意识形态对于社会的大部分成员来说就是一种异己力量,直到自愿性地分工取代了强制性地分工,意识形态的命运才会得到根本性改变。

而要根本改变意识形态的命运就需要革命阶级的阶级意识,也就是同人类的普遍利益或共同利益相联系的革命意识形态,是每一个领导革命的阶级借以认清使命、团结群众的思想观念及口号。这种革命阶级的革命思想不仅能够以社会代表的名义动员群众向旧制度、旧社会宣战,而且是每一种革命得以成功的舆论、思想基础。无产阶级革命和其他阶级革命的区别,并不在于它不需要意识形态,不需要以全社会的唯一代表的面目出现,而在于它的阶级利益确实是人类根本利益的体现,因而不仅在革命时期,而且在革命以后都能保持同其他群众共同利益的密切联系。② 所以,意识形态批判的核心问题绝对不是纯粹观念世界的变革问题,而是打破资本逻辑支配以及超越资本主义生产方式统治等问题。革命意识形态的一个重要要求就是解放生产力、调整代表新的生产方式的阶级的相应社会关系,这样才能使得革命意识形态的力量能够得到群众的真正拥护,也使得革命的观念越来越具有先进性和普遍性,推动人类普遍利益真正成为现实,真正实现"人类解放"。至此,马克思通过对于资本主义的科学批判而超越了以往的任何哲学,意识形态的虚幻性也就不复存在了,从而逐渐恢复到其本来面目并走向科学、成为真理。

---

① 《马克思恩格斯文集》第 1 卷,人民出版社 2009 年版,第 552 页。
② 参见侯惠勤:《马克思主义的意识形态批判与当代中国》,中国社会科学出版社 2010 年版,第 238 页。

第三节　马克思主义意识形态理论的发展

虽然《德意志意识形态》标志着马克思主义意识形态理论的已经形成，但马克思主义意识形态理论的发展却是刚刚开始，历史（辩证）唯物主义的发展也是一个逐步完善的过程。毕竟，历史进程的长期性、复杂性、迷惑性，决定了历史（辩证）唯物主义的发展、实践是一个不断创新的过程，马克思主义意识形态理论的贯彻、完善也绝不是一蹴而就的。正如恩格斯晚年所说："根据唯物史观，历史过程中的决定性因素归根到底是现实生活的生产和再生产。无论马克思或我都从来没有肯定过比这更多的东西。如果有人在这里加以歪曲，说经济因素是唯一决定性的因素，那么他就是把这个命题变成毫无内容的、抽象的、荒诞无稽的空话。经济状况是基础，但是对历史斗争的进程发生影响并且在许多情况下主要是决定着这一斗争的形式的，还有上层建筑的各种因素：阶级斗争的政治形式及其成果——由胜利了的阶级在获胜以后确立的宪法等等，各种法的形式以及所有这些实际斗争在参加者头脑中的反映，政治的、法律的和哲学的理论，宗教的观点以及它们向教义体系的进一步发展。这里表现出这一切因素间的相互作用，而在这种相互作用中归根到底是经济运动作为必然的东西通过无穷无尽的偶然事件（即这样一些事物和事变，它们的内部联系是如此疏远或者是如此难于确定，以致我们可以认为这种联系并不存在，忘掉这种联系）向前发展。否则把理论应用于任何历史时期，就会比解一个最简单的一次方程式更容易了。"[①]我们应该牢记并认真思考恩格斯的忠告，认识到在社会历史领域的每一个现实问题上贯彻唯物主义原则都不是某个公式的机械、简单运用，而是一种不断地、科学地持久理论创新。而从马克思主义意识形态理论的不断发展到意识形态能力问题的提出，就是这种理论创新的结果。

意识形态无疑是历史过程复杂性的重要因素。意识形态不仅是观念，而且是生活方式；不仅是思想意识，而且是情感、潜意识；不仅是价值观，而

---

① 《马克思恩格斯选集》第 4 卷，人民出版社 1995 年版，第 695—696 页。

且是制度架构等等。尤其在现代意识形态的发展中,意识形态和文化、经济、信仰、个体生存等的融合趋势加大,更使得历史动力及其规律问题变得模糊不清。① 也正是深刻认识到意识形态问题的复杂性、特殊性,在完成《德意志意识形态》之后,马克思、恩格斯对意识形态理论的研究一直持续着并不断深化,从《哲学的贫困》到《共产党宣言》,从创办《新莱茵报》到总结法国革命的经验教训,再从《政治经济学批判》到《资本论》等,他们在一步步的探索中发展、完善着马克思主义意识形态理论。这也印证了恩格斯的那句话:"我们的理论是发展着的理论,而不是必须背得烂熟并机械地加以重复的教条。"②也正是因为如此,马克思主义才在与时俱进中成为真正属于工人阶级的世界观,成为工人阶级认识世界、改造世界的强大思想武器和争取阶级解放、人类解放的先进科学理论。

一、从《哲学的贫困》到《共产党宣言》

在 1847 年夏完成并发表的《哲学的贫困》是马克思的又一部具有重大影响的优秀作品,马克思主义的新世界观与马克思主义经济科学最关键、最重要的"决定性的东西"都是通过这一作品首次公开问世,是马克思成功打通、交融哲学和经济学两大领域的代表性作品,在马克思主义意识形态理论和整个马克思主义发展史上都具有重要价值。因为《关于费尔巴哈的提纲》和《德意志意识形态》当时都还没有正式出版,所以《哲学的贫困》和1848 年 2 月正式发表的经典名篇《共产党宣言》一起,成为马克思主义哲学和马克思主义意识形态理论正式诞生的标志,标志着马克思主义世界观的诞生和公开问世。

(一)《哲学的贫困》使科学社会主义的概念呼之欲出

1809 年出生在法国东部一个小资产阶级家庭的蒲鲁东,生活在法国经济、政治发生剧变的产业革命时代,由于受到资本主义发展的严重威胁,小资产阶级和小农经济虽然存在但一直生活比较贫困。而由于小农经济的大量存在,反对资本主义制度、力图维护小私有制的小资产阶级空想社会主义

---

① 参见侯惠勤:《马克思主义的意识形态批判与当代中国》,中国社会科学出版社 2010 年版,第 245 页。

② 《马克思恩格斯文集》第 10 卷,人民出版社 2009 年版,第 562 页。

在法国特别活跃,也对法国的工人运动产生了比较大的影响,蒲鲁东就是其中的代表人物之一。虽然蒲鲁东在《什么是财产》中对私有制给予了尖锐的批评,认为人人有权享有自己的劳动产品,地主和资本家以地租和利息等方式截留了劳动者的部分劳动产品是侵犯基本人权、是盗窃行为,并作出了一个有名的论断——"财产就是盗窃"。但他却站在小资产阶级的立场上,不仅故意歪曲地运用黑格尔的辩证法、阉割了黑格尔辩证法的革命精神,而且对共产主义进行了歪曲和攻击,认为共产主义扼杀了人的主观能动性,没有现实可能性。尤其是在 1846 年推出的《贫困的哲学》一书更是充分暴露出了其小资产阶级的两面性,他不仅在书中对人类历史的发展进行唯心主义地解释,而且明确提出经济学是一种新的哲学;不仅公开宣称自己是一个名副其实的无政府主义者,而且抛出了"不要政党,不要权力,一切人和公民的绝对自由"等无政府主义的口号;不仅公开提出"打倒政党,打倒政权",而且主张创办"人民银行"发放"无息贷款",通过实行"契约互助"达到其主张的小私有的无政府社会;不仅批判了政治经济学的"保守主义",而且对社会主义的"激进主义"进行批评,甚至认为"社会主义里面没有任何东西不是政治经济学所有过的"。① 其目的就是要站在小资产阶级的立场上为其排除暴力革命的改良主义思想制造理论根据,进一步宣扬通过改良方法解决资本主义的社会矛盾。由于蒲鲁东以政治经济学权威自居,并自认为是用哲学真正拯救了政治经济学,是以神性的名义在拯救世界。其鼓吹的小生产合作组和互助组的成立就可以达到克服资本主义社会一切弊端的效果的思想具有一定的迷惑性,使得《贫困的哲学》的出版不仅在法国工人运动中产生了极坏的影响,而且对马克思主义的传播、发展造成了比较大的不利影响。

　　1846 年初,马克思、恩格斯建立布鲁塞尔共产主义通讯委员会,并同工人运动中的错误思潮进行了坚决斗争。由于蒲鲁东主义造成的巨大危害,马克思从最初对蒲鲁东抱有希望转变成坚决与其进行斗争,通过《哲学的贫困》全面批判了蒲鲁东《贫困的哲学》一书的错误思想,对蒲鲁东主义进行了彻底清算。对于这本共两章八节的著作的重要地位,从恩格斯在给马

_____

① ［法］蒲鲁东:《贫困的哲学》,徐公肃、任起莘译,商务印书馆 1961 年版,第 259 页。

克思的一封信中可以看出,他说:"如果我们手稿的出版与你那本书的出版发生冲突,那么就把手稿搁一旁算了,因为出版你的书重要得多。"①恩格斯竟然认为出版《哲学的贫困》一书要比《德意志意识形态》的出版"重要得多",通过这种对比可见其对《哲学的贫困》的高度重视。马克思在《哲学的贫困》中提出,一切重新建构抽象的哲学逻辑体系并以哲学来投射现实的企图都是注定要失败的。新哲学首先是一种科学的方法论,并进一步体现为对一定历史条件下人类生存情境的理性把握。他将自己在经济学研究成果中创立的历史唯物主义巧妙地运用到了政治经济学本身的科学建构之中,揭露了蒲鲁东主义的虚伪性、欺骗性乃至反革命等本质特征。对于蒲鲁东所谓的哲学辩证法,马克思一针见血地指出,蒲鲁东的整个辩证法就是用抽象的和矛盾的概念来代替使用价值和交换价值、需求和供给,从任意而错误的推论中得出的结论。这个时期的马克思已经从古典经济学中区分出亚当·斯密、大卫·李嘉图,并第一次较完整地揭示出了价值规律在私有制条件下如何实现的问题,显示其经济学研究水平已远远超过《德意志意识形态》时期,标志着马克思历史唯物主义已经大大超越了资产阶级政治经济学。

马克思还指出:"每个原理都有其出现的世纪……但是,如果为了顾全原理和历史我们再进一步自问一下,为什么该原理出现在 11 世纪或者 18 世纪,而不出现在其他某一世纪,我们就必然要仔细研究一下:11 世纪的人们是怎样的,18 世纪的人们是怎样的,他们各自的需要、他们的生产力、生产方式以及生产中使用的原料是怎样的;最后,由这一切生存条件所产生的人与人之间的关系是怎样的。难道探讨这一切问题不就是研究每个世纪中人们的现实的、世俗的历史,不就是把这些人既当成他们本身的历史剧的剧作者又当成剧中人物吗? 但是,只要你们把人们当作他们本身历史的剧中人物和剧作者,你们就是迂回曲折地回到真正的出发点,因为你们抛弃了最初作为出发点的永恒原理。"②马克思这里不仅批判蒲鲁东的一套庸俗唯心主义辩证法体系颠倒了现实与范畴之间的关系,批判了其否认现实主体的

---

① 《马克思恩格斯全集》第 47 卷,人民出版社 2004 年版,第 460 页。
② 《马克思恩格斯文集》第 1 卷,人民出版社 2009 年版,第 607—608 页。

错误思想,指出其还在意识形态家们走过的那条迂回曲折的道路上缓慢前进,而且进一步重点阐述和论证了自己刚创立不久的历史唯物主义观点,并明确了生产力的概念之中就包含人本身,使得"历史唯物主义世界观的最重要之点第一次得到了科学的阐发"①,这也是《哲学的贫困》被梅林称为"不但是马克思生活上的一个里程碑,而且也是科学史上的一个里程碑"②的重要原因。并且,他还批判资产阶级经济学家为资产阶级生产关系所进行的辩护,指出:"经济学家所以说现存的关系(资产阶级生产关系)是天然的,是想以此说明,这些关系正是使生产财富和发展生产力得以按照自然规律进行的那些关系。因此,这些关系是不受时间影响的自然规律。这是应当永远支配社会的永恒规律。于是,以前是有历史的,现在再也没有历史了。"③马克思认为,这是一种历史唯心主义,是资产阶级意识形态的一种本质遮蔽。并进一步指出:"在无产阶级尚未发展到足以确立为一个阶级,因而无产阶级同资产阶级的斗争尚未带政治性以前,在生产力在资产阶级本身的怀抱里尚未发展到足以使人看到解放无产阶级和建立新社会必备的物质条件以前,这些理论家不过是一些空想主义者,他们为了满足被压迫阶级的需要,想出各种各样的体系并且力求探寻一种革新的科学。但是随着历史的演进以及无产阶级斗争的日益明显,他们就不再需要在自己头脑里找寻科学了;他们只要注意眼前发生的事情,并且把这些事情表达出来就行了。当他们还在探寻科学和只是创立体系的时候,当他们的斗争才开始的时候,他们认为贫困不过是贫困,他们看不出它能够推翻旧社会的革命的破坏的一面。但是一旦看到这一面,这个由历史运动产生并且充分自觉地参与历史运动的科学就不再是空论,而是革命的科学了。"④不仅指出了什么是社会主义从空想转变为科学的物质条件、阶级基础,而且进一步阐明了实现这种转变的理论要求、实践根据,把社会主义由空想上升到科学,从而比较完整地揭示出科学社会主义的基本理论内涵。至此,科学社会主义的概念终于呼之欲出,这也为不久之后的《共产党宣言》奠定了思想基础和明确

---

① ［德］弗·梅林:《马克思传》(上),樊集译,三联书店1965年版,第163页。
② ［德］弗·梅林:《马克思传》(上),樊集译,三联书店1965年版,第163页。
③ 《马克思恩格斯文集》第1卷,人民出版社2009年版,第612页。
④ 《马克思恩格斯文集》第1卷,人民出版社2009年版,第616页。

了主体研究思路。

(二)《共产党宣言》的写作和内容

1847 年初,马克思和恩格斯应邀参加正义者同盟(同年 6 月同盟更名为共产主义者同盟,恩格斯起草的同盟纲领草案——《共产主义信条草案》获得大会通过)并积极参与了同盟的许多重要工作,马克思还担任了共产主义者同盟布鲁塞尔区部领导人,《共产党宣言》就是由共产主义者同盟第二次代表大会委托马克思和恩格斯起草、马克思执笔、马克思和恩格斯共同完成的一篇光辉著作。在现实的革命实践中,共产主义者同盟的中央领导人越来越清醒地认识到,必须制订出科学的纲领,才能真正建立起无产阶级的革命政党,而要做到这一点就离不开马克思、恩格斯的努力。为澄清一些地方在理论和思想上的混乱认识,1847 年 9 月,共产主义者同盟中央委员会发出了《通告信》给各地的组织,要求必须用马克思《哲学的贫困》来帮助一些人认识并克服思想上的错误认识,提出要在 11 月底召开同盟的第二次代表大会。同盟中央还专门写信给布鲁塞尔区部,特别要请马克思能够前来出席大会。正如恩格斯这一年 10 月在与小资产阶级激进分子进行论战的《共产主义者和卡尔·海因茨》一文中所说:"共产主义不是教义,而是运动。它不是从原则出发,而是从事实出发。共产主义者不是把某种哲学作为前提,而是把迄今为止的全部历史,特别是这一历史目前在文明各国造成的实际结果作为前提。"①这是针对海因茨自诩为德国非共产主义激进派的代表并对共产主义进行责难和攻击的言论进行的反驳和批判,也是对当时其他错误思想的批驳,阐明了共产主义是从事实出发的伟大运动,是无产阶级在无产阶级、资产阶级两大对立阶级之间的斗争中的科学理论,从理论上概括了无产阶级解放的条件。他还进一步指出,海因茨对废除私有财产的条件不仅无知而且极端无知,把废除私有财产与这种废除本身的条件竟然分离开来,这应该是其后来写作《共产党宣言》并在文中呼唤彻底"消灭私有制"的重要原因和动力之一。这也表明,马克思、恩格斯的理论影响越来越大并已经成为共产主义者同盟思想上的领袖。而就在同年的 11 月 29 日到 12 月 8 日,在伦敦召开的共产主义者同盟第二次代表大会上,马克思、恩

---

① 《马克思恩格斯文集》第 1 卷,人民出版社 2009 年版,第 672 页。

格斯不仅多次在发言中向与会代表阐明、论述科学社会主义的原理,而且受大会委托起草一篇共产主义者同盟的纲领在这次大会上发表。他们共同起草的这篇纲领就是影响了一代又一代革命者的《共产党宣言》,其发表也标志着科学社会主义从此成为共产主义者同盟的指导思想和行动纲领。

　　《共产党宣言》包括七篇序言、引言和四章正文,是第一次把马克思主义哲学和无产阶级改造旧世界的革命斗争结合起来的大胆尝试,这篇为共产主义者同盟起草的纲领第一次全面系统地阐述了科学社会主义理论,详细规定了共产党人在未来革命中的政治纲领,不仅是国际共产主义运动第一个纲领性文献,而且宣告了无产阶级新世界观和科学社会主义的诞生,是马克思主义诞生的重要标志。第一章是"资产者和无产者",不仅阐明和论述了马克思主义关于阶级斗争的学说,而且揭示了资本主义必然灭亡、社会主义必然胜利这一改变世界发展进程的客观规律,并阐明了无产阶级的历史使命。第二章是"无产者和共产党人",论述了已经作为一支独立的政治力量登上历史舞台的无产阶级和无产阶级政党的性质、特点、目的、任务,阐明了共产党的理论、纲领等,有力地驳斥了资产阶级对共产党人、共产主义的一系列责难,指出共产党是具有斗争的坚定性和彻底性的无产阶级政党,第一次提出了无产阶级专政的思想并论述了什么是无产阶级专政,指出共产主义社会中"代替那存在着阶级和阶级对立的资产阶级旧社会的,将是这样一个联合体,在那里,每个人的自由发展是一切人的自由发展的条件。"①并探讨了如何实现共产主义等。第三章是"社会主义的和共产主义的文献",不仅剖析、批判了封建的社会主义、小资产阶级的社会主义等当时流行的各种假社会主义、空想社会主义思潮,而且进一步揭露出其社会阶级根源以及各自代表的阶级利益。第四章是"共产党人对各种反对党派的态度",重点阐明和论述了共产党人进行革命斗争的思想策略,提出作为无产阶级中更先进、更觉悟的一部分的共产党人必须把眼前利益和长远利益、当前斗争同实现共产主义的伟大目标结合起来。四章层层递进、一气呵成、浑然一体,读来极具感染力、号召力和战斗力,尤其是被称为"两个必然"的

---

① 《马克思恩格斯文集》第2卷,人民出版社2009年版,第53页。

"资产阶级的灭亡和无产阶级的胜利是同样不可避免的"①和"两个彻底决裂"的"共产主义革命就是同传统的所有制关系实行最彻底的决裂;毫不奇怪,它在自己的发展进程中要同传统的观念实行最彻底的决裂"②,相互呼应、相互支持,成为整个马克思主义理论的理论根基、指导思想和重要支点。

值得注意的是,《共产党宣言》通过阐述共产党的纯洁性、先进性和阶级性而对坚持共产党领导提供了充分的理论依据,成为全世界共产党人的执政法宝。正如恩格斯后来在评价马克思和《共产党宣言》的强大影响力和伟大作用时指出:"共产党人不是同其他工人政党相对立的特殊政党。他们没有任何同整个无产阶级的利益不同的利益。"③由此我们可以看到,正是因为共产党没有不同于无产阶级利益的特殊利益诉求,党性、阶级性、人民性在共产党人身上是完全一致的,这就是其纯洁性理论的起源;而共产党的先进性和强大力量就在于其能够始终代表无产阶级和广大劳动者的利益,并始终站在无产阶级革命斗争的最前列,一直致力于推动运动向前进;而共产党阶级性的最主要体现就是其始终是工人阶级先锋队,是让"全世界无产者联合起来"的坚强领导核心。

（三）《共产党宣言》的伟大意义

正如恩格斯在《共产党宣言》1888 年英文版序言中所指出,其基本的核心思想是"每一历史时代主要的经济生产方式和交换方式以及必然由此产生的社会结构,是该时代政治的和精神的历史所赖以确立的基础,并且只有从这一基础出发,这一历史才能得到说明;因此人类的全部历史（从土地公有的原始氏族社会解体以来）都是阶级斗争的历史,即剥削阶级和被剥削阶级之间、统治阶级和被压迫阶级之间斗争的历史;这个阶级斗争的历史包括有一系列发展阶段,现在已经达到这样一个阶段,即被剥削被压迫的阶级（无产阶级）,如果不同时使整个社会一劳永逸地摆脱一切剥削、压迫以及阶级差别和阶级斗争,就不能使自己从进行剥削和统治的那个阶级（资产阶级）的奴役下解放出来"④。揭示出无论哪一个阶级要成为统治阶级都必

---

① 《马克思恩格斯文集》第 2 卷,人民出版社 2009 年版,第 43 页。
② 《马克思恩格斯文集》第 2 卷,人民出版社 2009 年版,第 52 页。
③ 《马克思恩格斯文集》第 4 卷,人民出版社 2009 年版,第 3 页。
④ 《马克思恩格斯文集》第 2 卷,人民出版社 2009 年版,第 14 页。

须具备掌握国家的经济命脉、掌握社会的精神生产两个条件,其中掌握社会的精神生产就是指思想的领导权,也是意识形态的主导权、领导权。高举历史唯物主义的旗帜,不仅消除了以往所有社会主义和共产主义学说中的唯心主义成分,而且把国际主义原则和不断革命精神规定为党的性质的根本标志,这也是《共产党宣言》能在很大程度上反映现代工人阶级运动的历史,极大地推动全世界无产阶级革命运动的发展,成为全世界工人阶级乃至整个无产阶级公认的共同纲领和世界社会主义运动的"圣经",开辟了国际工人运动和全世界的社会主义运动的新局面,使工人阶级从此坚信共产主义运动的胜利已成为不可抗拒的历史潮流的重要原因所在。

在《共产党宣言》中,马克思和恩格斯深入揭露了资产阶级通过教育或者教化向社会成员灌输资产阶级意识形态的做法并提出"消灭阶级教化"的思想,运用历史唯物主义和辩证唯物主义深入分析了生产力与生产关系、经济基础与上层建筑之间的矛盾,指出:"人们的观念、观点和概念,一句话,人们的意识,随着人们的生活条件、人们的社会关系、人们的社会存在的改变而改变,这难道需要经过深思才能了解吗?"[1]人们的意识随着自身的生活条件、社会关系以及社会存在等改变而改变,这显然是一个不需要经过深刻思考就能明白的浅显易懂的道理。响亮地喊出"消灭私有制"的口号——共产党人彻底的革命纲领,号召必须用革命的暴力推翻资产阶级统治,然后"一步一步地夺取资产阶级的全部资本,把一切生产工具集中在国家即组织成为统治阶级的无产阶级手里,并且尽可能快地增加生产力的总量。"[2]我们要深刻认识到,无产阶级专政不仅是引领无产阶级彻底推翻资产阶级统治、实现共产主义的政治形式,而且体现了当代人类文明的前进方向和人类社会的发展趋势。并且,《共产党宣言》中还进一步鲜明地指出:"共产党人不屑于隐瞒自己的观点和意图。他们公开宣布:他们的目的只有用暴力推翻全部现存的社会制度才能达到。让统治阶级在共产主义革命面前发抖吧。无产者在这个革命中失去的只是锁链。他们获得的将是整个世界。"[3]并在最后大声发出"全世界无产者,联合起来!"这一振聋发聩的

---

① 《马克思恩格斯文集》第2卷,人民出版社2009年版,第50页。
② 《马克思恩格斯文集》第2卷,人民出版社2009年版,第52页。
③ 《马克思恩格斯文集》第2卷,人民出版社2009年版,第66页。

伟大战斗号召,展现出共产党人彻底的革命性和无产阶级革命家伟大的革命气魄、大无畏的战斗精神和崇高的国际主义精神。

在 1872 年的德文版序言中,马克思、恩格斯进一步指出:"不管最近 25 年来的情况发生了多大的变化,这个《宣言》中所阐述的一般原理整个说来直到现在还是完全正确的。"①并指出这些原理在实际运用中,应该随时随地以当时的历史条件为转移,这是真正的马克思主义者的立场,也进一步凸显了马克思主义理论的开放性和进步性。尤其是在 1872 年的俄文版序言中,不仅强调了现代资产阶级所有制必然灭亡,而且预言到了俄国革命将成为整个西方无产阶级革命的信号,并且双方会相互补充,当时俄国大半土地仍归农民占有的土地公有制也将会成为共产主义发展的新起点。十月革命的胜利印证了这个预言。

二、从创办《新莱茵报》到总结法国革命的经验教训

《共产党宣言》正式发表的 1848 年,正是资产阶级革命风暴席卷欧洲大陆的一年,不少国家的统治者也对革命者更加仇视。3 月初,马克思被比利时当局驱逐出境来到巴黎,并在那里着手建立了共产主义者同盟新的中央委员会,他被推选为主席。4 月初,他们返回德国,直接参加、领导革命。6 月,他创办了《新莱茵报》。在《新莱茵报》期间,他不仅继续高举革命旗帜,而且深入总结了法国大革命的经验教训。

(一)创办《新莱茵报》再举革命大旗及重大影响

1848 年 4 月,马克思和恩格斯从法国回到德国工业中心科隆,在这个处于欧洲革命大风暴中的城市直接投身革命。正好当地的共产主义者同盟地方支部和民主派准备筹办一张地方性报纸,马克思和恩格斯就主张应该创办一种大型的政治性日报,以影响整个莱茵省乃至全德国。最后,他们取得了这张报纸的创办权,马克思担任总编辑,恩格斯负责完成大部分社论。因为马克思对《莱茵报》的深厚情结和《莱茵报》曾经的巨大影响,他们特意将报纸的名称定为《新莱茵报》。由于当时工人政治组织的力量还不够强大等原因,全称是《新莱茵报·民主派机关报》的《新莱茵报》不得不以民主

---

① 《马克思恩格斯文集》第 2 卷,人民出版社 2009 年版,第 5 页。

派左翼的身份在政治舞台上出现,这也是这份大型德文政治性日报的副标题定为"民主派机关报"的主要原因。但实际上,《新莱茵报》承担了共产主义者同盟机关报的功能,从 1848 年 6 月 1 日发行第 1 期到 1849 年 5 月 19 日被迫停刊,报纸不仅公开宣传无产阶级的革命纲领,而且敢于揭露和批判自由资产阶级的妥协和叛卖行为,指导德国人民同封建的专制制度和反动的资产阶级进行斗争,并通过报纸同各国民主派建立广泛联系,声援其他国家人民的革命斗争。1848 年 6 月 22 日,愤怒的法国"国家工厂"工人游行示威,六月起义爆发。激烈的巷战持续 4 天,起义工人遭到残酷镇压而失败。即使在这个时候,《新莱茵报》仍然坚决站在起义工人一边。1849 年 5 月初,德国各地爆发维护宪法的人民起义,《新莱茵报》用越来越激烈的语调批判专制制度、声援起义。恩格斯甚至作为《新莱茵报》的代表亲自参加、领导了爱北斐特等地区的起义,并参加过三次战役,有一次还成功地率领一支小分队突袭了普鲁士军队的一个军备仓库。此外,马克思、恩格斯还撰写了大量评论和通讯声援和支持世界各国人民的民族解放运动,仅恩格斯就写了一百多篇。恩格斯后来在《给〈社会民主党人报〉读者的告别信》中回忆这段难忘经历说:"这是革命的时期,在这种时候从事办日报的工作真是一种乐趣。你会亲眼看到每一个字的作用,看到文章怎样简直像榴弹一样击中目标,看到打出去的炮弹怎样爆炸。"[①]可见那时候他们是如何满怀激情地全身心投入战斗的。

并且,为了把德国革命乃至整个欧洲革命中的重要消息及时、迅速报道出去,《新莱茵报》打破报纸常规,经常在一天之中出两次报,材料多的时候还会出增刊,有重大消息时甚至立即出版号外。再加上报社在欧洲等地建立了广泛的销售网络和联络渠道,精彩、丰富的内容使得广告收入也还不错。尽管如此,但由于《新莱茵报》日益显示出其无产阶级革命性质,报社原来的大部分资产阶级、小资产阶级股东还是陆续退出了,使得报社生存遭遇到困境。面对困难,马克思自己拿出了 7000 塔勒的全部现金,甚至出卖家具和典当了妻子燕妮的首饰,才使得以使报纸得以正常运转。

《新莱茵报》的巨大影响让普鲁士当局非常恐慌和害怕,千方百计对其

---

① 《马克思恩格斯文集》第 4 卷,人民出版社 2009 年版,第 399 页。

进行迫害,《新莱茵报》被迫停刊。1849 年 5 月 19 日,用红色油墨印刷印了几万份的最后一期《新莱茵报》除了公开出售外还被广泛散发,马克思和恩格斯在编辑部的《致科隆工人》中写下了这样的话语:"《新莱茵报》的编辑们在向你们告别的时候,对你们给予他们的同情表示衷心的感谢。无论何时何地,他们的最后一句话将始终是:工人阶级的解放!"①报纸头版头条是一篇告别辞,其中这样豪迈地写道:

> 别了,但不是永别,
>
> 他们消灭不了我们的精神,弟兄们!
>
> 当钟声一响,生命复临,
>
> 我将立即披甲返程!

《新莱茵报》被迫停刊时已经拥有近 6000 个订户,而在当时报纸最发达的英国,也只有《泰晤士报》能达到这么高的发行量,其他的日报的订户最多也没有超过 5000 户,可见其影响力之大。作为世界上最早的马克思主义报纸,《新莱茵报》是当时唯一一张代表、宣扬无产阶级观点的报纸,也是最早面向大众宣传革命的大型日报,对于欧洲大革命和世界社会主义运动都产生了深远而持久的广泛影响。

《新莱茵报》被迫停刊后,马克思先是去了巴黎,1849 年 8 月又被驱逐出巴黎,被迫流亡到伦敦,以后就在那里长期定居,并在那里重建共产主义者同盟中央委员会和地方组织。从 1849 年秋天开始,以前各中央委员会和代表大会的大多数代表陆续来到伦敦并在这里重新聚集,重新开始恢复活动。1850 年 3 月,在两人起草的《中央委员会告共产主义者同盟书》中,马克思、恩格斯提出了建立独立的工人政党的任务,并旗帜鲜明地提出:"而我们的利益和我们的任务却是要不断革命,直到把一切大大小小的有产阶级的统治全都消灭,直到无产阶级夺得国家政权,直到无产者的联合不仅在一个国家内,而且在世界一切举足轻重的国家内都发展到使这些国家的无产者之间的竞争停止,至少是发展到使那些有决定意义的生产力集中到了无产者手中。对我们说来,问题不在于改变私有制,而只在于消灭私有制,不在于掩盖阶级对立,而在于消灭阶级,不在于改良现存社会,而在于建立

---

① 《马克思恩格斯文集》第 4 卷,人民出版社 2009 年版,第 12 页。

新社会。"①与此同时,马克思和恩格斯也开始深入总结法国革命的经验、教训,使革命年代产生的思想科学化、系统化,并在 1850 年 3 月专门创办出版了一本时事评论性杂志《新莱茵报·政治经济评论》。但由于遭到迫害和资金缺乏,1850 年 11 月出版第 5、6 期合刊后被迫停刊。

(二)《1848 年至 1850 年的法兰西阶级斗争》的诞生和巨大影响

《新莱茵报·政治经济评论》虽然被迫停刊,但却推动了《1848 年至 1850 年的法兰西阶级斗争》这一总结法国 1848 年革命经验的重要著作的诞生,这部书的主要内容最初就是在《新莱茵报·政治经济评论》上连载的。全书由一个前言和四章组成,前言扼要阐述了 1848 年至 1849 年革命的结局和建党的任务,指出了这场革命对无产阶级政党发展壮大的重要意义;第一章通过梳理 1848 年 8 月无产阶级起义失败的历程,指出所谓的资产阶级共和国其实就是欺骗工人阶级的"社会主义的礼拜堂",并进一步总结了没有无产阶级政党的领导和广大农民支持是起义失败最主要的经验教训;第二章通过梳理从 1848 年 6 月起义失败到 1849 年 6 月 13 日事件这段历史,剖析了资产阶级以及小资产阶级的特点,进一步提出无产阶级的社会经济改造的要求;第三章通过梳理制宪会议时期的历史,阐明了工农联盟和不断革命的原理;第四章则通过剖析法国 1850 年普选权废除后的阶级斗争状况,论述了社会革命发生的历史条件。马克思在书中透彻地分析了法国革命的性质、原因和动力,阐明了无产阶级革命斗争的理论和策略;论述了历史唯物主义的国家学说,强调"劳动权"就是使生产资料受联合起来的工人阶级支配……书中提出的社会主义社会的建立必须通过无产阶级革命的道路、无产阶级革命必须建立工农联盟才能实现无产阶级领导权、无产阶级必须通过暴力革命的道路才能真正推翻资本主义社会、必须用暴力打碎资产阶级反动国家机器才能真正建立无产阶级专政等思想都具有重要意义。他在书中不仅指出:"社会主义的空论家,他们曾为人民向资产阶级乞怜,并且被允许长时间地说教和同样长时间地丢丑,直到把无产阶级的狮子催眠入睡为止"②;而且进一步指出:"无产阶级既然将自己的葬身地变成了资

---

① 《马克思恩格斯文集》第 2 卷,人民出版社 2009 年版,第 192 页。

② 《马克思恩格斯文集》第 2 卷,人民出版社 2009 年版,第 102 页。

产阶级共和国的诞生地,也就迫使资产阶级共和国现了原形:原来这个国家公开承认的目的就是使资本的统治和对劳动的奴役永世长存","在无产阶级暂时被挤出舞台而资产阶级专政已被正式承认之后,资产阶级社会的中间阶层,即小资产阶级和农民阶级,就必定要随着他们境况的恶化以及他们与资产阶级对抗的尖锐化而越来越紧密地靠拢无产阶级"①。揭示出无产阶级必将在对资产阶级的战斗中进一步觉醒和壮大,这对我们分析和研究近代无产阶级反对资产阶级斗争的历史和探讨如何建立和巩固无产阶级政权具有重要启示,具有重大的理论意义、实践意义和指导意义。

(三)《路易·波拿巴的雾月十八日》对无产阶级革命的意义

1848 年法国二月革命爆发后,路易·拿破仑·波拿巴——拿破仑一世的侄子回到法国,先是在 9 月当选制宪议会议员,紧接着又在 12 月的选举中凭借拿破仑一世的名望和农民选票的支持以 550 万张选票的绝对多数当选为法兰西第二共和国总统。三年之后的 1851 年 12 月,波拿巴发动政变成立军事独裁政权——法兰西第二帝国,自己成为皇帝,被称为拿破仑三世。非常关注法国革命的马克思一直在思考波拿巴的"崛起",并于 1851 年 12 月至 1852 年 3 月写出了《路易·波拿巴的雾月十八日》,在 1852 年在纽约出版的《革命》杂志第 1 期上公开发表。全文分七部分,在高度评价了法国二月革命的意义和指出无产阶级与资产阶级的矛盾已上升为社会主要矛盾的基础上,运用唯物主义的历史观和阶级斗争学说深入剖析了波拿巴政变成功的政治、经济和社会等多方面原因,指出波拿巴主义再现和法兰西第二帝国的帝制复辟就是对资产阶级自我标榜的所谓民主的否定,不仅深刻论述了个人在历史上的作用及评价历史人物的马克思主义观点,提出无产阶级革命必须打碎资产阶级国家的旧的国家机器的国家学说和工农联盟的思想;而且深入分析了社会意识和社会存在的关系,指出:"在不同的财产形式上,在社会生存条件上,耸立着由各种不同的,表现独特的情感、幻想、思想方式和人生观构成的整个上层建筑。整个阶级在其物质条件和相应的社会关系的基础上创造和构成这一切。通过传统和教育承受了这些情

---

① 《马克思恩格斯文集》第 2 卷,人民出版社 2009 年版,第 104 页。

感和观点的个人，会以为这些情感和观点就是他的行为的真实动机和出发点。"①马克思不仅阐明了不同的社会生存条件和不同的财产占有形式将产生不同的上层建筑(意识形态)，而且强调了意识形态主要是通过传统和教育两大途径为个人所接受和认同，而被接受的意识形态又成了个人思想、行动的出发点，成为一种具有理念指向和实践倾向的强大精神力量。由此可见，资产阶级就是利用国家机器来强化意识形态的控制，不断向工人阶级灌输资产阶级意识形态，以此来麻痹和消除工人阶级的革命意志。而还没有成为自为阶级的工人根本无法辨别清楚资产阶级意识形态的欺骗性、虚伪性本质，更无法实现与资产阶级进行彻底决裂和顽强斗争，甚至会盲目地把资产阶级意识形态当作所谓的"真理"加以接受和认同。

此外，文章还通过梳理当时法国的农民、工人、资产阶级共和派、资产阶级民主派之间错综复杂的政治矛盾和斗争，剖析政治、经济之间的关系，论述了经济对政治有决定性影响的唯物主义观点，提出了阶级斗争是历史的发展动力这一历史唯物主义的重要命题；进一步深入阐述和论证了无产阶级革命与无产阶级专政的理论，为无产阶级进一步发展壮大提供了强有力的思想理论武器，被恩格斯称为是"一部天才的著作"。

马克思的《1848年至1850年的法兰西阶级斗争》、《路易·波拿巴的雾月十八日》两篇著作都深入剖析和论述了工农联盟思想、阶级斗争理论和无产阶级专政理论等，打破了市民社会决定国家的单向模式，深刻剖析了政治国家对市民社会的反作用，为重新审视无产阶级与意识形态之间的关系开辟了新的理论空间，进一步丰富了马克思主义意识形态理论和科学共产主义理论，都可以说是理论和实践完美结合的典范，对世界社会主义运动都有着重要的指导意义。同时也启示我们，无产阶级一定要在工人运动中不断开展揭露、批判资产阶级意识形态的斗争，时刻注意用共产主义的意识形态去教育、指引、鼓舞工人，使共产主义的意识形态成为全社会成员的自觉意识。

---

① 《马克思恩格斯文集》第2卷，人民出版社2009年版，第498页。

三、从《政治经济学批判》到《资本论》

深入总结法国革命的经验、教训的过程中,马克思越来越深刻地认识到,法国农民不仅深受"拿破仑观念"等传统意识形态的束缚,而且还深受现代资产阶级意识形态和拜物教观念的欺骗和束缚,资产阶级意识形态和拜物教严重侵蚀了工人的革命意志。比如陷入到货币拜物教的旋涡之中的农民为了减少自己的货币支出,竟然轻信波拿巴废除葡萄酒税等虚假承诺,甚至主动放弃反抗,甘愿接受波拿巴的愚弄和欺压,最终越来越深地陷入到货币拜物教的旋涡之中而难以自拔。为此,他下决心深入进行政治经济学的研究,以更好地指导全世界的无产阶级革命。

(一)批驳现代资产阶级意识形态和拜物教观念

为了破解现代资产阶级意识形态和拜物教观念困扰、欺骗工人阶级的问题,从19世纪50年代后半期开始,马克思开始潜心于政治经济学的研究,基本形成了马克思主义的经济学理论体系。他从1857年到1858年5月,先是写出了《1857—1858年经济学手稿》,这也是他的第一部经济学手稿,就是后来的《政治经济学批判》,被称为是《资本论》第一稿。在这个手稿中,马克思在更加深入研究的基础上形成了关于三大社会形态的经典论述:"人的依赖关系(起初完全是自然发生的),是最初的社会形式,在这种形式下,人的生产能力只是在狭小的范围内和孤立的地点上发展着。以物的依赖性为基础的人的独立性,是第二大形式,在这种形式下,才形成普遍的社会物质变换、全面的关系、多方面的需要以及全面的能力的体系。建立在个人全面发展和他们共同的、社会的生产能力成为从属于他们的社会财富这一基础上的自由个性,是第三个阶段。"①将整个人类社会发展的历史进程划分为"人的依赖关系"、"物的依赖性"、"个人全面发展"三个阶段,提出了具有重大历史意义和现实意义的三大社会形态理论,体现出马克思在社会形态理论方面科学、独到的主体视角和价值尺度,进一步发展了其唯物主义历史观。并且,三大社会形态理论与《德意志意识形态》中提出的五种社会形态理论互为补充、相互支持、和谐共进。

---

① 《马克思恩格斯文集》第8卷,人民出版社2009年版,第52页。

　　1859 年，马克思又利用《1857—1858 年经济学手稿》有关章节完成了《政治经济学批判》一书，制定了马克思主义经济学的一系列重要原理，第一次有系统地阐述了包括剩余价值理论的基本要点、货币学说等在内的马克思主义价值论。后来，马克思在《资本论》中又继续深化了三大社会形态理论，并将其正式概括为"直接的社会关系"、"人们之间的物的关系和物之间的社会关系（物化的社会关系）"、"自由人联合体"三大社会发展阶段，进一步发展和丰富了三大社会形态理论。并且，马克思在《资本论》中第一次提出了与资产阶级的政治经济学相对立的、科学的政治经济学，并由此开始创建真正属于马克思主义的政治经济学体系，其中最伟大的发现就是发现了剩余价值和揭示了其起源、构成和本质，并以此为基础阐述了资本主义的社会矛盾和经济运动规律，从而真正挣脱了资本主义意识形态的束缚。而马克思一生有两个最伟大的发现，一是历史唯物主义，另一个就是剩余价值理论。正如恩格斯所指出："这个问题的解决使明亮的阳光照进了经济学的各个领域，而在这些领域中，从前社会主义者也曾像资产阶级经济学家一样在深沉的黑暗中摸索。科学社会主义就是以这个问题的解决为起点，并以此为中心的。"①剩余价值理论是马克思的划时代的功绩，其伟大意义至今仍然不容忽视。

　　在《〈政治经济学批判〉序言》中，马克思一开始就表明自己是按照先从资本、土地所有制到雇佣劳动，再从国家到对外贸易、世界市场的顺序来考察资产阶级的经济制度的。随后，马克思将自己的研究成果简要表述为："人们在自己生活的社会生产中发生一定的、必然的、不以他们的意志为转移的关系，即同他们的物质生产力的一定发展阶段相适合的生产关系。这些生产关系的总和构成社会的经济结构，即有法律的和政治的上层建筑竖立其上并有一定的社会意识形式与之相适应的现实基础。物质生活的生产方式制约着整个社会生活、政治生活和精神生活的过程。不是人们的意识决定人们的存在，相反，是人们的社会存在决定人们的意识。社会的物质生产力发展到一定阶段，便同它们一直在其中运动的现存生产关系或财产关系（这只是生产关系的法律用语）发生矛盾。于是这些关系便由生产力的

---

① 《马克思恩格斯文集》第 9 卷，人民出版社 2009 年版，第 212 页。

发展形式变成生产力的桎梏。那时社会革命的时代就到来了。随着经济基础的变更,全部庞大的上层建筑也或慢或快地发生变革。在考察这些变革时,必须时刻把下面两者区别开来:一种是生产的经济条件方面所发生的物质的、可以用自然科学的精确性指明的变革,一种是人们借以意识到这个冲突并力求把它克服的那些法律的、政治的、宗教的、艺术的或哲学的,简言之,意识形态的形式。"①这一段文字被认为是对马克思意识形态观的经典论述,不仅指出了物质生活的生产方式制约并深刻影响着社会、政治以及精神生活的过程,指出了人们的社会存在决定着其意识,而且指出如果生产关系变成生产力的桎梏时便会有社会革命的时代到来,包括法律、政治、宗教、艺术或哲学等形式在内的上层建筑——意识形态也会随着经济基础的变更也或慢或快地发生变革。这些理论不仅进一步丰富、发展了马克思主义意识形态理论,也是对历史唯物主义乃至整个马克思主义理论的丰富、发展和完善。

(二)意识形态的批判对象拓展到现实生活

马克思后来又完成了《1861—1863 年经济学手稿》,这就是《资本论》的第二稿,其中对剩余价值学说史的批判占了相当大的篇幅,除了论述《资本论》第一卷的主要内容以外,还阐述了《资本论》第二卷、第三卷的内容。在《1861—1863 年经济学手稿》中,马克思对资产阶级意识形态和拜物教观念进行了揭露和批判。他通过深入研究指出,作为资本主义生产的当事人之一的工人诞生之初身上就有着旧社会的烙印,随着资本主义生产的发展,使得资产阶级意识形态和拜物教观念逐渐取代其头脑中的封建意识,但其要真正成为自为阶级的一员需要一个漫长的过程。"在资本的关系中——即使撇开资本的流通过程来考察这种关系——具有本质特征的是神秘化,是被歪曲的世界即主客体的颠倒,就像在货币上所表现出来的那样。由于这种被歪曲的关系,必然在生产过程本身中产生出相应的被歪曲的观念,颠倒了的意识,而这些东西由于流通过程本身的变形和变态而完成了。"②揭示出生活在这种主客体颠倒的、被歪曲的世界中的工人自然不可避免受到

---

① 《马克思恩格斯文集》第 2 卷,人民出版社 2009 年版,第 591—592 页。
② 《马克思恩格斯全集》第 32 卷,人民出版社 1998 年版,第 413—414 页。

这种颠倒假象的侵袭,形成颠倒了意识——拜物教观念。

马克思进一步指出:"现在社会劳动的生产力和社会劳动的特殊形式,表现为资本的生产力和形式,即对象化劳动的,物的劳动条件(它们作为这种独立的要素,人格化为资本家,同活劳动相对立)的生产力和形式。这里,我们又遇到关系的颠倒,我们在考察货币时,已经把这种关系颠倒的表现称为拜物教。"①通过对当时资产阶级意识形态的基础部分——政治经济学的批判,深入剖析和批判了当时社会上流行的种种资产阶级意识形态谬论,尤其是通过对货币拜物教进行观念的解析、实质的揭露和危害的批判,使更多人对拜物教的巨大欺骗性、危害性有了较为清醒地认识。而这种对拜物教观念的批判使得意识形态的批判对象拓展到现实生活,从资本主义社会中普遍存在的物与物的关系入手深入分析并揭示出在异化的环境下的人与人之间的关系——隐藏在人与人关系的异化背后的真实关系,这不仅是马克思主义意识形态理论发展中的重要成果,也是整个意识形态发展历史中具有划时代意义的重大理论创新和重要理论成果之一。

(三)工人阶级的斗争有了科学的革命理论作指导

1863 年 8 月到 1865 年年底,马克思又完成了第三个经济学的手稿,也就是《资本论》的第三稿。1867 年 9 月 14 日,马克思发表了《资本论》第一卷,引起巨大反响。第二卷、第三卷则是在他逝世后,由恩格斯进行整理后分别在 1885 年、1894 年出版。在《资本论》这部具有伟大的划时代意义的不朽著作中,马克思紧紧抓住资本和劳动的关系,论述了资本主义社会的经济运动规律,揭开了资本主义社会就是一种以物的依赖性为基础的社会现实存在,指出对物的依赖——物统治人——体现了资本主义社会的本质;通过对资本主义社会中商品、货币、资本、剩余价值以及利润等众多要素进行深入剖析,指出:"剩余价值通过利润率而转化为利润形式的方式,只是生产过程中已经发生的主体和客体的颠倒的进一步发展。我们已经在生产过程中看到,劳动的全部主体生产力怎样表现为资本的生产力。一方面,价值,即支配着活劳动的过去劳动,人格化为资本家;另一方面,工人反而仅仅表现为物质劳动力,表现为商品。从这种颠倒的关系出发,还在简单的生产

---

① 《马克思恩格斯文集》第 8 卷,人民出版社 2009 年版,第 392 页。

关系中,已经必然产生出相应的颠倒的观念,即歪曲的意识,这种意识由于真正流通过程的各种转化和变形而进一步发展了。"①揭露了资本家对工人进行剥削的秘密就在于无偿占有工人劳动创造的剩余价值;透过剖析工人和资本家都把货币当作自己目的的深层原因,指出拜物教观念是资本主义的生产方式所内生的,揭示出资本主义生产社会化与资本主义私人占有之间的冲突这个基本矛盾和资本主义生产方式的内在矛盾,科学论证了资产阶级与无产阶级之间的根本对立和资本主义必然灭亡、社会主义必然胜利的历史必然规律,旗帜鲜明地指出:"资本主义私有制的丧钟就要响了。剥夺者就要被剥夺了。"②这不仅使得马克思主义的社会主义学说有了牢固的科学基础,也让工人阶级的斗争有了科学的革命理论作指导,更极大鼓舞了工人阶级的革命斗志。

对于《资本论》的伟大价值和历史意义,恩格斯作出了这样的评价:"自从世界上有资本家和工人以来,没有一本书像我们面前这本书那样,对于工人具有如此重要的意义。资本和劳动的关系,是我们全部现代社会体系所围绕旋转的轴心,这种关系在这里第一次得到了科学的说明,而这种说明之透彻和精辟,只有一个德国人才能做得到。欧文、圣西门、傅立叶的著作现在和将来都是有价值的,可是只有一个德国人才能攀登最高点,把现代社会关系的全部领域看得明白而清楚,就像一个观察者站在高山之巅俯视下面的山景一样。"③而在国际金融危机爆发的 21 世纪,《资本论》再次得到很多学者、政治家的青睐并在多个国家热销,不仅证明了它的基本理论仍然是我们宝贵的精神财富,而且再次凸显出其伟大价值;也让更多人坚信,只要世界上仍然存在阶级和阶级斗争,只要资本主义社会没有被消灭,《资本论》还会一次次热销,成为更多人观察世界的一盏明灯。

---

① 《马克思恩格斯文集》第 7 卷,人民出版社 2009 年版,第 53—54 页。
② 《马克思恩格斯文集》第 5 卷,人民出版社 2009 年版,第 874 页。
③ 《马克思恩格斯文集》第 3 卷,人民出版社 2009 年版,第 79 页。

第二章　意识形态能力问题的提出和内涵

马克思主义意识形态理论的发展史一直是一个不断丰富、发展、完善的过程。正如恩格斯在《〈反杜林论〉旧序。论辩证法》中指出："每一个时代的理论思维，包括我们这个时代的理论思维，都是一种历史的产物，它在不同的时代具有完全不同的形式，同时具有完全不同的内容。"①在马克思去世之后，除了恩格斯进一步丰富、发展和完善了其意识形态理论之外，从列宁到毛泽东等无产阶级革命导师和伟大领袖对马克思主义意识形态理论的丰富、发展、完善也至关重要，使马克思主义成为共产党执政的社会主义国家的指导思想的根基和核心，同时也推动着意识形态能力建设问题的提出和不断加强。

第一节　恩格斯和列宁对马克思主义意识形态理论的丰富和发展

马克思主义意识形态理论一直是在不断丰富、发展和完善的，这一切并没有因为马克思的去世而停止。不仅有恩格斯作为马克思最亲密的战友、最伟大的朋友进一步丰富、发展和完善了马克思主义意识形态理论，并始终捍卫马克思主义意识形态理论的完整性、科学性、纯洁性和先进性；更有列宁第一次提出并发展壮大了社会主义意识形态，深刻剖析了资产阶级意识形态和无产阶级意识形态之间的关系，使得马克思主义和意识形态第一次

---

① 《马克思恩格斯文集》第9卷，人民出版社2009年版，第436页。

统一成为一个有机整体,创造性地提出了"马克思主义意识形态"这一无产阶级革命的强大思想武器,使马克思主义意识形态理论第一次真正走向全世界。

一、恩格斯进一步丰富、发展和完善了马克思主义意识形态理论

作为马克思最亲密的战友、最伟大的朋友,恩格斯不仅与马克思一起奠基、发展了马克思主义意识形态理论,更在马克思去世后继续丰富、发展和完善了其意识形态理论,除了整理出版《资本论》等马克思的遗稿外,还承担起领导国际工人运动的重任。他不仅坚持撰写了很多篇富有战斗力和鼓舞性的论著以及书信等,而且在与资产阶级的意识形态家们继续进行战斗并清算其种种谬见的过程中,频繁地使用意识形态这个概念,并在提出了自己见解的基础上修正一些人的错误认识,对马克思的崇拜者、追随者中出现的机械唯物论等观点进行了科学剖析、深刻批判。恩格斯不仅捍卫了马克思主义意识形态理论的科学性、完整性、纯洁性和先进性,同时也进一步丰富、发展和完善了马克思主义意识形态理论和历史唯物主义,使其可以更好地指导世界工人运动和无产阶级革命。

(一)《反杜林论》的写作及其重要启示意义

马克思主义意识形态理论是马克思、恩格斯共同努力的伟大成果。巴黎公社的伟大革命实践失败之后,随着欧洲工人运动中心从法国转移到了德国,德国小资产阶级的思想家、哲学家、庸俗经济学家和小资产阶级社会主义的代表人物杜林趁此机会塑造了一个以折中主义哲学和庸俗经济学为基础的小资产阶级空想社会主义的理论体系,被称为"杜林主义"。由于杜林披着"社会主义"的迷人外衣,以所谓的社会主义"改革家"而自我宣扬,并打着"科学"的金字招牌,被不少人看作是工人阶级的思想家、革命家甚至导师、领袖。再加上杜林故意曲解和公开诋毁、反对马克思主义,在工人阶级和德国社会民主党内都造成了很恶劣的影响,造成了不少人思想上的迷茫,究竟是以马克思主义还是以杜林主义作为党的理论核心和指导思想成为困惑当时不少人的一个现实问题。

为了捍卫科学社会主义学说不被曲解、歪解,在马克思的大力支持和帮助下,1876 年 5 月到 1878 年 7 月,恩格斯完成了堪称无产阶级革命和马克

思主义理论的百科全书的《反杜林论》,通过对科学社会主义产生的历史过程的研究、剖析,第一次对马克思主义的三大组成部分——哲学、政治经济学和科学社会主义理论进行了全面、系统地阐发,并论述了不少自然科学的有关基础理论,深刻揭示出了马克思主义三个主要组成部分之间的联系。恩格斯不仅批判了杜林的先验主义、经验主义和形而上学观点等,论述了"世界的真正的统一性在于它的物质性,而这种物质性不是由魔术师的三两句话所证明的,而是由哲学和自然科学的长期的和持续的发展所证明的"①、"运动是物质的存在方式。无论何时何地,都没有也不可能有没有运动的物质"②等辩证唯物主义的基本原理和唯物辩证法的基本规律,并进一步指出:"辩证法不过是关于自然界、人类社会和思维的运动和发展的普遍规律的科学"③等,与《德意志意识形态》中关于唯物主义历史观"始终站在现实历史的基础上"④、"而是从物质实践出发来解释各种观念形态"⑤等论述密切相连、互为补充,使人们对唯物主义的认识更加完整、科学;书中还剖析、批判了杜林宣扬的庸俗经济学、小资产阶级社会主义观点和唯心主义暴力论等,论述了是经济在历史上发挥基础性作用,而不是暴力;私有制产生的根源不在于暴力,而在于经济领域;唯物史观、剩余价值学说两大发现使社会主义学说终于从空想变为科学等。并且,恩格斯还寄语广大马克思主义者:"因为很可能我们还差不多处在人类历史的开端,而将来会纠正我们的错误的后代,大概比我们有可能经常以十分轻蔑的态度纠正其认识错误的前代要多得多。"⑥体现出一个伟大的马克思主义者、革命家的宽广胸怀和远见卓识。因此,《反杜林论》的问世,对捍卫马克思主义世界观、科学社会主义,对于正确引领和推动德国工人运动乃至世界共产主义运动的进一步发展,都起到了极其重要的历史性作用,得到广泛赞誉和高度评价。德国著名的工人运动活动家、马克思主义者、历史学家弗兰茨·梅林称赞这部著作是仅次于马克思主义的经典力作《资本论》的、一部最卓越而重要的科学

---

① 《马克思恩格斯文集》第 9 卷,人民出版社 2009 年版,第 47 页。
② 《马克思恩格斯文集》第 9 卷,人民出版社 2009 年版,第 64 页。
③ 《马克思恩格斯文集》第 9 卷,人民出版社 2009 年版,第 149 页。
④ 《马克思恩格斯文集》第 1 卷,人民出版社 2009 年版,第 528 页。
⑤ 《马克思恩格斯文集》第 1 卷,人民出版社 2009 年版,第 544 页。
⑥ 《马克思恩格斯文集》第 9 卷,人民出版社 2009 年版,第 91 页。

社会主义的伟大作品。列宁更是高度赞扬这部伟大著作"同《共产党宣言》一样,都是每个觉悟工人必读的书籍"①。

时间到了1880年的夏天,应法国工人党、第二国际的主要创建者与领导人之一、国际工人运动的著名活动家、杰出的马克思主义宣传家、理论家、思想家保尔·拉法格的邀请,恩格斯又把《反杜林论》中的一些章节改编为《社会主义从空想到科学的发展》,就是这本被马克思誉为是"科学社会主义入门"的小册子,坚持和运用唯物史观剖析了资本主义社会的矛盾和冲突,指出科学社会主义就是这种矛盾和冲突在工人阶级的头脑、思想中的反映,社会主义是无产阶级和资产阶级两大对立阶级之间斗争的必然产物,并论证了资本主义必然被社会主义代替的必然趋势,对进一步传播、普及马克思主义理论起了极其重要的作用。尤其是其在书中指出:"以往的全部历史,除原始状态外,都是阶级斗争的历史;这些互相斗争的社会阶级在任何时候都是生产关系和交换关系的产物,一句话,都是自己时代的经济关系的产物;因而每一时代的社会经济结构形成现实基础,每一个历史时期的由法的设施和政治设施以及宗教的、哲学的和其他的观念形式所构成的全部上层建筑,归根到底都应由这个基础来说明。"②恩格斯旗帜鲜明地提出了阶级社会的历史都是阶级斗争的历史、社会阶级是经济关系的产物、经济基础决定上层建筑等观点,对于进一步丰富、发展和完善马克思主义意识形态理论都具有重要启示意义和推动作用。

为进一步研究自然科学和哲学等之间的关系,在1873年到1883年这段时期,在多年对自然科学进行研究、总结的基础上,恩格斯逐步完成了《自然辩证法》的中心思想和写作提纲,并完成了一些片断和部分篇章,奠定了自然辩证法的研究基础。《自然辩证法》用辩证唯物主义的方法概括和解读了19世纪中期主要的自然科学成就,在批判形而上学、唯心主义等错误观念的基础上,论述了马克思主义的自然观以及自然科学观,使得自然辩证法成为马克思主义哲学的一个重要的有机组成部分,它不仅体现出了其世界观、认识论、方法论的统一,而且对整个马克思主义理论的发展和完

---

① 《列宁专题文集 论马克思主义》,人民出版社2009年版,第67页。
② 《马克思恩格斯文集》第9卷,人民出版社2009年版,第387—388页。

善都具有重要意义。

(二)进一步丰富和完善马克思主义的革命理论

1883 年 3 月马克思去世后,恩格斯怀着悲痛的心情整理出版了《资本论》等马克思的遗稿,使得后人得以完整、科学地把握和学习马克思主义理论。此外,他坚持写出了《家庭、私有制和国家的起源》、《关于共产主义者同盟的历史》、《路德维希·费尔巴哈和德国古典哲学的终结》等在马克思主义意识形态理论发展史上占有重要地位的著作,把马克思主义意识形态理论推向了一个新的发展高度。《家庭、私有制和国家的起源》是恩格斯整理马克思手稿时,从马克思对美国著名民族学家、人类学家路易斯·亨利·摩尔根的代表作《古代社会》所做的非常详细的摘要和作出的批语中触发了灵感。恩格斯研究后认为,应该在进一步研究摩尔根的社会进化理论的基础上,利用自己多年研究古代史取得的成果,专门写一部论述唯物主义历史观的著作来研究古代社会的发展规律以及国家的起源等问题,从而完成了《家庭、私有制和国家的起源》这部马克思主义经典著作。在这部马克思主义国家学说、政治学说的重要代表作中,恩格斯通过对人类史前各阶段的文化、婚姻以及几种家庭形式的研究,分析了原始社会的解体和私有制、阶级的产生、发展和本质,并揭示出了国家的产生、发展、消亡以及本质等。正如恩格斯所指出:"摩尔根在美国,以他自己的方式,重新发现了 40 年前马克思所发现的唯物主义历史观,并且以此为指导,在把野蛮时代和文明时代加以对比的时候,在主要点上得出了与马克思相同的结果。"[1]尤其是他以摩尔根之口对文明时代所作的论断——"社会的瓦解,即将成为以财富为唯一的最终目的的那个历程的终结,因为这一历程包含着自我消灭的因素。管理上的民主,社会中的博爱,权利的平等,教育的普及,将揭开社会的下一个更高的阶段,经验、理智和科学正在不断向这个阶段努力。这将是古代氏族的自由、平等和博爱的复活,但却是在更高级形式上的复活"[2]——作为全书的结束语,再加上书中他对于文明时代中财富的作用、剥削的本质等问题的分析,既说明摩尔根重新发现唯物主义历史观是进一步印证了唯物史

---

① 《马克思恩格斯文集》第 4 卷,人民出版社 2009 年版,第 15 页。
② 《马克思恩格斯文集》第 4 卷,人民出版社 2009 年版,第 198 页。

观的科学性、正确性,也展示出他对文明时代的透彻理解和人类社会发展规律的科学把握。

在1885年10月完成的《关于共产主义者同盟的历史》中,恩格斯表示,自己在曼彻斯特时就已经异常清晰地观察到"迄今为止在历史著作中根本不起作用或者只起极小作用的经济事实,至少在现代世界中是一个决定性的历史力量;这些经济事实形成了产生现代阶级对立的基础;这些阶级对立,在它们因大工业而得到充分发展的国家里,因而特别是在英国,又是政党形成的基础,党派斗争的基础,因而也是全部政治史的基础"①。这里不仅指出了经济的决定性作用,而且指出经济是产生现代阶级对立的基础,是政党形成、党派斗争乃至全部政治史的基础。这不仅是恩格斯的一大贡献,也是马克思、恩格斯一致认可的共同观点。并且,他进一步指出:"现代被压迫阶级即无产阶级如果不同时使整个社会摆脱阶级划分,从而摆脱阶级斗争,就不能争得自身的解放。因此,共产主义现在已经不再意味着凭空设想一种尽可能完善的社会理想,而是意味着深入理解无产阶级所进行的斗争的性质、条件以及由此产生的一般目的"②,"组织本身是完全民主的,它的各委员会由选举产生并随时可以罢免,仅这一点就堵塞了任何要求独裁的密谋狂的道路"③。恩格斯不仅揭示了无产阶级如何真正才能组织起来,组织内部如何实行民主监督,如何才能争得自身的解放以及共产主义与无产阶级所进行的斗争的关系等问题,而且进一步指出了无产阶级应该"全世界无产者,联合起来"去进行彻底的斗争,从而极大地鼓舞了全世界无产阶级的革命斗志。

《路德维希·费尔巴哈和德国古典哲学的终结》是恩格斯在1886年完成并在德国社会民主党理论杂志《新时代》第4—5期上公开发表的、首次系统深入阐述马克思主义哲学基本原理的、里程碑式的重要著作。正如恩格斯所指出,简单地宣布一种哲学错误根本制服不了这种哲学,必须从其本来意义上"扬弃"它,不仅要批判地消灭它的形式,而且要救出通过这个形式获得的新内容。他在这部著作中不仅全面梳理、总结了马克思主义哲学

① 《马克思恩格斯文集》第4卷,人民出版社2009年版,第232页。
② 《马克思恩格斯文集》第4卷,人民出版社2009年版,第233页。
③ 《马克思恩格斯文集》第4卷,人民出版社2009年版,第236页。

发展的历史过程、理论来源、科学基础、革命本质和伟大意义,而且详细分析、论述了其同黑格尔哲学、费尔巴哈哲学等为代表的德国古典哲学之间的关系和区别,在肯定费尔巴哈哲学的唯物主义性质的同时,批判了其在宗教哲学、伦理学等方面的唯心主义,剖析其停留在唯心史观的根源、原因以及其哲学思想的历史局限性和重大缺陷;尤其是其将"扬弃"概念引入意识形态的研究之中,是对马克思主义意识形态理论发展的一个巨大贡献;他在指出"全部哲学,特别是近代哲学的重大的基本问题,是思维和存在的关系问题"①的同时,剖析了唯物主义、唯心主义这两大对立阵营,全面、深入地论述了辩证唯物主义、历史唯物主义的原理、内容和意义,进一步阐述和宣扬了马克思主义的世界观和方法论,使我们可以在历史唯物主义这条地平线上观察所有的意识形态,揭穿所谓意识形态统治世界的假象;在强调了历史唯物主义是研究一切领域的所有问题的根本方法的同时,他有力地论证了体现出唯物论和辩证法相统一的马克思主义哲学的创立是人类认识史和思想史上最伟大的变革之一。同《反杜林论》一样,这部著作也被列宁誉为"同《共产党宣言》一样,都是每个觉悟工人必读的书籍"②。可见,马克思主义哲学不仅为无产阶级的革命斗争提供了强大的理论指南和思想武器,也为全世界的工人运动提供了强大的理论指南和思想武器。

1893 年 5 月 11 日,73 岁的恩格斯在与法国《费加罗报》记者的一次谈话中表示:"当我们把生产资料转交到整个社会的手里时,我们就会心满意足了"③,并以此作为工人阶级的革命政党的奋斗目标,同时也强调指出社会主义者是不断发展论者。1894 年 1 月,恩格斯在应意大利社会党人朱·卡内帕之邀为即将创刊的《新纪元》周刊撰写的题词中再次强调:"除了《共产主义宣言》中的下面这句话(《社会评论》杂志社出版的意大利文版第 35页),我再也找不出合适的了:'代替那存在着阶级和阶级对立的资产阶级旧社会的,将是这样一个联合体,在那里,每个人的自由发展是一切人的自由发展的条件。'"④随后不久,他把自己 1871 年至 1875 年的文章汇编成

---

① 《马克思恩格斯文集》第 4 卷,人民出版社 2009 年版,第 277 页。
② 《列宁专题文集 论马克思主义》,人民出版社 2009 年版,第 67 页。
③ 《马克思恩格斯文集》第 4 卷,人民出版社 2009 年版,第 562 页。
④ 《马克思恩格斯文集》第 10 卷,人民出版社 2009 年版,第 666 页。

册。针对有人把他视为社会民主主义者的误解,他在"序言"中再次旗帜鲜明地强调自己是共产主义者:"读者将会看到,在所有这些文章里,尤其是在后面这篇文章里,我根本不把自己称做社会民主主义者,而称做共产主义者。这是因为当时在各个国家里那些自称是社会民主主义者的人根本不把全部生产资料转归社会所有这一口号写在自己旗帜上。"①由此可见,恩格斯在晚年不仅没有像有的人所说放弃了所谓"共产主义"的最高理想,而是一位更加坚定的马克思主义者。他不仅批评和纠正了一些人对共产主义的误读、误解,而且始终对共产主义的远大理想充满了坚定的信心,从来没有动摇过,并一直在以此激励广大无产阶级为共产主义的崇高理想而英勇斗争。

(三)意识形态的真实意义及其对经济基础的反作用

马克思关于意识形态含义的论述中,主要是"虚假的意识"、"观念的上层建筑"两种不同层次的阐述,但需要指出的是,"虚假的意识"并不是指意识形态的概念本身,而主要是指从德意志意识形态等为代表的剥削阶级意识形态,主要是对剥削阶级意识形态的否定,而不是阐述意识形态的真正含义。他在这个层面剖析的只是资本主义社会,而不是一般的人类社会,其探讨的也只是资本主义社会的发展规律,而不是一般社会发展规律。恩格斯后来在致弗兰茨·梅林的信中指出:"意识形态是由所谓的思想家通过意识、但是通过虚假的意识完成的过程。推动他的真正动力始终是他所不知道的,否则这就不是意识形态的过程了。因此,他想象出虚假的或表面的动力。因为这是思维过程,所以它的内容和形式都是他从纯粹的思维中——或者从他自己的思维中,或者从他的先辈的思维中引出的。他只和思想材料打交道,他毫不迟疑地认为这种材料是由思维产生的,而不去进一步研究这些材料的较远的、不从属于思维的根源。而且他认为这是不言而喻的,因为在他看来,一切行动既然都以思维为中介,最终似乎都以思维为基础。"②也是在这个意义上展开,对意识形态的产生过程进行了说明,而不是对意识形态的真正含义或者概念进行阐述,更不是对"意识形态"进行定义。正如

---

① 《马克思恩格斯文集》第4卷,人民出版社2009年版,第448页。
② 《马克思恩格斯文集》第10卷,人民出版社2009年版,第657—658页。

恩格斯随后所进一步指出:"与此有关的还有意识形态家们的一个愚蠢观念。这就是:因为我们否认在历史中起作用的各种意识形态领域有独立的历史发展,所以我们也否认它们对历史有任何影响。这是由于通常把原因和结果非辩证地看做僵硬对立的两极,完全忘记了相互作用。这些先生们常常几乎是故意地忘记,一种历史因素一旦被其他的、归根到底是经济的原因造成了,它也就起作用,就能够对它的环境,甚至对产生它的原因发生反作用。"①揭示出意识形态和经济基础之间的作用和反作用,使人们得以辩证地看待二者之间的关系。因此,"观念上层建筑"才是意识形态的真实意义,也最接近马克思关于意识形态的定义。正如马克思在《〈政治经济学批判〉序言》中所指出的,意识形态已不是归结为关于现实的唯心主义的观念,而是包括法律、政治、宗教、艺术或哲学等形式在内的上层建筑,也就是后来被广为接受的意识形态概念的核心思想。

恩格斯认为,意识形态对经济基础的反作用是显而易见的,只是方式不同,并且这种反作用也不是任意的。1890 年 10 月,他在致康·施米特的信里指出:"经济关系反映为法的原则,同样必然是一种头足倒置的反映。这种反映是在活动者没有意识到的情况下发生的;法学家以为他是凭着先验的原理来活动的,然而这只不过是经济的反映而已。这样一来,一切都头足倒置了。而这种颠倒——在它没有被认识的时候构成我们称之为意识形态观点的那种东西——又对经济基础发生反作用,并且能在某种限度内改变经济基础,我认为这是不言而喻的。"②"至于那些更高地悬浮于空中的意识形态的领域,即宗教、哲学等等,……从事这些事情的人们又属于分工的特殊部门,并且认为自己是致力于一个独立的领域。只要他们形成社会分工之内的独立集团,他们的产物,包括他们的错误在内,就要反过来影响全部社会发展,甚至影响经济发展。但是,尽管如此,他们本身又处于经济发展的起支配作用的影响之下。"③阐明了意识形态对经济基础的反作用,尤其是法这种意识的直接反作用,并会影响全部社会发展;虽然意识形态有时从表面上看似乎独立于经济发展,但实际上经济发展对意识形态起支配作用

① 《马克思恩格斯文集》第 10 卷,人民出版社 2009 年版,第 659 页。

② 《马克思恩格斯文集》第 10 卷,人民出版社 2009 年版,第 598 页。

③ 《马克思恩格斯文集》第 10 卷,人民出版社 2009 年版,第 598—599 页。

一直没有改变。在 1894 年 1 月致瓦尔特·博尔吉乌斯的信中,恩格斯进一步指出,一定社会的人们生产生活资料以及在有分工的条件下彼此交换产品的方式,包括生产、运输的全部技术等,其实就是被视为社会历史的决定性基础的经济关系。"政治、法、哲学、宗教、文学、艺术等等的发展是以经济发展为基础的。但是,它们又都互相作用并对经济基础发生作用。这并不是说,只有经济状况才是原因,才是积极的,其余一切都不过是消极的结果,而是说,这是在归根到底不断为自己开辟道路的经济必然性的基础上的相互作用。"①"我们所研究的领域越是远离经济,越是接近于纯粹抽象的意识形态,我们就越是发现它在自己的发展中表现为偶然现象,它的曲线就越是曲折。如果您画出曲线的中轴线,您就会发现,所考察的时期越长,所考察的范围越广,这个轴线就越是接近经济发展的轴线,就越是同后者平行而进。"②由此可见,经济活动是可以左右人类其他一切活动的、最主要和最重要的活动,意识形态的发展是以经济发展为基础的,把握好经济领域与意识形态、意识形态与经济基础的关系,是具有决定意义的。而把握好这个关系,对于马克思主义意识形态理论的进一步发展具有重要意义。因此,正是恩格斯对马克思主义意识形态理论的发展和完善,将其推向了一个新的发展高度。

二、列宁提出社会主义意识形态概念并成功实践

作为伟大的无产阶级革命家、思想家、理论家、政治家,列宁一直坚决反对把马克思主义绝对化、教条化、庸俗化等错误倾向和做法,他继承并科学发展了马克思、恩格斯的思想、事业,主张根据时代发展和本国实际发展马克思主义,坚持把马克思主义基本原理与本国实际相结合,根据革命理论和革命实践的发展进一步丰富、发展、完善了马克思主义的意识形态理论,在新的时代条件下全面、科学地发展了马克思主义,并使之第一次成为执政党的指导思想。他曾多次特别强调指出:"我们决不把马克思的理论看作某种一成不变的和神圣不可侵犯的东西"③,"马克思主义者必须考虑生动的

---

① 《马克思恩格斯文集》第 10 卷,人民出版社 2009 年版,第 668 页。
② 《马克思恩格斯文集》第 10 卷,人民出版社 2009 年版,第 669 页。
③ 《列宁专题文集 论马克思主义》,人民出版社 2009 年版,第 96 页。

实际生活,必须考虑现实的确切事实,而不应当抱住昨天的理论不放"。①
也正是因为他坚信马克思主义而又不迷信马克思主义教条,才缔造了世界
上第一个社会主义国家,第一次使共产党成为执政党,第一次提出并发展壮
大了社会主义意识形态,并创建第一个真正全世界性的共产主义国际组织,
使得马克思主义意识形态理论第一次真正走向全世界。

(一)"一国首先胜利论"的提出及其完整意义

1870 年 4 月 22 日出生于俄国伏尔加河畔的列宁原名弗拉基米尔·伊
里奇·乌里扬诺夫,列宁是其参加革命后用的笔名。因为父亲是位具有民
主主义思想的教育活动家,哥哥也是因为参与谋刺沙皇而死,列宁在喀山大
学读书期间就开始研究马克思主义并积极参加学生运动,并因此被开除而
遭流放。从 1888 年成为喀山地区马克思主义小组的积极分子开始,列宁就
成为了一名坚定的马克思主义者,并于 1889 年成立了萨马拉地区第一个马
克思主义小组,开始积极钻研和大力宣传马克思主义。而就在这时的欧洲,
一种被称为"马赫主义"的"经验批判主义"颇为流行,并被第二国际的一些
机会主义者拿来声称要以此"补充"甚至"修正"马克思主义。事实上,这是
主观唯心主义的一种新变种,也是马克思主义发展中面临的一个挑战。这
时候的列宁,已经成为一名坚定的马克思主义者,捍卫无产阶级革命政党引
以为豪的理论基础成为他的自觉行动。为了粉碎马赫主义者和第二国际的
修正主义者对马克思主义哲学的误读甚至进攻,回应当时社会上对社会主
义革命中一些问题的讨论、争论甚至质疑,同时也为无产阶级革命政党进一
步奠定坚实的理论基础和科学的思想指南,列宁于 1909 年写作完成了《唯
物主义和经验批判主义》这部论战性的著作,分别从四个方面对当时流行
的"经验批判主义"进行了深入剖析和批判,第一次鲜明地指出哲学是具有
党性原则的、辩证唯物主义与历史唯物主义是密切相连且不可分割的有机
整体,这不仅为马克思列宁主义奠定了坚实、丰富的哲学原理,也成为学习、
研究列宁哲学思想和辩证唯物主义认识论的最经典著作之一。

1915 年 8 月,列宁突破马克思、恩格斯"共产主义革命将不是仅仅一个
国家的革命,而是将在一切文明国家里,至少在英国、美国、法国、德国同时

---

① 《列宁专题文集　论马克思主义》,人民出版社 2009 年版,第 169 页。

发生的革命"①的传统论述,第一次在《论欧洲联邦口号》中大胆提出了著名的"一国首先胜利论"——"经济和政治发展的不平衡是资本主义的绝对规律。由此就应得出结论:社会主义可能首先在少数甚至在单独一个资本主义国家内获得胜利。"②一年之后,列宁在 1916 年 8 月《无产阶级革命的军事纲领》中又进一步指出:"资本主义的发展在各个国家是极不平衡的。而且在商品生产下也只能是这样。由此得出一个必然的结论:社会主义不能在所有国家内同时获得胜利。它将首先在一个或者几个国家内获得胜利,而其余的国家在一段时间内将仍然是资产阶级的或资产阶级以前的国家。"③依据资本主义发展不平衡的这一规律,再次论述和丰富、发展了"一国首先胜利论"。一年多以后,列宁又深刻认识到帝国主义战争促成了无产阶级的起义,已成为社会主义革命到来之前的、黎明前的黑夜。也正是他领导发动俄国十月革命并取得了伟大胜利,建立了人类历史上第一个社会主义国家,并为"一国首先胜利论"提供了鲜活的成功例证、积累了宝贵经验。

但"一国首先胜利论"的思想并非是简单否定"多国同时胜利论",而是进一步发展和完善了马克思主义关于社会主义革命的思想,二者之间是一种辩证地统一。正如列宁在 1918 年 3 月举行的俄共(布)第七次(紧急)代表大会上的中央委员会政治报告中所指出:"从全世界历史范围来看,如果我国革命始终孤立无援,如果其他国家不发生革命运动,那么毫无疑问,我国革命的最后胜利是没有希望的。"④可见,他也认为"一国首先胜利论"是社会主义革命进程中的一个特例,即使十月革命已经胜利也不能改变普遍性规律,应该坚持特例和普遍规律的统一。而且,即使在十月革命已经取得重大胜利以后,他仍然坚持认为社会主义是不可能在一个国家取得真正的、最终的胜利的。1923 年 1 月,他在《论我国的革命》一文中又再次指出:"世界历史发展的一般规律,不仅丝毫不排斥个别发展阶段在发展的形式或顺

---

① 《马克思恩格斯文集》第 1 卷,人民出版社 2009 年版,第 687 页。
② 《列宁专题文集 论社会主义》,人民出版社 2009 年版,第 4 页。
③ 《列宁专题文集 论社会主义》,人民出版社 2009 年版,第 8 页。
④ 《列宁选集》第 3 卷,人民出版社 1995 年版,第 441 页。

序上表现出特殊性,反而是以此为前提的。"①这也是他再次强调,俄国革命的胜利是世界社会主义发展中的特殊性体现,并不是普遍性规律。尤其是当新生的社会主义国家面临帝国主义乃至整个资本主义世界包围,面临政治上打压、经济上封锁、军事上威胁的时候,再加上国内外敌对势力勾结起来破坏甚至进攻新生的社会主义国家,他更加寄希望于爆发世界社会主义革命特别是在西欧尽快爆发社会主义革命。在被迫思考在新生的社会主义国家在革命胜利后如何与资本主义国家进行和平共处以及斗争等问题的同时,列宁更加期待世界范围内的社会主义革命早日到来,并开始积极支持世界上其他国家和人民进行社会主义革命。

（二）马克思主义和意识形态第一次成为一个有机整体

随着马克思主义的进一步发展和壮大,全世界在 19 世纪末 20 世纪初逐渐进入以帝国主义、无产阶级革命为特征的一个新阶段,不仅工人运动在很多国家普遍高涨、蓬勃展开,并且有二十多个国家已经建立了属于工人阶级的、真正独立的无产阶级政党。随着无产阶级同资产阶级的矛盾日益激化和斗争日趋激烈,马克思主义意识形态理论的发展迎来一个新时期,列宁的意识形态理论、思想也就是在这个时候逐渐形成的。

作为马克思主义意识形态理论的进一步发展,列宁的意识形态思想、理论主要体现在 1894 年春夏的《什么是"人民之友"以及他们如何攻击社会民主党人? ——答〈俄国财富〉杂志反对马克思主义者的几篇文章》、1902年 2 月的《怎么办?》、1905 年 11 月的《党的组织和党的出版物》、1908 年 4月的《马克思主义和修正主义》、1908 年 10 月的《唯物主义和经验批判主义》、1913 年 3 月的《马克思学说的历史命运》、1920 年 5 月的《共产主义运动中的"左派"幼稚病》、1920 年 10 月的《关于无产阶级文化》、1921 年 9 月的《关于清党》、1922 年 3 月的《关于接受新党员的条件》和《论战斗唯物主义的意义》以及由 1895 年到 1916 年所写的有关哲学的读书摘要、评注、札记和短文等汇编而成的《哲学笔记》等代表性著作中。他通过对资产阶级的意识形态进行揭露和批判,指出意识形态就是统治阶级在阶级社会中借以维护自己统治的思想体系,包括宗教意识形态在内的资产阶级意识形态

---

① 《列宁专题文集 论社会主义》,人民出版社 2009 年版,第 357 页。

是"虚假"、"非科学"和否定意义的，而"任何科学的思想体系(例如不同于宗教的思想体系)都和客观真理、绝对自然相符合，这是无条件的"①。这里的科学的思想体系就是指科学的意识形态，也就是马克思主义的意识形态。正是列宁第一次非常明确地赋予了曾经在否定、肯定之间模糊的意识形态以积极肯定的意义，使得马克思主义和意识形态第一次统一成为一个有机整体，并创造性地提出了"马克思主义意识形态"的理论，使之成为无产阶级革命的强大思想武器。而且，他进一步指出："马克思主义这一革命无产阶级的思想体系赢得了世界历史性的意义，是因为它并没有抛弃资产阶级时代最宝贵的成就，相反却吸收和改造了两千多年来人类思想和文化发展中一切有价值的东西。"②在指出马克思主义意识形态是在与资产阶级意识形态的不断辩论、斗争中和对以往人类文明成果的吸收中发展、壮大的同时，强调了现代科学意识是在并且也只有在深刻的科学知识的基础上才能产生出来，并进一步提出了"没有革命的理论，就不会有革命的运动"③、"只有以先进理论为指南的党，才能实现先进战士的作用"④的光辉论断，揭示了革命的理论是工人阶级及其政党认识世界、改造世界的强大思想武器，这就不仅使得工人阶级开始而且能够认识到自己所肩负的伟大历史使命，并能在风云变幻的世界形势中正确判明前进的方向，从而制定出正确的路线、政策、方针和战略去实现既定的目标。一个民族如果没有理论思维，就不可能站在时代的最前列和科学的最高峰，所有在人类历史前进中起过巨大推动作用的民族，没有一个不是以先进的理论、思想作为行动指南的。列宁还进一步指出社会主义学说"也同无产阶级的阶级斗争一样，根源于现代经济关系，是从反对资本主义所引起的群众的贫穷和困苦的斗争产生的，但社会主义和阶级斗争是并列地产生的……是在不同的前提下产生的"⑤，强调了意识形态的极端重要性，指出了社会主义意识形态与无产阶级阶级斗争、现代经济之间的关系，使得我们对社会主义意识形态有了更加全面、

① 《列宁专题文集　论辩证唯物主义和历史唯物主义》，人民出版社2009年版，第42页。
② 《列宁专题文集　论马克思主义》，人民出版社2009年版，第296页。
③ 《列宁专题文集　论无产阶级政党》，人民出版社2009年版，第39页。
④ 《列宁专题文集　论无产阶级政党》，人民出版社2009年版，第71页。
⑤ 《列宁专题文集　论无产阶级政党》，人民出版社2009年版，第84页。

深刻地认识,使得马克思主义意识形态迅速从概念的提出走向理论的充实、实践的检验。

列宁提出了社会主义意识形态的概念并同时强调指出,新的社会主义意识形态一定不是、也不可能会自发产生,而是一定要在真正战胜旧的资产阶级意识形态的基础之上才能真正建立起来,并通过无产阶级政党的"灌输"成为工人阶级强大的思想武器。他一针见血地指出:"对工人运动自发性的任何崇拜,对'自觉因素'的作用即社会民主党的作用的任何轻视,完全不管轻视者自己愿意与否,都是加强资产阶级思想体系对工人的影响。"①"因为自发的工人运动就是工联主义的、也就是纯粹工会的运动,而工联主义正是意味着工人受资产阶级的思想奴役。"②列宁不仅指出自发的工人运动非常容易受到资产阶级思想体系的影响、侵害甚至控制,而且指出了其为什么非常容易受资产阶级思想体系的影响、侵害甚至控制——"资产阶级思想体系的渊源比社会主义思想体系久远得多,它经过了更加全面的加工,它拥有的传播工具也多得不能相比。"③在此基础上,他进一步指出,要真正使工人运动从自发走向自觉,真正使无产阶级革命运动取得胜利,就必须由马克思主义武装起来的社会主义知识分子在以往马克思主义意识形态理论的基础上发展、创造出能够代表无产阶级的根本利益、体现无产阶级的历史使命、鼓舞无产阶级的革命斗志、指导无产阶级的革命斗争的社会主义意识形态学说,并且由无产阶级政党这样一个由职业革命家组成的精英组织去向工人阶级和广大劳动人民"灌输",使之成为指导无产阶级革命的强大思想武器。这就是著名的"灌输"理论。他提出一定要反对工人运动的自发性趋势,积极地对工人进行社会主义意识形态的思想政治教育,培养和提高工人阶级的社会主义思想意识,从而真正唤醒工人阶级的阶级意识并大大促进其发展,使其转化成指导、推动工人阶级革命运动的、历史性的巨大力量。

列宁还提出,无产阶级革命中的知识分子应该而且有能力使自己成为革命思想家,并且在领导无产阶级的革命斗争中起到重要作用。这些知识

① 《列宁专题文集　论无产阶级政党》,人民出版社2009年版,第83页。
② 《列宁专题文集　论无产阶级政党》,人民出版社2009年版,第85页。
③ 《列宁专题文集　论无产阶级政党》,人民出版社2009年版,第87页。

分子们不仅"需要成为这样一个思想家,他不是代表置身于斗争之外的直接生产者,而是代表那些投身于火热的斗争并完全与资产阶级社会的'生活分开'的人们"①,这就需要他们不仅要"善于把理想与经济斗争参加者的利益密切结合起来"②,而且更要善于继承、学习和发展资产阶级知识分子创造的历史、哲学和经济等领域的科学理论成果。就是因为这些知识分子"走在自发运动的前面,为它指出道路,善于比其他人更早地解决运动的'物质因素'自发地遇到的一切理论的、政治的、策略的和组织的问题"③,所以他们被称为"思想家"。在这些"思想家"的大力宣扬下,越来越多的人认识到社会主义更加符合无产阶级的阶级利益,认识到社会主义意识形态更符合无产阶级的阶级利益,而正是阶级利益使得无产者联合起来同资本家进行斗争,并且使他们更易于理解和接受社会主义和社会主义意识形态。

(三)意识形态的党性原则和阶级性

作为一个政党的固有本性,党性是无产阶级政党区别于其他政党的本质特征,也是阶级性最高和最集中的表现和升华。正如列宁所说,"党性是高度发展的阶级对立的结果和政治表现"④,"在经验批判主义认识论的烦琐语句后面,不能不看到哲学上的党派斗争,这种斗争归根到底表现着现代社会中敌对阶级的倾向和思想体系"⑤。他在这里所说的思想体系就是意识形态,引导大家进一步认清作为一种意识形态的哲学中的党性原则以及党性和阶级对立、阶级斗争之间的关系。在他看来,意识形态具有鲜明的党性原则,唯物主义本身就包含党性,要求在对事物及其变化进行任何评价的时候都必须直接、公开和立场鲜明地站到一定的社会集团的立场上。资产阶级和无产阶级都有自己的意识形态,代表着不同阶级的利益,并且两大意识形态之间是根本对立的,从无产阶级意识形态诞生之日起就展开了斗争。党性是社会主义意识形态区别于资产阶级意识形态的鲜明特征,意识形态党性理论是列宁对马克思主义意识形态理论的一个重大贡献。社会主义意

---

① 《列宁全集》第 1 卷,人民出版社 1984 年版,第 318 页。
② 《列宁全集》第 1 卷,人民出版社 1984 年版,第 353 页。
③ 《列宁全集》第 5 卷,人民出版社 1986 年版,第 326 页。
④ 《列宁全集》第 13 卷,人民出版社 1987 年版,第 273 页。
⑤ 《列宁专题文集 论辩证唯物主义和历史唯物主义》,人民出版社 2009 年版,第 130 页。

识形态就是在对资本主义意识形态进行剖析、批判的基础之上一步步发展
成为科学、先进、合法并且具有广泛、强大影响力的意识形态,应该而且要敢
于主动承认自己的阶级性。社会主义意识形态作为上层建筑,是用来指导
和确定无产阶级领导革命的方式、方法,其政治功能首先就体现在无产阶级
的阶级意识及其政党的党性原则。上层建筑的这种党性以及其表现出来的
革命性、战斗力,正是意识形态最突出的功能体现,也是列宁意识形态思想
的最鲜明特性之一和理论基石。无产阶级要战胜资产阶级,就必须反对资
产阶级宣传的"无党性"思想,要勇于同一切资产阶级的思想体系作坚决斗
争,要敢于进攻并摧毁资产阶级意识形态,这样才能彻底消灭资本主义
制度。

　　列宁还鲜明地指出和强调了意识形态的阶级性,并指出阶级性就是意
识形态的本质特征,应把意识形态的阶级性与党性放在同等重要的位置之
上,使得意识形态在马克思主义理论中占据了越来越重要的位置。他认为,
只有当全国整个工人阶级的一切先进人物都意识到自己是属于一个统一的
工人阶级,不是同个别厂主进行斗争而是开始同整个资本家阶级和维护这
个阶级的政府进行斗争的时候,只有工人意识到自己是整个工人阶级的一
员,他每天同个别厂主和个别官吏进行小的斗争就是在反对整个资产阶级
和整个资产阶级政府的时候,工人的斗争才是真正的阶级斗争。意识形态
的根源依然是社会存在和经济关系,其不是社会主义的思想体系就是资产
阶级的思想体系,没有处于两大对立的思想体系中间的意识形态,不存在任
何非阶级或者超阶级的意识形态,人类也从来没有创造过任何的"第三种"
思想体系。他所说的社会主义的思想体系就是社会主义意识形态,在提出
社会主义意识形态概念的同时,他深刻剖析了意识形态的不可掩盖的阶级
性,对消除当时社会上的一些错误认识起到了正本清源的作用。在 1908 年
4 月写出的《马克思主义和修正主义》中,列宁旗帜鲜明地指出:"马克思的
学说直接为教育和组织现代社会的先进阶级服务,指出这一阶级的任务,并
且证明现代制度由于经济的发展必然要被新的制度所代替,因此这一学说
在其生命的途程中每走一步都得经过战斗,也就不足为奇了。"①这里就是

---

① 《列宁专题文集　论马克思主义》,人民出版社 2009 年版,第 148 页。

强调意识形态鲜明的阶级性,社会主义制度取代资本主义制度的必然性。列宁为什么如此强调意识形态的阶级性?这是因为他深刻而清醒地认清了当时俄国革命实践的复杂性、残酷性,是从如何使工人运动不受资产阶级意识形态的侵害、腐蚀、毒害的角度出发去认识、考虑问题的,是从如何保护好无产阶级革命的成果、如何才能真正建立无产阶级政权的高度去研究和解决问题的。他认为,无产阶级必须拥有强大的意识形态武器并且用其向人民展示自己专政的合理性,从而在思想理论、指导观念上对人民进行正确引导,才能真正巩固新的无产阶级政权。他特别强调指出:"对社会主义思想体系的任何轻视和任何脱离,都意味着资产阶级思想体系的加强。"①不仅明确警醒了单纯依赖自发性的不确定性和危害性,而且在指出自发性很可能会导致工人运动受资产阶级意识形态的影响甚至支配的同时,剖析了意识形态领域每时每刻都存在斗争及斗争的隐蔽性、长期性、复杂性,强调了只有不断加强社会主义意识形态教育才能引导工人运动沿着正确道路前进。列宁在这里虽然没有提出意识形态能力建设的概念,却已经初步提出了不断加强社会主义意识形态能力建设的理念,这是对马克思、恩格斯的意识形态概念的继承和发展,也为马克思主义意识形态理论添入了新的科学成分和指导革命实践的积极内容,是其发展中的一个里程碑。

三、从列宁到斯大林时期的意识形态建设探索

作为苏联革命的伟大领袖和苏联意识形态思想的旗手,列宁第一个提出社会主义意识形态的概念,率先提出了加强意识形态能力建设的理念,并最早提出要加强意识形态的制度建设、注重意识形态安全等思想,奠定和确立了苏联在意识形态领域的指导思想和主要理论。列宁一直非常注意巩固、加强和提高社会主义意识形态的影响力、感召力,使得马克思主义在苏联意识形态领域的主导地位一直没有动摇。作为其思想和事业继承者的斯大林,在保持对意识形态领域的绝对权威性和强大控制力的同时,也出现了专制、僵化等问题。认真梳理和分析从列宁到斯大林时期的意识形态建设探索的得失,是进一步发展马克思主义意识形态理论的重要任务。

---

① 《列宁专题文集 论无产阶级政党》,人民出版社 2009 年版,第 85 页。

（一）列宁对意识形态制度建设的探索和贡献

意识形态制度建设是列宁最早提出的，也是马克思主义意识形态理论发展中的一个新高度，是一次重大理论创新。并且，意识形态制度建设与意识形态能力建设紧密相关、密切相连、相互促进、共同发展，成为马克思主义意识形态理论的核心内容。作为社会制度建立的思想指南和理论先导，意识形态认同是社会制度认同的重要前提和基础，意识形态制度建设是社会制度建设的重要基础和中心。必须"把政治鼓动扩大到必要程度的基本条件之一，就是组织全面的政治揭露。不进行这样的揭露，就不能培养群众的政治意识和革命积极性"[①]，通过彻底揭露、批判资产阶级意识形态，培养广大人民群众的政治意识和革命积极性、主动性，从而建立起社会主义意识形态。列宁认为，意识形态制度建设的一个重要、主要任务与目的就是要用马克思主义意识形态理论来统一工人、农民等广大革命群众的思想、行动，引导和激励其为社会主义革命和建设不懈奋斗和作出贡献。无产阶级政党是意识形态制度建设的核心力量和主力军，以工人阶级为代表的广大人民群众是意识形态制度建设的主要对象和重要依靠力量，应该通过宣传、教育、鼓动以及批判等方式团结、引领、鼓舞广大人民群众，努力明确社会主义思想、大力提高阶级觉悟、坚定革命信心决心和增强各方面的组织性等，以巩固无产阶级专政的国家政权和社会主义制度。

列宁通过革命理论的研究和革命实践的探索，为意识形态、为制度合理性以及合法性提供了强有力论证，使得意识形态成为国家的重要组成部分和核心支柱。无论是资产阶级还是无产阶级，他们在夺取、建立政权之后，都会积极建设自己的意识形态体系并使其占据统治地位，以维护其建立的国家政权和社会制度。阶级利益的对立必然引发意识形态的对立，也使得意识形态理论的斗争成为政治斗争、经济斗争的关键、重点、中心与灵魂，无产阶级政党不能取得在意识形态理论斗争中的胜利就无法真正取得社会主义革命的胜利。列宁在建立起世界上第一个社会主义国家之后，就积极致力于把无产阶级意识形态从理论、实践等方面进一步发展、提升、完善，从而有了社会主义意识形态的诞生和发展，并起到了统一思想、指引方向、引领

---

① 《列宁选集》第 1 卷，人民出版社 1995 年版，第 354 页。

发展的积极作用,为人民认同、拥护社会主义制度提供了思想、理论根据,并使得社会主义意识形态成为维护、巩固和发展社会主义制度的强大思想武器和理论指南。意大利共产党领袖安东尼奥·葛兰西提出的文化领导权问题和思想,就是从无产阶级革命和社会主义建设的角度出发,揭示出谁真正掌握了意识形态领导权,谁就能够真正掌握群众、掌握政权。事实上,从列宁开始,意识形态制度建设已经显示出巨大的影响力,成为共产党人不断取得新胜利的最大法宝,也成为社会主义制度与资本主义制度进行竞争的突出优势之一。

（二）列宁推动意识形态成为治国理政的核心

列宁不仅阐述了向广大人民群众"灌输"社会主义意识形态的重要性,而且进一步指出要理论结合实际,要通过生动活泼的形式、结合鲜活的革命斗争实践来宣扬社会主义意识形态。他在1909年5月的《论工人政党对宗教的态度》中就指出:"他们进行这一斗争不应当立足于抽象的、纯粹理论的、始终不变的宣传,而应当具体地、立足于当前实际上所进行的、对广大群众教育最大最有效的阶级斗争。"①这就说明,向广大人民群众宣传、灌输马克思主义的意识形态理论,既不应该机械、呆板地传播那些抽象、空洞、枯燥、乏味的理论,也不应该死板、教条地单调重复那些夸夸其谈、流于空谈的"口号",而是要结合具体的生活实践、在生动的政治斗争中,让人民群众去深入理解和主动接受。这不仅批评了当时一些人把马克思主义教条化、模式化等僵化做法,也使得马克思主义和俄国实际真正相结合并走进了人民大众中间,使马克思主义意识形态理论真正成为无产阶级革命的正确理论指南和强大思想武器,成为十月革命胜利的一大法宝。

为了进一步宣扬和巩固社会主义意识形态,列宁率先提出和使用了"马克思主义信念"、"马克思主义(共产主义)信仰"和"社会主义信念(理想)"等鼓舞人心的概念,并为广大人民群众所接受和拥护。他在1912年6月给波·尼·克尼波维奇的信中就提出:"通过这部著作,大概完全可以检验、加深和巩固对马克思主义的信念。"②1913年年底,列宁在《马克思和恩

① 《列宁专题文集　论无产阶级政党》,人民出版社2009年版,第177页。
② 《列宁全集》第46卷,人民出版社1990年版,第101页。

格斯通信集》中的概述部分谈到当时年龄还不满 24 岁的恩格斯因为厌倦家庭环境而急于离开家的原因时写道："他父亲是个专横的、信教的工厂主,对儿子四处参加政治集会,对他的共产主义信仰很生气。"①在长期的革命斗争中,列宁越来越深感工人阶级的信仰、理想信念对革命成功的重要性,并指出对工人群众进行关于共产主义信仰、共产主义理想信念教育是无产阶级政党必须高度重视和全力完成好的重要任务。正如他在 1899 年冬为《工人报》所写的《我们的当前任务》中所指出,作为社会主义与工人运动的结合体的社会民主党,"它的任务是赋予自发的工人运动以明确的社会主义理想,把这个运动同合乎现代科学水平的社会主义信念结合起来,同争取民主这一实现社会主义的手段的有步骤的政治斗争结合起来,一句话,就是要把这种自发运动同革命政党的活动结合成一个不可分割的整体。"②他强调了社会主义理想、社会主义信念对同革命政党的重要性和在实现社会主义过程中的重要作用,并激励了很多国家的共产党人和无产阶级。

十月革命胜利后,列宁进一步强调了意识形态工作要本土化、大众化、时代化,要与社会主义建设的伟大实践密切结合并为社会主义建设作出应有的贡献。他非常重视学校教育以及其他教育形式中的意识形态问题,强调意识形态在整个教育中的核心和灵魂作用。他认为,教育是在任何时代都不能不联系政治,绝对不能脱离意识形态去搞教育,要深刻认识社会主义社会教育的意识形态属性,并特别注重教育内容的政治特性和政治立场。因此,1920 年 11 月,他《在全俄省、县国民教育局政治教育委员会工作会议上的讲话》中强调:"在各方面的教育工作中,我们都不能抱着教育不问政治的旧观点,不能让教育工作不联系政治。"③这就是强调要重视教育的意识形态属性和善于联系政治来开展教育工作,揭露和批判了资产阶级所谓教育"不问政治"、"不讲政治"的伪善说法及其欺骗性。并且,他在《在全俄省、县国民教育局政治教育委员会工作会议上的讲话》中还进一步指出:"老式的宣传方法是讲解或举例说明什么是共产主义。但这种老式的宣传已毫无用处,因为我们需要在实践中说明应该如何建设社会主义。整个宣

①　《列宁专题文集　论马克思主义》,人民出版社 2009 年版,第 76 页。
②　《列宁全集》第 4 卷,人民出版社 1984 年版,第 167 页。
③　《列宁专题文集　论社会主义》,人民出版社 2009 年版,第 170 页。

传工作应该建立在经济建设的政治经验之上。这是我们最主要的任务,谁要是对宣传仍作旧的理解,那他就落后了,就不能担负起对工农群众的宣传工作。现在我们主要的政治应当是:从事国家的经济建设,收获更多的粮食,开采更多的煤炭,解决更恰当地利用这些粮食和煤炭的问题,消除饥荒,这就是我们的政治。正应当根据这些来安排整个鼓动工作和宣传工作。"①提出了"政治教育"和"政治教育工作"这两个对马克思主义意识形态理论乃至整个马克思主义理论发展有着重大影响的概念。他认为,在社会主义建设的伟大实践中,共产主义不应该只是写在纸上或者喊在口里的、理论性很强的纲领,不应该只是一种"灌输"给人民群众的政治理论,而应该结合经济建设的伟大实践、人民群众在理论上的困惑、探索道路上出现的问题等作出令人信服的解答,体现出指导国家建设的强大力量和突出作用,引导和激励更多人自觉成为共产主义的坚定信仰者、社会主义的积极建设者,推动着马克思主义意识形态理论不断发展、完善并成为治国理政的核心,推动社会主义建设朝着又好又快的方向前进。

(三)斯大林对意识形态建设的经验和教训

作为苏联国家意识形态的奠基者和建立者,列宁提出的意识形态具有党性、阶级性、政治性以及意识形态本土化、大众化、时代化等思想,对他以后的苏联领导人和整个苏共的思想理论、政治制度建设产生了极其重要的重大影响。1924 年 1 月 21 日列宁逝世后,斯大林在同年 5 月举行的苏共中央全会上再次被选举为总书记,终于成为苏联党和国家的真正最高领导人。为了更好地继承列宁的思想和理论,1924 年 4 月,斯大林在斯维尔德洛夫大学发表了题为《论列宁主义基础》的著名演讲,第一次系统、深入地论述了什么是列宁主义,指出列宁主义是帝国主义和无产阶级革命时代的马克思主义,并在论述其历史根源的基础之上,深入论述了列宁主义的方法、战线、策略和列宁主义对革命理论作用、无产阶级专政、农民问题、民族问题以及党的认识,总结了列宁主义提倡的工作作风,指出列宁主义中的基本问题和出发点是无产阶级专政、争取无产阶级专政的条件、巩固无产阶级专政的条件等问题,而不是农民问题或者其他问题,并强调理论和实践的统

---

① 《列宁专题文集 论社会主义》,人民出版社 2009 年版,第 177 页。

一是马克思主义的理论精髓,第一次构成了列宁主义的理论体系。1926 年
1 月,斯大林又出版了《论列宁主义的几个问题》这部重要理论著作,其中不
仅强调列宁主义的最主要问题是无产阶级专政,而且进一步阐明和论述了列
宁所大力宣扬的"不断革命"、无产阶级革命、无产阶级专政、无产阶级专政体
系、社会主义在一个国家内胜利等理论,并在肯定《论列宁主义基础》思想内
容的同时,从五个方面论述了无产阶级革命和资产阶级革命的主要区别,对
列宁主义的有关理论进行了更系统、深刻地阐述和总结,使列宁主义成为新
时期的马克思主义,成为苏联人民乃至全世界无产阶级的重要指导思想。

　　斯大林虽然成为了苏联党和国家的最高领导人,但当时的苏联依然处
在国际上的资本主义、帝国主义的围攻和国内外敌对势力的双重打压之下,
并且随着列宁的去世,苏共党内思想统一也开始出现了裂痕。面对国内外
的种种压力和危险,再加上没有成功的经验可以借鉴,因此,与国家工业化、
农业集体化运动以及反托洛茨基集团、反布哈林集团、"大清洗"运动等政
治领域的斗争同步,斯大林发起的一场全面批判运动也在苏联的意识形态
领域全面展开,"向资本主义全线进攻"成为全国城乡都在普遍开展的一场
大运动。1929 年 12 月 27 日,刚刚过完 50 寿辰的斯大林在苏联科学院发表
了著名讲话《论苏联土地政策的几个问题》,严厉地批判、抨击了当时有着
较大影响的布哈林的经济理论,号召人们"现在的主要任务是全面展开批
判。向各方面展开攻击,在没有攻击过的地方展开攻击"[1],由此揭开了苏
联意识形态领域大批判的序幕,成为其在意识形态领域向"各种资产阶级
和小资产阶级理论"发起全面进攻的重要标志。并且,大批判从对布哈林
的经济理论开始,一直扩展到哲学、党史、史学、法学、国际共运甚至文学艺
术和自然科学等多个领域,在整个思想理论界引起巨大震动。1930 年 12
月 9 日,斯大林以《哲学战线的状况》为题对红色教授学院支部委员会成员
发表了谈话,这是一次被称为影响了苏联哲学界长达数十年的重要讲话,毫
不留情地对以哲学家德波林为代表的德波林学派进行批判,确立了哲学为
无产阶级政治服务的定位;针对《无产阶级革命》杂志 1930 年第 6 期发表
的历史学家斯卢茨基的论文《布尔什维克论战前危机时期的德国社会民主

---

[1]　《斯大林全集》第 12 卷,人民出版社 1955 年版,第 106 页。

党》，斯大林不仅在 1931 年 11 月写了一封《给〈无产阶级革命〉杂志编辑部的信》，严厉批判斯卢茨基是"托洛茨基的伪造者"，其行为是站在"孟什维克或唯心主义立场"上进行"反党"；而且下令把斯卢茨基开除党籍、开除公职，《无产阶级革命》杂志也因为"犯了腐朽的自由主义"错误被勒令停刊、改组长达一年，从而引发了对全国已出版和准备出版的所有史学著作进行的大审查。1932 年 4 月，联共（布）中央通过了《关于改组文学团体》的决议，宣布取消俄罗斯无产阶级作家协会以及解散所有文学团体或流派，并对其代表人物进行批判，成立全苏统一的苏联作家协会和多个艺术团体，将文学团体或流派、组织及其纲领、文学刊物等都纳入统一的意识形态控制之下，使其走上了统一化、行政化、国家化的发展道路。在特殊的历史时期，这一切导致了在相当长一个时期内存在思想文化的管理体制高度集中、斯大林的理论成为意识形态领域判断是非的唯一标准、把学术论争与政治斗争和阶级斗争等同起来等问题，在肃清一切非无产阶级思想及其残余、进一步巩固了马克思主义意识形态一元化的指导地位的同时，也导致对斯大林个人崇拜、学术政治化等问题的加剧。并且，斯大林自己也容忍、认可甚至在某种意义上可以说是鼓励对他的个人崇拜，在一定程度上影响甚至阻碍了社会主义意识形态在苏联的科学、健康发展，导致了斯大林时期苏联意识形态的简单化、教条主义、严重僵化等问题。斯大林晚年也对这些问题进行了一定程度的反思，如他在《马克思主义和语言学问题》中谈到科学发展时所指出："没有不同意见的争论，没有批评的自由，任何科学都不可能发展，不可能有成就。"①但由于当时特殊的国际、国内环境等原因，斯大林对意识形态领域的高压态势一直没有大的改变。

列宁非常重视舆论宣传和新闻出版自由等问题，认为报纸有时是比机关枪、炸弹更具有危险性的武器，给敌人出版自由就是给敌人建立政治组织对抗社会主义的自由。斯大林时期，不仅延续了列宁时期对报刊、书籍等传播媒介和编辑、记者、作家、教授等传播人群的重视，而且通过实行书报检查制度等建立起了一种多层次、全方位的严密舆论监控体制，从而严格过滤那些"不纯的"社会主义思想意识的产生、传播，同时对民众在意识形态领域

---

① 《斯大林文集》（1934—1952），人民出版社 1985 年版，第 568 页。

的活动进行更严密地监控,肃清一切同斯大林理论不一致的思想。在此基础上,采取多种措施在全社会"灌输"斯大林的社会主义思想和理论,为斯大林的社会主义模式进行辩护、对其意识形态建设进行美化,使得斯大林的理论成为真理的化身、是非的标准、思想的指南、理论的源泉,推动了在全世界产生深远影响的"斯大林模式"的诞生、形成、发展并被全世界共产党人视为最正统的马克思主义,在政治、经济、社会、文化等多个方面对世界社会主义运动产生了巨大影响。

第二节　毛泽东将马克思主义意识形态理论推向历史新高度

作为伟大的马克思主义革命家、理论家、战略家、思想家、政治家,毛泽东始终坚持不断发展、完善马克思主义意识形态理论,将马克思主义意识形态理论推向了一个历史新高度,其巨大贡献不仅可以和恩格斯、列宁相媲美,而且在不少方面已经超越了他们。他一直坚持把马克思主义基本原理和中国实际相结合,强调要在意识形态领域坚持马克思主义的指导地位,强调要在意识形态建设中不断加强和改善党的领导,在对非马克思主义意识形态的斗争中既要坚持原则又要讲求方法,要求每一位党的领导干部都要认真学习、真正运用好马克思主义意识形态理论,要求一定要努力培养一大批优秀的马克思主义意识形态理论家。并且,从参加革命的第一天起,毛泽东就不断结合当时中国社会的实际深入学习、研究、发展、完善马克思主义理论,不仅成为中国最伟大的马克思主义意识形态理论家、思想家,更是马克思主义意识形态能力建设的思想奠基者、积极提倡者和大力推进者,其意识形态理论的发展过程就是改革开放前中国共产党意识形态理论发展史的缩影,其绝大部分观点和思想对今天仍有重要的指导和启示意义。

一、毛泽东反对教条主义,最早提出、始终坚持马克思主义中国化

作为一种科学的、先进的、革命的、实践的、应用的理论,马克思主义理

论的发展历程注定了是一个不断丰富、发展、完善的过程,俄国十月革命的胜利就是一个很好的例子,中国共产党领导中国人民夺取新民主主义和社会主义革命的胜利同样也还是如此。从在五四运动前后接触、学习和接受马克思主义理论、俄国十月革命的思想到 1920 年 11 月在湖南长沙创建共产主义小组,从参加党的一大到成为全党领袖并带领全党和全国各族人民建立社会主义的新中国,毛泽东是一位伟大的马克思主义者,一位卓越的理论家、思想家、政治家。正是在他的倡导、坚持和影响下,马克思主义理论在中国传播和发展的过程虽然经历了曲折,但总体上一直坚持了马克思主义基本原理与中国具体实际相结合的原则,并逐步发展、孕育和诞生了符合中国具体国情、具有鲜明中国特色的马克思主义理论,实现了马克思主义基本原理与中国具体实际相结合的两次历史性飞跃,不仅诞生了马克思主义中国化的两大理论成果——毛泽东思想和中国特色社会主义理论,而且改写了马克思主义的发展历史。尤其是马克思主义的中国化作为一个重大理论命题,不仅彻底改写了中国历史,也是毛泽东和中国共产党人对世界社会主义运动的巨大贡献。

(一)毛泽东选择并一直坚信俄国十月革命的道路

毛泽东真正开始接触、学习和信仰马克思主义,很大程度上受李大钊、陈独秀等中国共产党早期领导人的影响。但真正走上革命道路以后,他不迷信任何个人和本本,注重活学活用马克思主义,坚持把马克思主义基本原理与中国具体实际相结合。《毛泽东文集》第一卷的开篇之作《在新民学会长沙会员大会上的发言》,是标志着毛泽东真正选择了马克思列宁主义的革命道路的代表性著作之一,是他在 1921 年 1 月 1 日、2 日召开的新民学会长沙学员新年大会上的两次发言。28 岁的毛泽东在 1 月 1 日的第一次发言中就指出,梁启超等人主张的改良只是一种补缀办法,要真正解决中国的社会问题就必须走陈独秀等人主张的大规模改造的道路。他赞成用俄国式的革命道路,并指出这是"诸路皆走不通了新发明的一条路"[①]。在 1 月 2 日的第二次发言中,他又比较了社会民主主义、激烈方法的共产主义、温和方法的共产主义和无政府主义等世界上解决社会问题的主要方法,认为

---

① 《毛泽东文集》第一卷,人民出版社 1993 年版,第 1 页。

"激烈方法的共产主义,即所谓劳农主义,用阶级专政的方法,是可以预计效果的,故最宜采用"①。而他所指的这种激烈方法的共产主义就是指列宁主义,这是他心目中的真正的革命道路,也是他此后多年一直坚持的道路。

不久之后的1921年6月,毛泽东接到上海共产主义小组的通知,和何叔衡一起前往上海参加中国共产党第一次全国代表大会。他在大会期间主要负责记录工作,在倾听和记录其他代表发言的同时,毛泽东进一步提高了自己的马克思主义理论水平。回到长沙后,他就积极筹建湖南的党组织。经过几个月的努力,1921年10月10日,中共湖南支部正式成立,这是国内诞生的第一个中共省级支部,毛泽东当选为书记。党支部成立后,毛泽东就紧锣密鼓而又保质保量地开始发展党员、建立党的基层组织,并学习和借鉴十月革命的经验、教训,开始着手发动工人阶级开展罢工等革命斗争。

毛泽东不仅一直特别重视农民问题,也非常重视组织和领导工人阶级投身革命斗争。在他的努力下,到1921年年底,以安源为中心,湖南的工人运动已经如火如荼地开展起来。11月中旬,就像那幅在中国家喻户晓并被制作成邮票的著名油画作品《毛主席去安源》所描绘的那样,身着长衫的毛泽东带着一把红漆的雨伞来到安源,这位像教书先生一样的中国劳动组合书记部湖南分部主任、中共湖南支部书记,没有嫌弃工人的脏乱臭,而是很快就直接来到了环境恶劣的采煤掌子面进行调研。得知一个个赤身裸体、面黄肌瘦的煤矿工人每天至少工作12个小时,却只能拿到仅够吃点猪狗食的8个毫子的工钱,并且还要经常挨洋人、工头的鞭打,他抚摸着工人们油渣一样的破被子、品尝着发霉的米饭,更加坚定了要把工友们团结起来进行斗争的决心。

毛泽东和工人们一起吃住、促膝谈心,在工人中间传播马克思主义,并发展党员、培养骨干,用年轻而真诚的心点燃了安源工人心中的革命烈火。不久之后他返回长沙,把《劳工周刊》、《工人周刊》等多种进步报刊寄到了安源,并始用马克思主义理论的力量鼓舞工人们起来斗争。从1921年9月至1930年9月,毛泽东八次亲临安源,为开创和领导路矿工人运动作出了重要贡献,被誉为安源工人运动乃至中国工人运动的开拓者。

---

① 《毛泽东文集》第一卷,人民出版社1993年版,第2页。

1921 年 11 月 21 日，毛泽东就在《劳工周刊》湖南劳工会周年纪念特刊号上刊文《所希望于劳工会的》指出，一切东西都是神圣的劳工做出来的。劳动组合的目的不仅是要团结劳动者以罢工的手段取得优益的工资和缩短工作时间，更重要的是要养成阶级的自觉，通过全阶级的大团结来谋求全阶级的根本利益。同时他进一步指出："工会是工人组织的，所以工人应该自己养活工会，更进则准备罢工基金和选举基金"①。第一步要办到凡入会的工人每人必出至低限度的月捐，少至一个铜元都可，就是会费；第二步办到自己养活工会。这表明他从一开始就非常重视工会运动，重视广大劳动者的团结，并在最后大声呼吁："劳工神圣！""劳动者获得罢工权利！""不劳动的不得食！""各尽所能，各取所值！""全世界都是劳动者的！""全世界劳动者团结起来！！"从这些口号可以想象出当年的毛泽东是如何意气风发、斗志昂扬，更体现出其对劳动者的高度尊重、深厚感情和胸怀全世界的革命胸襟，表明其对中国工人运动的未来充满信心。

1922 年 2 月，中共安源路矿支部成立，这是中共在产业工人中建立起来的第一个党支部。而在同年 5 月 1 日，安源路矿工人第一次在党支部领导下举行盛大集会和游行，纪念五一国际劳动节，同时宣告工人俱乐部成立。就在五一劳动节纪念日当天，毛泽东在湖南《大公报》上发表文章《更宜注意的问题》，提出要注意和尊重劳工的生存权、劳动权、劳动全收权这三方面的权利，而劳动全收权则是指"工人做的东西应该完全归工人自己"，这是共产主义实行以后的事。经过几个月的筹备，同年 9 月 14 日零时，震惊全国的安源路矿工人大罢工开始，并得到全国多个地方的声援。9 月 14 日，路矿当局被迫接受罢工工人们提出的要求，罢工斗争取得胜利，这也是中国第一次取得胜利的工人大罢工。

走俄国式的革命道路，就是坚持走十月革命的革命道路，这是毛泽东对马克思列宁主义的鲜明态度，并且一辈子没有动摇过。多年之后，在中国的新民主主义革命即将取得决定性胜利的前夕，为纪念中国共产党成立 28 周年，1949 年 6 月 30 日，毛泽东写就了一篇影响极远的文章《论人民民主专政》，论述了即将成立的中华人民共和国的国家性质以及对内、对外政策

---

① 《毛泽东文集》第一卷，人民出版社 1993 年版，第 6 页。

等,并再次提到了"走俄国人的路"是中国共产党和中国人民的历史选择。"十月革命一声炮响,给我们送来了马克思列宁主义。十月革命帮助了全世界的也帮助了中国的先进分子,用无产阶级的宇宙观作为观察国家命运的工具,重新考虑自己的问题。走俄国人的路——这就是结论。"①毛泽东为什么如此坚定要"走俄国人的路"? 就是因为他深知十月革命的道路就是真正的马克思主义道路,坚信十月革命的道路就是坚持和信仰马克思主义,但坚信并不等于照搬。历史的经验和现实等问题也表明,对待十月革命的态度一直是检验真假马克思主义者的一块最好的试金石,今天依然如此。

(二)毛泽东和党内右倾、"左"倾错误思想的斗争及其贡献

从中国共产党成立之日起,党内右倾、"左"倾错误思想就一直没有中断过,毛泽东也在一直坚持和党内右倾、"左"倾错误思想进行斗争中成为全党公认的伟大领袖。尤其是在第一次国共合作的大革命时期,处于幼年时期的中国共产党没有把中国革命的实践同中国社会实际很好结合,再加上不了解中国革命实际情况的共产国际的错误指导,以陈独秀为主要代表的右倾错误思想在党内占据了领导和主导地位。尽管毛泽东与这些错误思想进行了斗争,但由于其思想没有得到足够重视,陈独秀的右倾机会主义长期在党内占据统治地位。尤其是陈独秀在 1923 年提出的所谓"二次革命论",竟然认为中国的民主革命只能由资产阶级来领导,建立起来的也只能是资产阶级共和国。无产阶级只有等资本主义发展以后,再发动第二次革命,才能建立无产阶级政权。在"二次革命论"的错误思想影响下,在中共中央 1926 年 12 月召开的汉口特别会议上,陈独秀的右倾机会主义依然占据统治地位。右倾机会主义不仅没有放手去发动广大的工人、农民积极起来进行斗争,竟然主动放弃了党在大革命中的领导权,这就导致了党不仅不能组织开展真正有力的武装斗争,而且在蒋介石发动背叛革命的反革命政变时只有被动挨打,最终导致了第一次国共合作惨遭失败。血的教训让年轻的中国共产党人如梦方醒,但已付出了极其沉重的代价。

与过高估计敌人力量、在政治斗争中不惜放弃原则甚至牺牲无产阶级根本利益而求得妥协的右倾错误思想相比,盲目轻视敌人的力量与客观困

---

① 《毛泽东选集》第四卷,人民出版社 1991 年版,第 1471 页。

难、夸大革命力量,在无产阶级革命斗争中贸然进行冒险行动,或在革命队伍内部对人民内部矛盾也采取残酷斗争的错误政策,甚至在革命的同盟军问题上采取打倒一切的关门主义的"左"倾错误思想具有更大的迷惑性和危害性。在第一次国共合作中就有以张国焘为代表的"左"倾机会主义,后来更是出现了以瞿秋白为代表的"左"倾盲动主义、以李立三为代表的"左"倾冒险主义和以王明为代表的"左"倾教条主义三次危害非常大的"左"倾错误,尤其是以教条主义为显著特征的王明"左"倾教条主义从 1931 年开始竟然在党内占据地位统治长达 4 年之久,在理论上、思想上、政治上、组织上、军事上都危害巨大、影响深远,甚至差一点葬送了中国共产党和中国革命。因此,"左"倾、右倾错误都可以葬送中国革命、葬送社会主义,中国共产党人一直坚持既反对右、也反对"左",毛泽东就是敢于和党内右倾、"左"倾错误思想进行斗争并在紧急关头挽救了党。

在农村出生、长大的毛泽东对农村、农民问题有着深刻的认识,深知在中国进行无产阶级革命必须高度重视和解决好农民问题。所以,无论是在1924 年国共合作后出任国民党中央宣传部代理部长,还是 1926 年 11 月担任中共中央农民运动委员会书记,他都一直坚持关注和研究农民问题,不仅主办了多届农民运动讲习所,更一次次深入农村进行调查,先后完成并发表《中国社会各阶级的分析》和《湖南农民运动考察报告》等影响深远的优秀著作。当时,以陈独秀为代表的右倾机会主义是只注意同国民党合作而忘记了农民,以张国焘为代表的"左"倾机会主义则是只注意工人运动而同样忘记了农民,由于陈独秀、张国焘的个人影响力较大等原因,这两种机会主义在党内都有不小的市场,引起党内的思想混乱。针对当时的一些模糊乃至错误认识,尤其是针对党内存在的这两种错误倾向,1925 年 12 月,毛泽东发表在《革命》半月刊上的《中国社会各阶级的分析》一文中,旗帜鲜明地提出了一个极其重要的问题:"谁是我们的敌人? 谁是我们的朋友? 这个问题是革命的首要问题。"①随后,他在文中从分析中国社会各阶级的经济地位出发,指出了无产阶级是中国新生产力的代表者和近代中国最进步的阶级,而人数最多的贫农是无产阶级最广大最可靠的同盟军,并进一步得出

---

① 《毛泽东选集》第一卷,人民出版社 1991 年版,第 3 页。

结论:"一切勾结帝国主义的军阀、官僚、买办阶级、大地主阶级以及附属于他们的一部分反动知识界,是我们的敌人。工业无产阶级是我们革命的领导力量。一切半无产阶级、小资产阶级,是我们最接近的朋友。那动摇不定的中产阶级,其右翼可能是我们的敌人,其左翼可能是我们的朋友——但我们要时常提防他们,不要让他们扰乱了我们的阵线。"①毛泽东很鲜明地指出了什么是中国革命应该依靠的力量、谁才是中国革命应该集中打击的敌人,不仅指出中国无产阶级最广大、最忠实、最主要的同盟军就是农民,而且强调了农民问题在中国革命斗争中的重要地位,深刻警示了民族资产阶级是一个容易动摇的阶级,并批评了右倾机会主义、"左"倾机会主义,澄清党内某些人的错误认识。遗憾的是,由于当时毛泽东在党内的影响力和权威性远小于陈独秀和张国焘,他的这些警示没有引起党内尤其是领导层的足够重视,导致了中国共产党人在遭遇"四一二"和"七一五"两大反革命政变时未能采取有效的预防措施甚至毫无准备,遭受了巨大损失。

到 1933 年,虽然粉碎了国民党反动派先后对中央苏区发动的四次"围剿",但当时中国工农红军的革命力量和国民党反动派军队相比仍明显处于劣势,如果"硬碰硬"去打阵地战无异于以卵击石。而当时取代毛泽东占据党内领导位置的博古、李德,积极推行"左"倾教条主义路线,不仅推行要求红军冒险去攻占城市的"城市中心论",而且盲目否认中间革命力量的存在,甚至打着"反右倾"旗号无情打击不同意其错误主张的同志。不顾敌我力量对比悬殊的现实,面对国民党出动百万军队对井冈山革命根据地发动的第五次"围剿",反对积极防御、诱敌深入等在前几次反"围剿"中被证明正确的方针,竟然坚持要人数、装备等多方面都明显不如国民党军队的红军一定要"御敌于国门之外",全面出击去攻打国民党军队的坚固阵地,导致红军第五次反"围剿"在付出沉重代价后失败,不得不放弃毛泽东等人千辛万苦建立起来的中央苏区根据地,被迫开始进行战略性的大转移,这就是著名的万里长征。在长征途中,中共中央 1935 年 1 月 15 日在贵州遵义召开中央政治局扩大会议,这是一次中国共产党独立自主解决中国革命问题的重要会议,毛泽东在会上作了重要发言。会议认真总结了第五次反"围剿"

---

① 《毛泽东选集》第一卷,人民出版社 1991 年版,第 9 页。

的经验教训,不仅基本上结束了王明"左"倾教条主义在党与军队内的统治地位,更重要的是重新确立了毛泽东在党中央和红军的正确领导地位。遵义会议是中国共产党运用马列主义基本原理第一次独立自主地解决自己的路线、思想、方针、政策的会议,在中国革命处于极端危险的时刻,挽救了党、挽救了红军。这是中国共产党发展史上一个非常重要、生死攸关的转折点,不仅再次证明了毛泽东战略思想和革命道路的正确性,也标志着中国共产党开始从幼年走向成熟。

为共同抵抗日本侵略,中国共产党倡导并最终促成了国共两党的第二次合作。而随着抗日民族统一战线的建立,中国共产党内的右倾投降主义倾向又开始出现,尤其是随着王明1937年11月从苏联回国,他竟然由过去坚持"左"倾教条主义的核心领导变成了右倾投降主义的代表人物,不仅反对8月中共中央洛川会议的正确路线和毛泽东11月在《上海太原失陷以后抗日战争的形势和任务》中强调的独立自主原则,而且分别于12月9日在中共中央政治局会议上作了报告《如何继续全国抗战和争取抗战胜利呢》、27日在《长江日报》上刊发文章《挽救时局的关键》,并随后还在1938年1月2日的《新华日报》头版发表社论《团结救国》、在1938年2月27日至3月1日在延安召开的中共中央政治局会议上作题为《目前抗战形势与如何继续抗战和争取抗战胜利》的报告,甚至不顾毛泽东、张闻天等人的反对,在中共中央在国民党统治区创办并公开出版发行的机关刊物《群众》周刊上公开发表《三月政治局会议的总结》的报告,提出和推行了一条错误的右倾投降主义路线,主张国民党是抗日战争的领导者,否认中国共产党的领导作用,否认毛泽东提出的抗日民族统一战线中要坚持的独立自主原则,竟然主张"一切服从统一战线"、"一切经过统一战线",甚至认为应该把中国共产党的行动仅仅局限于国民党所允许的范围内等。王明的错误言行不仅在党内引发了比较大的思想混乱,而且在社会上也造成了很恶劣的影响。

面对王明右倾投降主义路线的恶劣影响和巨大危害,中共中央在1938年3月及时派出任弼时作为代表到苏联去向共产国际详细汇报了中国的抗日民族统一战线以及中国共产党坚持的原则,从而让共产国际的领导人同意了以毛泽东为首的中共中央的政治路线。1938年9月29日至11月6日,在延安举行的扩大的党的六届六中全会上,毛泽东代表中共中央政治局在会上作了题为《论新阶段》的政治报告,张闻天、周恩来等分别向会议报告了各方面、各地区的情况,大会通过了《中共扩大的六中全会政治决议案》。全会坚持马克思列宁主义基本原理和中国革命实际相结合的原则,批评了党内在统一战线问题上的两种错误偏向——关门主义和投降主义,批判和纠正了王明的右倾投降主义路线,再次强调了中国共产党在抗日民族统一战线中必须始终坚持独立自主的原则,肯定毛泽东在全党全军的领导地位,再一次统一了全党的思想、路线、组织和步调,在党的发展史上具有重大的意义。1945 年 4 月,扩大的中共中央六届七中全会作出《关于若干历史问题的决议》,全面详尽地归纳、阐述了历次"左"倾错误在政治、军事、组织、思想等方面的表现和造成的严重危害,并着重深入分析了产生"左"倾错误的社会根源、思想根源,终于彻底宣判了曾统治党 4 年之久、影响党达 14 年之久的王明"左"倾错误路线的死刑,也在根本上保证了党和中国革命从此沿着正确的道路继续前进。

(三)毛泽东坚决反对本本主义并鲜明提出马克思主义中国化

在马克思主义中国化的历史进程中,是毛泽东率先鲜明地提出和倡导马克思主义中国化思想,并且始终坚定不移地大力推进马克思主义中国化,为马克思主义中国化作出了其他人所无法比拟的伟大贡献。虽然马克思主义传入中国之初就在不知不觉中开始了中国化的历程,但在毛泽东之前,虽然张闻天等曾提出过"中国化"的概念,却一直没有人明确把"马克思主义"和"中国化"这两个概念紧密联系成一个有机统一的整体。1938 年党的六届六中全会上,毛泽东在大会上所作的政治报告《论新阶段》中,在总结党成立 17 年以来的经验和教训时,第一次明确提出并系统阐明了马克思主义中国化这一重大问题。他强调指出:"共产党员是国际主义的马克思主义者,但是马克思主义必须和我国的具体特点相结合并通过一定的民族形式才能实现。马克思列宁主义的伟大力量,就在于它是和各个国家具体的革命实践相联系的。对于中国共产党说来,就是要学会把马克思列宁主义的理论应用于中国的具体的环境。成为伟大中华民族的一部分而和这个民族血肉相连的共产党员,离开中国特点来谈马克思主义,只是抽象的空洞的马克思主义。因此,使马克思主义在中国具体化,使之在其每一表现中带着必须有的中国的特性,即是说,按照中国的特点去应用它,成为全党亟待了解并亟须解决的问题。"①毛泽东进一步鲜明指出,洋八股必须废止,空洞抽象的调头必须少唱,教条主义必须休息,一定要代之以新鲜活泼的、为中国老百姓所喜闻乐见的中国作风和中国气派。大力号召全党要学会把马列主义及国际经验等灵活地学习、应用到中国革命的每一个实际斗争中来。他旗帜鲜明地提出马克思主义中国化的思想——使马克思主义在中国具体化,同时指出那种把国际主义的内容和民族形式相分离的做法是一点也不懂国际主义的,我们要把二者紧密结合起来。这标志着以毛泽东为代表的中国共产党人对马克思主义及其本质的认识已经实现了质的飞跃,标志着马克思主义中国化已经成为指导中国革命的最基本、最重要的原则,马克思主义中国化成为中国共产党人的自觉选择,具有重大的理论意义和历史意义。

其实,毛泽东提出马克思主义中国化并不是心血来潮,而是他一直坚持反对本本主义、教条主义的必然结果。早在 1929 年 12 月 28 日、29 日,中国工农红军第四军第九次代表大会在福建省上杭县古田村召开著名的古田会议时,为纠正红军中的唯心主义、主观主义等错误观念,毛泽东在其起草的会议决议中不仅确定了着重从思想上建党和从政治上建军的原则,而且特意写了两条:一条是教育党员用马列主义的方法代替唯心方法分析政治形势和估量阶级势力;另一条是要求广大党员一定要注意加强社会经济的调查、研究并根据这些来决定斗争策略与工作方法。这里既强调了要坚持马克思主义又强调了要尊重中国实际,被认为是关于马克思主义基本原理与中国革命具体实践相结合的思想雏形。

而不到半年之后的 1930 年 5 月,为反对当时红军中存在的教条主义等错误思想观念,毛泽东又写出了经典名篇《反对本本主义》,并在文中提出了"没有调查,没有发言权"的光辉论断。他在文中并没有直接用"教条主义"这个名词,而是更为形象地叫作"本本主义",使得其对教条主义的批判更加一针见血、入木三分。他指出,我们如果离开实际调查就要产生唯心主义的阶级估量和工作指导,其结果不是机会主义便是盲动主义。进而,他在文中强调指出:"马克思主义的'本本'是要学习的,但是必须同我国的实际

---

① 《毛泽东选集》第二卷,人民出版社 1991 年版,第 534 页。

情况相结合。我们需要'本本',但是一定要纠正脱离实际情况的本本主义。"①因此,中国革命斗争的胜利要靠中国同志了解中国情况,需要时时了解社会情况,经常进行实际调查,并且要到群众中去作实际调查。文中提出了辩证唯物主义的认识论等,尤其是第一次揭示出了实事求是、群众路线和独立自主三大基本点,标志着毛泽东思想当时已经初步形成。

　　毛泽东一直坚定不移地推进马克思主义中国化,并使其成为全党全军和全国人民的指导思想。他认为,真正的马克思主义是内容上的国际性与形式上的民族性的完美结合。马克思主义要在中国发生作用,必须与中国传统文化相结合,并通过中华民族优秀思想传统的作用内化为中国人自己的思维方式。1939 年 10 月,毛泽东在《〈共产党人〉发刊词》中,不仅把"马克思列宁主义的理论和中国革命的实践相结合"作为衡量中国共产党成熟程度的一个重要的标志和尺度提了出来,中国共产党人还从此把理论和实践相结合的思想原则视为马克思主义中国化进程中的一个根本准则。在1940 年 1 月的演讲《新民主主义论》中,他又一次强调"必须将马克思主义的普遍真理和中国革命的具体实践完全地恰当地统一起来,就是说,和民族的特点相结合,经过一定的民族形式,才有用处,决不能主观地公式地应用它"②。指出科学的态度是实事求是,公式化的马克思主义在中国革命的队伍中是没有位置的,中国的文化应该有自己的形式,民族的形式,就是新民主主义的新文化。

　　1942 年 2 月,毛泽东在《整顿党的作风》中指出,主观主义、宗派主义、党八股,这三股歪风有其历史根源,现在虽然不是占全党统治地位的东西,但是还在经常作怪,因此一定要坚定地加以抵制。"反对主观主义以整顿学风,反对宗派主义以整顿党风,反对党八股以整顿文风,这就是我们的任务。"③他强调指出,中国真正的马克思主义者应该是能够真正领会马列主义的立场、观点、思想和方法等,真正领会其有关殖民地革命、中国革命等学说,并且应用它去深刻地、科学地分析中国的实际问题,找出其发展规律的

---

① 《毛泽东选集》第一卷,人民出版社 1991 年版,第 111 页。
② 《毛泽东选集》第二卷,人民出版社 1991 年版,第 707 页。
③ 《毛泽东选集》第三卷,人民出版社 1991 年版,第 812 页。

人。要能够精通、应用马克思主义的理论,精通的目的就是在于应用。"中国共产党人只有在他们善于应用马克思列宁主义的立场、观点和方法,善于应用列宁斯大林关于中国革命的学说,进一步地从中国的历史实际和革命实际的认真研究中,在各方面作出合乎中国需要的理论性的创造,才叫做理论和实际相联系。"①延安整风运动开展后,为加强思想理论的领导,中央专门成立了毛泽东任组长的思想方法学习小组,认真研究马列著作的思想方法论,推动全党的理论学习和研究,进一步纯洁了全党的学风、党风。

新中国成立以后,毛泽东仍然一直强调坚持马克思主义中国化的极端重要性。他在 1956 年 4 月的《论十大关系》中强调指出:"我们要学的是属于普遍真理的东西,并且学习一定要与中国实际相结合。如果每句话,包括马克思的话,都要照搬,那就不得了。我们的理论,是马克思列宁主义的普遍真理同中国革命的具体实践相结合。"②1956 年 8 月,在党的八大预备会议上的讲话中,他又再次提出要反对主观主义等错误思想,强调指出:"马克思主义的普遍真理一定要同中国革命的具体实践相结合,如果不结合,那就不行。这就是说,理论与实践要统一。理论与实践的统一,是马克思主义的一个最基本的原则。"③新中国成立后的迅速崛起,很大程度上就是毛泽东带领全党和全国人民坚持推进马克思主义中国化的结果。

几十年的革命实践让毛泽东越来越深刻认识到,要真正实现马克思主义中国化只能靠中国人自己,而不是国外的"神仙"。在 1962 年年初的七千人大会上,他深有感触地说:"中国这个客观世界,整个地说来,是由中国人认识的,不是在共产国际管中国问题的同志们认识的。共产国际的这些同志就不了解或者说不很了解中国社会,中国民族,中国革命。对于中国这个客观世界,我们自己在很长时间内都认识不清楚,何况外国同志呢?"④这就是中国共产党人的道路自信,是毛泽东一贯坚持的独立自主思想的体现。

---

① 《毛泽东选集》第三卷,人民出版社 1991 年版,第 820 页。
② 《毛泽东文集》第七卷,人民出版社 1999 年版,第 42 页。
③ 《毛泽东文集》第七卷,人民出版社 1999 年版,第 90 页。
④ 《毛泽东文集》第八卷,人民出版社 1999 年版,第 299 页。

二、毛泽东关于党在中国革命中战胜敌人的"三大法宝"的思想

1939 年 10 月，毛泽东在《〈共产党人〉发刊词》中论述新民主主义理论时指出："十八年的经验，已使我们懂得：统一战线，武装斗争，党的建设，是中国共产党在中国革命中战胜敌人的三个法宝，三个主要的法宝。"①这是党在中国革命中的三个基本问题，正确理解和处理好这三个问题及其相互关系，就等于解决好了中国革命的根本问题。"三大法宝"是毛泽东对中国新民主主义革命成功经验的总结，也是中国共产党几十年革命的宝贵经验。其中，统一战线和武装斗争是战胜敌人的两个基本武器，统一战线是实行武装斗争的统一战线，而党的组织则是掌握统一战线和武装斗争这两个武器以实行对敌冲锋陷阵的英勇战士。在 1949 年 6 月的《论人民民主专政》中，毛泽东又将"三大法宝"的内容和意义进一步概括为"一个有纪律的，有马克思列宁主义的理论武装的，采取自我批评方法的，联系人民群众的党。一个由这样的党领导的军队。一个由这样的党领导的各革命阶级各革命派别的统一战线。这三件是我们战胜敌人的主要武器。这些都是我们区别于前人的。依靠这三件，使我们取得了基本的胜利"②。因此，"三大法宝"不仅是毛泽东意识形态理论的核心，而且是毛泽东思想的重要组成部分。

（一）毛泽东关于党的建设的理论、实践和贡献

"三大法宝"的核心是党的建设，中国共产党自成立以来就十分重视加强党的自身建设，毛泽东就是这方面的典范。针对在新民主主义革命时期的党员队伍中有不少人来自非劳动者阶层、大部分党员长期处在农村革命根据地的艰苦复杂环境下，毛泽东指出，党的建设必须密切联系党的政治路线，要把党建设成为工人阶级、中国人民和中华民族的先锋队，真正实现和发挥好党的领导作用，就必须有一条适合中国实际国情的马克思主义的革命路线。他不仅特别重视要从思想上建设党，而且确立了实事求是的思想路线、三大作风和"两个务必"等关于党的建设的重要理论，并进行了成功实践，成为中国共产党一直坚持和不断完善的思想法宝。

---

① 《毛泽东选集》第二卷，人民出版社 1991 年版，第 606 页。
② 《毛泽东选集》第四卷，人民出版社 1991 年版，第 1480 页。

一直高度重视党的思想建设,并且始终坚持把思想建设放在党的建设的首位,是毛泽东党的建设理论和实践的最大特色。从 1921 年 10 月成立中共湖南支部并当选为书记开始,毛泽东就特别重视发展党员时最重要的是要思想上入党,并一直特别重视党的思想建设。尤其是每一次中国革命发展的关键时刻,中国共产党总会再次重点提出并特别强调要从思想上加强党的建设。毛泽东在党内率先提出,共产党员不仅要在组织上入党,更要确保在思想上入党,并且一定要注意经常以无产阶级思想改造、克服各种非无产阶级思想。1929 年年底的古田会议上,他进一步强调了要从加强党的思想政治工作着手保持无产阶级先锋队性质。1937 年 9 月,面对日本侵华战争的全面爆发,他发表《反对自由主义》,再次提出和号召加强党的思想建设,开篇就旗帜鲜明地表示:"我们主张积极的思想斗争,因为它是达到党内和革命团体内的团结使之利于战斗的武器。每个共产党员和革命分子,应该拿起这个武器。"①然后梳理了自由主义在革命的集体组织中的十一种表现并剖析了其思想根源后,指出以抽象的教条看待马克思主义的原则的自由主义者是不准备实行或完全实行马克思主义的,自由主义和马克思主义是根本冲突的,不应该在革命队伍中保留它的地位。最后他强调:"一个共产党员,应该是襟怀坦白,忠实,积极,以革命利益为第一生命,以个人利益服从革命利益;无论何时何地,坚持正确的原则,同一切不正确的思想和行为作不疲倦的斗争,用以巩固党的集体生活,巩固党和群众的联系;关心党和群众比关心个人为重,关心他人比关心自己为重。这样才算得一个共产党员。"②这些话在当时鼓舞和激励了无数的共产党人和革命群众为夺取抗日战争和民族解放事业的胜利而奋不顾身地去流血牺牲,直到今天读来仍让人倍感责任和力量,这也是一名真正的共产党员的标准,是每一名共产党员都应该努力去做到的。1938 年 10 月,毛泽东在党的六届六中全会上指出,共产党员不论何时何地都不应该把个人利益放在第一位,而应该以个人利益服从于民族的和人民群众的利益。再次强调了共产党员的先锋模范作用,强调了个人利益要坚决服从于党和人民的利益这一根本原则,

---

① 《毛泽东选集》第二卷,人民出版社 1991 年版,第 359 页。
② 《毛泽东选集》第二卷,人民出版社 1991 年版,第 361 页。

这也成为每一位共产党员都应该牢记的行为准则。

1942 年的延安整风运动开始时,针对以王明为首的党中央 1931 年 6 月发布的《中央给红军党部各级地方党部的训令》中曾提出的"对一切一切离开列宁主义的倾向都要给以残酷无情的斗争"、"残酷的打击"等党内斗争中曾存在过的"左"倾错误行为及其对党造成的重大损失,有过亲身经历和感受的毛泽东及时提出了对犯错误的同志要采取"惩前毖后、治病救人"的方针,强调处理违犯党的纪律的党组织和党员应执行惩戒与教育相结合的原则,达到既弄清思想又团结同志的目的。"对于人的处理问题取慎重态度,既不含糊敷衍,又不损害同志,这是我们的党兴旺发达的标志之一。"①尤其是毛泽东创造的在全党通过批评与自我批评进行马克思主义思想、理论教育的整风形式,成为中国共产党宝贵的精神财富。

正如毛泽东所指出,理论和实践相结合的作风,和人民群众紧密地联系在一起的作风,以及自我批评的作风,是中国共产党区别于其他任何政党的显著标志。②"理论联系实际"、"密切联系群众"和"批评与自我批评"这三大作风是中国共产党与其他政党的根本区别所在,也体现了共产党的纯洁性、先进性。通过《实践论》、《矛盾论》两部名篇,毛泽东深刻阐明和论述了理论和实践相统一的必然性和重要意义,并使理论和实践相结合成为全党自觉坚持的行为准则之一。正如他指出,实事求是是马克思主义精髓,要把实事求是确立为中国共产党必须长期坚持的思想路线,要求每一位共产党员都应该是实事求是的模范。实事求是不仅是毛泽东思想的精髓,也是中国共产党关于党的建设的思想精髓。并且,毛泽东把实事求是的思想路线贯穿到群众路线之中,强调要全心全意为人民服务,认真、耐心、细心地倾听群众呼声,密切联系群众,一刻也不脱离群众,要每到一处都真正与群众打成一片,一切从人民的利益出发。1945 年 4 月至 6 月召开的党的七大,第一次确立了毛泽东思想为全党的指导思想,从而使全党在政治上、思想上、组织上达到空前统一。

1949 年 3 月,毛泽东在党的七届二中全会上谆谆告诫全党:"务必使同

---

① 《毛泽东选集》第三卷,人民出版社 1991 年版,第 938 页。
② 参见《十一届三中全会以来重要文献选读》(上),人民出版社 1987 年版,第 338 页。

志们继续地保持谦虚、谨慎、不骄、不躁的作风,务必使同志们继续地保持艰苦奋斗的作风。"①"两个务必"提倡的宗旨意识和执政理念,对于进一步加强党的作风建设,更好地密切党同人民群众的血肉联系,更好地保持党的纯洁性、先进性,都具有非常重要的指导意义。

新中国成立后,毛泽东更是一直高度重视党的建设,尤其是对如何进一步从思想上建设党进行了深入思考。在 1955 年召开的党的全国代表会议上,毛泽东特别提出要打造一支强大的马克思主义理论人才队伍。他强调提出:"我们要作出计划,组成这么一支强大的理论队伍,有几百万人读马克思主义的理论基础,即辩证唯物论和历史唯物论,反对各种唯心论和机械唯物论。我们现在有许多做理论工作的干部,但还没有组成理论队伍,尤其是还没有强大的理论队伍。而没有这支队伍,对我们全党的事业,对我国的社会主义工业化、社会主义改造、现代化国防、原子能的研究,是不行的,是不能解决问题的。"②1959 年以后,他率先提出如何防止西方国家的和平演变问题;1963 年 5 月,他在著名的《人的正确思想是从哪里来的?》中指出:"人的正确思想是从哪里来的? 是从天上掉下来的吗? 不是。是自己头脑里固有的吗? 不是。人的正确思想,只能从社会实践中来,只能从社会的生产斗争、阶级斗争和科学实验这三项实践中来。"③系统地阐明了一个正确的认识的形成常常需要经过从物质到精神、再从精神到物质,即从实践到认识、再从认识到实践这样反复多次的过程。从哲学等理论层面对加强党的思想建设给予了科学指导。

(二)毛泽东关于武装斗争的理论、实践和贡献

作为中国共产党夺取革命胜利的三大法宝之一,以"枪杆子里出政权"为代表的武装斗争思想是毛泽东思想的重要组成部分,并在毛泽东思想体系中占有十分重要的地位。但是毛泽东对武装斗争重要性的认识也是有一个过程的,他早期参加革命时曾受改良主义等思潮的影响,主张实行"呼声革命"、"无血革命",不主张实行"炸弹革命"、"有血革命"等武装斗争。后来,随着对俄国十月革命道路了解的深入和信仰,毛泽东很快就认识到在没

---

① 《毛泽东选集》第四卷,人民出版社 1991 年版,第 1438—1439 页。
② 《毛泽东文集》第六卷,人民出版社 1999 年版,第 395 页。
③ 《毛泽东文集》第八卷,人民出版社 1999 年版,第 320 页。

有议会民主等民主形式的中国不可能通过和平斗争取得革命胜利的,越来越意识到武装斗争的重要性。1926 年 5 月,毛泽东主持第六届农民运动讲习所工作并讲课指出,搞革命就必须建立农民自己的武装。1927 年 3 月,他发表《湖南农民运动考察报告》公开提出要推翻地主武装、建立农民武装,他高度赞扬农民武装的作用,称赞由有梭镖的农民组成的广大的梭镖势力"是使一切土豪劣绅看了打颤的一种新起的武装力量"①,呼吁应该使每一位青壮年农民都有一柄梭镖,而不应该限制它。但遗憾的是,以陈独秀为代表的右倾机会主义者占据统治地位的党中央没有接受毛泽东的正确意见,导致国民党抓住共产党没有自己的武装力量这个弱点而发动了"清党运动"大肆逮捕、杀害共产党人。

尤其是随着蒋介石、汪精卫先后在 1927 年 4 月和 7 月发动反革命政变,第一次国共合作的全面破裂让中国共产党人开始清醒起来,毛泽东关于武装斗争的建议和思想得到重视。1927 年 8 月,在汉口紧急召开的八七会议上,毛泽东在发言中指出,党中央所犯错误中的一个很大的错误就是不认识军队的极端重要性。他提出秋收起义非军事不可,极力强调和呼吁全党"以后要非常注意军事。须知政权是由枪杆子中取得的"②。正是他的发言使党内越来越多同志认识到,中国国情决定了只能以武装斗争为革命的主要形式,无产阶级只有掌握自己的武装力量才能真正打退反革命武装的围攻,只有拥有了强大的革命武装才能夺取全国政权。而他在这次会议上提出来的、著名的以革命武装夺取政权的"枪杆子里出政权"思想,也成为党创建、领导和指挥革命武装进行斗争的响亮口号,成为党能够取得中国革命胜利的重要法宝之一。这次会议上,毛泽东被选为中央政治局候补委员。随后的 1927 年 9 月,他在湘赣边界领导了武装暴动——秋收起义,并率领起义部队创立了第一个农村革命根据地——井冈山革命根据地;同年 9 月 29 日至 10 月 3 日,在江西省永新县一个群山环抱的山坳——三湾村,毛泽东领导了举世闻名的"三湾改编",创造性地提出并确立的"党指挥枪"、"支部建在连上"和"官兵平等"等一整套崭新的治军方略,实行民主主义,并酝

---

① 《毛泽东选集》第一卷,人民出版社 1991 年版,第 29 页。
② 《毛泽东文集》第一卷,人民出版社 1993 年版,第 47 页。

酿制定出"三大纪律、六项注意",从政治上、思想上、组织上保证了党对军队的绝对领导。这是我党在建设一支无产阶级领导的新型人民军队的进程中进行的最早的一次成功探索和实践,标志着毛泽东建设人民军队的思想开始形成。

1928年4月,毛泽东同朱德领导的南昌起义部分部队会师,开创了一条以农村包围城市、最后夺取城市和全国政权的革命道路;同年10月,时任红四军前委书记的毛泽东发表了著名的《中国的红色政权为什么能够存在?》指出,有相当力量的红军的存在是红色政权存在的必要条件,"工农武装割据"的思想是共产党和割据地方的工农群众必须充分具备的一个重要的思想。并专门提到军事根据地的问题,指出要做好修筑完备的工事、建设较好的红军医院等事情,体现了其对武装斗争的高度重视。

进入抗日战争阶段,毛泽东又把武装斗争的重点放在了游击战争上。1939年10月,他在《〈共产党人〉发刊词》中指出,游击战争是落后的半殖民地中国的人民武装队伍战胜敌人必须依靠的最好的斗争形式,强调"离开了武装斗争,离开了游击战争,就不能了解我们的政治路线,也就不能了解我们的党的建设。政治路线的重要一部分就是武装斗争"①,并进一步指出,离开了武装斗争就没有无产阶级的地位,没有人民的地位,没有共产党的地位,没有中国革命的胜利。他提出要实行人民战争路线,要建立一支像八路军、新四军那样的人民军队。"这个军队之所以有力量,是因为所有参加这个军队的人,都具有自觉的纪律;他们不是为着少数人的或狭隘集团的私利,而是为着广大人民群众的利益,为着全民族的利益,而结合,而战斗的。紧紧地和中国人民站在一起,全心全意地为中国人民服务,就是这个军队的唯一的宗旨。"②"这就是真正的人民战争。只有这种人民战争,才能战胜民族敌人。国民党之所以失败,就是因为它拼命地反对人民战争。"③1942年的延安整风运动中,毛泽东再次强调:"我们是共产党,我们要领导人民打倒敌人,我们的队伍就要整齐,我们的步调就要一致,兵要精,武器

---

① 《毛泽东选集》第二卷,人民出版社1991年版,第609—610页。
② 《毛泽东选集》第三卷,人民出版社1991年版,第1039页。
③ 《毛泽东选集》第三卷,人民出版社1991年版,第1041页。

要好。"①

　　1947 年冬到 1948 年夏,中国共产党在人民解放军中间普遍开展了以"两诉"——诉旧社会给予劳动人民之苦和诉反动派给予劳动人民之苦,"三查"——查阶级、查工作、查斗志为主要内容的"新式整军运动"。毛泽东先是在 1947 年 9 月将东北民主联军辽东第三纵队关于诉苦教育的总结报告批转全军各部队时指出,进行教育的目的就是要使全体指战员站在劳苦大众的一边,一心一意为人民服务。后来又在 1948 年 3 月为新华社写了《评西北大捷兼论解放军的新式整军运动》一文高度评价了这一运动,认为新式整军运动"大大提高了全军指战员为解放被剥削的劳动大众,为全国的土地改革,为消灭人民公敌蒋介石匪帮而战的觉悟性……这样的军队,将是无敌于天下的"②。人民解放战争取得伟大胜利的事实证明,"新式整军运动"确实起到了整顿组织、整顿思想、整顿作风的作用,达到了提高思想觉悟、纯洁巩固部队、改进工作作风及提高工作效率等目的,使人民解放军的团结性、先进性、战斗力大大提高,在战场上焕发出了大无畏的战斗精神,展现出了无敌于天下的强大威力,最终建立了新中国。

　　(三)毛泽东关于统一战线的理论、实践和贡献

　　人心向背从来都是一个政党夺取、巩固和执掌政权的最关键和决定性因素,中国共产党一直把统一战线作为一个重要的政治路线长期坚持、不断完善,使之成为团结朋友、战胜敌人的重要武器,成为中国共产党夺取革命胜利的三大法宝之一和毛泽东思想的重要内容之一。在第一次国共合作期间,毛泽东等中国共产党人为了国家和民族大义,主动联合国民党建立了由工人、农民和民族资产阶级、小资产阶级等共同参加和组成的民族革命统一战线;在土地革命、抗日战争和解放战争年代,毛泽东多次强调要把工农联盟以外的其他一切赞成革命的阶级、阶层团结起来,组织、建立起广泛的革命统一战线;新中国成立后,毛泽东进一步提出,要继续巩固和扩大人民民主统一战线,调动党内外乃至国内外的一切积极因素为社会主义建设服务。不断发展、完善的统一战线,使毛泽东思想成为全国各阶层人士共同信仰

---

① 《毛泽东选集》第三卷,人民出版社 1991 年版,第 811 页。

② 《毛泽东选集》第四卷,人民出版社 1991 年版,第 1294 页。

的、最宝贵的精神财富。

虽然毛泽东是在红军长征到达陕北后才第一次公开提出统一战线理论,但作为中国传统的联盟思想和马列主义战略思想相结合的产物,统一战线思想在毛泽东参加革命之初就显示了出来,并在长期革命实践中一步步形成有鲜明中国特色的马克思主义统一战线理论。第一次国共合作时期,由于1924年年初的国民党一大确定了"联俄、联共、扶助农工"的政策,成为两党合作的政治基础,中共中央决定共产党员以个人身份加入国民党,争取将国民党改组为工人、农民、城市小资产阶级和民族资产阶级的统一战线联盟。合作中,包括毛泽东、周恩来等在内不少共产党员在国民党内担任了重要职务,但共产党依然保持自己在思想上、组织上和政治上的独立性。这次国共合作建立起来的革命统一战线,在三年多的时间里,沉重打击了北洋军阀政府的反动统治,掀起了一次前所未有的大革命高潮。在合作期间,毛泽东排除右倾、"左"倾错误思想干扰,先后完成并发表了《中国社会各阶级的分析》和《湖南农民运动考察报告》等力作,深刻分析了当时中国社会的各个阶级在革命中的地位、态度和作用,大力肯定和高度赞扬了正在不少地方蓬勃兴起的农民运动,代表了中国共产党人在统一战线问题上的正确认识、立场和思想。

第一次国共合作失败后,面对国民党反动派的镇压和"围剿",中国共产党内对统一战线出现"左"倾错误认识,以王明为代表的"左"倾机会主义者甚至提出了"毕其功于一役"等错误主张,称应该在民主革命时期提前做社会主义的事,既要反帝反封建又要反对资本主义和资产阶级,并把这种做法称为"两步并做一步走"。他们不顾毛泽东等人的反对,在中央苏区等革命根据地内推行了一系列打击工商业的"左"倾错误经济政策,甚至实行所谓的"关门主义",导致红军在反"围剿"中遭遇到越来越大的困难,差一点毁灭了红军、葬送了中国革命。在右倾、"左"倾错误思想误导下,中国共产党统一战线思想和工作可谓是波折不断,走了不少弯路,留下了深刻而惨痛的教训。

面对日本帝国主义的大举入侵,毛泽东认识到抗日战争的全面爆发已经不可避免,公开呼吁建立抗日民族统一战线并付诸实施。毛泽东先是于1935年12月在陕北瓦窑堡举行的中共中央政治局会议上批评了那种认为中国的民族资产阶级不可能和工人、农民联合起来进行抗日的"左"倾错误观点和"左"倾关门主义倾向,决定了建立抗日民族统一战线。紧接着,他又在瓦窑堡举行的党的活动分子会议上作报告《论反对日本帝国主义的策略》,分析了当前政治形势发生的巨大变化,指出日本帝国主义要占领全中国给中国的一切阶级和政治派别提出了"怎么办"的问题,并进一步分析了各个阶级是怎么样来回答这个问题的,尤其是民族资产阶级。然后进一步指出,目前是大变动的前夜,中国共产党的任务就是把红军的活动和全国的工人、农民、小资产阶级和民族资产阶级的一切活动会合起来,成为一个广泛的民主革命统一战线。他在报告中进一步强调,要坚决赞成统一战线、反对关门主义,把工农共和国改变为人民共和国,争取将民族资产阶级转变为新增加的革命动力。正是在毛泽东的正确主张影响和他的亲自指挥下,1936 年 12 月爆发的西安事变得到了和平解决,从而促成了第二次国共合作。

1939 年底,针对抗战形势的发展和变化,毛泽东进一步指出:"中国无产阶级应该懂得:他们自己虽然是一个最有觉悟性和最有组织性的阶级,但是如果单凭自己一个阶级的力量,是不能胜利的。而要胜利,他们就必须在各种不同的情形下团结一切可能的革命的阶级和阶层,组织革命的统一战线。在中国社会的各阶级中,农民是工人阶级的坚固的同盟军,城市小资产阶级也是可靠的同盟军,民族资产阶级则是在一定时期中和一定程度上的同盟军,这是现代中国革命的历史所已经证明了的根本规律之一。"[①]站在如何正确把握中国革命的根本规律的高度,毛泽东又一次强调了要尽可能团结一切可能的革命的阶级、阶层,建立广泛的革命统一战线的必要性、重要性、可能性和必然性。

1941 年 6 月,在一份为中共中央写的对党内的指示中,毛泽东明确提出要建立关于反法西斯的国际统一战线的主张,指出党在全国的任务是坚持抗日民族统一战线、同英美等国家中反对德意日法西斯统治者的人们联合起来反对共同的敌人等;同年 11 月,毛泽东在陕甘宁边区参议会上的演说中再次强调:"中国社会是一个两头小中间大的社会,无产阶级和地主大

---

① 《毛泽东选集》第二卷,人民出版社 1991 年版,第 645 页。

资产阶级都只占少数,最广大的人民是农民、城市小资产阶级以及其他的中间阶级。"①他指出中国共产党团结全国人民合力抗日的新民主主义的政策是真正适合中国国情的政策,共产党员必须倾听党外人士的意见,应该站在民众之中而决不应该站在民众之上。共产党应该受人民的监督,而决不应该违背人民的意旨。他还公开表示:"共产党的这个同党外人士实行民主合作的原则,是固定不移的,是永远不变的。"②毛泽东的统一战线思想借助全民族抗战的大舞台不断丰富、发展、成熟和完善,为其领导全党全军赢得人民解放战争的胜利并建立新中国打下了坚实基础。

人民解放战争中,毛泽东更是善于用好统一战线,使中国共产党赢得了越来越多党派、阶层的支持。1947年12月,他在《目前形势和我们的任务》中指出:"中国新民主主义的革命要胜利,没有一个包括全民族绝大多数人口的最广泛的统一战线,是不可能的。不但如此,这个统一战线还必须是在中国共产党的坚强的领导之下。没有中国共产党的坚强的领导,任何革命统一战线也是不能胜利的。"③1949年3月,他在党的七届二中全会上的报告中再次指出:"我们必须把党外大多数民主人士看成和自己的干部一样,同他们诚恳地坦白地商量和解决那些必须商量和解决的问题,给他们工作做,使他们在工作岗位上有职有权,使他们在工作上作出成绩来。"④这些话把中国共产党同党外民主人士长期合作的政策进一步在全党思想上、工作上确定下来,感动和吸引了很多民主人士,使他们坚定地和中国共产党站到了一起,自觉、自愿接受中国共产党的领导,共同为解放全中国、建立新中国而奋斗。

为进一步巩固和扩大统一战线,中共中央在1948年4月30日发布了纪念五一国际劳动节的口号,提出召开新的政治协商会议,成立民主联合政府的号召。五一口号得到了各民主党派、各人民团体、无党派民主人士及国外华侨的积极响应,他们纷纷行动起来,为筹备召开新政治协商会议而尽心尽力。1949年6月15日、9月17日,中国共产党牵头分别召开了新政治协

---

① 《毛泽东选集》第三卷,人民出版社1991年版,第808页。
② 《毛泽东选集》第三卷,人民出版社1991年版,第809页。
③ 《毛泽东选集》第四卷,人民出版社1991年版,第1257页。
④ 《毛泽东选集》第四卷,人民出版社1991年版,第1437页。

商会议筹备会和新政治协商会议筹备会第二次全体会议,并在新政治协商会议筹备会第二次全体会议上一致通过将"新政治协商会议"改称为"中国人民政治协商会议"。1949 年 9 月 21 日,中国人民政治协商会议第一届全体会议在北平成功召开,46 个单位的 662 名代表参加会议,会议宣告中国人民政治协商会议正式成立,通过了《中国人民政治协商会议共同纲领》、《中国人民政治协商会议组织法》《中华人民共和国中央人民政府组织法》等为新中国奠基的历史性文件。由于当时还不具备召开普选的全国人民代表大会的条件,中国人民政治协商会议就担负起执行全国人民代表大会职权的重任,完成了建立新中国的历史使命,揭开了中国历史新的一页。

新中国成立以后,毛泽东继续坚持和进一步发展了统一战线思想,使得统一战线在新形势下进一步发展壮大,成为推动社会主义建设不断取得新胜利的重要法宝之一。在新中国第一届中央人民政府的 6 位副主席中,宋庆龄、李济深、张澜都是非中共人士,当时在中央人民政府中担任部长以上职务的民主人士占全体成员的 1/3 以上,中国民主建国会中央委员会主任委员、创始人黄炎培当选为中央人民政府委员并出任政务院副总理兼轻工业部部长,当选为中央人民政府委员的原国民党将领傅作义被任命为中央人民政府人民革命军事委员会委员、水利部(后为水利电力部)部长、绥远军政委员会主席、绥远省军区司令员等要职,这些都充分体现了统一战线的特色。1951 年 11 月,毛泽东在全国政协一届三次会议上的讲话中对人民民主统一战线给予高度评价,并进一步指出:"我国的人民民主统一战线是在伟大的革命斗争中一步一步地形成的,它是一个包括全国各民族、各民主阶级、各民主党派、各人民团体以及一切爱国民主人士在内的几万万人的统一战线,它是以工人、农民为基础的,它是在工人阶级和共产党领导之下的,它又是采用自我批评方法的,因此,它就能够巩固地团结一致,它就能够越来越有生气,越来越有力量,它就是任何敌人所不能战胜的。"①这个讲话对统一战线在社会主义建设中的重要作用给予了允分肯定,并指明了以后的发展方向。在 1957 年 1 月 27 日、2 月 27 日,毛泽东分别在省市自治区党委书记会议上的讲话以及《关于正确处理人民内部矛盾的问题》一文中,对

---

① 《毛泽东文集》第六卷,人民出版社 1999 年版,第 187 页。

"长期共存、互相监督"这个基本方针的主旨、内容、本质等进一步作出了全面、科学、深刻地阐述,使得统一战线成为人民民主专政制度巩固、发展的坚实基础和重要保障。

三、毛泽东强调意识形态的鲜明阶级性、相对独立性和极端重要性

马克思主义意识形态理论从来不回避意识形态的阶级性,马克思、恩格斯在创立马克思主义意识形态理论之初就指出阶级性是意识形态的重要特性之一,列宁、斯大林进一步发展和凸显了意识形态的阶级性,而毛泽东则通过对阶级和阶级斗争的深入研究使得阶级性成为意识形态的最鲜明特性,也凸显出了意识形态的相对独立性和极端重要性。

（一）毛泽东强调意识形态的鲜明阶级性

作为一定阶级或利益集团的观念表达,意识形态本质上是阶级性、集团性的话语,其鲜明的阶级性是不言而喻的。阶级斗争理论在整个马克思主义理论体系中占据核心地位,阶级观点和阶级分析的方法是观察、分析、判断阶级社会重大问题的一把最重要的钥匙。在马克思主义意识形态理论发展史上,意识形态从一开始就具有鲜明的阶级性和政治性,毛泽东的意识形态思想同样如此。早在 1925 年底,他就在《中国社会各阶级的分析》中开篇就鲜明指出:"谁是我们的敌人? 谁是我们的朋友? 这个问题是革命的首要问题"[1],接着又进一步指出,中国过去一切革命斗争成效甚少,最根本的原因就是不能团结真正的朋友以攻击真正的敌人。作为群众向导的革命党要有不领错路和一定成功的把握,就不可不注意团结我们的真正的朋友以攻击我们的真正的敌人。然后运用阶级观点和阶级分析的方法,将中国社会各阶级的经济地位及其对于革命的态度进行了深入分析。《毛泽东选集》将此篇文章作为开篇,可见毛泽东本人对此问题的重视。

毛泽东是 1938 年在《读李达著〈社会学大纲〉一书的批注》中最早提到"意识形态"这个词汇的。他在研读时的批注写道:"社会意识形态是理论

---

[1] 《毛泽东选集》第一卷,人民出版社 1991 年版,第 3 页。

上再造出现实社会。"①"代表古代反动贵族的意识形态是古代观念论哲学………由于希腊奴隶经济的向下发展而产生的深刻的阶级分化与斗争，引起贵族主义与民主主义之意识形态的斗争，前者便以观念论哲学为基础。"②从这两个批注中，我们可以看出当时毛泽东的意识形态观，他认为意识形态不仅是对现实社会的反映，而且可以在理论上再造出现实社会；并且，意识形态的基础是哲学，意识形态具有鲜明的阶级特征，和阶级分化、阶级斗争密不可分，也就是意识形态的鲜明阶级性。1939 年，他在《读艾思奇编〈哲学选辑〉一书的批注》中又写道："哲学是一定阶级的意识形态的集中表现。"③从而对哲学和意识形态的关系、意识形态的阶级性再次进行了阐述和强调。由此可见，毛泽东在对意识形态问题研究之初就对哲学在意识形态体系中的重要地位、意识形态的鲜明阶级性有着深刻认识。

1940 年初的《新民主主义论》被认为是毛泽东阐述其意识形态思想的最重要著作之一。他虽然没有直接使用意识形态的概念，却巧妙地用"文化"、"观念形态"、"思想体系"、"理论"、"思想"等在内涵上与意识形态基本相同的词汇替代意识形态的概念，系统、深入、全面地阐述了自己的意识形态思想。如他指出："一定的文化（当作观念形态的文化）是一定社会的政治和经济的反映，又给予伟大影响和作用于一定社会的政治和经济；而经济是基础，政治则是经济的集中的表现。这是我们对于文化和政治、经济的关系及政治和经济的关系的基本观点。"④"共产主义是无产阶级的整个思想体系，同时又是一种新的社会制度。这种思想体系和社会制度，是区别于任何别的思想体系和任何别的社会制度的，是自有人类历史以来，最完全最进步最革命最合理的。"⑤运用"文化"、"观念形态"、"思想体系"和"宇宙观"等概念，并进一步指出："在阶级存在的条件之下，有多少阶级就有多少主义，甚至一个阶级的各集团中还各有各的主义。"⑥"而在观念形态上作为

---

① 《毛泽东哲学批注集》，中央文献出版社 1988 年版，第 210 页。
② 《毛泽东哲学批注集》，中央文献出版社 1988 年版，第 225—226 页。
③ 《毛泽东哲学批注集》，中央文献出版社 1988 年版，第 310 页。
④ 《毛泽东选集》第二卷，人民出版社 1991 年版，第 663—664 页。
⑤ 《毛泽东选集》第二卷，人民出版社 1991 年版，第 686 页。
⑥ 《毛泽东选集》第二卷，人民出版社 1991 年版，第 687 页。

这种新的经济力量和新的政治力量之反映并为它们服务的东西,就是新文化。"①"以社会主义为内容的国民文化必须是反映社会主义的政治和经济的。"②他深入分析和科学论述了政治是经济的最集中表现、意识形态反过来为经济力量和政治力量服务、共产主义的宇宙观是辩证唯物论和历史唯物论等意识形态思想,指出中国共产党要建立的就是各革命阶级联合专政的国体、民主集中制的政体和包含社会主义的国民文化,也就是新民主主义共和国的新中国。

新中国成立前夕,毛泽东再次把意识形态的阶级性提高到了一个重要地位。1948年1月,他针对土改中出现的一些问题提出,应该把打击面放在真正的封建剥削阶级的范围内,绝不能错误扩大打击面。2月,他又分析了当时中国的社会经济形态和阶级关系等,指出在阶级社会中的一切生产关系都是被阶级的国家权力所保护,中国人民要消灭帝国主义、封建的、买办的生产关系,建立新民主主义的生产关系,就必须推翻本国的地主阶级、官僚资产阶级、旧式富农和外国帝国主义勾结在一起的、反动腐朽的国家权力。1949年6月,毛泽东在《论人民民主专政》中通过对人民、人民民主专政等概念的阐述,指出人民民主专政就是对人民内部的民主和对反动派的专政相结合,人民手里有强大的国家机器就不怕民族资产阶级造反,由新民主主义到社会主义主要依靠工人和农民两个阶级的联盟等思想。这些论述运用阶级观点和阶级分析的方法,从意识形态上统一了全党对即将建立的新中国的认识,并赢得了包括各民主党派人士在内的广大人民群众的认可和支持。

新中国成立以后,毛泽东一直非常重视并多次强调意识形态的阶级性,警惕忽视思想斗争、淡化意识形态的错误思想和危险做法。尤其是在1956年,苏联、波兰、匈牙利等一些社会主义国家暴露出不少严重的矛盾和问题,最典型的是当年6月的波兹南事件和10月的匈牙利事件相继爆发,凸显出国际形势的复杂性和科学处理好人民内部矛盾的重要性。而在中国国内,随着社会主义三大改造的完成,8月召开的党的八大政治报告明确指出,国

---

① 《毛泽东选集》第二卷,人民出版社1991年版,第695页。
② 《毛泽东选集》第二卷,人民出版社1991年版,第705页。

内的主要矛盾已经不再是无产阶级和资产阶级的矛盾,而是人民对经济文化迅速发展的需要与当前经济文化不能满足人民需要的状况之间的矛盾。但是,由于三大改造中的一些遗留问题和一些领导干部工作中的失误等,这一年的下半年,在有些地方竟然发生了工人罢工、学生罢课等事件。面对国际、国内出现的新情况、新问题,1957 年 2 月,经过深入调研后,毛泽东在最高国务会议第十一次扩大会议上发表了重要讲话《关于正确处理人民内部矛盾的问题》,首次提出了社会主义社会的基本矛盾、两类矛盾学说,第一次提出了"人民内部矛盾"的概念并把正确区别和处理人民内部矛盾作为一个重大的理论问题和现实问题进行了剖析。并且,他在讲话中特别强调指出:"我国社会主义和资本主义之间在意识形态方面的谁胜谁负的斗争,还需要一个相当长的时间才能解决。"①警示不要忘记意识形态方面斗争的复杂性、长期性,如果对此认识不足或者根本认识不到,就会忽视必要的思想斗争,就要犯大的错误,并很可能会对党和国家造成重大损失。

讲话之后,根据反右派斗争的复杂形势等问题,毛泽东根据原始记录作了若干重要补充、修改,在 1957 年 6 月 19 日的《人民日报》上公开发表。在增补的内容中,有一段文字非常引人注目:"在我国,虽然社会主义改造,在所有制方面说来,已经基本完成,革命时期的大规模的急风暴雨式的群众阶级斗争已经基本结束,但是,被推翻的地主买办阶级的残余还是存在,资产阶级还是存在,小资产阶级刚刚在改造。阶级斗争并没有结束。无产阶级和资产阶级之间的阶级斗争,各派政治力量之间的阶级斗争,无产阶级和资产阶级之间在意识形态方面的阶级斗争,还是长时期的,曲折的,有时甚至是很激烈的。无产阶级要按照自己的世界观改造世界,资产阶级也要按照自己的世界观改造世界。在这一方面,社会主义和资本主义之间谁胜谁负的问题还没有真正解决。"②增补内容比较多地体现了有关意识形态领域里的阶级斗争等思想,代表了毛泽东结合反右派斗争的现实和当时的国际国内问题所进行的分析和思考,体现了其对党和国家前途命运的思考。

毛泽东一直强调要运用阶级观点和阶级分析的方法,观察和分析中国

---

① 《毛泽东文集》第七卷,人民出版社 1999 年版,第 231 页。
② 《毛泽东文集》第七卷,人民出版社 1999 年版,第 230 页。

革命和建设中出现的问题,这是正确的。他十分重视意识形态在社会主义革命和建设中的地位和作用,并将意识形态领域的阶级斗争提高到前所未有的高度,这在一定时期也是合理的。但是,他后来提出和坚持"以阶级斗争为纲",使阶级斗争扩大化并发动了"文化大革命",对党和国家造成了损失,这是一个教训和警示。同时,我们要看到的是,毛泽东这样做的根本出发点是为了保持党和社会主义的国家政权永不变质,他提出的观点、采取的办法和措施都是在探索、推行这一重大战略中的努力,虽然出现了失误和付出了代价,但也是一笔宝贵的财富。绝对不能因为这些失误和代价就否定阶级斗争,更不应该丢掉或忘记阶级观点和阶级分析的方法,否则将会付出更沉重的代价。

（二）毛泽东强调党对意识形态的领导权

意识形态领导权的概念是由意大利共产党领袖、创始人之一安东尼奥·葛兰西在著名的《狱中札记》中提出的,对于西方乃至世界马克思主义的发展都产生了深远的影响。葛兰西认为,人是意识形态的物质载体,意识形态领导权是通过先进的知识分子批判旧的意识形态、传播新的意识形态来实现的,第二国际领导的革命遭遇严重挫折的主要原因是无产阶级没有取得意识形态领导权,无产阶级要取得胜利就必须首先要颠覆资产阶级的意识形态领导权。虽然与葛兰西对意识形态领导权的理解不尽相同,但一直注重向列宁学习的毛泽东非常重视意识形态领导权及其实现方式问题。毛泽东早就谆谆告诫全党同志:"所谓领导权,不是要一天到晚当作口号去高喊,也不是盛气凌人地要人家服从我们,而是以党的正确政策和自己的模范工作,说服和教育党外人士,使他们愿意接受我们的建议。"[1]新中国成立之前的革命岁月里,尽管中国共产党没有掌控国家的意识形态机器,但在1921年建党之初就专门设立宣传机构负责宣传鼓动工作,负责为革命事业发展进行宣传鼓动,并且中央宣传部在党的六大以后成为了常设机构,成为全党的政治鼓动、思想教育、新闻宣传、理论研究等工作的最高指导、协调机关。而曾经在第一次国共合作期间主持国民党中央宣传部工作并代理部长这一重要职务的毛泽东,还以国民党中央宣传部名义创办出版了《政治周

---

[1] 《毛泽东选集》第二卷,人民出版社1991年版,第742页。

报》并担任主编、亲自撰文，在全国范围内都产生了很大影响，在推动中国共产党重视宣传、思想教育等意识形态工作方面起到了重要作用。

国民党反动派叛变革命后，毛泽东更是一直高度重视、积极宣扬和大力倡导马克思主义的意识形态思想，注重不断加强思想政治工作、新闻宣传工作、理论研究工作等，多次强调和要求全党加强对马克思主义的学习、宣传和贯彻，强调党对意识形态领导权，使得"笔杆子"和"枪杆子"一起成为推动中国革命胜利的两大主要武器。1927年9月，秋收起义失利后，毛泽东率部向井冈山进军的途中，对部队进行了具有重大历史意义的"三湾改编"，改编中提出的"党支部建在连上"这一创造性原则就是强调党对意识形态的领导权，强调的是党对军队思想政治工作等意识形态工作的领导权。1930年5月，他在《反对本本主义》中指出，要完成从民权主义到社会主义的转变等伟大革命任务，全靠无产阶级政党斗争策略的正确和坚决，这种策略要在群众斗争的过程中和实际经验中才能产生。凡担负指导工作的人，都一定要从事社会经济的实际调查，不能单靠书面报告。强调了党的干部要通过加强调查研究、在理论联系实践中加强对意识形态的领导权。

1938年5月，为进一步加强党对意识形态的领导权，中共中央在延安创办了马克思列宁学院，以提高领导干部的马列主义理论水平。1941年5月，毛泽东发表《改造我们的学习》，为其确立了以马列主义为指导、以研究中国革命实际问题为中心的办学方针；同年7月，马克思列宁学院改组为马列研究院；8月，马列研究院又改组为中央研究院，成为"培养党的理论干部的高级研究机关"。1942年7月，毛泽东在给刘少奇的一封电报中强调指出："掌握思想领导是掌握一切领导的第一位。"[1]1945年4月，他在《论联合政府》中再次强调指出："掌握思想教育，是团结全党进行伟大政治斗争的中心环节。如果这个任务不解决，党的一切政治任务是不能完成的。"[2]他一再强调要用马列主义所阐明的共产主义理论加强、掌握思想教育和思想领导，通过掌握对思想文化等意识形态领域的主导权，从而教育和带动全党同志和革命人民去夺取中国革命的伟大胜利。

---

① 《毛泽东文集》第二卷，人民出版社1999年版，第435页。

② 《毛泽东选集》第三卷，人民出版社1991年版，第1094页。

新中国成立之后,毛泽东更加重视和不断加强党对意识形态的领导权,通过党执政后所掌握的国家机器,把思想教育、新闻宣传和舆论引导等工作放在了更加突出的地位,在各个意识形态部门逐步建立健全党的组织,从中央到地方的各级党委中都建立了宣传部,不断强化马克思主义在意识形态领域的指导地位,在思想上、组织上、政治上牢牢掌握了在意识形态领域的主导权和领导权。他不仅要求大力开展以肃清封建的、买办的、法西斯主义的思想和发展为人民服务的思想为主要任务的新民主主义教育,而且强调必须在全党反对右倾机会主义的错误倾向,也就是反对党内的资产阶级思想,讲清楚社会主义道路和资本主义道路的问题。1955 年 3 月初,中共中央在《关于宣传唯物主义思想批判资产阶级唯心主义思想的指示》中强调指出:"必须唤起全党的注意,进一步认真地加强党的思想工作。各级党委必须真正做到把思想领导当做自己领导的首要职责。"[1]这个指示体现出了毛泽东对当时存在的资产阶级唯心主义思想的批判和对党的思想工作的重视,初步体现出了毛泽东关于加强意识形态能力建设的思想,目的就是要求在全党全国形成在实际的学习、工作中运用马列主义,并且要用这个思想武器来加强对意识形态工作的领导,并以此推动、改进和加快党的建设和社会主义建设。

为了加强和巩固马克思主义在意识形态领域的主导权和领导权,1955年 3 月底,在中国共产党全国代表会议上的讲话中,毛泽东在结论部分专门提出了组成一支强大的理论队伍的任务。他指出:"我们要作出计划,组成这么一支强大的理论队伍,有几百万人读马克思主义的理论基础,即辩证唯物论和历史唯物论,反对各种唯心论和机械唯物论。我们现在有许多做理论工作的干部,但还没有组成理论队伍,尤其是还没有强大的理论队伍。而没有这支队伍,对我们全党的事业,对我国的社会主义工业化、社会主义改造、现代化国防、原子能的研究,是不行的,是不能解决问题的。"[2]组建强大的理论队伍就是要加强马克思主义在意识形态领域的主导权和领导权,这也是加强对社会主义革命和建设的领导权的需要。他要求党的领导干部一

---

[1] 《建国以来重要文献选编》第 6 册,中央文献出版社 1993 年版,第 64 页。

[2] 《毛泽东文集》第六卷,人民出版社 1999 年版,第 395—396 页。

定要学哲学,尤其是马克思主义哲学,要有辩证唯物论的思想,也是为了在全党范围内更好地加强在意识形态领域的主导权和领导权,这是毛泽东关于加强意识形态能力建设的思想的重要体现。

（三）毛泽东强调意识形态的极端重要性

曾经主持国民党中央宣传部工作并代理部长这一主管意识形态工作的重要职务的毛泽东,自然对意识形态工作的极端重要性有着旁人所不能及的深刻领悟,而他自从选择了俄国十月革命的道路,就对以列宁的意识形态思想为代表的马克思主义意识形态理论不断学习、探索,有着深入研究和独到认识,并且这种思想在半个多世纪的革命生涯里一直伴随着他。因此,他从成立中共湖南支部并当选为书记到1929年年底的古田会议,从延安整风运动到人民解放战争,他都特别重视加强党的思想政治工作和思想建设。在1927年3月的《湖南农民运动考察报告》中,他归纳总结农民在农民协会的领导下的十四件大事时,第八件便是"普及政治宣传",强调指出当时政治宣传普及乡村全是共产党和农民协会的功绩,体现了其对意识形态的极端重要性的高度重视。并且,十四件大事中,"政治上打击地主"、"推翻祠堂族长的族权和城隍土地菩萨的神权以至丈夫的男权"、"文化运动"等几件大事也体现了其对意识形态的极端重要性的认识和重视。而在1929年12月的古田会议上,他为大会写的决议中的第一部分就是关于纠正党内的错误思想,指出了红四军党内存在的单纯军事观点、极端民主化、主观主义、个人主义、流寇思想等各种非无产阶级思想的表现、来源以及纠正办法,号召同志们一起努力彻底加以肃清。这体现了他对清除非无产阶级思想、建立革命的无产阶级意识形态重要性的认识,也体现了他一贯重视抓好军队思想政治工作的思想和作风。1938年10月,他在《中国共产党在民族战争中的地位》中指出:"指导一个伟大的革命运动的政党,如果没有革命理论,没有历史知识,没有对于实际运动的深刻的了解,要取得胜利是不可能的。"①强调了革命的理论对无产阶级革命政党的重要性,没有马克思主义意识形态理论为指导就不可能取得革命的胜利。1940年1月,他在陕甘宁边区文化协会第一次代表大会上的讲演中又强调指出:"我们不但要把一

①　《毛泽东选集》第二卷,人民出版社1991年版,第533页。

个政治上受压迫、经济上受剥削的中国,变为一个政治上自由和经济上繁荣的中国,而且要把一个被旧文化统治因而愚昧落后的中国,变为一个被新文化统治因而文明先进的中国。"①他深刻认识到,建立中华民族的新文化是建立一个新中国的前提和核心,而整个新文化是以马克思主义意识形态理论为指导和主导的,这也是实现政治上自由和经济上繁荣的重要前提和基础。必须高度重视意识形态工作,这是建立新中国的必然要求、重要保障和重点所在。

作为马列主义与中国革命的实践相结合、相统一的伟大结晶,毛泽东思想是中国化的马克思主义,是马克思主义意识形态理论在中国的集中体现,是中国共产党最可宝贵的精神财富。1945 年 4 月至 6 月间,党的七大在延安召开,会上最重大的历史性贡献和最大亮点就是正式提出并确立了毛泽东思想为党的指导思想。刘少奇在会上作的关于修改党章的报告中指出,党章总纲规定以马列主义理论与中国革命的实践之统一的思想——毛泽东思想作为我们党一切工作的指导方针。"毛泽东思想,就是马克思列宁主义的理论与中国革命的实践之统一的思想,就是中国的共产主义,中国的马克思主义。"②而毛泽东在党的七大上所作的报告《论联合政府》中指出:"掌握思想教育,是团结全党进行伟大政治斗争的中心环节。如果这个任务不解决,党的一切政治任务是不能完成的。"③用"伟大政治斗争的中心环节"这个定位把对思想教育的重视提高到了一个新的历史高度。同时也在全党形成共识,掌握思想教育就是要加强意识形态工作,这是做好其他工作的前提。此后很多年,毛泽东思想成为全党的指导思想和主流意识形态,为全国各族人民所接受,指导中国无产阶级革命和社会主义建设取得了一个又一个胜利,凸显出正确的意识形态的重要作用。

新中国成立后,毛泽东越来越意识到意识形态对于维护国家安全、建设社会主义的重要意义。1955 年 12 月,他在为《中国农村的社会主义高潮》一书中《严重的教训》一文所写的按语中,提出了"政治工作是一切经济工

---

① 《毛泽东选集》第二卷,人民出版社 1991 年版,第 663 页。
② 《刘少奇选集》(上卷),人民出版社 1981 年版,第 333 页。
③ 《毛泽东选集》第三卷,人民出版社 1991 年版,第 1094 页。

作的生命线"①这个著名论断,指出一个崭新的社会制度要在旧制度的基础上成功建立,就必须彻底清除掉这个基地,铲除旧制度的旧思想残余,而这就必须靠政治工作。同时提醒要很细致地去做思想政治工作,绝对不能采取粗暴态度和简单方法。这里的政治工作就是意识形态方面的工作,是一种更容易为大家所理解的通俗说法。1957 年,他在《关于正确处理人民内部矛盾的问题》中第一次明确提出了"社会主义意识形态"这个概念:"人民民主专政的国家制度和法律,以马克思列宁主义为指导的社会主义意识形态,这些上层建筑对于我国社会主义改造的胜利和社会主义劳动组织的建立起了积极的推动作用,它是和社会主义的经济基础即社会主义的生产关系相适应的;但是,资产阶级意识形态的存在,国家机构中某些官僚主义作风的存在,国家制度中某些环节上缺陷的存在,又是和社会主义的经济基础相矛盾的。"②他不仅第一次提出社会主义意识形态,而且还指出资产阶级意识形态和社会主义的经济基础是相矛盾的,强调了建设社会主义意识形态重要性和迫切性。1958 年 1 月,他在《工作方法六十条(草案)》中再次强调了思想政治工作的重要性:"思想和政治又是统帅,是灵魂。只要我们的思想工作和政治工作稍为放松,经济工作和技术工作就一定会走到邪路上去。"③毛泽东其实是在告诫全党乃至全国各族人民,以思想政治工作为核心的意识形态工作是包括经济工作在内的一切工作的生命线和灵魂,这是党在长期革命和建设实践中形成并必须长期坚持的一个重要指导原则。这也初步体现出了毛泽东关于加强意识形态能力建设的一些重要原则和指导思想。

　　1959 年到 1960 年间,毛泽东在学习苏联《政治经济学》教科书的小组讲话中指出:"首先制造舆论,夺取政权,然后解决所有制问题,再大大发展生产力,这是一般规律……这个一般规律,对无产阶级革命和资产阶级革命都是适用的,基本上是一致的。"④"一切革命的历史都证明,并不是先有充分发展的新生产力,然后才改造落后的生产关系,而是要首先造成舆论,进

① 《毛泽东文集》第六卷,人民出版社 1999 年版,第 449 页。
② 《毛泽东文集》第七卷,人民出版社 1999 年版,第 215 页。
③ 《毛泽东文集》第七卷,人民出版社 1999 年版,第 351 页。
④ 《毛泽东文集》第八卷,人民出版社 1999 年版,第 132 页。

行革命,夺取政权,才有可能消灭旧的生产关系。消灭了旧的生产关系,确立了新的生产关系,这样就为新的生产力的发展开辟了道路。"①1962年9月,他在八届十中全会上再次指出:"凡是要推翻一个政权,总要先造成舆论,总要先做意识形态方面的工作。革命的阶级是这样,反革命的阶级也是这样。"②毛泽东几次从夺取政权、建立政权、推翻政权这样的高度去强调意识形态问题,这既是对全党的警示,也凸显出他对意识形态工作极端重要性的深刻认识和高度重视。

第三节　意识形态能力问题的提出、发展和内涵变化

毛泽东将马克思主义意识形态理论发展到了一个新的历史高度,尽管邓小平时代对其"抓革命,促生产"、"以阶级斗争为纲"等意识形态思想中的不适应时代要求之处进行了批判,但也肯定毛泽东意识形态思想的主流是好的,是符合马克思主义的基本原理的。作为东方社会里马克思主义意识形态理论的集大成者和卓越领袖,毛泽东的很多意识形态思想至今仍然是我们的宝贵的思想武器和精神财富,尤其是随着改革开放以后意识形态领域不少问题的出现,毛泽东的意识形态思想更凸显出其真理的光芒,并推动了意识形态能力问题的提出、发展,使得加强意识形态能力建设逐渐成为党的建设的核心问题,并越来越受到重视。

一、改革开放以来意识形态领域遭受巨大冲击

1978年12月召开的党的十一届三中全会,决定把全党工作的重点转移到社会主义现代化建设上来,也揭开了改革开放的序幕。而随着改革开放不断推向深入,不同文化的交流、交融、交锋比以往任何时候都更加直接、频繁和激烈,除了国外的有些先进技术被引进中国,西方的一些错误、腐朽、反共思潮也随之而来,再加上以美国为代表的西方国家一直坚持对中国实

---

① 《毛泽东文集》第八卷,人民出版社1999年版,第132页。
② 《建国以来毛泽东文稿》第10册,中央文献出版社1996年版,第194页。

行和平演变的战略,试图颠覆我国的社会主义制度,这使得意识形态领域的斗争变得比改革开放之前更为复杂、激烈。西方国家凭借经济科技优势,大肆对其他国家进行思想文化渗透,中国也面临着被西化、分化的威胁,这已经成为意识形态领域斗争的重要组成部分。尤其是近些年来,"去意识形态化"、"非意识形态化"、"意识形态淡化论"、"意识形态多元化"、"意识形态污名论"、"意识形态普世化"等错误思潮在思想理论界以至全社会都产生了不小影响,有意或无意淡化甚至诋毁社会主义意识形态、宣扬西方的所谓"普世价值"竟成为一种潮流,"去意识形态化"、"意识形态多元化"竟被认为是思想解放的标志,社会主义意识形态的指导地位和主导地位受到极大挑战,也凸显出加强意识形态能力建设的重要性和迫切性。

（一）"去意识形态化"等错误思潮的影响

随着西方错误思潮的影响在中国不断扩大,一股以"去意识形态化"、"非意识形态化"、"意识形态淡化论"等论调为代表的淡化意识形态思潮在理论界、社会上乃至一些党政干部中间产生一定的影响。受西方错误思潮影响甚至被西方思想渗透,在所谓"告别革命"、"躲避崇高"、"淡化分歧"等旗号下,一些学者甚至领导干部以淡化甚至去掉意识形态为时髦,提出中国的"官方意识形态"应该适应全球化的大趋势,从弱化、淡化意识形态走向"去意识形态化"、"非意识形态化",甚至认为世界各国应该忘记不同社会制度的区别,主动接轨美国等西方国家的民主、自由标准。在不少文学影视作品甚至新闻报道中,一些人大肆宣扬"淡化意识形态"、"去掉意识形态"甚至"消解主流意识形态",主张整个理论文化界应该"告别革命"、"远离政治"等。在这些错误思潮影响下,有的人故意歪曲、丑化甚至攻击中国革命的历史,把五四运动以来中国人民争取民族独立和人民解放的革命斗争、中国对社会主义制度和发展方向的选择视为脱离了所谓的"以英美为师"的"近代文明的主流"而误入歧途;有的人歪曲"解放思想"的本意和真意,通过把毛泽东等革命领袖描绘成独裁专制甚至残暴无情的形象来丑化中国共产党和新中国的领袖人物,并且公开为一些已有历史定论的汉奸、反动人物评功摆好甚至大做"翻案"文章;有的人打着"反思历史"的旗号,杜撰出没有可靠依据的"非正常死亡人数"来编造和夸大所谓"人祸",捏造我们党和国家的所谓悲惨秘史等虚假言论。这些错误观点,严重误导和扰乱了人们对正常事物的判断和对客观历史的认知,造成了人们认识上和思想上的极大混乱。

作为一种哲学理论思潮,"去意识形态化"、"非意识形态化"可以说由来已久,但是作为政治思潮引起关注却是在20世纪之初,并分别在20世纪50年代、80年代的中后期两次产生了较大影响甚至一度泛滥,在21世纪又有再度泛滥的趋势。其代表人物既有因为《意识形态的终结》而出名的丹尼尔·贝尔、"历史终结论"的提出者弗兰西斯·福山、《大失败——二十世纪共产主义的兴亡》的作者兹比格涅夫·布热津斯基、《文明的冲突与世界秩序的重建》的作者萨缪尔·亨廷顿等西方资本主义国家的政治学者,也有社会主义国家或者无产阶级政党内部的赫鲁晓夫、戈尔巴乔夫和伯恩斯坦等政治家,凸显出这类思潮的迷惑性、欺骗性和巨大危害性。尤其是赫鲁晓夫通过全盘否定斯大林而打开了"非意识形态化"这个魔鬼之瓶的封印,而戈尔巴乔夫更是进一步放纵了这个魔鬼使得其引导苏联走向灭亡。伯恩斯坦的错误思潮不仅没有解决无产阶级意识形态超越资产阶级的问题,反而使"第二国际"从意识形态分歧一步步走向组织分裂,最终导致了"第二国际"的破产,给世界社会主义运动造成巨大损失。丹尼尔·贝尔、弗兰西斯·福山等西方国家学者则通过宣扬抽象的"人类本性"、"共同人性"来否认人的阶级性,试图以苏东剧变来证明资本主义制度是比社会主义制度优越的人类社会发展的最高形态,并且认为人类意识形态将在这里终结。布热津斯基等人则炮制了"集体主义=法西斯主义=极权体制"和"个人主义=个性自由=民主政体"这一极具迷惑性的所谓公式,通过把思想价值取向直接等同于人性根据和权力体制这一障眼法,制造的一个意识形态上的"大混乱"。

面对这些错误思潮,国内不少人甚至包括个别领导干部不认真学习马列主义、毛泽东思想等理论,不深入剖析这些思潮的本质和危害性,没有弄清楚这些思潮的真正目的是终结马克思主义意识形态、用资产阶级的意识形态取代社会主义意识形态,反而不明是非地加以肯定和宣扬,甚至有人片面、错误理解邓小平的"不争论"思想,提出淡化意识形态和"去意识形态化"、"非意识形态化"是中国走向现代化过程中要遵循的规律,而坚持马克思主义在意识形态领域的主导地位则被认为是"左"倾错误思潮,是跟不上时代潮流的陈旧思维和过时观点。

（二）"意识形态多元化"的泛滥和巨大迷惑性

在改革开放之初，刚刚告别了毛泽东思想一统天下的"大一统"的时代，社会思潮变得异常活跃，人们的思想也异常活跃、丰富多变。在这种背景下，再加上某些西方敌对势力的推波助澜，一些人趁着国内当时正在大力批判"左"的僵化思想、积极宣传并大力提倡解放思想的社会大环境，俨然以"改革派"自居，利用自己的身份和所占有的媒体、高校等思想理论阵地，在一个比较长的时期内几乎垄断中国国内的话语权，打着纠"左"的旗号大肆宣传资产阶级自由化思潮，使得"意识形态多元化"等错误思潮在中国不仅公然登场而且一度泛滥。当时，有些人有意无意地混淆社会思想多元化、指导思想多元化和意识形态多元化几个概念之间的区别，鼓吹在改革开放的今天要打破传统思维，大力提倡和鼓励指导思想多元化和意识形态多元化。有的人鼓吹"应该少谈一些主义，多来一些思想争鸣"，提出要少谈或者不谈马克思主义，要对新自由主义、民主社会主义、多党制等西方思潮多一些宽容，认为中国应该学习西方民主、走西式民主的道路。由于党和国家个别领导人没有认清以"意识形态多元化"为代表的资产阶级自由化思潮的本质和危害，放纵甚至助长了其嚣张气焰，造成了党内和社会上思想的混乱。

苏联解体让人们再次深刻认识了"意识形态多元化"思潮可以亡党亡国的巨大危害性。戈尔巴乔夫在苏联上台后，首先提出"意见多元化"进行试探，接着发展为"舆论多元化"并很快形成声势，最后竟然毫不掩饰地举起"意识形态多元化"的大旗。而"意识形态多元化"思潮的本质就是要社会主义国家主动放弃甚至取消马克思列宁主义在意识形态领域的指导地位，让资产阶级的意识形态可以公然宣扬并逐步占据主导地位。"意识形态多元化"造成了极大的理论混乱、思想混乱并最终导致意识形态全面失控，社会主义国家的报刊、电台和电视台竟然不断地发表反对马列主义、攻击社会主义制度的错误言论而不受限制，导致大批苏共党员思想混乱、信仰迷失，对党的前途失去信心甚至背叛党。1991 年 5 月，美国一个民意测验机构在苏联进行了一次一千人规模的民意测验，其中一项内容是"你是否赞成在苏联实行美国式的自由市场经济？"只有 17% 的人表示同意，83% 的人表示不赞成。而就在 1991 年 6 月,美国一个社会问题调查机构在莫斯科做了一个关于意识形态问题的调查,调查对象是掌握着高层权力的党政要员。调查采取特定小组讨论的方式,一般要同调查对象进行 4—5 小时的谈话,通过谈话以确定他们的思想观点。结果显示是大约 9.6% 的人具有共产主义意识形态,他们明确支持改革前的社会主义模式;12.3% 的人具有民主社会主义观点,拥护改革,并希望社会主义实现民主化;76.7% 竟认为应实行资本主义。这些调查结果应引起我们深思和警醒。

(三)“意识形态污名论”矛头直指社会主义制度

污名化是欧洲社会学家诺贝特斯·埃利亚斯在研究胡格诺教徒时发现的一个现象,指的是一个群体将人性的低劣强加在另一个群体之上并通过不断强化加以维持的过程。在我国“意识形态污名论”比较典型的做法是通过故意放大我国社会中存在的贪污腐败、道德滑坡等来抹黑社会主义制度,从而诋毁社会主义意识形态,并最终摧毁社会主义制度,他们抓住少数贪官生活腐化、贪财弄权等问题大肆宣扬,抓住我们社会主义建设中出现的工程腐败、医疗腐败、金融腐败等夸大问题,盯住我们现实生活中的食品安全、房价、物价等问题长篇累牍地连续报道,并不约而同地把问题的根源都归结为制度问题,认为不改变社会主义制度就无法解决这些问题。而对于国有企业因为制度创新、技术创新、管理创新等原因取得的成绩视而不见,一味指责国有企业垄断等,鼓吹应该彻底私有化。他们认为中国的社会主义市场经济不是真正的市场经济,中国应该去掉社会主义市场经济前面的社会主义这个条条框框的限制等。由于种种原因,“意识形态污名论”鼓吹者的上述做法已经产生了不小的恶劣影响。

与“意识形态污名论”相伴而生的是“意识形态普世化”的错误思潮,其披着普世价值的外衣具有很大迷惑性和欺骗性,对社会主义意识形成了巨大冲击。“意识形态普世化”论调者故意混淆认识论价值和价值论价值的区别,混淆不同性质的事物和问题之间的界限,利用“此亦一是非”来论证“彼亦一是非”,把资本主义文明看作是人类社会发展不可超越的光明大道和终极存在,认为只有把当代中国正在进行的改革开放纳入西方资本主义世界的文明轨道才能修成正果。近些年来,尤其是随着互联网的迅猛发展,“普世价值”迅速升温,已经成为很受追捧的流行语,不断出现在报刊、电台、电视台尤其是网络等媒体上。"意识形态普世化"论调者认为,中国发展取得的成绩都是"普世价值"的体现,就连汶川大地震抗震救灾的伟大胜利也是"普世价值"的胜利,而我们发展中出现的一切问题这都是因为没有遵循和体现"普世价值"。"普世价值"论的盛行凸显出西方在意识形态领域的话语霸权,也体现出当今西方国家对我国进行意识形态渗透的手段更加隐蔽和高明,自然也更加具有迷惑性和欺骗性。"普世价值"论竟然迷惑了不少群众甚至领导干部,也给我国的意识形态安全敲响了警钟,凸显出加强意识形态能力建设的重要性和紧迫性。

二、意识形态能力问题的提出和发展

自从世界上第一个社会主义国家诞生之日起,社会主义制度和资本主义制度之间的对抗就不可避免地开始了,虽然这种对抗随着中国实行改革开放以后有所缓和,但并没有消失,尤其是意识形态领域的渗透和反渗透的斗争反而越来越激烈,只不过斗争形式和手段变得更加隐蔽和秘密。特别是随着我国改革开放三十多年来在意识形态领域不少问题的出现,从抵御资产阶级意识形态渗透到提高领导干部的拒腐防变能力,再到团结带领全国人民实现中国梦,意识形态能力问题的提出、发展不仅显得自然而然,而且是时代的呼唤、人民的期盼,也使得加强意识形态能力建设逐渐成为党的建设的核心问题。

（一）意识形态领域的渗透和反渗透凸显意识形态能力建设的紧迫性

不管我们是否愿意直面美国等西方国家对中国多年来一直实行的和平演变,但事实却是无法改变的。从时任美国国务卿的约翰·福斯特·杜勒斯在20世纪50年代初明确提出和平演变的战略至今,虽然美国最初的矛头重点是指向苏联,但同时也针对中国。尤其是苏东剧变之后,中国成为美国和平演变战略的头号目标。尽管我们有些人也一厢情愿地表示要在与美国的交往中"去意识形态化",但也仅仅是中国人自己一厢情愿。美国反而通过经济、文化、科技等更为隐蔽的手段加大了在意识形态领域对中国进行渗透的力度,尤其是其通过影视文化、互联网文化等领域对中国进行意识形态渗透取得了明显效果,美国的价值观等更是通过美国电影大片等深刻地影响了不少中国人。因此，我们必须清醒地认识到，中美两国之间在意识形态领域的渗透和反渗透斗争一直没有停止过，资产阶级自由化思潮一度泛滥和今天意识形态领域的杂音、噪音不断也从一个侧面印证了美国和平演变战略取得了一定效果，同时也更凸显意识形态能力建设的紧迫性。

作为美国等西方国家颠覆社会主义国家的一项长期战略，早在1946年2月，美国驻苏联使馆代办乔治·凯南就向美国政府写了一份报告，针对苏联这个社会主义大国日益强大和世界社会主义阵营不断壮大等情况，第一次提出了要对社会主义国家进行和平演变的初步构想。1947年5月，美国成立了以凯南为首的国务院政策设计委员会，第一次明确提出了在对共产主义进行军事遏制的同时，还应该采用和平方法来"导致苏维埃政权的瓦解或逐步趋于软化"。而到了1949年7月，时任美国国务卿的艾奇逊针对中国即将建立社会主义政权等问题特意给总统杜鲁门写信，再次提出了要对社会主义国家进行和平演变的思想，并且提出了要想办法"鼓励"和帮助中国的"民主个人主义者""再起来"，从内部颠覆中国共产党领导的社会主义政权。等时间到了1953年1月，时任美国国务卿杜勒斯明确提出了和平演变的概念，并将这个战略进一步完善，成为美国重要的国家战略。1998年的《美国新世纪国家安全战略》又进一步将"人道主义利益和其他利益"列为美国的三大类国家利益之一，而"人道主义利益和其他利益"主要指的就是意识形态。苏东剧变以来，美国多次公开强调要把意识形态作为实现其国家利益的重要形式和主要手段之一，并通过一切可能的手段向发展中国家尤其是社会主义国家进行渗透，主要矛头就是指向中国。

和平演变战略就是以贷款、贸易、科技、文化等各种手段诱压社会主义国家，重点进行以资产阶级意识形态为重心的思想渗透，促使这些社会主义国家在思想、文化等方面向西方靠拢，并最终实现向资本主义的和平演变。美国前总统尼克松认为，和平演变战略一个基本的思路就是"寻找一种办法越过、潜入和绕过铁幕"，在资本主义和社会主义两种制度之间进行一场"和平竞赛"，"这种竞赛将会促进他们的制度发生和平演变"，并可以使"共产主义从内部解体"。为了推进和平演变战略，美国专门在西欧设立了"自由欧洲电台"和"自由电台"两个专门针对苏联和东欧社会主义国家的大型广播电台，向这些国家的人民特别是青年一代介绍西方资本主义社会的价值观念、社会制度和生活方式等，攻击社会主义国家缺少民主、人权和言论自由等。同时，利用经济、教育、文化、科技等领域的交流机会，加大对以中国党政机关的领导干部、知识分子和企业家为代表的精英人士的意识形态渗透，在这些人中间寻找和培养其代言人或利益代理人，其巨大危害已经逐渐表现出来。20 世纪 80 年代后半期，因为不少领导干部意识形态能力薄弱，在与资产阶级自由化的斗争中缺乏正确立场、没有采取及时有效的硬措施，造成资产阶级自由化思潮在国内大肆泛滥，对党和国家造成巨大危害和重大损失，其负面影响至今仍然存在。

1989 年春夏之交的政治风波发生以后，虽然中国曾一度加大了反对资产阶级自由化的力度，但后来由于推进社会主义市场经济而又有些忽视。而美国却一直在想尽办法加大美国的影视、书籍等文化产品在社会主义国家的推广力度，千方百计通过互联网对中国等发展中国家进行渗透，目的就是要在意识形态领域西化、同化中国，从而颠覆中国的社会主义制度。2012 年 2 月 18 日，中美双方就解决 WTO 电影相关问题的谅解备忘录达成协议，中国每年将增加 14 部美国进口大片，美国电影票房分账比例从 13% 提高到 25%。包括人民日报、新华社在内的绝大部分中国媒体报道时都是分析此举对中国电影产业的影响和冲击，而有意或无意地回避了对中国意识形态领域的巨大影响，让人感到担忧。

（二）部分领导干部腐败堕落凸显意识形态能力建设的重要性

斯大林有一句被广为流传的名言："在制定了经过实践检验的正确的政治路线以后，党的干部就成为党的领导和国家领导的决定力量。"①作为社会的精英和我们事业的中坚力量，领导干部的一言一行都是社会关注的焦点，领导干部的意识形态能力直接关系着党的事业兴衰成败。有没有一个正确的意识形态作为指导，是事关改革开放能否沿着正确道路继续前进的根本性问题，更是关系到社会主义事业生死存亡的重大问题。

改革开放以来，在经济快速发展的同时，部分党政领导干部腐败堕落成为人民群众反响强烈和最为反感的焦点问题之一，尤其是陈良宇、刘志军、陈绍基等高级领导干部的严重违纪违法案件，腐败行为令人触目惊心，所作

---

① 《斯大林文集》（1934—1952），人民出版社 1985 年版，第 269 页。

所为性质非常恶劣,在党内外乃至海内外都造成了极其恶劣的政治影响,暴露出其意识形态能力之薄弱。尤其是随着网络反腐持续升温,众多腐败官员的相继落马更进一步凸显出了意识形态能力薄弱的巨大危害性。继2012 年 11 月 24 日重庆市北碚区原区委书记雷政富因不雅视频被免职调查之后,2013 年 1 月 24 日,重庆市有关部门发布网络持续发酵的"重庆官员不雅视频事件"最新查处结果:九龙坡区委书记彭智勇,璧山县委书记范明文、长寿区委副书记、区长韩树明,石柱土家族自治县委副书记、县长艾东,重庆市交通纪委书记、监察专员罗登友,重庆机电控股(集团)公司董事长、党委书记谢华骏,重庆市地产集团董事长、党委书记周天云,重庆国际信托有限公司董事长、党委书记何玉柏,西南证券股份有限公司董事长、党委副书记罗广,重庆市城市建设投资(集团)有限公司副总经理粟志光等党政领导干部和国企高管被免职。一起"不雅视频事件"引发了重庆政坛的地震,也震惊了全国,警示了所有的领导干部。雷政富等领导干部都身居要职,他们也经常在大会小会上教育其下属要加强道德修养、坚定理想信念、严明政治纪律和强化制约监督等,但却常常是说一套做一套,一不小心成了腐败堕落的反面教材。这是为什么? 主要原因就是他们没有真正重视加强意识形态能力建设,没有认真改造好自己的价值观、人生观和世界观,很多时候的政治学习、思想教育等都是按照上级的指示、部署,作为一项任务、一场运动去完成,只是做做样子、走走形式,讲完之后很快就忘了,根本没有入脑入心。他们早已忘记了入党时的誓言,忘记了为人民服务的根本宗旨,不知不觉中成为资产阶级和平演变的"俘虏"。

面对反腐败工作的严峻形势,党中央也充分意识到了问题的严重性。2012 年 11 月 15 日,习近平在当选中共中央总书记后的首次亮相中,就以"打铁还需自身硬"来表露反腐决心。两天之后的 11 月 17 日,他在十八届中共中央政治局第一次集体学习时的讲话中指出,理想信念就是共产党人精神上的"钙",没有理想信念,理想信念不坚定,精神上就会"缺钙",就会得"软骨病",并以"物必先腐,而后虫生"警示广大领导干部要深刻认识到"腐败问题越演越烈,最终必然会亡党亡国",要求"各级党委要旗帜鲜明地反对腐败,更加科学有效地防治腐败,做到干部清正、政府清廉、政治清明,永葆共产党人清正廉洁的政治本色。各级领导干部特别是高级干部要自觉遵守廉政准则,既严于律己,又加强对亲属和身边工作人员的教育和约束,决不允许以权谋私,决不允许搞特权"①。而要真正做到这些,切实加强意识形态能力建设是重中之重,这样才能真正坚持党要管党、从严治党,从而坚决反对并积极消除各种消极腐败现象,提高拒腐防变和抵御风险能力。

(三)团结带领全国人民实现中国梦凸显意识形态能力建设的时代性

自从习近平总书记 2012 年 11 月 29 日在参观《复兴之路》展览时发表重要讲话提出"实现中华民族伟大复兴,就是中华民族近代以来最伟大的梦想"之后,"中国梦"迅速成为 2012 年度的最热词汇之一,并在 2013 年、2014 年持续升温。从东部沿海到西部边陲,从东北大地到南海之滨,从干部到群众,从老师到学生,中国梦成为越来越多人热议的焦点。2012 年年末,由国家语言资源监测与研究中心、商务印书馆等单位联合主办的"汉语盘点 2012"揭晓,"梦"字脱颖而出成为"年度国内字",这也是全国人民对中国梦强烈共鸣、高度认可的体现。回首中国梦一百多年来的演变过程,我们可以发现,无论是新中国成立前后,还是改革开放之初,尤其是在面临更加复杂的国际国内形势的今天,要真正带领全国人民实现中国梦,就必须全党大力加强意识形态能力建设,尤其是领导干部要大力加强意识形态能力建设,成为实现中国梦的有力领导力量和实际行动表率。

从 19 世纪 40 年代开始,侵略者的枪炮把中国人从天朝大国的迷梦中惊醒,从英国人挑起鸦片战争到八国联军火烧圆明园,中华民族的民族意识与民族精神再次被唤醒,从太平天国到辛亥革命,怀揣着民族复兴、国家富强的梦想,多少仁人志士开始奋起抗争。1843 年 1 月,魏源在其出版的《海国图志》一书中提出"师夷长技以制夷"的著名思想;1853 年冬天,洪秀全领导的太平天国起义制定颁布了"有田同耕,有饭同食,有衣同穿,有钱同使,无处不均匀,无人不饱暖"的《天朝田亩制度》;1894 年 11 月,伟大革命先行者孙中山在檀香山创立兴中会,立誓"驱除鞑虏,恢复中华,创立合众政府";1902 年 11 月,维新派代表人物梁启超在由他创办的《新小说》创刊号

---

① 习近平:《紧紧围绕坚持和发展中国特色社会主义　学习宣传贯彻党的十八大精神——在十八届中共中央政治局第一次集体学习时的讲话》,人民出版社 2012 年版,第 12—13 页。

上发表《新中国未来记》，书中的"无端忽作太平梦，放眼昆仑绝顶来"展现的是他对于中国未来的梦想和期待；1905 年 8 月，孙中山在中国同盟会成立仪式上提出"驱除鞑虏、恢复中华、创立民国、平均地权"的纲领；……他们的中国梦也是民族复兴之梦，但由于没有科学的革命理论作指导，没有一个真正为广大劳动人民幸福奋斗的革命政党来引领，尽管经历了太多坎坷、付出了巨大牺牲，但最终都没能真正实现。

只有共产党才能救中国，中国共产党自 1921 年 7 月 1 日成立之日起，就在中华大地掀起了一场前所未有的、彻底反帝反封建的民主革命。毛泽东 1941 年 11 月在《在陕甘宁边区参议会的演说》中提出："全国人民都要有人身自由的权利，参与政治的权利和保护财产的权利。全国人民都要有说话的机会，都要有衣穿，有饭吃，有事做，有书读，总之是要各得其所。"[1]这是中国共产党人提出的中国梦，也是当时很多中国人的共同梦想。正是中国共产党始终高举马克思主义的旗帜，并在党的七大后用毛泽东思想团结带领人民前赴后继、顽强奋斗，终于迎来了 1949 年新中国的成立，中国人民终于掌握了自己的命运，中国人民从此真正站起来了。至此，中国梦的乐章演奏完了实现民族独立和人民解放的第一乐章，掀开了在中国共产党领导下为实现国家繁荣富强、人民共同富裕而奋斗的新篇章。

新中国成立伊始，毛泽东等老一辈革命家明确提出在社会主义意识形态指引下，带领全党和全国各族人民开始为建设一个人民当家做主、繁荣昌盛、文明富强的社会主义现代化国家而努力奋斗。随着中国共产党带领全国各族人民开始建设社会主义国家的伟大进程，一步步把贫穷落后的旧中国变成日益走向繁荣富强的新中国，很多人心中开始憧憬着美好的中国梦，中华民族伟大复兴展现出前所未有的光明前景。1961 年，毛泽东在同英国元帅蒙哥马利谈话时指出："在我国，要建设起强大的社会主义经济，我估计要花一百多年。"[2]紧接着的 1962 年，他在七千人大会上又强调指出，中国"要赶上和超过世界上最先进的资本主义国家，没有一百多年的时间，我看是不行的"[3]。这是中国共产党人提出的新的中国梦，是毛泽东客观、冷

---

① 《毛泽东选集》第三卷，人民出版社 1991 年版，第 808 页。
② 《毛泽东文集》第八卷，人民出版社 1999 年版，第 301 页。
③ 《毛泽东文集》第八卷，人民出版社 1999 年版，第 302 页。

静地分析了国际国内形势得出的客观结论,也是他一贯坚持实事求是路线的体现,事实也证明了他这个判断非常正确。新中国成立后的二十多年间,在中国共产党的领导下,在社会主义意识形态指引下,全国人民同心同德,走过了许多国家需要上百年时间走完的路程,出现了中国近代以来少有的和平建设局面,中国人民在中国共产党的带领下信心百倍地朝着中国梦的目标前进。

探索的道路并不平坦,实现伟大的梦想,想要一帆风顺几乎是不可能的。"大跃进"和"文化大革命"中一些错误思想和路线的出现,是我们在实现中国梦进程中的曲折和教训。但同历次犯错误一样,从失误中警醒,并以对人民、对历史高度负责的态度彻底纠正错误的都是中国共产党自身,而不是别人。党的十一届三中全会以来,几代中央领导集体坚持和发展毛泽东思想,不断丰富和改善中国特色社会主义制度,面对新形势、应对新考验、解决新问题,开创了改革开放和中国特色社会主义事业,创造出令世人惊叹的中国发展奇迹。种种迹象表明,实现中国梦,现在到了一个特别重要的关节点上。现在,我们比历史上任何时期都更接近中华民族伟大复兴的目标,比历史上任何时期都更有信心、有能力实现这个目标。同时,我们也更加清醒地明白所面临的严峻形势和考验,尤其是意识形态领域的斗争空前复杂、美国为首的一些西方国家不断加强对中国的包围打压,我们坚持、发展和完善中国特色社会主义制度也面临更大压力。因此,我们必须高度重视、大力加强意识形态能力建设,理直气壮地坚持四项基本原则——"坚持社会主义道路,坚持人民民主专政,坚持中国共产党的领导,坚持马列主义、毛泽东思想",始终高举理想信念的旗帜,加强社会主义核心价值体系建设,坚持正确的前进道路,坚决反对"去意识形态化"、"非意识形态化"、"意识形态多元化"和历史虚无主义等资产阶级自由化思潮,既不能走封闭僵化的老路,也不能走改旗易帜的邪路,成为实现中华民族伟大复兴中国梦的带头人和主力军。

三、意识形态能力的内涵和变化

意识形态是一个国家生存发展的灵魂,马克思主义是社会主义国家意识形态的旗帜和灵魂,也是无产阶级执政党巩固执政地位的强大思想保证。

从在列宁的意识形态理论中得到初步体现,到在毛泽东的意识形态思想中得以凸显并一步步得到强化,再到今天成为党的建设的重中之重,意识形态能力的内涵随着时代的发展也在不断发生变化,这样才能更好地服务于党和国家的中心任务。梳理意识形态能力内涵的变化过程,尤其是梳理、总结以毛泽东思想、中国特色社会主义理论为代表的中国共产党关于意识形态能力建设思想的发展历程,对于我们新时期加强意识形态能力建设有着特别重要的意义。

(一)号召、团结、引领更多力量夺取中国新民主主义革命胜利是新中国成立之前意识形态能力的根本

毛泽东的意识形态思想深受列宁和其领导的十月革命的影响,特别重视意识形态工作是他的一大特点。他一直坚信"马克思列宁主义是从客观实际产生出来又在客观实际中获得了证明的最正确最科学最革命的真理"①、"中国人找到了马克思列宁主义这个放之四海而皆准的普遍真理,中国的面目就起了变化了"②。因此,他特别注意用马克思主义意识形态理论统一全党思想,始终坚持马列主义在意识形态领域的指导地位和主导地位。土地革命时期,针对当时红军和党内存在的极端民主化、绝对平均主义、主观主义、个人主义、教条主义、流寇思想等错误思潮泛滥的问题,毛泽东与非无产阶级意识形态进行了坚决斗争,不仅深刻剖析了其理论基础和思想根源,指出"党的领导机关对于这些不正确的思想缺乏一致的坚决的斗争,缺乏对党员作正确路线的教育,也是使这些不正确思想存在和发展的重要原因"③,而且号召大家用真正的马列主义对这些错误思潮进行彻底肃清,告诫大家"教育党员用马克思列宁主义的方法去作政治形势的分析和阶级势力的估量"④,从而达到使党员的思想和党内的生活都政治化、科学化的目的。此后的革命岁月里,尽管遭遇过孤立、打击甚至迫害,但毛泽东始终坚持自己的主张,为全党学习、运用马列主义树立了典范。这就是毛泽东关于加强意识形态能力建设的早期思想,主要是通过用马列主义去反对和清除

---

① 《毛泽东选集》第三卷,人民出版社 1991 年版,第 817 页。
② 《毛泽东选集》第四卷,人民出版社 1991 年版,第 1470 页。
③ 《毛泽东选集》第一卷,人民出版社 1991 年版,第 85 页。
④ 《毛泽东选集》第一卷,人民出版社 1991 年版,第 92 页。

非马列主义的思想,加强思想政治教育,坚持正确革命路线,增强党的凝聚力、号召力和战斗力。而毛泽东本人就是一个不断加强意识形态能力建设的典范,其学习、提高、运用、发展马列主义达到了一个新的历史高度。而正是因为毛泽东等老一辈革命家的榜样的力量,不仅广大领导干部自觉坚定理想信念、自觉为人民服务甚至为党为人民不惜牺牲自己的一切,人民群众也自愿为社会主义革命和建设无私奉献,坚持社会主义意识形态成为全党全国人民的自觉行动,良好的社会风气和道德风尚至今让不少人非常怀念。

毛泽东还特别注意对中国传统文化与外国文化的批判和吸收,坚决反对盲目排外主义和"全盘西化"论调。他在抗日战争中就指出,作为马克思主义的历史主义者不应该割断历史,绝对不能简单地全盘肯定或全盘否定传统文化,而是要运用马克思主义的立场、观点和方法,坚持批判地研究、继承一切优秀文化的遗产,真正取其精华、去其糟粕。正如他所强调"清理古代文化的发展过程,剔除其封建性的糟粕,吸收其民主性的精华,是发展民族新文化提高民族自信心的必要条件"①,"从孔夫子到孙中山,我们应当给以总结,承继这一份珍贵的遗产"②。正是毛泽东这种博大胸怀,使得中国共产党将马列主义很好地中国化,不仅团结了广大工农群众,而且团结了包括广大民主党派在内的知识分子、民族资产阶级等全中国追求革命和进步的力量,最终取得了中国革命的伟大胜利。这种批判继承、为我所用的思想今天仍值得好好学习和借鉴。

毛泽东虽然很少出国,尤其是新中国成立之前根本没有出过国门,但他对包括资本主义文化在内的国外文化并不排斥。他认为,一个国家和民族的文化应在不同文化之间互相斗争、吸收、融合、借鉴,西方文化在世界文化中占有一席之地,自然有值得我们借鉴和学习之处。"中国应该大量吸收外国的进步文化,作为自己文化食粮的原料,这种工作过去还做得很不够。这不但是当前的社会主义文化和新民主主义文化,还有外国的古代文化,例如各资本主义国家启蒙时代的文化,凡属我们今天用得着的东西,都应该吸收……决不能生吞活剥地毫无批判地吸收。"③正是因为他对外来文化一直

① 《毛泽东选集》第二卷,人民出版社 1991 年版,第 707—708 页。
② 《毛泽东选集》第二卷,人民出版社 1991 年版,第 534 页。
③ 《毛泽东选集》第二卷,人民出版社 1991 年版,第 706—707 页。

保持着清醒头脑,才开创了"以苏为师"又不照搬苏联的发展模式,既坚决反对西方文化的侵略和资本主义的和平演变,又积极吸收资本主义文化中的有益成分,从而不断增强中国共产党人的意识形态能力。

在毛泽东的意识形态能力思想中,一直强调意识形态的党性和阶级性,始终坚持党对意识形态的领导。他不仅按照唯物主义和唯心主义的区别,将意识形态划分为资产阶级和无产阶级两种根本对立的意识形态,同时进一步强调要特别重视意识形态的党性和阶级性,要求不断增强党性、永远不忘阶级性,要始终坚持和不断加强党对意识形态的领导权。坚持无产阶级的意识形态领导权,实质上就是加强党对意识形态的领导。毛泽东指出,马列主义是中华民族解放的武器,"而中国共产党则是拿起这个武器的倡导者、宣传者和组织者。"[1]"只要我们党的作风完全正派了,全国人民就会跟我们学。党外有这种不良风气的人,只要他们是善良的,就会跟我们学,改正他们的错误,这样就会影响全民族。"[2]他强调了党员干部在加强意识形态能力建设中的领导作用和表率作用,强调了通过整风加强党的纯洁性和先进性建设的重要性,要求干部要做全体党员的表率,党员要做全国人民的表率。为了实现党对意识形态的领导,毛泽东特别注重强化意识形态教育,加强意识形态理论工作者队伍建设。他率先明确提出意识形态工作是政治斗争的中心环节和其他一切工作的"生命线",党员和干部要注重发挥模范带头作用,以共产主义精神来教育全党和广大人民群众,注重通过政治学习和劳动实践的结合来增强意识形态能力。他的这些思想成为中国共产党人意识形态能力理论的重要组成部分,不仅指引和推动着革命队伍越来越壮大,而且保证了中国共产党始终是中国革命的领导核心,并被坚持至今。

(二)团结全国人民建设社会主义和防范敌对势力破坏是新中国成立后很多年间意识形态能力的主流

新中国成立伊始,既有多年战争后的百废待兴,又有国民党特务和蒋介石政权、美帝国主义等勾结起来破坏社会主义建设、企图"反攻大陆"的内忧外患。在这种情况下,如何团结带领全党和全国人民尽快建设一个富强、

---

[1] 《毛泽东选集》第三卷,人民出版社1991年版,第796页。
[2] 《毛泽东选集》第三卷,人民出版社1991年版,第812页。

民主、文明的新中国，是以毛泽东为核心的党和国家的第一代领导集体面临的最紧要问题。1950 年 6 月，毛泽东在党的七届三中全会上作的《不可四面出击》的讲话中特别指出，"要在工人阶级领导下，以工农联盟为基础，把小资产阶级、民族资产阶级团结起来"，强调对那些"多少有点可能团结的人，我们也要团结"。① 这凸显出他对团结各方面力量的高度重视。在这个思想指导下，党中央高举马克思主义意识形态的旗帜，用马列主义、毛泽东思想团结、凝聚全党和全国人民的力量，激发其积极投身新中国社会主义建设的热情，通过对资本主义工商业、农业、手工业的社会主义改造，不仅为新中国从新民主主义社会向社会主义社会过渡创造了条件，而且将广大资本主义工商业者、农民和手工业改造成为和中国共产党同心同德建设社会主义的重要力量，为掀起社会主义建设的新高潮奠定了坚实基础。

在资本主义工商业的社会主义改造基本完成后，针对民族资产阶级的两面性特性，为了防止资本主义工商业者思想上出现反复，加强对其在意识形态上的指导，毛泽东特意强调了要重视和加强对他们的思想改造，防止其被敌对势力所误导或者利用。1956 年 12 月，他在同民建和工商联负责人的谈话中指出："资产阶级还有两面性，一面进步，一面落后。如果认为只有一面性，那就不需要改造了，说只有一面性，是不利于改造和进步的。我们的任务是又鼓励又批评，如车之两轮、鸟之两翼。自然界和社会的事物都是对立统一的。批评和自我批评也是对立统一的。"②1957 年，毛泽东又进一步指出："有人说，中国资产阶级现在已经没有两面性了，只有一面性。这是不是事实呢？不是事实。一方面，资产阶级分子已经成为公私合营企业中的管理人员，正处在由剥削者变为自食其力的劳动者的转变过程中；另一方面……他们的剥削根子还没有脱离。他们同工人阶级的思想感情、生活习惯还有一个不小的距离。怎么能说已经没有了两面性呢？就是不拿定息，摘掉了资产阶级的帽子，也还需要一个相当的时间继续进行思想改造。如果认为资产阶级已经没有了两面性，那末资本家的改造和学习的任务也就没有了。"③提出要对工商业者又鼓励又批评，希望他们继续学习、继续改

---

① 《毛泽东文集》第六卷，人民出版社 1999 年版，第 75 页。

② 《毛泽东文集》第七卷，人民出版社 1999 年版，第 170 页。

③ 《毛泽东文集》第七卷，人民出版社 1999 年版，第 223 页。

造自己,彻底改变资产阶级的旧思想,心甘情愿地接受马列主义的思想指导和共产党的领导,真正成为合格的社会主义建设者。这对于进一步正确推进对民族资产阶级的彻底改造,团结更多力量投身社会主义建设有着重要意义。

为进一步加强对社会各阶层在意识形态上的指导,毛泽东创造性地提出了"两个联盟"的理论——第一个联盟是无产阶级同农民、城市小资产阶级及其他劳动人民的联盟,第二个联盟是无产阶级同资产阶级及其他非劳动者的联盟。第一个联盟是在阶级利益一致基础上、被压迫者反抗共同敌人的革命联盟,是具有极强的革命性的劳动阶级联盟,是人民民主专政的基石和社会主义建设的主力军。第二个联盟是被剥削者与剥削者、被压迫者与压迫者之间的联盟,是一个无产阶级最大限度地壮大自己、孤立敌人的重要联盟。因此,我们既要放手发展和加强工农联盟,又要尽可能地扩大、壮大第二个联盟,并最大限度地发挥好两个联盟之间的相互交流、相互学习、相互促进作用。正是在毛泽东对资本主义工商业者坚持积极团结、大力教育和大胆使用的政策,使得他们从内心里认同、行动上拥护社会主义意识形态,不仅在社会主义建设中涌现出了一批"红色资本家",而且有的人还成为国家部委的领导同志甚至是国家领导人,为新中国作出了巨大贡献。

在特别重视团结全国人民建设社会主义的同时,新中国成立后的意识形态能力建设也一直把防范敌对势力破坏作为一个重点。毛泽东在延安时期就多次强调要大力加强意识形态工作者队伍建设,新中国的成立不仅使这个任务更加迫切,而且提供了天时、地利、人和都具备的、前所未有的有利条件。因此,在社会主义三大改造基本完成以后,针对意识形态对经济建设的巨大作用,毛泽东开始重点加强对资产阶级及其知识分子的意识形态改造和教育,防止其对社会主义建设造成破坏。1957 年 1 月,针对当时国际、国内上发生的一系列事件,毛泽东在省市自治区党委书记会议上的讲话中指出,中国内部还有不满社会主义的人,这些人就是资产阶级和民主党派中间的许多人,还有地主阶级,"我们一定要把他们消化掉,要把地主、资本家改造成为劳动者,这也是一条战略方针。消灭阶级,要很长的时间。"①不久

---

① 《毛泽东文集》第七卷,人民出版社 1999 年版,第 189 页。

之后,他在同年 2 月底举行的最高国务会议第十一次扩大会议上发表的重要讲话《关于正确处理人民内部矛盾的问题》中再次强调:"在我国,虽然社会主义改造,在所有制方面说来,已经基本完成,革命时期的大规模的急风暴雨式的群众阶级斗争已经基本结束,但是,被推翻的地主买办阶级的残余还是存在,资产阶级还是存在,小资产阶级刚刚在改造。阶级斗争并没有结束。无产阶级和资产阶级之间的阶级斗争,各派政治力量之间的阶级斗争,无产阶级和资产阶级之间在意识形态方面的阶级斗争,还是长时期的,曲折的,有时甚至是很激烈的。"①毛泽东接连警示无产阶级和资产阶级在意识形态方面的阶级斗争的长期性、复杂性,体现了他对国际国内形势的深刻认识和科学把握。

　　为了进一步加强对知识分子的改造,1956 年 4 月 28 日,毛泽东在中共中央政治局扩大会议上提出了著名的"百花齐放,百家争鸣"的"双百"方针:"艺术问题上的百花齐放,学术问题上的百家争鸣,我看应该成为我们的方针。"②毛泽东认为在放香花的同时也有毒草放出来并不是坏事,毒草还能做肥料,错误的思想只有表达出来,正确的思想才能与之作斗争。但他同时指出,"百花齐放,百家争鸣"也不是没有标准、没有原则的,并提出了应该遵循的"六个有利于"标准——有利于团结全国各族人民、有利于社会主义改造和社会主义建设、有利于巩固人民民主专政、有利于巩固民主集中制、有利于巩固党的领导、有利于社会主义的国际团结和全世界爱好和平人民的国际团结。要通过"六个有利于"标准判断什么是香花和毒草,知识分子一定要与群众打成一片,一定要真心地向群众学习。通过这样的学习和改造,培养出了一大批坚持"六个有利于"标准、忠诚于党的事业的无产阶级知识分子,为加强意识形态能力建设提供了正确的思想理论保证和高素质的人才队伍保证。"六个有利于"标准不仅对当年的知识分子起到了一个指路明灯的作用,而且直到今天仍有着重要的指导意义,依然是所有爱国的知识分子应该遵循的行为准则。

　　为了更好地防范敌对势力破坏,毛泽东把意识形态工作提高到了前所

① 《毛泽东文集》第七卷,人民出版社 1999 年版,第 230 页。
② 《毛泽东文集》第七卷,人民出版社 1999 年版,第 54 页。

未有的高度,强调思想政治工作是一切工作的生命线,是统帅和灵魂,是完成经济、技术等方面工作的重要保证,"只要我们的思想工作和政治工作稍为一放松,经济工作和技术工作就一定会走到邪路上去。"①不仅指明了思想政治工作和经济工作等其他工作之间的关系,而且强调了思想政治工作的特殊性、重要性,让更多人明白了思想政治工作不仅是一切工作的生命线,而且关系着党和国家的前途命运。新中国成立六十多年以来的历史表明,思想政治工作不仅为经济工作和其他一切工作提供了强大的精神动力,也为经济工作和其他一切工作提供了有力的思想保证,一旦放松了思想政治工作就会出大问题。尤其是在社会主义市场经济的今天,我们更应该从巩固党的执政地位、确保改革正确方向、完成党的历史任务和实现中华民族伟大复兴等高度来认识做好思想政治工作的重要意义,进一步加强思想政治工作。

在 1957 年进行的以反对官僚主义、宗派主义、主观主义为主要内容的整风运动中,结合一些知识分子借"大鸣大放"之机大肆向共产党和新生的社会主义制度发动进攻甚至妄图颠覆和取代共产党的执政地位的情况,毛泽东认为右派进攻已经非常猖狂、形势已经非常严峻,决定进行一场反右运动以应对敌对势力的进攻、破坏。但由于他对形势的估计过于严重、有的领导同志在具体工作中夸大问题的严重性等原因,造成了反右斗争扩大化。1959 年 8 月,党的八届八中全会在庐山召开,会议继续反击右倾机会主义即修正主义的进攻;在 1962 年 9 月召开的党的八届十中全会上,毛泽东再次强调在由资本主义过渡到共产主义的整个历史时期内都将一直存在着无产阶级与资产阶级之间的阶级斗争、社会主义和资本主义这两条道路的斗争,继续部署开展对"投降主义、修正主义路线"的批判和斗争;而到了 1966年,随着国民经济的调整基本完成,意识形态领域的批判运动进一步扩大化,最终演变成斗争矛头指向党的高层领导的大规模的政治斗争,并导致了对中国乃至世界影响巨大的"文化大革命"的爆发。

对于反右运动如何定性,是对中国共产如何客观、公正地对待历史的一个考验,也对当代的中国的意识形态能力建设有着重要影响。粉碎"四人

---

① 《毛泽东文集》第七卷,人民出版社 1999 年版,第 351 页。

帮"以后,1978 年的中共中央第 11 号文件指出:"一九五七年的反右本身没有错,问题是扩大化了。"①这是"文化大革命"结束后对反右问题的第一次定性。1981 年 6 月底召开的党的十一届六中全会作出了著名的《关于建国以来党的若干历史问题的决议》,给反右运动定性为:"在整风过程中,极少数资产阶级右派分子乘机鼓吹所谓'大鸣大放',向党和新生的社会主义制度放肆地发动进攻,妄图取代共产党的领导,对这种进攻进行坚决的反击是完全正确和必要的。但是反右派斗争被严重地扩大化了,把一批知识分子、爱国人士和党内干部错划为'右派分子',造成了不幸的后果。"②这些评价是客观公正的,体现了尊重历史、实事求是的精神。因此,我们既要看到反右斗争扩大化的危害,又要看到反右斗争的必要性和历史意义,坚决反对全部否定反右斗争的错误思潮,客观、公正地评价反右斗争对意识形态工作的意义和影响。一定要清醒地认识到,毛泽东是以防止资本主义复辟、保持党和社会主义的国家政权永不变色为理论出发点的,他时刻注意维护党的纯洁性和坚决与敌对势力进行不懈斗争的精神是我们应该永远铭记的宝贵财富。

（三）坚持马克思主义的主导地位和反对和平演变　推动意识形态能力建设在改革开放中逐步走向完善

1978 年 12 月召开的党的十一届三中全会,是中国共产党和新中国历史上具有深远意义的伟大转折,开启了我国改革开放历史新时期。全会重新确立了马克思主义实事求是的思想路线,确定了解放思想、开动脑筋、实事求是、团结一致向前看的指导方针,果断停止使用"以阶级斗争为纲"的口号,果断地作出了把党和国家工作中心转移到经济建设上来、实行改革开放的历史性战略决策。会议在充分肯定毛泽东同志在我国长期革命斗争中的巨大作用的同时,着重强调要从科学体系上掌握和运用毛泽东思想,不能一切照搬照抄,不能搞"两个凡是"。从十一届三中全会开始,党中央领导全国各族人民在新的历史条件下开始了一场新的伟大革命,逐步开辟了一条建设中国特色社会主义的道路,并沿着这条道路取得了举世瞩目的建设成

---

① 《十一届三中全会以来重要文献选读》(上),人民出版社 1987 年版,第 130 页。
② 《十一届三中全会以来重要文献选读》(上),人民出版社 1987 年版,第 311 页。

就。而在三十多年的改革开放进程中,中国共产党始终坚持马克思主义在意识形态领域的主导地位,尤其是在苏东剧变前后特别提出要坚决反对和平演变,推动意识形态能力建设在新的历史条件下逐步走向成熟和完善。

实事求是、客观公正地评价毛泽东和毛泽东思想是改革开放以来意识形态能力建设不断取得进步的重要前提、主要亮点和核心内容之一。毛泽东思想一语最早由王稼祥 1943 年在《解放日报》上发表的《中国共产党与中国民族解放的道路》一文中提出。在正式文件中首次出现是在 1945 年党的七大上,刘少奇在大会上所作的关于修改党章的报告《论党》里首次系统论述了毛泽东思想。七大首次规定毛泽东思想为中国共产党的指导思想。后来因为批评对斯大林的个人崇拜,1956 年在党的八大通过的党章中取消了毛泽东思想是中国共产党的指导思想这一规定。但在 1969 年的党的九大党章中又恢复了七大的规定,并明确指出"毛泽东思想是在帝国主义走向全面崩溃,社会主义走向全世界胜利的时代的马克思列宁主义",是马克思列宁主义的"一个崭新的阶段"。此后,毛泽东思想一直被规定为中国共产党的指导思想。但在"文化大革命"结束以后,一些人借毛主席晚年的一些失误,攻击、诋毁毛主席和毛泽东思想。在当时的社会环境下,党中央如何评价毛主席和毛泽东思想,成为全党、全国各族人民非常关心的一个重大问题。1978 年 12 月,邓小平指出:"毛泽东同志在长期革命斗争中立下的伟大功勋是永远不可磨灭的。回想在一九二七年革命失败以后,如果没有毛泽东同志的卓越领导,中国革命有极大的可能到现在还没有胜利,那样,中国各族人民就还处在帝国主义、封建主义、官僚资本主义的反动统治之下,我们党就还在黑暗中苦斗。所以说没有毛主席就没有新中国,这丝毫不是什么夸张……没有毛泽东思想,就没有今天的中国共产党,这也丝毫不是什么夸张。毛泽东思想永远是我们全党、全军、全国各族人民的最宝贵的精神财富。我们要完整地准确地理解和掌握毛泽东思想的科学原理,并在新的历史条件下加以发展。"①邓小平提出要解放思想去看待毛泽东思想,"只有思想解放了,我们才能正确地以马列主义、毛泽东思想为指导,解决过去遗留的问题,解决新出现的一系列问题,正确地改革同生产力迅速发展不相

———————————

① 《邓小平文选》第二卷,人民出版社 1994 年版,第 148—149 页。

适应的生产关系和上层建筑,根据我国的实际情况,确定实现四个现代化的具体道路、方针、方法和措施。"①1981 年 6 月底的党的十一届六中全会上通过的《关于建国以来若干历史问题的决议》则进一步将毛泽东思想的活的灵魂概括为实事求是、群众路线、独立自主三个主要方面,并指出:"因为毛泽东同志晚年犯了错误,就企图否认毛泽东思想的科学价值,否认毛泽东思想对我国革命和建设的指导作用,这种态度是完全错误的。"②这段话充分肯定了毛泽东思想的伟大价值,对一些错误思潮进行了回击。二十多年后,经党的十六大部分修改,2002 年 11 月 14 日通过的中国共产党章程中,对毛泽东思想的定义是:"以毛泽东同志为主要代表的中国共产党人,把马克思列宁主义的基本原理同中国革命的具体实践结合起来,创立了毛泽东思想。毛泽东思想是马克思列宁主义在中国的运用和发展,是被实践证明了的关于中国革命和建设的正确的理论原则和经验总结,是中国共产党集体智慧的结晶。"③十年后的 2012 年 11 月 14 日通过的、党的十八大部分修改的中国共产党章程,完整继承了这段定义。2013 年 11 月 12 日党的十八届三中全会通过的《中共中央关于全面深化改革若干重大问题的决定》中,明确规定毛泽东思想是全面深化改革的指导思想之一。因此,能否正确评价毛泽东,能否坚定不移地信仰、坚持、贯彻、弘扬毛泽东思想,成为新的历史条件下检验一名领导干部意识形态能力建设水平高低的重要标志。

旗帜鲜明地坚持四项基本原则、反对资产阶级自由化与和平演变是改革开放以来意识形态能力建设的最鲜明的特色和最重要的内容之一。早在 1979 年 3 月,邓小平就在党的理论工作务虚会上作了题为《坚持四项基本原则》的讲话,第一次提出了"四项基本原则"的概念——"第一,必须坚持社会主义道路;第二,必须坚持无产阶级专政;第三,必须坚持共产党的领导;第四,必须坚持马列主义、毛泽东思想",并特别指出:"社会上有极少数人正在散布怀疑或反对这四项基本原则的思潮,而党内也有个别同志不但不承认这种思潮的危险,甚至直接间接地加以某种程度的支持。虽然这几种人在党内外都是极少数,但是不能因为他们是极少数而忽视他们的作用。

①　《邓小平文选》第二卷,人民出版社 1994 年版,第 141 页。
②　《十一届三中全会以来重要文献选读》(上),人民出版社 1987 年版,第 527 页。
③　《十六大以来重要文献选编》(上),人民出版社 2005 年版,第 716 页。

事实证明,他们不但可以而且已经对我们的事业造成很大的危害"。① 四项基本原则继承并发展了毛泽东当年"六个有利于"的标准,是判断意识形态领域大是大非的问题一把标尺,自然成为改革开放以来我国意识形态理论建设的核心思想和基本准则,成为新时期的意识形态能力建设的正确指南。

也正是坚持四项基本原则,邓小平始终坚定不移地反对资产阶级自由化与和平演变。1980 年 12 月,邓小平在中共中央工作会议上明确提出反对资产阶级自由化的问题,并在此后多次强调这个问题,明确指出资产阶级自由化的核心就是反对共产党的领导。1985 年 5 月 20 日,邓小平在同著名学者陈鼓应教授谈话时指出:"对搞资产阶级自由化并且触犯了刑律的人,不严肃处理是不行的。"②他在 1986 年 12 月发表题为《旗帜鲜明地反对资产阶级自由化》的谈话,明确指出:"要旗帜鲜明地坚持四项基本原则,否则就是放任了资产阶级自由化,问题就出在这里"③,并批评当时从中央到地方的整个思想理论战线都太软弱,对于资产阶级自由化采取放任的态度,不仅丧失了阵地,而且使得好人得不到支持,而坏人则猖狂得很。1987 年 2 月 28 日,他在会见加蓬总统邦戈时的谈话中指出:"大学生闹事,主要责任不在学生,而是少数别有用心的人煽动。对于中国现在干的究竟是什么事情,有些人还没有搞清楚。我们干四个现代化,人们都说好,但有些人脑子里的四化同我们脑子里的四化不同。我们脑子里的四化是社会主义的四化。他们只讲四化,不讲社会主义。这就忘记了事物的本质,也就离开了中国的发展道路。这样,关系就大了。在这个问题上我们不能让步。"④"我们特别强调坚持四项基本原则,反对资产阶级自由化,同时提出加强思想政治工作、说服教育工作,同社会不良风气包括特权思想进行斗争。"⑤邓小平最后强调指出:"历史告诉我们,中国走资本主义道路不行,中国除了走社会主义道路没有别的道路可走。一旦中国抛弃社会主义,就要回到半殖民地

---

① 《邓小平文选》第二卷,人民出版社 1994 年版,第 166 页。
② 《邓小平文选》第三卷,人民出版社 1993 年版,第 123 页。
③ 《邓小平文选》第三卷,人民出版社 1993 年版,第 194 页。
④ 《邓小平文选》第三卷,人民出版社 1993 年版,第 204 页。
⑤ 《邓小平文选》第三卷,人民出版社 1993 年版,第 205 页。

半封建社会,不要说实现'小康',就连温饱也没有保证。"①三天后的3月3日,他在会见美国国务卿舒尔茨时又再次强调:"四个现代化,我们要搞五十至七十年,在整个四个现代化的过程中都存在一个反对资产阶级自由化的问题。"②紧接着在3月8日会见坦桑尼亚联合共和国总统姆维尼时又一次强调:"在实现四个现代化的整个过程中,至少在本世纪剩下的十几年,再加上下个世纪的头五十年,都存在反对资产阶级自由化的问题。"③邓小平一再强调反对资产阶级自由化,不仅是意识到了问题的严重性,更是对全党的一个警告。但遗憾的是,一些领导同志并没有意识到这个问题的严重性,最终导致了1989年春夏之交的政治风波。这场政治风波平息之后,邓小平在同年9月会见美籍华裔学者李政道教授时指出:"坚持四项基本原则,反对资产阶级自由化,这些年来每年我都讲多次,但是他们没有执行。在这次动乱中赵紫阳暴露了出来,明显地站在动乱一边,实际上在搞分裂。"④"西方世界确实希望中国动乱。不但希望中国动乱,也希望苏联、东欧都乱。美国,还有西方其他一些国家,对社会主义国家搞和平演变。美国现在有一种提法:打一场无硝烟的世界大战。我们要警惕。"⑤同年11月,邓小平会见南方委员会主席、坦桑尼亚革命党主席尼雷尔时说:"西方国家正在打一场没有硝烟的第三次世界大战。所谓没有硝烟,就是要社会主义国家和平演变。东欧的事情对我们说来并不感到意外,迟早要出现的。东欧的问题首先出在内部。西方国家对中国也是一样,他们不喜欢中国坚持社会主义道路。"⑥也正是因为如此,加强意识形态能力建设必须把坚持四项基本原则、反对资产阶级自由化与和平演变放在首要位置和核心位置,如果这方面做不到甚至听之任之,其他一切都无从谈起。

　　邓小平意识形态思想的一个突出特色是强调意识形态要服务于中心工作,强调处理好意识形态和现实利益的关系。对于为什么把国家的工作重

---

① 《邓小平文选》第三卷,人民出版社1993年版,第206页。
② 《邓小平文选》第三卷,人民出版社1993年版,第208页。
③ 《邓小平文选》第三卷,人民出版社1993年版,第211页。
④ 《邓小平文选》第三卷,人民出版社1993年版,第324页。
⑤ 《邓小平文选》第三卷,人民出版社1993年版,第325页。
⑥ 《邓小平文选》第三卷,人民出版社1993年版,第344页。

心转移到"以经济建设为中心"上来,邓小平1985年9月在中国共产党全国代表会议上的讲话中这样阐述:"多少年来我们吃了一个大亏,社会主义改造基本完成了,还是'以阶级斗争为纲',忽视发展生产力。'文化大革命'更走到了极端。十一届三中全会以来,全党把工作重点转移到社会主义现代化建设上来,在坚持四项基本原则的基础上,集中力量发展社会生产力。"①正是在这个思想指导下,改革开放中,意识形态工作一直服务于经济建设这个中心不动摇,才有了中国经济的持久、迅猛发展。

尊重知识、尊重人才是邓小平对意识形态能力理论的一个重要贡献。邓小平对知识分子在从反右斗争到"文化大革命"这些年的遭遇有着很深的感受,因此,在粉碎"四人帮"后,他马上着手解决好知识分子问题。1977年5月,他就明确提出:"我们要实现现代化,关键是科学技术要能上去。"②"一定要在党内造成一种空气:尊重知识,尊重人才。要反对不尊重知识分子的错误思想。"③1978年3月召开的全国科学大会上,他在开幕式上的讲话中指出,站在工人阶级立场上的知识分子是"革命知识分子,是我们党的一支依靠的力量"④。1988年9月,他又提出了"科学技术是第一生产力"⑤的独特论断,激励了一代又一代广大科技工作者。也正是从邓小平开始,尊重知识、尊重人才在时隔多年后再次蔚然成风,广大知识分子的积极性重新被充分调动起来,成为社会主义建设的一只重要生力军。

改革开放已经成为新时期最鲜明的特点,也成为全党全国人民自觉的历史抉择,也是中国三十多年来始终坚持并今后将长期坚持的强国之路。党带领人民进行改革开放,建设和发展中国特色社会主义,同时坚持在引领当代中国发展进步中加强和改善党的建设,针对意识形态领域出现的问题有针对性地采取有力措施维护国家的意识形态安全,注重加强意识形态能力建设,强调保持和发展党的纯洁性、先进性,确保党始终走在时代前列。其中最突出的特点是提出并努力做到"十个结合":把坚持马克思主义基本

---

① 《邓小平文选》第三卷,人民出版社1993年版,第141页。
② 《邓小平文选》第二卷,人民出版社1994年版,第40页。
③ 《邓小平文选》第二卷,人民出版社1994年版,第41页。
④ 《邓小平文选》第二卷,人民出版社1994年版,第93页。
⑤ 《邓小平文选》第三卷,人民出版社1993年版,第274页。

原理同推进马克思主义中国化结合起来,把坚持四项基本原则同坚持改革开放结合起来,把尊重人民首创精神同加强和改善党的领导结合起来,把坚持社会主义基本制度同发展市场经济结合起来,把推动经济基础变革同推动上层建筑改革结合起来,把发展社会生产力同提高全民族文明素质结合起来,把提高效率同促进社会公平结合起来,把坚持独立自主同参与经济全球化结合起来,把促进改革发展同保持社会稳定结合起来,把推进中国特色社会主义伟大事业同推进党的建设新的伟大工程结合起来。始终坚持和巩固马克思主义指导地位是党和人民团结一致、始终沿着正确方向前进的根本思想保证,三十多年来,我们既坚持以四项基本原则保证改革开放的正确方向,为改革开放提供了体现时代性、把握规律性、富于创造性的理论指导;又通过不断深化改革开放赋予四项基本原则新的时代内涵,很好地把以经济建设为中心同四项基本原则、改革开放这两个基本点统一于发展中国特色社会主义的伟大实践,使得马克思主义中国化最新成果——中国特色社会主义理论体系更加深入人心、更好指导实践,坚定对中国特色社会主义的道路自信、理论自信、制度自信、政治自信和价值自信。

但我们同时也要清醒地认识到,由于对"一切以经济建设为中心"、"不争论"等思想的片面理解,由于对毛泽东思想缺少进一步发展和应有的坚持,由于在与以美国为代表的西方国家的交往中缺乏应有的价值自信,再加上美国等西方国家在苏东剧变后加强了对中国进行"和平演变"的步伐和力度,相当一部分领导干部的意识形态能力建设出现了不少问题。有的人把经济建设作为全部工作的中心、重心,却忽视、漠视意识形态工作甚至淡忘了坚持四项基本原则;有的人一味强调发展是硬道理,却忽视了环境保护和维护人民群众的根本利益;有的人片面强调"决不走封闭僵化的老路",却故意回避"决不走改旗易帜的邪路";有的人鼓吹"去意识形态化"、"非意识形态化",并在很多场合大肆宣扬资本主义的意识形态;……众多问题的存在警示我们,人力加强意识形态能力建设已成为当务之急。

在马克思主义理论一百七十多年的发展、推动下,在中国共产党九十多年的完善、创新下,从马克思主义意识形态理论的起步到列宁、斯大林、毛泽东、邓小平等人的继续探索、发展、完善,意识形态能力的概念从萌芽一步步走向成熟,终于在 21 世纪的今天由模糊变得清晰,催生了一个理论性、实践性、现实性都很强的新研究领域。意识形态能力就是通过新的理论观念、理论概括、理论创新来辨别、引领、掌控社会思潮、社会主流意识的实际水平，主要体现为思想辨别力、理论创新力、共识凝聚力和话语支配力，其主体是以执政党的领导成员为主的广大领导者。在当代中国，意识形态能力主要表现为高度重视、大力推进意识形态工作，通过加强思想教育、提高理论素养、坚定理想信念和破解现实难题等，建立强大的道路自信、理论自信、制度自信、政治自信和价值自信，通过建立、巩固和弘扬体现统治阶级利益的国家主流意识形态，充分发挥意识形态的感召、激励、引领作用，团结、动员、指引人民齐心协力，不断巩固和发展国家的基本经济制度、政治制度、社会制度和文化制度，反对国内外敌对势力或者对立国家的意识形态渗透，为实现民族复兴、国家强盛而奋斗的能力。意识形态能力是所有领导干部必须具备的核心能力，如何切实有效地加强领导干部意识形态能力建设也是党的建设的核心问题和关键所在。

本书中所讲的领导干部意识形态能力就是高度重视意识形态工作，认真学习马列主义、毛泽东思想、中国特色社会主义理论，通过加强纯洁性建设、先进性建设和社会主义核心价值体系建设，通过加强思想政治教育、提高理论素养、坚定理想信念和破解现实难题等，建立强大的道路自信、理论自信、制度自信、政治自信和价值自信，通过建立、巩固和弘扬社会主义意识形态，充分发挥意识形态的感召、激励、引领作用，团结、动员、指引全党和全国人民齐心协力，不断巩固和发展社会主义国家的基本经济制度、政治制度、社会制度和文化制度，反对资产阶级自由化、和平演变等来自国内外敌对势力或以美国为代表的西方资本主义国家的意识形态渗透，为实现"两个百年目标"、实现中国民族伟大复兴的中国梦而奋斗的能力。意识形态能力主要包括以领导干部道德为抓手，加强思想道德建设，坚定正确理想信念的能力；以纠正错误倾向为抓手，加强理论知识学习，增强引导社会思潮的能力；以弘扬红色文化为抓手，加强先进文化建设，增强建设价值自信的能力；以清除不合格党员为抓手，加强纯洁性建设，增强主动拒腐防变的能力；以教育实践活动为抓手，加强调查研究工作，增强做好群众工作的能力；以核心价值体系为抓手，加强统一战线建设，增强团结共创伟业的能力；以真实性原则为抓手，加强新闻宣传工作，创新掌控舆论阵地的能力；以通达社情民意为抓手,加强六大能力建设,提高处置突发事件的能力;以坚持共同富裕为抓手,加强市场经济研究,增强推进科学发展的能力;以反意识形态渗透为抓手,加强国际问题研究,增强反和平演变的能力等十个方面。

第三章　社会主义意识形态在
新时期面临三大考验

新时期是指 1978 年 12 月党的十一届三中全会召开以来的中国发展新阶段。十一届三中全会的胜利召开实现了新中国成立以来党和国家的伟大历史转折,开启了我国改革开放新时期。三十多年来,中国和世界都发生了翻天覆地的变化,尤其是中国已经成为世界第二大经济体。新时期最鲜明的特点是改革开放,新时期最显著的成就是快速发展,新时期最突出的标志是与时俱进,其中改革开放被称为是党在新的时代条件下带领人民进行的新的伟大革命。但是,新时期的党情、国情、世情发生了深刻变化,中国也面临着前所未有的严峻考验,尤其是在新时期面临全球化、市场化、网络化三大考验,并且这三大考验相互关联、相互融合,不仅"去意识形态化"、"非意识形态化"、"意识形态多元化"、新自由主义、普世价值论、"中国威胁论"、"中国崩溃论"等错误思潮在中国有所抬头,历史虚无主义、军队国家化等在国内曾销声匿迹的有害言论也借机沉渣泛起,再加上精神懈怠、能力不足、脱离群众、消极腐败四大危险凸显,使我们面对的挑战、考验和冲击前所未有,而意识形态更是首当其冲。

第一节　全球化的全面渗透和对中国的巨大挑战

改革开放让中国向世界打开了大门,中国在引进、学习国外的先进技术、管理经验和吸引外资到中国投资的同时,大量的国外产品、资本主义的生活方式和思想观念也进入中国,而随着中国加强对外交流的次数持续增多、出国学习工作的人数不断增加、开拓国际市场的力度不断加大等,全球化及其给中国带来的影响和挑战已经成为一个无法回避的时代话题。尤其是在中国经济参与全球化竞争的力度不断加大、程度不断加深的同时,伴随着经济全球化而来的文化全球化、政治全球化也成为人们关注和思考的焦点,更对中国人的思维方式、生活方式带来了很多冲击,对中国的国家文化安全、社会主义意识形态等形成了巨大挑战和考验,对领导干部的意识形态能力提出了更高的要求。因此,研究全球化思潮的演变过程、本质和对中国的冲击,自然成为意识形态能力建设的重要内容之一。

一、全球化思潮的演变过程

从 15 世纪末到 16 世纪上半叶新航路开辟推动世界市场雏形的出现让人类开始对全球化有了初步了解,到"全球化"的英文单词 Globalization 于 1944 年第一次在英语词典中作为独立词汇出现,再到全球化问题从 20 世纪 90 年代开始越来越受到各方面的高度关注,跨国公司以及世界贸易组织等成为推动所谓的全球化时代到来并不断使其深化的重要力量,全球化成为每一个国家或地区甚至每一个人都无法回避的时代性问题。尤其是当全球化从经济领域进入到国际政治领域、文化领域、社会领域以后,全球化思潮对一个国家发展的影响更是全方位、多层次、深度化的。

（一）全球化概念和思维的提出

从 15 世纪开始,资本主义的生产关系逐步在西欧各国萌芽并得到初步发展。为了到以中国为代表的东方国家去"淘金",葡萄牙的迪亚士、达·伽马、麦哲伦和意大利的哥伦布等人在本国王室的支持下纷纷开始开辟新航路,使得葡萄牙的首都里斯本、西班牙唯一有内河港口的萨维利亚和英国的首都伦敦等一批国际贸易中心开始出现,这也就是最初的全球化的雏形。新航路的开辟反映了资本主义掠夺财富的本性,同时也使人们开始有了全球化的思维,推动了资本主义的进一步发展。这种最初的全球化不仅让美洲的烟草、可可和中国的丝绸、茶叶等很多商品出现在欧洲多个国家的市场上,也使得人们更加重视开辟世界市场,英国、法国、西班牙、荷兰等国为控制国际贸易纷纷建立自己的贸易公司,西班牙、葡萄牙等国甚至开始大力在亚非拉等国进行殖民扩张和掠夺,不仅让许多国家成为西方的殖民地,也让中国这样的大国沦为半殖民地半封建社会。一百六十多年前，马克思和恩格斯在著名的《共产党宣言》中提出："大工业建立了由美洲的发现所准备好的世界市场。世界市场使商业、航海业和陆路交通得到了巨大的发展"①，"不断扩大产品销路的需要，驱使资产阶级奔走于全球各地"②。并进一步指出，由于资产阶级开拓了世界市场，资本主义的发展使一切国家的生产和消费都成为世界性的了，其生产的产品不仅供本国消费，而且同时供世界各地消费。并且，世界市场的开拓也使得各民族的精神产品成了公共财产，民族曾经的片面性和局限性日益成为不可能。马克思和恩格斯这里提出的世界市场就是较早的全球化思想，可以说他们就是最早提出全球化思想的人。

第二次世界大战期间的1942年初，为建立一个世界反法西斯同盟，苏联、美国、中国、英国等26个国家在美国总统罗斯福牵头起草的《联合国家宣言》上签字，第一次正式采用"联合国家"（也称为"联合国"）的名称。1943年10月底的莫斯科会议上，苏联、美国、中国、英国这四个国家的代表共同发表了《普通安全宣言》，主张建立一个战后国际安全组织。1945年6月，在美国旧金山举行的"联合国家关于国际组织的会议"上，50个与会国家一致通过新制定的《联合国宪章》，并于同年10月24日开始生效，这标志着联合国正式成立。在联合国筹备成立期间，"全球主义"的英文单词Globalism、"全球化"的英文单词Globalization先后于1943年、1944年第一次在英语词典中作为独立词汇出现，也引起了人们对全球化问题的关注和思考。1946年1月到2月间，第一届联合国大会在伦敦召开第一阶段会议，51个创始会员国的代表参加会议，这标志着联合国这一全球性的组织系统正式开始运行。因此，联合国正式成立并运行被认为是标志着一个新的世界体系从此得以确立，也推动着各国之间经济、文化乃至政治上的相互依赖、相互渗透、相互制约关系的进一步加深，世界逐步进入一个全球化的时代。

第二次世界大战胜利后不久，当时以美苏两国为代表的资本主义、社会

---

① 《马克思恩格斯文集》第2卷，人民出版社2009年版，第32页。
② 《马克思恩格斯文集》第2卷，人民出版社2009年版，第35页。

主义两大阵营之间的冷战使得全球化在事实上受阻,越来越多的人开始关注和思考世界发展之路究竟如何走。1951 年,在荷兰中央计划局工作的经济学家简·丁伯根在其代表性著作《论经济政策》中首次提出了"经济一体化"的概念,并紧接着在其另一部重要著作《国际经济一体化》中深入阐述各个独立国家之间经济关系的实质,进一步详细解释了什么是世界经济一体化及其本质等,指出独立国家之间的经济交往主要分为生产要素转移和产品转移两大类。他认为,经济一体化就是大力清除有关阻碍经济最有效运行的人为因素,通过相互协调和统一来创造一种最适宜的国际经济结构。后来,丁伯根获得了诺贝尔经济学奖。

欧洲不仅在经济一体化的理论研究上走在世界前列,而且在实际行动上也一马当先。1957 年 3 月,《欧洲经济共同体条约》《欧洲原子能共同体条约》签订;1958 年 1 月,欧洲经济共同体正式成立;1962 年 1 月,欧洲共同农业政策生效……这一系列举措表明,欧洲经济一体化的进程在一步步快速推进,也加快了世界经济一体化的步伐。1962 年,美国经济学家贝拉·巴拉萨又在其代表著作《经济一体化理论》中对特定资源配置的变化、增长问题和经济政策等进行研究,阐述了经济一体化的静态、动态等问题,进一步剖析了经济一体化的含义,指出一体化不仅是一种进程,而且是一种状态;经济一体化就是指产品和生产要素在世界范围内的流动不受任何国家政府的限制。这不仅加深了人们对世界经济一体化的认识,也使得经济全球化开始进入更多人的视野。

时间进入 20 世纪 60 年代,冷战进入第二阶段,在军事实力上已经超过美国的苏联开始进行强势扩张,而越战、石油危机等原因导致美国的世界霸主地位开始动摇,处于战略守势的美国不得不响应苏联方面提出和推行的"和平共处"总路线和"缓和政策",同时也想通过外交手段等遏止苏联的进一步扩张,东西方关系在这种背景下开始出现了一定程度的改善。与当时美苏两国关系的变化相关,全球化成为这个时期国际问题研究领域的一个重点,也是国际问题研究中争论最激烈的问题之一。尤其是在 20 世纪 70 年代,1968 年成立的以研讨全球问题为重点的全球智囊组织罗马俱乐部陆续发表了《增长的极限》、《重建国际秩序》、《人类的目标》等几篇引起较大关注的报告,使一些全球性的问题得到了普遍的关注。其中罗马俱乐部在

1972 年发表的第一个研究报告《增长的极限》不仅预言经济增长不会无限持续下去,而且在关注环境保护问题的同时,做了世界性灾难即将来临的大胆预测,在全球范围内掀起了一场关于世界发展的大辩论。《增长的极限》被翻译成三十多种语言,全球销量达三千多万册,成为关注全球化问题的代表著作之一。罗马俱乐部坚持把全球视为一个整体进行研究,不仅提出各种全球性问题是相互关联、相互影响、相互作用的全球系统观点,而且大力倡导用全球思维、从全球视野入手解决人类发展中面临的重大问题,被认为是人类开始站在全球视野的新角度来认识、提出、解决全球性问题的新时代开始的标志,同时也开辟了一个全球问题研究的新领域。1977 年,美国哈佛大学的两位著名政治学者、新自由主义学派的两大代表人物罗伯特·基欧汉和约瑟夫·奈提出了"相互依存"的概念,并使其逐渐取代"主权"成为国际政治研究的热门词汇之一。但是,直到 20 世纪 80 年代之前,全球化问题的研究重点一直偏重在政治关系方面。

(二)全球化概念的进一步发展和影响力凸显

20 世纪 80 年代以来,以戈尔巴乔夫成为苏联党和国家的最高领导人为标志,冷战进入第三阶段。面对美国的强硬政策,戈尔巴乔夫没有与其硬碰硬,而是主动向美国等西方国家示好,再加上其推行了深受资本主义意识形态影响甚至左右的经济改革、政治改革,使得美苏关系出现新的缓和。美苏两个超级大国的对峙关系进一步缓和,再加上中国推行改革开放的政策吸引了不少国际资本进入中国,推动着全球化问题的重点开始从政治关系转向经济关系,并开始同建立国际新秩序这个话题密切联系起来。此前的多年时间,由于冷战等原因,西方的国际政治领域一直认为政治外交等才是高级政治应该研究的领域,而经济、科技、文化等非政治外交则被认为是低级政治研究的范围。伴随着"世界一体化"、"全球一体化"等经济一体化概念在 20 世纪 80 年代以后进一步得到发展,国际上的国家之间的经济交流开始不断增多,也推动着世界经济发展中相互影响、相互制约、相互依存、相互促进的程度日趋加深,使对外开放的各国之间在经济领域的相互开放、相互联系、相互依赖、相互推动更加紧密,经济全球化成为世界问题研究的重点,也成为高级政治研究开始重视的研究领域之一。

而跨国公司的出现和影响日益扩大成为这个时期最鲜明的特征之一,

这些发达资本主义国家的垄断企业在世界很多国家设立子公司或者分支机构,通过直接在别的国家投资生产、经营和大举并购等方式,控制很多国家乃至世界的经济命脉和整体发展。尤其是从 1982 年开始,当时的美国总统里根从 1981 年上任后就开始在国内积极推行以减税、降利率、压缩开支、抑制通胀等为主要内容的"经济复兴计划",使美国经济发展在经历几年衰退后开始出现转机,并在 1983 年开始出现大幅回升。再加上中国这个巨大世界市场的对外开放给世界提供了巨大商机,跨国公司开始得到迅速发展,不仅操纵了美国等发达国家的经济、政治命脉,也越来越深刻地影响甚至控制着不少发展中国家的经济发展。在这个时期,欧洲经济一体化的进程也在进一步加快,先是希腊在 1981 年 1 月和西班牙、葡萄牙在 1986 年 1 月陆续加入欧共体,使其成员国数量达到 12 个。紧接着,《单一欧洲法案》在 1986 年 2 月签署,并在 1987 年 7 月正式生效。三年后的 1990 年 7 月,在欧共体的推动下,实现了资本流动的自由化。欧共体的这些举措,不仅对其成员国的国际化起到了很好的推动作用,也对经济全球化起到了推动和示范作用。

经过十年发展,到苏联解体后一年的 1992 年年底,跨国公司主导的海外直接投资额累计高达 2 兆美元,排名在前 100 名的跨国巨头就掌控了其中的 1/3。仅仅是在 1992 年,跨国公司在海外的销售额就高达 5.5 万亿美元,比这一年的商品出口额还高出了 1.5 万亿美元。这些数据表明,跨国公司在当时已经成为在国际经济、国际贸易、科学技术乃至国际政治中最具活跃性、最富影响力、最有推动力的重要力量,在世界经济、社会、科技、政治发展中占据了越来越重要的地位。1992 年 10 月,时任联合国秘书长布特罗斯·加利在联合国日的致辞中宣布,世界已经进入全球化时代,第一个真正的全球化的时代已经到来。他还进一步断言,全球化的胜利将使所有人受益。以生产跨国化、贸易全球化、市场一体化、金融国际化、服务网络化等为特征,很多跨国公司的生产、经营等发展决策不再是把一个单独的国家而是把整个的国际社会视为自己的出发点和市场范畴,跨国公司像桥梁、纽带一样使得世界各国之间的经济联系更加密切,也吸引着更多国家主动或被动地加入到世界经济全球化的大潮中来,这又推动着跨国公司自身的经济实力得到快速增长和对世界经济的影响力、推动力、控制力大大增强,经济全球化这一时代特征进一步凸显。

（三）全球化时代到来深刻影响世界格局

随着经济全球化在 20 世纪 90 年代的迅猛发展,越来越多国家深切感受到全球化的热潮。尤其是加利作为联合国秘书长宣告世界已经进入了一个全球化时代,更使得全球化成为一个在很多国家都非常非常受人追捧的时髦词汇。1996 年的联合国贸发会议上指出,全球化是世界各国在经济上跨国界联系和相互依存日益加强的过程,运输、通信和信息技术的迅速进步有力地促进了这一过程。国际货币基金组织在 1997 年进一步指出,"全球化是指跨国商品与服务交易及国际资本流动规模和形式的增加,以及技术的广泛迅速传播使世界各国经济的相互依赖性增加。"①

"全球化"不仅成为各大国际会议和论坛的主题词和热门词汇,被多个国家或者国际组织写进各种报告中,还被广泛应用或者延伸到各个领域,全球一体化、文化全球化、政治全球化等概念也随之诞生并成为热门词汇。在这种背景下,跨国公司更是成为很多国家非常欢迎的宠儿,为了吸引跨国公司到本国投资,很多国家的领导人给予了这些跨国公司的领导人以很高的礼遇,不仅亲自会见,甚至还亲自过问其在本国投资。在全球化的热潮下,全球性的跨国公司的数量在 1993 年达到了 3.7 万家,其在海外的附属企业也达到了 17 万家之多;从 1994 年到 2004 年,排在全球前 100 名的跨国公司的海外资产占总资产的比率从 41.1% 提高到了 53.4%;从 1995 年到 2004 年,排在全球前 100 名的跨国公司的跨国指数更是从 48.9% 提高到了 56.8%……全球化程度的不断提高,推动着更多的跨国公司把企业的发展规划调整为全球发展战略,带来的是跨国公司越来越深度地控制了世界经济发展命脉,深刻影响和改变着世界发展的格局。据统计,来自美国、英国、德国、日本等 12 个发达国家的跨国公司控制着世界科技开发、技术贸易领域的整体发展,世界上 80% 左右的专利权以及相关的国际技术贸易被跨国公司掌握和垄断,发达国家约 90% 的生产技术和 75% 的技术贸易被本国排名在前 500 名的跨国公司控制,排在全球前 500 名的跨国公司占世界总产值的 45%、占世界贸易总额的 60%、占全球累计直接投资的 90%……这一切表明,跨国公司不断壮大使一个少数大财阀集团主宰全球大多数人命

---

① 国际货币基金组织:《世界经济展望》,中国金融出版社 1997 年版,第 45 页。

运的时代已经悄然来临。

在这个阶段,欧洲也加快了经济一体化的进程,尤其是金融一体化的进程影响了欧洲的整个经济、社会和政治格局。1993 年 1 月,欧共体实现单一大市场,并在同年 11 月改称为欧洲联盟;1994 年 1 月,欧洲货币局建立,标志着经济货币联盟进入第二阶段;1995 年 12 月确定欧洲单一货币的名称为"欧元",计划于在 1999 年 1 月 1 日启动;1998 年 6 月,欧洲中央银行成立;1999 年 1 月,欧元按计划诞生,并在 2002 年 1 月正式开始流通。2003 年 4 月,欧盟 15 国与波兰、匈牙利、捷克、斯洛文尼亚、爱沙尼亚、塞浦路斯、斯洛伐克、立陶宛、拉脱维亚和马耳他 10 个申请国签订了接纳其加入欧盟的条约,欧盟东扩不仅对欧盟的发展产生了深远影响,其关税同盟效应、政治联手效应以及其在众多领域的"聚集效应"、"扩散效应"等,对全球的经济发展乃至政治格局也产生重大影响,成为世界进入全球化时代的最重要的助推器之一。

世界贸易组织(World Trade Organization,简称世贸组织或 WTO)的成立是世界经济全球化进程中具有重要里程碑意义的一件事,并对全球化进程起到了举足轻重的作用。在 1994 年 4 月举行的关贸总协定乌拉圭回合部长会议上,决定成立更具全球性的世界贸易组织,取代 1947 年 10 月签订的关税与贸易总协定,并于 1995 年 1 月正式开始运作。作为当今世界最重要的、独立于联合国的、具有法人地位的永久性国际经济组织之一,虽然 WTO 在很大程度上受美国等西方资本主义国家影响甚至左右,但 WTO 通过管理世界经济和贸易秩序,范围涵盖货物贸易、知识产权贸易和服务贸易等,并同国际货币基金组织、世界银行等制订全球经济政策的其他国际组织或机构进行合作,努力通过实施市场开放、非歧视和公平贸易等原则实现世界贸易自由化,仍在一定程度上比较好地保障了全球经济决策的一致性、有效性和团结性。

经过长期艰难谈判并作出了巨大让步,中国终于在 2001 年 12 月正式加入 WTO。世界最大的经济体之一的中国的加入,大大推动了 WTO 进一步走向国际化、全球化。2012 年 8 月,俄罗斯正式成为 WTO 第 156 个成员,标志着世界上最后一个重要经济体被纳入国际贸易规则之内,也意味着WTO 成为真正全球化意义上的"经济联合国"。2013 年 3 月,塔吉克斯坦成为WTO第159个成员,显示出WTO在国际金融危机冲击下依然具有很大魅力。如今,WTO成员的贸易额已很接近全球贸易总额,在调解成员之间的分歧、争执、冲突等方面具有非常高的权威性、有效性。WTO在全球化进程中扮演越来越重要的角色让其具有非常大的影响力、吸引力,也成为世界经济全球化的风向标。

二、全球化的特点和本质

作为发源于西方并由西方国家主导的一种思潮,尽管披着经济全球化的外衣,但全球化问题从一开始就有着明显的意识形态色彩。不同学者从不同研究角度对全球化的概念、内涵和本质给予了不尽相同甚至相差很大的诠释,也让我们进一步看清了全球化问题的复杂性,全球化不仅仅是经济全球化,也伴随着文化全球化、政治全球化等多个领域的全球化,全球化本质上是由美国等西方发达国家主导的全球化,发展中国家在全球化大潮中处于弱势地位。虽然如此,但全球化已经成为无法回避和阻挡的时代潮流,如何实现积极参与经济全球化和坚持社会主义道路的统一是中国必须认真面对和解决好的问题。

(一)全球化不仅仅是经济全球化

虽然全球化是从经济领域开始,但一开始就不单纯是经济全球化,也从来没有单纯的经济全球化,经济全球化背后的政治、文化等因素一直就存在。尤其是随着所谓的全球化时代的到来,在经济全球化的带动和推动下,文化全球化、政治全球化等思潮越来越凸显出其强大的影响力。有不少西方学者就公开宣扬全球化就是一种单一化,认为不同国家、民族以及文明体系之间在生产方式、生活方式、文化观念、价值理念等方面都可以趋同,甚至有人认为全球化最后将是全世界经济、文化乃至政治的一体化。美国《纽约时报》的公开评论就直接说,WTO资格不仅是经济问题,而是关系到全球一体化……使得更多中国人能够接受外国思想的影响。一些国内学者虽然不敢公开宣称政治全球化,但其大力鼓吹中国应该积极融入全球化时代的真实意图也是推动文化全球化、政治全球化等,企图误导中国首先实现经济制度的更替,进而实现根本政治制度的更替。

美国的国际关系学者詹姆斯·多尔蒂和小罗伯特·普法尔茨格拉夫在

合著的《争论中的国际关系理论》一书中更是明确提出要用"地球中心"的方法取代"民族中心"的方法来研究全球性体系,并具体指出:"相互依存这个名词被用来表示全球体系中各种关系的特点。根据这一概念,一个真正全球性体系在历史上的首次出现要求人们对国际关系进行研究时,采用'地球中心'的方法,而不是采取'民族中心'的方法。"①美国国际政治学家乔治·莫德尔斯基则在他的《世界政治学原理》一书中进一步提出:"当世纪末临近的时刻,全球化正迫使人们重新思考'政治共同体'的性质,的确,全球化对民族国家是'最好的共同体'这样一个现代化的正统观念提出了挑战。"②他明确提出了"政治共同体"的概念,其实就是在呼吁推进政治全球化,用美国的政治制度来同化全世界。曾在 1974 年到 1982 年担任联邦德国总理并在任期开始不久就访华的赫尔穆特·施密特也毫不讳言地指出,全球化既是一个实践政治命题,也是一个社会经济命题、思想文化命题。由此可见,全球化过程绝不仅仅是经济全球化,西方国家不仅是在经济领域大力推进全球化,而且在政治领域、文化领域等领域强力推进全球化,极力通过这些领域的全球化推行其发展模式、生活理念、价值观念以及政治制度,企图通过多领域的全球化来实现资本主义同化其他一切制度的"一统天下",这也凸显出全球化的矛盾性、复杂性甚至危险性。

越来越多的西方专家学者认为全球化是融合经济全球化、文化全球化、政治全球化等为一体的。美国经济学家泰勒·考恩在《创造性破坏:全球化与文化多样性》一书中毫不讳言全球化对传统文化的破坏力,并非常肯定地认为全球化和跨文化交流不是短暂现象,而是世界文化发展的常态。美国文化社会学家罗兰·罗伯逊强调了文化全球化在整个全球化概念中的首要性、基本性。他认为,全球化就是指整个世界的压缩,世界正在变得越来越统一,全球化社会正在形成,其首先是一个多元社会化构成的全球化的文化系统,不仅使所有社会文化形态相对化,并使它们真正实现"平等化"。英国社会学家丁·米特尔曼更是一针见血地指出,全球化概念就是包括经济、政治、文化、意识形态等领域的相互渗透。其他不少西方学者也纷纷明

---

① 　[美]詹姆斯·多尔蒂、罗伯特·普法格茨拉夫:《争论中的国际关系理论》,阎学通、陈寒溪等译,世界知识出版社 2003 年版,第 147—148 页。

② 　George Modelski, *Principles of World Politics*, New York: Free Press, 1972, p.72.

确指出,全球化是第一个真正的全球文明的前导,目标就是要创造一个全球"融合"的世界文明,世界各国文化在无形的全球化市场中正逐渐形成一个世界统一化的"国际文化"或"全球文明",并且正在改变人们对领土、主权、文化理念甚至国家制度的传统认识。这些学者的观点表明,西方发达国家推进全球化的真正目的是从经济上控制、文化上同化、政治上颠覆与其意识形态对立或者差异较大的国家。事实上,很多发展中国家都是从使用西方发达国家推出的产品开始,从被动接受其消费文化逐步到模仿其消费方式,并进一步接受其生活理念、价值观念。特别应该指出和提醒的是,随着不少领导干部的子女纷纷到美国等西方资本主义国家留学或者到跨国公司工作,深受西方思潮影响的子女对父母的影响也越来越值得警惕。调研中,相当一部分领导干部也承认子女到国外留学或者到跨国公司工作对自己的思想和工作都产生了一定的影响。

(二)全球化是由西方发达国家主导的

尽管有了中国、俄罗斯等新兴国家的加入,但西方发达资本主义国家发起的经济全球化进程多年来还是一直由西方发达国家主导的,甚至不少时候是由其操控的。西方发达国家不仅在资金、人才、市场、技术、管理等很多方面都占有很大优势,而且主导着全世界的绝大部分投资、贸易、金融等资源,决定着如何对全球的财富、资源进行再分配,对全球化的发展有着强大的话语权和主导权,资金、技术等多方面比较落后的发展中国家则一直处于非常不利的地位。正如英国经济学家莱斯利·斯克莱尔所指出,虽然全球体系和全球资本主义的体系还没有完全重合,但存在于全球资本主义体系背后的驱动力同时也是推动全球体系发展的、占据主导地位的驱动力。这就揭示了西方发达资本主义国家才是全球体系的最强大驱动力,也是全球化的真正操控者、受益者,可谓是尽享全球化"红利"。从全球化兴起至今,尤其是20世纪80年代以来,美国等西方发达国家通过制订全球化的"游戏规则"、引导全球化的发展方向、控制全球化的势力范围,成为全球化最主要、最大的受益者。而广大的发展中国家由于在生产制造、技术研发、经营管理等不少方面的水平相对落后,一直在总体上处于跟随者的被动地位,不仅经济利益常常受损,甚至经济安全和国家主权也受到很大挑战。因此,经济全球化在很大程度上就是国际垄断资本在全球的扩张,其实质就是资本主义生产关系的全球化。

在经济全球化的整个链条中,西方发达国家拿走了绝大部分收益,广大发展中国家只能得到很少的利益份额,但环境生态恶化、资源能源枯竭、产业结构失衡等经济全球化带来的一系列负面影响和巨大危害基本上都留在了发展中国家。并且,不少发展中国家在资源能源被掏空、生态环境被破坏、道德观念被污损后已经无法独立改善日益恶劣的发展环境和生存环境,往往在短暂的物质富有之后陷入更长期、更可怕的物质和精神的双重贫穷。这也就是全球化的大潮中,为什么发达国家越来越富有、落后国家却持续贫穷这种恶性循环的局面不仅没有得到根本改善,反而在不少国家不断恶化的根源所在。正如联合国开发计划署在 1999 年度的《人类发展报告》中所作出的结论:"迄今为止的全球化是不平衡的,它加深了穷国和富国、穷人和富人的鸿沟。"这份报告提供的数据表明,全世界人口中最富有的 1/5 与最贫穷的 1/5 的人均国民收入之比,1960 年是 30∶1,1997 年达到了 74∶1;最富有的 1/5 人口占有了全世界国内生产总值的 86%、出口市场的 82%以及外国直接投资的 68%,而最贫穷的 1/5 人口在上面各项指标中都是仅仅只占 1%。1998 年,通信、杀虫剂、计算机等几个行业最大的 10 家跨国公司占有整个世界市场的份额分别达到 86%、85%、70%;在过去 4 年时间里,世界上最富有的 200 人所拥有的财富增加了一倍,高达 1 万亿美元,世界上最富有的 3 位亿万富翁的总资产超过了总人口达 6 亿多的所有最不发达国家的国内生产总值总和。报告分析指出,造成这种贫富差距不断加大问题的根本原因是市场主宰了整个全球化的进程,使得穷国和穷人被边际化,很多时候只能是为全球化付出沉重的代价。片面强调全球市场一体化的全球化新规将穷国、穷人丢弃在了在一边。如果包括这些穷人在内的众多国家、人民不能从全球一体化中得到好处,必然就会拒绝它。

对这些问题,中国领导人一直有着比较清醒的认识。2000 年 9 月,江泽民在联合国千年首脑会议上的讲话中就深刻指出:"现代科学技术和经济全球化趋势的发展,并没有使世界各国都普遍受益,世界发展中的不平衡更趋严重。"[①]新马克思主义理论家、经济学家和全球化问题研究专家萨米

[①] 《江泽民文选》第三卷,人民出版社 2006 年版,第 109 页。

尔·阿明在剖析了全球化冲击对拉美、非洲和亚洲等地区国家的负面影响后提出,全球化就是一个反动的乌托邦,西方发达国家是全球化的真正中心和枢纽,他们靠其拥有的资金、技术、营销网络等优势攫取走了绝大部分利润,发展中国家等其他国家则绝大多数只能是充当全球化生产中的廉价劳动力。由此可见,只要由西方发达国家制订和操纵的不公正、不合理的国际经济旧秩序、国际政治旧秩序还没有被打破,公正、合理的国际经济新秩序、国际政治新秩序还没有建立,全球化是由西方发达国家主导甚至操控的本质就不会改变,国与国之间的贫富两极分化也将继续加大。

以美国为代表的西方发达国家不仅是国际金融、贸易等领域的"游戏规则"的制订者和操纵者,也是世界上主要的国际性经济、金融、社会组织的实际控制者。他们常常打着所谓"国际社会"的旗号,通过这些国际组织或非政府组织以"国际惯例"、"国际规则"等名义将更多不平等强加给广大发展中国家。以 WTO 为例,其直到今天也没有真正的民主可言。WTO 实行秘密运作,不向成员解释其行动,再加上 WTO 秉持所谓对市场的信仰,很多时候往往向强势企业的利益倾斜。即使一些发展中国家或地区对WTO 框架下的这些不公机制不满意甚至提出反对意见,但也没有足够的办法和力量去真正反对。尤其是所谓的"密室会议"、"小型部长会议"等不透明的做法更是极大侵害了大多数成员尤其是发展中国家的利益。在所谓的"密室会议"中,一部分和会议主题有一定利益关系的国家往往会事先针对将要讨论的议题作出有利于自己的方案或者形成决议,然后再将他们形成的方案或决议公布让所有的会员国进行表决。这种"密室会议"基本上排斥发展中国家参与,成为少数发达国家操纵 WTO 的工具。

(三)全球化是无法回避的时代潮流

尽管存在这样或者那样的问题,但作为一种难以阻挡的历史潮流,全球化已经成为绝大多数国家不可避免的重大考验。因此,与其被动地被卷入到全球化大潮中,不如采取认真、主动的态度和坚定、有力的措施科学应对全球化,积极参与全球化。曾在联合国贸易和发展部门工作、并在 1987 到1989 年间担任国际商务学会主席的英国经济学家约翰·邓宁说:"除非有天灾人祸,经济活动的全球化已经不可逆转。"1995 年到 1999 年间担任WTO 第一任总干事的雷纳托·鲁杰罗甚至认为:"阻止全球化无异于想阻止地球自转。"此外,越来越多的国家加入 WTO 的事实也表明,积极参与全球化进程、加强国际间的经济合作已成为世界上绝大多数国家顺应经济全球化大趋势的自觉选择。

中国加入 WTO 的过程和加入 WTO 后的第一个 10 年发生的巨大变化表明,积极、主动地参与经济全球化虽然会带来一定冲击,但更给中国带来了巨大变化。中国虽然是 WTO 的前身——关贸总协定的创建国之一,但把控着 WTO 的美国等西方国家却一直拒绝承认。经过一个时期的僵持之后,一直想早日加入 WTO 的中国被逼无奈,只好被迫放弃了从 1986 年开始一直在努力申请的缔约国成员身份,以普通新成员身份重新申请加入。1995 年 7 月,WTO 总理事会决定接纳中国为 WTO 观察员。江泽民在 1998 年 2 月召开的党的十五届二中全会上就如何看待和应对经济全球化问题专门指出:"现在国与国的经济联系日益紧密,相互影响越来越大,谁也不可能关起门来搞现代化建设,不可能回避经济全球化的趋势和激烈复杂的国际竞争。问题的关键在于,既要敢于又要善于参与这种经济全球化条件下的国际经济技术合作和竞争,既要充分利用其中可以利用的各种有利条件和机遇来发展自己,又要清醒认识和及时防范其中可能带来的各种不利影响和风险,稳步推进对外开放。这一点,对于像我们这样经济技术实力远不如西方发达国家的发展中国家来说尤为重要。如何趋利避害、掌握主动权,始终是摆在我们面前的大问题。"[①]同年 8 月,他在第九次驻外使节会议上的讲话中再次指出:"当今世界是一个开放的世界,谁也不可能孤立于世界之外去发展自己的经济。我们要坚定不移地实行对外开放政策,适应经济全球化趋势,积极参与国际经济合作和竞争,充分利用经济全球化带来的各种有利条件和机遇。不能看到有风险、有不利因素,就因噎废食,不敢参与进去。同时,又要对经济全球化带来的风险保持清醒的认识,坚持独立自主,加强防范工作,增强抵御和化解能力,以切实维护我国的经济安全,更好地发展壮大自己。"[②]同年 12 月,他又强调指出:"在我们这样一个人口众多的发展中的社会主义大国,任何时候都不能依靠别人搞建设,必须始终把独

① 《江泽民文选》第二卷,人民出版社 2006 年版,第 102 页。
② 《江泽民文选》第二卷,人民出版社 2006 年版,第 201 页。

立自主、自力更生作为自己发展的根本基点……不断提高对外开放的质量和水平。"①这也成为中国入世谈判和应对全球化冲击一直遵循的原则。2001年12月,在经过艰难的长期、多轮谈判之后,中国终于正式加入WTO,成为WTO第143个成员。

加入WTO确实对中国造成了不小的冲击,但从总体上看是大大加快了中国的发展。以加入WTO后的第一个10年为例,中国加入WTO后的10年进出口总额比加入WTO前24年增长了3.8倍,其中出口增长了4.0倍,出口规模跃居世界第一。10年来,累计吸收外商在华直接投资总额累计达到7595亿美元,排名跃居全球第二位,并且在发展中国家中连续18年排在第一位。加入WTO后的10年也是中国经济发展速度最快的一个时期,GDP年均增长率也高达10.5%。这些事实表明,中国不仅成为了加入WTO的受益者,而且推动了WTO本身的改革进程,积极参与和推动全球经济治理的机制、体制改革,推动尽快建立公正合理的国际经济秩序,为世界经济发展作出了巨大贡献。

三、全球化对社会主义意识形态的冲击

无论是对国家还是对个人,全球化的影响都是全方位、多层面、立体式的,这种影响已经远远超出了经济全球化的层面。因为我们是社会主义国家,而全球化大潮是美国等发达资本主义国家主导的,这就决定了全球化对社会主义意识形态的冲击是巨大的。我们绝大多数人都有着这样的亲身感受,我们日常生活中使用的很多电器、汽车是国外的,吃的、喝的很多是国外的,穿的衣服、鞋子不少是国外的,就连看的电影、电视剧很多也是国外的……我们不仅生活在国外的产品包围之中,而且被国外的消费方式、生活理念、价值观念深深影响着。对于这种隐藏在全球化背后的经济霸权主义和强权政治思想,我们该如何应对? 如何避免全球化在中国演变成以美国为标准的"西方化"、"美国化"? 这就要求我们首先要深刻认识到全球化对社会主义意识形态的冲击体现在哪些方面,这些冲击又有着怎样的危害?

---

① 《江泽民文选》第二卷,人民出版社2006年版,第255页。

（一）通过经济全球化来控制经济并影响人们的消费理念、引导其消费方式

2013 年 3 月下旬，福建南平南孚电池一位名叫蔡运奇的小股东公开揭露世界 500 强企业宝洁的"罪状"：利用南孚渠道为宝洁自己的"金霸王"电池在中国开路；借口要开发锂电池项目，却让南孚向竞争对手"金霸王"采购相关设备，并且采购价比公开的报价高三四成。蔡运奇批评宝洁这么做有转移南孚资产的嫌疑，使得外资并购民族品牌的问题再次引起人们的关注和反思。其实，早在几年前，中国 28 个主要行业中竟然有 21 个被外资控制的问题就成为媒体关注的焦点，并在近年来多次被人提起。国务院研究发展中心在 2006 年发表的研究报告显示，在中国已对外资开放的产业中，每一个产业中排在前 5 名的企业几乎都是被外资控制着；尤其是中国的 28 个主要产业中，外资竟然在 21 个产业里拥有多数资产控制权，可以说是基本上控制了这 21 个产业。其中玻璃行业中最大的 5 家企业已经被全部合资了，占全国产量超过 80% 的 5 家最大的电梯生产厂家也都已经被外商控股，国外品牌占据了汽车行业 90% 的销售额。而在与人民群众生活有密切影响的流通领域，外资控制的大型超市在全行业所在的比例已经高达 80% 以上……从中国在 2001 年正式加入 WTO 开始，外资进入、占领中国市场的主要方式很快从前些年的投资建厂转变为收购中国企业，并且在收购中坚持着"必须是行业龙头企业"、"必须绝对控股"、"预期收益率必须超过 15%"的"三必须"原则，导致大量行业领先的民族品牌被外资收购，并且很多品牌在收购后被故意弱化甚至冷藏，最后逐渐从市场上消失。这么多民族品牌被收购的遭遇和外资控制中国这么多行业的事实，不禁让大家想起拉美、东欧的一些国家开放过度的惨痛教训。开放过度不仅严重损害了这些国家民族经济利益和经济安全，也给这些国家发展和人民生活造成了长期的灾难性影响。

在外资收购中国企业的过程中，中国企业甚至一些地方政府往往被外商玩弄于鼓掌之间，我们在这方面有着太多的教训。原大连电机厂曾经是为我国经济发展作出了巨大贡献的国内最大电机企业，曾获得机械电子工业部授予的年度经济效益先进单位，被评为国家一级企业；原大连第二电机厂也曾经是原来的机械电子工业部生产起重冶金电机的排头兵企业，也是

辽宁省的十大著名企业之一。而就在中国被接纳为 WTO 观察员后的 1996 年和 1998 年,这两个电机厂分别与新加坡威斯特、英国伯顿合资,然后又被外商控制了企业的经营权、购销渠道,企业的巨额收入被外方采取各种手段加以隐蔽并流失境外,造成企业连年亏损。在掏空了合资企业后,外资又步步紧逼收购了中方全部股权,仅仅用了 3 年就通过"合资、做亏、独资"三步曲完成了对两大优质国有企业的吞并。这种全球化大潮中的合资不仅没有实现国企解困的最初愿望,反而造成大量国有资产流失,多达一半以上的职工丢了"饭碗",国家多年精心培育的行业技术自主创新的平台被瓦解、破坏,大量的国家投资付之东流,造成了"包袱被政府背着、债务逃废、税收流失"等令人心痛的局面。稍微留心这些年来的外资并购,类似的教训实在是太多了。这不仅损害了中国的经济利益,也让一部分因为企业被收购而下岗的员工对党和政府有了抱怨甚至愤恨。

事实上,很多发展中国家都是从使用西方发达国家推出的产品开始,从被动接受其消费文化逐步到模仿其消费方式,并进一步接受其生活理念、价值观念。结果不仅衣食住行被外资牵着鼻子走,而且价值观念也被西方同化。看看我们每天的生活:从牙膏到护肤洗浴产品;从在家里做饭用的食用油到我们开的汽车、用的手机、戴的手表;从我们吃的快餐到购物去的超市;喝的啤酒或洋酒,看的大片,住的酒店等等,国外品牌无处不在。随着不少外资品牌的产品在中国市场占有率的不断攀升,其中不少品牌已经在行业占据了垄断地位,我们不知不觉中已经生活在国外品牌的包围之中。并且,如果他们涨价就会提高我们的生活成本,这时我们又会抱怨政府没有管理好物价问题。这样天长日久下去,我们增加的是对国外产品的依赖,是对国外消费方式、生活理念的向往,不仅使国产品牌的产品销售遭受严重打击,而且社会主义意识形态也在不知不觉中被一步步消解。

当中国不少支柱产业的控制权已不在我们本国企业手中时,当外资在越来越多行业拥有了控制权之后,我们又怎么能够真正实现自主技术的创新,又如何保证我国的经济安全,我国又如何才能避免成为发达国家的经济殖民地?面对经济全球化的冲击,越来越多的中国人已经无法回避这些问题,不少人在思考这些问题。因此,在积极参与国际经济合作、竞争的同时,如何勇于、善于维护我国经济的独立和安全,同时维护好我国的文化安全、政治安全等,是每一位领导干部都应该认真思考和解答好的问题。

(二)通过文化全球化进行文化渗透来影响、改变人们的文化取向和价值观念

作为美国等西方资本主义对外渗透、扩张的重要方式,文化全球化与经济全球化几乎可以说是相伴而生。所谓文化全球化,就是指世界上不同民族、国家的各种文化在全球化大潮的冲击下,以多种方式在全球范围内相互交流、交锋、融合的过程。其中既有本国文明、文化的对外输出过程,也有他国文明、文化对本国的不断输入过程,其中既有文化产品的输入、输出,也有国与国之间在教育、科研、传媒、影视、艺术、出版、宗教等领域的交流。由于受"西方文明中心论"的影响,西方发达资本主义国家的所谓西方文明在这种交流、对流中占据主动、主导地位,他们通过全球化大力输出自己的影视作品、新闻报道、图书等文化产品以及文化产品中所蕴涵的价值观、人生观和世界观,把文化全球化变成美国文化或者西方文化的"同质化"、"一元化"、"一致化"、"一体化",达到通过文化全球化进行文化渗透来影响、改变其他国家人民的文化取向和价值观念的目的,从而实现"文化西方化"、"文化美国化"、"文化霸权化"甚至"文化殖民化"。

美国的影视大片是其在文化全球化过程中推行"文化美国化"的重要工具,也是我们最为熟悉、接触最多的,这些影视大片中宣扬的个人主义、拜金主义、享乐主义、消费主义、自由主义等西方资本主义的意识形态大量涌入中国,美国文化、美国文明、美国价值等已经对我们很多人不同程度地产生了影响,尤其是对年轻人影响最大。如《空军一号》、《2012》等美国电影中,美国总统被美化为先天下之忧而忧的世界人民领袖,美国被赋予了领导世界、拯救世界的不可替代的神圣职责,文化霸权主义思想彰显无遗。美国《华盛顿邮报》上刊发的一篇题为《美国流行文化渗透到世界各地》的文章中毫不隐讳地指出,美国最大的出口产品不再是地里生产的农作物,也不是工厂制造的产品,而是批量生产的流行文化,是电影、电视、音乐、图书以及电脑软件等等。到 2010 年起,美国好莱坞电影的海外票房已经突破 200 亿美元,占据了其总票房收入的 2/3。而美国推行文化全球化的策略就是用更多的银幕、频道、播放时间来进一步强化全世界文化市场对好莱坞的依赖、依附程度。2012 年 2 月,中美双方达成协议,中国政府同意将在每年 20

部的海外分账电影配额之外再增加 14 部分账电影名额,并且其票房分账比例也将会由此前的 13% 大幅提高到 25%。这意味着,不仅将有更多的美国电影进入中国市场,而且其在进一步加大文化渗透的同时,也将获得更多经济利益,这也是美国文化全球化策略的又一次成功实施。由于美国文化多年来基本上"独霸"全世界的影视市场,导致大部分发展中国家根本无法自己生产出能产生世界影响的文化产品,很多时候只能在本国市场发行和传播美国生产的文化产品,这对发展中国家的文化发展本质上是一种"掠夺"、"强夺"甚至"强奸"。

语言优势和教育优势是美国等西方国家对中国等发展中国家进行文化渗透、西化的重要手段和强力武器。由于中国对英语教学和学习的过分重视,很多人从幼儿园就开始学英语,然后从小学到博士毕业也一直在学习英语,造成很大一部分人把相当一部分甚至大部分的学习时间花在了学习英语上,不仅荒废了对母语的学习和对中华文化的继承,而且为以英语为母语的西方文化大举进入中国创造了极其有利的条件。更应该引起我们警惕的是,过分强化的英语教学带来的"文化殖民"对中国人的文化自信产生了巨大冲击,使得不少中国人在英语学习的过程中形成了对西方文化的向往甚至崇拜。在国内学习英语的过程中形成了对西方文化、价值观念的认可甚至崇拜之后,一些中国人通过留学、研修、交流等形式到西方之后,看到美国等西方发达国家在物质上的富有、生活上的奢华、个人主义的张扬、自由主义的泛滥等所谓的繁荣和进步之后,往往会对自己的祖国有很多不满意甚至厌弃等情绪,患上了一种"文明冲突病"。这时候,如果西方国家对其有意识地进行渗透、收买,他们就很可能站到中国的对立面,甚至成为西方国家分化、西化中国的工具。

(三)通过政治领域的渗透来宣扬西方政治制度并采取多种手段培养反对势力

文化全球化、经济全球化的迅猛发展,不仅让我们中国人使用上了更多国外制造的产品,感受到了世界各地的不同文化,也对美英等世界上其他国家的政治制度有了一定的了解。而在这种背景下,美国等西方国家开始积极推进政治全球化,各种国际性的会议、论坛在中国举行,越来越多的西方国家控制的电影、报刊、书籍、音乐、网站等传播载体进入中国,并且通过各种基金会、国际组织等培养出一批反对中国共产党领导、攻击人民代表大会制度、瓦解公有制经济的主体地位等诋毁、攻击我们党和国家的根本制度、光荣历史,宣扬和鼓吹西方的宪政民主、"普世价值"、"新闻自由"、公民社会、多党制、军队国家化、新自由主义、历史虚无主义等错误思潮的所谓"公共知识分子",作为美国等西方国家在中国推行和平演变战略的主力军,不断地宣扬西方政治人物、政治理念、民主制度、政治制度、政治价值等,嘲笑我国一直推崇的爱国主义、集体主义、乐于助人、为人民服务、无私奉献等社会主义思想观念,大肆污蔑、丑化、攻击毛泽东、周恩来等革命领袖和我们树立的雷锋、焦裕禄、孔繁森等典型,对马克思主义理论、共产党的执政地位、社会主义制度等提出质疑甚至大加攻击,尤其是一些人利用大学课堂、公开讲坛和新闻媒体大肆宣扬和传播,使得不少人在西方错误思潮的冲击下难辨是非,道德滑坡、理想信念丧失、信仰迷失等问题不同程度的出现,并且领导干部贪污受贿、买官卖官、生活腐化堕落等问题也越来越多的发生,有的领导干部甚至被西方国家收买成为间谍。

不仅在中国国内培养政治上的反对力量,美国等西方国家也下大力气在西方的大学、机构培养出了一批政治上坚决反对共产党、反对社会主义制度的知识分子,并且这些知识分子主要以来自中国的留学生、学者或者当地的华裔为主。这些有着所谓的经济学家、社会学家、历史学家以及大学教授等身份掩护的人虽然不是中国国籍,但他们有着中国血统和面孔,又熟悉中国的文化和国情,利用所谓的跨国企业高管、公益慈善人士、国际专家等身份和一些中国人崇洋媚外的心理,他们来到中国成为不少高校、企业甚至党政机关的座上宾,有的成为名牌大学的教授,有的成为包括央企在内的大企业、金融机构的独立董事、顾问等,还有的被一些部委机关、地方政府聘为专家、顾问等,甚至有部委机关、地方党委政府和国企请这些人来讲党课、举办大讲堂等,使得他们可以利用这些机会、场合和身份大肆宣扬西方的所谓民主、自由、宪政、人权、新自由主义、私有化等资本主义思潮,成为美国等西方国家在中国推行和平演变战略的一支生力军,其影响之恶劣不可低估。

人权问题是美国在全球化进程中用来诋毁、攻击中国的又一个重要武器,并且具有更加强烈的意识形态色彩。人权外交是从 1977 年起担任美国总统的詹姆斯·厄尔·卡特第一个明确提出,他还公开向全世界宣称人权是美国对外政策的核心原则。也就是从 1977 年开始,美国国务院专门成立了人权和人道事务局,并开始发布《年度国别人权报告》,对其他国家的人权横加指责和干涉,最多时涉及了 190 多个国家和地区。从 1990 年 3 月开始,美国操纵一些西方国家在联合国人权委员会上第一次抛出了一个所谓"中国局势"的议案;在 1992 年 3 月,美国再次怂恿和联合少数西方国家,又炮制出了一个所谓"中国/西藏局势"的议案;此后从 1993 年到 1997 年,美国和少数的西方国家又连续 5 年提出了所谓的"中国人权状况"议案,后又在 1999 年再次提出。从 2000 年开始,美国又对中国铲除邪教"法轮功"的做法进行无理指责,大肆攻击中国人权。2012 年 5 月 24 日,美国国务院发表的 2011 年度人权国别报告中,长达 142 页的有关中国人权状况报告内容对中国人权事业的进步完全视而不见,反而对中国人权状况进行恶意的全面抹黑,将中国人权状况攻击得一无是处。2012 年 7 月 25 日,时任美国助理国务卿的迈克尔·波斯纳竟然在中美第十七轮人权对话中公然攻击"北京在人权问题上朝着错误方向前进"。2013 年 4 月 19 日,美国国务院发表《2012 年度国别人权报告》,继续攻击称"中国 2012 年人权环境继续恶化",指责"被中国当局视为政治上敏感的个人或组织成员在自由结社、信仰宗教和旅行方面继续面临严厉镇压"、"中国为了打击异议分子而采取了强制失踪、软拘留和严格的软禁措施"①等。美国之所以利用人权问题一次次进行反华的舆论战,就是想借人权问题来丑化中国形象,破坏中国稳定局面甚至颠覆中国的社会主义制度。在这种意识形态指导下,不管中国在促进、保障人权方面付出了多大努力、取得了多大进步,美国政府依然还是指责中国人权"糟糕"和"倒退",目的就是要在全世界摸黑中国,在政治上分化、西化中国。

诺贝尔和平奖也是美国等西方国家在政治上摸黑、攻击、分化、西化中国的一个重要武器。2010 年 10 月,美国等西方国家主宰下的挪威诺贝尔委员会很荒唐地把当年度的诺贝尔和平奖授予了因触犯中国法律而被判刑的罪犯刘晓波,就是因为他以造谣、诽谤、劝诱、组织等方式妄图颠覆中国的

---

① 谌庄流、魏荣、柳玉鹏:《中国发布美人权纪录 事实揭露美对华歪曲指责》,《环球时报》2013 年 4 月 22 日。

国家政权和否定社会主义制度。而就在 1989 年 10 月,挪威诺贝尔委员会也把当年度的诺贝尔和平奖授予了长期从事民族分裂活动的"藏独"头目——中国西藏的十四世达赖喇嘛,再加上其曾在 2006 年把在中国新疆组织策划多起暴力事件的东突分子热比娅提名为诺贝尔和平奖候选人,从中可以很明显地看出美国等西方国家一直在企图抹黑、孤立、分裂、颠覆中国的意识形态的企图和政治阴谋。

第二节　市场化的不断推进和对中国的巨大挑战

市场化就是指用市场作为解决经济、社会等问题的基础手段或者主要办法,常常意味着政府对经济活动管制的放松、经济私有化程度的增强等等。而本书所说的市场化并非通常意义的市场化,而是指市场经济,并且主要是指社会主义市场经济。市场化的挑战也主要是说社会主义市场经济在中国诞生、发展的过程中对社会主义意识形态的挑战,这里面既有对公有制经济主体地位的冲击,也有对社会主义道德和理想信念的冲击,深刻改变了不少人的价值观、人生观和世界观。因此,只有深入研究市场经济在中国的演变过程、特点、本质和存在的缺陷,才能真正提高驾驭社会主义市场经济的能力,将其对社会主义意识形态的冲击尽可能降低到最小。

一、市场经济在中国的发展过程

从 1981 年"计划经济为主,市场经济为辅"这一突破传统观念的思想形成,到 1984 年"社会主义经济是公有制基础上有计划的商品经济"这一崭新论断在党的十二届三中全会上提出,从邓小平 1985 年 10 月明确提出社会主义与市场经济之间不存在什么根本矛盾,到他 1992 年"南方谈话"中指出计划和市场都是经济手段,再到 1992 年 10 月召开的党的十四大第一次提出了我国经济体制改革的目标就是建立社会主义市场经济体制,而党的十八大则将完善社会主义市场经济体制提高到一个新高度,市场经济在中国的发展过程经历了很多风风雨雨。无论是社会主义市场经济这个名词第一次为国人所认知,还是到今天已经耳熟能详,我们对发展社会主义市场经济的复杂性、艰巨性的认识和判断从来没有迷失过,并且在不断地修正失误、改正错误中对这条道路的选择、探索变得越来越清醒、理智。

(一)商品经济、市场经济等概念在中国的提出和发展

认真翻阅、查看马克思、恩格斯的经典著作可以发现,里面只有商品生产、商品交换以及商品流通等概念,而没有商品经济这个概念。并且,在马克思、恩格斯的眼里,未来社会主义社会中消灭了私有制,就连商品生产也会消亡。而在列宁的著作中虽然使用了商品经济的概念,并且将其划分为小商品经济和资本主义商品经济两类,但是列宁也认为商品经济和社会主义是不能并存的,并且曾几次指出社会主义就是要消灭商品经济。斯大林在《苏联社会主义经济问题》这本书中虽然肯定了商品生产在社会主义制度下存在的必要性,但也认为这是特种的商品生产,并认为生产资料不是商品、消费品才是商品。新中国成立后,关于商品生产与价值规律的问题一直是我国的理论界比较关注和多次讨论的话题之一。1958 年 11 月,针对当时的一些错误思想,毛泽东在读斯大林《苏联社会主义经济问题》后的谈话中特意强调了在社会主义条件下继续保持、发展商品生产的必要性、重要性和重大意义。他指出:"我们有些人大有要消灭商品生产之势。他们向往共产主义,一提商品生产就发愁,觉得这是资本主义的东西,没有分清社会主义商品生产和资本主义商品生产的区别,不懂得在社会主义条件下利用商品生产的作用的重要性。"①他还强调,要有计划地来大力发展好社会主义的商品生产,要学会利用商品生产、商品交换和价值法则等来为社会主义服务。可见其对商品生产的认识和重视已经超过了斯大林。

党的十一届三中全会以后,在解放思想的旗帜下,大家对计划经济和商品经济关系又展开了新的讨论,对商品经济和市场机制在社会主义经济发展中的地位和作用有了新的认识。当时商品经济被分为两类,一种是没有计划、完全自发的商品经济,另一种则是有计划的商品经济。大家在讨论中逐渐形成共识,那就是社会主义经济应该是有计划的商品经济。商品经济不是外加于社会主义经济的,它是社会主义经济的内在属性。大力发展商品经济是搞活和繁荣社会主义经济的重要环节,是满足人民物质文化需要

---

① 《毛泽东文集》第七卷,人民出版社 1999 年版,第 437 页。

的不可或缺的经济形式。搞经济体制改革,就要更多地发挥市场机制的作用,就要强调商品经济和价值规律的地位和作用。因此,提出社会主义商品经济论,否定社会主义经济非商品经济论,是为改革开放提供理论支持的。强调商品经济的地位和作用,实质上是要求重视市场在经济运行中的地位和作用。1984 年 10 月,党的十二届三中全会研究和部署以城市为重点进行经济体制全面改革,全会通过的《中共中央关于经济体制改革的决定》明确指出,传统经济体制的一个弊端就是"忽视商品生产、价值规律和市场的作用",改革计划机制就要首先突破把计划经济与商品经济对立起来的旧传统观念,并明确提出计划经济应该是"在公有制基础上的有计划的商品经济",第一次将计划经济和商品经济统一起来,并且把侧重点放在了在强调商品经济上,使得商品经济成为举国上下都非常关注的一个热词,标志着中国经济体制改革进入展开阶段。明确提出我国的社会主义经济是"在公有制基础上的有计划的商品经济",不仅是对马克思主义政治经济学的一次新发展,更为进一步全面推进经济体制改革提供了创新的科学理论指导。

市场经济在中国的提出和发展经历了一番曲折。早在 1956 年 9 月,陈云在党的八大上就提出了国家经营和集体经营为主、个体经营为辅,计划生产为主、自由生产为辅,国家市场为主、自由市场为辅的"三为主、三为辅"经济体制改革构想。1978 年 9 月,时任中共中央政治局常委、中央委员会副主席的李先念在一次国务院务虚会上进行总结讲话时第一次讲到"计划经济与市场经济相结合",虽然这句话没有在会后正式印发的文件中出现,但他仍被认为是中央领导同志中最早提出市场经济概念的一位。

1979 年是市场经济的概念在中国提出、发展的重要一年。年初的 2 月,李先念在听取中国人民银行的工作汇报时表示,他和陈云已经谈过在计划经济的前提下搞一些市场经济来作为补充的问题,陈云的意见是"计划经济和市场经济相结合,以计划经济为主。市场经济是个补充,不是小补充,而是大补充"①。同年 3 月 8 日,陈云在他写的一份题为《计划与市场问题》的提纲中,进一步对"市场调节"的内涵作了界定:"所谓市场调节,就是按价值规律调节,在经济生活的某些方面可以用'无政府'、'盲目'生产的

---

① 转引自苏星:《论社会主义市场经济》,中共中央党校出版社 1994 年版,第 57—58 页。

办法来加以调节"①,其实,陈云经常把市场经济和市场调节作为同义词并用。他这里的市场调节"即不作计划,只根据市场供求的变化进行生产,即带有盲目性的调节。"②也是把市场调节作为与市场经济含义相同的概念来使用的;同年4月的中央工作会议上,李先念在讲话中指出:"在我们的整个国民经济中,以计划经济为主,同时充分重视市场调节的辅助作用。"③而这正是根据陈云的意见提出的,成为以后我国经济体制改革多年坚持的指导思想;同年11月,邓小平在会见美国不列颠百科全书出版公司的编委会副主席吉布尼等人时指出:"说市场经济只存在于资本主义社会,只有资本主义的市场经济,这肯定是不正确的。社会主义为什么不可以搞市场经济,这个不能说是资本主义。我们是计划经济为主,也结合市场经济,但这是社会主义的市场经济。"④这是他第一次科学地阐述计划经济和市场经济的关系,并提出社会主义也可以搞市场经济,也让更多人开始知道、了解和熟悉市场经济这个曾经陌生的新词汇。尤其是邓小平提出了"社会主义的市场经济",某种意义上等于已经提出了社会主义市场经济这个新概念,具有十分重要的意义。"社会主义的市场经济"的提法在党内外都引起很大反响,后来经过专家、学者的丰富和完善,为市场经济在中国的进一步发展乃至真正在中国确立、发展社会主义市场经济奠定了坚实的基础。

1981年6月,党的十一届六中全会通过的《关于建国以来党的若干历史问题的决议》中也明确指出:"必须在公有制基础上实行计划经济,同时发挥市场调节的辅助作用。"⑤同年11月,时任国务院总理的赵紫阳在第五届全国人大四次会议上所作的《政府工作报告》第二部分中,明确提出要建立"这样一种管理体制,既不同于过去我们那种统得过死的体制,更不同于资本主义那样的市场经济"⑥。这里所讲的资本主义那样的市场经济就是指与资本主义私有制相联系的、在全社会范围实行的、完全由市场自发调节

① 《陈云文选》第三卷,人民出版社1995年版,第245页。
② 《陈云文选》第三卷,人民出版社1995年版,第350页。
③ 《李先念文选》,人民出版社1989年版,第372页。
④ 《邓小平文选》第二卷,人民出版社1994年版,第236页。
⑤ 《十一届三中全会以来重要文献选读》(上),人民出版社1987年版,第347页。
⑥ 《十一届三中全会以来重要文献选读》(上),人民出版社1987年版,第385页。

的市场经济。从此,市场经济作为一种改革选择开始逐渐为更多人认知、熟悉,并作为国家经济体制改革的一个重要方向被提了出来,逐渐成为党和国家经济体制改革的重要内容和主要方向。"什么是社会主义市场经济"、"社会主义市场经济与资本主义市场经济有着什么根本不同"等问题成为不少专家、学者关注和思考的焦点问题,而对这些问题的探讨和解答又对中国改革尤其是经济体制改革的进程有着直接而重要的影响。

(二)社会主义市场经济体制在中国的诞生和初步建立

尽管市场经济的概念已经正式提出,并得到一定程度的认可,但是其真正在改革进程中发展起来却并不是一帆风顺。1984 年 9 月 9 日,赵紫阳给邓小平、陈云、胡耀邦、叶剑英、李先念等中共中央政治局的其他几位常委写了一封信《关于经济体制改革中三个问题的意见》,三个问题分别为"计划体制"、"价格改革"以及"国家领导经济的职能",指出"'计划第一,价值规律第二'这一表述并不确切,今后不宜继续沿用","社会主义经济是以公有制为基础的有计划的商品经济。计划要通过价值规律来实现,要运用价值规律为计划服务"。但同时又强调"中国实行计划经济,不是市场经济"。①这封信在得到中央政治局常委们的一致同意后公开发表,在国内外引起了不小的反响,也代表了当时的最高领导层形成的共识依然是"以公有制为基础的有计划的商品经济",市场经济并没有真正赢得大家认可;同年 10 月召开的党的十二届三中全会通过的中共中央《关于经济体制改革的决定》中也作出了这样的表述:"就总体说,我国实行的是计划经济,即有计划的商品经济,而不是那种完全由市场调节的市场经济"②。这虽然没有完全否定市场经济,但却明显向外界表示出中国今后依然要继续推行有计划的商品经济。此外,其中讲市场经济时已经不再和私有制、资本主义联系在一起,而是用"完全由市场调节"来加以描述,体现出了认识上的一种进步。这表明,市场经济是在冲破重重阻力中一步步往前进的,从中央领导到普通民众对市场经济的认识、认可都需要一个过程。

时间进入 1985 年,国内外对中国如何处理好计划经济与市场经济之间

---

① 《十二大以来重要文献选编》(中),人民出版社 1986 年版,第 535 页。
② 《十二大以来重要文献选编》(中),人民出版社 1986 年版,第 569 页。

的关系非常关注,并有不少人对中国能否真正认可市场经济持观望甚至怀疑态度;同年 10 月,邓小平在会见美国高级企业家代表团时表示:"社会主义和市场经济之间不存在根本矛盾。问题是用什么方法才能更有力地发展社会生产力。"①他还进一步指出:"搞计划经济和市场经济相结合,进行一系列的体制改革,这个路子是对的。"②这段谈话不仅是对一些人认为市场经济和社会主义之间存在根本矛盾的观点的明确回应,澄清了一些人对中央态度的误解,更公开肯定了中国将走计划经济与市场经济相结合的道路。

随着改革开放的进一步深入,广大领导干部对市场经济的理论认识也在不断发展、成熟。在改革开放的开始阶段,邓小平也一直坚持计划经济为主、市场调节为辅的经济改革路线。随着改革进一步推进,邓小平的思想也在不断发展、变化。1987 年 2 月,邓小平同几位中央负责同志谈话时明确提出:"我们以前是学苏联的,搞计划经济。后来又讲计划经济为主,现在不要再讲这个了。"③计划经济从此开始逐步淡出人们视野,这一年召开的党的十三大上甚至连计划经济这个词都没有提。即使在 1989 年春夏之交发生政治风波以后,面对党内外的一些质疑声,邓小平也没有动摇既定的发展方针。6 月 9 日,他在《在接见首都戒严部队军以上干部时的讲话》中重申了"我们要继续坚持计划经济与市场调节相结合,这个不能改"④,仍然没有再提"计划经济为主",只是提出要根据实际工作需要决定是多一点计划性还是多一点市场调节。

20 世纪的 80 年代末 90 年代初,我们党和国家正处在又一个重大历史关头。对于市场经济的认识,不仅是党内,在全国不少干部群众中间都出现了一定的思想混乱。1991 年 7 月,时任中共中央总书记江泽民在庆祝中国共产党成立 70 周年大会上的讲话中指出:"计划和市场,作为调节经济的手段,是建立在社会化大生产基础上的商品经济发展所客观需要的,因此在一定范围内运用这些手段,不是区别社会主义经济和资本主义经济的标

---

① 《邓小平文选》第三卷,人民出版社 1993 年版,第 148 页。
② 《邓小平文选》第三卷,人民出版社 1993 年版,第 149 页。
③ 《邓小平文选》第三卷,人民出版社 1993 年版,第 203 页。
④ 《邓小平文选》第三卷,人民出版社 1993 年版,第 306 页。

志。"①这次讲话对澄清错误认识、统一全党思想具有重要意义。

也正是这个特殊的背景，使得 1992 年成为市场经济在中国的发展史上具有决定性意义的一年。这一年的春天，从 1 月 18 日到 2 月 21 日的一个多月时间里，邓小平先后视察了南方的武昌、深圳、珠海和上海等地，并发表具有重要时代影响和历史意义的谈话，被称为"南方谈话"。他在"南方谈话"中明确指出："计划多一点还是市场多一点，不是社会主义与资本主义的本质区别。计划经济不等于社会主义，资本主义也有计划；市场经济不等于资本主义，社会主义也有市场。计划和市场都是经济手段。"②这些话不仅回应了一些人提出的"中国能不能搞市场经济"疑问，而且进一步明确指出不能再把计划经济和社会主义画等号，也不能把市场经济和资本主义画等号，彻底改变了以往不少人把计划经济视为社会主义制度的重要属性和主要特点的传统观念，强调计划经济、市场经济都只是"经济手段"，为进一步扩大市场经济的运行范围以及尽快确立、发展社会主义市场经济体制奠定了理论和思想基础。

邓小平的"南方谈话"引起了全党上下和全国人民的重视。1992 年 6 月 9 日，江泽民在中央党校为省部级干部进修班作报告时要求大家深刻领会、全面落实"南方谈话"精神，报告中还提出了把建立"社会主义市场经济体制"作为经济体制改革的目标的提法。这个提法得到了陈云、李先念、邓小平等老同志的一致赞同和支持。江泽民这次讲话不仅对于统一全党思想和进一步推进经济体制改革都具有决定性意义，而且坚定了党中央尽快确立、发展社会主义市场经济的决心和信心。

在邓小平"南方谈话"的思想指导下，1992 年 10 月的党的十四大明确指出，"南方谈话"把中国的改革开放和社会主义现代化建设事业推进到了一个新的发展阶段，大会要以邓小平同志建设有中国特色社会主义的理论为指导确定今后一个时期的战略部署。江泽民在代表第十三届中央委员会向大会所作的题为《加快改革开放和现代化建设步伐，夺取有中国特色社会主义事业的更大胜利》的报告中明确指出，我国经济体制改革的目标就

---

① 《江泽民文选》第一卷，人民出版社 2006 年版，第 155 页。
② 《邓小平文选》第三卷，人民出版社 1993 年版，第 373 页。

是建立社会主义市场经济体制。江泽民指出,为加速改革开放和推动经济发展、社会全面进步,必须努力实现十个关系全局的主要任务,其中第一个主要任务就是围绕社会主义市场经济体制的建立,加快经济改革步伐。十四大在党的历史上第一次明确提出了建立社会主义市场经济体制的目标模式,使全党深刻认识到,我国的经济体制改革确定一个什么样的目标模式是关系到整个社会主义现代化建设全局的重大问题,问题的核心就是正确认识和处理计划与市场的关系。把社会主义基本制度和市场经济结合起来建立社会主义市场经济体制,不仅是中国共产党的一次重大理论创新和一个伟大时代创举,也是世界社会主义运动史上一个具有划时代意义的重大创举。

(三)社会主义市场经济体制在中国的进一步发展完善

党的十四大第一次提出建立社会主义市场经济体制就是我国经济体制改革的目标,不仅让社会主义市场经济这个名词第一次为众多国人所熟知,也给改革开放后持续了长达 14 年的计划与市场的争论画上了句号,使全党全国人民统一了思想、明确了方向。1993 年 3 月召开的党的十四届二中全会上,江泽民在讲话中再次强调指出,加快经济发展的关键是继续深化改革和扩大开放,努力探索建立社会主义市场经济体制的具体道路。在这一思想指导下,1993 年 11 月召开的党的十四届三中全会上通过的《关于建立社会主义市场经济体制若干问题的决定》中对建立社会主义市场经济体制的基本内容、实施步骤等作出了总体规划。随后,国务院又先后出台了财税、金融、外贸、社会保障等领域的一系列体制改革措施,在理论和实践上初步勾画、建立起了社会主义市场经济体制的一个基本框架。

1997 年 10 月,党的十五大阐明了关于社会主义初级阶段的理论,并将社会主义初级阶段的基本经济制度确定为"公有制为主体、多种所有制经济共同发展"的所有制理论,这是党的又一次重大理论创新。十五大还明确了建设有中国特色社会主义的经济、政治和文化的基本目标、政策,指出建设有中国特色社会主义的经济就是在社会主义条件下发展市场经济,不断解放和发展生产力。同时强调要坚持和完善社会主义市场经济体制,使市场在国家宏观调控下对资源配置起基础性作用,体现出鲜明的社会主义属性和特色。

1999年5月,江泽民在武汉主持召开六省区国有企业改革和发展座谈会上讲话时强调,我们必须坚定不移地朝着建立社会主义市场经济体制的目标继续前进,把社会主义市场经济体制与社会主义基本制度有机结合起来,把社会主义基本制度的优势与市场的优势有机结合起来,充分利用市场对各种经济信号反应比较灵敏等优点,科学发挥市场在资源配置中的基础性作用,同时要加强、完善宏观调控,使我国社会主义制度的优越性更加充分地发挥、体现出来。他还进一步指出,建立、完善社会主义市场经济体制是一场广泛而深刻的变革,是一项艰巨而复杂的任务,我们要继续大胆地试、大胆地闯,以"三个有利于"为根本标准不断探索、认识、把握客观经济规律,不断开辟新的发展境界。

2002年10月,党的十六大胜利召开,江泽民代表第十五届中央委员会向十六大作了题为《全面建设小康社会,开创中国特色社会主义事业新局面》的报告,在作出"我国已经基本建立起社会主义市场经济体制"这一重要结论的同时,把完善社会主义市场经济体制、推动经济结构战略性调整列为21世纪前20年我国经济建设和改革的一个主要任务,作出了建成完善的社会主义市场经济体制和更具活力、更加开放的市场经济体系的重要战略部署,并以此进一步加快和深化改革的总方向、总依据。

2003年10月,党的十六届三中全会审议通过的《中共中央关于完善社会主义市场经济体制若干问题的决定》指明了深化经济体制改革的指导思想和原则,强调要坚持社会主义市场经济的改革方向,注重制度建设、体制创新。指出完善社会主义市场经济体制的目标和任务就是按照"五个统筹"——统筹城乡发展、统筹区域发展、统筹经济社会发展、统筹人与自然和谐发展以及统筹国内发展和对外开放的要求,更大程度地发挥好市场在资源配置中的基础性作用,增强企业活力和竞争力,健全国家宏观调控,完善政府社会管理和公共服务职能,为全面建设小康社会提供强有力的体制保障。虽然理论界和社会上对"坚持社会主义市场经济的改革方向"的提法的准确性提出了商榷甚至质疑,但这毕竟标志着中国已经进入以完善市场经济体制为核心内容的理论创新、制度创新时期,开始尝试用市场经济的手段去努力从根本上解决经济、社会发展中的高难度、深层次问题,为中国真正实现又好又快的发展提供强大动力。

2007 年,时任中共中央总书记胡锦涛在党的十七大报告中指出,必须把坚持社会主义基本制度和发展市场经济结合起来,发挥社会主义制度的优越性与市场配置资源的有效性,使全社会充满改革发展的创造活力。报告同时提出,要毫不动摇地巩固、发展公有制经济,毫不动摇地鼓励、支持和引导非公有制经济发展,坚持平等保护物权,形成各种所有制经济之间平等竞争、相互促进的新格局。这是继党的十六大之后再次强调要坚持"两个毫不动摇"的要求。报告不仅进一步明确了社会主义市场经济体制发展的目标和方向,也为进一步完善社会主义市场经济体制和基本经济制度指明了方向。

党的十八大报告不仅明确提出要深化经济体制改革,而且将完善社会主义市场经济体制置于标题之中,体现了党对完善社会主义市场经济体制的重视程度达到了一个新高度,也体现出党对社会主义市场经济所出现的问题和面临的考验的清醒认识。报告指出,经济体制改革的核心问题是处理好政府与市场的关系,必须更加尊重市场规律,更好发挥政府作用。既强调要更加尊重市场规律,同时又强调发挥好政府作用,这一辩证的要求背后是我们党对社会主义市场经济本质的更清醒认识和对未来发展方向的更科学把握。党的十八届三中全会更是明确提出"使市场在资源配置中起决定性作用和更好发挥政府作用",这种中国特色社会主义的"市场决定作用论"被认为是一次重大理论创新,与中外新自由主义的"市场决定作用论"有着本质上的天壤之别。

从党的十四大到十八届三中全会,我们在探索中不断推进在改革开放中如何面对市场大潮的冲击,为社会主义市场经济的确立在理论和实践的两个层面上都打开了大门,并在中国特色社会主义理论的统领、指引下,把建立社会主义市场经济体制确立为改革开放最重要的核心内容之一,指明了改革开放的正确道路和未来走向,为中国成功参与经济全球化和进一步又好又快发展奠定了坚实的理论和实践基础。

二、社会主义市场经济的特征和本质

从党的十四大第一次提出建立社会主义市场经济体制是我国经济体改革的目标到今天,经历了二十多年的风风雨雨,社会主义市场经济终于从一棵幼苗成长为参天大树。在今天,对社会主义市场经济持怀疑态度的人已经不是很多,但是社会主义市场经济出现一些令人忧心的问题也不容回避,我们党和国家对社会主义市场经济发展中暴露出的缺陷和发现的问题进行修正和弥补正是为了更正确、更科学、更深刻地认识和把握社会主义市场经济的特征和本质,更好地沿着正确道路推进其向前发展。

（一）社会主义市场经济的本质属性是市场经济同社会主义的共生共荣

从市场经济的发展历程看,其与资本主义是相伴而生、相伴而长,不仅一开始就是以资本主义市场经济的面目来到世间,而且是因为在资本主义社会得到大力发展而为更多人所知晓。但是,市场经济并不是资本主义独有的专利,而是人类社会发展中产生的一种属于全人类的文明成果,既可为资本主义的经济、社会发展服务,也可以和社会主义制度相结合为社会主义建设服务。社会主义市场经济之所以是中国独有的,就是因为这是在社会主义国家、按照科学社会主义的前进方向推行的市场经济,是具有鲜明的社会主义属性、同社会主义的基本制度有机结合、密不可分的,可以说是中国共产党一个史无前例的伟大创举。作为市场经济探索、发展中出现的新形式、新阶段,与资本主义市场经济有着很大不同的社会主义市场经济具有两方面的鲜明特性:一是市场经济的共性,二是社会主义制度的特性。因此,我们必须认识到,社会主义市场经济的本质属性是市场经济同社会主义的共生共荣,必须处理和坚持好两个方面的关系:

首先,必须坚持中国共产党对社会主义市场经济的坚强领导。作为我国社会主义事业的坚强领导核心,中国共产党自然也是中国经济建设的领导核心。作为一种资源配置的方式,市场经济虽然不属于社会基本制度的范畴,没有姓"资"、姓"社"的性质之分,但又不是并且也不能同社会的基本制度相分离而单独存在,目前来说要么是社会主义市场经济,要么是资本主义市场经济,根本没有超越意识形态的市场经济。正如江泽民所指出,市场经济如果离开了社会主义基本制度,就会走向资本主义。全心全意为人民服务是我们党的根本宗旨,发展社会主义市场经济也必须始终牢记这个宗旨,牢记工人阶级和最广大人民群众的根本利益,坚持人民群众在我们整个国家和社会中的主人翁地位不动摇。除了共产党,没有别的任何政党或政治力量能够始终代表中国先进生产力的发展要求,能够始终代表中国先进文化的前进方向,能够始终代表中国最广大人民的根本利益。因此,我们建立和发展社会主义市场经济,就必须坚持市场经济与社会主义制度紧密结合,始终坚持和不断加强、改善党对在社会主义条件下发展市场经济的坚强领导,更不能忽视、削弱甚至取消党的领导。只有始终坚持党的领导,才能保证社会主义市场经济沿着正确的发展方向和发展道路前进,才能让社会主义市场经济的发展成果体现出社会主义制度的优越性。

其次,必须坚持公有制在社会主义市场经济中的主体地位。正如马克思、恩格斯在著名的《共产党宣言》中所强调指出"所有制问题是运动的基本问题"①,生产资料公有制是社会主义制度的经济基础。党的十五大提出的以公有制为主体、多种所有制经济共同发展的基本经济制度是我国在整个社会主义初级阶段都必须长期坚持的,也是我国在社会主义初级阶段的基本国情所决定的,并被写入第九届全国人民代表大会第二次会议通过的《中华人民共和国宪法修正案》的总纲第六条之中。并且,党的十五大还提出要努力寻找能够极大地促进生产力发展的公有制实现形式,并肯定了股份制这一现代企业资本组织形式也可以在社会主义国家采用。党的十六大则进一步明确提出了坚持"两个毫不动摇"的要求,必须毫不动摇地巩固和发展公有制经济,必须毫不动摇地鼓励、支持和引导非公有制经济发展。始终牢牢坚持"两个毫不动摇",让公有制经济、非公有制经济在社会主义市场经济的大潮中相互展开公平竞争、各自发挥独特优势,才能真正推动我国的基本经济制度在改革开放中展现出更强大的生命力和竞争力。在我国当前的所有制结构中,包括全民所有制和集体所有制经济在内的公有制是主体,私营经济、个体经济以及外资经济是补充,不同经济成分不仅可以长期共存、共同发展,而且还可以相互之间在平等自愿的基础上实行形式灵活的联合经营、合作经营。党的十六届三中全会又进一步提出,要使股份制成为公有制经济的主要实现形式。党的十八届三中全会在坚持公有制为主体的同时,又提出要积极发展混合所有制经济。因此,我们在社会主义市场经济的大潮中,一定要巩固好以公有制为主体这一重要的前提和基础,在平等竞

① 《马克思恩格斯文集》第2卷,人民出版社2009年版,第66页。

争中发挥国有企业在市场中的主导作用,引导、鼓励和支持所有符合"三个有利于"标准的所有制形式来为社会主义服务。

(二)社会主义市场经济的最大特色是市场调节和宏观调控的科学统一

说起宏观调控,不少人会想起计划经济,甚至有人将宏观调控等同于计划经济。这其实是一种误解、误读,宏观调控不仅绝对不等同于计划经济,而且在政府对一切经济活动实行着高度集中的统一调配甚至全面统制的计划经济时代是不需要宏观调控的。社会主义市场经济不仅需要宏观调控,而且只有在市场经济中才需要进行宏观调控,并且其最大特色就是市场驱动和宏观调控的科学统一。我们要清醒地认识到,虽然市场经济可以通过供求机制、价格机制和竞争机制等形成一种比较强大的、自动的市场调节力量,但是由于受商品经济基本矛盾——个别劳动与社会劳动之间的矛盾的影响,市场经济不仅难以完全实现个人利益和社会利益的统一,也无法真正克服其运行中带有的盲目性与波动性,并且导致人们收入上贫富差距不断扩大甚至引起两极分化,在资本主义社会还会导致周期性经济危机的发生。再加上社会主义市场经济条件下经济和社会发展的目标也已经不再单一,而是融合了包括经济增长、充分就业、物价稳定、促进收入均等化等众多不同目标的多重目标,与市场机制主要为单一的经济效率目标服务的特性相左,如果单纯依靠市场调节就会造成目标难以实现或者无法实现。因此,虽然社会主义市场经济中市场对资源配置起到了基础性甚至决定性作用,单纯靠市场驱动也许能在一定程度上解决好经济效率的问题,却无法自动解决社会公平等问题。这就需要在不破坏优胜劣汰机制的前提下,加强国家对经济运行进行宏观调控,实现市场调节和宏观调控的科学统一。在20世纪30年代资本主义世界经济大危机之后,美国等资本主义国家采用国家大规模干预经济等计划调节手段来弥补市场调节的缺陷,这表明资本主义市场经济运行中也早就开始进行宏观调控了。在我国当前的市场体系发育尚不够健全的情况下,健全宏观调控体系、科学进行宏观调控就显得更加重要了。

宏观调控就是指国家从经济运行全局出发,按预定的目标通过各种宏观经济政策以及经济法规等对经济运行状态和经济关系从总量上、结构上进行调节和控制,从而及时发现和纠正经济运行中的一些偏离宏观目标的倾向,保证国民经济实现持续、快速、协调、健康发展的活动。党的十五大指出我国宏观经济调控的具体任务"是保持经济总量平衡,抑制通货膨胀,促进重大经济结构优化,实现经济稳定增长"①。党的十六大报告提出:"要把促进经济增长,增加就业,稳定物价,保持国际收支平衡作为宏观调控的主要目标。"②这是对我国改革开放以来进行宏观调控的经验和教训的科学总结,指明了社会主义市场经济中宏观调控的主要目标和努力方向。2013 年12 月 3 日,习近平总书记主持召开中共中央政治局会议。会议提出,要用改革的精神、思路、办法完善宏观调控,科学把握宏观调控政策框架,保持政策连续性和稳定性。因此,在制定宏观调控政策、实施宏观调控行动的过程中,国家作为党和人民利益的代表,绝不能有"宏观调控是个筐,什么都能往里面装"的错误思想,一定要辩证地对待和更好地发挥计划与市场两种手段的长处,必须靠宏观调控在全国、全社会范围内有效地调配、使用人力、物力、财力发展生产,从而把人民的当前利益和长远利益、局部利益和整体利益有机结合、统一起来。作为宏观调控的重要手段之一,制订国家计划一定要更新观念、改进方法、提高质量,以合理、科学确定国民经济和社会发展的战略目标为重点,认真做好经济发展预测、总量调控、重大结构与生产力布局规划,集中必要的财力、物力进行重点建设,综合运用财政、税收等经济杠杆,努力促进经济实现更好更快地发展。

(三)社会主义市场经济的内在动力是按劳分配和共同富裕"双核驱动"

以按劳分配为主体的分配制度是社会主义的重要原则之一,共同富裕是中国特色社会主义的本质特征和根本原则。在我国改革发展的新阶段,应深化收入分配制度改革,着力解决收入分配差距较大问题,才能真正使发展成果更多更公平地惠及全体人民,从而朝着共同富裕的正确方向稳步前进。因此,我们要看到按劳分配和共同富裕是紧密联系、相互促进的,并且,按劳分配和共同富裕"双核驱动"是社会主义市场经济的内在动力。

――――――――――

① 《江泽民文选》第二卷,人民出版社 2006 年版,第 23 页。
② 《江泽民文选》第三卷,人民出版社 2006 年版,第 549 页。

　　首先,必须坚持按劳分配在社会主义市场经济中的主导作用。1978 年 3 月,邓小平在一次谈话中明确指出:"我们一定要坚持按劳分配的社会主义原则。按劳分配就是按劳动的数量和质量进行分配。"①在党的十三大上,则进一步确定了"以按劳分配为主体,其他分配方式为补充"的分配原则,使得按劳分配成为一个重要的社会主义原则被确定下来;党的十四大提出了建立社会主义市场经济体制的改革目标,并继续采取了"以按劳分配为主体"这一分配原则,进一步提出了兼顾效率与公平的原则对按劳分配加以补充、完善;党的十五大则提出了要把按劳分配与按生产要素分配有机结合起来的指导原则;党的十六大又提出劳动、资本、技术、管理等生产要素按贡献参与分配的指导原则,进一步发展和完善了以按劳分配为主体、多种分配方式并存的分配制度;党的十七大进一步提出了在坚持、完善按劳分配为主体、多种分配方式并存的分配制度,并健全劳动、资本、技术、管理等生产要素按贡献参与分配的制度的基础之上,初次分配、再分配都要处理好效率与公平的关系,尤其是再分配要更加注重公平;党的十八大报告更是提出,必须深化收入分配制度改革,努力实现居民收入增长与经济发展同步、劳动报酬增长与劳动生产率提高同步。由此可见,我们在社会主义市场经济发展中,必须始终坚持以按劳分配为主体的分配制度,同时以其他分配方式为补充,这样才能兼顾效率与公平,真正实现发展成果由人民共享。

　　同时,必须坚持共同富裕是社会主义市场经济的本质特征。正如邓小平"南方谈话"中指出:"社会主义的本质,是解放生产力,发展生产力,消灭剥削,消除两极分化,最终达到共同富裕","走社会主义道路,就是要逐步实现共同富裕"。② 邓小平将共同富裕提升到了社会主义本质的高度,也为其成为社会主义市场经济的本质特征奠定了基础。党的十四大报告中提出:"运用包括市场在内的各种调节手段,既鼓励先进,促进效率,合理拉开收入差距,又防止两极分化,逐步实现共同富裕。"③党的十五大报告中进一步指出:"允许一部分地区一部分人先富起来,带动和帮助后富,逐步走向

---

① 《邓小平文选》第二卷,人民出版社 1994 年版,第 101 页。
② 《邓小平文选》第三卷,人民出版社 1993 年版,第 373 页。
③ 《江泽民文选》第一卷,人民出版社 2006 年版,第 227 页。

共同富裕。"①党的十六大报告中强调:"制定和贯彻党的方针政策,基本着眼点是要代表最广大人民的根本利益,正确反映和兼顾不同方面群众的利益,使全体人民朝着共同富裕的方向稳步前进。"②江泽民在连续三次党的全国代表大会的报告中每次都强调共同富裕,从"逐步实现共同富裕"到"逐步走向共同富裕"再到"朝着共同富裕的方向稳步前进",都表明发展社会主义市场经济,必须将共同富裕作为本质特征去牢牢坚持和努力实现。胡锦涛在党的十七大报告中也提出:"要始终把实现好、维护好、发展好最广大人民的根本利益作为党和国家一切工作的出发点和落脚点……走共同富裕道路,促进人的全面发展,做到发展为了人民、发展依靠人民、发展成果由人民共享。"③2011 年 7 月,胡锦涛在纪念庆祝中国共产党成立 90 周年大会讲话中再次强调指出:"推进社会建设,要以保障和改善民生为重点……加大收入分配调节力度,坚定不移走共同富裕道路,努力使全体人民学有所教、劳有所得、病有所医、老有所养、住有所居。"④党的十八大报告则把"逐步实现全体人民共同富裕"作为中国特色社会主义道路的主要内容之一。2012 年 12 月底,习近平总书记到河北省阜平县看望慰问困难群众、考察扶贫开发工作时强调,消除贫困、改善民生、实现共同富裕,是社会主义的本质要求。从邓小平到江泽民、胡锦涛再到习近平,一直坚持走共同富裕道路,体现出我党在共同富裕问题上的坚定性和连续性。尤其是习近平担任总书记不久就再次把共同富裕作为社会主义的本质要求加以强调,就是警醒我们发展社会主义市场经济不要忘了共同富裕这个本质特征和根本方向,否则就会走上邪路。

三、市场化对社会主义意识形态的冲击

2013 年 3 月 22 日,在深入开展道德领域突出问题专项教育和治理活

---

① 《江泽民文选》第二卷,人民出版社 2006 年版,第 17 页。

② 《江泽民文选》第三卷,人民出版社 2006 年版,第 540 页。

③ 胡锦涛:《高举中国特色社会主义伟大旗帜为夺取全面建设小康社会新胜利而奋斗——在中国共产党第十七次全国代表大会上的报告》,人民出版社 2007 年版,第 15 页。

④ 胡锦涛:《在庆祝中国共产党成立 90 周年大会上的讲话》,人民出版社 2011 年版,第 25 页。

动电视电话会议上的讲话中,中共中央政治局委员、中央书记处书记、中宣部部长刘奇葆强调,要紧紧抓住食品药品安全、社会服务、公共秩序三个重点,深入开展道德领域突出问题专项教育和治理活动,着力解决好诚信缺失、公德失范问题,在全社会形成良好道德风尚。这一方面表明党中央对道德领域突出问题的重视,同时也深入剖析了社会主义市场经济二十多年的发展历程中对社会主义意识形态的冲击。因此,要搞好领导干部意识形态能力建设,就必须深刻认识和剖析市场化对社会主义意识形态冲击的问题体现和造成的巨大危害。

(一)拜金主义、个人主义等泛滥导致信仰迷失、道德滑坡

2009 年 7 月 5 日,澳大利亚的力拓公司驻上海办事处首席代表胡士泰因涉嫌窃取中国国家秘密被上海市的国家安全部门"带走问话"。7 月 9日,上海市国家安全局和中国外交部分别向外界证实称,在中外进行铁矿石进出口谈判期间,澳大利亚的力拓公司驻上海办事处首席代表等人通过采取不正当手段,拉拢、收买中国钢铁企业的内部人员,刺探、窃取了中国国家秘密。上海市国家安全局查明,在力拓公司的电脑中储存着数十家与力拓签有长协合同的中国钢铁企业原料库存周转天数、进口铁矿石的平均成本、每吨钢的单位毛利以及这些企业的生产安排、炼钢配比甚至采购计划等在内的内部机密资料。而随着中国多家大钢企的不少高层管理人员相继被带走调查,这场新时期的"间谍门"中的情报交易以及由此给企业和国家造成的重大损失让人感到愤怒和震惊,也让我们再次深刻认识到在市场经济大潮中泛滥的拜金主义、享乐主义、个人主义、自由主义等西方资本主义思潮的巨大危害,导致一部分人信仰迷失、道德滑坡等,不少人以讥讽理想、嘲笑崇高为时髦,什么集体利益、国家利益都不管,更有一些人为了个人的金钱、享受而不惜出卖自己的人格、国格,更谈不上社会主义道德、共产主义信仰等理想信念了。

公开报道的资料显示,力拓等国际矿山巨头为拉拢、收买中国钢铁企业的内部人员,想方设法采取各种各样的手段进行商业贿赂。而在金钱、美女等"糖衣炮弹"的进攻下,这些中国钢铁企业的内部人员置国家利益、职业道德等于不顾,不仅将其所在企业的商业机密泄露给力拓等谈判对手,还将业内重要的机密数据、国家的内部政策等也拱手相送,让对方彻底掌握了中

国铁矿石谈判团队的核心秘密,使得他们对中国在谈判中的对策、价格底线等了如指掌,导致中国在铁矿石进出口谈判中一败再败,蒙受了难以挽回的巨大经济损失。

2010 年 3 月 29 日,上海市第一中级人民法院对力拓公司员工非国家工作人员受贿、侵犯商业秘密案作出一审判决,分别以非国家工作人员受贿罪和侵犯商业秘密罪等数罪并罚。即使如此,中国企业的巨大经济损失和国家的巨大经济利益损失已经无法弥补和挽回。同时,这个案件更让我们看到了收受回扣、商业贿赂等市场经济中的不良风气盛行对人们思想观念的巨大影响和腐蚀作用。

我国改革开放以来,尤其是在市场经济的大潮中,在商品经济的快速发展和经济发展中的过度市场化取向等影响下,作为一般商品的等价物与商品交换媒介的货币的功能得到了认可和强化,不少人从以前那种"羞于谈钱"、"谈钱色变"等心态转变为金钱至上的拜金主义、享乐主义、个人主义、自由主义等资产阶级的价值观、人生观和世界观,将金钱视为"万能"之物、把享乐作为人生的最大目的,什么"有钱能使鬼推磨"、"钱多能让磨推鬼"、"人不为己天诛地灭"等思想非常有市场,导致信仰迷失、道德滑坡等问题凸显。面对这些问题,江泽民早在 1995 年 1 月就向全党发出警告:"改革开放还只搞了十多年,有些干部、党员在考验面前就打了败仗,有的革命意志衰退了,有的走到邪路上去了,有的甚至堕落成为社会的蛀虫和罪犯,归根到底就是这些人在世界观和人生观上出了问题。"①1996 年 10 月通过的《关于加强社会主义精神文明建设若干重要问题的决议》中也指出:"在社会精神生活方面存在不少问题,有的还相当严重。一些领域道德失范,拜金主义、享乐主义、个人主义滋长;封建迷信活动和黄赌毒等丑恶现象沉渣泛起……一部分人国家观念淡薄,对社会主义前途发生困惑和动摇。"②尽管如此,在市场经济负面思潮的影响和冲击下,不少人在世界观、人生观上出现的问题不仅没有得到解决反而更加严重。美国《世界日报》公布的对全世界 23 个国家的一项民调结果显示,中、日、韩国三国民众最相信"金钱万

①　《十四大以来重要文献选编》(中),人民出版社 1997 年版,第 1191 页。
②　《十四大以来重要文献选编》(下),人民出版社 1999 年版,第 2047—2048 页。

能"，并列为世界第一"拜金主义"国家，并且在金融危机之后更加推崇"拜金主义"。尤其是近年来，受不良社会风气等影响，老人倒地无人敢扶、面对坏人少有人管等冲击道德底线的事件不断发生，引发了人们对道德滑坡的追问和对价值观、人生观、世界观迷失的反思。

（二）见利忘义、迷信市场等泛滥导致诚信缺失、顽症难治

除了道德滑坡问题，社会主义市场经济确立、发展二十多年来，中国人最担心、意见最大的就是食品安全和环境保护问题了。食品安全最典型的案例就是2008年国内多家品牌企业奶粉中含有三聚氰胺导致食用的婴幼儿得了肾结石病症的"三聚氰胺有毒奶粉"事件。同年9月21日，时任国务院总理的温家宝在北京了解患病儿童的救治情况时表示："这起事件暴露出政府监管不力，也反映出一些企业缺乏职业道德和社会公德，用老百姓的话说就是'没良心'。"事件发生之后，虽然被曝光的不合格产品已经被下架，但是消费者对国产奶粉的信心却几乎彻底没有了，很多人把目光转向了进口奶粉，也引发了人们对整个食品安全问题的担忧。

以追逐利润最大化为导向的市场经济中的企业主体并不是为了真正满足人的需要而去生产商品，为了追求、获取更多、更高的利润，一些见利忘义的企业忘了起码的道德良知约束，生产假冒伪劣的商品并以次充好，为了降低成本而降低环保投入，去污染环境。而由于意识形态能力薄弱，有的领导干部以不干涉市场行为、尊重企业的生产经营自主权、相信市场经济本身的自我纠偏能力等为理由放任企业的市场违法行为，导致不少时候监管不严甚至监管缺失，使得一些违法企业越来越胆大妄为，甚至为了自己的高额利润而置人民群众的生命安危于不顾。不断发生的食品安全事件让中国人对食品安全基本失去了信心。即使在2013年的大部制改革中新成立了国家食品药品监督管理总局，但人们对其能否真正管好食品安全依然是半信半疑，由此可见食品安全问题之严重。

2013年的春天，北京、河北等全国不少地方的雾霾污染让越来越多的人尝到了忽视环境保护、片面追求经济发展的恶果，也让人们开始反思我们在社会主义市场经济大潮中片面追求发展经济而犯下的错误和付出的代价。改革开放之初，在不少中国人温饱问题还没有解决的时候，邓小平提出"一切以经济建设为中心"有着其合理性，是针对当时的特殊国情而言，并

且中国经济在这个思想指导下也取得了举世瞩目的伟大成就。但是,由于不少人尤其是领导干部这么多年非常肤浅、片面甚至错误地理解"一切以经济建设为中心"的本意,将其解读为"一切工作以 GDP 增长为中心",形成一种单纯的"GDP 崇拜",导致精神文明和意识形态建设被轻视、边缘化甚至被淡忘,环境污染、假冒伪劣等问题越来越严重,整个社会呈现出道德滑坡、信仰迷失、极端物质化等危险现象,可以说就是这种主导思想产生的恶果。并且,一些盲目迷信市场的领导干部把"一切以经济建设为中心"作为幌子,以坚持市场导向、市场主导为理由,在实际工作中坚持"先污染、后治理"的发展思路,对环保工作采取一种"说起来重要,做起来次要,与建设项目发生冲突时就不要"的错误态度,甚至公开或私下充当污染项目、污染企业的保护伞,使当地的生态环境遭受很大破坏,也让"美丽中国"建设面临严峻考验。因此,在全力实现中国梦的新历史时期,我们应该果断地停止对"一切以经济建设为中心"的片面理解和执行,坚决坚持环境保护与经济发展齐抓并重、物质文明建设和精神文明建设两手抓两手硬的发展原则,做到经济建设、政治建设、文化建设、社会建设、生态文明建设和党的建设齐头并进,让中国梦彻底远离环境污染和精神污染。

(三)权钱交易、全盘西化等泛滥导致贪污腐化、根基动摇

2013 年 3 月 8 日,习近平总书记在同出席十二届全国人大一次会议的江苏代表团的代表一起审议《政府工作报告》时谆谆告诫各级领导干部要提升自我境界,坚定理想信念,保持高尚情操。他说,现在的社会诱惑太多,围绕权力的陷阱太多。面对纷繁的物质利益,要做到君子之交淡如水,"官""商"交往一定要有道,要相敬如宾,而不要勾肩搭背、不分彼此,要划出公私分明的界限。公务人员和领导干部要守住底线,要像出家人天天念阿弥陀佛一样,天天念我们是人民的勤务员,你手中的权力来自人民,伸手必被捉。心中要有敬畏,知道什么是高压线,想都不要想,一触即跳,才能守得住底线。这是对社会主义市场经济大潮中权钱交易问题的一次严重警告,既点出了问题的严重性,也警告那些在"官""商"交往中进行权钱交易甚至狼狈为奸的领导干部要悬崖勒马,更警告全体领导干部与公务人员一定要用好手中的权力,珍惜为人民服务的机会。

官员常常意味着权力,商人往往代表着资本,二者的不正当结合基本上

就意味着腐败,这是在不同社会制度下都一次次被印证了的常识。但由于意识形态能力薄弱,一些领导干部在社会主义市场经济发展中接受市场化冲击的时候,不仅不主动坚定理想信念、拒腐防变,反而信仰"有权不用过期作废"的信条,想尽一切办法要利用好手中的权力来发财、敛财。而一些商人为了给企业发展创造"有利条件",或想占国家便宜,甚至想为自己违法犯罪寻求保护伞,往往从小恩小惠来入手到"大恩大惠"拉下水去腐蚀、收买领导干部,不少时候"官""商"之间是一拍即合。于是,在不少地方,在不少人眼里,"你出钱我办事"似乎成了天经地义,"官""商"交往中一个愿打一个愿挨,竟然很默契。近年来,不少高官落马的重大案件中,绝大部分都存在"官""商"间所谓"互相帮助,共同发展"的互相利用。他们在"官""商"交往中不分你我,大肆进行权力寻租,你用手中的权力"关照"我发财,我就用口袋里的资本回报给你金钱,不少时候还会让美女主动对领导干部投怀送抱,更有商人主动送给领导干部干股、安排领导干部的亲属出任公司高管或股东、出钱为官员包养情人或二奶,这种"官""商"都受益的交往其实就是典型的权钱交易,损害的党、国家和人民的利益,严重败坏了社会风气,极大影响了社会主义市场经济在中国的健康发展,也深深危害了党的执政基础。

社会主义的中国能不能搞好市场经济,社会主义市场经济会不会使中国走向资本主义? 这是多年来不少人一直在怀疑的问题。早在 1991 年,曾四次访华的英国前首相撒切尔夫人在最后一次访华时曾指出:"社会主义和市场经济不可能兼容,社会主义不可能搞市场经济,要搞市场经济就必须实行资本主义,实行私有化。"①在中国国内也有不少人坚持认为,中国搞社会主义市场经济的结果要么是社会主义制度扼杀市场活力,要么是市场经济演变社会主义制度,二者必居其一。直到今天,国内外还有一些人坚持认为,经过社会主义市场经济大潮冲击的中国特色社会主义,实质上已经是中国特色的资本主义,除了共产党的领导之外,和资本主义国家已没什么根本区别,并认为中国特色社会主义就是国家资本主义。我们应该认真地面对、

---

① 任仲平:《改变中国命运的历史抉择——写在社会主义市场经济体制确立 20 周年之际》,《人民日报》2012 年 7 月 10 日。

思考这些拷问,保证社会主义市场经济的正确前进方向。

其实,改革开放以来,国内外一直有一些人或势力试图推动中国实行全盘西化、走向资本主义,全盘西化等资产阶级自由化思潮在20世纪80年后半期的中国一度泛滥。1987年上半年,针对外界要求我国完全实行西方式的市场经济的一些声音,时任国家主席的李先念在会见外宾时表示,改革开放决不是全盘西化,当然不是取消计划经济,只搞市场经济。李先念的话代表了当时中国政府的声音,也打破了一些国家和人试图迫使中国全盘西化的企图,也是我们此后多年一直坚持的原则。1989年2月,当时的国务院总理李鹏在一次讲话中指出,国内外有议论认为,中国要改革就要搞市场经济,搞市场经济就一定要搞私有制,否则中国改革就没出路。这种观点是对社会主义制度的根本否定。同年10月,他与尼克松会谈时又再次指出,西方有人认为,中国改革就是搞市场经济,就是把公有制一步步变成私有制。这不准确,是误解了中国的经济政策。中国既不搞完全的计划经济,也绝不搞完全的市场经济。这些话代表了中国高层领导对市场经济的清醒认识,也向外界表明,中国绝不会全盘西化、搞完全的市场经济。而社会主义市场经济二十多年的实践也表明,这是一种完全不同于资本主义市场经济,是市场经济和宏观调控有机结合的、具有鲜明社会主义特色的市场经济。

但时至今日,全盘西化等资产阶级自由化思潮不仅没有消失,反而卷土重来有再度抬头之势。尤其是随着西方的所谓宪政民主、"普世价值"、"新闻自由"、公民社会、多党制、军队国家化、新自由主义、历史虚无主义等错误思潮在国内大肆传播,以曾在西方留学过的一批经济学家为代表的一批所谓"公共知识分子",公开宣扬中国应该实行彻底私有化的市场经济、多党制、宪政民主等,呼吁进一步加大市场化力度并最终取消政府对市场的干预等,有的甚至喊出了"中国应该走美国道路"、"全盘西化"等口号。这些错误思潮迷惑了相当一部分人的思想,对社会主义意识形态造成了很大冲击。因此,我们要清醒地认识到,由于我们在市场经济这匹野马面前还是一名骑艺不精的年轻骑手,社会主义市场经济在中国的发展注定了不会一帆风顺,并且今后还会遇到很多挑战。全体党员干部都要认真研究如何进一步提高驾驭社会主义市场经济的能力,牢记社会主义市场经济的社会主义属性,坚决反对取消公有制经济主体地位等彻底私有化论调,始终坚持按劳分配的指导原则和共同富裕的发展方向。

第三节 网络化的迅猛发展和对中国的巨大挑战

在改革开放之初,不仅中国人还不知道互联网为何物,就是美国等西方发达国家,也对互联网非常陌生。即使到了 21 世纪之初,中国人知道、了解、使用互联网的人依然很少,但是随着最近十多年来互联网的迅猛发展,互联网已经彻底改变了很多人的生活,不少人已经对网络形成依赖,我们不知不觉中已经生活在一个网络化的社会。2014 年 1 月 16 日,CNNIC 发布的第 33 次《中国互联网络发展状况统计报告》显示,截至 2013 年 12 月底,我国网民人数达到 6.18 亿,互联网普及率增长到 45.8%,手机网民也达到 5 亿的惊人数字。中国已经连续多年拥有世界第一的网民人数,中国网民的数量不仅超过很多国家的总人口数,而且网络的使用率也高居世界前列。尤其是近年来网络反腐、网络炒作、网络购物、网络战等成为不少网民的关注焦点和兴奋点,再加上网络谣言、突发事件、网络水军、网络攻击等问题也日益凸显,这就要求深入研究网络的特性、挑战等,既能科学、有力应对网络化的挑战,又能有效利用网络加强意识形态能力建设。

一、互联网的出现和在中国的发展过程

从 1969 年互联网最早在美国真正出现到中国在 1987 年 9 月 20 日向世界发出了第一封电子邮件,从十多年前的网络新闻、电子邮件、聊天室的简单使用到今天的微博、微信、飞信的迅猛发展,互联网四十多年来的迅猛发展彻底改变了当今世界的发展格局,也改变了中国人的生活。而在 1997 年 11 月,CNNIC 发布第一次《中国互联网络发展状况统计报告》时,中国的上网用户数仅为 62 万。而到 2014 年 1 月的第 33 次《中国互联网络发展状况统计报告》时,中国网民的规模已经高达 6.18 亿。仅仅 16 年的时间,中国的互联网发生了翻天覆地的变化,不仅改写了中国互联网的历史,也推动着中国发生了巨大变化。

（一）互联网的出现和在中国的初步发展

互联网发源于美国,和美国军方密切相连,是在美国军方支持、资助下一步步发展起来的。1965年,在美国国防部高级研究计划署(ARPA)资助的进行分时计算机系统的合作网络研究中,通过传输速率为1200bps的电话专线,美国联邦政府投资的、位于马萨诸塞州的麻省理工学院林肯实验室的TX-2计算机和位于加利福尼亚州的系统开发公司(简称SDC)的Q-32计算机直接连接,虽然没有使用包交换的数据方法传送,也已经初步有了互联网的概念。在ARPA将数据设备公司(简称DEC)的计算机也加入之后,一个实验网络终于组成了。1967年,包交换的实验网络开始出现。1968年10月,在ARPA看到了包交换网络的演示之后,加州大学洛杉矶分校获得了建立网络测量中心的合同。1968年12月的一天,美国发明家道格拉斯·恩格尔巴特在旧金山布鲁克斯大厅向世人展示了自己与斯坦福大学的同行十年时间的研究成果——NLS系统,他不仅演示了鼠标、所见即所得的文字编辑器、文本图形混排、超链接等,还对网络与科技的发展前景表示出极大的信心。

真正的互联网最早出现于1969年,当时ARPA将美国西南部的加利福尼亚大学洛杉矶分校、加利福尼亚大学、斯坦福大学研究学院和犹他州大学的四台主要的计算机连接起来,在同年12月开始联机使用,这种网络被称为阿帕网(ARPANet)。1970年6月,麻省理工学院、哈佛大学、雷神BBN科技公司和SDC加入进来。1972年开始,斯坦福大学、麻省理工学院的林肯实验室、卡内基梅隆大学、国家航空和宇宙航行局、兰德公司、伊利诺利州大学等众多美国的权威机构、知名大学、知名企业也纷纷加入进来,使得网络规模越来越大,技术也日益成熟成起来。因为最初的互联网设计就是为了能够提供一个通讯网络,保证即使一些地点万一被核武器摧毁了,整个系统仍能正常工作,这样的网络是给科学家、计算机专家和工程师们来用的。并且,由于当时还没有办公计算机,更没有家庭用的计算机,任何人要想使用这种最初的互联网,都必须学习那种让不少科学家甚至计算机专家都感到麻烦的、极其复杂的系统,并且应用起来也不便捷。

1974年,随着被誉为"以太网之父"的3Com公司创始人、当时还是哈佛大学学生的鲍勃·麦特卡夫提出了大多数局域网的协议——以太网,再加上计算机科学家罗伯特·埃利奥特·卡恩发明了 TCP 协议,并且他还和互联网专家温顿·瑟夫合作发明了 IP 协议,而这两个协议很快成为全世界互联网传输资料都使用的最重要技术。TCP/IP 这种体系结构的快速发展推动着互联网也迅速发展起来,被认为是互联网发展史上的一个里程碑。到了 20 世纪 80 年代初,美国国防部也采用了 TCP/IP 体系结构,大大推动了这种体系结构的进一步发展和成熟,逐渐得到了全世界的认可和普及。1978 年,UNIX 和 UNIX 拷贝协议在贝尔实验室被提出来,这推动了新闻组网络系统 1979 年在 UUCP 的基础上发展起来,集中某一主题的讨论组——新闻组的快速发展在全球范围内提供了一个交换信息的新方法,它成为网络世界发展中的非常重要的一部分,也是互联网发展史上的又一个里程碑。

1981 年,电子邮件出现并开始提供邮件服务,包括电子邮件传递与邮件讨论列表等,成为互联网发展史上的又一件大事。1983 年,美国国防部将阿帕网分为了军网、民网两大类。随着越来越多大公司的加入和一些年轻的创业者的参与,民网从此得到迅速发展,并在不久之后扩大成为今天的互联网。但是,由于互联网基本上是美国军方发明和控制的,直到今天,互联网的核心技术一直控制在美国人手里,美国堪称是全世界网络的霸主。网络霸权成为美国渗透、演变甚至侵略别的国家的又一有力武器。

1989 年,互联网检索服务开始出现,并且可以做到让任何一个上网的人都可以使用。1991 年,明尼苏达大学开发出了第一个能够连接上互联网的友好接口。而随着越来越多独立的商业网络在 20 世纪 90 年代初开始发展起来,实现了从一个商业站点传输信息到另外一个商业站点可以不经过由政府资助的网络中枢,这也推动着几乎所有的信息传播都开始依靠商业网络。而随着"美国在线"等开始了网上服务,微软开始全面进入浏览器、服务器以及互联网服务提供商等市场,微软的浏览器在 1998 年 6 月研发成功并开始和 Windows98 组成了很好的集成桌面电脑,互联网的发展从此进入突飞猛进的时期。

中国的互联网发展是从 20 世纪 80 年代后期开始的。1986 年,中国科学院高能物理研究所等国内一些科研单位开始通过长途电话拨号的方式到欧洲的一些国家进行联机数据库检索,并开始通过这些国家与国际互联网连接;同年,北京市计算机应用技术研究所和德国卡尔斯鲁厄大学合作实施的中国学术网(简称 CANET)项目启动。1987 年 9 月,中国第一个国际互联网电子邮件节点在 CANET 正式建成,并于当月 14 日 21 时 07 分向世界发出了中国的第一封电子邮件:"Across the Great Wall we can reach every corner in the world"(越过长城,走向世界)。这标志着中国人使用互联网的序幕正式拉开。1988 年年初,中国的公用数据网 CHINAPAC(X.25)正式开通,并与德国、法国等国的公用数据网络(X.25)进行国际连接(X.75),覆盖了北京、上海、广州、深圳、沈阳、武汉、西安、成都、南京等城市,实现了国内外的初步网络连接;同年 12 月,清华大学的校园网采用了从加拿大引进的 X400 协议的电子邮件软件包,通过 X.25 网与加拿大相连,正式开通了电子邮件应用。1989 年 5 月,电子部电子科学研究院、电子部第 15 研究所、复旦大学、东南大学等一些科研单位将自己的计算机与 CHINAPAC 相连接,并实现了以欧洲国家的计算机为网关,与国际互联网用户进行电子邮件通信;同年 11 月,中国国家计算机与网络设施(National Computing and Networking Facility of China,简称 NCFC)联合设计组组成,NCFC 项目正式启动。1990 年 11 月,被誉为"中国第一上网人"的钱天白教授代表中国正式在国际上注册登记了代表中国的全球顶级域名".CN",并开通了使用".CN"的国际电子邮件服务,这标志着中国在网络世界开始有了自己国家的身份标识。

1992 年 6 月,INET'92 年会在日本神户举行,中国科学院的钱华林研究员在会上专门约见美国国家科学基金会国际联网部的负责人,但没想到,中国第一次与美国正式讨论连入互联网的问题就遭到拒绝。美国当时的理由是,互联网有美国很多的政府机构,中国接入存在政治障碍。由此可见,互联网在发展初期就被美国赋予了强烈的意识形态色彩。

1993 年 3 月,中科院高能物理研究所为支持国外的科学家使用北京正负电子对撞机进行高能物理实验,专门开通了一条 64KBPS 国际数据信道与美国史坦福线性加速器中心进行连接。但专线开通后,美国政府却以互联网上有许多科技信息等资源不能让中国等社会主义国家接入作为理由,只允许这条专线进入美国能源网,而不允许连接到其他地方。这条中国大陆地区部分连入国际互联网的第一根专线虽然当时还不能提供完整意义上的互联网功能,但毕竟已经可以实现国际互联网通信,迈出了重要的一步。

并且,中国大陆地区的用户利用局域网或拨号线路登录到中科院高能物理所使用国际网络,不仅通信能力比国际拨号线路与 X.25 信道高出多达数十倍,而且通信费用也降低了数十倍,这种高性价比大大推动了互联网在中国的进一步应用;不久之后,国家公用经济信息通信网(也就是后来的金桥工程)被正式提出并开始部署建设;同年 8 月,时任国务院总理李鹏批准了使用 300 万美元的总理预备费支持启动金桥工程的前期工程;同年 12 月,NCFC 的主干网工程完工,中科院网、清华大学校园网、北京大学校园网三个院校网使用高速光缆和路由器实现了互联。

(二)国家主导推动互联网在中国快速发展

1994 年是中国互联网发展史上非常重要的一年。4 月初,在华盛顿举行的中美科技合作联委会前,时任中国科学院副院长的胡启恒代表中方再次向美国国家科学基金会重申了中国连入国际互联网的要求,这一次终于得到美方认可。NCFC 工程一条通过美国 Sprint 公司接入互联网的 64K 国际专线,在当月 20 日开通,中国大陆地区同国际互联网的全功能连接终于实现了,标志着我国从此成为正式被国际上承认的、拥有全功能互联网的国家;5 月 15 日,中国科学院高能物理研究所设立了中国国内第一个 WEB 服务器,并推出了中国第一套网页,不仅介绍中国的高科技发展情况,还开辟一个"Tour in China"的栏目,刊载政治、经济、文化等领域的图文并茂的新闻和信息,这个栏目后来改名为《中国之窗》;5 月 21 日,中国科学院计算机网络信息中心在钱天白教授等协助下完成了".CN"服务器的设置,中国的顶级域名服务器终于从国外回到国内;也是在 5 月,曙光 BBS 站在国家智能计算机研究开发中心开通,中国大陆地区的第一个 BBS 站出现了,并以开放、自由、公平的风格成为业内外关注的焦点,水木清华 BBS 等一批网络论坛随后涌现出来,成为当年深受不少网民欢迎的一块"精神乐土",给中国最早一批网民留下了不少美好回忆。

1994 年下半年是中国和国际互联网真正实现连接的一段时间。7 月初,清华大学等六所高校联合建设、采用了 IP/X.25 技术的"中国教育和科研计算机网"试验网开通,这个连接了北京、上海、广州、西安、南京等城市的网络通过 NCFC 的国际出口实现了与国际互联网互联,这也是中国第一个运行 TCP/IP 协议的互联网络。8 月,中国教育和科研计算机网

（CERNET）正式立项，这项由国家计委投资、国家教委主持的项目的目标就是利用当时国际上先进的计算机、网络通信技术，实现中国各大校园间的计算机联网与信息资源共享，并实现与国际学术计算机的网络互联。9 月，中国邮电部电信总局和美国商务部签订了中美双方关于国际互联网的协议，规定中国将通过美国 Sprint 公司分别在北京、上海开通两条 64K 专线，中国公用计算机互联网（CHINANET）建设随即开始启动。这两条 64K 专线很快在 1995 年 1 月开通，并通过电话网、DDN 专线和 X.25 网等几种方式开始面向社会大众提供互联网接入服务，这标志中国大陆地区开始迈出了走入网络时代的关键一步。

1995 年 1 月，由国家教委主管并主办的《神州学人》杂志通过 CERNET 接入国际互联网，开始向广大的中国在外留学人员及时提供新闻信息服务，这是中国第一份中文电子杂志，也是中国面向世界提供网络新闻信息服务的开始；同年 3 月，中国科学院使用 IP/X.25 技术将其在上海、合肥、南京和武汉四个分院连接在一起，迈出了将互联网推向全国的第一步。紧接着在 4 月，中国科学院启动了"百所联网"工程，提出要把网络的连通扩展到国内 24 个城市，与国内各学术机构的计算机实现连通并接入国际互联网，构建了一个面向科技用户、管理部门以及与科技有关的政府部门服务的全国性网络——中国科技网；同年 7 月，CERNET 第一条接连美国的 128K 国际专线开通。紧接着金桥工程在 8 月份初步建成，在 24 个省市实现开通联网，并和国际互联网实现互联；同年 12 月两大喜讯传来，CERNET 示范工程和中国科学院的"百所联网"工程双双建设完成。随后不久的 1996 年 1 月，CHINANET 的全国骨干网建成并正式开通，开始为全国的公用计算机网络的相互连通提供服务，这标志着中国大陆地区的互联网终于实现全国连通。

1996 年 6 月 3 日，电子工业部将"金桥网"更名为"中国金桥信息网"（CHINAGBN），并在同年 9 月正式开通连入美国的 256K 专线，宣布开始提供互联网服务，服务内容主要包括专线集团用户的接入、个人用户的单点上网服务等。同样是在 9 月，当时中国大陆地区的第一个城域网——上海热线开通并试运行，也标志着上海公共信息网——上海信息港主体工程正式建成；同年 11 月，实华开公司在北京的首都体育馆旁边开设了中国大陆地区第一家网络咖啡屋——实华开网络咖啡屋，边喝咖啡边上网成为一种时毕;同年 11 月,中德学术网络互联线路 CERNET-DFN 开通,建立了中国大陆地区到欧洲的第一个国际互联网连接;同年 12 月,中国公众多媒体通信网——169 网全面启动,广东视聆通、上海热线、四川天府热线作为首批站点正式开通,不仅推动了这几大城市的网络化进程,也让更多普通民众开始有机会接触、使用互联网,推动着互联网进一步走近大众。

1997 年 1 月 1 日,由人民日报社主办的人民网正式接入国际互联网络,成为中国开通的第一家中央重点新闻网站,这一天也成为中国互联网新闻发展史上一个值得纪念的日子;同年 2 月开始,瀛海威开始在北京、上海、广州、深圳、福州、沈阳、哈尔滨、西安 8 个城市开通为公众提供服务的互联网,其也成为中国最早、最大的私营 ISP(互联网服务提供商)、ICP(互联网内容提供商),拉开了私营企业进入互联网市场的大幕;同年 5 月,国务院信息化工作领导小组办公室授权中国科学院组建与管理中国互联网络信息中心(CNNIC),CNNIC 随后在 6 月正式成立,并开始行使国家互联网络信息中心之职责;同年 10 月,CHINANET 与中国科技网(CSTNET)、CERNET、CHINAGBN 实现了全国四大网络互连互通。

1997 年 11 月 7 日,以"传播中国报道世界"为主旨的新华网正式成立,这是新华社顺应网络发展趋势的明智之举,也使得中国网络新闻从此有了权威来源,新华网迅速成为网络国家队。紧随其后,CNNIC 在同月发布的第一次《中国互联网络发展状况统计报告》结果显示:截至 1997 年 10 月 31日,中国共有 29.9 万台上网计算机,62 万上网用户。从此,《中国互联网络发展状况统计报告》成为中国网络发展的重要晴雨表,网民人数则是其最重要的指标之一。1998 年 3 月,以推进国民经济、社会服务信息化为目标的信息产业部成立;同年 8 月,负责维护计算机网络安全、打击网上犯罪等任务的公安部公共信息网络安全监察局成立。信息产业部和公安部公共信息网络安全监察局的成立,标志着国家对互联网发展的高度重视,对推动中国网络事业又好又快发展起到了重要作用。

1999 年 1 月,CNNIC 发布的第三次《中国互联网络发展状况统计报告》:截止到 1998 年 12 月 31 日,中国上网计算机共有 74.7 万台,上网用户数达到 210 万,这两个数字都比第一次有了快速增长。同样在 1 月,由 40多个部委办局的相关部门等共同倡议发起"政府上网工程启动大会"在京举行,政府上网工程主站点 www.gov.cn 也开通试运行。政府上网工程不仅推动了政府的信息化和政务公开,也大大拉近了政府和人民群众的距离。

1999 年 4 月 15 日,在由新华网、人民网等二十多家有影响力的国内网络媒体联合举行的首次行业聚会上,与会人士不仅对中国网络媒体的发展现状、未来趋势等进行了探讨,而且通过了对中国互联网发展产生重要推动作用的《中国新闻界网络媒体公约》,希望能引起全社会对网上信息知识产权的重视和保护。这次行业聚会不仅吹响了保护网上媒体信息资源的知识产权的号角,也为中国互联网的进一步健康发展创造了有利条件。

1999 年 7 月 12 日,中华网在美国纳斯达克上市,这是在纳斯达克上市的第一个中国网络概念股,在拉开中国互联网企业海外上市大幕的同时,也让更多人看到了中国中国互联行业巨大的发展潜力和美好的发展前景。2000 年 4 月 13 日,新浪网也在纳斯达克上市。从此,中国不少互联网企业纷纷把在纳斯达克上市作为自己的重要发展目标之一。

2000 年 5 月 17 日“世界电信日”当天,中国移动互联网(CMNET)正式投入运行,“全球通 WAP(无线应用协议)”服务也在当天正式推出,移动互联网开始在中国起步;同年 8 月,时任国家主席江泽民在第 16 届世界计算机大会开幕式上发表重要讲话,主张制订国际互联网公约,共同加强信息安全管理,充分发挥互联网的积极作用。这是中国政府在世界互联网发展中第一次发出主导性声音,也彰显出中国对世界互联网发展的责任;同年 10 月,党的十五届五中全会审议通过《中共中央关于制定国民经济和社会发展第十个五年计划的建议》明确指出:“大力推进国民经济和社会信息化,是覆盖现代化建设全局的战略举措。以信息化带动工业化,发挥后发优势,实现社会生产力的跨越式发展。”①这在全党全国吹响了向信息化全面进军的号角,不仅在工业企业全面推行信息化,政府、学校等几乎各行各业也都积极推行信息化,信息化从此成为时代发展的一个重要主旋律。

中国网络新闻事业的发展在 2000 年底也迎来一个重要的发展机遇期。先是国务院新闻办公室和信息产业部在 11 月发布了《互联网站从事登载新闻业务管理暂行规定》,中国移动的“移动梦网计划”也在同月推出,并提

---

① 《十五大以来重要文献选编》(中),人民出版社 2001 年版,第 1371 页。

出打造开放、合作、共赢的产业价值链。紧接着是文化部、共青团中央、广电总局、全国学联、国家信息化推进办公室等单位在 12 月共同发起"网络文明工程",倡导"文明上网、文明建网、文明网络",新华网、人民网、中国网、央视国际等中央新闻网站在同月获得国务院新闻办公室批准可以进行登载新闻业务,成为第一批获得登载新闻许可的重点新闻网站,这也是网络新闻发展的一个重要里程碑。

2001 年 7 月,中共中央在中南海怀仁堂举办运用法律手段保障和促进信息网络健康发展的法制讲座,时任中共中央总书记江泽民主持讲座并强调指出,信息网络的发展,不仅为我国经济增长提供了新的动力和支撑点,而且为群众丰富文化生活,为党和国家机关改进工作,提供了新的手段和途径。但必须看到,信息网络化的发展也给我们政府管理和社会管理提出了新的问题。比如网上一些迷信、色情、暴力和其他有害信息的传播,对人民群众尤其青少年的身心健康造成很大危害;网络违法犯罪行为日益突出,网上诈骗等种种违法活动,干扰了市场的有序运行。要抓住机遇,加快发展中国的信息技术和网络技术,并在经济、社会、科技、国防、教育、文化、法律等方面积极加以运用。既要积极推进信息网络基础设施的发展,又要大力加强管理方面的建设,注意充分运用法律手段搞好对信息网络的管理工作,推动信息网络化迅速而又健康地向前发展。江泽民在讲话中强调指出了我国信息网络化发展的基本方针是"积极发展,加强管理,趋利避害,为我所用,努力在全球信息网络化的发展中占据主动地位"①。这表明了党中央、国务院对我国信息网络健康发展的高度重视,也明确了保障中国信息网络健康发展的重要指导思想。紧接着,《国民经济和社会发展第十个五年计划信息化重点专项规划》也在 2001 年 7 月出台;同年 8 月,中央重新组建国家信息化领导小组,时任中共中央政治局常委、国务院总理朱镕基亲自担任组长;同年 9 月,作为国家确立信息化重大战略后的第一个行业规划,《信息产业"十五"规划纲要》正式发布;同年 10 月,中共中央印发《公民道德建设实施纲要》,明确提出"要引导网络机构和广大网民增强网络道德意识,共同建设网络文明";同年 12 月,朱镕基主持召开国家信息化领导小组的第

---

① 《江泽民文选》第三卷,人民出版社 2006 年版,第 300 页。

一次会议指出,要高度重视,加强统筹协调,坚持面向市场,防止重复建设,扎扎实实推进中国信息化建设。国家在信息化方面的重要举措接连推出,国家领导人高度重视信息化工作,推动着中国信息化发展步入快车道。

2002 年 5 月 17 日"世界电信日"当天,中国移动在全国范围内率先正式推出 GPRS 手机上网业务,这是移动互联网发展的里程碑;同年 6 月,新闻出版总署、信息产业部联合出台《互联网出版管理暂行规定》,并于同年 8 月 1 日起正式实施;同年 11 月,党的十六大提出,以信息化带动工业化,以工业化促进信息化,走出一条新型工业化路子。

(三)网络舆论强势崛起改写中国社会发展格局

2003 年的孙志刚事件成为中国网络媒体力量体现和中国网络舆论赢得大众重视、青睐的开始,网络舆论从此开始强势崛起,并一步步改写了中国互联网发展格局和中国传媒业的发展历史。当年 3 月 20 日,来自湖北黄冈的青年大学生孙志刚在广州被以"三无人员"的名义收容之后并遭殴打致死,年仅 27 岁。事件真相首先被地方报纸媒体报道后,新华网、新浪网等各大网络媒体不仅转发传统媒体的报道,而且积极、主动地引导网民展开大讨论,引起了广大民众对《城市流浪人员乞讨收容遣送办法》背后的众多问题的广泛关注和深入思考。在强大的网络舆论力量推动下,广大网民的呼声开始得到各级党委、政府的高度重视,不仅广州有关部门很快侦破了此案,而且国务院也因此废止《城市流浪乞讨人员收容遣送办法》,并发布《城市生活无着的流浪乞讨人员救助管理办法》予以替代。孙志刚事件让人们第一次看到了网络媒体的巨大影响力,网络媒体地位从此得到很大提高。

2004 年 2 月,中国商业网站也终于迎来了赢利的春天。新浪、搜狐和网易三大巨头先后公布 2003 年度的业绩报告显示,他们不仅分别实现了 1.14 亿美元、8900 万美元和 8000 万美元的全年度营业收入,而且分别实现了 3100 万美元、3900 万美元和 2600 万美元的全年度净利润,第一次迎来了全年度赢利。这个消息给其他商业网站以极大信心。不久之后的 3 月,手机服务供应商掌上灵通在纳斯达克上市,成为中国首家海外上市的专业服务提供商。随后,TOM、腾讯、盛大网络、空中网、前程无忧网等众多在中国成长起来的网络公司也纷纷在海外上市,迎来了 2000 年以来第二轮境外上市的热潮。众多商业网站的快速发展,推动着中国的网络事业多年来一直保持着迅猛的发展态势。

2005 年 7 月,CNNIC 发布的《第 16 次中国互联网络发展状况统计报告》结果显示:截止到 2005 年 6 月 30 日,我国网民人数首次突破 1 亿,达到了 1.03 亿人,成为仅次于美国的网民人数第二大国。并且,宽带上网用户人数达到 5300 万人,拨号上网用户人数则下降到 4950 万人,宽带上网用户首次超过了拨号上网用户人数,并超过网民用户的一半,这标志着中国网民越来越偏爱使用宽带上网,也预示着又一个网络大发展时期正在到来。

2005 年 8 月,中国最大的网络搜索企业百度公司在纳斯达克挂牌上市,在首日交易中,发行价 27 美元的百度股票以 66 美元跳空开盘,股价一度最高达到 151.21 美元,收盘价也高居 122.54 美元,涨幅达 354%,创下了 2000 年互联网泡沫以来在纳斯达克上市企业中的日涨幅最高纪录,也再次凸显出中国网络市场的巨大吸引力。

2005 年 11 月出台的《国家信息化发展战略(2006—2020 年)》进一步明确了互联网发展的重点,提出围绕调整经济结构和转变经济增长方式,推进国民经济信息化;围绕提高治国理政能力,推行电子政务;围绕构建和谐社会,推进社会信息化等。

2005 年,以博客为代表的 Web2.0 概念迅速崛起,各大网站纷纷推出博客服务,不少人将博客作为自己的网络日志,在博客中记录自己的喜怒哀乐、所感所思等,既体现了自己的鲜明个性,也方便与网友交流、互动,很受广大网民欢迎。到 2006 年 8 月底,博客作者规模已经达到 1748.5 万人,其发展速度和影响力越来越受到关注。博客流行的那几年,不仅涌现出了一大批有影响力的名博客,也吸引了不少名人、明星、专家、领导干部纷纷开通博客,大大推动了中国网络事业的发展。

2006 年 1 月 1 日,由新华网具体负责运营的中华人民共和国中央人民政府的门户网站——中国政府网(www.gov.cn)正式开通,作为国务院及其所属各部门和各省、自治区、直辖市人民政府发布政务信息和提供在线服务的大型网络综合服务平台,中国政府网的开通不仅受到全国人民群众的热烈欢迎,而且受到了全世界的广泛关注;同年 3 月,国家信息化领导小组印发了《国家电子政务总体框架》,明确指出了构建国家电子政务总体框架的要求和目标,勾勒了我国电子政务的总体结构形态和发展方向等,对进一步推动政府上网和政务公开起到了很好的推动作用;同样是在 3 月,全国人民代表大会审议通过《国民经济和社会发展第十一个五年规划纲要》,提出推进电信网、广播电视网和互联网三网融合,构建下一代互联网,加快商业化应用。三网融合成为一个广受关注和备受期待的话题。

2006 年 7 月,第 16 届"中国新闻奖"评选结果揭晓,网络新闻作品第一次纳入该奖评选范围,新华网、人民网等新闻网站的 13 件网络新闻作品首次获奖,出现在"中国新闻奖"获奖名单中。这是网络新闻第一次得到官方奖励的高度认可,也标志着网络新闻的影响力越来越强大。事实上,也正是从 2006 年开始,网络新闻的影响力开始超过传统的报刊、广播、电视等传统媒体,成为越来越多人获取新闻信息、发表意见建议的第一选择。

2007 年 1 月 23 日,中共中央政治局第一次就世界网络技术发展与中国网络文化建设与管理等问题进行集体学习,这也是中共中央政治局从互联网诞生以来专门举办网络问题的集体学习。胡锦涛主持学习并强调指出,能否积极利用、有效管理互联网,能否真正使互联网成为传播社会主义先进文化的新途径、公共文化服务的新平台和人们健康精神文化生活的新空间,不仅关系到社会主义文化事业和文化产业的健康发展,而且关系到国家文化信息安全和国家长治久安,更关系到中国特色社会主义事业的全局。这次讲话不仅提高了各级领导干部重视学习互联网知识、提高领导水平和驾驭能力的自觉性,而且进一步加快了建设一支与网络文化建设和管理相适应的管理、舆论引导、技术研发队伍的步伐,一步步努力开创了中国网络文化大建设、大发展、大繁荣的新局面。

2007 年 4 月,中共中央政治局会议提出大力发展网络文化产业,发展网络文化信息装备制造业;同年 10 月,胡锦涛在党的十七大报告中要求"大力推进信息化与工业化融合"、"加强网络文化建设和管理,营造良好网络环境"等,这是对进一步推进信息化和互联网的发展提出明确要求,也体现出党和国家对网络事业发展的高度重视。

2007 年 12 月 29 日,国家广播电影电视总局和信息产业部联合发布了《互联网视听节目服务管理规定》,规定申请从事互联网视听节目服务的应是具备法人资格的国有独资或国有控股单位,并对网络视听节目中的电影电视剧类节目、时政类视听新闻节目等作出了具体要求。这个规定对规范网络视听节目的混乱问题起到了比较好的作用。

2008 年初,香港艺人陈冠希和一批香港女艺人的大量不雅照片被泄露并在网上大肆传播,"艳照门"事件闹得整个网络世界沸沸扬扬。"艳照门"事件不仅让那些涉事的女艺人很受伤,也引发大家对净化网络环境和网上个人隐私保护问题的大讨论;在"5·12"汶川大地震的救援中,新华网、人民网等新闻网站不仅及时发布了大量抗震救灾的新闻报道,弘扬了"一方有难八方支援"的精神,而且在寻亲、救助、捐款等过程中发挥了独特的重要作用,对取得抗震救灾的伟大胜利起到了重要的推动作用,也标志着我国网络媒体在与祖国同呼吸共命运中进入了一个新的发展阶段。

2008 年 6 月 20 日,时任中共中央总书记、国家主席胡锦涛通过人民网强国论坛同网友进行了在线交流。2009 年 2 月 28 日下午 3 时,时任国务院总理温家宝专程来到中国政府网和新华网访谈室,接受中国政府网和新华网联合专访,第一次同海内外网友进行在线交流。党和国家主要领导人相继和网民进行公开的在线交流,在国内外引起很大反响,也推动了各级党政机关和领导干部上网的步伐。此后的 2010 年、2011 年,温家宝又连续两年专程来到中国政府网和新华网接受专访并同海内外网友进行在线交流。各级党政主要领导干部的带头示范作用,使得网络在加强各级党委、政府和人民群众沟通、密切和人民群众的联系中起到了越来越重要的作用。

2008 年 7 月,CNNIC 发布的《第 22 次中国互联网络发展状况统计报告》结果显示:截至 2008 年 6 月 30 日,我国的网民总人数达到 2.53 亿,第一次超过美国跃居世界第一位。其中的手机网民规模也达到了 7305 万,手机上网从此成为网络接入的一个非常重要发展的方向。同时,".CN"域名也首次成为全球第一大的国家顶级域名。

2009 年 1 月,针对网上低俗之风泛滥已经严重危害到广大青少年身心健康和人民群众切身利益等问题,国务院新闻办公室、工业和信息化部、公安部等七部委联合召开电视电话会议,部署在全国范围内开展整治网络低俗之风的专项行动,对网上的低俗信息进行集中整治;同年 11 月,全国"扫黄打非"办公室下发《关于严厉打击手机网站制作、传播淫秽色情信息活动的紧急通知》;紧接着,中央外宣办、全国"扫黄打非"办公室、工业和信息化部等九部委 12 月在全国范围内又联合开展深入整治互联网和手机媒体淫秽色情及低俗信息专项行动。这些行动对网络低俗之风起到了一定的遏制作用,但也凸显出整治网络低俗之风的艰巨性、复杂性和长期性,网络低俗之风这个顽症直到今天也没有得到彻底根治。

2009年6月,针对网上虚拟货币泛滥导致的众多问题,文化部和商务部联合下发了《关于网络游戏虚拟货币交易管理工作》的通知,规定同一企业不能同时经营虚拟货币的发行和交易,并规定虚拟货币不得用于购买实物。

从2009年下半年起,新浪、网易、搜狐以及人民网等网站纷纷开启或者测试微博功能,其中新浪微博在8月开放成为微博在中国开始大发展的标志。与前几年深受网民欢迎的传统博客相比,140字左右的微博具有"短、灵、快"等特性,不仅信息更新快,而且可以实现即时分享,与网友互动交流更加便捷,很快吸引了不少娱乐明星、社会名人、企业机构以及众多网民纷纷加入。随着微博的发展,再加上新闻网站影响力的进一步凸显,网络曝光的云南"躲猫猫"、南京"天价烟"以及上海"钓鱼执法"等一系列事件成为2009年全社会关注的热点,网络监督成为网络热词。随着网络舆论监督作用进一步凸显,微博成为2009年互联网应用的最大热点。2010年可谓是国内微博发展的春天,不仅新浪、腾讯、搜狐、网易四大门户网站都开设了微博,而且微博用户发展速度很快,微博的快速崛起不仅一步步改写了网络舆论的格局,也改写了中国社会的发展格局。

2010年1月,国务院决定加快推进电信网、广播电视网和互联网三网融合,促进信息和文化产业发展。三网融合话题又一次受到关注和重视。在中国政府的积极推动及明确的政策引导下,中国互联网逐步走上全面、持续、快速发展之路。

2010年6月8日,国务院新闻办公室首次发表了《中国互联网状况》白皮书,表明中国政府充分认识到互联网对于加快国民经济发展、推动科学技术进步和加速社会服务信息化进程的不可替代作用,高度重视并积极促进互联网的发展与运用。建设好、利用好、管理好互联网,关系国家经济繁荣和发展,关系国家安全与社会和谐,关系国家主权、尊严和人民根本利益,并向全世界阐明了中国政府对于互联网的基本政策是"积极利用、科学发展、依法管理、确保安全"。

也正是在 2010 年,随着"江西宜黄强拆自焚"、"王家岭煤矿透水事故"等一系列突发事件通过网络曝光后引起社会的广泛关注,在大大加快了相关问题的处理进程的同时,使得网络监督的强大力量进一步凸显,也使得突发事件应对成为各级党委、政府和广大领导干部非常关注的问题之一。

2011 年成为中国几大网络企业纷纷宣布开放平台战略的一年。4 月,百度率先宣布应用平台正式全面开放,普通用户无须通过资质审核就可加入其中;6 月,腾讯宣布包括 QQ 空间、腾讯微博、QQ 等在内的八大平台全面开放;7 月,新浪微博开放平台 SSO 授权也正式上线,实现了一个新浪微博账号可以通行 N 个第三方应用;9 月,阿里巴巴集团下属的淘宝商城宣布开放 B2C 平台战略,将对所有零售形态实行全面开放……众多开放平台战略改变各大网络企业间原有的产业运营模式和竞争格局,推动企业之间向着竞合转变。

2011 年 5 月,为落实互联网信息传播方针政策、推动互联网信息传播法制建设以及指导、协调和督促有关部门加强对互联网信息内容的管理等,国家互联网信息办公室正式挂牌设立,这一新机构的设立既体现了中央对互联网管理、发展的高度重视,又较好地解决了我国互联网发展中存在的"九龙治水"多头管理现象,并对进一步加强互联网的建设、发展、管理和提高国家对网络社会的管理水平都有着重要意义。

2011 年 7 月 23 日的"甬温动车事件"成为微博发展的里程碑,也成为微博发展的转折点。23 日 20 点 38 分,D301 次列车行驶至温州市双屿路段的时候与 D3115 次列车发生追尾。D301 次列车上的一名乘客在事故发生 4 分钟后发出了第一条微博,比所有网络媒体关于"列车脱轨"的报道至少早了两个多小时。在救援期间,微博成为大家了解现场情况的最主要渠道。而在微博的作用和力量进一步凸显的同时,谣言不断、辱骂遍地以及一些西方势力、利益集团力图控制这个新兴的舆论平台达到其破坏中国稳定和谋取更多利益的日的等众多问题也浮出水面,面对这些问题,笔者在此前已经进行了大半年调研的基础上又进行了近一个月的调研,提出了尽快实行以后台实名为主的微博实名制、统一建立平台负责制为主的责任追究制等 8 条关于规范、管理、引导微博健康发展的建议,在 8 月 29 日的光明日报内参发表后引起中央重视,一段时间后又应邀专门改写成可以公开的理论文章

《尽快实行实名制 规范引导微博健康发展》、《从八个方面引导微博健康发展》、《善待善用善管微博的八大策略》、《实名制规范与微博的健康发展》、《微博健康发展应从规范管理引导入手》分别在《北方传媒研究》、《青年记者》、《新闻实践》、《新闻爱好者》、《中国社会科学报》等报刊发表,并被《新华文摘》、《马克思主义文摘》等转发,在社会上引起较大反响。就在当年 12 月,国家互联网信息办公室开始在全国启动了微博客真实身份信息注册试点工作,其中《北京市微博客发展管理若干规定》要求任何组织或者个人注册微博客账号都应当使用真实身份信息,广州、上海、深圳、天津等地也采取了相同措施,标志着微博实名制终于开始推行,对网络的健康有序发展起到了较好的推动作用。调研中,超过 98% 的领导干部都非常支持以微博实名制为代表的网络实名制,呼吁国家应该尽快全面推行。2013 年 3 月底,国务院办公厅发布关于实施《国务院机构改革和职能转变方案》任务分工的通知,在 2014 年完成的 28 项任务中明确提出"2014 年 6 月底前出台并实施信息网络实名登记制度",这也标志着我国全面实施网络实名制进入了倒计时。

2012 年 7 月 9 日,在国务院印发的《"十二五"国家战略性新兴产业发展规划》中,提出实施宽带中国工程,要求到 2015 年城市和农村家庭分别实现平均 20 兆和 4 兆以上宽带接入能力;同年 8 月 16 日,奇虎 360 综合搜索上线,自此引发了百度和 360 的搜索之争。后来在舆论的压力和中国互联网协会组织下,百度、奇虎 360 等 12 家搜索引擎服务企业签署了《互联网搜索引擎服务自律公约》,促进了行业规范。

2012 年是微博迅猛发展的一年,其中政务微博的快速发展很引人注目。当年 10 月底,新浪微博认证的政务微博数量达 60064 个,较 2011 年同期增长 231%;11 月 11 日,腾讯微博认证的政务微博达 70084 个。而根据腾讯发布的数据,微信注册用户截至 2012 年 12 月已经达到 2.7 亿。从 2011 年 1 月 21 日推出,微信用户数量一直保持快速增长,影响越来越大。由于微信独特的传播力和影响力,其发展也越来越受到关注。

2013 年是网络开始步入稳健、规范发展的一年。4 月 29 日,新浪宣布新浪微博与阿里巴巴中国签署战略合作协议,阿里巴巴以 5.86 亿美元购入新浪微博公司发行的优先股和普通股,约占微博公司全稀释摊薄后总股份的 18%。并同时宣布:双方将在用户账户互通、数据交换、在线支付、网络营销等领域进行深入合作;4 月下旬开始,国家互联网信息办公室先后部署开展整治网络谣言、集中清理侵犯公民个人隐私的三类信息、净化暑期网络环境等专项行动,并公布了 24 小时受理公众举报的电话 12377;7 月 17 日,CNNIC 发布的第 32 次《中国互联网络发展状况统计报告》显示,截至 2013 年 6 月底,我国网民人数达到 5.91 亿,较 2012 年底增加了 2656 万人;互联网普及率为 44.1%,较 2012 年年底提升了 2.0%;手机网民规模达 4.64 亿,网民中使用手机上网的人群占比提升至 78.5%;微博用户数达 3.31 亿,较 2012 年年底增长了 7.2%;网民中微博使用率达到了 56.0%,较上年年底增长了 1.3%……中国网络发展的各项指标都远远超过世界平均水平,标志着我国已经进入全面的信息化、网络化时代,也面临着来自网络的更多挑战和机遇。

2013 年 8 月 10 日举行的"网络名人社会责任论坛"呼吁共守"七条底线":法律法规底线、社会主义制度底线、国家利益底线、公民合法权益底线、社会公共秩序底线、道德风尚底线和信息真实性底线。坚守"七条底线"成为业界共识,并得到广大网民的积极支持和拥护;8 月中旬,全国公安机关集中打击网络有组织制造、传播谣言等违法犯罪专项行动拉开序幕,伙同"意见领袖"、组织"网络水军"长期在网上制作事端、为非作歹的"秦火火"、"立二拆四"等人因涉嫌寻衅滋事罪和非法经营罪被北京警方刑事拘留;9 月 16 日,在国家互联网信息办公室、教育部、共青团中央、全国妇联指导下,全国百家网站启动了"绿色网络　助飞梦想"——网络关爱青少年行动,呼吁全国网络媒体积极参与网络关爱青少年行动,大力弘扬健康向上的网络文化,为青少年成长成才创造良好网络空间……2014 年 2 月 27 日,习近平主持召开中央网络安全和信息化领导小组第一次会议,以组长身份发表重要讲话指出,做好网上舆论工作是一项长期任务,要创新改进网上宣传。没有网络安全就没有国家安全,没有信息化就没有现代化。并就建设网络强国提出了一系列要求。随着互联网成为意识形态斗争的主战场,国家对造谣、传谣等网络违法犯罪活动的打击力度不断加大并逐步制度化、法制化,网络逐步步入一个良性、健康的发展轨道。

二、微博兴起背景下的网络传播特点

如同十多年前知道和使用网络的人很少一样,如果说在几年前提起微博,很多人都会觉得很陌生,但如今不仅大多数人知道了微博,而且数亿人在使用微博,甚至有不少人成为"微博控",微博被称为网络舆论最典型的代表。新浪在2013年初公布的微博用户数据显示,截至2012年12月底,新浪微博注册用户已超过5亿,同比大幅增长74%,日活跃用户数达到4620万,微博用户数与活跃用户数保持稳定增长。腾讯公布的数据显示,截至2012年底,腾讯微博注册账户数已达到5.4亿,日均活跃用户数超1亿,全年热门话题数量接近9000个。第32次《中国互联网络发展状况统计报告》也显示,截至2013年6月底,我国微博网民规模为3.31亿,较2012年底增长了7.2%。网民中微博使用率达到了56.0%,较上年年底增长了1.32%。虽然CNNIC的统计数据与新浪、腾讯公布的数据有一定差距,但微博在近几年的兴起和迅猛发展却是一个谁也无法否认的事实。

微博、论坛、微信、博客等网络时代传播手段日新月异,颠覆了传统意识形态传播规律,打破了传统意识形态传播格局,再加上全球化趋势的进一步强化和市场化意识的全面渗透在网络中体现出来的强大力量,社会意识多元、多样、多变的特征日益明显,正确的与错误的、先进的与落后的、主流的与边缘的思想观念相互交织、交锋,意识形态领域的噪音、杂音此起彼伏。由于网络时代几乎可以说"人人都是记者",政府机关和街头小贩、领导干部和普通群众在某种意义上都处于一个平等对话的位置,党和政府的权威性受到极大挑战。这里,笔者尝试从五个方面对当今以微博为代表的网络传播特点加以总结。

(一)网民传播的无边界性与有自觉性的统一

新技术的不断研发、采用,使得网络传播的新形式、新特点不断刷新,不少网民刚刚习惯和喜欢上QQ、MSN、博客等新的网络形式,微博、飞信、微信、社交网站等更新的传播手段又在近几年流行起来,并且势头已经远远盖过了以往的其他传播手段,尤其是微博发展势头最猛。微博是微博客(Micro-blogging)的简称,是一种允许用户及时更新简短文本(通常在140字左右)并可以公开发布的博客形式。其核心特点是可以通过短信、即时通信工具、电子邮件、MP3、网页等方式联动。不仅可以发布文字,也可以发布图片或影音剪辑等多媒体内容。在微博中,我们每个人都是信息源,同时也可以接受别人的信息,也有别人接受自己的信息,可以将自己获取的信息转发给其他微博用户或与自己的粉丝分享等,由此形成一种以人际为核心的快速传播网络。中国传媒大学网络舆情(口碑)研究所2011年7月18日发布的《2011上半年中国网络舆情指数年度报告》显示,微博已成为中国第二大舆情源头,仅次于新闻媒体报道。今天,微博影响力已经变得更为强大,不仅已经成为网民了解国家和社会发展的主渠道之一,也成为网民发表意见、建议的最重要舞台,对推动国家发展和社会进步起到了越来越重要的作用。

虽然从表面上看,微博、微信等网络传播新形式属于技术手段的花样翻新,但在本质却是网民应用信息传播渠道和方式的叠加和拓展,同时伴随而来的是网民对信息传播活动参与度、热衷度和卷入度的大大提高,网络信息传播的及时性、互动性也得到充分体现。

与网络信息使用率相伴而"升"的,是网民参与新闻信息传播和观点表达机会的增多以及影响力的扩大。网络新闻是网民的基础应用之一,也是网络力量的重要体现所在。CNNIC的统计表明,截至2013年6月底,网络新闻的网民规模达到4.61亿,较2012年6月增长17.5%,网民对网络新闻的使用率也高达78.0%,显示出网络新闻的影响力进一步增强。尤其是随着微博、社交网站等社交媒体的盛行,网民可以通过更多的渠道接触到新闻资讯,并在对新闻的分享和转发过程中扩大新闻的覆盖面、提升新闻的传播力、增强新闻的影响力。而且,随着智能手机的普及,更多网民可以利用碎片化时间且不受场地限制阅读新闻,极大促进了网民对网络新闻的应用。其中一个典型案例是被网友称为甘肃舟曲山洪泥石流灾害中"报道灾情第一人"的普通90后大学生王凯,当时正巧放假在家的他通过一部可以上网的旧手机,第一时间通过个人微博发布了舟曲爆发特大泥石流的消息。王凯在微博上每天直播自己看到的最新灾情,连续上传了300多条微博,这些微博被网民转发数万次,每天都有数万人在网络上等待他更新微博以从中了解灾区的最新情况。有媒体赞扬他"在媒体抵达灾区之前,90后的王凯,一个人就像一个'通讯社'",他的发布平台就是微博。

王凯的故事并不是个案,北京"7·21"特大暴雨自然灾害、"7·23"甬温线特别重大铁路交通事故、江西宜黄"强拆"导致自焚风波、上海"11·15"特大火灾、浙江上访村官钱云会之死、郭德纲徒弟打记者风波、"3Q"网络大战、河北大学"李刚门"、红十字会"郭美美"风波等近年来几乎所有具影响力的突发事件,无一例外都与网络信息尤其是微博密切相关。在这些重大新闻议程的背后,是千万个如王凯一样的普通网民,他们利用自己的微博、论坛、飞信等网络工具即时发布个人在社会生活中看到、听到的新闻信息和对这些新闻信息的感受,已经初步形成了一批具有真正意义的"自媒体"。

但是,正如马克思唯物辩证法所认识的那样,凡事必有两面性。网民言论完全自由、任其个性发展并不全然是一件好事,因为微博等"自媒体"实际上已经突破了"个人——个人"或者"传媒——个人"的信息传播传统,而转变为"个人——大众"的面向大众的网络传播渠道,如果网民不能自觉适应这种角色的转变,依然把网络当成一个纯粹的信息发布、情感宣泄场所,就必然会产生一些不良后果甚至严重危害。例如2010年9月的女画家"捉奸门"事件,作为信息发布主体的女画家把丈夫出轨的隐私事件实时公布在新浪微博上,她的主观意愿似乎是给朋友们传达一种个人愤怒和抱怨,但是客观上不仅让网络信息环境增加了低俗、黄色的不雅信息,而对该微博直播的围观者也是既有同情、理解者,也有看笑话、满足阴暗心理者,更可怕的是当中肯定有相当数量的未成年人,虽然我们今天无法评估出类似的低俗信息对未成年网民的心理和成长会造成多大程度的伤害,但伤害是肯定的。

网络传播正在大步迈向全民"自媒体"时代,信息源从一元变为多元,这客观上需要所有参与网络信息传播的网民主动培养自身的媒介素养和传播能力,特别是要主动、自觉加强对于公开信息的把关。从短期来看,这似乎暂时缩减了网民信息传播空间,降低了网络言论的自由程度;但从长远来看,网民主动、自觉的把关行为不但不会阻碍网络舆论的公开性和自由民主意志,反而可以促进网络环境的有序化、规范化、健康化发展,客观上必将促进网络世界的健康发展和推动中国的民主进步进程。

(二)信息传播的快速及时和互动性强的统一

传播的快速及时是网络新闻的最重要、最鲜明特征,也是其最大的优势之一。有别于绝大部分报纸的固定排版、一日一更新,网络新闻是 24 小时实时更新。而由于没有网络新闻的采访、编辑、审核等程序,即写即拍即发的微博的传播速度更快。微博时代,可以说已经实现了信息传播速度上的"零时间"、信息传播空间上的"零距离"、网民身份上的"零界限"。很多人之所以每天坚持看新华网,最主要的就是因为新华网播发的新闻快速、准确、权威;而上新浪、腾讯等微博,是因为这里有很多网民及时发布的各种信息和网民之间的互动讨论等等。微博消除了传播者和接受者之间界限,激发了平民大众的创作和发表欲望。这些让大众从"旁观者"转变成为"当事人",每个平民都可以拥有自己的"微媒体",以前显得很神秘的媒体变成了个人的传播工具,形成了"人人即媒体"的传播格局。"微博是地球的脉搏",这是美国《时代》周刊评价微博强大的信息传播功能时给出的评语,也警醒我们要深刻认识到整个社会舆论场发生的巨大变化。

　　互动性强是网络的鲜明特点和独特优势。互动是网络新闻与生俱来的特质,网络媒体所提供的平台一开始就将传统媒体类似"读者来信"、"编读往来"等简单互动的方式抛在身后,微博、论坛、博客、新闻跟帖等都成为连接网络与受众最紧密的纽带。一条热门微博发布后可能有数千甚至上百万讨论、转发。无论是单独的意见发表,抑或是热烈的思想交流、激烈的观点交锋,都构成微博传播之后的舆情发酵,这种发酵反过来会再次提升人们关注的热度。这就是微博时代的网络互动,其蕴含的力量真实而强大,不仅可以让一个个默默无闻的普通人物一夜间成为社会宠儿,如最美教师张丽莉、"小悦悦事件"中的陈阿婆、"托举哥"周冲、"夺刀侠"黄兆景、"雷锋鞋匠"孟广彬等等;也可以将一个个成名的"人物"拉下"神坛",如微博反腐中的"表哥"、"房叔"、"房姐"以及重庆不雅视频风波中的雷政富、鼓吹绿豆包治百病的"神医"张悟本等就是一些典型例子。

　　从人民网、新华网相继正式开通,再加上国内商业网站和国外网络媒体也纷纷发力,越来越激烈的网络新闻竞争对于时效性的要求近乎苛刻,网络新闻直播在各种媒体传播手段中显示出独有的优势,在许多重大新闻报道中发挥着不可替代的作用。近十多年来,不仅在每年的全国两会、党的几次全国代表大会上,在很多重大活动、突发事件现场,或在一些重要论坛、节庆活动中,以及在越来越多的重要新闻发布会现场,越来越多的网络媒体都开始现场直播。而随着微博的迅猛发展,因为不同于以往的网络直播只有一些有资质的新闻网站才能去实施,几乎每个单位甚至每个人都可以进行的微直播变得流行起来,并且在微直播过程中吸引了很多网友参与,产生了独特的影响力。

在线交流是网络媒体独特的互动模式,而引导民众通过网络积极参与到重大政策、决策的制定过程中来,也成为各级党委、政府重要的工作方式之一。例如党和国家领导人与网民的直接在线交流等形式,是传统媒体无法实现的,胡锦涛、温家宝等担任党和国家领导人期间通过网络与网民在线交流就体现出网络媒体的重要性和重大影响力。很多省区市的书记、省市长、主席和绝大多数部委的部长都到新华网、人民网等参加访谈,架起了一座便捷沟通的桥梁,拉近了和人民群众的距离。而如今微访谈正在兴起,虽然由于其碎片化的特点,访谈的内容有时候显得支离破碎,难以形成有冲击力的新闻稿件,但是其非常简单易行,随时随地都可以网上进行访谈,并且便于网民参与,已经成为以往的网络访谈的一个重要补充,显示出越来越大的影响力。腾讯在 2012 年奥运会期间推出的奥运微访谈就是一个典型代表,并且微访谈在此后的突发事件等报道中已经得到更多应用。

随着微博的发展,网络信息传播的快速及时和互动性强得到了很好统一。各级党政部门、企业通过自己的官方微博及时将发布的新闻信息传播出去,而人们通过微博关注这些信息的同时发表自己的看法,又推动了发布方对自身的做法进一步改进和完善,通过微博搭建了一个多种信息快速传播、品牌打造和交流互动的大平台。

(三)用户网络社交的深度化与常态化的统一

在微博迅猛崛起的强大力量推动下,传统互联网正迈向一个全新的时代"SNS 时代"(SNS 全称 Social Network Site,即社会化网络服务或者社会性网络服务,我们通常称之为"社交网站"或"社交网")。第 31 次《中国互联网络发展状况统计报告》显示,截至 2012 年 12 月底,我国使用社交网站的用户规模达到 2.75 亿,比上年年底提升了 12.6%;5.64 亿网民中社交网站用户比例达到 48.8%,在 2011 年的基础上继续提升。第 32 次《中国互联网络发展状况统计报告》显示,截至 2013 年 6 月底,我国社交网站网民规模为 2.88 亿,较上年年底增长 4.7%。网民中社交网站使用比例为 48.8%,与

2012 年底持平。由此可见，由于 2012 年涌现出图片社交、购物分享、私密社交等大批有着鲜明社交基因的新应用，再加上移动互联网领域的很多热门移动应用也都具备社交功能，以及搜索、网购、媒体等互联网应用也都积极通过融合社交因素丰富自身功能和提升用户体验，从而将"社交化"全面融合到各类互联网应用中，以达到创新服务和盈利模式的目的。

SNS 网站兴起，使我们从"人与机器"的沟通时代迈向借助机器实现"人与人"交往的时代，使网络社交进入一个崭新时代，成为当前网络发展的最大热门。有关研究成果表明，社会性网络的理论基础源于哈佛大学心理学教授斯坦利·米尔格拉姆创立的六度分割理论和英国牛津大学的人类学家罗宾·邓巴提出的 150 定律。六度分割理论简单地说就是你和任何一个陌生人之间所间隔的人不会超过六个，也就是说，最多通过六个人你就能够认识任何一个陌生人。按照六度分割理论，每个个体的社交圈都不断放大，最后成为一个大型网络，这是对社会性网络的早期理解。150 定律则指出，人类智力将允许人类拥有稳定社交网络的人数是 148 人，四舍五入大约是 150 人。罗宾·邓巴是根据猿猴的智力与社交网络推断出该定律的。这些理论都是有关人类社会交往的社会学理论，而不是通常所说的先进技术体验。因此，SNS 盛行的背后是此类网站重视人以及人与人之间的关系的网络伦理背景，彻底推翻了大众传媒、机器和技术对于传播渠道的垄断性传统思维方式。

除了以几何级数上升的数量膨胀外，以微博为代表的 SNS 网络社交工具，被一些学者认为标志着一个传播时代的诞生：从网络传统意义上个体对个体的信息传播，转向任何一个普通个体都面向所有大众的超级传播；同时，传播还最大限度地保留了个体对个体传播的编码、解码方式和情绪、情感体验。在微博上转发的信息都是经过网友的"二次过滤"，这也使得信息对于用户的适用程度和需求匹配度会远大于通常看到的、由媒体发布的大众新闻。简而言之，就是用最具劝服力的人际传播形态进行最具广度的大众传播——SNS 把两种最强大的传播方式组合在一起。

而且，随着 SNS 网络的黏性不断增强，在互联网整体走向社交化的大趋势下，会有越来越多的用户习惯于在网络社交环境中透露真实身份并接触新闻信息、发表自己的看法、传播自己的思想、结交新的朋友等。一方面，新用户积极广泛的参与使社交网络的信息传播常态化;另一方面,社交网络必将逐渐演变成老用户深度介入信息传播过程的一种重要途径。在这种背景下,每个人都可能有借助社会化网络实现自己成名的愿望,拥有行使自己的话语权的机会,进而实现个人更多更大的价值。并且,不少传统的实名制社交网站都在原有基础上积极融入新型社交功能组件以不断增强平台功能,尤其是以后台实名为代表的实名制的逐步推行也使得微博网站正成为名副其实的社交网站,一些实名认证的微博用户凸显出强大的影响力,这无疑使得社交网站的影响力越来越大,也使得用户网络社交的深度化与常态化的统一的特点得到进一步凸显。可以预见,随着3G、4G等移动互联网技术的进一步普及和发展,用户对于社交网站的依赖性和关联程度会进一步提高。

(四)网络舆论生态的多样性与规范性的统一

网络舆论是网络民主力量的标志之一。《2009年中国互联网舆情分析报告》认为,2009年的互联网开始成为新闻舆论的独立源头。该报告中还第一次提出了"新意见阶层"这个概念,即用以描述关注新闻时事、在网上表达意见的网民。而随着微博在近几年的迅猛发展,"意见领袖"这个词汇开始为更多人所熟知,网络舆论在整个新闻舆论中所占据的位置越来越重要,并越来越受到社会各阶层的高度重视。

积极维护和运用网络话语权的网民凭借互联网的传播优势,愿意就现实生活中各种问题和重大新闻事件发表看法、引导普通网民的舆论观点,通过这种方式,他们可以在极短时间内发酵情感、凝聚共识,并进而诱发行动,甚至影响社会发展。不管是否有意为之,这些活跃的网民正在逐渐演变为网络传播中的中坚力量甚至舆论领袖。在互联网这个摒弃了财富、地位、学历、外貌等所有现实条件的平台上,新"意见领袖"们可以不顾及其他因素而平等发表言论。从草根平民阶层到政府权力部门,从失业者到富有者,都可以借由网络对热点问题和热点人物进行评价、议程设置甚至改变言论风向。不同社会阶层的人有了平等的舆论话语权,甚至可以按照自己的意愿进行社会舆论的发布、引导和应对。虽然由于传播容量的限制,微博的内容和信息量也受到了限定,因而呈现出"碎片化"的特点。这种信息传播特点,虽然限制了某些复杂和有深度要求的内容传播,但这也恰恰显示了微博的独特性和分众传播的优势,它一方面契合了现代社会信息化、快节奏的生活方式,大大节约了现代人的时间成本;另一方面又在影响、改变现代人关注信息的方式和习惯,甚至引领着整个社会生活方式和人际交往模式的潮流。并且,长微博的出现和微博中可以连接博客、新闻文章等方式,可以弥补微博字数限制的不足。可以说,网络尤其是微博的出现在某种意义上架构了不少人期盼的真正公平、公开、公正的多样性舆论生态。

当网络用户意识到网络舆论渠道广泛的公开自由度之后,绝大多数人会善用并主动引导舆论。例如,2011年初湖北十堰彭宝泉等人策划的“女子卖身救父”事件,成功引起网络舆论对一位被当地公安局出具“强制治疗”书并强送至精神病院14年的男子的关注和同情,最终当地政府迫于舆论压力而在几天后释放受害者出院。这是一起网民善用网络舆论维护正义的典型案例,也是舆论生态多样化促进社会民主进程的重要体现。2012年8月,在网络上强烈的质疑声、反对声中,湖南省劳教委员会作出行政复议决定——撤销该省永州市劳教委对“上访妈妈”唐慧的劳教决定,也是这样的一个典型例子。因此,网络舆论的最大价值在于某种意义上还舆论权利于民的本质,使得普通民众拥有了前所未有的话语权,网络舆论如果能够合理表达公众对社会现象和社会事务发表的观点和意见,正确体现公众的利益、兴趣和正当需求,必然会有利于社会问题的沟通、疏导和解决。从需要与满足理论来说,网民一般不会无端介入、推进一些网络舆论,只有认同舆论内容并可借此满足自身需求时才会积极参与舆论的制作、传播。但不能否认的是,随着微博的兴起和微博发言的便利性、随意性、发泄性为更多人所熟知和应用,有部分网民把满足自身需求断章取义为利用网络平台满足个人私利和膨胀的欲望,应引起我们的高度重视和警惕。

其中一个亟待规范的现象就是“网络水军”问题,这些网络舆论“炒作者”受雇于网络“推手”,通过在微博发言、论坛发帖、集体炒作话题或人物等形式,以达到宣传、炒作、推销或攻击特定个人、产品、单位乃至国家政治、经济社会制度的目的,这已经引起有关部门的重视。2010年底,时任国务院新闻办公室主任王晨在回答记者提问时首次明确指出,“网络水军”危害社会、影响正常的网络秩序,引起了广大人民群众的不满,确实需要加强治理。2013年8月中旬,全国公安机关在集中打击网络有组织制造、传播谣言等违法犯罪专项行动中抓获的"秦火火"、"立二拆四"等人就是伙同"意见领袖"、组织"网络水军"长期在网上制造事端、为非作歹的"网络水军"头目,以"秦火火"、"立二拆四"为首的北京尔玛互动营销策划有限公司专门通过互联网策划制造网络事件,蓄意制造传播谣言及低俗媚俗信息,恶意侵害他人名誉,严重扰乱网络秩序并非法牟取暴利。

与传统媒体相比,网络舆论能更及时、全面、深刻地反映现实民意。在某种意义上,网络舆论是一个全方位容纳各阶层声音的舆论主体,它使普通公众的舆论表达成为现实且更具力量,允许各种声音在网络言论平台中发言、交流、交锋。但是网络毕竟不是个人发泄不满的私器,而是推动社会进步的公器,这就要求我们每一位网民都必须坚守起码的公序良俗和法律底线。如果任由网络推手操纵、扭曲网络舆论,可能一时能满足某些人或团体的愿望,但最终结果不仅不利于构建安全、规范、有序、诚信、健康的网络环境,而且会阻塞更多公民通过网络来表达意愿、维护权利的渠道。所以,如何对"网络水军"等负面舆论力量和造谣、传谣行为加以监控、规范并严厉打击,是网络发展中一项长期的重要议题和关键环节,这需要政府、媒体和网民的共同努力,不仅要对网络舆论进行正确引导,让网络给马克思主义中国化、时代化、大众化插上翅膀,同时要警惕"去意识形态化"等论调的巨大危害性,使社会主义核心价值体系等主流价值观成为网络的主流声音。

(五)官方监管的可操作性与疏导理念的统一

随着网络的迅猛发展,尤其是微博的兴起及其信息碎片化特征的凸显,虚假新闻也已经成为一个危害网络健康发展的重大问题。2010年12月6日晚,《中国新闻周刊》官方微博上转发了"金庸去世"的谣言,并在其人人网的公共主页同步更新。当时,该微博已经拥有30余万名粉丝,人人网主页拥有15万余名好友,这无疑加速了谣言的传播广度和力度。在香港《明报》发言人澄清该传闻为"假消息"后,尽管该微博事后两度道歉,但已经成为网络假新闻、网络谣言的典型。而在"金庸去世"等不少虚假新闻事件中,一些粉丝数量巨大的"明星微博"的"病毒式"传播就展现了惊人的力量,还有不少经过实名认证的媒体记者和一些媒体的官方微博也参与了虚假新闻的传播,对舆论的公信力造成了极大伤害,也引发了人们对网络信息传播的安全性、真实性和稳定性的关注,凸显出网络时代打击虚假新闻的紧迫性、重要性。

真实观是马克思主义新闻观的基本内涵之一。新闻必须真实,这本来应该是所有新闻人普遍接受、自觉履行的重要原则,也是最基本的常识,似乎不用再费口舌。但事实却并非如此,看看近些年来不断出现的众多虚假新闻的涉事新闻单位中,不仅有网络媒体也有传统媒体,不仅有商业化媒体也有党报党刊,不仅有地方小报也有中央大报。与传统媒体的报道不同,网络新闻的来源更广、更杂,时效更迅捷,更新率更快,这些方面与新闻的真实性要求并不是正相关的,反而易造成虚假新闻泛滥、以讹传讹盛行。尤其是在网络化大潮席卷全球的今天,由于社会主义意识形态缺失、媒体竞争加剧、市场化冲击、敌对势力渗透等多种因素的影响,有偿新闻、有偿不闻、有偿乱闻等违背新闻真实性原则的情况也不断发生。

真实是新闻的生命,没有真实性,新闻就失去存在的价值,对于网络新闻而言,真实性的要求更加严格。因此,我们必须认清虚假新闻的巨大危害性,采取有力措施进行打击,这也是进一步净化网络环境的重要举措。互联网的互动性和匿名性给监管造成了空前的困难。官方监管手段不可能在未来短时间内获得全面进展,但是也不能因为存在困难就止步不前。网络信息传播监管应该创新管理方式,首先应做到稳扎稳打、具备可操作性,然后才能逐步建构整体网络传播监管体系。同时,官方也应理解网络信息传播的特殊性和必要性:作为一种数亿中国网民习惯发布信息和个人观点的平台,简单、机械甚至粗暴的管理模式已经远远不能适应网络时代,以往管理传统媒体的做法必须加以改革,否则,任何不当或过激的监管政策措施都会引起网民的反感和抵制,甚至会引发网络新闻从业者的对立情绪。因此,应该讲求管理的艺术,保证推进网络监管的同时重视疏导作用,使后者成为未来监管的一个基本目标。绝不能让本来"于国有利、于民也有利"的网络监管,在一些官本位思想严重的官员那里变质为随意堵塞言论自由的"尚方宝剑",甚至恶化为各级党委政府与网民之间对立的根源。对于网络信息的监管,既不能放任自流也不能随意处之,必须坚守疏导与监管合一的原则。

三、网络化对社会主义意识形态的冲击

随着网络时代的到来,不同文化、文明的交流、交融、交锋比以往任何时候都更加频繁和激烈,随着国际局势的发展变化,网络已经成为政治斗争和意识形态较量的一个主战场。美国等西方国家凭借经济科技优势,通过网络霸权大肆对其他国家进行思想文化渗透,使得中国面临着越来越严重的西化、分化威胁,已经成为意识形态领域斗争的重要组成部分。当前我国意识形态领域在总体上呈现出多样性的变化,并引发了多样性意识形态之间的诸多矛盾,对社会主义意识形态的主导性形成了巨大冲击和挑战。

(一)网络舆论的平等性、随意性挑战社会主义意识形态的权威性和主导地位

在网络没有出现的年代,我们进行意识形态建设的主要途径是报刊、广播、电视、书籍、影视作品等,一般采取组织收听收看、动员集体学习、辅导讲授讨论等手段对公众进行社会主义意识形态教育。那时候,执政党是意识形态的制造者和传播者,依靠多年的组织建设、思想建设、媒体建设等形成的集中统一、组织严密、自上而下的意识形态传播体制对民众进行教育,广大民众则是意识形态的接受者。而随着网络时代的到来,信息传播的随意性、娱乐性、分散性、盲目性增强,随之而来的是网络舆论的开放性、平等性、多元性、随意性严重冲击、挑战着社会主义意识形态的权威性、主导地位,人们言论、观点和思想的独立性、多变性、盲从性、差异性明显增强,不再满足于仅仅作为各种思想意识的被动接受者,不再迷信曾经十分崇拜的权威,不再追随、信服主流意识形态的思想,也不愿再被官方的文件、报道等左右,而是更愿意通过自己的认知、判断发表对事物的看法、观点,希望别人能够知道、接受、认可自己的思想。放眼网络世界,不仅"去意识形态论"、新自由主义、"西方文明中心论"、"普世价值"论等西方思潮广为流布,而且新儒学主义、民族主义、历史虚无主义、资产阶级自由化等在国内有一定思想基础的思潮也此起彼伏,不少人一下子从全民信仰马列主义、毛泽东思想的时代进入了怀疑一切、信仰迷失的时代,各种思想、主义、观点等通过多种形式在网络大力传播,以影响、同化更多人的思想,并试图在意识形态领域占据一个重要的位置。在这种背景下,马克思主义、社会主义等不仅失去了往日的

权威性和主导地位,而且还会遭到网民们的习惯性质疑,如果说理不彻底就无法让广大网民信服。更应该警惕的是,由于我们意识形态管理部门乃至很多党政机关的一些领导干部仍然采取空洞说教等僵化的传播方式,导致一些被网民戏称为"正确的废话"的理论文章虽然在不少中央、地方的报刊、电台、电视台、新闻网站占据重要版面、时段、位置,甚至连续展示、推广好多天,但阅读率、收听率、收视率、点击率却很低。山东东部地区的一位县委书记说:"就以论述中国特色社会主义的文章来说,《人民日报》、《光明日报》、《求是》杂志还有我们省市的党报党刊都刊登了很多篇,但是大部分的文章都是你抄我的、我抄他的,不仅内容雷同,而且基本上都是大话、空话、套话。我们党一直强调要理论联系实际,可是到了人们思想意识这么复杂的网络时代,我们的意识形态宣传、教育依然采取几十年不变的这种僵化、老化的形式和方法,只能是让更多的人远离我们的主流意识形态,也给那些攻击马克思主义、诋毁社会主义、反对共产党的言论以可乘之机! 加强意识形态能力建设,领导干部和专家们不要再继续讲正确的废话,而是要多结合实际,用马克思主义理论等去解答实际问题、破解现实难题,否则网络阵地就有丢失的危险,并且社会主义意识形态会在越来越多的地方被边缘化。"

由于受众的多样性、多变性、复杂性等不确定性因素和微博即时性、随意性、聚变性、从众性等传播特点,以微博信息为代表的网络信息传播的随意性很强、责任性很差,网民不可避免地会因为职业、收入、立场、观点等不同,产生片面、偏激理解甚至无中生有地造谣等情况。历史虚无主义泛滥就是一个典型的例子。列宁曾指出:"在社会现象领域,没有哪种方法比胡乱抽出一些个别事实和玩弄实例更普遍、更站不住脚的了。挑选任何例子是毫不费劲的,但这没有任何意义,或者有纯粹消极的意义,因为问题完全在于,每一个别情况都有其具体的历史环境。如果从事实的整体上、从它们的联系中去掌握事实,那么,事实不仅是'顽强的东西',而且是绝对确凿的证据。如果不是从整体上、不是从联系中去掌握事实,如果事实是零碎的和随意挑出来的,那么,它们就只能是一种儿戏,或者连儿戏都不如。"①这个论述可以帮助我们认清这些历史虚无主义者的真面目,看清楚他们蓄意歪曲

---

① 《列宁全集》第 28 卷,人民出版社 1990 年版,第 364 页。

历史就是为了制造思想混乱,他们否定历史的真正目的就是为了否定现实。此外,一些对社会主义制度不满的所谓"公共知识分子"、"网络名人"利用自己的知名度和一些人对现实的不满心态,使用"攻其一点不计其余"的伎俩大肆攻击甚至全盘否定马克思主义和社会主义制度,在网民中造成了极大的思想混乱,导致不少网民对社会主义意识形态不仅不信任,而且持一种嘲弄、恶搞、反对的态度,更谈不上什么共产主义信仰和远大理想了。

利己主义、及时行乐等思想泛滥和封建迷信思想重新抬头已经成为网络上不可忽视的严重问题,在这些思潮影响下,不少青年不再追求远大理想,而是沉迷网络游戏、网上聊天甚至色情图片、黄色视频,思想低俗、自私自利、好逸恶劳、贪图享受等成为一些青年身上存在的突出问题,再加上基督教、天主教等西方宗教不断加大宣传、推广力度,国内的封建迷信思想也重新抬头并借助宗教外衣的包装蛊惑人心,导致不少人价值取向扭曲、人生观迷失,自私自利、缺乏社会责任感成为普遍现象。尤其是西方宗教不断加大宣传、渗透力度乘虚而入,以描绘令人神往的仁爱社会、世外桃源、神仙境界的神秘魅力吸引了不少青年人、老年人甚至领导干部,他们似乎在这里找到了精神寄托,不关心社会发展和国家大事。

(二)信仰迷失、突发事件等拷问社会主义意识形态的先进性和实践成败

网络迅猛发展的这些年,我国正处于重要战略机遇期同时也是社会矛盾凸显期,各地大力推行工业化、城镇化进程中出现的许多新情况、新问题以及市场经济的负面影响越来越凸显,如官场腐败、国资流失、环境污染、土地拆迁、食品安全等社会矛盾比较突出且一直没有得到很好解决,群众对此意见很大、抱怨很多。而作为社会民众宣泄情绪、表达诉求的一种方便的、低成本的手段和渠道,"互联网时代人人皆是记者"的传播特点和舆论形态,使得民众维权行动更加便利、维权意识更加强烈,再加上民众中间明显存在着盲从、逆反、借机发泄、法不责众等群体心理,使得网络成为民众表达诉求、反映问题的重要阵地的同时,也成为发泄不满情绪、放大社会阴暗面的主要场所。由于微博言论的碎片化、感性化、情绪化、片面化甚至偏激化等特点,使其可以通过裂变式、感染性传播扩大某条信息的影响力,尤其是关于领导干部贪污腐败、侵害民众利益、污染环境、野蛮拆迁等问题一旦曝

光后,很容易引起网民的共鸣,使之在短时间内迅速成为很多人关注的焦点。在这种舆论形态下,一些人对于宣传社会主义制度优越性、社会主义建设伟大成就的文章不仅不喜欢看,而且抱着怀疑的态度看,一些在微博上宣扬马克思主义、支持社会主义、主张客观辩证地看待现实问题的观点、思想往往会受到网民嘲弄、攻击甚至辱骂,并且常常会被扣上"'左'派"、"极'左'"的帽子遭到攻击甚至打击。而一些在微博上渲染官场腐败、鼓吹彻底私有化、宣扬西方价值观甚至攻击社会主义制度的所谓"公共知识分子"、"网络名人"却大受欢迎,导致一些本来就对这些问题有着不满情绪的网民受到某一热点、难点、焦点问题、事件的刺激便会借机大规模发布、传播相关信息,发泄不满甚至激愤。由于缺少必要的判断和审核,很多不了解实情的网民不断对这些话题进行转发和评论,使得信息更加不真实,进一步助长了网络上仇富、仇腐、仇官、仇名人的非理性情绪。而由于对网络时代的意识形态掌控能力软弱,有关部门很难做到及时介入、科学应对,不仅给一些虚假信息、有害言论和恶意谣言的出台、传播提供了空间,而且很可能导致网民继续对事件进行进一步的所谓"深入挖掘"、随意性推理、情绪化点评,其后果往往超出对事件本身最初的质疑,很可能使个人的偏激言论扩散为非理性的社会情绪甚至从个别矛盾激化成为群体性突发事件。一些地方的突发性群体事件已经证明了这个判断。

突发事件往往暴露了社会存在的问题以及所谓的阴暗面等诸多负面信息,再加上微博等网络媒体不加过滤地裂变式传播,不实信息、过激言论和错误观点就很容易成为舆论热点,加剧了人们对党和政府的不信任,也动摇了社会主义意识形态在人们心目中的先进性。如"7·23"甬温线特别重大铁路交通事故中,时任铁道部新闻发言人王勇平面对记者的质疑,竟然回应说:"这只能说是生命的奇迹","至于你信不信,我反正信了"。不少愤怒的网民怒斥王勇平这么说是典型的乱作为,王勇平也在此后不久被调离新闻发言人岗位。原海南省委书记卫留成 2011 年 2 月在海南省纪委五届六次全会上指出:"一些地方群众之所以不断上访甚至引发群体性事件,原因之一就是有的干部不严格按照法律法规和政策办事,该作为的不作为,不该作为的乱作为,损害了群众利益。"此话可谓是一针见血。应引起我们重视和警醒的是,在网络时代的突发事件对应中,有些领导干部的不作为、乱作为进一步激化了矛盾,使得不少突发事件的影响越来越大、越来越恶劣。

需要警惕的是,网络上如今已经存在了一大批围绕某一事件或为了达到某一目的而大批量发布信息或有针对性地进行炒作的网络推手,这些有组织的网络推手俨然形成了一个各帮派云集而成的"网络江湖",他们摸准了我们一些党政部门、领导干部意识形态能力薄弱,面对突发事件不敢应对、难以应对甚至无法应对的软肋,通过引领微博舆论进而误导甚至控制整个网络舆论并影响整体的媒体和社会舆论,为达目的不惜造谣中伤、伪造民意,将局部问题全局化、个体问题公众化、普通问题政治化,通过制造表面上看上去强大的"民意"影响法院判决结果或者党政部门决策等。"秦火火"、"立二拆四"之流这些年来肆无忌惮进行违法犯罪活动就是网络推手横行的一个缩影。尤其是国内外一些敌视社会主义的势力内外勾结起来,打着"网络反腐"的旗号肆意抹黑整个领导干部队伍,通过故意放大社会上一部分人信仰迷失、道德滑坡和一部分领导干部腐化堕落等问题,甚至故意造谣诬告不少清白正直的领导干部,即使有关部门查清是诬告但恶劣影响已经难以消除,从而在群众心目中造成领导干部群体"洪桐县里无好人"的恶劣影响,瓦解人民群众对党和政府的信任。在此基础上,他们故意制造舆论攻击马克思主义和社会主义的先进性仅仅是理论上的,而在实践中是失败的,宣扬"马克思主义实践失败论"等论调,使得社会主义意识形态遭到严峻拷问、考验。随着美国等西方国家对中国渗透的步伐进一步加快、力度进一步加大、手法更加多样化、方式更加隐蔽化等,再加上我国网络媒体的转企改制以及报刊等媒体的市场化也给了国外势力借助资本的力量巧妙控制中国舆论的更多机会,产生的后果将会更严重。我们对此要有清醒地认识。

(三)文化渗透、和平演变等危险冲击社会主义意识形态的安全性和制度优势

网络不受国别性、地域性、时间性限制的特性决定其不仅覆盖了全球,而且具有广泛性、便捷性、高效性、强渗透性等特点,使得各国的思想可以通过网络实现交流、交锋,成为各国进行意识形态宣传、渗透的新阵地。但由于支撑全球互联网的13个根服务器全部是放置在发达资本主义国家,其中1个是放置在美国的主根服务器,其余12个辅根服务器中也有9个放置在美国。并且,国家互联网应急中心发布的《2011年中国互联网网络安全态

势报告》中指出,截至 2011 年,美国已经以 9500 多个 IP 地址控制了中国境内近 885 万台主机,并有 3300 多个 IP 地址控制了中国境内的 3400 多家网站。美国甚至还可以通过其控制的 IP 地址通过机器隐身群发,在两个小时内发送近 70 万条虚假信息覆盖我国的主要网站。国家互联网应急中心发布的《2012 年我国互联网网络安全态势综述》也显示:2012 年我国网络基础设施面临的境外攻击威胁依然严重。据监测,2012 年我国境内被篡改网站数量为 16388 个,其中政府网站 1802 个,分别同比增长 6.1% 和 21.4%。2012 年,国家互联网应急中心共监测发现我国境内 52324 个网站被植入后门,其中政府网站 3016 个,较 2011 年月均分别增长 213.7% 和 93.1%。2013 年 6 月,一项代号为"棱镜"的美国秘密监听项目的揭秘者爱德华·斯诺登接受采访时披露,美国政府至少从 2009 年就已经开始监控中国内地和香港的电脑系统,并发动黑客行动侵入中国网络,其攻击的目标达到上百个,其中包括大学、商业机构以及政界人士。斯诺登揭开了美国监视世界的冰山一角,也让人们认清了美国所谓的"网络自由"的真面目。而随着"棱镜门"事件持续发酵,被曝光的内幕也越来越多,美国打造的一个巨大的"监听帝国"悄然浮出水面。上千家网络公司被要求向美国国家安全局提供他们相关用户的电子邮件、网页浏览、网上聊天等信息。尽管不少国家对"棱镜门"事件表示愤怒,并对美国提出抗议,但美国政府却拒不认错和道歉。"棱镜门"事件也再次提醒我们,在互联网这个未来的角力场上,美国等西方国家早已行动了起来。斯诺登这样一个并不在核心的小角色,就能曝出这么多内幕,可见美国互联网活动的能量和规模远远超出世人想象。我们要清醒地认识到,美国早已形成了事实上的网络霸权,中国如何摆脱美国等西方国家对网络的控制,如何从根本上打破这种网络霸权是一个不容回避的重大问题,也是意识形态安全乃至整个国家安全的关键环节。

此外,国际互联网上的各种信息绝大多数是用英语表述,网上的新闻信息、游戏、娱乐等内容也基本上由美英等英语国家主导,中国制造、传播的网络信息量只占世界总量的 0.05% 左右,西方文化主导下的价值观主导着网络世界。更值得警醒的是,美国为首的西方控制了世界上绝大多数知名并传播很广、影响很大的电视、广播、报刊、杂志、电影以及网站等,也控制着全世界影响力巨大的绝大多数大学、研究和咨询机构等,还控制了文化领域的绝大多数国际组织、非政府组织等,拥有强大的文化霸权。正如美国未来学家阿尔温·托夫勒所说:"世界已经离开了暴力与金钱控制的时代,而未来世界政治的魔方将控制在拥有信息强权的人的手里,他们会使用手中掌握的网络控制权、信息发布权,利用英语这种强大的文化语言优势,达到暴力、金钱无法征服的目的。"①美国等西方国家将网络霸权和文化霸权的优势结合起来,打着"网络自由"、"言论自由"等旗号,大肆向中国渗透、贩卖西方价值观,并得到国内一些人的积极呼应,猛烈冲击着我国主流意识形态,威胁着我国的文化安全和意识形态安全。

从中国第一天连接国际互联网开始,美国就开始利用网络霸权对中国进行意识形态渗透。尤其是随着近年来中国网络事业的迅猛发展,并且中国已经超越美国成为世界网民数量第一大国,美国更是进一步利用网络霸权和文化霸权强势渗透中国,通过网络承载、传播的美国式价值观渗透以青年为主的广大中国网民,在网络上大肆传播资本主义的道德观、价值观、人生观和世界观,宣扬和灌输暴力、犯罪、色情等腐朽文化思想,雇佣"网络水军"通过捏造事实、造谣中伤、恶意攻击等手段挑拨、激化马克思主义指导思想一元化与社会文化多样化的矛盾,鼓吹"去意识形态化"、"意识形态多元化"、民主社会主义、新自由主义、"普世价值"论、"历史终结论"等非马克思主义甚至反马克思主义的思潮,诋毁、攻击马克思主义理论、毛泽东思想、中国共产党的领导和社会主义制度,弱化、消解我党在思想政治工作和意识形态领域的控制力、影响力。

通过秘密利诱、收买等手段诱使相关国家内部"意见领袖"和媒体从业者充当其意识形态代言人,借助这些人达到满足美国利益诉求、张扬美国意识形态、影响相关国家的政府决策等目的,是美国对外进行渗透的重要手段之一。美国媒体披露,2005 年,美国国防部和几家从事"灰色"信息作业的特定公关公司签订了金额达数亿美元的委托合同,由这些公关公司编写了大量有利于驻伊拉克美军的新闻、分析以及评论文章,并通过向伊拉克的报刊、电视台、网站等"自由媒体"秘密支付酬金的方式,通过这些媒体将这些所谓"反映伊拉克人自己的声音"的信息以看似公正的面目发布出去。而

---

① 转引自匡文波:《网络传播学概论》,高等教育出版社 2001 年版,第 110 页。

稍加仔细盘点就可以发现,我国的不少新闻网站以及其他传统媒体上都可以看到宣扬"去意识形态化"、"意识形态多元化"、民主社会主义、新自由主义、"普世价值"论等西方错误思潮的文章,尽管有关部门加强管理会减少一些,而一旦管理不严格就会继续出现甚至越来越多。这些意识形态的奇怪现象的背后,我们似乎可以看见西方国家的那双无形之手在操纵着。

同时,以美国为代表的西方资本主义国家通过多种公开或隐秘的方式、途径在中国大力培植在各个领域的利益代理人等更多亲美、亲西方势力,扩大美国在中国政治、经济、社会、文化等领域的影响,攫取了丰厚的商业利益和巨大的政治利益。这些亲美、亲西方势力非常关注网络文化建设、新闻网站的转企改制和网络企业的融资上市,通过投资公司、网络企业、文化企业、基金会等多种方式,采取一切可能的手段渗入进来,从而达到控制中国的网站发展和网络舆论导向等目的。笔者在调研中了解到,因为目前直接控制网站内容的困难较大,美国等西方国家的代理人就通过进行市场经营的合作方式,先控制网站的广告、市场活动等市场经营权,进而通过资本的力量一步步渗透最终实现对其内容生产、市场经营全面控制的目的。在具体行动中,他们极力鼓吹"改制就是市场化、私有化"的谬论,企图打着改革旗号实现其控制中国网络文化产业的阴谋。因此,如何头脑清醒地辨别出哪些是反对社会主义意识形态、企图误导网络文化发展方向的社会思潮并旗帜鲜明地加以批判,如何才能保证网络文化体制改革的社会主义方向不改变,如何让改革开放的成果真正由全体人民共享,如何才能在网络大潮冲击下保证社会主义意识形态的主导地位不动摇,是摆在所有领导干部尤其是意识形态主管部门、网络单位负责人面前的一个重大考验。

2013年3月,美国网络战司令部司令基斯·亚历山大在国会公开宣布一个令世界震惊的消息,将新增加40支网络部队,并且这些网络部队中的13支竟然确定是用来进攻的。据悉,除了网络战司令总部的917名人员之外,还有4个军种、超过1.1万人参与网络战司令部的工作。美国《外交政策》杂志报道也指出,依据公开数据可以估算,美国网络部队总人数大约在5.3万到5.8万人之间。这个消息让美国的网络战司令部和网络部队再一次引起全世界的关注,但很多人却不知道,美国早就开始对别的国家展开网络战了。早在2006年,美国网络部队最高统帅亚历山大和他的网络部队就发动过一次大规模的网络战,通过美国国家安全局、美国中情局以及有关机构合作开发的一款网络武器——一种叫作"震网"的蠕虫病毒发送特定指令改变伊朗核工厂铀浓缩离心机转速,使得数千台铀浓缩离心机瘫痪。这一计划得到小布什和奥巴马两任总统授权,给伊朗造成巨大损失。令人震惊的是,到 2010 年,"震网"病毒已散布到世界上多个国家,感染了全球超过 45000 个地区的网络,仅伊朗就有约 60% 的个人电脑感染了这种病毒。美国网络部队的建设工程于 2010 年 5 月正式开工,耗资 32 亿美元。目前除美国外,还没有其他国家正式对外宣称已经有了网络部队建制。2013 年 9 月 29 日,英国国防大臣菲利普·哈蒙德说,英国将募集数以百计的计算机专家加入"联合网络预备队",从而使英国不仅具备网络防御能力,而且在必要时发动进攻。他在接受英国《星期日邮报》记者采访时说:"未来冲突中,我们的指挥官既会使用常规武器,也会使用网络武器。"网络攻击能瘫痪敌人的通信系统、核武器、化学武器、飞机、船只和其他设备。这表明英国正在积极组建自己的网络部队以准备网络战。

越来越多的事实让中国在内的很多国家看清了此前美国一些媒体大肆宣扬所谓的"网络自由"、"中国黑客威胁论"、美国政府和官员一次次指责中国"黑客"攻击美国等舆论战的真正目的,也认识到了一直保持着网络霸权的美国继续强化其在网络世界的霸主地位的野心,深深感受到了面临的网络安全威胁和意识形态斗争的复杂性。联想到此前美国一次次对中国进行无理指责甚至谴责的险恶用心,面对"棱镜门"事件敲响的警钟,让我们再次深切感受到没有硝烟的网络战场是个越来越大的巨大挑战,而如何应对好这个巨大挑战更是我们应该重视和解答好的重大问题。

第四章 国外意识形态能力建设的经验教训

意识形态是一个国家生存发展的灵魂,马克思主义是社会主义国家意识形态的旗帜和灵魂,也是无产阶级执政党巩固执政地位的强大思想保证。历史经验和现实的教训已经反复表明,一个国家和社会要稳定和发展,既要靠执政党坚强的政治领导、雄厚的经济基础以及完备的制度和法治,也要靠社会成员在意识形态上的统一和稳定,缺少一个方面都非常危险。无论是苏共亡党过程中在意识形态领域留下的太多惨痛教训,还是卡扎菲在意识形态上的失败导致其自我背叛并走向灭亡,抑或查韦斯在推进"21世纪社会主义"中加强意识形态成为拉美左翼领袖的探索,深入分析国外意识形态能力建设的这些经验教训,对于我们抓好领导干部的意识形态能力都有着非常重要的警示、启示意义。

第一节 苏共亡党的意识形态教训及时代警示

作为曾经是世界上最大的社会主义国家的执政党,有着1900多万名党员的苏联共产党一夜之间失去统治地位,其教训是极其惨痛的。在2000年12月法新社评出的20世纪共产主义世界的十大事件和新华社评出的20世纪世界十件大事中,俄国十月革命和苏联解体都名列其中,可见苏共亡党对世界影响之大。虽然苏共亡党已经二十多年了,但我们不应该忘记这前车之鉴。深刻反省苏共亡党的历史教训,尤其是深入总结苏共亡党过程中的意识形态教训以及深刻剖析其带给我们的时代警示,避免重蹈覆辙,对我们进一步加强和改进党的建设和意识形态能力建设,推进马克思主义中国化、时代化、大众化具有重要意义。这是我们必须解答好的一个极其重要的时代课题，不仅是我们马克思主义理论工作者应该高度重视的，也是所有党员干部乃至所有关心中国发展前途的人都应该特别重视的。

一、领导层的背叛是最关键、最主要的原因

邓小平说过："选拔干部，选拔人才，只要选得好，选得准，我们的事业就大有希望。"①"第一位的事情是要认真选拔好接班人。"②作为社会的精英和我们事业的中坚力量，领导干部的一言一行都是社会关注的焦点，领导干部的意识形态能力直接关系着党的事业兴衰成败。认真剖析苏共亡党的深层原因，我们可以发现，苏共最高领导层尤其是众多高级领导干部的背叛是最关键、最主要的原因。

（一）苏共最高领导人信仰迷失甚至背叛了马克思主义

苏共不是在战争中被打败而亡党的，而是在和平的条件下完成了这一过程的；苏共不是被反革命政治势力直接打倒的，而是由执政党的最高领导人——最后一任苏共中央总书记戈尔巴乔夫自己宣布解散共产党、停止联盟存在的。为什么会这样呢？毛泽东曾经指出："凡是要推翻一个政权，总是要先造成舆论，总是先做意识形态方面的工作。"③苏联是一个意识形态的国家，整个社会也是一个意识形态化的社会。在这个国家和社会，意识形态决定着执政党的路线、方针和政策，决定着整个国家和社会的发展。④ 所以，以列宁、斯大林为代表的历届苏共中央领导人都始终高度重视意识形态工作，高度注重理论创新和思想政治工作，把意识形态当作革命的强有力武器，始终坚持马克思主义在意识形态领域和整个国家、社会的指导地位，并且由党内的第二号人物分管意识形态成为一个不成文的规定。高度重视意识形态带来的强大理论号召力、思想凝聚力、现实战斗力，对于苏联强盛并成为世界社会主义的中心起到了极其重要的作用。但是，从尼基塔·谢尔

---

① 《邓小平文选》第二卷，人民出版社 1994 年版，第 225 页。
② 《邓小平文选》第二卷，人民出版社 1994 年版，第 227 页。
③ 《建国以来毛泽东文稿》第 10 册，中央文献出版社 1996 年版，第 194 页。
④ 参见肖德甫：《世纪悲歌——苏联共产党执政失败的前前后后》，中共党史出版社 2008 年版，第 167 页。

盖耶维奇·赫鲁晓夫开始,到列昂尼德·伊里奇·勃列日涅夫,尤其是到了米哈伊尔·谢尔盖耶维奇·戈尔巴乔夫时代,苏共最高领导层不仅不认真学习马克思主义,也没有坚定的共产主义理想信念,更没有为之献身的精神,在他们心中"马克思主义意识形态只不过是一种动听的空谈"①,更有人甚至背离并最终背叛了马克思主义。最高领导层在顺境时忘乎所以,在逆境中失望消沉甚至迷失方向,信仰迷失甚至背叛了马克思主义,成为导致苏共亡党的最重要、最主要原因。

美国等西方国家一直企图改变苏联社会主义的性质,但也承认只要斯大林在世,这种图谋就无法实现。而苏共党内产生现代修正主义,出现资产阶级自由化势力,即主张走资本主义道路的特权集团及其追随者,主动为西方打开了一个缺口。赫鲁晓夫上台执政,被美国视为是从意识形态上对其施加影响的好机会,并为此采取了一系列措施。尼克松在与赫鲁晓夫接触后,就作出如下判断:"他信仰共产主义事业及其胜利的必然性,但他只是逢礼拜天在理论的祭坛上做做礼拜而已。很难设想他实际上是否读过马克思的三厚卷《资本论》。"②在这方面,他与斯大林不同,后者广泛阅读并写下了大量有关共产主义理论的书籍。正是建立在尼克松这种看法的基础上,斯大林逝世后,美国以赫鲁晓夫为重点,有针对性地进行了一系列对苏联的意识形态渗透和和平演变工作,并取得了极大成功。就是从赫鲁晓夫开始,从全盘否定斯大林、丑化十月革命、丑化社会主义国家到鼓吹大国沙文主义、美苏合作、分裂国际共产主义运动,再到后来在 1961 年苏共二十二大上提出"全民党"、"全民国家"等等,这一系列做法和宣传鼓动都有意无意中在帮美国人做着同一件工作,就是在从意识形态上瓦解苏共和社会主义制度。这也警示我们:"一个国家的命运建立在一两个人的声望上面,是很不健康的,是很危险的。不出事没问题,一出事就不可收拾。"③

戈尔巴乔夫时期这种现象更为严重。1987 年 11 月,戈尔巴乔夫应美国出版商之约出版了《改革与新思维》一书,阐述了所谓新的政治思维和对

---

① 俄罗斯科学院历史研究所:《20 世纪俄国史》(Институт российской Истории РАН, История России 20 Век),莫斯科 1996 年版,第 571 页。

② [美]尼克松:《领袖们》,刘湖等译,知识出版社 1985 年版,第 241 页。

③ 《邓小平文选》第三卷,人民出版社 1993 年版,第 311 页。

外政策的哲理,提出"改革"的最终目标就是要"最充分地展现出我们制度的人道主义性质"①。他认为,"新思维的核心就是承认全人类的价值观的优先地位,即承认人类的生存"②,并强调全人类利益高于阶级利益。由此不难看出,"新思维"的基本准则就是资产阶级人道主义。戈尔巴乔夫还宣称,"新思维"既是针对国际政治问题的,也是针对苏联国内问题的,是为了指导处于社会主义建设急剧转折时期的苏联的改革。1988 年,他在会见奥地利共产党领导人时更是进一步明确说,新思维不是玩弄新名词,而是理论上和政治上必须遵守的最高原则。由此我们不难发现,戈尔巴乔夫的"新思维"一提出来,目的就是用它来否定、取代马克思列宁主义而成为苏联党和国家对内对外政策的指导思想。

就这样,"新思维"不仅成了苏共推行改革的指导思想,而且在"新思维"的指引下产生了"人道的民主的社会主义"路线和纲领。作为《改革与新思维》的重要产物,"多元化"更是直接导致了苏联社会传统的主流意识形态走向变异和崩溃。由于戈尔巴乔夫主政后对意识形态领域的调整、改革是采取递进的办法——先提出"意见多元化"和"舆论多元化",最后才提出"意识形态多元化",麻痹了不少苏联共产党人甚至高层领导的思想。直到 1990 年 3 月的第三次苏联(非常)人民代表大会正式通过修改宪法的法律,将其中第六条"苏联共产党是苏联社会的领导力量和指导力量,是苏联社会政治制度以及国家和社会组织的核心"③修改为"苏联共产党、其他政党以及工会、共青团、其他社会团体和运动通过自己选入人民代表苏维埃的代表并以其他形式参加制定苏维埃国家的政策,管理国家和社会事务"④,这就等于取消了苏共的领导地位;同年 7 月的苏共二十八大通过了《走向人道的民主的社会主义》的纲领性声明,公开放弃了马列主义为指导思想的根本原则……人们才意识到"新思维"的实质就是要放弃、取代马克思主义在意识形态领域里的指导地位,戈尔巴乔夫的目的就是要放弃甚至取消

---

① [苏]米·谢·戈尔巴乔夫:《改革与新思维》,岑鼎山译,世界知识出版社 1988 年版,第 24 页。
② [苏]米·谢·戈尔巴乔夫:《改革与新思维》,岑鼎山译,世界知识出版社 1988 年版,第 126 页。
③ 《苏维埃社会主义共和国联盟宪法(根本法)》,辛华译,三联书店 1978 年版,第 5 页。
④ 《苏联问题资料》,东方出版社 1990 年版,第 493—494 页。

党的领导。这也表明,作为苏共的最高领导人,戈尔巴乔夫不仅不再信仰共产主义,而且公开背叛马列主义,成为苏共和苏联社会主义制度的掘墓人。正如有研究者所指出,用"民主的、人道的社会主义"取代苏联原有的制度,实质上就是在苏联进行一场资产阶级革命,建设资本主义制度。①

(二)更多苏共高级领导干部的意识形态迷失

不仅是苏共最高领导人,越来越多的苏共领导干部尤其是高级领导干部也丧失了共产主义理想信念,甚至背叛了党。例如身为俄罗斯联邦最高苏维埃主席的鲍里斯·尼古拉耶维奇·叶利钦以及苏共中央主管意识形态的最主要领导人——中央政治局委员、书记处书记、宣传鼓动部部长的亚历山大·尼古拉耶维奇·雅科夫列夫等苏共高级领导干部不仅自己对马克思主义没有坚定的信仰,甚至已经成为思想上的反对派甚至苏共的掘墓人。以叶利钦为例,他在1990年6月12日将《俄罗斯国家主权宣言》提交俄罗斯联邦最高苏维埃代表大会表决,在走向独立、摧毁苏联的道路上走出了第一步,也是关键性、毁灭性的一步,给苏联其他加盟共和国树立了一个极坏的榜样。1990年年底以后,叶利钦在否定十月革命、否定苏联制度、否定苏共的同时,毫不掩饰地表达对西方自由资本主义制度的崇拜。以叶利钦为代表的自由派势力,主张苏联应利用大好的历史时机,参照西方资本主义社会的模式,对旧制度进行根本性的变革。主张要全面学习和照搬以美国为代表的大西洋资本主义文明,移植自由市场经济的资本主义模式,走一条彻底的西方资本主义化的道路,使俄罗斯尽快融入西方文明世界。1991年夏初,首次访问美国的叶利钦在纽约一所大学的演说中公开宣称:"俄罗斯已经作出了自己最终的选择。俄罗斯不会走社会主义道路、不会走共产主义道路,它将走美利坚合众国及其他西方文明国家走过的那条文明之路。"②

曾担任中央政治局委员、书记处书记、宣传鼓动部部长的雅科夫列夫是苏共掌管意识形态工作的关键人物,也是戈尔巴乔夫的"密友"和"军师",

---

① 参见曹长盛等主编:《苏联演变过程中的意识形态研究》,人民出版社2004年版,第50页。

② [俄]鲍里斯·斯拉文:《当代人对戈尔巴乔夫改革的诠释》,载俄罗斯戈尔巴乔夫基金会编:《奔向自由——戈尔巴乔夫改革二十年后的评说》,李京洲译,中央编译出版社2007年版,第132—133页。

然而他不仅不认真学习马克思主义,反而对资本主义赞不绝口,实际上就是一个隐藏在苏共内部的反共反社会主义分子。1967 年通过博士论文答辩时,雅科夫列夫是研究美国对外政策理论发展史,他的许多西化倾向很明显的观点都表现出与官方见解相异之处,但后来仍被委以重任。不仅在 1965 年就出任了苏共中央宣传鼓动部副部长,还在 1969 年成为代理部长,一直代理到 1973 年因为政治问题被解除了党内职务。1985 年,他竟然被戈尔巴乔夫正式任命为苏共中央宣传鼓动部部长,并很快又在 1986 年当选为苏共中央委员和中央书记处书记,一步步成为苏共中央主管意识形态工作的最高领导和最主要人物。在戈尔巴乔夫的帮助下,雅科夫列夫在 1987 年年初当选苏共中央政治局候补委员,同年 6 月又紧接着当选为苏共中央政治局委员。在 1988 年 6 月召开的苏共第 19 次党代表会议上,雅科夫列夫被任命为新成立的公开性委员会主席,成为苏共亡党的重要推手。但从 1990 年冬季起,随着形势的发展变化,原形毕露的雅科夫列夫不仅在 1991 年 8 月公开宣布退出苏共,而且支持叶利钦,同在 1991 年年初辞职的苏联外交部长爱德华·谢瓦尔德纳泽等人组建新的社会政治组织"民主改革运动"公开反共。雅科夫列夫后来在其代表作《一杯苦酒》中也再次暴露出了其本来面目,他对资本主义赞不绝口、顶礼膜拜,认为"资本主义带来了实用主义的伦理。在资本主义的自由、平等、博爱的口号中体现了崇高的理想主义,它依据的是清醒的、脚踏实地的现实考虑"[①]。

戈尔巴乔夫的"小校友"、毕业于莫斯科大学经济系的、具有博士学位的叶戈尔·盖达尔崇尚资本主义制度,早在 1986 年就和一伙意气相投的经济学研究人员在列宁格勒郊外组织了一次经济学研讨会,这群完全接受西方政治经济理论的年轻学者形成了一个政治团体——青年改革派。盖达尔则干脆被称为"芝加哥小男孩"、"完全美国化了的专家"、"市场改革派核心人物",他所代表的一批青年学者的理论主张,一是经济市场化,二是政治民主化。他们心目中的市场化就是建立西方国家的市场经济制度,民主化就是资本主义政治制度。而美国经济学家研究了这些年轻"改革者"们的

---

① [俄]亚·尼·雅科夫列夫:《一杯苦酒——俄罗斯的布尔什维克主义和改革运动》,徐葵等译,新华出版社 1999 年版,第 339 页。

主张后发现,他们全盘接受和顶礼膜拜的不过是 19 世纪最简单、最天真的自由主义观点。而就是这样一个极度崇拜西方资本主义的盖达尔竟然在1991 年到 1992 年期间担任了俄罗斯第一副总理和经济部长,并在 1992 年6 月出任俄代总理,他大力推行的被称为所谓"休克疗法"的激进式经济改革,不仅导致使俄罗斯的 GDP 减少了将近一半,人民生活水平更是可以用"一落千丈"来形容。

苏共错用、重用的一批非马克思主义者和政治上的投机钻营之徒、野心家、阴谋家作为党的领导干部尤其是高级领导干部,等于自己培养了自己的掘墓人,颠覆了苏共的根基。而且这些人的言行不仅影响恶劣,更导致大批党员思想混乱、信仰迷失,对党的前途失去信心甚至背叛党,导致党在人民群众中的威信急剧下降并最终为人民所抛弃。作为迄今为止社会主义在世界上存在时间最长、影响最大的苏联的执政党,苏共的干部队伍内竟有那么多的人主张走资本主义道路,实在令人震惊,这也证明是苏共领导干部阶层背离人民并葬送了自己的党和国家。

中国社会科学院世界社会主义研究中心主任、原中国社会科学院党组副书记、副院长李慎明带领的"苏共亡党的历史教训研究"课题组经过多年深入调研、分析后认为,苏联解体有着多种原因,但苏共的蜕化变质是根本的原因。几年来,"苏共亡党的历史教训研究"课题组经过认真分析、研究探讨,大家逐渐达成共识:苏共垮台、苏联剧变的根本原因不在于"斯大林模式"即苏联社会主义模式,而在于从赫鲁晓夫集团到戈尔巴乔夫集团逐渐脱离、背离乃至最终背叛马克思主义、社会主义和最广大人民群众根本利益。[1]

苏共的教训警示我们,共产党领导人的信仰和德才对党的建设非常重要。如何保证党的各级领导权掌握在信仰坚定的党员手里,而不是掌握在投机分子和野心家、阴谋家手中,是关系党生死存亡的大事。值得警惕的是,当代中国一些干部、党员不下工夫读马克思主义的书、不真正坚信马克思主义理论,马列主义、毛泽东思想在一些地方被淡化、边缘化已是不容否

---

① 参见李慎明主编:《居安思危——苏共亡党二十年的思考》,社会科学文献出版社 2011 年版,第 18 页。

认的客观事实。并且,不认真学习马列主义、毛泽东思想,没有坚定的共产主义理想信念,也没有为之献身的精神等危险现象在一部分领导干部身上同样存在,并且其中就包括一些高级领导干部。因此,我们不仅要高度重视党的思想理论工作和马克思主义经典著作的学习,时刻注意坚定理想信念,大力加强纯洁性、先进性建设,而且要更加主动培养和选拔我们自己事业的代表人物尤其是领袖人物。必须坚持把最高领导权始终掌握在忠诚于马克思主义、无产阶级政党、国家和民族的人的手里,并始终高度重视培养年龄结构合理的一批又一批无产阶级革命事业的接班人。①

（三）主管意识形态领域的领导干部"僵化"、"西化"

事实上,虽然苏共几乎一直由党内的第二号人物分管意识形态工作,但由于主管意识形态领域的领导干部"僵化"、"西化",导致社会主义意识形态领域死气沉沉或乌烟瘴气,尤其是戈尔巴乔夫时期苏共主管意识形态工作的高级领导干部雅科夫列夫、盖达尔等都思想"西化"非常严重,其中雅科夫列夫甚至是一个反共反社会主义分子,这些人掌权使得苏共在意识形态领域释放出了毁灭自身的魔鬼,导致了苏共在意识形态领域领导权、主导权、控制权丧失和全党、全国人民意识形态的混乱、迷失乃至有的人走向反动。

在斯大林时代,由于当时的复杂环境和特殊原因,主管意识形态领域的领导干部"僵化"现象比较突出,以思想"僵化"、强硬著称的苏联20世纪40年代意识形态领导人日丹诺夫就是一个代表。20世纪50年代后期,随着老一辈无产阶级革命家相继去世,苏共中央领导层多数对马列主义认识有限,理论素养不高。20世纪60年代前后,苏共的意识形态组织领导水平下降的情况更加明显。虽然形式上一直保留着党的第二把手主管意识形态工作的传统,但思想工作干部经常受到经济工作和干部工作领导干部的蔑视。社会思潮中对物质社会和生活享受的追求也排挤了理论的思考和思想的对话。到了勃列日涅夫时期,由于害怕出现赫鲁晓夫所谓"新闻改革"带来的混乱局面,苏共又摒弃了赫鲁晓夫的思想和做法,把对社会主义的理解倒退

---

① 参见李慎明主编:《居安思危——苏共亡党二十年的思考》,社会科学文献出版社2011年版,第44页。

到了在 20 世纪 30 年代的水平,把斯大林模式与社会主义等同起来。勃列日涅夫的思想又决定了主管意识形态领域的领导干部思想,使得苏联的新闻事业和舆论环境又恢复到了斯大林时代的"僵化"景况。在勃列日涅夫时期,苏共中央宣传鼓动部的负责人经常更换,相对频繁地变动苏共中央宣传鼓动部领导人说明勃列日涅夫、米哈伊尔·安德烈耶维奇·苏斯洛夫等苏共中央领导人极不满意中央宣传鼓动部部的工作又没有找到很合适的人选。"僵化"的管理模式导致了意识形态领域空话套话连篇累牍,形式主义愈演愈烈,使得在苏共对意识形态的高度控制和对新闻的严格管制的表面下暗流涌动,埋下了祸根。

戈尔巴乔夫时期,主管意识形态领域的领导干部以"西化"闻名。有着"芝加哥小男孩"、"完全美国化了的专家"等外号的盖达尔大学毕业后先后负责苏共中央最重要的理论刊物——《共产党员》杂志及苏共主要报纸《真理报》的经济部,是苏共意识形态机构中很有影响的人物。中央党刊、党报的高位使盖达尔成为苏共意识形态机构中有着呼风唤雨能力的重要人物,但由于他既没有任何生产和行政工作的经验,也没有对苏联经济社会生活的深刻了解,再加上不注重对马克思主义的学习,只是把西方经济学教科书上的东西当作法宝,成为被公认的思想"西化"非常严重的人,其影响之恶劣可想而知。

反共反社会主义分子雅科夫列夫竟然担任中央政治局委员、书记处书记、宣传部部长,成为苏共掌管意识形态工作的关键人物,可见苏共意识形态之混乱。雅科夫列夫 1969 年起担任教授,当时苏共主管意识形态的领导人苏斯洛夫对他既做官又搞"研究"极为反感,但却没有认清其本质并将其从主管意识形态工作的关键领导岗位上清除。而更可怕的是,戈尔巴乔夫竟然重用了这么一名反共反社会主义分子主管苏共意识形态工作,是多么荒唐、可悲和可怕!在戈尔巴乔夫实行改革的头几年,雅科夫列夫就通过对戈尔巴乔夫施加影响和利用负责领导宣传舆论等意识形态工作的权力,力图改变苏共的性质和毁掉苏联的社会主义制度。尤其是在掌握了苏共意识形态大权后,雅科夫列夫更是开始四处作报告、发表讲话甚至公开撰写文章,鼓吹所谓"民主化"、"公开性"等,被称为"公开性之父"。并且,为了达到操纵整个苏共意识形态工作的目的,雅科夫列夫特意安排西化思想严重的所谓自由派人士出任一些报刊杂志的主编,使这些媒体成为可以供他自由使唤的、反共反社会主义的急先锋。在雅科夫列夫的主持和操纵下,1986年至1988年间,《消息报》、《共青团真理报》、《星火》画报、《莫斯科新闻》、《论据与事实》周刊、《莫斯科真理报》、《莫斯科共青团员报》、《青春》杂志、《新世界》杂志等苏联一批最有影响的报刊先后被自由派"新人"接管,苏共《真理报》、《共产党人》杂志、《经济报》等报刊的编辑部被大幅度调整,其中苏共机关最重要的理论刊物《共产党人》杂志的主编、有深厚马克思主义理论功底的科索拉波夫竟然被解除职务。此后,这些在全苏很有影响的主流报刊开始为所谓"民主化"、"公开性"煽风点火、左右舆论,为苏共垮台、苏联解体充当马前卒。①

    主管意识形态领域的领导干部"西化"不仅使得坚持真理的人声音较弱,而且还被孤立起来甚至遭到打击报复,典型例子就是列宁格勒工学院女教师尼娜·安德列耶娃在 1988 年 3 月 13 日《苏维埃俄罗斯报》发表《我不能放弃原则》这封信引发的风波。安德烈耶娃在信中说,当前报刊上轰动一时的文章只能教人迷失方向,是给社会主义的苏联抹黑。这封信在各共和国、地区、城市和行业报纸被转载 937 次,在全党甚至全国引起轩然大波。安德烈耶娃所在的列宁格勒工学院收到了来自全国各地、社会各阶层人士成千上万的信件,其中超过 80%的来信充分肯定她在信中的意见。大量的信件还寄到了《真理报》,这些信件中支持安德烈耶娃观点的也超过了80%。② 面对这一切,所谓的"改革派"感到非常不安和惊慌,于是便将安德烈耶娃的行为污蔑为"保守势力和苏共旧势力"的反攻倒算。苏共中央政治局接连两天为此事召开紧急会议商讨对策,目的竟然就是要制止和反击这股所谓"反对改革的势力"。结果戈尔巴乔夫将坚持马列主义原则、当时主管意识形态工作的苏共中央政治局委员利加乔夫调整为主管农业,取而代之的是曾留学美国、西化思想严重的雅科夫列夫。在雅科夫列夫直接授意下,《真理报》同年 4 月 5 日发表了一篇精心烹制的反击文章《改革的原则:思维和行动的革命性》,对安德烈耶娃给予全面反击和彻底打压。《真

---

① 参见李慎明:《李慎明自选集》,学习出版社 2007 年版,第 509 页。

② 参见 Центральный Комитет ВКПБ:Из искры возгорелосъ пламя.网址:http://www.vkpb. ru/2003-02-18。

理报》不仅将安德烈耶娃的信称为"反改革分子的宣言",而且把安德烈耶娃称为"改革的敌人、斯大林主义分子、保守派、机关官僚、党的权贵代表"①。此后,坚持真理者的声音越来越弱,各种攻击、谩骂甚至公然反对苏共和社会主义制度的言论、文章纷纷出笼,反马克思主义思潮泛滥,整个苏联历史都被描述得一团漆黑。由此,已经被撕开裂口的苏共思想和意识形态工作的大堤,急剧滑向崩溃的边缘。②

面对党内外不少势力对马克思主义、共产党肆无忌惮地攻击的混乱局面,苏共中央的一些领导人也曾感到了事态的严重性,要求召开中央会议认真讨论党和国家的形势,并对反共、反社会主义的思潮予以反击。而雅科夫列夫却拒绝这样做,并认为改革正在正常地进行着,当时的混乱局面是过渡时期不可避免的困难,不要这样不安。就这样,雅科夫列夫利用其负责意识形态工作的权力,竟继续指挥苏共的媒体去攻击马克思主义、共产党。反共、反社会主义竟然成为雅科夫列夫的主要工作,其根本目的就是改变苏共性质和毁掉苏联社会主义制度。这样一个人掌舵苏共的意识形态工作,其巨大危害性可想而知。

苏联解体的悲剧警醒我们,中国共产党人一定要严把党的干部选拔关,一定要首先考察拟选任者的意识形态立场,特别要严防主管意识形态、中央和地方主要新闻媒体等工作的重要岗位失控,这是敌人最终颠覆我们社会主义制度的关键环节。并且,我们应该尽快行动起来,通过中国社会科学院、中央党校等权威马克思主义研究机构和清华大学、北京大学、中国人民大学等著名高校的马克思主义学院,有计划、有针对性地培养一批具有较高马克思主义理论素养、坚定社会主义意识形态立场和过硬的社会主义意识形态能力的意识形态专业人才,充实到中央和地方宣传主管部门、中央和地方主要新闻媒体和理论研究机构中去,让他们当好社会主义意识形态阵地的守门员、把关人。

---

① 转引自张树华:《错误的历史观是导致苏共自我葬送的思想祸根》,《马克思主义理论研究和建设工程参考资料》第 348 期。
② 参见李慎明:《李慎明自选集》,学习出版社 2007 年版,第 466 页。

二、国内外多种错误思潮泛滥危害巨大

统一思想是正确行动的坚实基础,是团结统一的根本前提,也是革命胜利的重要保证。任何一个执政党的灭亡,都必然伴随着思想的混乱,尤其是错误思潮的泛滥。分析苏联亡党的整个过程,我们不难发现,从全面否定斯大林导致历史虚无主义泛滥,到戈尔巴乔夫提出"意识形态多元化"、"民主化"、"公开性"等,导致非马克思主义和反马克思主义等反动思想甚嚣尘上,马克思主义在意识形态领域里的指导地位逐渐被放弃、取代。国内外多种错误思潮泛滥不仅危害巨大,更成为苏共亡党的一个非常重要的原因。

(一)历史虚无主义摧毁了苏联人民的理想信念的基石

作为一种产生于 19 世纪俄国的怀疑主义哲学,虚无主义不仅否定任何形式的审美观念,而且反对科学、哲学和现存的社会秩序等。历史虚无主义则是通过否定一个国家或者民族的历史,摧毁其价值自信,从而毁掉其赖以生存和发展的根基。在 20 世纪 50 年代、80 年代,苏联上演了两出历史虚无主义的闹剧,不仅大肆攻击、诋毁斯大林等党和国家重要领导人,而且全盘否定十月革命、反法西斯战争的伟大胜利和社会主义建设的成绩等伟大成就。虽然赫鲁晓夫和戈尔巴乔夫所作所为的目的、手段、性质不同,强度、力度、裂度也不一样,但都是在动摇甚至摧毁人们的精神支柱和理想信念基石,摧毁苏共和苏联社会主义制度赖以生存和发展的根基,也从根本上动摇了党的领导地位和执政基础。

苏共历史上的第一次虚无主义泛滥开始于苏共二十大即将闭幕时赫鲁晓夫的"秘密报告"。1956 年 2 月 25 日,苏共二十大最后一天的凌晨,1340 名会议代表被紧急召集到会议大厅,由赫鲁晓夫作了长达四个小时的"秘密报告"。"秘密报告"题目为《关于个人迷信及其后果》,从斯大林的个人迷信、斯大林违背集体领导原则实行个人专断、斯大林违反法制进行大规模镇压的错误、斯大林在卫国战争中的错误、斯大林在经济工作中的错误、斯大林在民族问题上的错误、斯大林在处理苏联同南斯拉夫关系方面的错误等七个方面,对斯大林进行了所谓的揭露和批判。虽然赫鲁晓夫突然抛出这个后果和影响都极为严重的"秘密报告"是有针对斯大林时期特别是斯大林后期个人迷信已经成为苏联社会进一步发展的重大障碍的现实原因,

但这份存在着严重失实的"秘密报告"在评价斯大林时采用了表面上抽象肯定、实际上全盘否定的方法,处处把领袖作用同政党和人民群众的作用对立起来并使用对敌斗争的语言,并且很多地方是在捏造事实攻击、诋毁斯大林。这就导致原来人们对斯大林的个人崇拜虽然被彻底打破,但也导致人们开始对苏共和社会主义产生怀疑。再加上西方资本主义国家反动宣传的影响,反共、反社会主义的思潮不久便开始在苏联出现。在一些公开场合,斯大林的画像被当众扯下来撕碎;在一些高等院校和科研院所,出现了反共、反社会主义的政治活动;在游行活动中,甚至有人喊出了"打倒共产党"、"打倒苏维埃"的口号。① 这就导致了苏共乃至全体苏联人民思想上的分裂和意识形态的极大混乱,从根本上动摇了包括苏共、西方共产党等在内的整个共产主义世界,注定了苏联在与美国的冷战中的失败。俄罗斯科学院历史学博士博卡列夫在《苏共二十大与地缘政治》一文中指出,苏联解体的客观基础是苏联人民缺乏团结统一的价值体系,而赫鲁晓夫的"秘密报告"是团结统一的价值体系被破坏的开端。这个报告损坏了使苏联人民紧密团结的领袖形象。② 赫鲁晓夫随后决定莫斯科红场从此不再悬挂斯大林画像,并要求中国等国家也不要挂斯大林画像,后来又把斯大林遗体从红场的陵墓中迁出,把全盘否定斯大林的立场向全世界公开。这种"非斯大林化"的言行在意识形态领域制造了极大混乱,打破了苏联一代青年人的社会主义信仰,动摇了对社会主义制度的信心,破坏了党和人民群众的关系,开了否定苏联历史的虚无主义先河。更严重的危害是,赫鲁晓夫的"秘密报告"对当时刚走上和正要走上独立生活道路的年轻人产生了特别巨大的影响。当时的不少年轻人完全接受了赫鲁晓夫的观点,甚至自称为"二十大的产儿"、"六十年代人"。这些人后来步入政界之后,其中不少人成为加快苏共亡党进程的重要力量,戈尔巴乔夫就是其中的典型代表。戈尔巴乔夫不仅亲口承认自己是"苏共二十大的产儿"、"六十年代人",认为赫鲁晓夫的经验具有特殊意义,甚至承认他实行的所谓"改革"与苏共二十大之间存在"有机联系",并认为这是一件事情的不同阶段。正如他在 2001 年 3

---

① 参见王立新:《苏共兴亡论》,中共中央党校出版社 2007 年版,第 156 页。

② 参见李慎明主编:《世界社会主义跟踪研究报告(2008—2009)》,社会科学文献出版社 2009 年版,第 379 页。

月接受俄罗斯"灯塔"电视台采访时所承认的,"我们是苏共二十大的孩子,苏联 60 年代的历史对我们影响很大,年轻时我们是怀着对党的信任和忠诚入党的,但苏共二十大以后,我们的思想开始发生转变。"①而这种国家领袖级的破坏者实在是太可怕了,也给我们敲响了警钟。

勃列日涅夫执政时期则继续延续了赫鲁晓夫的错误做法,上台伊始便声明坚持苏共二十大以来的路线不动摇,同时理论界也继续出现"非斯大林化"的思潮。虽然勃列日涅夫后来用一种特殊的方式推翻了赫鲁晓夫对斯大林的评价,那就是在正式场合从不表示要推翻苏共二十大决议,但在实际上却对斯大林犯的错误基本不谈,而是强调他的功绩以及其在苏联历史上的作用。但这种暧昧的态度却进一步加剧了苏联人民群众中的信仰危机,使苏联在表面强大的现象背后实际上却开始悄然走向崩溃的边缘。

1985 年 3 月 11 日当选为苏共中央总书记的戈尔巴乔夫更是再度掀起了"重评斯大林"运动,不仅规模大、力度强、范围广,而且涉及文化传统、历史条件、政治制度、经济基础等多方面,从对斯大林个人的否定发展到对整个党的否定,从对斯大林时期的否定发展到对整个苏联七十年历史的否定,从对斯大林体制、模式的否定发展到对整个社会主义制度的否定,以"兵营社会主义"、"粗陋社会主义"和"行政官僚的社会主义"来描绘苏联社会,所谓"斯大林主义"、"斯大林体制"被作为马列主义和社会主义制度的代名词遭到批判和否定,导致了苏共历史上的第二次虚无主义思潮泛滥。戈尔巴乔夫不仅攻击斯大林,更把十月革命开创的苏联社会主义制度说成是极权官僚式的社会主义,并认为这种制度已经遭到战略性失败,甚至延误了国家的革新,是苏联遇到的一切困难的根源,应该彻底否定。上行下效,在戈尔巴乔夫的示范下,苏联历史学领域否定一切的历史虚无主义思潮开始泛滥、"重新评价历史"运动蓬勃兴起,矛头直指苏共本身和苏联社会主义制度,不仅造成苏共领导地位甚至社会主义制度的"合法性危机",更动摇了人们对共产党、社会主义制度和共产主义理想的信仰。就这样,从全面否定斯大林到全面否定列宁和苏联历史、再到全面否定社会主义制度、共产主义理想

---

① [俄]亚历山大·季诺维也夫:《俄罗斯共产主义的悲剧》,侯艾君、葛新生、陈爱茹译,新华出版社 2004 年版,第 215 页。

和马克思列宁主义,逐步摧毁了苏共执政的意识形态基础,最终全面否定苏共的领导和领导地位。这股历史虚无主义的逆流,在苏共垮台和苏联解体中起到了其他因素不可替代的催化剂的作用。①

　　而历史是无法被真正篡改的,斯大林的功过自有公正评说。亲身经历过斯大林时期的苏联人民,既客观看待、充分肯定了斯大林的伟大历史功勋,也亲身感受、品味了他在肃反扩大化以及他在工作作风方面不够民主甚至作风粗暴等所犯的错误。

　　中国晚清思想家龚自珍曾说过:"灭人之国,必先去其史;灭人之枋,败人之纲纪,必先去其史;绝人之材,湮塞人之教,必先去其史;夷人之祖宗,必先去其史。"他深刻地揭示了某些人否定历史的现象背后的真实动机,是一条极其宝贵的经验教训。马克思主义认为,在评价一个历史人物的时候,必须从当时的社会历史条件出发,进行全面的、具体的、合乎实际的分析。但值得警惕的是,当前在中国国内,也有一股对党和国家的重要领导人进行恶意攻击、诋毁甚至谩骂以及为汉奸、反动派、罪犯等翻案的暗流涌动,并且在报刊、电视、网络等媒体上不时有这样的文章出现,甚至还有这样的书籍公开出版。这种行为为什么在国内会有市场,是什么势力在背后操纵,如果放任下去会有什么样的后果,我们应该采取怎样的切实有效措施去应对,这些问题都值得我们深思。我们要深刻认识到,敌对势力西化、分化中国的重要手法之一,就是丑化、诬蔑毛泽东。毛泽东是人,不是神,他晚年也确实有过一些失误。但是,综观毛泽东一生,他的功绩远远大于他的过失。并且,他的失误也基本上都是在探索社会主义革命和建设过程中出现的,很多是难以避免的。我们的一些民众乃至学者、记者没有搞清楚西方为什么把攻击的矛头对准毛泽东,不加分析地附和甚至煽风点火,这是很无知、也很危险的。如果我们在这个问题上不清醒,认识不到这是西方摧毁社会主义的一个非常重要的谋略,而仅仅把毛泽东看成是他个人,而没有认识到他与我们的党、国家、军队、制度、历史密不可分,那我们就会犯极其严重的重大错误,这绝对不是危言耸听。正如习近平总书记在纪念毛泽东同志诞辰120周年

---

① 参见李慎明主编:《历史的风—中国学者论苏联解体和对苏联历史的评价》,人民出版社2007年版,第285页。

座谈会上的讲话中所指出："对历史人物的评价,应该放在其所处时代和社会的历史条件下去分析,不能离开对历史条件、历史过程的全面认识和对历史规律的科学把握,不能忽略历史必然性和历史偶然性的关系。不能把历史顺境中的成功简单归功于个人,也不能把历史逆境中的挫折简单归咎于个人。不能用今天的时代条件、发展水平、认识水平去衡量和要求前人,不能苛求前人干出只有后人才能干出的业绩来。"①我们一定要高度重视苏共留下的前车之鉴并引以为戒,而不应该是"前车之鉴,后车不看"。

(二)"抽象人道主义"、新自由主义等西方思潮盛行摧毁了思想、经济基础

高举"抽象人道主义"的大旗,是国际共产主义运动史上一切机会主义者、修正主义者、改良主义者的共同特征,也最具有迷惑性。20 世纪 50 年代,赫鲁晓夫在反对"个人迷信"、"专制独裁"的旗号下,打起抽象人道主义的旗帜,提出把"一切为了人,一切为了人的幸福"作为党的纲领性目标,用资产阶级人道主义及唯心史观取代马克思主义,将其作为党的指导思想,鼓吹"全民国家"、"全民党"。而到了戈尔巴乔夫时代,更是高举"抽象人道主义"、新自由主义的大旗,用人道主义的观点作为阐述国际国内问题的准则,以新自由主义作为经济工作的指导思想,把"人道的民主的社会主义"确定为"理想"和"奋斗目标",这些西方反共思潮盛行摧毁了苏联党和人民多年来一直坚持的思想、经济基础。

1988 年夏,戈尔巴乔夫提出要把苏联社会改建成为"人道的民主的社会主义"社会。此后又不断加以说明和补充,最后演变成为 1990 年 7 月苏共二十八大通过的《走向人道的民主的社会主义》的纲领性声明,并在声明中提出要坚决抛弃对不同观点和思想的意识形态限制、教条和不容忍态度,抛弃与全民和全人类价值观相抵触的简单化的阶级观点。由此可见,戈尔巴乔夫推行的"改革与新思维"、"人道的民主的社会主义",其实是在美化资本主义、丑化社会主义,是要用民主社会主义取代马克思主义,是要把共产党改造成社会民主党,是从根本上背叛了马列主义、共产党和科学社会主义。这也正如

---

① 《习近平:在纪念毛泽东同志诞辰 120 周年座谈会上的讲话》,新华网 http://news.xinhuanet.com/politics/2013-12/26/c_118723453.htm。

美国政治家、曾任美国国家安全事务助理的布热津斯基所指出："戈尔巴乔夫的人道的民主的社会主义架起了一座从社会主义演变为资本主义的桥梁。"①

对此，我们要清醒地认识到，"人道的民主的社会主义"的哲学基础是抽象人道主义。它宣扬"人是万物的尺度"，不仅把社会主义说成是符合抽象的"人性"和"一切人"的利益的"人道的"制度，而且否认社会主义社会还存在着阶级、阶级矛盾和阶级斗争，否定无产阶级专政的必要性，反对在任何情况下使用任何暴力，这就从根本上背离了马列主义的基本原理。"人道的民主的社会主义"从抽象人道主义的观点出发，提出所谓的"多元化"理论作为其重要的思想原则。抽象人道主义认为，人的本性是独立不羁和不受任何社会关系制约的，他们向往绝对的自由和民主，因此作为理想的社会主义社会应该符合人的这一本性，尊重人的多元的思想，满足人的多元的需要、利益。根据这一观点，"人道的民主的社会主义"首先提出实行意识形态的多元化，反对意识形态的所谓"垄断"，否定马克思主义作为社会主义意识形态指导思想的地位。与此同时，主张实行政治多元化，借口反对一党专政，取消无产阶级政党的领导，搞多党制和议会民主制。②

正如列宁指出："没有革命的理论，就不会有革命的运动。"③在苏共中央的最高领导人的带头"示范"下，苏联官方也开始大力支持人道主义的研究和传播，再加上西方国家在背后推波助澜，抽象人道主义在苏联迅速蔓延开来。首先是苏联哲学领域的人道化进程大大加快，抽象人道主义的力量迅速发展壮大并成为主流，越来越多的苏联哲学家们主动或被动地把人道主义作为自己哲学理论"创新"的突破口和旗帜，不仅改变了苏联马克思主义哲学的面貌，更为严重的是改变了苏联意识形态的理论基础和指导思想。由于超阶级的人性论、人道主义的价值观在理论、舆论领域占据了主导地位，苏联在政治学、史学、经济学、文学等意识形态领域的剧变也自然难免。如苏联经济学界极力否定资本主义经济学的庸俗性、贬低马克思主义政治

---

① 转引自肖德甫：《世纪悲歌——苏联共产党执政失败的前前后后》，中共党史出版社 2008 年版，第 177 页。

② 参见李慎明主编：《世界社会主义跟踪研究报告（2008—2009）》，社会科学文献出版社 2009 年版，第 394 页。

③ 《列宁选集》第 1 卷，人民出版社 1995 年版，第 311 页。

经济学的地位和作用,新自由主义等思潮大行其道;否定一切的历史虚无主义思潮和"重新评价历史"运动在苏联历史学界涌现,并把矛头直指苏共本身和苏联社会主义制度;苏联文学界某些人提出极端民主和绝对自由的口号并攻击马克思主义的文艺思想与文艺方针,夺取文学阵地并试图扭转苏联文学的社会主义方向……就这样,同抽象人道主义与资产阶级自由化日益占据统治地位相对应,马克思主义在苏联作为党和国家指导思想的地位不断遭到削弱,社会主义意识形态的阵地逐步缩小,最终完全丧失意识形态领域的领导权、主导权。

不仅政治思想上迷失,戈尔巴乔夫还以西方的新自由主义作为党和国家经济工作的指导思想。1991 年 4 月,经戈尔巴乔夫授权,竟然由苏联的自由派经济学家与美国哈佛大学的教授联合制订了一个被称之为"哈佛计划"的苏联经济改革纲领。这个纲领其实就是撒切尔夫人、里根等从 20 世纪 80 年代开始大肆推销、用来和平演变社会主义国家的所谓新自由主义的翻版,其基本思路就是:在西方的援助下,进行激进的经济改革,建立以私有制为基础的市场经济和西方的民主政治制度。"哈佛计划"主张在大规模私有化的基础上,利用从 1990 年 11 月 1 日开始的 500 天时间内分四个阶段将苏联从计划经济迅速过渡到以私有制为基础的市场经济。所以,这个计划也被称为"500 天计划"。这个新自由主义的"哈佛计划"虽然受到苏共内部一些真正的共产党人的反对,但却非常受戈尔巴乔夫的青睐和支持。在此基础上,1991 年 7 月 1 日,苏联最高苏维埃通过了《关于企业非国有化和私有化原则法》,制订了国有企业分阶段私有化的时间表。这样就使苏联的经济改革按照西方指引的方向,走上了一条"不归之路"。经济基础决定上层建筑,当苏联的社会主义经济基础走向崩溃,意识形态等政治上层建筑的分崩离析也自然是难免的。

戈尔巴乔夫的真面目也更清晰地暴露出来的。1991 年的"八一九"事件后,戈尔巴乔夫便公开宣称:"从今以后,苏联已经被看作是民主社会不可分割的一部分了"[1],并认为苏联的"物质基础是作为世界经济中的一部

---

[1] 戈尔巴乔夫在会见欧洲人权会议的各国代表团团长时的谈话,塔斯社莫斯科 1991 年 9 月 10 日电。转引自宋以敏:《苏联巨变和战后世界格局的解体》,载杜攻主编:《转换中的世界格局》,世界知识出版社 1992 年版,第 36 页。

分的市场经济,政治支柱是作为全人类民主中的一部分的民主,精神源泉是新思维"①。苏联解体后,他甚至公开说:"共产主义运动的危机从本质上来看是无法回避的,因为那是把俄国和与此相持续的亚、欧诸国赶到极权主义体制的共产主义模式里,并由于其内在的缺陷而产生的危机。而这种模式是一种不自然的东西,明显的是与人的本性相矛盾的。因此,迟早会走向失败,这是理所当然的终结。极权性的共产主义,可以说已遭受了全面性的失败。"②"共产主义是一种几乎不可能实现的口号","俄罗斯的悲剧,就在于马克思晚年时代已经死去的思想,却在 20 世纪初的俄罗斯被选择"③。对苏联最高领导人对自己的信仰和国家的"背叛",1991 年 9 月 2 日的《美国新闻与世界报道》这样评说:"布什政府在过去 6 年里已经在莫斯科有了一支改革工作队,这被认为是美国的巨大成就。"④美国国务卿詹姆斯·贝克也在苏联解体后对戈尔巴乔夫大加赞赏,认为瓦解共产主义的"成就可能主要归功于一个人:戈尔巴乔夫。如果没有他,我们目前正在应付的转变便不会发生","因为这一点,世界感激他"⑤。原苏联国防部长亚佐夫后来也反思说:美国前总统克林顿说美国为瓦解苏联花费了几万亿美元。可我认为,不光有美国人参与其中,还有一支隐藏在苏联内部的"第五纵队"。这些人依靠美国人吃饭。人数虽然不多,但也正是他们打残了苏联。⑥ 这些话至今仍值得我们深思和警醒。

近年来,境外某些媒体和机构借题发挥,打着解放思想、适应经济全球化、学习先进文化等旗号,用"话语平移"的手法把民主社会主义、新自由主

① 戈尔巴乔夫在马德里中东和会上的讲话,塔斯社 1991 年 10 月 30 日电。转引自宋以敏:《苏联巨变和战后世界格局的解体》,载杜攻主编:《转换中的世界格局》,世界知识出版社 1992 年版,第 36 页。

② [俄]戈尔巴乔夫、[日]池田大作:《戈尔巴乔夫和池田大作对话录:20 世纪的精神教训》,孙立川译,社会科学文献出版社 2004 年版,第 379 页。

③ [俄]戈尔巴乔夫、[日]池田大作:《戈尔巴乔夫和池田大作对话录:20 世纪的精神教训》,孙立川译,社会科学文献出版社 2004 年版,第 384 页。

④ 《美国的好消息》("Good News for America"),《美国新闻与世界报道》(*US News & World Report*)1991 年 9 月 2 日。

⑤ 《美国倡议召开帮助苏联人的世界会议》,美国国务卿贝克 1991 年 12 月 12 日在普林斯顿的讲话。美国驻华大使馆新闻文化处 FP—1709。

⑥ 参见《亚佐夫:"苏联是从内从外有意识地被摧毁的——苏联元帅坚信是第五纵队将国家引向绝路"》,俄罗斯《独立报》2010 年 4 月 20 日。

义、"普世价值"论、"历史终结论"等非马克思主义甚至反马克思主义的意识形态理论引入中国并力图在实践上推广。对此,我们应保持高度警惕,并及时出台有力的应对措施。

(三)放任意识形态多元化导致非马克思主义和反马克思主义等思想甚嚣尘上

苏联建立初期,列宁就十分重视意识形态工作。后来,即使在内外环境十分险恶的情况下,苏共仍一直高扬共产主义的思想旗帜,充分发挥马克思主义作为科学的意识形态的强大凝聚力和能动作用,基本坚持了马克思主义在意识形态领域的指导地位,确保了国家的社会主义性质,巩固和发展了社会主义制度,赢得了社会主义建设的历史性胜利。但到了斯大林时期,意识形态逐渐出现一定程度的僵化和教条化等问题;而从赫鲁晓夫时期开始,更是逐渐地放松和放弃了马克思主义在意识形态领域一元化的指导地位;特别是在戈尔巴乔夫执政之初,由于执政党没有能担负起引导社会意识形态的责任,在没有限度、毫无原则甚至是故意纵容的"民主化"、"公开性"等旗号下,各种反共、反社会主义的势力开始迅速兴起并兴风作浪,很多攻击马列主义、否定社会主义建设成就和制度的文章竟然公开发表。

尤其是在苏共二十大以后,赫鲁晓夫加大所谓的"新闻改革"的力度,竟然部分照搬了西方"新闻自由"的概念、思想和做法,报纸开始逐渐讨论在斯大林时代被严格禁止的话题,一些人以前被压抑的对于西方民主和自由的向往也被释放了出来,并在记者、作家和学者等群体中间形成了一股思潮。他们借批判和揭露斯大林之机,直接或间接地攻击苏共和社会主义制度,并且质疑共产党执政的合理性,报纸的党性、政治性等原则也搞得极其混乱。虽然这种所谓的"新闻改革"很快被叫停,但意识形态多元化的潘多拉魔盒已经打开,其危害已经无法从根本上消除。

赫鲁晓夫的错误正赶上美国在意识形态方面的强力渗透。1961年上台执政的美国总统肯尼迪提出了"和平战略",强调在和平共处、和平竞赛等口号下,通过援助、贸易、旅行、科技和文化交流,对苏联等社会主义国家进行和平演变,设法削弱东欧等社会主义国家对苏联在经济与意识形态上的依附状态,甚至宣称要"从出现在铁幕上的任何裂缝中培养自由的种

子","把共产党世界带进我们寻求的多样化的自由世界中来"①。1982 年 6
月,时任美国总统的里根发表演说提出美国要"举国一致地致力于援助民
主的事业"②,并公开宣称"我现在要叙述的一项长期计划和希望是,自由和
民主的前进,将使马克思列宁主义被弃置在历史的灰烬之中"③,从而吹响
了向社会主义国家发动"和平政治攻势"的进军号。

　　从戈尔巴乔夫提出"民主化"、"公开性"的那一刻开始,苏共主管的意
识形态的闸门其实就已经向反共、反苏势力打开了。戈尔巴乔夫 1986 年
12 月 16 日亲自打电话给被与世隔绝的"持不同政见者"运动的代表人物、
在 1975 年获得诺贝尔和平奖的安德烈·德米特里耶维奇·萨哈罗夫邀请
他"回来干你的爱国主义工作吧",以此为标志,到戈尔巴乔夫 1989 年 6 月
29 日亲自主持政治局会议讨论通过出版曾被苏联最高苏维埃主席团宣布
剥夺其苏联国籍并驱逐出境的另一名"持不同政见者"运动的代表人物亚
历山大·伊萨耶维奇·索尔仁尼琴的以揭露十月革命以来所谓"非人的残
暴统治"为主旨的头号禁书《古格拉群岛》,该书首次在苏联境内公开出版
作为一个高潮,是非标准不清晰甚至错乱导致苏联的意识形态领域变得更
加迷茫、无序、混乱甚至颠倒。放任意识形态多元化的直接后果就是导致各
种非马克思主义和反马克思主义的反动思想甚嚣尘上,社会主义意识形态
在苏联走向变异和崩溃。美国驻苏联大使马特洛夫这样回忆当时的情景
说:"突然间,人们不再怕直抒胸臆了"④"似乎是一夜之间,每个人都开始
对共产党的统治进行最毫不留情的抨击"⑤。更值得反思的是,"持不同政

---

① 转引自张宏毅:《美国对苏政策中意识形态因素及其在苏联解体过程中的作用》,《世界历
　 史》2008 年第 4 期。
② 《里根在英国议会的演说(1982 年 6 月 8 日)》(Address to Members of the British
　 Parliament,June 8,1982),《美国总统公开文件集(罗纳德·里根)》,1982 年第 1 卷,华盛
　 顿 1983 年版,第 746 页。
③ 《里根在英国议会的演说(1982 年 6 月 8 日)》(Address to Members of the British
　 Parliament,June 8,1982),《美国总统公开文件集(罗纳德·里根)》,1982 年第 1 卷,华盛
　 顿 1983 年版,第 747 页。
④ [美]小杰克·F.马特洛克:《苏联解体亲历记》(上卷),吴乃华等译,世界知识出版社
　 1996 年版,第 245 页。
⑤ [美]小杰克·F.马特洛克:《苏联解体亲历记》(上卷),吴乃华等译,世界知识出版社
　 1996 年版,第 251 页。

见者"的许多思想后来竟成了戈尔巴乔夫改革的主导思想,"持不同政见者"的民主化、公开性、多党制等早年被苏共坚决反对并严厉禁止的主张竟然都在戈尔巴乔夫时期得到了实现,许多"持不同政见者"竟然成为戈尔巴乔夫时期的政坛风云人物。

苏共二十八大之前的党纲和党章都明确规定,苏共是"用马克思列宁主义武装的党",在全部活动中"遵循马克思列宁主义的学说",马列主义在"精神生活中占统治地位"。而苏共二十八大通过的纲领却规定"苏联共产党坚决放弃政治上和意识形态上的垄断主义",主动放弃了在意识形态领域的主导地位。这样一来,就为反共反社会主义的资本主义意识形态的渗入打开了缺口。苏联社会的信仰危机这时也达到了高潮。[1]

意识形态的多元化的另一个严重后果是导致了大量政治派别和政治组织的出现。戈尔巴乔夫主政前期,苏联社会非正式组织比较少,也没有形成完整的政治纲领。但从戈尔巴乔夫的《改革与新思维》1987年秋发表后,非正式组织数量急剧增加,并且政治化色彩越来越浓厚,有的甚至成为批判社会主义和马列主义的先锋,直接向苏共的执政地位挑战。苏共二十八大前,仅全苏性的非正式政治组织就有16个,每个组织都有政治纲领。其中,有5个组织的目标是推翻苏共,6个组织的目标是建立西方议会制政体,2个组织的目标是恢复沙皇君主体制,1个组织的目标是恢复斯大林体制,1个组织的目标是建立非意识形态社会,1个组织主张苏联解体。在这些非正式政治组织的活动中,一个明显的特点是,许多知识分子的政治化和非理性化极大地加剧了社会动荡。[2]

马克思主义在苏联社会意识形态领域里主导地位丧失带来的沉痛教训再次告诫我们:社会的舆论阵地,无产阶级不去占领,资产阶级就必然会去占领;科学的、革命的、先进的思想在社会生活中失去了统治地位,价值观缺失、人生观迷失、世界观错乱和社会政治混乱就必然接踵而至。全球化、市场化、网络化颠覆了传统意识形态传播规律,打破了传统意识形态传播格

---

[1] 参见肖德甫:《世纪悲歌——苏联共产党执政失败的前前后后》,中共党史出版社2008年版,第172页。

[2] 参见肖德甫:《世纪悲歌——苏联共产党执政失败的前前后后》,中共党史出版社2008年版,第173页。

局,意识形态领域的噪音、杂音此起彼伏且有越来越强大之势,要求我们必须把意识形态能力建设提高到国家安全的战略地位。胡锦涛在党的十七届三中全会讲话中指出:"经济工作搞不好要出大问题,意识形态工作搞不好也要出大问题。在集中精力进行现代化建设的同时,一刻也不能放松意识形态工作。"①当代意识形态的冲突有很多制度因素,其中最大、最突出的莫过于突出了核心价值观的较量。所以,社会主义国家为了保证党不变质和国家永不变色,必须正确处理好文化多样性和指导思想一元化的关系,在多样性文化发展中坚持马克思主义在意识形态领域的指导地位,以社会主义核心价值体系为灵魂来统领我国主流意识形态建设,用发展着的马克思主义占领意识形态的各个领域、指导社会生活的各个方面。在不断推进马克思主义理论创新的同时,反对把马克思主义非政治化和非意识形态化的倾向,尤其要警惕和揭露形形色色的机会主义歪曲、篡改和否定马克思主义,决不允许意识形态多元化思潮在中国传播、蔓延。

三、新闻舆论的失控甚至反动加速亡党进程

作为党和政府密切联系人民群众的重要纽带,新闻媒体一直处在意识形态领域的最前沿,新闻舆论对人们的思想意识乃至整个社会精神生活都有着重大影响。能否科学、有力地掌控好新闻舆论,关系党的执政基础和国家发展的全局,关系经济社会发展的大局和社会主义制度的巩固发展,关系到国家的长治久安和人民的生活幸福。而一旦新闻舆论失控甚至走向反动,不仅会误党误国误民,而且很可能会亡党亡国,苏共在这方面教训深刻。

(一)戈尔巴乔夫宣布"新闻自由"导致反苏、反共、反社会主义宣传大肆泛滥

以美国为首的西方资本主义国家的政治家们十分懂得新闻媒体等舆论工具的重要性,历来十分重视利用大众媒体及其从业人员交往等加强意识形态宣传渗透工作。在苏联被和平演变的过程中,西方国家想尽一切办法积极扶持反马克思主义、反社会主义者控制各种新闻媒体,这些本来应该是党的耳目和喉舌的媒体纷纷站到了苏共的对立面,在某种意义上甚至已经

---

① 《十六大以来重要文献选编》(下),中央文献出版社 2008 年版,第 799 页。

成为苏共的反对党,以致反苏、反共、反社会主义的宣传在全社会大肆泛滥,严重动摇了人们对苏共和社会主义的信念,大大加快了苏共亡党的进程。

1986年3月,在戈尔巴乔夫掀起的"重评斯大林"运动中,他邀请大众媒体批评苏联党政机关。他对新闻媒体说:"在当今社会发展阶段,我们的报刊可以成为独特的反对派。"①在官方的默许甚至鼓励下,《星火》画报和《莫斯科新闻》等一些对"反思历史"特别激进的报刊逐渐暴露其真面目:借否定过去,否定苏共历史,否定社会主义制度,进而公然打出向资本主义方向"改革"的旗号。一些大型刊物靠揭露历史、暴露"隐蔽"材料,刊登所谓的反思小说等,发行量剧增——《人民友谊》杂志1989年刊登了雷巴科夫丑化斯大林的小说《阿尔巴特大街的儿女们》,这部被称为"文学炸弹"的作品一经刊登,杂志发行量即突破了100万份。《新世界》杂志1989年凭借刊登索尔仁尼琴反映劳改营和流放地的小说《古拉格群岛》,发行量从42万份猛增至250万份。此后,各种非正式出版物纷纷登台,苏共报刊舆论阵地逐渐被蚕食。1990年上半年,苏联境内各种"非正式"出版物多达上千种。②1990年6月12日,戈尔巴乔夫批准《新闻出版法》,宣布"新闻自由",使苏联新闻体制和性质发生根本性变化。《新闻出版法》规定,舆论从此不受检查,取消新闻审查制度,各种组织和私人均有权办报,并扩大办报人的自主权。这实际上纵容了反对派报纸的大泛滥,不但没有改变新闻界的无序状态,反而加剧了其混乱局面,以《真理报》为基石的苏联社会主义党报体系受到沉重打击,从此一直走下坡路并一蹶不振。

约翰·福斯特·杜勒斯的弟弟、原美国中央情报局局长艾伦·杜勒斯主张不惜采取一切可能的手段,把苏联社会上一切卑鄙的东西"神圣化",使头脑清醒、忠于社会主义的变成少数,被置于孤立无援的境地,把他们变成众人耻笑的对象。因此,西方反共势力一直在想尽办法通过支持苏联反共传媒和自己掌控的传媒,对社会主义国家展开了全面的渗透和进攻。为了实施和平演变战略,西方发达国家分别建立其专门针对社会主义国家的

---

① 转引自李慎明总撰稿:《居安思危:苏共亡党的历史教训》,社会科学文献出版社2013年版,第49页。

② 参见李慎明主编:《居安思危——苏共亡党二十年的思考》,社会科学文献出版社2011年版,第469页。

新闻媒体。面对这种宣传攻势,戈尔巴乔夫不仅不积极进行斗争,反而为虎作伥。他先是在 1987 年 1 月指示停止干扰 BBC 对苏广播,而且在不久之后又相继停止干扰美国之音、自由广播电台等多家西方电台的对苏广播,使苏联民众从此可以随时听到外国电台的声音。这些西方国家的喉舌大肆宣扬西方的生活方式,介绍西方对苏联改革的态度和观点,以西方的立场和视角评论苏联的政治局势,导致西方的生活方式、价值观等对苏联人民产生了巨大影响,这对当时正处于"改革"十字路口的苏联人来说,其蛊惑性、欺骗性、煽动性不言自明。这可以在美国国际广播委员会对戈尔巴乔夫这些举措的评价中得到印证,他们认为,苏联停止干扰西方广播,可能比戈尔巴乔夫决定从东欧撤军 50 万的允诺更重要。对美国来说,它为促进社会主义苏联的"和平演变"提供了难得的机会。美国国家安全委员会苏联与东欧国家事务委员会主任约翰·连乔夫斯基:"在新闻媒体中,对苏联政治剧变进程产生影响最重要的武器,是美国之音、自由欧洲电视台和自由电台等。"[①]

此外,戈尔巴乔夫还决定拨款 400 万外汇卢布进口 20 种西方国家的报刊,从 1989 年 1 月 1 日起公开发行,进一步助长了西方对苏联的意识形态攻势,主动为西方媒体进入苏联打开了大门,也等于对西方意识形态的进攻敞开大门。面对这些以前没见过的西方报刊,身处当时苏联社会的人们的意识形态受到极大冲击甚至颠覆。随着进一步放弃对意识形态领域的控制,以及大批平反所谓"冤假错案",使苏联新闻宣传战线乃至整个意识形态领域变得更加无序、失控、混乱。

（二）更多媒体纷纷站到了苏共的对立面导致意识形态动荡甚至颠倒

由于戈尔巴乔夫推行新闻改革宣布"新闻自由",《真理报》为代表的苏共党报在市场上面对以揭露所谓"苏共丑闻"和批判列宁、斯大林等苏共领袖所谓"罪行"为主要噱头吸引读者的竞争对手时越来越没有优势,《莫斯科新闻》、《文学报》及隶属于最高苏维埃的《消息报》等许多机关报刊更是纷纷抛弃机关报性质宣告"独立",《消息报》甚至长期批评苏共和苏联政府,支持各地的"民主派"和民族主义者,苏联很多媒体甚至一些党报党刊也迅

---

① 见俄罗斯国家电视台 2011 年摄制并播放的八集专题纪录片《苏联解体》第四集。

速掀起了一股攻击马列主义、暴露苏联社会的阴暗面、贬低苏联70年社会主义建设成就的狂潮。反马克思主义、反社会主义者控制的新闻媒体在"重评斯大林"运动中更是把挖掘历史、揭露斯大林时期的阴暗面作为吸引读者的手段。再加上右翼势力乘机推波助澜,苏共的新闻宣传战线乃至整个意识形态领域掀起了一股步步深入批判直至全盘否定苏共历史和苏联领导人的浪潮,苏共党员的思想被搞乱了,苏联人民的思想被搞乱了:斯大林竟然成了恶魔,列宁忽然成了无赖,整个苏共乃至苏联的历史除了罪恶还是罪恶,十月革命和社会主义带来的竟然只是灾难,而资本主义则成了人们心目中自由、民主和富足的理想天堂。面对众多媒体上这些颠倒黑白的文章,当人们逐渐失去了对党和国家的信任和对社会主义、共产主义的信仰时,其精神支柱轰然坍塌也是难免的。从1989年1月到1991年1月在短短的两年内,竟然就有290多万苏共党员声明退出党组织,而那些留在党内的党员也大都对党和社会主义失去了信任和信心。也许正是这个原因,亲手搞垮苏联的戈尔巴乔夫获得了西方操纵的诺贝尔和平奖,这对苏共不能不说是一个莫大的讽刺。

不仅报刊成为反马克思主义、反社会主义的阵地,电视台、电台也不甘落后。1990年7月15日,戈尔巴乔夫发布关于电视和广播民主化的总统令。反对派不但极力挤进电视台并且要求直播,以便摆脱控制和剪辑。几位年轻记者在电视一台创办了直播政论性节目"视点"、"第五车轮"等,公开抨击和批判苏共和社会主义。1989年春天,根据修改后的宪法,全苏进行人民代表选举。反对派抓住竞选活动这个机会,通过电视直播,合法地将各种反苏、反共的声音传遍全国。苏共的党代会和后来全程电视直播的人民代表大会也成为反对派的重要舞台。实际上已呈垄断之势的所谓开放传媒和自由竞选运动,进一步加剧了苏共的信任危机,并由此成为政治上和组织上全盘否定苏共的开端。① 因此,可以说是媒体失控导致了反共、反社会主义的舆论越来越强大,一步步瓦解、摧毁了苏联意识形态大厦的根基,掏空了苏联社会主义制度的核心价值体系,摧毁了苏共的价值自信,加速了苏

---

① 参见李慎明主编:《居安思危——苏共亡党二十年的思考》,社会科学文献出版社2011年版,第470—471页。

共亡党的步伐。叶利钦的话可谓一针见血:"正是新闻传媒发起的揭露苏联历史黑暗面和现存体制缺点的运动,直接动摇了这一帝国的根基。"①

对于一个马列主义执政党来说,强有力的意识形态工作就是它凝聚党心、凝聚民心、率领自己的党和人民前进的理想、意志和号角、旗帜。当它的号角、旗帜被夺取,当它的理想、意志被摧垮的时候,这个党还能够存在吗?答案显而易见。等到1991年,当主流媒体的舆论千百次地重复苏共和苏联的社会主义实践是失败的,当各种媒体把党的领袖的形象抹得漆黑一团,当广大党员和人民群众把这些谎言和谬论误认为真理之后,面对敌对势力宣布解散共产党、推翻社会主义制度的危急时刻,还会有谁站出来捍卫共产党和社会主义呢?② 苏共亡党、苏联解体的结局已经作出了最明确的回答。

(三)新闻宣传战线在苏共亡党中的迷失成为苏共亡党重要推手

在"报道无禁区"这样煽动性极强的口号中,不仅苏联各级党委、政府成为新闻舆论抨击、攻击的对象,苏联军队也没有幸免。在西方势力的操纵下,竟然有报刊攻击苏联军队是一切教条主义和反对民主的根源、保守势力的老巢和苏联与其他国家关系紧张的罪魁祸首等。不少报刊开始热衷于揭露并故意夸大军队内部的军官特权、腐败现象、军内犯罪等问题,制造民众对军队的不信任感甚至是厌烦、对立情绪。1989年4月,格鲁吉亚首都第比利斯的部分群众举行和平示威游行,苏联军队在驱散示威群众的过程中发生了无辜死亡的悲剧,这让已经站在苏共对立面的不少媒体抓住了一次绝好的机会,他们不仅长篇累牍地强烈谴责军队镇压民众,而且鼓动应该实行军队国家化。这些媒体对军队肆无忌惮地攻击,不仅极大损害了苏联军队的声望和威信,更动摇了官兵们对苏共和社会主义制度的信念。在1991年的"八一九事件"中,部分军队不仅不听国家紧急状态委员会的指挥,反而倒戈支持叶利钦,就和媒体对军队的攻击、蛊惑等有很大关系。

此外,由于雅科夫列夫特意安排了西化思想严重的所谓自由派人士出任《消息报》、《共青团真理报》、《星火》画报、《莫斯科新闻》等苏联大部分

① 转引自吴珊:《前苏联新闻改革的异化》,《青年记者》2008年4月下。
② 参见李慎明主编:《居安思危——苏共亡党二十年的思考》,社会科学文献出版社2011年版,第473页。

263

重要报刊的总编、主编,出现了这些媒体不仅公开攻击苏共和社会主义制度,而且竟然和西方的新闻媒体共同制造反共舆论,煽动、策划和组织工人们起来进行政治大罢工,甚至帮助反对派从苏共手中夺取政权,不仅成为叶利钦消灭苏共和苏联社会主义制度的工具,而且成为美国等西方国家通过和平演变颠覆社会主义制度的一支"重要力量"。

面对新闻宣传战线在苏共亡党过程中迷失的惨痛历史教训,我们不能不反思这前车之鉴,其中有很多警示值得我们镜鉴。"常怀忧党之心,恪尽兴党之责!"我国新闻媒体是党和国家的喉舌,这一性质决定我国的新闻队伍在政治素质上应该是高标准、严要求的。我们一定要加强新闻从业人员的社会主义意识形态教育,让马列主义、毛泽东思想、中国特色社会主义理论指导下形成的马克思主义新闻观成为其坚定的从业理念。

最后,更值得警惕的是,在媒体市场化改革的过程中,不断有人攻击中国的新闻制度,鼓吹新闻自由、媒体民营化、媒体私有化,更有一些西方的基金会、企业也趁机从介入中国媒体市场经营权开始一步步控制媒体的采编权,其用心、目的不言而喻。所以,我们在网络媒体转企改制以及非时政类报刊出版单位进行体制改革的过程中,一定要始终坚持正确的前进方向,确保把舆论的领导权牢牢掌握在忠于马克思主义、忠于党、忠于人民的人的手里,始终坚持正确的政治方向、政治立场、政治观点,善于用政治的头脑、政治的眼光审视和思考复杂的社会现象,牢牢掌握新闻宣传战线乃至整个意识形态领域工作的主动权、主导权;同时,要大力加强新闻宣传战线的意识形态能力建设,对于宣扬错误思潮且经批评教育仍不能彻底改正的从业人员要坚决清除,对于意识形态导向错误的媒体要坚决整顿甚至关停,这是我们社会主义事业能否取得成功的重要保证。

第二节　自我背叛导致卡扎菲走向灭亡的根源和警示

随着奥马尔·穆阿迈尔·卡扎菲在 2011 年 10 月 20 日被捕后并很快被不明原因地杀死,然后其遗体又被运至一个冷藏库内供民众参观并被秘密埋葬于沙漠,长达 42 年的利比亚"卡扎菲时代"宣告结束。卡扎菲曾被誉为"民族英雄"和"反西方强权政治的斗士",他的人生沉浮给人们留下了很多思考。古语云"以史为鉴,可知兴替",认真剖析卡扎菲充满争议的一生,尤其是其从坚决与西方国家对抗变为完全倒向西方的巨大转变的深层原因,以及他对曾经坚持的理想信念的自我背叛、对曾经友好国家的利益出卖等带来的后果和危害,对于那些如今正面对来自西方国家的巨大压力的反帝反霸权主义国家今后的发展,对于中国乃至世界社会主义运动的发展都有着不可忽视的借鉴和警示意义。

一、卡扎菲完全倒向西方国家的巨大转变的深层原因

2003 年,卡扎菲这个曾经的反西方斗士竟然一下子由原来站着与西方战斗转变成跪在了西方脚下,让很多人为之惊讶、不解。那么,卡扎菲为何从坚决与西方国家对抗变为完全倒向了西方,这个至今让不少人不解甚至不齿的巨大转变背后有什么样的深层原因呢?

（一）被西方洗脑的赛义夫误导了卡扎菲使其完全倒向西方国家

1972 年出生的赛义夫·伊斯兰是卡扎菲和第二任妻子的长子,在卡扎菲的八个子女中排行老二,据说是卡扎菲最疼爱的孩子,曾留学于英国、奥地利等西方国家,能熟练使用英语、法语和德语,并在英国获得博士学位。赛义夫在西方国家学习时,接受西方思想的教育并深受西方思潮的影响,尤其是美、英等西方国家情报机关借鉴对苏联等社会主义国家和平演变的经验,投入很大人力、财力、物力对其进行了专门渗透,导致其被西方国家宣扬的政策、理念、价值观等所迷惑,并最终被西方成功洗脑,还有人怀疑其被西方收买或者控制。深受西方影响的赛义夫竟然认为,只要主动去讨好、迎合西方,不再和西方对抗,西方国家就会放过利比亚,利比亚就会与西方国家和平共处。回国后的赛义夫积极游说父亲,使卡扎菲从坚决与西方国家对抗变为完全倒向了西方。

1995 年,赛义夫在利比亚法塔赫大学取得建筑与工程学学位后,又赴瑞士、奥地利、英国等国系统地学习国际贸易和行政管理等专业。他接受的是完全西式的教育,喜欢穿意大利名牌时装和高级牛仔裤,喜爱西方文化,酷爱绘画艺术,多次在国外组织艺术品展览,曾在伦敦、罗马等地举办过个人画展引起轰动。正是深受西方的多方面影响,赛义夫的思想和言行举

止越来越西方化,不知不觉中成为西方国家西化、分化利比亚的政治工具。1998年,他成立卡扎菲国际慈善和发展基金会并在不久之后出任主席,开始关注人权、环保、教育等议题,常以一名"公益大使"的形象到处活动,宣扬符合西方要求的价值观念。

英、美等西方国家情报机关抓住赛义夫在西方留学这一难得的机会,从他的老师、同学、朋友等多方面入手,花费了大量人力、物力、财力,从学习、生活、社会交往等各个方面不惜代价对赛义夫进行了专门渗透。就这样,赛义夫的价值观、人生观和世界观受西方影响越来越大,并最终成为西方价值理念的崇拜者。2002年,赛义夫进入伦敦政治经济学院攻读博士学位,他的论文题目就是《论公民社会在全球治理机构民主化过程中的作用》,并最终拿到博士学位。据报道,赛义夫在伦敦政治经济学院留学期间,当时的英国首相托尼·布莱尔曾帮助他完成学位论文。赛义夫称布莱尔是"我和家人亲密的私人朋友"①,而布莱尔在一封写给赛义夫的信中也竟然感谢赛义夫能够把自己429页的博士论文寄给他来阅读,并主动为赛义夫提供了英国的政界、民间以及商界合作的三个案例供其参考使用,还对赛义夫说是为帮助他更好地完成学业。并且,布莱尔甚至表达了对赛义夫博士论文题目的"个人兴趣与巨大投入"②,并与对方多次探讨在石油丰富的国家如何来防止腐败的发生等话题。2006年12月,布莱尔给赛义夫的信中也"真诚祝福"说:"在这个神圣、融洽和和睦的时刻,祝您、您的家人以及利比亚人民开斋节快乐!"③

此外,赛义夫还是美国政治、历史和文化的爱好者和追随者,非常喜欢美国电影大片。正是在西方所谓自由、民主等思想的影响下,赛义夫在博士毕业后开始大力宣扬西方的所谓自由、民主等观念,试图将自己打扮成在利比亚乃至整个中东地区民主进步的新代言人。他多次接受西方媒体的采访,声称要学习西方"给予利比亚人民全部的自由"。他在2004年接受《纽

---

① 章鲁生:《机密外交文件曝光:英国与卡扎菲有段"蜜月期"》,《青年参考》2011年9月21日。

② 章鲁生:《机密外交文件曝光:英国与卡扎菲有段"蜜月期"》,《青年参考》2011年9月21日。

③ 章鲁生:《机密外交文件曝光:英国与卡扎菲有段"蜜月期"》,《青年参考》2011年9月21日。

约时报》采访时甚至公开宣称："民主是方向，我们必须在中东地区作出表率，而不能落后。因为这是世界发展的方向。"①

由于赛义夫与卡扎菲最谈得来，他的亲西方思想自然在很大程度上影响了父亲的对外政策，并最终导致卡扎菲完全倒向了西方国家。卡扎菲过去曾说过"要打掉美国人鼻子"之类的话，但在赛义夫一再劝说下，他主动开始了改善同以美国为首的西方国家的关系的行动。尤其是在2003年，美国等西方国家以伊拉克发展大规模杀伤武器和支持恐怖主义等"莫须有"罪名入侵伊拉克并杀死其总统萨达姆·侯赛因，为了让西方国家放心，赛义夫成功说服了卡扎菲改变多年来坚持通过发展核武器来对抗美国等西方国家的立场，竟主动宣布放弃核武器来讨好美国等西方国家，并一反常态地协助西方国家打击恐怖主义。获得卡扎菲同意后，利比亚以赛义夫主持的卡扎菲国际慈善和发展基金会的名义，与洛克比空难事件的遇难者家属达成了总额高达27亿美元的赔偿协议；并且，赛义夫还说服了卡扎菲在2003年年底公开宣布放弃研制大规模杀伤性武器，由此赢得了西方"称赞"。2004年，赛义夫更是参与要求美欧解除对利比亚制裁的相关谈判，国际曝光率大增。并且，他还在利比亚一直推动立宪行动和政治体制改革。因此，赛义夫一度被外国视为利比亚改革派领袖及卡扎菲代言人，一些西方评论人士认为他是中东国家领导人后代中比较西化和政治开明的典型人物。

卡扎菲身亡后，分析人士就赛义夫能否发动反抗利比亚执政当局的"叛乱活动"展开争论。跨国信息公司董事长罗恩·马克斯说："答案其实绝对是否定的。赛义夫之所以赫赫有名，是因为他是卡扎菲的儿子。具有讽刺意味的是，在'赛义夫时代'，也就是他赫赫有名但从未占据支配地位的时代，他最重要的支持者正是最终把卡扎菲政权炸得土崩瓦解的政界人士。"②卡扎菲的三儿子萨阿迪接受阿拉伯电视台采访时公开指出，赛义夫需为爆发革命负责，因为他忽视人民需求，使民怨积聚而爆发。这些话都值得人们深思。

---

① 徐菁菁：《谁在反对卡扎菲》，《三联生活周刊》2011年第10期。
② 朱小龙、郑开君：《利比亚遗留"王子复仇"隐患》，《国际先驱导报》2011年10月28日。

(二)卡扎菲的不少子女和政府官员都受西方价值观念影响

卡扎菲完全倒向西方国家的巨大转变对其子女和政权中的官员影响很大,导致其子女大都在不同程度上认可甚至拥护西方的价值观念,思维、生活等方式深受西方影响,他们的言行在利比亚国内外都产生了恶劣影响,加速了卡扎菲的倒台进程。以卡扎菲的第六个儿子赛义夫·阿拉伯为例,他2006年被德国慕尼黑技术大学录取,虽然是一名在校学生,但他却把大量的时间、金钱都花在各种各样的聚会上。赛义夫·阿拉伯特别喜欢名车,常开着自己的法拉利跑车在慕尼黑街头兜风。仅仅是在2006年11月至2010年7月,他就因包括超速、人身伤害、非法持有武器等在内的10项罪名接受德国警方调查。其中2008年,他的法拉利跑车还曾因为废气问题被德国警方扣留。德国媒体还透露,赛义夫·阿拉伯喜欢逛夜店,一次因为交女朋友与人在夜店大打出手。这一系列行为不仅损害了卡扎菲家族的形象,而且在国际社会造成了恶劣影响。利比亚爆发内战后,赛义夫·阿拉伯被卡扎菲派到了前线打击反对派,当时竟然有西方媒体报道称赛义夫试图叛变。

赛义夫·伊斯兰则在说服卡扎菲完全倒向西方国家后,更加肆无忌惮地亲近西方的人士和思想。他经常出入西方上流社会,是不少西方政客、贵族、金融家、艺术家和学术人士等知名人士的家中常客。2007年,英国女王的次子安德鲁王子在白金汉宫接待了赛义夫。并且,赛义夫还曾是在法兰克福、巴黎、伦敦和维也纳建立了自己的银行产业链的著名银行业家族后裔纳特·罗斯柴尔德的朋友,并曾获邀参加其在英国乡间共度周末的传统狩猎活动。2009年,他竟然向美国著名歌手玛利亚·凯莉支付100万美元,就是为了在聚会上请她演唱四首歌曲。此外,会员包括拉甘地、谷歌创始人之一布林等知名人士的全球青年领袖俱乐部还专门给予赛义夫会籍,希望有朝一日能推动他建立更自由、更民主、更进步的利比亚政府,沿着西方所希望的路线去进行改革。

因为与西方走得很近,卡扎菲的子女们都有机会经常到西方国家接受"熏陶",不仅是赛义夫·伊斯兰和赛义夫·阿拉伯,他的其他几个儿子也深受西方的影响,并在西方国家留下了不少"恶行",使不少人对卡扎菲家族印象越来越差,甚至产生了恶劣的国际影响。他的三儿子萨阿迪曾先后效力于意大利甲级联赛的佩鲁贾、乌迪内斯等俱乐部,并持有尤文图斯俱乐部的股份,在利比亚国内担任足协副主席。他还曾是好莱坞一家电影公司的主要投资人,曾投资给一家美国的电影制作公司 1 亿美元。他的四儿子穆塔西姆和三哥一样喜欢涉足娱乐界,与二哥一样喜欢玛利亚·凯莉,并为她的音乐会一掷千金。五儿子汉尼巴尔被认为是脾气最暴躁的,不仅在酒后开着保时捷和警车在香榭丽舍大街上展开追逐,而且他的保镖随后还攻击了警察;2004 年,他被人向警方举报在巴黎的酒店内殴打他的女朋友;2008 年,他在瑞士日内瓦涉嫌殴打两名佣人,遭到当地警方逮捕。

卡扎菲政权的不少官员也都被西方通过多种方式渗透并悄然倒向西方,成为北约军事干涉利比亚的“带路党”,前利比亚总人民委员会(也被简称为“总人委”,相当于政府)司法秘书(相当于司法部长)穆斯塔法·穆罕默德·阿卜杜勒·贾利勒就是一个受西方价值观深刻影响的典型。贾利勒一直希望利比亚成为类似美国那样的国家,在与西方合作方面持开放和依赖态度,这一点被赛义夫器重。但是,当被卡扎菲派往班加西做“与伊斯兰主义者协调释放扣押的人质”工作时,贾利勒却趁机叛变,并成为反对派组织——“过渡委”主席。卡扎菲政权关键人物之一、外长穆萨·库萨曾在美国密歇根州立大学求学,在世界观、价值观等方面深受西方影响。他先后任职利比亚欧洲安全顾问、情报机关首脑、外交部长等要职,并被认为在利比亚与美国、英国以及其他众多北约国家实现外交关系正常化中发挥过重要的作用,却在 2011 年 3 月底秘密前往英国并宣布辞职,一些证据也显示他个人与许多英国人关系良好。并且,“过渡委”绝大多数高官曾是卡扎菲政府的高官,其中不少人是赛义夫几乎全盘西化政策的支持者。在这些倒向西方的官员影响下,卡扎菲不仅在经济上大力推行私有化,而且军事上严重依赖西方,甚至将国家外汇几乎全部存入西方国家银行,结果最后被西方国家全部冻结,并被用来“援助”给“过渡委”。

(三)卡扎菲缺乏坚定的理想信念是其自我背叛的思想根源

理想信念也就是我们常说的信仰,是意识形态的重要组成部分。对很多人而言,信仰应该是其灵魂深处的追求,是精神寄托、行动指向和生命归宿,是一种关系到生死问题的终极判断。信仰虽然看不见、摸不着,具有独立性、隐秘性,但它最深刻反映和检验着一个人的价值观、人生观和世界观。信仰的根本问题是价值导向的问题,既是我们每个人在生活实践中所选择并坚信的主导价值观，又是国家、民族和社会所选择的价值理想和终极目标。信仰是挺拔的参天大树，它就像一面清澈、公正的镜子，映照着每一个人政治的清浊、素质的优劣、品格的高低。邓小平曾指出："在我们最困难的时期，共产主义的理想是我们的精神支柱，多少人牺牲就是为了实现这个理想。"①"根据我长期从事政治和军事活动的经验，我认为，最重要的是人的团结，要团结就要有共同的理想和坚定的信念。我们过去几十年艰苦奋斗，就是靠用坚定的信念把人民团结起来，为人民自己的利益而奋斗。没有这样的信念，就没有凝聚力。没有这样的信念，就没有一切。"②而卡扎菲之所以自我背叛，一个非常重要的原因就是他缺乏坚定的理想信念，没有真正建立起赢得利比亚人民信赖、信服、信仰的意识形态体系，更没有坚定地去实现理想。因此，他所追求的"全民民主"、"公正和谐"的"伊斯兰社会主义"也不是真正的社会主义，最多只能说是带有一定社会主义因素的资本主义。所谓的理想信念只不过是他的政治工具，为了达到某种目的可以随意改变甚至背叛。

信仰的缺失就是根本的缺失，信仰危机才是最大的危机。信仰曾是卡扎菲的优势，曾是他猎猎招展的精神旗帜，而正是信仰丧失使他最终自我背叛并走向灭亡。当年的卡扎菲确实是一个年轻的理想主义者，1973年提出"世界第三理论"，从1976年至1979年先后发表三本阐述这一理论的《绿皮书》，宣称利比亚施行的制度是"新型社会主义"。他领导"自由军官组织"推翻伊德里斯王朝旧政权，目的是为了"自由、社会主义和统一"，并建立阿拉伯利比亚共和国，把"后殖民主义"时期的利比亚带进入一个新时代；并且，在他执政之初，也确实想"先天下之忧而忧，后天下之乐而乐"，一个例子就是他一直没把自己的父亲从贫民窟接出来，而是希望当人民都摆脱贫民窟后再让家人"脱贫"；他还关心民众疾苦，喜欢以平民身份去看病或突访某个政府机关，通过"微服私访"对懒政、怠政等弊端深入了解；他很崇拜毛泽东，经常在大会上讲话突然会冒出几句毛主席语录，如"帝国主义反动派都是纸老虎"等；他的思想包括伊斯兰教的指导原则、平均主义的建国原则和泛阿拉伯、泛伊斯兰的对外政策三方面的内容；他大力宣扬"世界

① 《邓小平文选》第三卷，人民出版社1993年版，第137页。
② 《邓小平文选》第三卷，人民出版社1993年版，第190页。

第三理论",宣布要建立一个既不是资本主义也不是共产主义,而是介于两者之间的、具有自己的特色"伊斯兰社会主义"国家;他反对一切剥削和雇佣劳动,提倡人人平等、妇女解放,认为"议会是虚假的民主",提倡"没有人民大会就没有民主"。但事实证明,他虽曾建立了自己的意识形态理论雏形,却根本没有为真正实现理想去努力奋斗,更没有为之献身的坚定信念,充当"反西方强权政治的斗士"被怀疑只是他为了实现自己的目的的一种演技,理想信念只是他手中的一张牌。当他完全倒向了西方国家之后,人们对他的一切言行都不再相信,人们看到的只是一个失去、背叛理想信念的政客。

二、卡扎菲对理想信念的自我背叛后果严重

卡扎菲能够从一个名不见经传的人物到成为影响利比亚乃至整个阿拉伯世界政局的"重量级"人物,和他曾经是一位理想主义者、英雄主义者密不可分。卡扎菲曾被作为一位有理想信念的英雄而得到利比亚人民和非洲、阿拉伯世界等不少国家民众的好评、信服甚至崇拜。而当卡扎菲从坚决与西方国家对抗变为完全倒向西方之后,很多人因为他背叛了自己的理想信念而鄙视、背叛他,一些曾经和利比亚友好的国家远离他,西方国家更是在玩弄他,最终导致他众叛亲离、走向灭亡。

(一)卡扎菲背弃了自己曾大力宣扬的理想信念导致众叛亲离

曾担任英国驻利比亚外交官的彼得·韦克菲尔德回忆1969年9月1日政变发生后见到卡扎菲的情景时说,他当时穿着一身整齐的军服,看起来显得"非常精明干练"。对那时年轻、勇敢、英武、雄心勃勃的卡扎菲来说,利比亚的一切似乎已经尽在掌握。当年的卡扎菲深受当时的埃及总统迦玛尔·阿卜杜尔·纳赛尔的民族英雄观和阿拉伯的传统历史观等影响,可说是一个激进的理想主义者。他坚信阿拉伯民族需要伟大的英雄来领导,他将成功把苏伊士运河收归国有的纳赛尔当成自己的人生榜样和精神导师,并认为自己就是阿拉伯世界正在找寻的一位真正的英雄,而作为英雄,就是实现阿拉伯世界的统一,形成能对抗一切外来侵略和团结一致的一种区域性力量。卡扎菲非常喜欢纳赛尔在《革命的哲学》中的一段话:"历史篇章中充满着英雄人物,他们在关键时刻为自己创造了扮演光荣战士角色的时势……在我看来,阿拉伯世界里有一个角色正在漫无目的地四处找寻一位

英雄。"①自夺取政权后,卡扎菲很多年里一直在带领着利比亚努力走这样一种带有理想主义色彩的道路,并始终未放弃统一阿拉伯国家的理想和实践,希望继承纳赛尔的遗志在阿拉伯世界建立一个区域性的统一政府,构建区域性的集体安全体系,并最终解决好巴勒斯坦问题。为此,他独创性地提出了介于资本主义和共产主义之间的"世界第三理论",并在1976年至1979年陆续出版的三本阐述其"世界第三理论"的《绿皮书》中,从政治学、经济学、社会学、文化学等多方面阐述自己的理想主义的国家发展模式,"全民政治"是其理想模式中政治学说的核心,而"消灭雇佣制度"成为了其经济学核心……当时的利比亚逐渐成为非洲最富裕的国家之一,一度成为一些非洲、阿拉伯国家学习的榜样。

虽然在反对卡扎菲的人眼中,他被看成是"狂人"和"疯子"。但在卡扎菲执政早期,理想主义的激情为他赢得了众多的拥戴者,尤其是他所传达的阿拉伯民族主义思想,再加上他在利比亚实行免费教育、免费医疗等政策造福民众,使他成为了拥护者眼中的"民族英雄"和"革命领袖"。这就使得卡扎菲曾经对抗了美国等西方国家几十年,而西方就是拿他没有办法,虽然美国轰炸过几次,但因为利比亚人民在卡扎菲的团结下同仇敌忾,再加上俄罗斯和中东、北非等一些国家的支持,没有一个国家敢攻打利比亚。而从坚决与西方国家对抗变为完全倒向西方的巨大转变后,卡扎菲开始不断道歉,不断"承认错误",这等于否定了他自己多年的奋斗和追求,也否定了利比亚,把人民推向无所适从的地步。让那些曾经信服甚至崇拜他的民众认为他背叛了自己的理想信念,不仅不再信服、支持他,甚至鄙视、背叛他。并且,他把大量经济利益、军事利益出卖给西方国家,人民并没有真正得到太多收益,更是激起民愤,最终落得个众叛亲离的下场。而他向美国作全盘退让,尤其是为洛克比空难事件支付27亿美元天文数字的巨额赔款,更是让利比亚在承担搞恐怖主义的罪名的同时又蒙受巨大经济损失,使利比亚全国上下产生很大的屈辱感,利比亚各阶层对卡扎菲政权的失望与不满情绪明显升高,最终导致他走向灭亡。正如卡扎菲身边的工作人员胡尼斯·纳斯尔在他死后所说:"几乎所有一起分享权力的部下都背叛了卡扎菲。他的部

---

① 转引自李菁:《卡扎菲其人》,《三联生活周刊》2011年第37期。

下们认为,卡扎菲政权垮台已经势不可当。"①

(二)卡扎菲政治投机使其失去了不少曾帮助他的友好国家

赛义夫不仅说服卡扎菲完全倒向西方国家,而且在政治投机思想影响下,卡扎菲不断失信甚至欺骗、背叛那些曾真诚帮助他的国家,失去了这些国家对他的信任,这其中最典型的就是利比亚和俄罗斯、中国关系的变化。利比亚曾经和苏联关系非常好,在政治、军事和经济上都和苏联以及后来的俄罗斯有密切合作。但在卡扎菲完全倒向西方之后,不仅转向大力购买西方国家的武器,让俄国的武器出口失去不少订单;而且在经济领域也把原来属于俄罗斯的利益中的很大一部分送给了西方国家,自然让俄罗斯很不满意甚至很生气,两国之间因此还产生了更多矛盾。卡扎菲曾经很重视和中国的关系,并对中国比较友好。他公开表示:"我们是中国的好朋友,我们同属于一个阵营——第三世界。"②但在完全倒向西方国家后,卡扎菲对中国的态度竟从原来的比较友好转向利用中国甚至无视、出卖中国的利益。他曾多次攻击中国在非洲搞"新殖民主义",还将中国排除在投资利比亚油气资源的国家行列之外。更令中国政府无法容忍的是,卡扎菲竟然听从赛义夫的建议,让陈水扁 2006 年 5 月 10 日过境利比亚,并给了陈水扁很高规格的热情款待,这种公开支持台独的做法显示出其狡猾、狂妄和无赖的嘴脸。随后,卡扎菲又试图阻止多位非洲国家领导人出席 2006 年 11 月在北京举办的中非合作论坛北京峰会但未获成功,非洲 49 个与中国建交的国家中有 48 个国家的总统或总理到访北京,而利比亚却只派出了一名副外长参加。卡扎菲全面倒向西方的举动在阿拉伯世界不仅"无人喝彩",而且广受鄙夷和指责,不少阿拉伯人甚至怒斥卡扎菲是向美国"屈膝投降",是阿拉伯民族的"叛徒"。为了讨好曾经的敌人,不惜背叛自己的理想和朋友,不惜没有立场、没有底线,卡扎菲这种背叛行为同他以前那种敢于"反美抗以"的硬汉形象形成极大反差,对其人格和利比亚的国格都造成了极大的负面影响。

---

① 《卡扎菲 30 年司机:大难临头　部下全部背叛》,载星岛环球网 http://news.stnn.cc/guoji/201110/t20111029_1659778.html。

② 转引自张哲、刘斌、王刚等:《我见过的卡扎菲》,《南方周末》2011 年 10 月 28 日。

（三）卡扎菲一味讨好西方导致其被西方控制并最终走向灭亡

在国际事务上，卡扎菲曾经坚信"帝国主义反动派都是纸老虎"，曾以敢于挑战美国为首的西方政治霸权的"反西方强权政治的斗士"形象活跃于国际舞台。在执政的前30年里，他强硬地直接跟欧美叫板，这也是他赢得声誉的一个关键所在。执政后不久，他就开始清除英国、美国在利比亚的军事基地，并用强硬手段将西方国家在利比亚的石油公司国有化。他还处处与美国针锋相对，在伊朗霍梅尼领导伊斯兰革命推翻亲美政权之时，利比亚也积极组织反美示威游行，火烧美国驻利比亚代办处。他走反美亲苏的路线，废除了与美国签订的一系列军事、经济、技术协定等。20世纪80年代中期，利美两国之间更是冲突不断，锡拉特湾军事冲突后、美国环球航空公司840航班爆炸、美国驻柏林军人夜总会被炸等一系列事件让美国非常恼火，美国空军于1988年对卡扎菲的住所进行了空袭和轰炸，使得双方仇恨升级。

但是这一切在2003年彻底变了。在赛义夫的误导下，卡扎菲突然向美国等西方国家作出了全面让步，几乎是不计条件地向美国等西方国家作出全面妥协、退让。一个国家的最高领导人政治态度变化如此之迅速，令人感到匪夷所思，这在现代国际关系史上可以说也是独一无二的。而卡扎菲和赛义夫也许怎么都想不到，正是他们自己彻底葬送了利比亚的独立，为卡扎菲政权走向灭亡埋下了伏笔。为了迷惑并进一步消除卡扎菲的戒心，西方国家可谓费尽心机，尤其是英、法、美、意等西方大国领导人相继到访利比亚，终于让卡扎菲彻底丢掉了对西方国家的警戒。2004年3月，时任英国首相布莱尔抵达的黎波里与卡扎菲会谈；2006年5月，美国政府宣布将利比亚从"支持恐怖主义国家"的名单中划出，当时的国务卿康多莉扎·赖斯称赞"利比亚是一个重要的学习榜样"；2007年7月，刚刚当选法国总统的尼古拉·萨科奇就访问了利比亚，并说"卡扎菲绝不是独裁者"，甚至连"非洲最伟大的政治家"这样的高帽都给他戴上了。并且，萨科齐还是第一个邀请卡扎菲进行正式国事访问的西方领导人，并允许他带着一头骆驼和一顶帐篷在爱丽舍宫附近"安营扎寨"；2008年9月，赖斯访问利比亚，这是美国高官在两国长时间对抗之后首次访问利比亚；曾三度担任意大利总理的西尔维奥·贝卢斯科尼也曾经与卡扎菲建立了非常亲密的盟友关系，在

2010 年利比亚举行的阿拉伯联盟峰会上,时任意大利总理的他甚至还郑重地亲吻了卡扎菲的手。但事实却证明,卡扎菲一味讨好西方并没有换来真正的朋友,曾经的"亲密友谊"其实都是假象,他最终还是被法、美、意等国家组成的北约丢进了死亡地狱,正是他的"亲密朋友"萨科齐率先声称卡扎菲应该下台,继而承认"过渡委"。据媒体披露称,2011 年 8 月,当时深陷困境的卡扎菲曾写信给贝卢斯科尼,请求后者停止参加针对利比亚的北约军事行动,甚至在信件最后一行的落款写上了"朋友和盟友",但一切都无济于事。事实证明,他在西方没有任何真正的"朋友"或"盟友"。

并且,卡扎菲竟然主动要求美国向他提供"安全保护",甚至表示利比亚愿意为美国重开军事基地,不反对美军进驻利比亚。而为了掌控利比亚的军事命运,美国等西方国家还特意向利比亚放开了武器市场,欢迎卡扎菲向西方国家大量采购武器。但由于利比亚人不会安装和使用进口的西方武器,西方国家就以帮助利比亚安装武器系统为名,向利比亚派遣了大批的军事技术人员和情报人员,导致利比亚军事系统的秘密全部被搜集、汇集到西方国家的武器指挥系统中。这就导致在北约对利比亚的空袭中,利比亚花大钱买来的先进武器竟然变成了西方国家空袭中早已锁定目标的活靶子,这也是其几乎没有飞机起飞和导弹发射的真正原因所在。在西方国家向卡扎菲摊牌的时候,卡扎菲才明白这其实就意味着利比亚的武装早已自我解除了,失去了防卫力量的他只能被动挨打。

也许卡扎菲怎么也不明白,虽然他背叛自己的理想信念和朋友而全面倒向西方,甚至屈辱地甘做西方国家的鹰犬,为何不仅没有得到西方国家的谅解,反而加速了自己的灭亡。其实,罗马尼亚的齐奥塞斯库就是他的前车之鉴,但他却没有引以为戒。齐奥塞斯库不仅不真正重视反帝斗争,反而大搞骑墙外交,还为罗马尼亚是世界上唯一和中、美、苏都保持友谊的国家沾沾自喜,其最终的可悲下场已被历史证明。事实证明,敌人终究是敌人,就是你再讨好他,一旦没有利用价值之后仍然会被抛弃甚至消灭。卡扎菲用自己的毁灭明白了这个道理,但可惜已经太晚了。

三、卡扎菲走向自我毁灭带给我们的警示

卡扎菲政权的灭亡震惊世界,也引发了很多国家领导人和民众的深思。

卡扎菲走向自我毁灭究竟带给我们怎样的警示？分析卡扎菲政权灭亡的深层原因以及卡扎菲完全倒向西方的自我背叛带来的巨大危害，我们要深刻认识到，一味迎合、讨好甚至倒向西方只能让自己的国家走向灭亡，而要不重蹈覆辙，就必须尽快采取切实措施，大力加强党的领导干部尤其是高级领导干部的意识形态能力建设等，这些方面的问题都是我们必须高度警惕和努力尽快解决好的。

（一）一味迎合、讨好甚至倒向所谓的"西方文明"只能让自己的国家走向灭亡

美国等西方国家对利比亚最主要、更重要的政策目标是改变其国家和政权性质，将利比亚最终变成完全一个亲美、亲西方的西式"民主国家"，将其纳入西方的政治、经济体制和战略轨道。而要彻底达到这一目的，只有推翻卡扎菲政权。为了自己的利益，西方国家根本不顾卡扎菲曾经作出的种种妥协、让步，毫不心软地将其推下死亡深渊。而卡扎菲被西方国家几句表扬话和虚假承诺冲昏了头脑，竟然真的相信他们会成为自己的朋友甚至盟友，相信了"西方文明"的卡扎菲如此"与狼共舞"，结果只能是死路一条。

毛泽东早就指出："谁是我们的敌人？谁是我们的朋友？这个问题是革命的首要问题。"①当今世界，还有一些国家及其领导人以为只要迁就、讨好西方，只要一味向西方妥协、让步就可以成为西方朋友，这是多么天真、幼稚而糊涂的想法。卡扎菲的灭亡又一次敲响了警钟，让更多人明白了这只是一厢情愿。尤其是社会主义制度与资本主义制度在政治、经济和意识形态上都有着根本的区别，在经济、政治、思想等多个领域的基本制度本质上都处于对立状态，非此即彼，根本不可能交融。正如列宁指出："只要存在着资本主义和社会主义，它们就不能和平相处，最后不是这个胜利，就是那个胜利；不是为苏维埃共和国唱挽歌，就是为资本主义唱挽歌。"②邓小平也指出："整个帝国主义西方世界企图使社会主义各国都放弃社会主义道路，最终纳入国际垄断资本的统治，纳入资本主义的轨道"。③ 个别社会主义国家的领导人认为只要我们迁就、讨好西方，在经济利益等方面多向西方让

---

① 《毛泽东选集》第一卷，人民出版社1991年版，第3页。
② 《列宁选集》第4卷，人民出版社1995年版，第330页。
③ 《邓小平文选》第三卷，人民出版社1993年版，第311页。

步,对自由化、私有化等思潮多一些宽容,甚至按照西方为我们制定的路线图去改革,就可以和西方交朋友甚至成为好朋友,这种想法和认识是完全错误的,并且是极其有害、非常可怕的。即使你再苦苦哀求西方国家"换一种思维、换一种胸襟、换一个角度"看中国,依然无法改变其对中国的敌视和灭亡社会主义制度的目标。如果放任这种错误思维发展下去会导致亡党亡国的危险,苏联的解体和卡扎菲的灭亡都是沉痛的教训。

(二)严防西方少数敌对势力对我留学人员的渗透

在促使卡扎菲作出完全倒向西方国家这一背叛自己理想信念的决定的所有因素中,最关键因素是他的二儿子塞义夫。深受西方的影响甚至已经完全西化的塞义夫不仅热衷于讨论开放国家、现代化、经济私有化等,更喜欢谈论民主、透明度、公民社会等,而就是这位"适应 21 世纪的变化"、以改革派领袖自居的"海归",利用自己独特的影响力说服卡扎菲相信以美国为代表的西方霸权主义集团,引导父亲与西方和解甚至完全倒向西方,引领卡扎菲走上了一条不归路。

赛义夫不会存心出卖卡扎菲,他当年说服父亲完全倒向西方也不一定是心怀叵测,但他被西方彻底渗透成功,从政治、经济、文化、生活等多方面都对西方十分崇拜,甚至被培养成类似间谍的工具应该是事实。这样一位从内心深处彻底相信了西方力推的"普世价值"、"全球化"、"国际接轨"、"和谐天下"等价值理念的"未来接班人"重要人选之一,又头顶着"海归精英"、"经济专家"光环的赛义夫确实是推动卡扎菲走向疯狂和灭亡的"第一功臣"。当然,再加上卡扎菲的其他几个儿子也纷纷步赛义夫后尘,深受西方社会的影响,这一切让我们又一次深刻认识到西方国家的政治霸权之下的政治文化演变策略、意识形态渗透能力是如此高明,可见西方意识形态外交、扩张能力之强大、高深!

邓小平早就指出:"美国,还有西方其他一些国家,对社会主义国家搞和平演变。美国现在有一种提法:打一场无硝烟的世界大战。我们要警惕。资本主义是想最终战胜社会主义,过去拿武器,用原子弹、氢弹,遭到世界人民的反对,现在搞和平演变。"①无硝烟的战争就是和平演变,而和平演变的

① 《邓小平文选》第三卷,人民出版社 1993 年版,第 325—326 页。

实质就是改变人的思想。在全球化的当今时代，我们既要学习西方的先进技术，又要防止成为西方敌对势力和平演变的对象。

为了加快经济社会发展需要，从中央到地方纷纷大力引进海外人才。不少地方为了进一步加大人才引进力度，纷纷推出和实施"海外高层次人才引进计划"等，大力引进海外高层次专家和人才，这是值得肯定的。但是，我们应该看到，我们一些部门和地方在选拔任用干部时，一味强调海外背景、高学历等，使得一些在海外留学时深受西方资产阶级思想影响、甚至与我们党离心离德的人走上领导岗位，在党员群众中引起争议。因此，我们任何时候都不应该忘记，选拔干部首先要考察其政治立场。

坚定的共产主义理想信念，是共产党人永远的精神支柱。我们要从党和国家前途命运的战略高度认识和重视理想信念教育，认识到当前进行理想信念教育的艰巨性、复杂性，坚持把理想信念教育放在干部教育的突出位置，强调理直气壮地讲、大张旗鼓地讲、坚持不懈地讲，使广大党员、干部真正从内心深处受到感染、提高。绝对不能允许任何党员、干部背叛自己的誓言，对那些口头上信仰实际上不信仰共产主义的党员、干部首先要批评教育，屡教不改的要坚决予以清除。一定要认真学习马克思主义、坚定共产主义理想信念，一定要居安思危，采取有力措施引导广大党员、干部矢志不渝地忠诚于党、忠诚于祖国、忠诚于人民，确保党的领导干部尤其是高级领导干部能够始终坚持坚定的理想信念，这是确保我们的党永不变质和社会主义的国家政权永不变色的关键所在。

第三节　查韦斯大力加强意识形态建设的做法和启示

2013 年 3 月 5 日下午，时任委内瑞拉副总统尼古拉斯·马杜罗宣布，委内瑞拉总统乌戈·查韦斯于当地时间 5 日 16 时 25 分去世。这颗拉美乃至世界政坛巨星的陨落让委内瑞拉全国沉浸在悲痛之中，很多国家的领导人和民众也纷纷悼念这位一直大力推行"21 世纪社会主义"的英雄战士，也让查韦斯这个极具个性的拉美左翼领袖和"21 世纪社会主义"引起更多人的关注。有着"拉美红星"、"卡斯特罗第二"、"穷人的希望和救星"、"反美旗手"、"21 世纪社会主义的倡导者"等众多美誉的查韦斯是如何走上了探索社会主义的道路的呢？他大力倡导和成功推行"21 世纪社会主义"的过程中在意识形态工作和意识形态能力建设方面又有哪些经验值得我们借鉴呢？

一、将毛泽东思想作为"21 世纪社会主义"的指导思想

在当今的世界社会主义运动中，查韦斯非常崇拜毛泽东不仅为很多人所知道，而且已经成为一道风景。他特别喜爱《毛泽东选集》、到处宣扬毛泽东思想的故事不仅在委内瑞拉广为流传，而且在世界范围内成为佳话。他不仅毛主席语录不离口，而且将毛泽东思想作为建设"21 世纪社会主义"的指导思想，被称为对《毛泽东选集》研究最深的外国领导人。在他的带动下，不仅委内瑞拉国内很多人在学习、研究毛泽东思想，也让全世界更多人开始了解毛泽东思想以及中国的社会主义革命和建设，扩大了中国特色社会主义在世界范围内的影响。并且，他的一些思想和做法，对我们建设中国特色社会主义也有很好的借鉴意义。

（一）查韦斯特别喜欢研读毛泽东著作并崇拜毛泽东

查韦斯全名乌戈·拉斐尔·查韦斯·弗里亚斯，1954 年 7 月 28 日出生于委内瑞拉西部的巴里纳斯州萨瓦内塔镇一个普通的教师家庭，是家里的次子。他的父亲名叫乌戈·德洛斯雷耶斯·查韦斯，是黑人和印第安人的混血儿；母亲是西班牙移民后裔，名叫埃莱娜·弗里亚斯，是一位白人。父母都是工资很低的小学教师，两个人每个月的收入加起来也只有 300 多比索，加上查韦斯还有五个兄弟，全家祖孙三代的生活相当拮据，住在一座三间小房带一个后院的破落小院里。查韦斯很小就在镇上走街串巷，叫卖奶奶做的零食，赚些钱补贴家用，但也并没有因此而荒废学业。童年的这些经历让查韦斯从小就对穷苦人的生活深有体会，与他后来一直非常坚信毛泽东思想，多年来始终全身心投入为实现"21 世纪社会主义"而努力奋斗有着密切关系，也使得他执政后一直致力于为穷人谋幸福。

萨巴纳塔镇是一个非常贫穷的地方，也有着革命的传统。19 世纪初，从委内瑞拉独立战争爆发开始，这里涌现出了很多革命斗士，查韦斯的曾外祖父德尔加多就是其中的优秀代表之一。他是委内瑞拉著名的民主革命

家,一位为反对独裁统治而战斗的游击战士。所以成为总统后的查韦斯也对此感到非常自豪:"从我的曾外祖父开始,我的家族就开始民主斗争。我的血脉里就流淌着革命血液。我的血液里继承了玻利瓦尔革命斗争的精神。"①

12岁那年,查韦斯来到了巴里纳斯州州府巴里纳斯市上中学,并在那里第一次听到了马克思、恩格斯、列宁以及拉美解放者玻利瓦尔和委内瑞拉共产主义理论家萨莫拉诺等伟人的名字,开始熟悉并喜欢上共产主义和社会主义理论,尤其崇拜玻利瓦尔。

20世纪60年代,中苏关系的破裂推动着"毛主义"(在中国以外的世界上很多国家通常把毛泽东思想称为"毛主义")作为一种明显不同于苏联共产主义的意识形态在不少第三世界国家得到重视,在军事、政治、经济、文化等领域都产生了较大影响,毛泽东思想在这些国家拥有了越来越多的信仰者,查韦斯就是其中之一。

1971年,17岁的查韦斯进入委内瑞拉军事学院学习,并在1975年获得军事学和工程学的硕士学位。随后,他以候补中尉的身份服了几个月的兵役,接着被批准前往卡拉卡斯的西蒙·玻利瓦尔大学研读政治学。在大学里,查韦斯开始阅读毛泽东的著作并一发不可收拾,从此开始信仰毛泽东思想,非常崇拜毛泽东,并从此成为一名坚定的"毛主义"者。尤其是毛泽东关于政治、军事问题的深刻论断使他受益匪浅,并由此开始思考委内瑞拉未来的道路。通过对毛泽东思想的学习,他对当时的拉美左翼军政府产生了浓厚兴趣。后来,深受委内瑞拉19世纪的革命家西蒙·玻利瓦尔的影响,他和几名伙伴共同总结、构思出一种被称之为"玻利瓦尔主义"的左翼民族主义理论。在结束大学学习后,查韦斯进入军中正式服役,开始了长达17年的军事生涯,军衔晋升到中校,并曾在委内瑞拉军事学院担任教师。无论是在大学学习,还是在军中服役,查韦斯都一直坚持对毛泽东著作的研读,并组织大家学习、讨论毛泽东思想。因为坚持自己独立思考,他经常对当时委内瑞拉政府进行言辞激烈地批评,初步展露出了过人的政治才华和非凡的领袖才能。

---

① 转引自孙宇:《听查韦斯家乡人讲故事》,《世界新闻报》2006年12月20日。

1992 年军事政变失败后,被判刑入狱的查韦斯在狱中阅读了所有已经翻译成西班牙文的毛泽东著作,不仅系统学习和研究了这位东方伟人的政治、军事、社会、文化等革命思想体系,而且将毛泽东思想和委内瑞拉的实际国情结合起来去思考问题。他不仅经常会脱口而出一些毛主席语录,甚至能清楚地记得是出自《毛泽东选集》的第几卷,并解释出其中蕴含的深刻含义以及对委内瑞拉社会主义革命的启示。

（二）查韦斯宣扬毛泽东思想并以此指导自己和国家

查韦斯执政后,为了寻找建设"21 世纪社会主义"的理论武器,经常看马列主义、毛泽东思想的书,对毛泽东著作更加酷爱,将毛泽东思想作为自己的行为指南之一,作为建设委内瑞拉"21 世纪社会主义"的指导思想。因为对毛泽东的崇拜和对社会主义的向往,查韦斯对当今世界上最强大的社会主义国家中国非常友好和敬重。他毫不掩饰对中国的友好,曾于 1999 年10 月、2001 年 5 月、2004 年 12 月、2006 年 8 月、2008 年 9 月五次对中国进行国事访问,并于 2009 年 4 月对中国进行了一次工作访问。他六次到访中国,是访华次数最多的拉美国家总统。1999 年 10 月,就任总统仅 8 个月的查韦斯就不远万里来到中国进行国事访问,并主动提出要参观毛主席纪念堂。瞻仰毛主席遗容时,来自太平洋彼岸的查韦斯在毛主席遗体前久久不愿离开,虔诚地对自己心目中非常敬仰的这位伟大领袖行注目礼,对一代伟人表达了自己由衷的敬意。

在接受媒体采访时,查韦斯毫不回避他对这位伟人的无限敬仰。2009 年 4 月 9 日,查韦斯在访华期间曾表示:"少年时代,生活就使我成为毛泽东主义者。我是伟大舵手毛泽东的崇拜者和追随者","我认为,毛泽东过去、现在和将来都是正确的,时间将证明他是正确的。大家可以看看现在的帝国主义是何等模样! 正如毛泽东所预言的那样,帝国主义是纸老虎! 纸老虎! 而我们要成为钢老虎! 钢老虎!"①并且,查韦斯也多次对包括西方媒体在内的很多媒体毫不掩饰地说:"我崇拜毛泽东!""我整个一生都是毛泽东的崇拜者!"②

---

①　转引自徐世澄:《委内瑞拉查韦斯"21 世纪社会主义"初析》,《马克思主义研究》2010 年第 10 期。

②　转引自储信艳、韩旭阳:《多面查韦斯》,《新京报》2012 年 10 月 14 日。

查韦斯还积极向中国学习,加强委内瑞拉和中国之间的合作。2004 年 10 月,查韦斯访华在北京大学演讲时,就表示委内瑞拉"也应该和中国一样搞有自己特色的社会主义"。① 他认为,西方的资本主义制度根本不能解决全球性的经济和社会问题,是资本主义制度导致了美国的金融危机,代表着"新自由资本主义"的破产,而他的"21 世纪社会主义"才是前进的方向。他发自内心地对中国大加赞扬:"在这里,我们能看到中国的伟大——中国建设了有中国特色的社会主义,而苏联解体了……中国能经历来自资本主义的干扰、破坏和打压而一直坚持屹立在这里,在 21 世纪,中国作为社会主义的一面大旗被高举起来。"②

事实表明,查韦斯对毛泽东思想的学习、研究超过一般人的想象,已经达到了灵活运用的地步。军人出身的查韦斯非常推崇毛泽东关于军民关系的思想理论,他经常在不同场合提起"军民鱼水情"、"人民战争"以及"军民团结如一人,试看天下谁能敌"③等毛主席语录中的词句,尤其是毛泽东"兵民是胜利之本"④、"我们这个队伍完全是为着解放人民的,是彻底地为人民的利益工作的"⑤等带领穷人翻身闹革命的战略思想及其"军民团结如一人,试看天下谁能敌"、"一切反动派都是纸老虎"⑥等革命豪情使他受益匪浅。挫败 2002 年"四月政变"后,查韦斯深深领悟到了毛泽东"枪杆子里出政权"、"兵民是胜利之本"这些话的精髓,陆续将拥护现政府的军官提拔到关键岗位上,同时向军人宣传对国家和人民绝对忠诚的思想。他不仅亲自过问、关心、支持军队的建设,而且每次遇有军官晋级仪式或各军种的纪念日活动都尽可能到场出席并发表讲话,注重拉近与军队的距离。他不断提醒国人要做好随时应对外来入侵的准备,并决心参照毛泽东的军事理论,强调抵御强大的外来之敌最有效的方法就是打"人民战争",将来犯之敌消灭在武装起来的人民群众的汪洋大海之中。因此,除强化正规军、完善预备役

---

① 转引自谢来:《查韦斯开建"新社会主义"》,《新京报》2007 年 1 月 13 日。

② 转引自张哲、漆菲:《"帝国主义,宣判我们吧!"在北京,查韦斯控诉资本主义》,《南方周末》2008 年 10 月 2 日。

③ 《毛泽东诗词集》,中央文献出版社 1996 年版,第 210 页。

④ 《毛泽东选集》第二卷,人民出版社 1991 年版,第 477 页。

⑤ 《毛泽东选集》第三卷,人民出版社 1991 年版,第 1004 页。

⑥ 《毛泽东选集》第四卷,人民出版社 1991 年版,第 1195 页。

制度以外,他还下令组建 100 万人的民兵组织。这支民间防卫力量不归军队领导,而是直接听从总统本人的号令。此外,他还非常注意建立良好的军民关系,除了正常的军事训练外,命令军队尽可能地为老百姓提供各种服务和便利,密切了人民和军队的关系。经过几年的努力,他不仅成功将一支曾经长期亲美思想严重的军队打造成了一支热爱人民、忠于国家和查韦斯本人的人民武装力量,而且在不断提醒国人要做好随时应对外来入侵的准备,并在居安思危中敢于向美国叫板。

在查韦斯的带动下,委内瑞拉国内很多人在学习、研究毛泽东思想,毛泽东成为委内瑞拉最尊敬的国外政治家,不少人成为毛泽东思想的忠实信仰者和坚定追随者。在委内瑞拉的很多城市,你随机问路人"你是否知道毛泽东"、"你如何看待毛泽东思想"等问题,绝大多数人都会说自己知道毛泽东并知道他的思想,并翘起大拇指盛赞毛泽东和毛泽东思想,更有人会宣称自己是坚定的"毛主义"者。

(三)查韦斯在全世界到处宣扬毛泽东思想

除了在委内瑞拉国内大力学习、宣传毛泽东思想之外,查韦斯还在全世界到处宣扬毛泽东思想,吸引了更多人关注、信仰毛泽东思想和中国特色社会主义。2007 年 9 月 9 日,查韦斯与到访的玻利维亚总统胡安·埃沃·莫拉莱斯·艾玛共同主持电视节目时说,今天是毛泽东逝世纪念日,人们不会忘记毛泽东的著名论断——"帝国主义是纸老虎",委内瑞拉、玻利维亚才是铁老虎、钢老虎。他还说:"毛泽东曾说过,中国学会了用自己的脚走路。委内瑞拉正在学着用自己的脚走路。拉丁美洲已经开始学着用自己的脚走路了。"[1]并且,他在很多国际性会议、论坛上都积极宣扬毛泽东思想,毫不掩饰自己对毛泽东的崇拜。可见,毛泽东思想确实大大增强了查韦斯乃至更多拉美人民与帝国主义斗争的勇气,难怪他很多次在结束讲话时都振臂高呼:"毛泽东万岁! 中国万岁!"[2]

查韦斯还积极学习毛泽东思想中的国际主义精神,认为拉美联合是地

---

[1] 转引自委内瑞拉玻利瓦尔共和国驻华大使馆编:《委内瑞拉—中国建交 35 周年纪念特刊》,2009 年 7 月,第 31 页。

[2] 转引自委内瑞拉玻利瓦尔共和国驻华大使馆编:《委内瑞拉—中国建交 35 周年纪念特刊》,2009 年 7 月,第 31 页。

区发展的必由之路。他不仅和古巴成为坚定的盟友,而且对拉美所有有志于进行社会主义努力的国家和从事进步事业的左翼力量给予了大力支持。2005年1月27日,第五届世界社会论坛在巴西南方城市阿雷格里港举行,查韦斯在到场演讲中引用毛泽东的话指出:"谁是我们的敌人,谁是我们的朋友,这是我们面临的首要问题。各国人民团结一致,拉丁美洲的未来将无限光明。"①

2005年11月4日至5日,第四届美洲国家首脑会议在阿根廷的马德普拉塔举行,来自美洲34个国家的元首或政府首脑出席了会议。4日当天,数万名反对美洲自由贸易区和抗议时任美国总统布什的各国人士,举行了一场声势浩大的集会,查韦斯、莫拉莱斯、古巴全国人民政权代表大会主席阿拉尔孔和阿根廷"球王"马拉多纳等名人与会。查韦斯在会上发表演讲说:"前天,美国的一份刊物报道说,五角大楼披露,美国正计划入侵委内瑞拉。我要说这是绝对真实的,因为这正是美帝国主义绝望的信号。我们不要忘记毛泽东曾经说过的话——'帝国主义和一切反动派都是纸老虎'。所以,我们不用怕它,我们的人民会战胜它的。"②在这么多世界性的重要场合的演讲中一次次引用毛泽东的话,查韦斯不仅毫不掩饰地表达了自己对毛泽东的无比崇拜,也用毛泽东思想影响了更多的人。

从2005年到2009年,委内瑞拉为14个国家以投资和捐赠的方式支出了2200亿美元的石油利润。自1999年年初查韦斯就任委内瑞拉总统后,毛泽东思想和社会主义理念在拉美地区得到广泛认同,不仅在阿根廷和巴西涌现出了具有左派色彩的人物担任总统,就连素有"南美瑞士"之称的乌拉圭也产生了该国170年来的第一位左派总统。也正是在查韦斯的支持下,莫拉莱斯成为玻利维亚总统,并开始了在本国进行社会主义探索。此后,查韦斯更是对莫拉莱斯左翼政府所从事的"社群社会主义"建设事业给予了大力支持。2006年1月10日,他在委内瑞拉军事教育学术年的开幕式上坚定地表示:"委内瑞拉与玻利维亚当选总统莫拉莱斯站在一起反对美国颠覆他的新社会主义盟友的任何企图","如果谁敢做任何反对莫拉莱

---

① 转引自刘宏:《独家专访:苦读"毛选"的委内瑞拉总统》,《环球人物》2006年3月(下)。
② 转引自刘宏:《独家专访:苦读"毛选"的委内瑞拉总统》,《环球人物》2006年3月(下)。

斯的事情,委内瑞拉人民将坚定地支持玻利维亚政府,因为那是玻利维亚人民的合法政府"①。2006 年,查韦斯政府为支持尼加拉瓜左翼力量桑地诺民族解放阵线总统候选人何塞·丹尼尔·奥尔特加·萨韦德拉竞选,为其提供了优质化肥、汽油和社会福利项目,帮助奥尔特加当选为尼加拉瓜总统。2007 年 1 月 20 日,查韦斯在一次群众集会上发表演说时表示,委内瑞拉将向尼加拉瓜提供 200 年的廉价石油供应,同时还为该国援建一座炼油厂和 32 座发电站……这一切对奥尔特加当选总统并实现连任有着重要的意义。

此外,2006 年,查韦斯政府还帮助阿根廷基什内尔左翼政权偿还了国际货币基金组织的 23 亿美元贷款,也通过结成石油和贸易联盟给予了厄瓜多尔科雷亚左翼政府推行"21 世纪社会主义"支持和帮助,对在 2009 年萨尔瓦多总统选举中获胜的左翼政党法拉本多·马蒂民族解放阵线的毛里西奥·富内斯政府也给予了道义上和物质上的支持。在其大力帮助下,目前,拉美左翼纷纷接受并高举社会主义这面大旗,越来越多的左翼人士信仰毛泽东思想,一股要求改变新自由主义发展模式、走社会主义道路的政治社会思潮已经在拉美形成,并且声势越来越大。仅仅是在查韦斯执政的前 7 年时间内,在拉美的 33 个国家中,左翼力量在 13 个国家通过选举获得了政权(最高峰时达 16 个),其面积和人口分别占拉丁美洲的 80% 和 70%,拉美地区的社会主义阵营和左派力量空前壮大,这对于世界左翼运动和社会主义运动的振兴无疑是一件大好事。

2013 年 3 月 8 日,在委内瑞拉为查韦斯举行的隆重国葬仪式上,竟然有 55 个国家的领导人、特使团和多家国际组织的负责人或者代表参加,并且其中包括古巴国务委员会主席劳尔·莫德斯托·卡斯特罗·鲁斯、伊朗总统马哈茂德·艾哈迈迪—内贾德、白俄罗斯总统亚历山大·格里戈里耶维奇·卢卡申科等在内的 30 多个国家的元首。由此可见,查韦斯无愧于"拉美红星"、"拉美左翼领袖"和"世界左翼运动领袖"等美誉,也是其多年坚持学习、传播毛泽东思想和探索社会主义道路赢得的敬重。

---

① 转引自李锦华:《委内瑞拉查韦斯"21 世纪社会主义"理论与实践》(下),《环球视野》网 http://www.globalview.cn/readnews.asp? newsid=19948。

二、带领民众学习马列著作扩大了马克思主义的影响

和其他积极推行和追求社会主义的国家的领导人一样,查韦斯也特别重视意识形态工作,带头加强意识形态能力建设,通过以自身的表率作用带动大家学习毛泽东思想、号召民众学习马列主义著作等做法,使全国范围内学习马列主义、毛泽东思想蔚然成风,不仅树立和强化了委内瑞拉人民的社会主义核心价值观,很好地普及了马列主义、毛泽东思想、社会主义理论等,扩大了马克思主义和社会主义的影响,而且巩固了以马列主义、毛泽东思想等为核心的"查韦斯主义"在意识形态领域乃至整个国家、社会的指导地位,更加坚定了人民实现"21 世纪社会主义"的信心和决心。

(一)号召、带领全国人民一起学习马列主义、毛泽东思想著作

为了使"21 世纪社会主义"成为真正的社会主义,查韦斯经常学习马克思主义经典著作,对马克思、恩格斯、列宁、毛泽东等社会主义伟大领袖的著作都做到了灵活运用。他不仅自己苦学马列主义、毛泽东思想,而且号召全国人民一起学习。他认为马克思、恩格斯、列宁、毛泽东等伟人的著作应该被反复温习,而不是被妖魔化,"比如马克思说:在人类历史上,被人们作为核心的价值就是贪婪,这也是资本主义灾难的最重要原因。在这里,人类最基本的价值都丧失了,基督的价值也丧失了。在天主教中,基督教育我们要相互爱护,但结局是贪婪和相互争夺。"①2006 年 12 月,他在一次讲话中说:"那些想知道我准备把委内瑞拉建设成什么样的社会主义国家的人,应该去读马克思和列宁著作。"②

2007 年 4 月,查韦斯下令,政府部门的工作人员以及在军队、学校、国有企业和私营企业中的雇员,都要学习马列主义、毛泽东思想,且每周的学习时间不得少于 4 小时。委内瑞拉劳动部部长何塞·拉蒙·里韦罗说,学习马列主义、毛泽东思想是"强制性的"。同年 6 月 28 日,查韦斯在访问俄罗斯期间参加莫斯科外国文学图书馆拉美文化中心成立仪式时还号召与会

---

① 转引自张哲、漆菲:《"帝国主义,宣判我们吧!"在北京,查韦斯控诉资本主义》,《南方周末》2008 年 10 月 2 日。

② 转引自徐世澄:《委内瑞拉查韦斯"21 世纪社会主义"初析》,《马克思主义研究》2010 年第 10 期。

者学习关于马克思和列宁预言资本主义必然灭亡的著作,战胜美帝国主义。他还指出:"我们应当记住列宁,重拾他的思想,特别是关于反帝国主义斗争的内容。世界是多极的,要么是我们战胜美帝国主义,要么是它战胜世界"。① 2008 年 8 月 10 日,查韦斯访问玻利维亚时再次强调,只有社会主义才能挽救人类,我们正在建设我们的社会主义,书写历史的新篇章。过去邪恶的资本主义模式为少数人创造财富,给大多数人带来贫困。实现正义与和平的唯一方式是社会主义道路,只有社会主义才能使人类摆脱贫困、饥饿和破坏。并且,查韦斯还使用全国代表大会赋予总统的特殊权力,颁布一项学习马列主义、毛泽东思想的行政命令。如今,工人、农民积极接受社会主义价值观教育,官员常常呼吁要造就无私、爱国的"新人"已成为委内瑞拉的一道风景。

查韦斯还特别注重青少年对马列主义、毛泽东思想的学习,敦促孩子们信仰社会主义、共产主义,并多次亲自关心、指导。2008 年 7 月 20 日,查韦斯在庆祝委内瑞拉一个促进儿童福利的节日之际,鼓励青少年要努力成为社会主义者。他告诉孩子们:"我们必须学习社会主义。"②他指出,资本主义剥削、迷惑并毒害儿童,必须让孩子们阅读马克思、恩格斯、列宁、毛泽东以及其他社会主义思想家的经典著作。2009 年 5 月,查韦斯批准了中学生文学阅读书目,要求全国中学生阅读符合"21 世纪社会主义"思想意识形态的革命书籍。根据委内瑞拉文化部网站公布的"革命阅读计划",委内瑞拉中学生必须了解国家总统和部长们的专著,阅读马克思的《共产党宣言》、毛泽东的《毛泽东选集》、切·格瓦拉的著作以及其他革命、进步作品,从而帮助他们摆脱资本主义思想的侵蚀,巩固集体意识,更好地理解为建设社会主义祖国所必需的理想信念和价值观。为了培养学生们的阅读兴趣,不使他们感到枯燥乏味,"革命阅读计划"的书目中甚至还包括了委内瑞拉民族解放英雄玻利瓦尔的情书。越来越多的青少年主动申请加入统一社会主义党的事实证明,查韦斯的决策非常富有建设性和远见性。

---

① 转引自毕远:《查韦斯访俄　号召"学习马列著作战胜美帝国主义"》,中国新闻网 http://www.chinanews.com/gj/oz/news/2007/06-29/968192.shtml。

② 转引自《美媒:查韦斯号召青少年信仰社会主义　读马恩著作》,新华网 http://news.xin-huanet.com/world/2008-07/22/content_8744211.htm。

（二）大力加强意识形态能力建设宣扬社会主义价值观

在查韦斯之前，委内瑞拉基本上没有政府控制的媒体，主要是资本家控制的私人媒体。坚定信仰毛泽东思想的查韦斯深知意识形态对一个政党和国家的重要性，因此，他一直非常重视加强意识形态能力建设，从而在与国内外反对势力的意识形态较量中占据优势。

为了打破反对派通过资本力量对媒体的垄断，查韦斯 1998 年当选为总统后，就组织并实施了一系列的新传播策略：从 1999 年 5 月起开办国内电视节目"你好，总统先生"，这是第一个由总统亲自主持、连续不断在媒体上宣传政治观点、公布政府决策、分享情感思想的崭新节目，并在广播中同步播放；2002 年 8 月，又专门建立信息通讯部，负责新闻管理、新闻发布等；2003 年 11 月，查韦斯政府开设了一家新的国家电视台，先在首都加拉加斯地区播出，并从 2004 年 4 月起逐步覆盖全国；2005 年 7 月，查韦斯和同属左翼的阿根廷总统内斯托尔·基什内尔、乌拉圭总统塔瓦雷·巴斯克斯共同创办的一家西班牙语电视台——Telesur（中文称为"南方电视台"）正式成立，这是一家 24 小时向全球播放的卫星电视台，它的一个口号"我们的北方在南方"就体现出了要以南方的视角来抗衡欧美的北方观点的雄心，并宣布发展目标就是要成为一家能够在拉美替代 CNN 的新闻航母；2007 年 5 月，查韦斯政府宣布关闭了长期传播腐朽价值观和不道德风气的加拉加斯广播电台，几乎与此同时，政府的一家新闻频道——委内瑞拉社会主义电视台正式开播，号召在全国范围内学习马列主义、毛泽东思想……这一系列举措大大增强了查韦斯对意识形态的领导力、控制力，凝聚了人心。

查韦斯还多次要求加强对服务委内瑞拉新型社会主义的文化宣传。2010 年 1 月，在每周例行的"你好，总统"广播电视节目中，他对一群特邀的电影制片人和编剧说："不久前我在古巴，那里播放的不是资本主义肥皂剧，而是包含社会主义内容的社会主义肥皂剧。我将要求（在委内瑞拉）拍摄社会主义肥皂剧，而不是资本主义肥皂剧。"①随后，他主动提出要向采纳他建议的制片人提供政府帮助，并鼓励说："我们也能拍出优秀电影，而不

---

① 转引自《委内瑞拉要拍"社会主义肥皂剧"》，新华网 http://news.xinhuanet.com/world/2010-01/13/content_12799786.htm。

是资本主义电影,那些毒药,那些教唆我们的孩子去吸毒、去犯罪的片子。"①

2012 年 11 月初,由委内瑞拉国家通信委员会投入 400 万美元拍摄完成的社会主义电视剧《三座车站的特雷莎》开始在委内瑞拉国家电视台社会频道播出,并在加拉加斯市中心的玻利瓦尔广场举行了盛大的开播仪式。连接首都与邻近几座城市的图伊河谷铁路 2006 年投入运行,是委内瑞拉仅有的铁路系统。《三座车站的特雷莎》讲述的就是在图伊河谷铁路沿线生活的三位普通女性的故事,包括一位单亲母亲、一位艺术专业学生和一位火车司机,通过她们在火车车厢中发生的故事生动展现了委内瑞拉妇女的生活。《三座车站的特雷莎》的制作团队共有 80 人,预算为 1700 万玻利瓦尔,由政府机构出资,旨在打破多次遭到查韦斯批评的资本主义价值观多年来充斥委内瑞拉荧屏的现状。对于这部作品被称为"社会主义电视剧"的原因,负责拍摄这部电视剧的独立制片人卡塔拉解释说,社会主义价值观的核心内容就是相互支持和公共利益优先等,《三个车站的特雷莎》就是一部体现、弘扬社会主义价值观的电视剧。这部电视剧共有 40 集,每集约有 24 分钟,周一至周六播出,并且在国家电视台的生活频道、综合频道等多个国有频道同时播出。查韦斯对这部新剧非常期待:"很久以前我就有这个想法,利用电视剧、短篇小说、电影、纪录片等表达思想,进行传播。"②《三座车站的特雷莎》在国家电视台社会频道播出后大受欢迎,收视率非常高,很多观众认为这部电视剧的立意、创作、制作水平都属于上乘。

(三)积极利用"推特"等新媒体抢占意识形态斗争新阵地

查韦斯还非常重视网络这个意识形态的新战场,注重积极利用社交网站 Twitter(中文称为"推特")等新媒体,抢占意识形态斗争的新阵地。尽管受西班牙语网民人数少的限制等原因不被看好,但查韦斯仍于 2010 年 4 月开通了自己在"推特"的账号"chavezcandanga",不到三年时间,在他去世之前已经拥有 400 多万名粉丝,是"推特"上粉丝人数仅次于奥巴马的国家领

---

① 转引自《委内瑞拉要拍"社会主义肥皂剧"》,新华网 http://news.xinhuanet.com/world/2010-01/13/content_12799786.htm。

② 转引自查韦斯"社会主义"电视剧开播》,新华网 http://news.xinhuanet.com/world/2012-11/05/c_123912194.htm。

导人。而据美国雅虎新闻网报道,奥巴马的粉丝中70%是僵尸粉,其粉丝的活跃程度远远低于查韦斯。查韦斯的"推特"账户主要用来公布重要事项、通报作出的决定以及保持与民众的沟通。尤其是在2011年身患癌症后,由于需要多次前往古巴治疗,查韦斯日常出席内阁会议的时间受到限制,"推特"更是成为他治国理政的重要工具之一。因为查韦斯在"推特"上的巨大影响力,2012年7月,西班牙语的埃菲社专门推出一项服务,使得委内瑞拉的普通民众可以通过接收手机短信的方式阅读总统查韦斯在"推特"上所发表的最新言论,而无须拥有"推特"账号或移动互联网,这对于进一步扩大了查韦斯的影响力自然又是一个好消息。

查韦斯开通"推特"并在网络上走红引发了委内瑞拉国内不少人的上网热情,尤其是用社交媒介来阐述自己的思想或表达政治观点的形式很受大家欢迎。查韦斯在"推特"上的巨大影响力也给反动派造成巨大压力,反对派的领导人卡普里莱斯公开质疑甚至"炮轰"查韦斯这种履行总统职责的方式,但同时也不得不被动应战。据统计,在"推特"上粉丝数量排名前200名的委内瑞拉人中,竟然有90%的是公开反对查韦斯的人。可见查韦斯在"推特"上的巨大影响力对反对派带来的压力之大。

正是意识到了网络时代的到来和新媒体的巨大影响力,同时也为了打击网络谣言,委内瑞拉国会还专门颁布了电台、电视台、电子媒体社会责任法,规范全国所有的电台、电视台和电子网络媒体的行为,尤其对网络管理提出了更高的要求。早在2010年3月13日,查韦斯就指出:"互联网世界不是可以自由说任何话、做任何事的地方。互联网不应当成民众随便说什么、毫无规范可言的自由地带。每个国家需要有自己的规范条例和监管措施来对国内的互联网加强监管,以防止一些媒体无视法律存在,发布虚假信息毒害民众。"①他多次呼吁支持者应该发动网络战争,来应对和回击假新闻和颠覆政府的行为。

也正是深知查韦斯在"推特"上的巨大影响力,也是为了学习和延续查韦斯对新媒体的重视,查韦斯指定的继承人、时任委内瑞拉代总统马杜罗

---

① 转引自《委内瑞拉总统查韦斯亲自打网络战》,人民网 http://book.people.com.cn/GB/69399/107423/207171/13142306.html。

2013 年 3 月 17 日下午在"推特"开通了自己的专属账号,并且粉丝数量在一个小时内就突破了 10 万,并在 9 天内吸引了超过 50 万名粉丝。据透露,马杜罗还会在 Facebook 和 YouTube 等社交媒体上开通了自己的专属账号,经常公布他的执政方针并保持和民众沟通是其最重要的目的。2013 年 7 月初,因为有传言美国"棱镜门"泄密者爱德华·斯诺登在其总统专机上,玻利维亚总统莫拉莱斯的专机竟然因为这个没有根据的传言被迫在奥地利首都维也纳着陆,凸显出一些西方国家的强盗思维和霸权行径。委内瑞拉总统马杜罗等拉美领导人纷纷在"推特"上表达他们的不满,马杜罗说:"原本国家元首可享受搜查豁免权,但(玻利维亚总统的豁免权)却因为帝国的着魔而被侵犯了。"[①]他文中的"帝国"暗指美国,体现出其对查韦斯风格的继承。而这个时候,马杜罗的"推特"账号已经拥有近 130 万粉丝,具有了强大的影响力。

2013 年 9 月 16 日,马杜罗在即将首次以委内瑞拉总统身份对中国进行国事访问前夕,正式开通了他个人实名认证的新浪微博"@尼古拉斯马杜罗",并在当天的 19:48 分发出了第一条中文微博"委内瑞拉总统尼古拉斯·马杜罗在微博!"不久又在 9 月 18 日接连发出了 6 条微博,此后几乎每天都有新的微博发布。在 9 月 21 日至 24 日访华期间,他不断通过微博公布自己的行程、发表感想等,很快吸引了不少中国粉丝。在他结束访华回国时,他在新浪微博的粉丝已经达到 6 万多人,他的这个微博成为不少中国人了解、关注委内瑞拉的一个重要窗口。这一切都表明,马杜罗当选总统后已经在加强意识形态能力建设等方面继承和发扬了查韦斯的优良传统和做法,积极抢占网络等意识形态斗争的新阵地,大大加强了马列主义、毛泽东思想和查韦斯主义等在委内瑞拉国内乃至全世界的进一步传播。

正是查韦斯牢牢占领了意识形态的阵地,使得"21 世纪社会主义"的宣传力量得到了大大加强,大大提高了委内瑞拉人民对社会主义的认识和拥护,使得"21 世纪社会主义"得到了绝大多数委内瑞拉人的认可、支持、拥护。据有关民意调查显示,查韦斯所提出的建设"21 世纪社会主义"的号召,得到了 80% 的委内瑞拉人的支持和拥护,从而为建设"21 世纪社会主

---

① 转引自《拉美领导人的 Twitter"情缘"》,《南方都市报》2013 年 8 月 25 日。

义"奠定了坚实的思想基础,推动委内瑞拉的社会主义革命和建设取得了长足进步,更为他的继承者进一步建设好"21世纪社会主义"打下了坚实基础。

三、查韦斯敢于反对美国霸权向全世界普及了社会主义思想

亲近古巴、中国和叫板美国是查韦斯一直坚持的路线。敢向美国叫板是他名扬世界的重要原因之一,他也通过这些反美言行向全世界普及了社会主义的思想。与不少国家对美国霸权心怀不满却尽量避免正面冲突不同,查韦斯公开强烈反对美国将拉美视作自家后院,主张南美各国摆脱美国影响,实现南美洲一体化。正是他使委内瑞拉一改过去唯美国马首是瞻的外交政策,强调平等和相互尊重,"与美国作对"把查韦斯塑造成了继格瓦拉和卡斯特罗之后新的拉美偶像,成为拉美人民心中的"反美旗手"、"反美斗士"、"反美英雄"。因此,尽管国际舆论对查韦斯的褒贬不一,但无论是查韦斯的朋友还是敌人,都承认查韦斯是拉美反对美国霸权主义和新自由主义直言不讳的代言人和重要象征。

(一)严厉抨击、坚决反对美国干涉委内瑞拉内政

查韦斯坚决捍卫国家的独立和主权,反对美国对委内瑞拉内政的干涉。1999年,他拒绝美国缉毒飞机飞越委内瑞拉领空,驱逐在委内瑞拉东部海域巡逻的美国缉毒艇。2001年,他再次禁止美国缉毒飞机穿越委内瑞拉领空。2005年,美国国务院发表的人权年度报告中,把委内瑞拉列为"问题国家"。查韦斯认为,美国政府的一系列做法是在公然干涉委内瑞拉内政,并企图破坏玻利瓦尔革命。他表示"委内瑞拉永远不会向美国的利益屈服",并以"干涉内政"和"从事间谍活动"为由,在2005年先后驱逐在委内瑞拉的美国军事教官、美国毒品管制局官员和基督教传教士。

2005年1月,在参加"世界社会论坛"会议时,查韦斯严厉抨击了美国干涉委内瑞拉内政的各种行为。他指出,美国通过各种手段残酷地压迫我们;搞经济破坏,在媒体上进行恶意中伤,制造社会动荡;从事恐怖主义,安放炸弹,煽动暴力,造成流血和死亡;策划军事政变,操纵各机构制造国际压力;等等。美国还企图通过美洲国家组织将委内瑞拉变为一个附属国;企图扶植一个只知道每天发布新闻的殖民总督;企图建立一个凌驾于我们法律、

制度和宪法之上的跨国政权……所有这些都被我们抵制了。2007 年 9 月，查韦斯指出，如果美洲国家组织就内政问题对委内瑞拉进行谴责，委内瑞拉可能退出该组织。他认为，美洲国家组织的人权机构很多时候起着管辖殖民地的作用，而"委内瑞拉永远不会再是美国的殖民地，也不会是任何人的殖民地"①。2008 年 3 月，他更是发表讲话指出，"美帝国主义及其走狗代表着战争"，"我们希望自由，他们希望囚禁我们……我们想要祖国，他们想要殖民地"，但"委内瑞拉再也不会成为美国的殖民地"②。2009 年 12 月，他再次指责美国无人侦察机侵犯委内瑞拉领空，并表示已下令委内瑞拉军方未来可以击落任何入侵的美国无人机。2012 年 11 月 9 日，查韦斯在政府内阁会议上公开表示，希望美国总统奥巴马在第二任期内停止干涉拉丁美洲和世界其他国家的事务。"奥巴马再次当选，他和他的政府可能会改变主意，他会致力于治理自己的国家，忘记干涉其他国家人民事务和破坏其他国家稳定的问题。"③

查韦斯还通过国有化政策摆脱了美国等西方国家对委内瑞拉在经济上的控制。2007 年 1 月 10 日，查韦斯在主持其新内阁宣誓就职时发表重要讲话表示，要加快改革的步伐，把前任几届政府实行私有化的主要产业如通信和电力公司等国有化，同时扩大政府对石油业的产权，而中央银行的独立性会被削减。此前的 1 月 8 日，他已经宣布将委内瑞拉最大的上市公司委内瑞拉电信公司和一些电力公司国有化，并将奥里诺科河河谷多产的石油项目收归国有。他在电视讲话中说："我们正在向社会主义前进，任何事和任何人都不能阻挡。"④随后，他又于 13 日宣布将国有化范围扩大到整个能源产业。2 月，他宣布电力国有化，并加强国家对天然气项目的控制。根据新发布的法令规定，委内瑞拉重油带的外资控制项目都必须转为由委内瑞拉国家石油公司控制的合资项目，其中委方股份不低于 60%，这就使得委

---

① 转引自《委宣布正式退出国际货币基金组织和世界银行》，新华网 http://news.xinhuanct.com/world/2007-05/01/content_6052174.htm。

② 转引自《美报：南美三国危机成美、委争锋"爆发点"》，新华网 http://news.xinhuanet.com/world/2008-03/07/content_7737494.htm。

③ 转引自郭文静：《查韦斯对奥巴马连任发寄语：不再干涉别国事务》，《环球时报》2012 年 11 月 9 日。

④ 转引自《查韦斯：只为社会主义而生》，《东方早报》2007 年 1 月 12 日。

内瑞拉在上述项目中的平均股份从原来的 39% 上升到 78%。委内瑞拉国家石油公司在 2007 年 4 月 25 日正式开始委内瑞拉重油带战略合作项目和风险开发项目的国有化进程,并于 5 月 1 日凌晨接管了委内瑞拉国土上最后一个被外国公司控制的石油生产基地——奥里诺科重油带项目的控制权。6 月 26 日,委内瑞拉国家石油公司于与美国雪佛龙—德士古石油公司、挪威石油公司、法国道达尔石油公司等七家跨国企业签署谅解备忘录,把奥里诺科重油带战略合作项目和风险开发项目改组为委内瑞拉国家石油公司控股的合资企业。至此,奥里诺科重油带的国有化过程正式完成。此外,美国埃克森—美孚公司和康菲石油公司也退出了奥里诺科重油项目以及风险开发项目。随着查韦斯宣布委内瑞拉已全部收回石油主权,不断加快能源、电力和电信等行业的国有化进程让人民成为最大的受益者,也很好地巩固了执政基础,使得查韦斯推行"21 世纪社会主义"有了坚实的经济基础。

2013 年 3 月 5 日,委内瑞拉宣布驱逐两名美国驻委内瑞拉外交官,原因是两人企图破坏委内瑞拉的国家稳定。紧接着,委内瑞拉在 3 月 20 日又宣布中止和美国政府的联系。仅仅半年后的 9 月 30 日,马杜罗宣布,已下令驱逐包括美国驻委内瑞拉使馆代办在内的三名美国外交官,原因是有充分证据表明美国驻委内瑞拉使馆代办凯莉·凯德林等三人经常与委内瑞拉反对派人士会晤,并计划破坏委内瑞拉的国家电力系统和经济、社会稳定。这些举措有着鲜明的查韦斯风格,也凸显出查韦斯的思想对马杜罗等后来者的强大影响力。

(二)牵头结盟抵制美国试图控制拉美的计划

毛泽东早就指出:"美国要把拉丁美洲变成它的殖民地,这是指经济上的,许多时候也是在政治上。"[①]熟读毛泽东著作的查韦斯自然对这一点有着深刻认识,因此,他执政以来,在对外政策上几乎是"处处与美国作对"。除了和拉丁美洲甚至南半球唯一的社会主义国家古巴结成巩固的反美联盟外,他还联合拉美其他国家的领导人一起抵制美国试图控制拉美的计划,抵制美国建立美洲自由贸易区就是一个例子。克林顿任美国总统时就提出了

---

① 《毛泽东文集》第八卷,人民出版社 2009 年版,第 379 页。

组建美洲自由贸易区的建议,随后的布什政府更把这一计划的实施当成自己的优先任务。根据美方的设想,美洲自由贸易区应在 2004 年年底前完成所有谈判,2005 年年底前开始全面实施,没想到却遭到查韦斯坚决反对。为了对抗美国的美洲自由贸易区的计划,2001 年,查韦斯提出成立美洲玻利瓦尔选择(又被称为美洲玻利瓦尔替代计划)的设想和建议。2004 年 12 月,他访问古巴并与古巴国务委员会主席菲德尔·亚历杭德罗·卡斯特罗·鲁斯发表关于创立美洲玻利瓦尔选择的联合声明并签署实施协定,宣布要在"团结合作的基础上实现拉美和加勒比地区一体化"①,主张各参与国应该实现经济互补和能源一体化,加强拉美国家的资本在本地区的投资,维护本国文化和民族性,深信这个以拉丁美洲及加勒比地区政治、经济、社会一体化为宗旨的地区性合作组织将是反对美国提出的建立美洲自由贸易区计划最成功的方式之一。并且,作为美洲玻利瓦尔替代计划的一部分,查韦斯倡议组建意在摆脱美国影响的南方电视台、南方银行、加勒比海石油公司等机构。2005 年 5 月,南方电视台应运而生。同年 6 月,委内瑞拉与 13 个加勒比海国家签署组建加勒比海石油公司的协议。2007 年 12 月,在查韦斯主导下,作为帮助南美国家摆脱发达国家的经济依附、重启欠发达国家合作和一体化战略步骤之一的南方银行,在阿根廷首都布宜诺斯艾利斯正式宣告成立,由巴西、阿根廷、委内瑞拉、乌拉圭、厄瓜多尔、玻利维亚和巴拉圭七个南美国家组建。南方银行提供会员国融资的规定宽松且不附带政治条件,被认为是在某种程度上取代了国际货币基金组织和世界银行的角色。

2009 年 6 月,根据查韦斯的倡议,美洲玻利瓦尔替代计划接纳厄瓜多尔、安提瓜和巴布达以及圣文森特和格林纳丁斯三国为正式缔约国,并正式更名为美洲玻利瓦尔联盟(ALIANZA BOLIVARIANA PARA LOS PUEBLOS DE NUESTRA AMERICA,简称 ALBA,ALBA 在西班牙文中是"黎明"或者"将现的曙光"的意思),并在它的关系中提出了四项基本的先决条件:合作、团结、补充和尊重国家的主权。2010 年 1 月,为推动经济一体化,美洲玻利瓦尔联盟设立了美洲玻利瓦尔替代计划银行等地区融资机构,并在成

①　转引自钟松君:《拉美发起第二次独立战争》,《都市快报》2005 年 6 月 19 日。

员国范围内正式使用一种被称为"地区统一补偿系统"的虚拟货币——苏克雷。同年 7 月 6 日,厄瓜多尔政府和委内瑞拉政府首次用苏克雷进行双边交易,委内瑞拉购买厄瓜多尔 5430 吨大米,厄瓜多尔国家促进银行收到 189.415 万苏克雷的交易款。查韦斯说,苏克雷是效率的榜样,是政治意愿如何决定计划的榜样。采用新的国际金融结构不是容易的事情,必须迈出计划的第一步,并真正接受它。厄瓜多尔总统科雷亚也认为苏克雷将提供更多的便利,降低成本,必须推动这项系统的使用,并重申这项系统是简单的。有关专家认为,南方银行和新的苏克雷货币是寻求拉丁美洲经济一体化和发展模式最好的选择,非常看好其发展前景。正如查韦斯所说:"美洲玻利瓦尔联盟是为了自由的联盟","我们可以说拉丁美洲已经不再是美国的后院,已经脱离了美帝的枷锁!"①如今,美洲玻利瓦尔联盟的成员国已经包括委内瑞拉、古巴、厄瓜多尔、玻利维亚、尼加拉瓜、多米尼克、圣文森特和格林纳丁斯、海地、安提瓜和巴布达等,不仅在反对美国对古巴的封锁、声援阿根廷为收回马尔维拉斯群岛的主权斗争、声援波多黎各的独立要求等地区性、世界性的热点问题上表明了自己的态度,而且相继通过了一系列发展决议和行动规划并逐步得到落实,已经变成本地区最重要的一体化发展机制之一,成为一个空前的地区团结与合作的典范。

2012 年 4 月,美洲玻利瓦尔联盟在第六届美洲国家首脑会议举行期间发表正式公报说,如果美国和加拿大不解除对古巴参加美洲国家首脑会议的排斥政策,该联盟成员国将集体抵制今后的美洲国家首脑会议。公报强调,反对将古巴无理排斥在美洲国家首脑会议之外,谴责美国对古巴持续五十多年的经济、贸易和金融封锁。并且,查韦斯和厄瓜多尔总统科雷亚都拒绝出席会议,并宣布永不参加"没有古巴的美洲峰会"。玻利维亚总统莫拉莱斯也表示,这是他最后一次参加古巴缺席的美洲国家首脑会议。2013 年 6 月,美洲玻利瓦尔联盟成员国委内瑞拉、厄瓜多尔、玻利维亚和尼加拉瓜在危地马拉西南部城市安提瓜出席美洲国家组织大会期间宣布,他们将退出美洲国家组织下属的泛美防务委员会。越来越多的人士认为,美洲玻利

---

① 转引自管彦忠:《查韦斯说拉丁美洲不再是美国的后院》,人民网 http://world.people.com.cn/GB/1029/5875198.html。

瓦尔联盟在一定程度上代表了广大发展中国家的利益,他们反对强权政治和霸权主义、追求全球的平等与正义等主张,与社会主义国家的理念相同,中国应该多关注和支持。

查韦斯牵头结盟抵制美国产生了巨大影响,再加上墨西哥在美国、加拿大和墨西哥建立北美自由贸易区后遭受的种种惨痛教训,拉美人民对美国的阴谋越来越警觉,从而粉碎了美国建立美洲自由贸易区的美梦。就连不少美国学者也不得不承认,美国式的民主在南美洲已经变得棘手起来,南美洲在不少时候已经抱团与华盛顿形成了对立。南美洲与美国之间的分歧是如此地明显,乃至于催生了一个新的跨半球组织——拉美及加勒比国家共同体(简称拉共体)于 2011 年 12 月在委内瑞拉首都加拉加斯正式成立。而这个把美国与加拿大排除在外的组织,俨然已经成为了由美国主宰的美洲国家组织的替代品。2012 年 8 月 9 日,时任中国外交部长杨洁篪在北京同来访的拉共体"三驾马车"代表——时任委内瑞拉外交部长马杜罗、智利外交部长莫雷诺和古巴外交部副部长谢拉举行会谈,双方商定建立中国与拉共体"三驾马车"外长定期对话机制,并于 2012 年 9 月举行首次对话。2012 年 9 月 27 日,中国外交部长杨洁篪与拉共体"三驾马车"——古巴外交部长罗德里格斯、智利外交部长莫雷诺和委内瑞拉外交部副部长格雷罗在纽约举行对话。时任委内瑞拉副总统兼外交部长马杜罗表示:"拉美和加勒比国家共同体在我们的美洲团结的概念中包括了所有真正独立的国家,有可能发展自己和在均衡与平等的条件下与世界融合。"[①]拉丁美洲和加勒比经济委员会执行秘书阿里西亚·巴尔塞娜认为,拉共体是近年来最重要的政治上的成果,首次有机会使拉美和加勒比国家所有的外交代表聚集在一个对话、合作和一体化机构,使本地区在与世界上其他的集团、国家和地区有了一个交流的牢固阵线。

(三)积极联合更多国家反对美国等西方霸权国家

查韦斯还敢于在联合国大会上公开抨击美国,并联合不少国家一起对抗美国的霸权。在 2005 年 9 月召开的联合国大会上,查韦斯公开批评当时

---

① 转引自管彦忠:《拉美和加勒比国家共同体打开世界多极扇》,人民网 http://world.people. com.cn/n/2012/0817/c57507-18772150.html。

的美国总统布什并呼吁联合国应该搬出美国。2006年9月20日,他又在联合国大会上竭力抨击美国的霸权主义。他指出,美帝国主义的霸权主张危及人类的生存,它是魔鬼。美帝国主义为了巩固其统治秩序,无所不用其极。对此,我们绝不能容忍。并且,他在联合国人权大会上不怕得罪美国,把以往弃权的做法改为支持中国和古巴。此外,他频繁访问伊朗并与伊朗签署合作协议达100多项,甚至在伊核问题上明确表示支持伊朗。而且,两国还决定出资10亿美元建立战略基金,使其成为一个"解放的机制",帮助那些正在受美国控制的国家。

查韦斯还积极联合世界范围内的社会主义和左翼力量一起反对美国等西方霸权国家,并产生了极大的影响。2009年11月20日,在来自全球39个国家的55个左派政党和组织的150多名代表参加的世界左派政党大会上,查韦斯在会见与会代表时指出,成立第五国际已经成为一种需要,成立第五共产国际的时刻已经到来,应当借助第五国际组织的社会主义运动来应对当前世界危机所发出的挑战,而"我勇于作出这一决定"①。查韦斯强调说,他之所以邀请与会政党参与此项倡议,是因为第三条道路已经失败,而第五国际应当是真正的左派的组织,应该将马克思、恩格斯、列宁、毛泽东的思想与玻利瓦尔、格瓦拉等人的拉丁美洲思想相结合,能够应对帝国主义和资本主义。他表示,成立第五国际这样一个国际工人运动组织正是世界人民的需求,因为他已从对全球各国的多次访问中看出端倪,而第五国际将继续遵循1938年成立于巴黎的第四国际的路线。查韦斯表示:"时不我待。如果需要委内瑞拉统一社会主义党或者世界其他政党成为组织的核心成员,我们将责无旁贷地承担责任。我相信,很多政党都已为此刻不容缓的任务做好了准备,因为世界危机正在加速蔓延。"②查韦斯还积极邀请与会代表报名参加第五国际,以促使该组织成形。与会者纷纷表示支持查韦斯的这一倡议并通过了成立工作组的决议,以便筹备这个新组织的成立大会。查韦斯相信,这个第五国际将为全世界的社会主义运动在反帝斗争中联合

---

① 转引自《埃菲社:查韦斯提议成立第五国际》,新华网 http://news.xinhuanet.com/world/2009−11/24/content_12530359.htm。

② 转引自《埃菲社:查韦斯提议成立第五国际》,新华网 http://news.xinhuanet.com/world/2009−11/24/content_12530359.htm。

起来并从资本主义向社会主义过渡准备条件,从而确定新的社会主义模式。

查韦斯甚至还对美国发起了国际人道主义精神的"送温暖"行动。2005 年 9 月,他向美国提供了 100 万桶廉价原油,以帮助美国贫困人民解决卡特里娜飓风造成的原油供应困难问题。他说:"在美国,一些人会在冬天被冻死,我们希望帮助那里最贫穷的社区。"①2005 年冬,查韦斯又下令向美国马萨诸塞州的贫困家庭提供 1200 万加仑的燃料,价格仅为原来的 40%。2006 年,委内瑞拉国家石油公司在美国的分公司雪铁戈石油公司以 40% 的折扣向美国北部 16 个州和土著部落的 40 多万户家庭提供供暖燃料,受此优惠活动的人数比 2005 年增长了一倍。查韦斯的慷慨行动令许多受益的美国人感动,一位名叫林达·克里的美国女士在接受媒体采访时表示:"查韦斯总统在做正确的事情。委内瑞拉人民有这样的总统是幸运的。这就是政府应该做的,照顾社会中的小人物。"②查韦斯的燃料油攻势获得良好效果:多名美国国会议员向他表示由衷感谢;而美国的能源组织则对当时的布什政府提出严厉批评,称委内瑞拉的举动表明了美国石油公司的失误,也证明了布什政府在采取措施提供帮助方面的不作为。

查韦斯高举社会主义大旗在世界范围内反对美国的霸权,自豪地告诉大家"我是一名马克思主义者"、"我是一名毛泽东主义者",在揭露美国图谋称霸世界的本质的同时,也向全世界很好地普及了社会主义思想。"21 世纪社会主义"是世界社会主义运动经历苏东剧变陷入低潮后的一大亮点,正是在查韦斯推动下,社会主义成为当今拉美的一个流行词和最时髦的字眼,"一个社会主义的新世界是可能的"口号开始变成切实的行动。2006 年 1 月上台执政的玻利维亚历史上首位印第安土著人总统莫拉莱斯奉行"社群社会主义",是一种建立在团结、和谐、互惠基础上的经济社会发展模式;2007 年 1 月 15 日,厄瓜多尔新总统拉斐尔·科雷亚在总统就职仪式上宣布要在厄瓜多尔建设"21 世纪社会主义",并在同年 9 月 30 日举行的制宪大会选举中又获得压倒性胜利。他强调,建设"21 世纪社会主义"没有固定的模式,厄瓜多尔应将建设"21 世纪社会主义"的理念与本国的现实结合

---

① 转引自刘宏:《独家专访:苦读"毛选"的委内瑞拉总统》,《环球人物》2006 年 3 月(下)。
② 转引自刘宏:《独家专访:苦读"毛选"的委内瑞拉总统》,《环球人物》2006 年 3 月(下)。

起来,寻找适合本国国情的经济发展道路……再加上巴西历史上第一位普通工人出身的总统卢拉带领劳工党取得执政地位并于 2003 年 1 月 1 日正式就任总统,提出并践行"劳工社会主义"。正是在查韦斯的带动和影响下,越来越多的拉美国家正在进行社会主义探索,社会主义在当今拉美大地越来越深入人心。

更令人欣慰是,2013 年 4 月 14 日晚,委内瑞拉国家选举委员会宣布,根据已完成的 99.12%选票的统计结果,查韦斯的"接班人"、代总统马杜罗以 50.66%的得票率赢得了当日举行的总统选举,这也标志着委内瑞拉将从此正式步入"后查韦斯时代"。马杜罗当选后承诺继承查韦斯路线,执行查韦斯生前制订的国家发展计划,奉行查韦斯时代以"拉美地区左派领袖"和"反美斗士"形象出现的系列对外政策,将"玻利瓦尔革命"继续进行下去。4 月 19 日,马杜罗在正式宣誓就职的讲话中多次提到查韦斯,指出他在美洲是一个不朽的形象,承诺将继续走查韦斯的社会主义革命和玻利瓦尔革命道路。7 月 28 日,委内瑞拉迎来查韦斯诞辰 59 周年,在马杜罗的领导下,委全国上下举行一周的纪念活动。马杜罗在众多政府及军队高官面前宣誓称,将继承并严守查韦斯的政策。这也标志着查韦斯的"21 世纪社会主义"将继续得到推行。2013 年 9 月 22 日,中国国家主席习近平同委内瑞拉总统马杜罗举行会谈时表示:"委内瑞拉前总统查韦斯是中国人民的伟大朋友,为推动中委关系发展作出了杰出贡献,我们十分怀念他。"①9 月 23 日,马杜罗率代表团访问中共中央党校并座谈时说:"查韦斯在革命过程中不断反思未来的道路,并最终确定用社会主义进行自己的革命。""委内瑞拉的'21 世纪社会主义'是原创的、独一无二的、也是在未来几十年我们要继续的。""只有采取社会主义的道路,才能为我们的国家和人民的发展打开更广阔的空间。"②我们相信,有查韦斯强大的榜样力量,有中国等国家的坚定支持,有马杜罗的坚强领导,无论面临怎样的困难和挑战,"21 世纪社会主义"的前景一定会越来越美好。

---

① 钱彤:《习近平同委内瑞拉总统马杜罗会谈》,新华网 http://news.xinhuanet.com/politics/2013-09/22/c_117457488.htm。

② 李晔:《委内瑞拉总统马杜罗在中央党校进行座谈》,新华网 http://news.xinhuanet.com/world/2013-09/23/c_117473905.htm。

因此,尽管有人认为委内瑞拉等拉美国家推行的社会主义不是真正的科学社会主义,但我们要清醒地认识到,社会主义本来就没有固定模式,并且在很多国家都要经历一个不断发展、完善的过程,拉美已经成为世界社会主义运动的一个重要组成部分和被寄予厚望的新生力量已经是不争的事实。这也让更多人坚信,在当今时代,马克思主义基本原理没有过时,马列主义、毛泽东思想没有过时,资本主义学者宣扬的西方的自由民主"成为普世性的人类政府的最终形式"、"人类意识形态发展的终点"和"人类最后一种统治形式"只是其一厢情愿,历史不仅不会像"历史终结论"所宣称的那样终结,而且社会主义一定会在 21 世纪迎来更加生机勃勃地发展和新的伟大复兴。

第五章　从十个方面加强领导干部
意识形态能力建设

历史经验告诉我们,经济工作搞不好要出大问题,意识形态工作搞不好也要出大问题。在一项针对两千多名领导干部的大型调研中,无论是面对面以心交心的访谈、调查,还是集体座谈时的讨论、争辩,或者通过电话、网络等形式进行的交流、沟通,大家都已经意识到,意识形态工作关系党的前途命运和国家的长治久安,意识形态能力是领导干部必须具备的、最重要的核心能力,是执政能力的核心,是道路自信、理论自信、制度自信、政治自信和价值自信的根本所在,也是实现"两个百年目标"、实现中华民族伟大复兴的中国梦的伟大力量源泉。尤其是在习近平总书记强调"意识形态工作是党的一项极端重要的工作"之后,广大领导干部都深刻认识到了意识形态工作的极端重要性,大力加强意识形态能力建设已经成为越来越多领导干部的强烈共识和自觉行动,成为新时期迎接新挑战的指路明灯和力量源泉。因此,笔者尝试将意识形态能力细分为十个方面去科学建设:以领导干部道德为抓手,加强思想道德建设,坚定正确理想信念的能力;以纠正错误倾向为抓手,加强理论知识学习,增强引导社会思潮的能力;以弘扬红色文化为抓手,加强先进文化建设,增强建设价值自信的能力;以清除不合格党员为抓手,加强纯洁性建设,增强主动拒腐防变的能力;以教育实践活动为抓手,加强调查研究工作,增强做好群众工作的能力;以核心价值体系为抓手,加强统一战线建设,增强团结共创伟业的能力;以真实性原则为抓手,加强新闻宣传工作,创新掌控舆论阵地的能力;以通达社情民意为抓手,加强六大能力建设,提高处置突发事件的能力;以坚持共同富裕为抓手,加强市场经济研究,增强推进科学发展的能力;以反意识形态渗透为抓手,加强国际问题研究,增强反和平演变的能力。只有这样,才能真正打好意识形态的主动仗,牢牢掌握意识形态工作领导权、管理权、话语权,沿着正确道路推进中国特色社会主义伟大事业不断取得新胜利。

第一节　坚定信仰、加强学习,构建价值自信

由于受西方错误思潮的影响,再加上漠视道德修养,忽视理论学习,轻视文化建设,导致一部分领导干部精神上"缺钙",不仅缺乏正确的理想信念,为人民服务的工作能力较差,而且没有应有的理论自信、价值自信,精神迷茫、信仰迷失甚至自甘堕落,更无法高举旗帜正确引领社会思潮。这也警示我们,领导干部要真正走出迷茫、告别迷失,就应该以领导干部道德为抓手,加强思想道德建设,坚定正确理想信念的能力;以纠正错误倾向为抓手,加强理论知识学习,增强引导社会思潮的能力;以弘扬红色文化为抓手,加强先进文化建设,增强建设价值自信的能力。

一、以领导干部道德为抓手,加强思想道德建设,坚定正确理想信念的能力

近年来,领导干部道德失范事件越来越成为人们关注的焦点,也成为领导干部身上最受人民群众关注的问题之一。其实,领导干部道德失范问题是多年来一直备受诟病而没有得到根治的顽症之一。2011 年的 11 月初的不到一周的时间内就有接连六起被媒体报道的涉及官员生活作风的道德失范事件就是一个典型。也就是因为这一连串发生的领导干部道德失范事件引起人们对领导干部道德失范问题的高度关注,也使得"官德"成为 2011 年的年度热词之一。农历马年春节前夕,2014 年 1 月底,习近平总书记在内蒙古调研时强调指出,全党同志特别是领导干部一定要讲修养、讲道德、讲廉耻,追求积极向上的生活情趣,养成共产党人的高风亮节,做到富贵不能淫、贫贱不能移、威武不能屈。面对领导干部道德失范现象,我们必须深刻剖析领导干部道德失范问题的根源,认清领导干部道德失范的巨大危害,并尽快采取切实可行的有力对策,争取早日彻底根治这个顽疾,给人民群众

树立一个良好榜样。

（一）领导干部道德失范问题的根源在哪里

我国儒家强调"德治"，官员道德始终处于社会道德的核心地位。《论语·颜渊》提道："政者，正也；子帅以正，孰敢不正？""其身正，不令而行；其身不正，虽令不从。"并且《论语·为政》"为政以德，譬如北辰，居其所而众星拱之"为很多人所熟知，就是强调为官者要自己带头为民众做好道德典范，提倡以道德教化为治国原则的"德治"。"子帅以正，孰敢不正？"这也使得中国民众在道德上历来有"以官为师"的心态。其实，从毛泽东等老一辈无产阶级革命家开始，我们党就一直强调坚定理想信念。自从江泽民在2001年初提出"以德治国"后，党中央也非常重视领导干部道德问题并多次强调要"以德治国"，胡锦涛在庆祝中国共产党成立90周年大会上的讲话中也强调加强道德修养是党员干部的必修课，习近平总书记更是强调领导干部要始终保持道德品行的纯洁性。在这样的情况下，领导干部道德失范问题为何还屡禁不止？其根源究竟在哪里呢？这是每一位领导干部都应该深思和面对的问题。

首先，一部分领导干部缺乏坚定的理想信念，在市场经济大潮中迷失自我是最重要原因。理想信念是思想、行动的"总开关"。坚定的共产主义理想信念，是共产党人的精神支柱。2012年11月17日上午，中共中央总书记习近平在主持十八届中央政治局就深入学习贯彻党的十八大精神进行第一次集体学习时强调，理想信念就是共产党人精神上的"钙"，没有理想信念，理想信念不坚定，精神上就会"缺钙"，就会得"软骨病"。这些话具有极强的针对性，也道出了领导干部坚定理想信念的重要性。深入剖析一起起领导干部道德失范丑闻，可以发现，没有坚定的共产主义理想信念，分不清是非，辨不了黑白，面对金钱名利、声色犬马等诱惑难以抵制，在市场经济大潮中迷失自我，道德防线崩溃，信仰明灯熄灭，是重要原因。

道德失范是指社会生活中基本道德规范的缺失与不健全所导致的社会道德调节作用的弱化以及失灵并由此产生整个社会行为层面的混乱无序。当前我国正处于社会转型期，在多元、多样、多变的价值观念的影响尤其是西方错误思潮的冲击和侵蚀下，一些不能严格要求自己的领导干部，没有意识到加强道德修养、坚定理想信念的重要性和紧迫性，精神迷茫、信仰迷失导致很容易失去方向、腐化堕落,极易作出道德失范甚至违法犯罪的行为。有些领导干部宁愿将他们的狗喂得肥肥胖胖,宁愿将他们的情人养得穿金戴银,却不愿给自己年迈的父母一些最基本的关爱,更别说爱人民了。这些领导干部做人之道都没有了,为官之素质更是丧失殆尽。究其根本原因,就是这些领导干部不认真学习马列主义、毛泽东思想,没有坚定的共产主义理想信念。

其次,一些组织部门选拔领导干部没有严格遵循"德才兼备,以德为先"的标准。邓小平说得好:"选拔干部,选拔人才,只要选得好,选得准,我们的事业就大有希望。"①但事实却是,由于缺乏一套对领导干部道德水平进行科学评价的体系和机制,当前领导干部选拔中重才轻德、以才蔽德、以绩掩德的现象仍然不同程度存在。有的地方、部门、单位选用领导干部,往往只注重政绩、学历、背景等,忽视个人品德,对绯闻不断者也照样提拔不误。如广东鹤山市桃源镇党委副书记张志青涉嫌强奸女下属的事件,据反映,张志青平时生活作风就不太检点,并且当地很多人都知道,还有不少群众向有关部门反映过多次。尽管如此,张志青仍然在 2010 年 4 月被提名为桃源镇副镇长候选人,并在 2011 年 8 月升任桃源镇党委副书记。张志青为何会被"带病提拔"并且是连续提拔?应该认真调查其中缘由和严厉追究有关领导的责任。而不良的选人用人风气一旦形成,便会为不道德行为的进一步滋生、扩散和蔓延撑起一把保护伞,偏袒那些善于阿谀奉承却道德水平低下的人,边缘化那些敢于直言且工作又兢兢业业的人,最终造成恶性循环,导致领导干部道德失范问题一再发生。

我们应该承认,在对官员道德"高标准严要求"方面,当前我们做得很不够,甚至可以说差距很大,尤其是在官员的选拔、任用过程中还没有真正做到这一点。良好的道德评价机制和正确的用人导向能够使符合道德规范的行为引导人积极上进,同时也使违反道德规范的行为受到惩罚,承担舆论压力甚至付出身败名裂的沉重代价。领导干部道德失范问题不断发生的根本原因,除了其个人不注重理论学习和道德修养之外,最根本的原因在于在选人、用人不当。虽然从上到下一直在强调"德才兼备,以德为先",但一些

---

① 《邓小平文选》第二卷,人民出版社 1994 年版,第 225 页。

地方、部门、单位的组织部门选拔干部并没有严格遵循这样的标准。这样就导致一些品行较差但却会讨上级领导欢心的人被提拔，即使在政治修养、生活作风上等思想道德修养方面存在问题也被认为是细枝末节，成为领导干部道德失范问题屡屡发生的巨大隐患。

再者，没有真正建立起对领导干部道德问题的透明监督机制和严厉惩处制度。不受监督和制约的权力必然产生腐败。在一个权力缺乏制度约束、缺乏有效监督的环境内，人性往往会被权力所扭曲，理想常常会被金钱腐蚀，道德自律不知不觉中成为空谈，为了追求自身利益的最大化，很容易会徇私舞弊、贪赃枉法、胡作非为。由于监督机制不健全，群众监督权难以得到落实，使得权力运行过程缺少严格的制度规范和监督，容易以权谋私，引发权钱交易、权色交易、权权交易等，自然容易引发道德失范问题。由于没有真正建立起对领导干部道德失范问题的透明监督机制，权力制约机制不健全成为领导干部道德滑坡乃至沦丧的重要制度原因。因为权力制约机制不健全，多数领导干部在运用权力的时候，更多的是靠道德良心制约自己的行为，缺少严格的制度规范。在这种只靠"应该"而缺乏"必须"的制度设计状况下，在金钱、权力、美色等诱惑下，某些领导干部的道德失范往往就会从可能变成了现实。现实中，不受制约和监督的权力很容易让一些领导干部出现谋取私利、奢靡腐化甚至挑战社会道德底线的行为就是很好的证明。

由于种种原因，我国法律多年来一直没有直接介入领导干部私生活领域，对领导干部的道德缺失问题，也几乎是"民不举官不究"。这自然导致对领导干部生活腐化堕落监督乏力，成为领导干部生活丑闻频出的重要原因之一。虽然我们已经有了组织监管、纪检监管、民主党派监督、舆论监督、群众监督和法规制度监督等多种监管渠道，但由于一些地方、部门、单位没有真正把这些监督落到实处，再加上相互之间关系不顺，导致"都监都不监，都管都不管，出事才来管"的被动局面一直没有得到根本改观，尤其对领导干部道德失范方面监督乏力、监管不力。我们必须承认，虽然制定了很多规章、制度和办法，但不少流于形式，真正得到贯彻落实的并不多。如曾经实行的领导干部收入申报制度，尽管年年都会填表申报，但不少人都没有如实填写，甚至不少单位是组织人事部门或者办公室给你写好了让你抄写，完全是搞形式主义、走过场糊弄。面对这种公开的秘密，却很少有哪一个部门会去审查核实,更没有几个领导干部因为申报不实而受到查处。而对于领导干部的社会交往、"八小时外"的娱乐活动等私生活,很多单位更是不管不问。正是由于监督上的走过场、流于形式甚至严重"缺位",淡忘了群众路线和意识形态能力建设,再加上实际执行过程中也往往是重教育轻处罚,对领导干部道德失范问题以及其他违法乱纪行为起不到应有的震慑、惩戒作用。

(二)领导干部道德失范问题影响恶劣、危害巨大

领导干部是人民的公仆,公众不但要求他们有过人的才能,全心全意为人民服务的热情,更要有着很高的道德修养。从"微博门"、"裸聊门"、"开房门"、"短信门"、"裸照门"再到"醉奸门"、"猥亵门"、"名表门"、"视频门"等接连曝光,这些美丑不分、寡廉鲜耻的领导干部道德失范行为影响恶劣、危害巨大,不仅严重误导、丑化了公众对领导干部群体的认知,而且极大地降低了人民群众对党和政府的信任度,甚至很可能会激化社会矛盾、恶化干群关系并危害到我们党的执政基础。

第一,领导干部道德失范问题严重误导、丑化了公众对领导干部群体的认知。道德发展是个人全面发展的基础,领导干部起码应该认真履行作为公民应遵守的基本道德规范、道德理念,守住起码的道德底线,这是为官从政最基本的道德要求。在此基础上,领导干部应主动以更高的道德修养、道德水准要求自己,使自己能够做到以德修身,以良好的道德素养、道德魅力和人格魅力赢得群众的认可、支持和拥护,真正做到以德服众。为官之道在于德高,为政之本在于望众。领导干部是公权人物,他们的个人婚姻状况、生活作风、社会交往等道德行为自然影响到其在人们心中的形象,甚至直接影响着人们对整个领导干部群体的看法。领导干部道德失范问题如果不能及时加以根治,就会一次次突破老百姓的心理承受底线,严重损害人们心中的公仆形象,严重误导、丑化公众对领导干部群体的认知,甚至导致党和政府失去公信力。

领导干部道德失范问题让公众在蔑视的同时丧失了对领导干部起码的尊重。网络上流行一则段子,称现在的一些领导干部是:"身体越来越胖,心胸越来越窄;讲话越来越长,真话越来越少;权力越来越大,威信越来越低;年纪越来越老,情人越来越小。"描述未免夸张,但却真实映射了少数领导干部的道德状况。中国政法大学巫昌祯教授通过一项调查发现，领导干部腐败 60% 以上跟包"二奶"有关系，被查处的贪官中 95% 有情妇，并且，不少领导干部对个人生活作风问题几乎麻木不仁，甚至还有一些人对此不以为耻、反以为荣。这样的领导干部能不让人民失望吗？

第二，领导干部道德失范问题对社会道德建设具有极其严重的破坏作用。道德是社会意识形态，是一定社会中人们普遍认可、遵守的共同生活及其行为的准则与规范，道德是维系社会或者个人可持续发展的精神支柱。虽然不同时代、不同阶级、不同社会制度、不同文化背景有不同的道德规范，但从道德基本内涵来说具有一定的普遍意义。"人无德不立，国无德不兴"，尤其是官员道德在整个社会道德体系中一直居于风向标的特殊、核心地位，官员道德水准直接影响了社会道德水准，古今中外概莫能外。尤其是在今天，领导干部道德更是社会道德的主导因素，可以说领导干部道德水平直接关系到整个社会的道德建设进程，领导干部道德水准决定着整个社会的道德大环境，这就要求领导干部自然应该是社会道德的模范遵守者和社会主义核心价值体系的自觉践行者。

人们常常从各级领导干部在各种场合的言论中感悟社会所倡导的道德要求，又从各级领导干部的日常工作、学习、生活行为中判断善恶是非。领导干部的道德水平，不仅体现了社会道德建设的主题，而且是影响社会道德建设成效的关键因素。从一定意义上讲，领导干部比一般社会成员对社会道德建设的影响更大、更多。中国社会当前正面临着严重的道德危机是一个无法回避和否认的事实，不断翻版的"彭宇案"、"小悦悦事件"，层出不穷的食品安全、环境污染事件等，就是一幅幅中国社会道德危机的缩影。针对广东佛山发生的小悦悦被碾轧身亡事件，环球网联合环球舆情调查中心曾发起一次国人道德调查，结果显示，超过八成的受访人认为相比于十年前，中国社会的道德水平"有很大倒退"，其中道德水平下降最集中地体现在政府官员、司法执法人员等群体身上。这个调查结果应该引起我们的警醒！如果人们对领导干部不信任甚至怀疑，总觉得他们做什么事都对自己不公平，担心自己利益受损、上当受骗，自然不会积极参与党和政府倡导的社会道德建设。甚至可以说，少数领导干部的道德滑坡带动了社会道德水准的下滑，且加剧了社会的道德不自信、不自觉，领导干部道德失范是整个社会道德大滑坡的关键原因之一。更可怕的是,领导干部道德失范很容易让民众群起效仿,造成恶性循环。不少媒体和学者认为整个社会道德水平的滑坡始自领导干部道德水准的下降,相信这不仅没有言过其实,而且也不是危言耸听,应引起我们的高度警惕和深刻反思。

第三,领导干部道德失范问题对巩固和确保党长期执政地位形成严峻挑战。道德失范、滑坡虽然只是少数领导干部的行为,但对执政党、对国家、对人民、对社会的危害如同"附骨之疽"。少数领导干部道德的滑坡,如果得不到有效遏制,就会使广大人民群众对领导干部群体失去信任,进而就会对党失去信任,从而导致党的执政地位动摇甚至丧失。正如邓小平所说,国家的稳定,四个现代化的实现,除了要有正确的组织路线作保证外,还"要有真正坚持马克思列宁主义、毛泽东思想和党性强的人来接班才能保证"①,要"把共产党员教育好,把人民和青年教育好。中国要出问题,还是出在共产党内部。对这个问题要清醒,要注意培养人"②。2014年3月18日,习近平总书记在河南省兰考县调研党的群众路线教育实践活动时强调,作风问题本质上是党性问题。抓作风建设,就要返璞归真、固本培元,重点突出坚定理想信念、践行根本宗旨、加强道德修养。这也再次警示我们,领导干部的道德修养绝非个人的私事、小事,领导干部的道德水准、道德形象关系各级党委、政府的道德形象。人民群众对党和政府的道德评价,国际社会对中国共产党和中国政府的道德评价,主要依据领导干部的道德水准与道德形象来判断。

当前部分领导干部道德水准下降、道德素养滑坡甚至道德沦丧,既败坏了党风、政风,也损害了党和政府的道德形象。领导干部道德失范问题对巩固和确保党长期执政地位形成严峻挑战,这在一定程度上已经得到印证。事实证明,近些年被查处的领导干部腐败案件中,大多有道德沦丧、生活腐化等因素在内,一大批高级领导干部道德沦丧并走向犯罪,成为西方攻击我们党和社会主义制度的重要借口。而近几年来涉及领导干部生活作风的丑闻不断发生更是让人们从对领导干部道德沦丧的指责发展到对共产党员素

---

① 《邓小平文选》第二卷,人民出版社1994年版,第193页。
② 《邓小平文选》第三卷,人民出版社1993年版,第380页。

质和各级党委、政府形象的批评,呼吁从更高层面、更深层次查找原因。由此可见,领导干部道德失范问题不仅可能会激化社会矛盾、恶化干群关系甚至引发恶性事件或群体性事件,而且可能会导致人民群众对党和社会主义制度丧失信心,任其发展下去必然危害到党的执政地位。

(三)如何从根本上解决好领导干部道德失范问题

近年来面对不断被曝光出来的领导干部道德失范问题,社会各界都在反思,各级党委和政府也在积极采取有效措施加以应对。但是,为什么领导干部道德失范问题这些年来不仅没有得到有效遏制甚至根治,反而有愈演愈烈之势呢?党的十七届六中全会也指出一些领域道德失范、诚信缺失,一些社会成员价值观、人生观和世界观扭曲,用社会主义核心价值体系正确引领社会思潮更为紧迫。习近平总书记更是多次强调坚定理想信念问题,并对领导干部道德修养提出了高标准、严要求。这一切都要求我们结合领导干部道德失范问题发生的根源和产生的危害进行深入剖析、作出科学研判,从而采取思想教育、纪律处罚、法律制裁和全方位监督等多种有力、有利、有效的措施相结合,让全社会都来监督、推进领导干部的道德建设,这样才能从根本上解决好领导干部道德失范问题。

首先,要切实加强领导干部道德教育,使之长期化、制度化。德是一个人安身立命的根本,领导干部更是要做谨守道德的模范。领导干部的德才状况直接关系着党的事业兴衰成败。而在德才素质中,"德"是"统帅",是"灵魂",决定着"才"的用力方向与施展力度。在新的历史条件下,只有不断加强领导干部队伍道德建设,大力提高领导干部道德素质,才能使之经受住多重考验,团结带领人民群众顺利实现全面建成小康社会的宏伟目标。这就要求我们重视政治理论学习和思想道德教育的作用,而不是把道德教育和法制建设对立起来。要把领导干部的道德品质教育列入干部教育培训的必修课,教育领导干部树立正确的价值观、人生观、世界观和科学的群众观、历史观、发展观,常修为政之德,常思贪欲之害,常怀律己之心,清除权力意志主义、拜金主义、实用主义和享乐主义等形形色色腐朽人生观的消极影响,努力做到立身不忘做人之本,为政不移公仆之心,用权不谋一己之私。国家公务员局 2011 年 10 月发布的《公务员职业道德培训大纲》显示,"十二五"期间,我国将对全体公务员进行职业道德轮训,并把该培训列入公务员初任、任职和在职培训的必修内容。这也表明,切实加强领导干部道德教育,使之长期化、制度化,从而最终实现道德自觉和价值自信,这不仅是时代的呼唤,更是人民的期盼、历史的必然。

加强领导干部道德教育不能流于形式,触动心灵、注重实效是关键。我们要经常组织广大领导干部认真剖析道德失范的案例,对照自身、结合实际,总结出自己应该注意的方面,这样才能警示自身、警钟长鸣。我们一定要结合近年来发生的领导干部道德失范事件,有针对性地进行热烈讨论、深入剖析、认真总结,让每一位领导干部都力争做到"有则改之,无则加勉"。同时,把加强领导干部道德教育和意识形态能力建设有机结合起来,通过加强对马克思主义理论的学习和增强思想辨别力、理论创新力、共识凝聚力、话语支配力等,使得更多领导干部从关系个人发展、党和政府形象、社会道德风气、中国共产党和中国政府在世界上的地位等多个方面,科学认识、高度重视和自觉加强领导干部道德修养。

其次,对出现道德失范问题的领导干部要严厉惩处、绝不姑息。旗帜就是方向、就是道路、就是形象,同时也就是主义和意识形态。[①] 因此,我们选拔领导干部时要特别注重对其道德品行的考察,不论他的才能是多么的出众,只要其德行不过关,就坚决不能提拔重用。要特别注重领导干部的理想信念教育和意识形态能力建设,对出现道德失范问题的官员要一票否决并严厉惩处、绝不姑息。但不可否认的是,虽然有不少地方、部门、单位在领导干部道德失范问题被媒体曝光之后,对事件的当事人都进行了严肃处理,使之受到了党纪国法应有的惩罚。这样也确实警醒了广大领导干部,如果做了违背伦理和道德的道德失范行为,一定会受到严惩。但也有一些地方、部门、单位对领导干部道德失范问题不够重视,轻描淡写,甚至只是简单批评了之,这无疑是对领导干部道德失范问题的纵容,也最终会毁了他们的前程,更是对党和国家、对人民群众的不负责任。

俗话说"小节不保,大节必失",对领导干部中出现的轻微道德失范问题,绝对不能轻视、忽视,一定要提前筑牢"第一道防线"。有个故事说,明代的王廷相,他在一次接见下级官员时说:"我昨天乘轿进城遇雨。一位刚

---

① 参见侯惠勤主编:《马克思恩格斯列宁论意识形态》,人民出版社2009年版,第734页。

穿了双新鞋的轿夫,一开头很小心地循着干净的地方落脚,生怕弄脏了新鞋。可后来一不小心踩在泥水里,鞋子脏了。从此便不复顾惜,什么地方都踩下去。"其实,绝大多数出现严重道德失范问题的领导干部,都是如前文中轿夫一样,刚开始总是想走干净的路,但第一次不小心出现小问题时没有人提醒、教育,就可能有第二次、第三次……最终出现了影响恶劣的道德失范问题,甚至走向犯罪的深渊。这就要求我们要防微杜渐,从小事抓起,对小问题、小错误也绝不放过。

对领导干部中出现的严重道德失范问题,一定要严厉惩处、绝不姑息,并且应该"零容忍"。纪检、监察部门对道德问题严重或者一再出现道德失范问题的领导干部要坚决撤职、开除,应该追究法律责任的绝不手软。事实上,官员道德法制化是现代法治社会的一种普遍做法。如美国 1978 年就出台了《从政道德法》,对从总统到最低一级的公务员的行为在道德上都作了规定和限制,通过明确从政道德规范可以让官员在道德实践中有"德"可依,民众在监督官员时也有"德"可依;1981 年韩国以总统令的形式颁布了《韩国公职人员伦理法》;1996 年古巴颁布了《古巴国家干部道德法规》;1999 年日本通过了《日本国家公务员伦理法》;2001 年意大利出台了《道德法典》;2002 年美国在原来法律的基础上,对公务员的操行进一步细化,公布了《行政官员道德行为准则》……尽管我们已经颁布了《公务员法》,但却没有对领导干部道德予以廓清和规范,使得领导干部道德问题一直处于没有法律规定与限制的"盲区"。因此,我们要学习借鉴其他国家的成功做法和经验,尤其是借鉴同为社会主义国家的古巴通过法规详细规定和严格要求领导干部必须严格遵循道德准则的做法,加快领导干部道德建设法制化步伐,尽快制定出中国的公务员道德法或从政道德法,用法律形式将基本的政治伦理和从政道德进行规范和明确,从而为领导干部提供更加明确的行为准则,也方便公众监督,使领导干部道德建设真正做到有法可依、有法必依、违法必究、执法必严。并且要对领导干部的道德失范行为,不管大小事,只要涉嫌违法,司法部门都应该依法监督、主动监督。对于领导干部道德失范问题,仅仅是给予停职、调离、免职或者撤职的处分是远远不够的,而应该进一步彻查并及时公开调查结果,触犯刑律的必须追究刑事责任,不能因为其公职身份而法外施恩。

再者,通过树立正确的用人导向从根本上解决领导干部道德失范问题。选拔、任用、考核干部时,要认真贯彻"德才兼备、以德为先"、"德不过关、一票否决"的用人标准,是保持马克思主义执政党纯洁性和先进性的根本要求和重要保证。什么样的人该用,什么样的人重用,都要把德放在首位,在这个前提下注重选拔那些确有才干、实绩突出的领导干部。在 2008 年 12 月 27 日召开的全国组织部长会议上,时任中共中央政治局常委、国家副主席习近平就指出:干部德的标准应当包括干部的政治品德标准、职业道德标准、家庭美德标准和社会公德标准。2009 年 11 月,习近平在中央党校 2009 年秋季学期第二批进修班开学典礼上的讲话中强调指出:在道德问题上,党员、干部无疑应该比普通群众有更高的标准和要求。并进一步明确要求,要大力加强思想道德建设,引导党员、干部自觉践行社会主义荣辱观,培养高尚的道德情操和健康生活情趣,始终保持蓬勃朝气、昂扬锐气、浩然正气,用自己的模范行为和高尚人格感召群众,引领社会风尚。2010 年 9 月,他在浦东干部学院出席干部教育培训工作座谈会的讲话中又强调,要引导干部牢固树立正确的世界观、权力观、事业观,始终保持艰苦奋斗精神和锐意进取的激情,始终保持道德品行的纯洁性,经受住各种考验,尽职尽责干好工作。2011 年 8 月,他深入四川考察调研时再次强调,做好换届工作,最重要的是坚持正确用人导向,按照"德才兼备、以德为先"的用人标准选人用人。要从政治品质和道德品行全面考察干部的德,注重选用坚持原则、敢于负责、敢抓善管的干部。一次次强调领导干部的道德品行,可见其对领导干部道德问题的高度重视。我们要把"以德治国"的理念贯彻到领导干部考察、选拔、任用的全过程中去,确保把政治上靠得住、工作上有本事、作风上过得硬、人民群众信得过的领导干部选拔到领导岗位上来。这样,既对所有领导干部自觉加强道德修养是一种正向引导,对那些自身要求不严格的领导干部更是一种压力,也必将大力推进党的纯洁性、先进性建设。

建立领导干部道德评价机制的关键是建立道德奖惩机制,把道德作为考核领导干部政绩的重要指标。要把道德品质作为领导干部任职、升降的一项必要条件,并建立领导干部道德品质考察、考核的具体制度,形成一套测评领导干部道德的有效机制,使领导干部的道德能够被量化,然后把这种量化了的道德要求与领导干部最为关心的升迁、收入等挂起钩来,实行道德问题"一票否决"。胡锦涛 2008 年在全国组织工作会议上指出:选人用人要坚持德才兼备、以德为先。在十七届中央纪委三次全会上,他再次强调,我们党的干部标准是德才兼备、以德为先,德的核心是党性。党的十七届四中全会通过的《中共中央关于加强和改进新形势下党的建设若干重大问题的决定》进一步指出:"把干部的德放在首要位置,是保持马克思主义执政党先进性和纯洁性的根本要求和重要保证。"[1]胡锦涛在庆祝中国共产党成立 90 周年大会上的讲话中更是将领导干部的道德问题提到了一个新的高度,不仅强调"要坚持把干部的德放在首要位置",而且强调要"形成以德修身、以德服众、以德领才、以德润才、德才兼备的用人导向"[2]。2013 年 3 月,习近平在十二届全国人大一次会议闭幕会上的重要讲话中也强调:领导干部要永葆共产党人政治本色,坚决反对享乐主义、奢靡之风。2013 年 6 月,他出席全国组织工作会议并发表重要讲话,再次强调指出:成为好干部,就要不断改造主观世界、加强党性修养、加强品格陶冶,时刻用党章、用共产党员标准要求自己,时刻自重自省自警自励,老老实实做人,踏踏实实干事,清清白白为官。这一切都表明中央对领导干部道德问题的高度重视,值得我们深思和牢记。

令人欣慰的是,一些地方、部门也在积极探索如何使领导干部道德的评价机制具有可操作性,在浙江、河北、湖北、陕西、广东等地,一项针对领导干部道德问题的德考正在进行。这项被称为"反向测评"的评价机制,在考量干部道德表现时,试图用更为清晰的量化指标,对干部道德表现进行较为客观地评价。江苏沭阳 2010 年就开始将个人品德纳入干部考核,个人品德在百分制中所占的权重有 10 分,包括政治品德、职业道德、社会公德、家庭美德;江苏南通则将违反社会道德和秩序的不良行为从 2011 年开始都以"禁令"的形式列入《南通市公务员思想道德和社会诚信行为规范》中;山西陵川县在干部选拔中注重在考察环节坚持德、能、勤、绩、学、廉全方位考察,尤

---

[1] 《中共中央关于加强和改进新形势下党的建设若干重大问题的决定》,人民出版社 2009 年版,第 20 页。

[2] 胡锦涛:《在庆祝中国共产党成立 90 周年大会上的讲话》,人民出版社 2011 年版,第 13 页。

其突出"德"的考察,通过会议述德、正向测德、反向查德等多种考察方式把"德"考准。尤其是通过引入对德的反向测评,注重从成长轨迹、群众眼光、常态监管等方面进一步作延伸和深度考察,力求看得清、选得准,切实防止出现"高分低德"问题;吉林省在2011年全国开展的换届选举中实行了领导干部不良行为测评,让群众对每名考察人选是否存在不良行为及程度进行评价;北京市2012年出台《关于进一步加强我市公务员考核工作的意见》中,"道德考核"指标在量化考核100分的分值中占到了20分。2011年10月,中组部印发《关于加强对干部德的考核意见》,明确要以对党忠诚、服务人民、廉洁自律为重点,加强对干部政治品质和道德品行的考核;突出德在干部标准中的优先地位和主导作用,把德的考核结果体现到干部的选拔任用、培养教育、管理监督等各个方面;其中考核道德品行,主要考核干部的社会公德、职业道德、个人品德、家庭美德;坚决不用品质不好、为政不廉的人,坚决不用群众观念淡漠、对人民群众没有感情的人,坚决不用作风不正、热衷做表面文章和搞形式主义的人,坚决不用不坚持原则、奉行好人主义和严重闹不团结的人,已在领导岗位上的要撤换下来。2014新年伊始,中央修订颁布《党政领导干部选拔任用工作条例》,明确提出要加强对干部的政治品质和道德品行等情况的考察,并把"德才兼备、以德为先原则"明确为选拔任用领导干部必须坚持的七项原则之一。这些做法和措施都是值得肯定的积极探索,我们要及时总结、深入研究、科学评析其经验、得失,尽快制定出"领导干部道德失范问题一票否决"的科学考评机制在全国推广。

最后,通过网络等多种手段强化对领导干部道德失范问题的监督。由于近年来公民的权利意识、监督意识不断增强,领导干部的私生活也成为人民群众监督的重要内容。尽管我们大步走向依法治国、制度管人,但同样不应该忘记"贵君子之有道,入暗室而不欺"这句古训,领导干部任何时候都应该牢记并做到"权力慎独"。而要真正做到"权力慎独",强化对领导干部日常言行的监督则是非常重要的。我们应该进一步理顺监督领导体制,健全监督法规制度体系和党内民主监督体系,拓宽监督渠道,通过网络、电话、信访等多种手段拓宽、加大实现民主监督的广度和力度,强化对领导干部道德失范问题的监督和惩戒,让他们明白,如果以为在工作之余或者身在网络虚拟世界就可以不受监督,对自己的言行举止就可以不加约束甚至放浪形骸,那就大错特错了。只有让领导干部知道自己时刻处于人民群众的监督之下,他们才会真正感受到压力,从而更加严格要求自己,逐渐真正做到"权力慎独"。

因此,纪检、监察部门要以防微杜渐、惩前毖后的态度加强对领导干部道德失范问题的监督。在加强对领导干部"工作圈"监督的同时,也要加强对其八小时以外的"生活圈"、"社交圈"、"娱乐圈"的监督,铲除其道德失范行为、权力滥用现象滋生蔓延的土壤。要认真观察领导干部的言行举止,从生活细节入手加强监督,注意防止领导干部思想作风的腐化堕落。我们要绝不护短、不怕揭短、勇于查短,及时对领导干部道德失范问题予以通报、曝光,这种防微杜渐、惩前毖后的做法才会真正起到治病救人的效果。

并且,我们要注重通过党的群众路线教育实践活动和纯洁性、先进性建设等来认真听取群众对领导干部道德问题的反映,欢迎广大群众积极举报道德失范等在有些党员干部身上存在的问题,认真倾听广大群众对加强领导干部道德建设、意识形态能力建设等的建议。尤其是在正在开展的群众路线教育实践活动中,广大领导干部一定要以更高的标准严格要求自己,真正把自己摆进去,带头深入学习,带头查找问题,带头开展批评和自我批评,带头坚决反对"四风",带头制定整改落实措施,成为群众拥护、爱戴的道德楷模和全心全意为人民服务的实干标兵。

同时要完善党务公开、政务公开制度,创造条件主动欢迎人民监督。政务公开是让公众了解政府的行为、让社会舆论监督领导干部行为的有效途径,也是现代政府应该具有的主要特征之一。如英美等国都特别注重外部监督,特别是通过政府信息公开来发挥大众和新闻媒体的监督作用,美国除了《信息披露法》、《政府阳光法案》、《情报自由法案》等之外,更是要求保存并公开每一位官员的道德品行档案,英国更是从法律上明确赋予媒体等舆论对政府进行监督和批评的权利,从而使得政府的行政活动和公职人员的品行档案都置于大众和媒体的直接监督之下。这些做法都值得我们借鉴。

随着互联网的迅猛发展,网络新闻、微博、微信、论坛、博客、播客等多种传播形式不断发展,显示出越来越强大的威力,为人民监督政府、监督领导干部提供了阵地和舞台,这也是领导干部道德失范问题不断被曝光出来的重要原因。因此,有关部门要进一步强化舆论监督,积极利用网络拓宽和畅通群众监督领导干部的渠道,反腐败职能部门要特别注重从网络曝光中发现领导干部权钱交易、权色交易等腐败线索,鼓励和引导广大人民群众积极通过多种合法途径举报领导干部道德失范问题等腐败行为,使那些道德失范的领导干部成为人人喊打的过街老鼠,从而逐步实现"做人有人品、当官有官德"的目标。

二、以纠正错误倾向为抓手,加强理论知识学习,增强引导社会思潮的能力

是否具有理论兴趣,是否注重理论学习,是否重视理论建设,是衡量一个阶级、一个政党乃至一个国家是否具有活力和前途的重要标志。恩格斯曾经说过:"一个民族要想站在科学的最高峰,就一刻也不能没有理论思维。"①2013 年 3 月 1 日,习近平总书记在出席中共中央党校建校 80 周年庆祝大会暨 2013 年春季学期开学典礼并发表重要讲话时强调:中国共产党人依靠学习走到今天,也必然要依靠学习走向未来。确实,我们党从成立之初就高度重视理论学习、知识学习,毛泽东、周恩来等都是这方面的典范。尤其是在人们思想高度活跃、各种知识信息大爆炸、社会思潮极其复杂的今天,我们更应该大兴学习之风,坚决纠正学习方法上的几种错误倾向,坚持学习、学习、再学习,在全体领导干部中间形成爱学习、会学习、勤学习的好风气,通过理论联系实际的学习方法增强纠正错误倾向、引导社会思潮的能力。

(一)警惕并纠正空洞说教的所谓"永远正确"倾向

马克思主义者对于思想政治教育和理论宣传的重要性一直非常重视,其中列宁的论述最为经典。列宁曾指出:"纯粹工人运动本身就能够创造出而且一定会创造出一种独立的思想体系"②等观点是极大的错误,并进一步指出:"资产阶级思想体系的渊源比社会主义思想体系久远得多,它经过了更加全面的加工,它拥有的传播工具也多得不能相比。"③"对社会主义思

---

① 《马克思恩格斯文集》第 9 卷,人民出版社 2009 年版,第 437 页。
② 《列宁选集》第 1 卷,人民出版社 1995 年版,第 325 页。
③ 《列宁选集》第 1 卷,人民出版社 1995 年版,第 328 页。

想体系的任何轻视和任何脱离,都意味着资产阶级思想体系的加强。"①毛泽东等中国无产阶级革命家也一直特别强调思想教育和理论宣传,并使之成为我们党的优秀传统和宝贵财富。但令人遗憾的是,在我们现实社会的理论学习中,因为教条主义等思想的影响和怕说错话的思维作怪,出现了不少表面上重视而实际上轻视甚至漠视思想政治教育和理论宣传的问题,最突出的表现就是空洞说教的所谓"永远正确"倾向。

笔者在调研中发现,内容空洞、苍白说教的所谓"永远正确"倾向已经成为思想政治教育、理论研究和理论宣传的一个顽症,并被一些深受其害的干部形象地概括为"精心准备讲废话,认认真真走形式",对各级领导干部影响恶劣、危害很大。这种顽症主要表现在几个方面:不少领导干部不学习、不研究,而是单调地重复中央领导同志的讲话和复述中央的文件,并且很多会议的讲话都是内容重复;一些专家学者只是简单套用马克思主义经典作家的名言名句、中央文件的表述和用一些单调、枯燥的词汇来进行研究,写出来的文章虽然没有错误,却是"外行人看不懂,内行人不愿看";一些年轻的理论工作者一是怕吃苦,二是怕说错话,三是急功近利,把别人的研究成果再加上一些马克思主义经典作家的名言名句进行所谓的"再加工",虽然可以逃过抄袭软件的检测,却没有任何的自己的思想,更谈不上什么理论创新。这样做的结果是造成了基层干部、群众"一听政治就像催眠,一讲理论就想睡觉",其危害可想而知。

思想理论的"僵化"是"永远正确"倾向的另一个表现。这种理论脱离实际,以一成不变的"永远正确"的僵化理论来指导不断发展的实践的唯心主义方法论在社会主义历史上造成了十分严重的危害,甚至有导致亡党亡国的危险,苏共亡党、苏联解体的一个非常重要的原因就是意识形态领域的"僵化"。"僵化"模式导致了苏联意识形态领域空话、套话连篇累牍,一些领导人讲话的小册子印刷了几千万册都很少有人认真去读,形式主义愈演愈烈,使得在苏共对意识形态的高度控制和对新闻的严格管制的表面下暗流涌动。这也是我们应该认真汲取的重大教训之一,决不能让类似的悲剧在中国重演。

---

① 《列宁选集》第 1 卷,人民出版社 1995 年版,第 327 页。

　　虽然话语权从表现上看是思想意识形态，但其本质上却是立足于鲜活的实践，来源于人民群众的生产生活，马克思主义的中国化、时代化、大众化才真正是增强话语权的核心。我们要坚决摒弃"永远正确"的唯心主义思想工作方法，转变为不断"向正确方向努力"的历史唯物主义科学方法论。同时，那种认为人民群众能够自发掌握马克思主义的观点也是非常错误的，等于放弃了马克思主义对社会大众的理论武装和思想领导。我们的领导干部和专家学者必须静下心来认真研读马克思主义经典作家的原著，学习他们是如何紧密结合实践去研究问题、阐述理论、引导群众的，这样才能紧密结合中国特色社会主义的伟大实践解读好、发展好马克思主义，才能够以中国化、时代化、大众化的马克思主义去破解我们面临的时代问题，才能够用老百姓爱听、爱看、爱读的形式把马克思主义理论传播到人民大众中去，并以此武装他们的头脑，指导他们的行动，才不会走形式、走过场、讲大话、讲空话，才能真正增强话语权，真正引领好社会思潮。

　　如何才能做到不走形式、走过场、讲大话、讲空话？我们一方面要敢于直面问题，不怕讲错话，允许知错就改，不一棒子打死人，才能不讲空话；另一方面，上面不能只给精神，不给具体措施。说要解决问题，就要一个措施一个措施地教下面怎么做。上面不能只发指示而不指导，只是让下面自己去想办法落实。出了事，责任在下面，自己总是对的，这样不行。当年毛泽东接到下面治军的好办法的报告总是抄报全军供效仿的做法很值得我们学习，我们要及时搜集、总结专家学者正确的理论创新成果及各地值得借鉴的有益探索并积极加以推广，帮助我们的领导干部和专家学者真正学会并做到不讲大话，不讲空话。

　　我们要特别强调理论联系实际的学习方法。辩证唯物主义认为，科学理论的产生和发展一刻也离不开人民群众的实践，从前、当今和以后都是如此。毛泽东说得好："所谓认识客观真理，即是人在实践中，反映客观外界的现象和本质，经过渐变和突变，成为尚未经过考验的主观真理。要认识这一过程中所得到的主观真理是不是真正反映了客观真理（即规律性），还得回到实践中去，看是不是行得通。"①从中可见实践的重要性，这也是"实践

---

① 《毛泽东文集》第八卷，人民出版社 1999 年版，第 324—325 页。

是检验真理的唯一标准"这一论断的理论源泉。作为劳动人民思想武装的革命理论,马克思主义如果停止了大众化,脱离了中国革命和建设的伟大实践,其生命也就停止了。同样,任何理论如果脱离了伟大实践也就没有生命。广大领导干部在学习中应该始终坚持以问题为导向,理论紧密联系实际并以不断深化、升华的理论去推动时代进步。

真正的伟人都是理论密切联系实际的典范。早在马克思主义产生伊始,马克思、恩格斯就走出书斋,主动、迅速地把自己所创立的科学理论传播到工人运动中去,并使之成为指导工人阶级革命实践的理论明灯,最终照亮了全世界。毛泽东也是认真阅读《共产党宣言》等马克思主义经典著作并和自己的革命实践相结合,开始信仰马克思主义并成为一位伟大的马克思主义者。他在延安整风中批评"学院化的马克思主义者"时曾指出:"我们读了许多马克思列宁主义的书籍,能不能就算是有了理论家呢? 不能这样说……我们所要的理论家是什么样的人呢? 是要这样的理论家,他们能够依据马克思列宁主义的立场、观点和方法,正确地解释历史中和革命中所发生的实际问题,能够在中国的经济、政治、军事、文化种种问题上给予科学的解释,给予理论的说明。我们要的是这样的理论家。"[1]这些话在今天仍然有非常重要的指导意义和启示作用。他还尖锐指出:"如果我们身为中国共产党员,却对于中国问题熟视无睹,只能记诵马克思主义书本上的个别的结论和个别的原理,那末,我们在理论战线上的成绩就未免太坏了。"[2]这些话不仅是衡量我们理论学习、研究成败的重要标准,也是辨别真假马克思主义知识分子的试金石、分界线。这些话不仅是讲给共产党员的,也是讲给所有的领导干部的,是我们永不过时的行动指南。因此,我们的领导干部要认真学习马克思主义理论,始终坚持马克思主义观点,永远坚定马克思主义信仰,善于运用马克思主义方法去研究问题、指导实践,始终坚持一切为了群众、一切依靠群众,始终牢记"实践是检验真理的唯一标准",与广大理论工作者一起积极投身中国特色社会主义的伟大实践中,将理论学习、理论研究的场所搬到社会主义建设的第一线,用理论指导实践,在深入实际、深入基

---

[1] 《毛泽东选集》第三卷,人民出版社 1991 年版,第 814 页。
[2] 《毛泽东选集》第三卷,人民出版社 1991 年版,第 814 页。

层、深入一线、深入群众中用所学的科学理论破解实践难题,创造性地回答实践和时代提出的新问题并引领社会发展和时代进步,努力成为真正的、无愧于时代的马克思主义者。

(二)警惕并纠正缺乏自信的所谓"世界影响"倾向

当前不少地方、部门、单位虽然是越来越重视理论学习和理论队伍建设,但是有的地方、部委机关、研究机构尤其是高校,却把在国外期刊发表论文作为衡量一篇理论文章是否优秀的标志,甚至以此作为提拔干部、评定职称、申请资助以及各种奖励的重要依据。笔者在调研中了解到,不少研究机构、高校规定,在国外期刊发表一篇论文可以抵得上在国内核心期刊上的几篇,即使参加为了挣钱而举办的众多国外论坛被收入所谓的论文集当中的论文也可以等同于在国内核心期刊上发表;要求正高职称参评者必须有海外学习经历,甚至于马克思主义理论等哲学社会科学学科也是如此。没有海外的经历就不能成为包括马克思主义在内的很多哲学社会科学学科的带头人;不少地方政府、研究机构、高校招聘人才的时候对拥有国外大学文凭或者海外经历的优先录用,没有海外的经历就很难得到录用、提拔、重用……近些年来,一味追求所谓"世界影响"的倾向在不少地方、高校、科研机构甚至党政机关蔓延,并且不是个别现象,而是很可能成为普遍趋势,甚至用这个标准对包括意识形态主导的社会科学领域在内的所有领域"一刀切",而且美其名曰追求"世界影响力"!在这种"指挥棒"的导向作用下,不仅很多科研人员、高校教师为了能在国外期刊上发表文章绞尽脑汁,有些直接花钱在国外期刊买版面,有的拿手中的权力或者资源做交易,还有人利用这种"机会"进行违法犯罪活动。而且,一些地方党委、政府也纷纷把领导干部送到美国、新加坡等国外进行培训,请国外专家用西方的价值观、理论体系等给我们的领导干部上课,如果不能真正批判吸收,某种意义上就相当于主动送上门让西方给我们"洗脑"。

没有思想上的独立,所谓的思想包容就是一个不断被西化的过程。西方的理论标准被简单套用为我们的标准,理论评判标准乃至体系上的"崇洋媚外"相当于将话语权拱手让人,这种做法让国内学术理论期刊受到很大冲击,也让不少踏踏实实扎根中国、深入生活、服务大众的学者很受伤害。回想当年,陈景润"哥德巴赫猜想"、袁隆平"水稻的雄性不孕性"等曾在全世界引起轰动的科研成果都是首发在国内学术理论期刊上,也大大增强了这些期刊的影响力。但如今一切都颠倒过来了,许多学者有科研成果都首选国外期刊发表,导致大量优质学术理论文章外流,并且这种风气已经从自然科学领域蔓延到了社会科学领域,导致我国学术期刊越来越缺乏国际竞争力和影响力。在这种风气的影响下,不少国内期刊为了和国际接轨,也放弃了自己的评判标准,把西方的那套评判标准照搬到中国来,导致中国理论研究的"西化"倾向越来越严重。这样的科研评判体系不仅使西方发达国家凭借其手中的有影响力的期刊轻易将我国很多高端科研成果收入囊中,也让中国的自然科学研究被西方绑架,中国的科研在美国等西方国家面前没有什么秘密可言,更让西方的价值观在很大程度上左右着我们的社会科学乃至意识形态理论研究。不仅严重危害了我国的经济安全、文化安全,甚至威胁到我国的意识形态安全和政治安全。

稍微思维正常的人都知道,中国是世界上最大的社会主义国家,马克思主义理论、社会主义研究的最权威之地就是中国,"又红又专"是对我国社会科学理论工作者的基本要求。可惜的是,目前一些地方、高校、科研机构却放弃了"红"这条主线,逼着我们的社会科学理论工作者舍近求远、舍本逐末地去国外"取经",最终目的只是成为深受西方价值观影响的所谓"专"家。这不能不让人怀疑其这样做的出发点和用意何在!我们要清醒地认识到,用人导向的所谓"海外经历"倾向、一味追求所谓"世界影响"的倾向等不仅使得我们永远难以有自己的话语权,而且会使得我们的马克思主义理论研究被误导,更为国内外敌对势力西化、分化中国提供了很好的机会,是自乱阵脚、自毁长城的愚蠢做法。试问,当有些理论工作者只以西方化的思维来进行科研,用这种思维研究出来的成果为国家出谋划策,并用这种思想影响、教育身边的人和更多的人,建立起来的将是一种什么样的话语权,又如何引领好社会思潮?如何保证中国不走邪路?

因此,为了真正抓好理论学习,真正建立起独立于西方世界的中国话语体系,我们必须尽快采取果断、有力措施改革落后、错误的理论评判体系,尤其是严厉批判并果断摒弃理论评判上的"崇洋媚外"做法,坚决反对和制止那些盲信、迷信西方理论,鼓吹"去意识形态化"、"意识形态多元化"、新自由主义、民主社会主义、"彻底私有化"等错误思潮的做法,揭露、批判其危害和险恶用心,对鼓吹这些思潮的人坚决不能使用甚至予以清除。同时,大力弘扬中国特色社会主义的理论自信,建立具有中国特色、中国风格、中国气派的理论评判标准,并在干部选拔、职称评定、课题评审以及各种评奖等现实生活中严格加以落实,引导更多理论工作者深入基层、深入生活、深入群众。

（三）警惕并纠正混淆视听的所谓"解放思想"倾向

在当前关于进一步改革开放和建立话语权的讨论和争论中,关于如何对待解放思想成为焦点问题之一,有的人认为解放思想必须坚持马克思主义指导、中国共产党领导和中国特色社会主义制度等前提;有的人则认为解放思想不要有什么条条框框,而是要"大胆改大胆试",不要怕办错事、走错路。我们发现,那些大力鼓吹国企私有化的人打着的是解放思想的旗号,那些鼓吹在中国实行多党制的人打着的也是解放思想的旗号,那些在课堂上、论坛上、文章中大肆攻击中国共产党领导和中国特色社会主义制度的人打着的还是解放思想的旗号,那些和国内外敌对势力勾结西化、分化中国的人打着的仍是解放思想的旗号……因此,澄清社会上某些人对解放思想的错误理解和恶意诠释,警惕并纠正混淆视听的所谓"解放思想"倾向,是打造中国话语体系的重要前提,否则我们打造的就是错误的话语体系,并很可能在某些人烹制的解放思想的迷魂汤中迷失前进的正确方向。

邓小平对解放思想的论述是极富创造性的,他不仅指出"解放思想,开动脑筋,实事求是,团结一致向前看,首先是解放思想"[1],而且把解放思想同实事求是并列起来,这可以说是邓小平理论中最重要的精髓之一。他认为,只有解放思想、振奋精神,才能调动一切积极性、加速经济建设和社会发展,才能"表现出马克思主义的思想优越于其他的思想,社会主义制度优越于资本主义制度"[2]。并且,他也进一步指出:"我们讲解放思想,是指在马克思主义指导下打破习惯势力和主观偏见的束缚,研究新情况,解决新问题。解放思想决不能够偏离四项基本原则的轨道,不能损害安定团结、生动活泼的政治局面。"[3]"解放思想,就是使思想和实际相符合,使主观和客观

---

① 《邓小平文选》第二卷,人民出版社1994年版,第4页。
② 《邓小平文选》第二卷,人民出版社1994年版,第191页。
③ 《邓小平文选》第二卷,人民出版社1994年版,第279页。

相符合,就是实事求是。"①因此,邓小平理论之中的解放思想是一个有前提、有党性、高度自觉的口号,前提就是实事求是,党性就是社会主义,自觉就是坚持马克思主义的指导。正是在邓小平解放思想的理论指引下,我们克服了很多"习惯势力"和"主观偏见",破除了长期以来在"什么是社会主义"、"怎样建设社会主义"等问题上对于马克思主义的某些僵化理解,在改革开放中开辟了中国特色社会主义道路。可以说,解放思想是我们真正搞好理论学习的需要,是成功打造中国特色话语体系的前提和保障,也是其具有旺盛的生命力的源泉所在。

但需要警惕的是,当前西方一些国家正举着"自由"的话语大棒,妄图诱使我们服从于其制定的所谓"国际标准",加入其主导的所谓"国际社会"中去。而国内也有一些人认为解放思想就是摆脱一切观念约束的自由、放任状态,并且实践可以自动或自发地检验思想路线。有人甚至故意把解放思想作为一个无党性的口号,提出"解放思想就不能坚持马克思主义的指导,要坚持马克思主义就不能做到解放思想",呼吁要不断突破马克思主义的所谓"思想禁区",甚至将解放思想作为资产阶级自由化口号来不断挑战马克思主义的底线,甚至扬言要把毛泽东思想和新中国成立以来的前三十年"扫进历史的故纸堆"并彻底否定,试图改变中国的社会主义发展方向。这种错误思潮在社会上有着一定的影响,其危害性不容低估。因此,我们一定要时刻坚持把解放思想同坚持马克思主义紧紧联系在一起,这也是邓小平关于解放思想的另一层含义,是被某些人故意忽略的重要含义。在邓小平看来,解放思想绝不是思想的随意"排放",更不是思想上的"排污",而必须遵循一定的思想轨道。这个思想轨道就是马克思主义。② 因此,今天的解放思想恰恰是要全面、客观、公正地总结三十多年改革开放的得失,要认真研究改革开放过程中出现的新情况、新问题,要全力去解决贫富差距扩大、腐朽和落后现象死灰复燃等新问题。

总之,我们今天的一个重要任务,就是要在完整地把握邓小平关于解放

---

① 《邓小平文选》第二卷,人民出版社 1994 年版,第 364 页。

② 参见侯惠勤等:《新中国意识形态史论》,安徽人民出版社 2011 年版,第 52 页。

思想根本观点的基础上,继续地推动解放思想,这就是坚持和发展马克思主义。① 我们必须清醒地认识到,只有坚持马克思主义与解放思想具有内在一致性,才能在不断推进马克思主义理论创新,建立高度的理论自觉、理论自信和理论自强,才能真正创造性地解答好当代中国和世界发展面临的重大问题,才能在打造中国特色、中国风格、中国气派的哲学社会科学话语体系中不迷失方向。无论有些人怎样去淡化意识形态,话语权本质上就存在意识形态的问题都是不可改变的。美国等西方国家在话语权上面都有着鲜明的意识形态色彩,只不过其做法更巧妙、更隐蔽罢了。并且话语权问题绝不仅仅是理论的问题,也不仅仅是文化优劣的问题,而是政治上的大是大非问题,是事关中国前进道路和方向的根本性问题。任何在话语权问题上一厢情愿地"去意识形态化"、"非意识形态化"、"意识形态多元化"等做法都是错误的,不坚持马克思主义在意识形态领域的指导、主导地位,就不可能真正打造中国特色、中国风格、中国气派的话语体系,也不可能有真正的理论自信。

因此,笔者认为应该尽快设立由党的中央总书记兼任一把手的中央理论委员会或中央意识形态委员会,下设中央马克思主义研究院,针对党和国家发展中面临的理论问题、现实问题,及时加强研究,提出建议,注重用理论解决现实问题,通过正确的、先进的理论引领方向、振奋精神、凝聚力量,将全党、全国人民的思想始终统一到党的正确领导上来,不断增强全党、全国人民对党和政府的认可度、信任度、忠诚度,不断增强全党、全国人民的理论自信、价值自信。

三、以弘扬红色文化为抓手,加强先进文化建设,增强建设价值自信的能力

民族自信是一个民族生存、发展的基础,是一个民族自立、自强的灵魂,是一个民族成熟、强大的标志。面对"普世价值"论等西方价值观和历史虚无主义等的冲击,当代中国民族自信的关键是真正懂得中华文化所具有的高度和在人类文明中的价值,明白中国社会主义革命、建设的伟大成绩和中

---

① 参见侯惠勤等:《新中国意识形态史论》,安徽人民出版社 2011 年版,第 53 页。

国特色社会主义文化在世界格局中所应该占有的地位和应赢得的敬重,这就是价值自信。价值自信是一个人、群体、组织更是一个政党、民族、国家对自身价值的高度自信和充分肯定,是一个民族始终秉承的精、气、神,是一种战无不胜的不竭精神动力和强大灵魂支柱,是建设社会主义核心价值体系最根本的价值追求,是实现中国梦的重要思想基础和强大力量源泉。我们应该深刻认识到,没有价值自信,民族自信就会成为无源之水、无本之木,也不可能真正实现中国梦。要民族自信必须价值自信,只有价值自信才会拥有真正的民族自信,真正凝聚实现中国梦的不竭动力。红色一直是几千年来中国文化的主流色彩,也是价值自信的最鲜亮底色和最核心内容。因此,我们应该以弘扬红色文化为抓手,加强先进文化建设,增强建设价值自信的能力。

(一)发展社会主义先进文化必须以红色文化为主导

党的十七届六中全会审议通过的《中共中央关于深化文化体制改革、推动社会主义文化大发展大繁荣若干重大问题的决定》,阐明了中国特色社会主义文化发展道路,确立了建设社会主义文化强国的宏伟目标,给了中国让世界认识自身文化的机会。全会以高度的文化自觉和文化自信,提出"创新文化走出去模式,推动中华文化走向世界",这不仅让中国更加自觉、自信地融入世界,让世界更加全面地了解中国成为可能,而且让世界重新认识中国独特的红色文化成为现实,有助于提升中国在世界上的核心竞争力。

无论是几千年的奴隶社会、封建社会以及半殖民地半封建社会,还是从为建立新中国、建设社会主义而奋斗的光辉历程到改革开放的伟大实践,红色一直是中国文化的主流色彩。中华民族五千年的灿烂文化中,屈原、岳飞、文天祥、袁崇焕、史可法、郑成功、林则徐等一位位令人敬慕的民族英雄身上积累和传承的勤劳勇敢、与人为善、天下一统、大公无私和为民请命、舍身取义等文化基因,是红色文化的历史渊源;鸦片战争以来,孙中山提出"振兴中华",毛泽东提出要创造我们的新文化。尤其是在革命战争时期,中国共产党领导下的文艺创作队伍就以"活报剧"、"秧歌剧"等短小精悍的形式,唱响了爱国救亡的时代强音,发挥了教育人民、鼓舞官兵、瓦解敌人等重要作用,是红色文化的大发展。如井冈山革命斗争和红军长征等历史时期,红军官兵用四川调改编的《调兵歌》、《草鞋歌》和《大败江西两只羊》,以及用采茶调改编的《十送红军同志歌》、《当兵就要当红军》等等,都成为军民喜闻乐见的作品,大大鼓舞了红军士气。这些红色歌曲代代流传,成为红色文化经典的重要组成部分,传唱至今仍具有独特魅力。毛泽东曾多次强调,在中国共产党领导全国人民争取民族独立和人民解放的革命斗争中,有文武两条战线,要战胜敌人,仅有拿枪的军队不行,还要有文化的军队。在延安时期,他称赞丁玲一支笔相当于三千毛瑟精兵,并专门赋词一首《临江仙》相赠,称她"纤笔一枝谁与似?三千毛瑟精兵","昨天文小姐,今日武将军"。这首词既是对红色文化力量的肯定,也体现出毛泽东对红色文化的重视和赞赏。也正是丁玲等一批革命知识分子创作的红色文化作品鼓舞着党领导下的人民军队,成为中国革命不断取得胜利的强大精神力量,也成为今天红色文化的重要组成部分。

　　新中国成立后,《吕梁英雄传》、《新儿女英雄传》、《红日》、《红岩》、《青春之歌》、《红旗谱》、《保卫延安》、《山乡巨变》等红色文化经典,生动展现了激动人心的革命和建设历程,并涌现出了雷锋、焦裕禄、王进喜等一个个红色文化的经典形象,鼓舞了中国人民取得了社会主义革命和建设伟大事业的一个又一个胜利,使红色文化成为全国文化的主流并影响了世界。改革开放以来,广大文化工作者以全新的视角审视和书写红色历史,以更加贴近时代、更加贴近生活、更加符合人性的立场对"红色文化"进行崭新表达,以邓小平为代表的中国共产党人提出建设中国特色社会主义文化,开始了红色文化大发展大繁荣的新时代。近年来,庆祝中国共产党成立90周年、党的十八大等重大活动前后,在中国各地掀起的一股股红色文化热潮,包括城市公园里的退休老人唱红歌、诵红诗、跳红舞、赞革命、颂英雄、扬正气,都是当代社会主义中国的独特风景,受到广大人民群众的热烈欢迎,赢得了海内外的高度关注。环球舆情调查中心的一项公众调查结果显示,超过七成的受访者认同开展红色文化活动具有重要意义,超过八成的受访者认为红色文化精神内涵中有可弘扬和继承的内容。

　　鲁迅先生说得好:只有民族的,才是世界的。胡锦涛在庆祝中国共产党成立90周年大会上的讲话中指出:"在前进道路上,我们要继续大力推动社会主义文化大发展大繁荣,坚定不移发展社会主义先进文化。"①发展社会主义先进文化必须以红色文化为主导,并结合各地实际。事实证明,塑造了一代又一代人的道德理想与价值追求的红色文化不仅没有过时,而且其影响力历久弥新,并以更加崭新的姿态大步走向世界。从井冈山精神、长征精神、延安精神、红岩精神、沂蒙精神、西柏坡精神,到雷锋精神、焦裕禄精神、大庆精神、两弹一星精神,再到女排精神、抗震救灾精神、北京奥运精神和载人航天精神,每一种精神都蕴含着富有时代特征、民族特色、奋发向上的红色文化,都是国家发展、民族复兴的鲜艳旗帜,都是民族进步、中华腾飞的不竭动力,不断增强着我们的价值自信,鼓舞支撑着亿万人民努力建设富强、民主、文明、和谐的社会主义新中国。随着中国的再次崛起,这些精神也逐步走向世界,赢得了全世界的认可和敬重。

文化兴国、文化强国寄寓着中华民族复兴的伟大梦想,红色文化在其中起着不可替代的重要作用。随着我国综合国力的不断增强和国际影响力的日益提升,国际社会对中国发展道路和发展模式更加关注,了解中华文化和我国科学发展的愿望更加强烈,我国所承载的国际期待和国际责任明显加重。但我们也应该清醒地看到,近年来,美国一直控制着世界主要的电视和广播节目制作,每年向国外发行的电视节目总量达 3 万小时,并占有世界三分之二的电影市场总票房等,其在全球的文化影响力远远大于中国。为了实现对中国的和平演变,以美国为首的西方发达国家利用其拥有的文化霸权和网络霸权,不仅通过实施"文化帝国主义"、利用其在信息拥有上的垄断地位以及其控制的传播媒体,对我国进行文化侵略和意识形态的渗透,推行自己的价值观念、生活方式和意识形态,同时还想方设法来维护他们对于不发达国家的这种文化霸权地位,这都加大了我们文化走出去的难度和风险。

因此,坚守好、传承好、弘扬好红色文化,是中华民族屹立于世界民族之林的重要精神标志,也是中国特色社会主义文化的重要价值取向,是又好又快实现中国梦的重要力量源泉。另外,国外游客对中国的红色文化也是非常感兴趣甚至是很喜欢的,而不是像有的人想当然认为的不感兴趣。因此,

---

① 胡锦涛:《在庆祝中国共产党成立 90 周年大会上的讲话》,人民出版社 2011 年版,第23 页。

积极弘扬红色文化,还可以向世界很好地介绍中国的优秀文化和主流价值观,是中国文化走向世界的重要内容和关键环节。

(二)中华民族和中国共产党人一直高举价值自信的旗帜

中华民族素有价值自信的气度,并在漫长的历史长河中保持自己、海纳百川,形成了独具特色、辉煌灿烂的中华文明。历经磨难而经久不衰的中华文明中蕴含着丰富而宝贵的思想文化遗产,其中优秀的传统文化和高尚的精神追求是我们价值自信的基础。中华民族能一次次战胜灾难,一次次渡过难关,使统一的多民族国家得以不断巩固和发展,根本原因就在于产生和形成了为整个民族共同认可、普遍接受而富有强大生命力的优良传统价值理念。中华民族曾创造过灿烂的科学和物质成果、精神和政治智慧、制度和社会文明,其传统文化中讲仁爱、重民本、守诚信、促团结、崇正义、尚和合、求大同等思想的时代价值,都是我们价值自信的基础,我们应该认真从中汲取思想精华和精神财富。

中华民族一直就有反压迫、反侵略的优秀传统,尤其是鸦片战争以后,中国逐步沦为半殖民地半封建社会,列强对中国的侵略步步进逼,封建统治日益腐败,祖国山河破碎、战乱不已,人民饥寒交迫、备受奴役。为改变中华民族的命运,中国人民和无数仁人志士进行了千辛万苦的探索和不屈不挠的斗争。每一次抗争都是以爱国主义为核心的民族精神的展现,是价值自信的体现。实践已经并将继续证明,一个没有自信、崇洋媚外的民族是绝对没有前途的。当国学热在全国兴起并深入人心,当汉语热在全世界范围内越来越热,当孔子学院遍布世界并吸引了越来越多的人前来参观、学习,当毛泽东思想在 21 世纪的全世界影响越来越大,当中国的红色文化大踏步走向世界,中国文化正在成为发现、容纳和提升世界多种文化的重要载体,这种悠久、灿烂、包容文化中培育的价值自信必将激发起令世界瞩目的民族自信。正如胡锦涛在庆祝中国共产党成立 90 周年大会上的讲话中所指出:"中华民族创造了源远流长、博大精深的中华文化,中华民族也一定能够在弘扬中华优秀传统文化的基础上创造出中华文化新的辉煌。"①

---

① 胡锦涛:《在庆祝中国共产党成立 90 周年大会上的讲话》,人民出版社 2011 年版,第 24 页。

中国共产党成立九十多年来，共产党人一直高举理论自信、价值自信的旗帜，团结带领全国各族人民前赴后继、顽强奋斗，不断夺取革命、建设、改革的重大胜利。中国共产党人之所以能战胜那么多难以想象的困难和挑战，表现出极强的生命力，就是因为有信仰力量的支撑、价值自信的鼓舞。我们党能够依靠自己和人民的力量纠正错误，在挫折中奋起，继续胜利前进，领导人民结束了近代以后中国内忧外患、积贫积弱的悲惨命运，开启了中华民族不断发展壮大、走向伟大复兴的历史进军，根本原因就在于重新恢复和坚持贯彻了价值自信的重要内核之一——实事求是。正是我们在继承中不断发展、提升的革命文化，不断增强着中国共产党人乃至整个中华民族的价值自信，是中国共产党和中国人民伟大创造精神的动力源泉和生动体现。红色文化、革命思想、中华文明和民族精神是我们充满高度价值自信的根基和支柱，不仅让我们中华民族找回了民族自信，更让世界看到了一个按照自己模式发展壮大并屹立于世界强国之林的东方社会主义大国。

价值自信能激起的民族自信力量之强大可以震惊世界，新中国成立之初抗美援朝战争的伟大胜利和改革开放三十多年来"中国模式"举世瞩目就是两个明显的例子。尽管中国当时的经济实力、军事实力等与美国相差悬殊，再加上国民党残余势力的军事威胁，国内外很多人都认为中国不会出兵朝鲜，但以毛泽东主席为核心的党中央毅然决定组织中国人民志愿军抗美援朝，向全世界展现了中国共产党人伟大的价值自信。党的十一届三中全会以来，我们党以巨大的政治勇气、理论勇气、实践勇气实行改革开放，建立和完善社会主义市场经济体制，推动社会主义现代化建设取得举世瞩目的伟大成就，举世瞩目的"中国模式"成为很多中外政治家、学者研究的对象。抗美援朝战争的伟大胜利和"中国模式"的巨大成功使西方世界不敢小瞧中国，这是中国共产党人和中国人民价值自信的胜利，全面诠释了我们价值自信的丰富内涵。如今，有些人大肆攻击、诋毁我们党和国家的重要领导人以及党的历史等，这股历史虚无主义的暗流的真正目的是攻击、诋毁中国共产党，当年苏联解体就是攻击、诋毁斯大林的历史虚无主义思潮泛滥导致了苏共亡党，前车之鉴应引起我们的高度警惕，别让历史虚无主义毁了我们价值自信的支柱。

核心价值体系是维系社会团结和睦的精神纽带，推动社会全面发展的精神动力,指引社会前进方向的精神旗帜。2006年3月,胡锦涛在看望全国政协委员时提出,要引导广大干部群众特别是青少年树立社会主义荣辱观,坚持以热爱祖国为荣、以危害祖国为耻,以服务人民为荣、以背离人民为耻,以崇尚科学为荣、以愚昧无知为耻,以辛勤劳动为荣、以好逸恶劳为耻,以团结互助为荣、以损人利己为耻,以诚实守信为荣、以见利忘义为耻,以遵纪守法为荣、以违法乱纪为耻,以艰苦奋斗为荣、以骄奢淫逸为耻。胡锦涛说,在我们的社会主义社会里,是非、善恶、美丑的界限绝对不能混淆,坚持什么、反对什么,倡导什么、抵制什么,都必须旗帜鲜明。胡锦涛关于树立"八荣八耻"社会主义荣辱观的讲话在参加全国两会的代表委员中引起强烈反响,被认为抓住了广大干部群众普遍关心的一个问题,是构建社会主义和谐社会一个带有根本性的问题。2006年10月,党的十六届六中全会审议通过《中共中央关于构建社会主义和谐社会若干重大问题的决定》,明确提出要建设社会主义核心价值体系,树立社会主义荣辱观,培育文明道德风尚。2007年6月,胡锦涛在中央党校发表重要讲话,强调要大力建设社会主义核心价值体系,巩固全党全国各族人民团结奋斗的共同思想基础。马克思主义指导思想、中国特色社会主义共同理想、以爱国主义为核心的民族精神和以改革创新为核心的时代精神、社会主义荣辱观,构成了社会主义核心价值体系的基本内容。其中,社会主义荣辱观旗帜鲜明地指出了在社会主义市场经济条件下,应当坚持和提倡什么,反对和抵制什么,为全社会的道德选择和价值取向提供了基本的准则和规范,可以说是我们价值自信的重要源泉。党的十七届六中全会突出强调了社会主义核心价值体系的重要性,并从中国特色社会主义事业全局和战略高度,提出了在国民教育、精神文明建设和党的建设全过程,在改革开放和社会主义现代化建设各领域,在精神文化产品创作生产传播各方面,全面推进社会主义核心价值体系建设的总体目标和任务。社会主义核心价值体系就是我们价值自信的中心和无尽力量源泉,我们要以建设社会主义核心价值体系为根本任务,用社会主义核心价值体系构筑起社会主义文化强国的精神基石。

　　我们所提倡的"文化自觉、文化自信、文化自强"正是价值自信的题中应有之义,这种自信是坚持对优秀传统文化和革命文化的自信,是坚持马克思主义指导思想与社会主义核心价值体系的自信,是坚持对外来文化实行

"拿来主义"的自信。当今世界日益成为一个"地球村",不同文化的交流、交融、交锋比以往任何时候都更加频繁,这就要求我们必须自觉坚守全面辩证、协调和谐的科学发展观,坚持思想独立、理论自信、历史自信、道路自信,坚持发展民族的、科学的、大众的、先进的社会主义文化,走出一条面向现代化、面向世界、面向未来的具有中国气派的文化建设之路。同时,以高度的文化自觉、文化自信有效引领各种社会思潮,抵御腐朽文化、错误思潮影响,通过价值自信真正实现民族自信。

(三)价值自信凝聚实现中国梦的不竭动力

正如习近平总书记所说,实现中国梦必须弘扬中国精神。中国精神是中华民族在漫长的历史长河中一步步形成、发展、凝练并得到全民族广泛认同的共同精神,是中华民族优秀传统、灿烂文化、高尚品格、伟大力量的集中体现,是一个民族最宝贵的精神财富和前进的不竭动力。新时代的中国精神就是以爱国主义为核心的民族精神,以改革创新为核心的时代精神。这种精神是凝心聚力的固邦之根、安邦之本、兴国之魂、强国之魄,是价值自信的核心所在。爱国主义始终是把中华民族坚强团结在一起的精神力量,激励着中华儿女打败了日本侵略,推翻了"三座大山"的统治,赢得了民族独立和人民解放的胜利,建立了人民当家做主的社会主义新中国。改革创新始终是鞭策我们在改革开放中与时俱进的精神力量,已经成为新时期中国人共同的价值取向、思想理念和精神追求,是实现中国梦的强大动力。全国各族人民一定要弘扬伟大的民族精神和时代精神,不断增强团结一心的精神纽带、自强不息的精神动力,高举价值自信的旗帜,永远朝气蓬勃地迈向未来。

正是有着坚定的价值自信,中华民族在漫长的历史长河中保持自己、海纳百川,形成了独具特色、辉煌灿烂的中华文明。九十多年来,中国共产党人和全国各族人民前赴后继、顽强奋斗,不断夺取革命、建设、改革的重大胜利。中国共产党人之所以能战胜那么多难以想象的困难和挑战,表现出极强的生命力,就是因为有信仰力量的支撑、价值自信的鼓舞。党的十八大明确把"促进人的全面发展"纳入中国特色社会主义道路的内涵之中,这标志着中国已把实现人的自由全面发展作为终极价值追求,这也在价值层面上极大提升了中国梦的吸引力、凝聚力、感染力和感召力,丰富了价值自信的内涵。正如习近平总书记所强调"要以人民满意为标准。要广泛听取群众意见和建议,自觉接受群众评议和社会监督。群众不满意的地方就要及时整改"。我们一定要牢记全心全意为人民服务的根本宗旨,认真践行好党的群众路线,坚定不移地走好共同富裕道路,从根本上破解贫富差距拉大等社会问题,从而为每一个人的自由全面发展奠定坚实基础,更好地确保使我们的党永远不变质、我们的红色江山永远不变色。

从党的十五大报告第一次提出"两个百年目标",到胡锦涛在庆祝中国共产党成立 90 周年大会上的讲话中明确提出:"在本世纪上半叶,我们党要团结带领人民完成两个宏伟目标,这就是到中国共产党成立 100 年时建成惠及十几亿人口的更高水平的小康社会,到新中国成立 100 年时建成富强民主文明和谐的社会主义现代化国家。"①"建成更高水平的小康社会"是"建成富强民主文明和谐的社会主义现代化国家"的基础,"建成富强民主文明和谐的社会主义现代化国家"是具有中国特色的社会主义初级阶段的基本目标,是"更高水平的小康社会"的继续发展。党的十八大不仅又一次强调了"两个百年目标",同时确立了到 2020 年全面建成小康社会的这一宏伟目标,而且提出了实现国内生产总值、城乡居民人均收入比 2010 年翻一番的"两个翻番"新指标。从"翻一番实现温饱"到"翻一番达到小康",从"21 世纪中叶达到中等发达国家水平"到"本世纪中叶建成社会主义现代化国家",从"建设小康"到"建成小康"……这一切反映了中国共产党对于国家和人民的高度责任感,是我们对未来充满价值自信的有力展现,是民族自信的新世纪宣言。

理论上的成熟是政治上坚定的基础,理论上的与时俱进是行动上锐意进取的前提,完成"两个宏伟目标"要求我们必须大力推进马克思主义中国化、时代化、大众化。目前我们正处在大变革、大调整、大发展时期,建立价值自信是适应新形势、完成新任务、实现新目标的重要保障、迫切需要和根基所在。要完成"两个宏伟目标",就要求我们有高度的价值自信,要坚持解放思想、实事求是、与时俱进、勇于创新,大力弘扬以爱国主义为核心的民

① 胡锦涛:《在庆祝中国共产党成立 90 周年大会上的讲话》,人民出版社 2011 年版,第 30 页。

族精神和以改革创新为核心的时代精神,坚持用马列主义、毛泽东思想和马克思主义中国化的最新成果——中国特色社会主义理论体系武装全党,教育人民。要始终把人民利益放在第一位,把实现好、维护好、发展好最广大人民根本利益作为一切工作的出发点和落脚点,做到勇于创新、永不僵化、永不停滞,坚定不移走共同富裕道路,努力使全体人民学有所教、劳有所得、病有所医、老有所养、住有所居。坚持不动摇、不懈怠、不折腾,不为任何风险所惧,不被任何干扰所惑,及时回答时代、实践提出的新课题,为实践提供科学指导,为实现"两个百年目标"提供强大的精神动力。

中国人要有自己的思维,不要动不动就是外国经验,应当去自己文化中找到自己的智慧。中华文化与外国文化交流,需要经过理性自觉产生理性自信,然后有自强心,在此基础上高扬起充满平等意识的价值自信的旗帜,否则只能是西化、奴化的奴隶文化。因此,我们要坚持以我为主、为我所用,以民族文化为主体,吸收外来有益文化,统筹国际国内两个市场、两种资源,积极探索市场化、产业化的运作手段,以国家为支撑,以企业为主体,以文化贸易为主要方式,推动以红色文化为代表的更多的文化产品和服务走出去;要抓住机会推动中国红色文化大步走向世界,积极吸收各国优秀文明成果,参与国际竞争、形成特色品牌,不断扩大中华文化影响力,将东方文化的"和谐"精神撒播世界,成为人类文明不可或缺的精神元素,推动中华文化走向世界的文化开放格局进一步完善;要在世界上强化中国的文化属性、文化特征、文化品牌和文化形象,让世界更好地了解中国,从更深、更高、更理性、更公正的文化层次认识和把握中国,增强国家文化软实力和国际影响力,为人类文明进步作出更多、更大贡献。

人民对美好生活的向往,就是我们的奋斗目标。中国梦的本质内涵是实现国家富强、民族复兴、人民幸福,也就是让国家更强盛、人民更幸福,中华民族对世界作出更大贡献。中国梦推崇"国家好,民族好,大家才会好",坚信国家的强大是人民福祉的保障。当今世界日益成为一个"地球村",不同文化的交流、交融、交锋比以往任何时候都更加频繁,这就要求我们必须以高度的文化自觉和文化自信,走出一条具有中国气派的文化建设、文明建设之路,通过价值自信真正实现民族自信,为实现中国梦凝聚强大力量。具有宽广国际视野的习近平总书记认为,中国与世界已成为利益共同体,中国梦的实现离不开世界的和平与发展。正如他所指出：世界繁荣稳定是中国的机遇，中国发展也是世界的机遇。中国不仅是合作共赢的积极倡导者，更是合作共赢的切实践行者。这些话正是他面对西方发达国家所体现出的高度价值自信，中国梦追求的是促进世界共同发展，建设和谐世界，实现中国梦是世界的重大"利好"，是全世界人民的福祉。

第二节 拒腐防变、服务群众，团结共创伟业

在全球化、市场化、网络化大潮的冲击下，党的组织建设、作风建设和统一战线建设都面临着严重考验，不少徒有其名的共产党员严重败坏了党的形象，侵蚀着党的肌体；一部分领导干部贪图享受脱离群众，动摇了执政根基；统一战线工作中紧盯富人名人，核心价值涣散……这一系列问题都对领导干部的意识形态能力提出了严峻挑战。因此，我们要从根本上解决这些问题，就必须以清除不合格党员为抓手，加强纯洁性建设，增强主动拒腐防变的能力；以教育实践活动为抓手，加强调查研究工作，增强做好群众工作的能力；以核心价值体系为抓手，加强统一战线建设，增强团结共创伟业的能力。

一、以清除不合格党员为抓手，加强纯洁性建设，增强主动拒腐防变的能力

随着党的十八大报告首次将纯洁性建设列入党建主线，纯洁性建设不仅成为党的建设新的突破点，也成为全党工作的新重点、新亮点。2013年1月28日，习近平总书记主持召开中央政治局会议，研究部署加强新形势下党员发展和管理工作，会议明确要求"要强化党员管理，严格党内组织生活，严明党的纪律，及时处置不合格党员"。这给那些"对理想信念不坚定、不履行党员义务、不符合党员条件"的"三不"党员敲醒了警钟，也让人们看到了我们党加强纯洁性建设的决心。没有纯洁性就没有先进性，只有不断加强党的纯洁性建设，我们党才能真正赢得人民信赖和拥护，不断巩固执政基础，让实现中华民族伟大复兴的中国梦早日成为现实。因此，我们应该在

认真总结山东寿光市畅通"出口"、严把"入口"探索党的纯洁性建设新道路等经验的基础上,认真研究和剖析苏共①历史上加强党的纯洁性建设的五次全党规模的"清党"运动的经验和教训,尽快走出一条新时期加强党的纯洁性建设的中国道路。

(一)山东寿光畅通"出口"、严把"入口"探索党的纯洁性建设新道路

加强党的纯洁性建设始终是马克思主义政党的根本要求、重大任务和永恒主题,在世情、国情、党情发生深刻变化的新形势下,这个任务显得更加重要而紧迫,也面临许多前所未有的新情况、新问题、新挑战。寿光2012年开展的党员登记工作之所以成为很多人关注和议论的焦点,其中最大的亮点是对102名不合格党员不予登记,这被称为是在畅通党员"出口"方面全国第一个"吃螃蟹"。而另外120名党员暂缓登记并限期一年整改,如一年后民主评议的同意登记票低于60%也将不予登记,同样也是全国其他地方没有的新举措。更令人关注的是,102名不予登记的党员中,有34人是因为平时发挥作用差、民主评议中合格票数低而被清退出党的。这就意味着寿光在全国开了清退不合格党员的先河,再加上其畅通"出口"的同时更加严把"入口",在一步步探索中为新时期进一步加强党的纯洁性建设闯出了一条可供全国借鉴的新道路。

首先,寿光深化党员队伍纯洁机制工作实现了党员"能进能出"。寿光探索建立保持共产党员先进性长效机制过程中发现,少数党员处于"边缘化"状态,被人民群众认为"是党员,但没有党员样":有的党员理想信念动摇,党员意识、宗旨观念淡薄;有的党员组织纪律松散,经常不参加组织生活,不按时缴纳党费,不认真甚至不愿意完成党组织分配的工作;更有的党员甚至成为工作中的"刺儿头"、"挡头",不仅与组织形成对立,而且影响恶劣。因此,寿光市委认为,徒有其名的共产党员,不能发挥模范带头作用,就应该及时清退,这样才能保证党员队伍的纯洁性。探索推行党员队伍纯洁机制,一定要畅通"出口",及时处置不合格党员,这样才能进一步提升党员

---

① 开始称为俄国共产党(布尔什维克),简称俄共(布);1925年12月改称苏联共产党(布尔什维克),简称联共(布);1952年称苏联共产党,简称苏共,本章统称苏共。

队伍素质,锻造一支忠实践行科学发展观、永葆纯洁性和先进性的党员队伍。

在实际工作中,寿光经过深入调研、科学论证,首先从党籍管理入手,健全了党员定期分析、评议、登记"三项制度",深化了以"半年一分析、一年一评议、两年一登记"为主要内容的党员队伍纯洁机制。首先是在深入调研基础上,制定了《关于实行党员定期登记制度的意见》,并于2009年5月利用一个月时间,在参加第一批学习实践科学发展观活动的市直部门单位和企业的179个党支部、4357名党员中进行了试点。根据试点情况,对《意见》进行修改,形成了《关于加强党员队伍定期纯洁机制建设的意见(试行)》。2010年1月27日至3月8日,再次利用1个月的时间,在孙家集街道的96个党支部中进行了试点。在2010年进行的试点工作中,一共对14名党员暂缓登记,14名党员不予登记。在进行了理论层面和操作层面科学评估的基础上,寿光对党员队伍纯洁机制意见先后九易其稿进行修改、完善后于2012年2月1日起在全市推开,分党性分析、民主测评、联席研究、组织考察、审核审批等13个环节,最终决定对102名党员不予登记,其中违法违纪的68名;发挥作用差的34名。另有120名党员被暂缓登记。

始终保持党的纯洁性,必须把队伍纯洁作为基础。以前,寿光虽然每年基层党组织都进行党员民主评议工作,但在具体工作中,由于党组织对不合格党员的标准难以认定和把握,个别党组织书记和党员不愿得罪人,致使不合格党员不能得到及时处置。因此,为了切实做好纯洁党员队伍工作,本着实际、实用、实效的原则和抓实、抓细、抓严的要求,寿光突出"六个重点":一是深入宣传发动。各级党组织层层召开动员会议,充分利用报纸、电视、广播、网络等新闻媒体及公开栏、宣传标语等形式,广泛宣传发动。对89名因外出务工等原因与党组织失去联系的党员,在《寿光日报》、寿光电视台连续发布公告,47名党员与党组织取得联系并参与了党员登记工作。二是搞好民主评议。上级党委派人指导召开支部全体党员和群众代表会议,以无记名填写民主测评票的方式,对党员进行评议,作出合格或不合格等次的评价。设立秘密写票处,公开计票,当场公布结果,确保了评议结果的真实性。三是严格认定标准。提出了不合格党员的8种表现,研究制定了暂缓登记和不予登记党员的认定标准,对违纪违法、违反计划生育政策、信仰邪教、自愿放弃以及不履行党员义务、不具备党员条件的党员不予登记,对民主测评得合格票率低、长期不参加组织生活、不交纳党费、不做党分配的工作、作用发挥差的党员,暂缓登记并限期一年整改。四是联席会议研究。召开由市纪委、组织部、政法委、公安局、检察院、法院、信访局、人口和计划生育局等部门参加的联席会议,对发挥作用差的党员分门别类,逐一分析研究,并由相关部门出具书面鉴定意见,作为党员是否登记的重要依据。五是组织集中考察。从市纪委和组织部抽调人员,成立 6 个考察组,由市委组织部副部长带队,对拟暂缓登记和不予登记的党员进行考察,重点做到了"六必谈",即与基层党委书记必谈,与党支部书记必谈,与党支部其他班子成员必谈,与党员代表必谈,与群众代表必谈,与党员本人必谈。党员本人确实无法联系的,与党员本人的家属亲属必谈。通过谈话,主要了解党员的基本情况、存在的问题及表现、支部党员大会民主评议情况及党支部决议等。考察结束后,逐人形成考察材料,存入本人档案。六是做好善后工作。对暂缓登记和不予登记党员,以基层党委正式文件进行了通报,并通过召开党员大会、公开栏公示等方式,及时公开党员登记结果。坚持"惩前毖后、治病救人",由所在党委安排逐一谈话教育,并由所在党支部班子成员结对帮教,做好深入细致的思想政治工作,既让他们找出差距、认识错误,又让他们放下包袱、努力转化提高。由于措施科学、工作得力,暂缓登记和不予登记的党员都对组织的决定心服口服,没有因为党员登记工作产生任何矛盾问题和不稳定因素。

其次,寿光在探索清退不合格党员的同时更注重严把党员"入口"关。建立党员队伍纯洁机制,不能仅仅理解为把不合格的党员清退出党组织,更要严把党员队伍"入口"关,从源头上保证党员队伍的纯洁性,这是寿光推进党的纯洁性建设中始终坚持的原则。因此,在全国率先畅通党员"出口"的同时,寿光市委更是严格要求全市各级党组织注重严把党员"入口"关,做到了党员"入口"、"出口"工作都走在了全国前列。

第一,借鉴企业质量体系认证管理理念,建立了"指导、发展、监督、评价"于一体的发展党员全面质量管理体系,从递交入党申请到预备党员转正,将发展党员细化为 5 个阶段、30 个环节,对每一环节都提出了明确具体的量化指标和时限要求。这样的标准化、科学化不仅保证了党组织可以对发展党员的全过程全面掌握,也便于申请入党的同志一旦没有被批准也知道自己在哪个环节还达不到标准,可以有针对性地去进一步努力提高自己。

第二,研发了发展党员全面质量管理网上信息系统,对发展党员工作实行网上登记、网上提报、网上审批,上一个环节不符合规定要求的,系统中止审核,不能进入下一个环节,并要求基层党委及时更新维护信息系统数据,做到培养管理同步进行,实现了通过科学手段杜绝不合格党员混入党的队伍的初衷。

第三,为进一步提高发展党员质量,制定出台了以严格标准条件、民主票决、全程公示、教育培训、材料预审、谈话考察、审批把关、监控管理、履行职责、责任追究为主要内容的发展党员工作"十严"规定。实行党支部推举、群团组织推优、全体党员推荐、群众代表推选、党支部筛选入党积极分子,发展党员全程公开的"四推一选一公示"制度,确定入党积极分子、推荐党员发展对象、讨论接收预备党员及预备党员转正,实行支部党员大会无记名投票表决,表决结果当场公布。同时,寿光在发展党员中建立失误追究制度,将参与发展党员工作的所有单位和责任人列入追究问责的范围。2012年5月,寿光将当年拟发展的预备党员名单全部在《寿光日报》、寿光党建网进行了公示,经群众举报、组织核实,有2名发展对象因违反有关法纪、在单位威信低而中止了发展程序,进一步增强了党员的荣誉感、压力感和工作透明度。并且,寿光市委组织部还从现任党务政工干部、市直部门曾担任过镇街党委组织委员、熟悉发展党员工作的干部中选聘20名同志担任市委兼职组织员,颁发聘书,并成立考察组,像提拔干部一样,对每名拟审批的预备党员进行考察,逐人形成考察材料,存入本人档案。本着"谁培养谁负责,谁考察谁负责,谁审批谁负责"的原则,严格落实责任,凡不按规定和要求发展党员的,对相关责任人进行谈话诫勉;出现重大失误、引发群体性事件的,严肃追究党组织书记及有关人员的责任。

再者,寿光加强经常性教育管理,确保党员思想上时刻保持纯洁性。保持党的纯洁性,要把思想纯洁摆在首位,把思想纯洁作为保持党的纯洁性的首要任务。为了做到防微杜渐,确保党员思想上时刻保持纯洁性,寿光建立健全了学习提高、目标管理、作用发挥、流动管理、激励关怀和监督评价"六项机制",强化党员日常教育管理。

第一是学习常态化。依托寿光电视台开办了远程教育频道,开设了"党旗正红"、"我身边的优秀共产党员"等栏目;创办了《新向导》党建专刊,每两周一期,每期4版,设"党旗飘飘"、"先锋颂"、"学习心得"、"新闻现场"、"红色记忆"、"本刊评论"等栏目,发到基层所有支部组织学习;开办"弥水大讲堂",定期邀请高层次专家学者举办专题讲座、辅导报告;制作了《弥水荡涤》专题片,深刻剖析全市党员干部违法违纪案例,做到警钟长鸣;高标准建设了寿光市党建成果展馆、党史展览馆和党员干部党性教育基地、农业产业化教育基地、警示教育基地等"两馆三基地",加强了党员信仰、信念、信心教育。

第二是活动经常化。寿光深入开展选派"第一书记"推动"包千村联万户"活动,建立干部直接联系服务群众制度,全市8236名干部主动联系服务群众2.8万户,定期深入农村调查研究,为群众办实事好事18.4万件,密切了党群干群关系。把每年4月8日确定为"党员专题活动日",积极开展重温一遍入党誓词、撰写一篇心得体会、组织一次走访慰问、开展一次谈心谈话等"十个一"活动,使每个共产党员时刻做到"心中有党",始终不忘自己的党员身份。2012年4月8日,组织新发展的203名党员,在市烈士陵园举行了"信仰、信念、信心"主题演讲宣誓大会,激励党员永葆纯洁性和先进性。

第三是管理制度化。寿光在严格落实"三会一课"等党员教育管理制度的同时,大力推行党员公开承诺制。年初,组织党员对照先进性具体要求和不合格党员主要表现,在思想作风、工作目标、工作措施等方面作出公开承诺,并在年底进行"述诺",接受群众监督。探索推行了流动党员"三三制"工作法,与流出党员比较集中的外地组织部门对接,签订"双向联系、双向管理"的"双联双管"协议,建立互访通报、工作指导、激励表彰、党员服务"四项机制"。建立了流动党员动态管理信息库,对流动党员实行"一对一"结对管理服务。成立了全省首家外来农民工党员服务中心党支部,并取得了很好的成效,探索出了一条外来农民工党员异地有家、生活有靠、工作有为、管理有序的新路子。

(二)苏共五次全党规模的"清党"及其经验教训

思想上、组织上的纯洁是马克思主义政党体现革命性、先进性的重要标志,正确的"清党"不仅是纯洁党的组织、提高党员质量的一种有效手段,而且是无产阶级政党加强自身建设的一种重要形式,也是一种非常正常的党内斗争方式。苏共"清党"就是在党中央领导下,通过在全党范围内大规模组织清洗的方式,把那些不符合共产党员标准的党员大量清除出党。梳理苏共的发展历史,可以看到其从 1919 年开始到 1939 年的 20 年间,在全党范围内一共进行了五次大规模"清党"。"清党"是苏共在一定历史条件下对加强党的队伍建设的一种特殊探索,既大大提高了党的战斗力,也因为缺乏科学标准等原因产生了不少问题,留下了一些惨痛教训。因此,认真总结苏共"清党"的经验教训,对于我们今天加强党的纯洁性建设具有重要的理论价值和指导意义。

列宁领导的第一次"清党"大大提高了党的战斗力,是加强党的纯洁性建设的一次典范。十月革命胜利后,在共产党成为执政党之后,加入党组织的人数迅速增长,大量农民、小市民等非无产阶级成分进入党内,使党员成分发生了很大变化,尤其是一些"野心家"甚至阶级异己分子混入党内造成了恶劣影响。面对党内的复杂情况,1919 年 3 月 18 日召开的苏共八大决定进行一次全体党员重新登记,这就是苏共历史上的第一次"清党"。苏共八大通过决定要求:第一,对全体党员进行一次普遍性的重新登记;第二,此后党应密切注意自己的社会成分。其中重新登记就是对党员进行重新审查,对那些入党手续不完备、不符合党员条件的人坚决不予登记,也就是清除出党。同时,苏共利用三种主要途径来推进"清党":一是利用当时所处的战争环境,用动员党员上前线的办法来清洗党内那些只图"享受"执政党党员的好处而不愿为共产主义牺牲的人,不少胆小鬼和阶级异己分子自己逃到党外去了;二是利用"共产主义星期六义务劳动"的伟大创举进行清党,规定所有在 1917 年 10 月 25 日以后入党而没有以特别的劳动或功绩证明自己绝对可靠的党员都应当经过"共产主义星期六义务劳动"的审查;三是针对苏维埃政权处于帝国主义和白匪军包围的困难情况,特意举行了征收党员周活动,列宁专门发表讲话,共接受了二十多万真正对党忠诚的人入党,其中绝大部分是工人,大大增强了党的纯洁性。

第二次"清党"是对第一次"清党"的进一步完善,主要任务仍然是改善党的成分。1921 年 3 月,苏共十大通过了《关于党的建设问题》的决议,苏共中央和中央监察委员会6月又通过了《关于党员审查、甄别和"清党"问题的决议》，对"清党"进行了详细、具体部署。当时正值苏联国内战争结束、新经济政策开始实行的时候，虽然当时党员人数已达73万多，但由于战争牺牲了大批党员，农民和城市小资产阶级等为主要成分的大量新党员涌入党内，再加上不少善于伪装的人和异己分子利用战时入党手续不严的空子钻入党内，和党内反对实行新经济政策的势力勾结起来，进行反对党的路线的派别活动。为了顺利推行新经济政策和社会主义建设，苏共决定再一次进行全党性的"清党"。这次"清党"在三方面积累了宝贵经验：一是在"清党"中特别注意征询非党的劳动群众对被审查党员的意见，并以此作为衡量该党员是否合格的重要标准；二是利用"清党"消除派别活动，宣布解散"工人反对派"、"民主集中派"等派别组织，并指出党员停止派别活动可以继续留在党内；三是在"清党"中严把"入口关"，规定了更严格的入党条件。规定工作了两三年的工人的入党预备期由半年延长为一年半，其余的人则规定为三年。通过这次"清党"，苏共的纯洁性、战斗力进一步增强。

第三次"清党"的中心任务依然是改善党的社会成分。1929年4月召开的苏共十六大通过了《关于清洗和审查联共（布）党员和预备党员的决议》，并专门由党的监察委员会组成了审查委员会负责"清党"的具体工作，提出了"到1930年底，争取党的成分中至少有一半是生产工人"的目标。这次"清党"借鉴上次经验，同样注意吸收非党的劳动群众参加，并高度重视他们的意见。同时，在报刊等新闻媒体和各种会议上广泛地开展批评与自我批评。通过第三次"清党"，苏共吸收了数十万产业工人进入党内，大大充实了党的队伍。

第四次"清党"主要强调"在党内确保无产阶级铁的纪律"。1932年12月1日，苏共中央政治局会议作出了进行新一次"清党"的决定，随后1933年1月12日的中央委员会和中央监察委员会的联席会议追认了政治局的决议。第四次"清党"虽然采取了与前几次基本相同的组织方法和工作方法，但发布的决议中没有强调改善党的成分，而是强调"在党内确保无产阶级铁的纪律"，并且停止了吸收新党员的工作。更与以往不同的是，第四次"清党"提出"把一切不可靠的、不坚定的和混进党内的分子清洗出党"。这种坚决清除不合格党员的出发点是很好的，但由于缺乏明确的科学标准，导致一些地方出现了利用"清党"公报私仇甚至迫害合格党员的现象。

　　第五次"清党"与前几次"清党"有着不同的对象,主要矛头是指向暗藏在党内的反革命分子。1934年12月1日,苏联党和国家的主要领导人之一、政治局委员、中央书记、列宁格勒州委书记谢尔盖·米洛诺维奇·基洛夫被暗杀的事件是这次"清党"的导火索。由于基洛夫是斯大林坚定的支持者、追随者等原因,苏联内务人民委员会认定基洛夫是被"托洛茨基—季诺维也夫暗杀集团总部"谋杀的。1936年8月,苏维埃最高法院军事审判庭公开审判了"托洛茨基—季诺维也夫暗杀集团总部"的主要成员季诺维也夫、加米涅夫等19人,尽管所有被告都不承认有罪,但仍有16名被告被判处死刑并被立即枪决。紧接着,苏共中央政治局在9月将工作不得力的苏联内务人民委员雅哥达撤职,任命冷酷无情的叶若夫为苏联内务人民委员,在党内开始了后来被称为"大清洗"的全面"清党"。与前几次"清党"不同,第五次"清党"的对象不仅是不符合党员标准的人,还包括所谓的暗藏在党内的间谍、特务、托洛茨基分子等反革命分子,并且以此为重点。"清党"方法没有继续采取吸收非党的劳动群众参加的好办法,而是采取党组织和专政机关相结合的办法,对清洗出来的反革命分子采取了逮捕、监禁、枪决等镇压手段,虽然清除了一大批反革命分子,但也造成了不少冤假错案。

　　总结苏共的五次大规模"清党",我们不难发现,前三次"清党"都是加强党的纯洁性建设的成功探索,不仅清除了大量不合格党员,而且增添了很多真正忠于党、忠于革命的新党员。如1919年的"清党"共清除不合格党员14万多人,接近当时苏共党员总数的一半,1921年的"清党"清除不合格党员更是达到21万人,但这样不仅没有减弱党的战斗力,反而使党的凝聚力、号召力和战斗力都比"清党"前大大增强了。究其原因,可以总结出下面几方面的经验供我们学习和借鉴:

　　一是在"清党"中采取全体党员重新登记的形式。保持党的纯洁性是马克思主义政党的本质要求,是党的建设的根本问题和重要目标。早在十月革命刚胜利后不久,列宁就强调指出无产阶级政党要善于运用"清党"的方法来纯洁队伍。毛泽东也多次告诫全党警惕资产阶级的侵蚀,坚决清除党内出现的腐败分子。1942年2月,毛泽东在中共中央党校所做的《整顿党的作风》的演说中强调:"只要我们党的作风完全正派了,全国人民就会跟我们学。"①就是强调通过整风加强党的纯洁性和先进性建设的重要性。当前,我们党内存在的问题不仅比苏共"清党"时要严重很多,也比延安整风时严重很多。我们党执政六十多年来,尤其是改革开放后,在市场经济大潮的冲击下,不少不合格党员混进党内,利益交换的市场原则污染了不少党员的心灵,一些党员干部理想信念动摇、宗旨意识淡薄、贪污腐败严重,严重地败坏了党风、党纪,影响着党在人民群众中的形象和威信,削弱了党的创造力、凝聚力、战斗力,危害着我们党的执政基础。而要彻底改变这种现状,小打小闹不解决根本问题,必须在全党范围内进行一次"清党"或者整风,像苏共"清党"那样采取全体党员重新登记的形式,检验每一位党员是否合格。

二是在"清党"中要坚决清除所有的不合格党员。在"清党"中,对于所有的不合格党员都要坚决清除,不要顾及党员队伍的数量,不要因为怕坚决清除不合格党员数量较多而放宽标准,将一些不合格党员留在党内。对于那些被认定为不合格的人,无论他有多高的官位、多老的资历、多深的背景、多大的名气、再多的财富,都要坚决清除,绝对不能因为其官位、资历、背景、名气、财富等为其破例。早在 1919 年 10 月 11 日,列宁就在《工人国家和征收党员周》一文中旗帜鲜明地说:"徒有其名的党员,就是白给,我们也不要。世界上只有我们这样的执政党,即革命工人阶级的党,才不追求党员数量的增加,而注意党员质量的提高和清洗'混进党里来的人'。我们曾不止一次地重新登记党员,以便把这种'混进党里来的人'驱除出去,只让有觉悟的真正忠于共产主义的人留在党内。"②事实证明,苏共第一次"清党"清除了大批不合格党员,虽然党员人数减少了将近一半,但号召力、凝聚力、战斗力却比以前大大增强。苏共第二次"清党"清除的不合格党员人数也超过了当时党员总数的四分之一,但同样是大大增强了党的凝聚力、战斗力。因此,只要敢于动真格,坚持"老虎"、"苍蝇"一起打,相信清除一大批不合格党员后,我们党的凝聚力、战斗力同样会大大增强,并且会更受人民拥护。

---

① 《毛泽东选集》第三卷,人民出版社 1991 年版,第 812 页。
② 《列宁专题文集 论无产阶级政党》,人民出版社 2009 年版,第 222 页。

　　三是在"清党"中尊重非党的劳动群众的意见。苏共在"清党"中特别注意征询非党的劳动群众对被审查党员的意见,并以此作为衡量党员是否合格的重要标准,这种做法在今天也是非常值得学习和借鉴的。列宁特别强调由党外群众来检查"清党"工作,他指出:"但是在评价人的时候,在揭露'混进党的'、'摆委员架子的'、'官僚化的'人的时候,非党无产阶级群众的意见以及在许多场合下非党农民群众的意见是极其宝贵的。"[①]苏共在"清党"中通过举行公开党组织会议的形式,吸收群众参加党组织的活动,是"清党"取得成功的重要保证之一。为人民服务是我们党的根本宗旨,群众路线是我们党事业制胜的重要法宝之一,我们可以通过吸收群众参加党组织会议,欢迎群众通过来信、电话、网络等多种形式监督,依靠非党群众参与"清党",听群众意见,请群众监督,让群众评判,既可以更好地保证"清党"的公开性、公正性,又可以进一步密切党和群众的联系,还可以吸引群众中的优秀分子入党。同时,还可以在人大、政协和统战部门中设置专门受理民主党派等党外人士举报、监督我们党工作的机构,欢迎他们监督、批评,并对我们党加强纯洁性和先进性等活动提出好的建议,充分发挥他们对我们党的监督、促进作用。

　　四是在"清党"中严把党员的"入口关"。建立党员队伍纯洁机制,不能仅仅理解为把不合格的党员清退出党组织,更要严把党员队伍"入口"关,从源头上保证党员队伍的纯洁性。苏共在"清党"中严把党员的"入口关",规定了更严格的入党条件,这对于我们解决目前一些党组织发展党员混乱的问题具有特别重要的借鉴意义。在总结第二次"清党"的经验教训时,列宁特意向苏共十一大写了一封《关于清党和入党条件(给彼·安·扎卢茨基、亚·亚·索尔茨和全体政治局委员的信)》,建议大会通过决议规定更严格的入党条件,并适当延长党员的预备期,从而保证新加入党员的质量。我们今天不一定要延长党员的预备期,但一定要规定更严格的入党条件,并实行支部党员大会无记名投票表决,建立发展党员失误追究制度,将拟发展的预备党员名单全部在报刊、网络等媒体上公示以接受群众监督等措施,而且要加以严格执行。

---

① 《列宁专题文集　论无产阶级政党》,人民出版社 2009 年版,第 321 页。

五是要利用多种形式考验并淘汰不合格党员。苏共在"清党"中运用让党员参加保卫苏维埃政权的国内战争和建设社会主义的共产主义星期六义务劳动等形式来锻炼和考验其纯洁性,许多共产党员不怕流血牺牲经受住了考验,但也有一些党员经受不住考验而成为可耻的逃兵。正如列宁所说:"动员共产党员去作战这件事帮助了我们——胆小鬼和坏蛋逃到党外去了。让他们滚开吧! 党员数量上的这种减少意味着党的力量和作用的大大增加。"①我们今天虽然没有了战争的考验,但同样可以通过反对资产阶级自由化、反和平演变斗争、支援边远地区、参与义务劳动、帮助困难群众等多种形式考验并淘汰不合格党员。

六是要把纯洁性建设作为党的建设的重中之重。从成立那天起,所有的无产阶级政党都高度重视党的纯洁性建设,并把它作为党的建设的重中之重。纯洁性建设事关无产阶级政党的生死存亡,马克思恩格斯虽然没有明确使用过"清党"这个词,但却一直坚持纯洁党的队伍。1879年,当俾斯麦政府颁布反动的"非常法"之后,一些混入德国社会主义工人党内的资产阶级以及小资产阶级知识分子竟然纷纷宣布脱党、退党,尤其是赫希伯格、施拉姆和伯恩施坦三人逃跑后组成了"苏黎世三人团",公开宣扬投降主义路线。面对这种严峻形势,马克思、恩格斯在《给奥倍倍尔威·李卜克内西威·白拉克等人通告信》中严肃指出:如果其他阶级的分子参加无产阶级政党,"首先就要求他们不要把资产阶级、小资产阶级等等的偏见的任何残余带进来,而要无条件地掌握无产阶级世界观"②。同时强调指出:那些满脑子资产阶级、小资产阶级观念的人都是工人党内的冒牌货,即使容忍他们也是暂时的,而和他们的分裂只是一个时间问题,尤其是让"苏黎世三人团"继续留在党内是不能容忍的。而苏共的五次大规模"清党"同样也是重视、加强党的纯洁性建设的有益探索和重要行动,尤其是前三次"清党"都起到了很好的效果,为保卫和巩固新生的苏维埃政权、更好地建设社会主义起到了至关重要的作用。中国共产党历史上的延安整风也是一次非常成功的"清党",是我们党的历史上一次加强党的纯洁性建设的典范,也表明党

---

① 《列宁专题文集 论无产阶级政党》,人民出版社2009年版,第349页。

② 《马克思恩格斯文集》第3卷,人民出版社2009年版,第484页。

中央一直非常重视加强党的纯洁性建设。如今,党中央首次将"纯洁性建设"列入党建主线,并明确要求"及时处置不合格党员",是新一届党中央在新时期高度重视党的纯洁性建设的体现,也指明了今后党的建设的方向和重点。

(三)全面建立不合格党员退出机制以增强拒腐防变能力

事实上,我们党在历史上一直高度重视纯洁性建设,并积极借鉴苏共"清党"的经验、教训,通过几次整风清除了大批不合格党员。陈云在党内最早明确提出了"纯洁"概念,1940 年他在延安时就撰文指出:"我们所说的纯洁,主要的不是年幼龄轻、没有社会关系、单纯的纯洁,而是指在复杂动荡的环境中忠心为共产主义坚持奋斗的纯洁。"[1]毛泽东在 1945 年 2 月更是进一步在党内明确提出"保持党的纯洁性",并指出:"一百多万党员中,抗战爆发以后加入的占九十多万。这就发生了一个问题,我们要不要胜利,要不要在全国胜利? 如果要的话,就要有一个有纪律的、思想上纯洁的、组织上纯洁的党,合乎统一的标准的党。"[2]新中国成立后,毛泽东又在《红旗》杂志发表了题为《无产阶级政党也要吐故纳新》的署名文章强调指出:"一个人有动脉、静脉,通过心脏进行血液循环,还要通过肺部进行呼吸,呼出二氧化碳,吸进新鲜氧气,这就是吐故纳新。一个无产阶级的党也要吐故纳新,才能朝气蓬勃。不清退废料,不吸收新鲜血液,党就没有朝气。"寿光成功实践和当年苏联"清党"的历史经验都表明,建立经常性的不合格党员退出机制,不仅没有造成党员队伍的流失,更没有影响党在群众中的形象,而是在群众心中重新树立起了共产党员的光辉形象,使得党员的危机感、压力感和党员意识明显增强,更好地提升了党组织的凝聚力、战斗力、号召力、创造力,更好地吸引了越来越多的先进分子更加积极、主动地申请入党,很好地进一步推动了加快科学发展与和谐社会建设。这也启示我们,应尽快全面建立不合格党员退出机制以增强我们党拒腐防变的能力,通过纯洁党员队伍来保证领导干部队伍的纯洁性和先进性,是我们党巩固执政基础、提高执政能力的重要环节。

---

[1] 《陈云文选》(1926—1949),人民出版社 1984 年版,第 134 页。

[2] 《毛泽东文集》第三卷,人民出版社 1996 年版,第 261 页。

由于缺乏科学的认定标准，在苏共后两次"清党"中，仅仅是某个领导人的一句话就可以将一名党员开除甚至判刑、枪毙，导致一些地方出现了利用"清党"公报私仇甚至迫害合格党员的现象，不少合格的党员被冤枉。并且，苏共后两次"清党"中不少时候仅仅是少数负责人或者党组织认定不合格党员，由于缺乏公开、公平、公正，导致不少党员被错误清除，甚至出现暗箱操作、草菅人命等问题。因此，我们对一名党员是否合格，什么样的党员是不合格党员，一定要制定出科学的标准并将标准向全社会公开以接受监督，这也是搞好纯洁性建设的关键，寿光在这方面就作出了很好地探索。寿光在推行党员队伍纯洁机制过程中，不仅提出并严格界定了不合格党员的8种表现作为认定标准，而且党组织通过开展党性分析、民主评议和党员登记，引导党员自愿提出登记与否的申请，组织党员群众对党员作出合格与否的评议，召开有关部门参加的联席会议研究，使对不合格党员认定过程更加科学、民主、公正。此外，作出决议时，寿光充分发挥党员的主体作用，党组织在每个步骤、每个环节都掌握着主动权，使被处置的党员心服口服，有效解决了过去"开除党籍"和"个人要求退党"涉及面窄、"劝退除名"和"自行脱党"不宜认定等问题，畅通了党员"出口"。古城街道的一名党员，原来是村干部，因工作责任心不强、村里工作停滞不前，2011年换届时落选，此后长期不参加组织生活，党员作用发挥差，民主评议不合格票达60.4%，被暂缓登记。在上级党委负责同志与其谈话时，他主动承认了错误，表示完全接受党组织的处理，下一步将吸取教训，积极支持村"两委"工作，发挥好党员的先锋模范作用。

列宁非常反对那些对犯有错误的党员不做任何思想教育工作就采取组织上清洗的简单做法，但苏共后两次"清党"中对认定的不合格党员很多时候简单清除，并且有时候还混淆了敌我矛盾和人民内部矛盾，将党内的不同意见之争上升为敌我矛盾，酿成了不少悲剧。面对前车之鉴，我们今天在纯洁性建设中，对犯有错误的党员应该坚持首先从思想教育入手，要通过耐心的批评教育帮助其认识、改正错误，争取能达到治病救人的效果。1942年的延安整风中遵循的"团结——批评——团结"的原则就是很好的经验，事实也证明了效果很好。这些做法，正是我们党对列宁的"清党"思想的继承和发展，是在中国条件下，我们党对无产阶级政党建设提供的新经验。寿光对民主测评得合格票低、长期不参加组织生活、不交纳党费、不做党分配的工作、作用发挥差的党员暂缓登记并限期一年整改,整改合格后可以一年后重新登记,可以继续留在党内。这样既纯洁了党员队伍,又避免了把更多的党内矛盾激化,是一种有益的尝试。

寿光市孙家集街道营子村党支部的一名党员曾任村干部,2004年因工作不力、群众威信差,在换届中落选。从此,他就拉着一帮人跟村"两委"对着干,组织活动更是常年不参加。由于党员会议到会人数达不到应到会党员人数的80%,村里连续三年无法发展预备党员。寿光推行党员队伍纯洁机制打破了这个僵局,2010年1月,在营子村党支部召开的由党员和群众代表参加的支部党员大会上,包括这名党员在内的两名党员因民主评议合格票数低于60%,党支部按试点规定对他们作出暂缓登记的决议,给全村47名党员上了一堂活生生的"警示课"。但这名党员却没真正悔改,2011年村里争取到城乡建设用地增减挂钩政策,拆旧房搬楼房,每腾出一亩用地指标政府补助20万元。80—140平方米的新房子,村民花很少的钱甚至不用掏钱就能住上。而这名党员仍拉着十几户村民不报名,全村只有他和另一户一直不参加旧房评估。后来交新房定金,他又拦着周围的人不让交。当年的民主评议,他的同意登记票数再次低于60%,就此失去了党员资格。随着这名党员被清退,全村党员的精神面貌、工作作风都大为改善,现在村里的工作越来越好开展了。由于程序严格、公开、合理,不合格党员认定依据充分,作出决议时充分发挥党组织的主导作用和党员的主体作用,使得每一名被处置的党员都心服口服。并且,很多被暂缓登记的党员主动改正错误后,不仅成为真正合格的党员,而且不少人重新发挥出了很好的先锋模范作用,成为推动当地加快科学发展与和谐社会建设的主力军。事实表明,随着"出口"畅通,许多优秀分子积极、主动向党靠拢,越来越多人主动递交了入党申请书,党员队伍越来越纯洁、越壮大、越先进,体现出了纯洁性建设成功后的强大正能量。

九十多年来的历史证明,党的纯洁性对党的凝聚力、战斗力、创造力有着根本性影响。在面临全球化、市场化、网络化等多重考验的新时期,加强党的纯洁性建设更加重要和迫切。从中国共产党成立时的五十多名到1949年新中国成立时的448.8万名,从改革开放前的3698.1万名到2012

年底的 8512.7 万名,随着党员数量的快速增加、党员队伍的不断壮大,党的群众基础和阶级基础也得到前所未有的扩大。但有些问题也开始凸显,尤其是一些地方、单位近些年来在发展党员时讲关系、看利益、划圈子等"近亲繁殖"的问题时有发生,严重败坏了党的风气,损害了党的形象。但较长一个时期以来,尽管《党章》规定:"党员如果没有正当理由,连续六个月不参加党的组织生活,或不交纳党费,或不做党所分配的工作,就被认为是自行脱党。"①而在现实执行中却一直没有行之有效的、对不合格党员进行硬性约束和即时处理的好办法,这就导致一些被群众公认已没"党员样子"的党员依然能"安然无恙"待在党内,堂而皇之地继续"滥竽充数",甚至有一些经常攻击、辱骂共产党、社会主义制度的人竟然也是共产党员,严重损害了党的形象。2012 年初胡锦涛在十七届中央纪委七次全会上强调:我们党作为马克思主义执政党,只有不断保持纯洁性,才能提高在群众中的威信,才能赢得人民信赖和拥护,才能不断巩固执政基础,才能实现党和国家兴旺发达、长治久安。全党都要从党和人民事业发展的高度,从应对新形势下党面临的风险和挑战出发,充分认识保持党的纯洁性的极端重要性和紧迫性,不断增强党的意识、政治意识、危机意识、责任意识,切实做好保持党的纯洁性的各项工作。2013 年 2 月 24 日,中共中央办公厅专门下发了《关于加强新形势下发展党员和党员管理工作的意见》,文件第五部分"强化党员管理,增强党员队伍生机活力"的第 15 条的题目就是"及时处置不合格党员",其中明确提出要"健全党员能进能出机制,使党员队伍更加纯洁。对无正当理由连续 6 个月不参加党的组织生活、或不交纳党费、或不做党所分配的工作的党员,按自行脱党处理,并予除名。对理想信念不坚定、不履行党员义务、不符合党员条件的党员,党组织应对其进行教育,要求其限期改正;经教育仍无转变的,应当劝其退党;劝而不退的予以除名。对那些思想品德败坏、无可救药的蜕化变质分子、腐败分子,要坚决从党的队伍中清除出去。"这充分体现了新一届党中央坚决清除不合格党员的决心,也是今后一个时期党的建设的指导性文件。因此,我们党作为无产阶级政党必须及时清退不合格党员才能不断增强自我净化、自我完善、自我革新、自我提高

_____

① 《十一届三中全会以来重要文献选读》(上),人民出版社 1987 年版,第 536 页。

的能力,才能真正保持纯洁性和先进性,始终坚持党的性质和宗旨,永葆共产党人政治本色。

党中央发出了明确的号令,各地马上展开了清除不合格党员的行动。浙江浦江县从 2013 年 4 月起试水不合格党员退出机制,根据《党章》和《中国共产党纪律处分条例》等党内法规文件,梳理了 10 个方面不合格党员的界定标准,主要从党员的理想信念、政治立场、组织纪律、大局观念、法制观念等方面进行界定。经过组织党员群众对照标准开展民主测评,有 55 名不合格党员被劝退或除名,并有 430 名党员被亮"黄牌"。对被亮"黄牌"的 430 名党员,浦江县将通过举办整改提升培训班,进行为期半年或一年的限期改正。内蒙古包头市青山区从 2013 年 4 月起在青福镇党委所属的 6 个村党支部开展不合格党员退出机制试点,3 个月的时间就有 24 名党员受到相应的组织处理或谈话告诫,其中 5 名党员被党内除名,1 名党员被要求限期改正,18 名党员被谈话告诫。而重庆市巴南区更是从党的十八大之后就按照十八大提出的"健全党员能进能出机制,优化党员队伍结构"要求,积极探索建立不合格党员退出机制,不到半年时间已处置 15 名不合格党员,其中处级干部 7 人。更多地方纷纷表示,正在研究处置不合格党员的具体办法,通过疏通"出口"进一步纯洁党员队伍、坚决清除不合格党员正在成为越来越多地方、部门和单位的自觉行动。

办好中国的事情,关键在党。历史的经验教训和现实的问题考验都表明,党应该吐故纳新才能永远保持生命力,保持党的纯洁性是全党重大的政治任务。党的纯洁性和先进性是一致和统一的,纯洁性是先进性的前提和基础,先进性是纯洁性的具体体现,不能保持纯洁性就很难真正保持先进性。只有纯洁党的队伍,才能提高党员队伍的素质,维护党的光辉形象,增强党的执政能力。始终保持党的纯洁性和加强党的纯洁性建设,是有效化解党长期执政带来的各种风险、积极应对发展社会主义市场经济带来的各种挑战的必然要求,是党领导人民适应新形势、应对新挑战、完成新任务的必然要求和重要保证,也是更好适应改革开放和外部环境考验的现实需要。只有始终保持党的纯洁性,才能不断巩固党的执政基础。如果在加快改革开放和发展社会主义市场经济过程中,我们党不能保持自身纯洁,那么,党的性质就会改变,社会主义市场经济的性质也会改变,我们的党和国家就会走上邪路。因此,越是大力发展社会主义市场经济、不断深化改革开放,越要毫不动摇地坚持党性原则,始终保持党的纯洁性。只有这样,才能确保我们的党不被利益集团绑架、不被人民群众抛弃,才能真正保证社会主义市场经济发展的正确方向,才能从容应对改革开放持续深化和外部环境不断变化带来的各种新问题、新挑战。胡锦涛在庆祝中国共产党成立90周年大会上的重要讲话中指出:"全党必须清醒地看到,在世情、国情、党情发生深刻变化的新形势下,提高党的领导水平和执政水平、提高拒腐防变和抵御风险能力,加强党的执政能力建设和先进性建设,面临许多前所未有的新情况新问题新挑战,执政考验、改革开放考验、市场经济考验、外部环境考验是长期的、复杂的、严峻的。精神懈怠的危险,能力不足的危险,脱离群众的危险,消极腐败的危险,更加尖锐地摆在全党面前,落实党要管党、从严治党的任务比以往任何时候都更为繁重、更为紧迫。"①同时强调要"坚持党要管党、从严治党,正视并及时解决党内存在的突出问题,始终保持党的肌体健康"②。因此,我们要强化"四种意识"、增强"四种能力",以寿光的率先探索和成功实践引起极大反响为契机,进一步剖析、总结、完善寿光的做法和经验,使之上升为值得全国其他地方学习、可在全党推广实施的普遍性措施并加以制度化,尽快在全国各级党组织和所有党员中普遍推广,通过制度完善彻底打破党员"终身制",最终建立起一套包括及时清退不合格党员等科学举措在内的加强党员队伍纯洁性、先进性建设的长效机制。

2013年,以习近平同志为总书记的新一届党中央又明确要求"要强化党员管理,严格党内组织生活,严明党的纪律,及时处置不合格党员"。这已经向外界明确表示了我党要坚决清除不合格党员的决心,也是一个重要的信号。再加上《关于加强新形势下发展党员和党员管理工作的意见》的出台,相信不久的将来,我们党一定会借鉴自己历史上整风和苏共"清党"的经验教训,进一步总结完善加强党员队伍纯洁性建设的"寿光模式"等先

---

① 胡锦涛:《在庆祝中国共产党成立90周年大会上的讲话学习读本》,人民出版社2011年版,第10页。

② 胡锦涛:《在庆祝中国共产党成立90周年大会上的讲话学习读本》,人民出版社2011年版,第10页。

进经验,采取全党规模的集中"清党"和日常清除不合格党员相结合的方式,开展新一轮全党规模的"清党"或整风。这不仅是党解放思想、实事求是优良传统的延续,是永葆党的纯洁性、先进性的必然要求,更是发展中国特色社会主义的有力保障和力量源泉。调研中,绝大多数领导干部也对此热烈拥护,期待新时期的"清党"或整风运动早日全面展开。

二、以教育实践活动为抓手,加强调查研究工作,增强做好群众工作的能力

2013 年 4 月 19 日,中共中央政治局召开会议,决定从 2013 年下半年开始,用一年左右的时间,在全党自上而下分批开展党的群众路线教育实践活动(简称教育实践活动)。这是继党的十八大明确要求在全党深入开展以为民务实清廉为主要内容的教育实践活动之后,党中央就进一步开展好教育实践活动作出的重大部署。2013 年 9 月 23 日至 25 日,习近平总书记在河北参加并指导省委常委班子党的群众路线教育实践活动专题民主生活会并发表重要讲话强调,批评和自我批评是解决党内矛盾的有力武器。全党同志特别是各级领导干部要增强党性,本着对自己、对同志、对班子、对党高度负责的精神,大胆使用、经常使用这个武器,使之越用越灵、越用越有效,以此促进民主集中制的贯彻执行,促进党内生活的严格规范,促进党性原则基础上的团结,切实提高领导班子发现和解决自身问题的能力。因此,我们要深刻认识到,围绕党的纯洁性、先进性建设,在全党深入开展以为民务实清廉为主要内容的教育实践活动,是新形势下坚持党要管党、从严治党的重大战略决策,是新时期加强党员干部意识形态能力建设的中心环节,是在新的历史时期推进党的建设新的伟大工程的重大战略举措,是推进中国特色社会主义伟大事业沿着正确道路前进的重大举措。通过教育实践活动着力解决好人民群众反映强烈的突出问题,提高做好新形势下群众工作的能力,是新形势下切实加强党的作风建设、提高做好群众工作能力的重要载体和主要抓手,是我们党真正践行好为人民服务的根本宗旨活动的再出发。

(一)群众路线是党的根本工作路线

马克思、恩格斯一直坚持要深入群众、依靠群众,认为"历史活动是群

众的活动,随着历史活动的深入,必将是群众队伍的扩大"①。列宁则进一步指出:"没有千百万觉悟群众的革命行动,没有群众汹涌澎湃的英勇气概……是不可能消灭专制制度的。"②毛泽东是我们党内最早重视并积极开展群众工作的,他在 1921 年 11 月来到安源,直接来到环境恶劣的采煤掌子面对正在干活的工人们进行调研,抚摸着工人们油渣一样的破被子,品尝着发霉的米饭,群众路线从那时期就在他的心中深深扎根下来。但最早明确提出"群众路线"概念的是周恩来。1929 年 9 月 28 日,周恩来在《中共中央给红军第四军前委的指示信》中指出:"应该细心去了解群众日常生活的需要,从群众日常生活斗争引导到政治斗争以至武装斗争。这种斗争才是群众本身所需要的……才会团结广大群众在党的周围。"③并第一次提出了"群众路线"的概念:"第四,关于肃清反革命工作要经过群众组织来执行,才有群众的意义,而且这一工作要特别加深。第五,关于筹款工作,亦要经过群众路线,不要由红军单独去干。"④他在信中多次强调要做好群众工作,要相信群众、依靠群众等问题,强调党开展工作就应该是从群众中来到群众中去,这就是我们党长期坚持的思想精髓。在以后的革命岁月中,以毛泽东为代表的中国共产党人在长期斗争实践中形成了"一切为了群众,一切依靠群众,从群众中来,到群众中去"的群众路线,不仅成为党的根本工作路线,而且被确定为毛泽东思想的活的灵魂的三大基本方面之一。

作为人民群众是历史创造者的这一马克思主义原理和中国革命具体实践相结合的重要产物之一,群众路线是我们党在敌我力量悬殊的长期艰难环境里,经过无数次牺牲、付出血的代价总结出来的宝贵经验。正如毛泽东所强调:"依靠民众则一切困难能够克服,任何强敌能够战胜,离开民众则将一事无成。"⑤"只要我们依靠人民,坚决地相信人民群众的创造力是无穷无尽的,因而信任人民,和人民打成一片,那就任何困难也能克服,任何敌人也不能压倒我们,而只会被我们所压倒。"⑥因此,我们领导人民群众开展工

---

① 《马克思恩格斯文集》第 1 卷,人民出版社 2009 年版,第 287 页。
② 《列宁全集》第 17 卷,人民出版社 1988 年版,第 151 页。
③ 《周恩来选集》上卷,人民出版社 1980 年版,第 35 页。
④ 《周恩来选集》上卷,人民出版社 1980 年版,第 36 页。
⑤ 《毛泽东军事文集》第二卷,军事科学出版社、中央文献出版社 1993 年版,第 381 页。
⑥ 《毛泽东选集》第三卷,人民出版社 1991 年版,第 1096 页。

作时,一定要坚持从群众中来、到群众中去,做到实行领导与群众相结合、一般号召与个别指导相结合,在把群众的意见集中起来的基础上取得正确的领导意见。

1944 年 9 月 8 日,毛泽东在纪念张思德的追悼会上的讲演中提出了"为人民服务"这一我们党的根本宗旨。随后不久又在题为《坚持为人民服务》的讲话中强调:"与人民利益适合的东西,我们要坚持下去,与人民利益矛盾的东西,我们要努力改掉,这样我们就能无敌于天下。"①我们一定要时刻清醒地认识到,党永远只是人民群众的一小部分,党的一切斗争与理想都不能离开人民,否则会变得毫无意义,而且也很难实现。在任何时候,我们都必须牢牢坚持好群众路线,时刻牢记为人民服务的根本宗旨。

事实上,我们党对群众路线是一直高度重视的,并且始终把开展好群众工作作为党的中心工作之一。如在解放战争时期,我们党领导人民群众在解放区开展了土地改革运动,解决了我国农民几千年来一直没有解决的土地问题,大大激发人民群众保卫胜利果实的革命热情。正如陈毅元帅所说,淮海战役的胜利是人民群众用小车推出来的。当时在淮海战役前线和广大后方,各解放区人民自觉掀起了一场史无前例的、轰轰烈烈的支前运动,540 多万的老百姓大军浩浩荡荡地推着 40 多万辆小推车运送粮食等,这在古今中外战争史上都是非常罕见的。"最后一把米,用来做军粮,最后一尺布,用来做军装,最后的老棉被,盖在担架上,最后的亲骨肉,含泪送战场。"这首歌谣唱出了解放区军民同心的鱼水之情,也让世界看到我们党和人民群众的血肉联系。正如毛泽东所指出:"不论是中国还是外国,古代还是现在,剥削阶级的生活都离不了老百姓。他们讲'爱民'是为了剥削,为了从老百姓身上榨取东西,这同喂牛差不多。喂牛做什么?牛除耕田之外,还有一种用场,就是能挤奶。剥削阶级的'爱民'同爱牛差不多。我们不同,我们自己就是人民的一部分,我们的党是人民的代表,我们要使人民觉悟,使人民团结起来。在这个问题上,我们同国民党是对立的,一个要人民,一个脱离人民。"②其实,不仅仅是淮海战役的胜利,全中国的解放和新中国的成

① 《毛泽东文集》第三卷,人民出版社 1996 年版,第 210 页。
② 《毛泽东文集》第三卷,人民出版社 1996 年版,第 57—58 页。

立都是人民群众用小车推出来,没有人民群众的支持就没有新中国。真正的共产党人绝对不能忘了人民群众,忘了我们不断取得胜利的根本。在新时期更要牢记和践行好党的群众路线,牢记为人民服务的根本宗旨,决策、做事时刻把人民利益放在最重要的位置,才能真正得到人民群众的支持和拥护。

新中国成立后,已经当家做主的人民群众对党和国家的路线、方针、政策非常拥护,很多人意气风发、豪情满怀、斗志昂扬地投身到建设社会主义的伟大事业中,创造了一个又一个奇迹。新中国建立后的二十多年间,在中国共产党的领导下,中国走过了许多国家需要上百年时间走完的路程,在中国近代以来的历史上出现了少有的和平建设局面,取得的伟大成就让很多资本主义国家也非常叹服。其中一个很重要的原因就是我们党通过多种形式调动起来了广大人民群众的积极性、创造性,举国同心建设社会主义。

改革开放以后,我们党依然坚持把群众路线作为根本的政治路线、组织路线,并在具体实践中不断完善、创新方式、方法。邓小平指出:"只要我们密切联系群众,深入地做工作,把道理向群众讲清楚,就能得到群众的同情和谅解,再大的困难也是能够克服的。"①"群众是我们力量的源泉,群众路线和群众观点是我们的传家宝。"②江泽民、胡锦涛也多次强调坚持群众路线的重要性,警示广大干部不要脱离群众。江泽民特别强调:"我们党的最大政治优势是密切联系群众,党执政后的最大危险是脱离群众。在任何时候任何情况下,都必须坚持党的群众路线,坚持全心全意为人民服务的宗旨,把实现人民群众的利益作为一切工作的出发点和归宿。"③胡锦涛也告诫全党:"群众工作是贯穿党和国家工作各领域各方面的经常性工作,采取临时抱佛脚、三天打鱼两天晒网的态度是做不好的,必须建立健全制度、认真执行制度,提高规范化、制度化水平。"④习近平总书记更是指出:"检验我们一切工作的成效,最终都要看人民是否真正得到了实惠,人民生活是否真正得到了改善,这是坚持立党为公、执政为民的本质要求,是党和人民事业

---

① 《邓小平文选》第二卷,人民出版社 1994 年版,第 229 页。
② 《邓小平文选》第二卷,人民出版社 1994 年版,第 368 页。
③ 《江泽民文选》第三卷,人民出版社 2006 年版,第 572 页。
④ 《十七大以来重要文献选编》(中),中央文献出版社 2011 年版,第 1014—1015 页。

不断发展的重要保证","我们要坚持党的群众路线,坚持人民主体地位,时刻把群众安危冷暖放在心上,及时准确了解群众所思、所盼、所忧、所急,把群众工作做实、做深、做细、做透。要正确处理最广大人民根本利益、现阶段群众共同利益、不同群体特殊利益的关系,切实把人民利益维护好、实现好、发展好。要认真贯彻落实中央各项惠民政策,把好事办好、实事办实,让群众时刻感受到党和政府的关怀。"①在实际工作中,针对我国正处于发展黄金期和矛盾凸显期的特殊国情,正视一部分从家门到校门、从校门到机关门的所谓"三门"干部缺乏与基层群众的日常交往的现实,各地、各部门认真研究剖析群众多样化利益诉求,有针对性地推出了"领导干部下基层"、"三进三同"、"进千村入万户"、"万名组织部长下基层"、"访千家单位,听万人建言"等活动,大大增强了领导干部和人民群众的联系和感情。这次教育实践活动更是新时期加强以意识形态能力为核心的党的执政能力建设的关键所在,是以习近平同志为总书记的新一届党中央面对新形势、应对新考验的重大举措,我们必须高度重视,认真组织好开展好。

为什么人的问题,是一个根本的问题,是一个重要的原则问题。"共产党是为民族、为人民谋利益的政党,它本身决无私利可图。它应该受人民的监督,而决不应该违背人民的意旨。它的党员应该站在民众之中,而决不应该站在民众之上。"②这是毛泽东在陕甘宁边区参议会的演说中的一段话,虽然七十多年过去了,但依然是每一位领导干部、每一名共产党员都应该牢记的。作为党的生命线和根本工作路线,群众路线能否真正贯彻落实好直接关系到党的生死存亡和事业的兴衰成败。如果脱离了人民群众的实践,我们将一事无成。因此,广大领导干部要按照中央要求,高举中国特色社会主义伟大旗帜,坚持以马列主义、毛泽东思想、邓小平理论、"三个代表"重要思想、科学发展观为指导,按照习近平总书记在党的十八届一中全会上讲话中提出的要求:"我们要坚持党的群众路线,坚持人民主体地位,时刻把群众安危冷暖放在心上,及时准确了解群众所思、所盼、所忧、所急,把群众工作做实、做深、做细、做透。"切实加强所有党员的马克思主义群众观点教

①　习近平:《全面贯彻落实党的十八大精神要突出抓好六个方面工作》,《求是》2013年第1期。

②　《毛泽东选集》第三卷,人民出版社1991年版,第809页。

育,把贯彻落实好中央八项规定作为重要切入点,坚决反对一切形式主义、官僚主义、享乐主义、奢靡之风,着力解决人民群众反映强烈的突出问题,始终贯穿"照镜子、正衣冠、洗洗澡、治治病"这个总要求,为推动经济社会持续健康发展、早日全面建成小康社会、实现中华民族伟大复兴的中国梦提供有力、坚强保证。

（二）加强调查研究是做好一切工作的前提

重视调查研究是我们党的重要传家宝,是在中国革命、建设和改革各个历史时期做好领导工作的一项极其重要的基本功,调查研究能力是领导干部执政能力和整体素质的重要组成部分,是做好群众工作的关键,是做好一切工作的前提。马克思、恩格斯不仅非常重视进行调查和研究,而且是这方面的典范。在居留英国的时间里,恩格斯专门对英国工人状况、工人运动等进行了周密的调查研究,写出了科学社会主义形成时期的重要著作《英国工人阶级状况》,为工人阶级如何实现彻底解放指明了道路。伟大的《资本论》,更是马克思在对资本主义进行深入调查研究的基础上完成的。而毛泽东提出的"没有调查就没有发言权"的光辉论断,则成为很多中国共产党人的行动指南。他在1927年亲自深入湖南的湘潭、醴陵等五县农村,花费一个多月的时间,步行1400多里地,搜集了大量鲜活的第一手材料,最后完成了《湖南农民运动考察报告》。1930年他在江西寻乌县调查时,不仅自己直接与各界群众开调查会,而且掌握了大量的第一手材料,对寻乌县各地农民分了多少土地、收入怎样,各类物产的产量、价格,各商铺经营品种、收入,县城各行业人员数量、比例以及各类人群的政治态度等等,都调查了解得一清二楚。毛泽东是我们党深入调查研究的典范,他的深入、细致、唯实的作风今天仍值得我们学习。

辩证唯物主义、历史唯物主义的马克思主义世界观和方法论,我们党一直坚持的实事求是的思想路线、群众路线的根本工作路线等等,都要求领导干部必须始终坚持并不断加强调查研究工作。调查研究的过程是领导干部不断提高认识能力、判断能力与工作能力的最有效过程,只有经常深入实际、深入基层、深入群众进行调查研究,才能真正转变工作作风,完善工作思路,增进同人民群众的感情,从而在全心全意为人民服务中做好本职工作。即使交通、通信的手段再发达,即使网络沟通的方式再便捷,即使获取信息的渠道再广泛,都不能成为领导干部不去亲力亲为进行调查研究的借口和理由。陈云曾要求说:"领导机关制定政策,要用百分之九十以上的时间作调查研究工作,最后讨论作决定用不到百分之十的时间就够了。"①由此可见调查研究工作的重要性,也揭示了调查研究是广大领导干部真正做到一切从实际出发、理论联系实际、实事求是,真正保持好党同人民群众的密切联系的根本保证,也只有这样才能保证党的各种路线、方针、政策以及各项决策得到正确制定和贯彻执行,才能有效实现我们在工作中不犯、少犯错误,保证即使不小心犯了错误、有了失误也能迅速予以纠正。由此可见,调查研究不仅仅是工作方法问题,更是关系改革成败、国家兴衰等党和人民事业得失成败的重大问题。

我们党九十多年的历史已经证明,党什么时候重视、坚持和加强调查研究,工作决策与指导方针往往就比较符合客观实际,党的事业也往往顺利发展。而一旦轻视、忽视甚至漠视调查研究,作出的决策和制定的方针、政策就常常脱离客观实际,违背群众意愿,甚至给党和国家造成重大损失。因此,领导干部一定要走出"文山会海",走到田间、地头,拒绝前呼后拥,坚持深入群众,不仅要重视调查研究,而且要强调"始终坚持"和"不断加强"调查研究,要根据自己所肩负任务的变化,根据自己工作岗位的变化,根据自己工作地区和部门的变化等,重新规划和进行调查研究。即使多年在一个自己非常熟悉的工作岗位、工作环境,也要根据不断发展、变化的新情况坚持进行、加强调查研究。同时,一定要杜绝只调查不研究的不正常现象出现,绝不能收集了一大堆材料不看,最后连一篇调研报告也不认真去写。一定要注意调查研究绝对不能走过场,要深刻认识到那种只看"盆景式"典型、蜻蜓点水座谈、走马观花参观的调查研究方式、方法,不仅会严重影响决策的客观性、科学性,而且会严重妨碍党的路线、方针、政策和精神真正得到贯彻执行,更严重损害了领导机关、领导干部乃至我们整个党的形象。

2012年12月4日,习近平总书记主持召开中共中央政治局会议,审议并一致同意中央政治局关于改进工作作风、密切联系群众的八项规定,要求中央政治局全体同志要改进调查研究,到基层调研要深入了解真实情况,总

---

① 《陈云文选》第三卷,人民出版社1995年版,第189页。

结经验、研究问题、解决困难、指导工作,向群众学习、向实践学习,多同群众座谈,多同干部谈心,多商量讨论,多解剖典型,多到困难和矛盾集中、群众意见多的地方去,切忌走过场、搞形式主义等。同时要求要轻车简从、减少陪同、简化接待等。这是新时期、新形势下做好调查研究工作的指南,也是以良好党风带动政风民风的重大举措,是党下大决心改进作风和始终保持同人民群众的血肉联系等决心的公开宣示。八项规定一出台就赢得全党、全国人民的高度信任和热烈拥护,也为全国进一步加强调查、搞好研究工作确立了原则,指明了方向。

2013 年 6 月 22 日至 25 日,中共中央政治局召开专门会议,对照检查中央八项规定落实情况讨论研究深化改进作风举措等。会议认为,中央政治局发挥领导作用的一项基本要求,就在于要求别人做到的自己首先做到,要求别人不做的自己绝对不做。抓改进作风,必须从中央政治局抓起。中央八项规定出台以来,中央政治局的同志自觉、认真、坚持贯彻执行,在改进调查研究、精简会议活动、精简文件简报、规范出访活动、改进警卫工作、改进新闻报道、严格文稿发表、厉行勤俭节约等方面取得积极成效。会议指出,进一步落实中央八项规定精神,要同反对形式主义、官僚主义、享乐主义和奢靡之风这"四风"紧密结合起来。作风问题是腐败的温床。要从思想教育入手,深刻剖析产生"四风"的思想根源,解决好世界观、人生观、价值观这个"总开关"问题。要结合实际,找准"四风"的具体表现,突出重点加紧整改,尽快取得实效。而要找准"四风"的具体表现,就必须深入群众开展细致、深入的调查研究,依靠广大人民群众科学化、制度化地把中央八项规定进一步落实好,作为一项长期性任务坚持不懈地抓好。我们一定要深刻认识到贯彻落实好中央八项规定的重大意义,把贯彻落实好中央八项规定作为一项长期性、根本性工作,长期坚持不懈地抓好,最终使其成为我们自觉遵守的行动指南。

(三)群众路线教育实践活动要以人民为中心

我们党最大的政治优势是密切联系人民群众,这也是我们很多年一直牢牢坚持群众路线的重要原因,人民群众的支持和拥护是我们取得一系列伟大成就的根本原因所在。而随着全球化、市场化、网络化大潮的冲击,我们党执政后的最大危险则是远离人民、脱离群众,一部分领导干部不仅不深入群众、对群众缺少感情,甚至站到群众的对立面,视群众为"刁民",近年来众多突发事件尤其是群众性突发事件的背后很多是领导干部与群众关系的冷淡、僵化甚至对立。党的十八大提出,要在全党深入开展以为民务实清廉为主要内容的党的群众路线教育实践活动,这是新时期新形势下全面提高党的建设科学化水平,大力推进党的纯洁性、先进性建设,切实提高复杂形势下做好群众工作的能力的重大战略举措,不仅从政治高度、时代高度、全局高度、战略高度强调了进一步坚持好、贯彻好、落实好党的群众路线的重大意义,也体现出坚持群众路线对加强党的作风建设的极端重要性。教育实践活动是全面推进党的建设新的伟大工程的重要载体和关键步骤,只有进一步加强调查研究工作,真正深入群众访贫问苦,真正与民交心、群众至上,真正谦虚谨慎、问计于民,真正广开言路、集思广益,才能真正搞好教育实践活动,使广大党员领导干部真正回归为人民服务的根本宗旨。

　　党成立九十多年的发展历史表明,我们之所以能够一次次战胜挫折、不断地取得胜利,最关键的就是特别重视并不断地加强自身建设,不断坚持、加强和改善党的领导,始终保持和人民群众的血肉联系。始终高度重视党员集中教育活动是我们的优良传统,也是切实搞好党的纯洁性、先进性建设的关键步骤和中心环节。从抗日战争时期的延安整风到解放战争时期的土改整党,从新中国成立初期的整党整风到党的十二大至十三大期间的全面整党,从党的十五大后开展的"三讲"教育、"三个代表"重要思想学习教育到十六大后开展的党员先进性教育,从党的十七大后开展的学习实践科学发展观、创先争优活动到今天的纯洁性建设、教育实践活动等,这一次次大规模党员集中教育活动都是我们党审时度势对党的建设作出的重大战略部署,这次教育实践活动不仅是对以往集中教育活动成功经验的坚持与拓展,也是在新时期进一步加强与改进党的建设的一大创举,更是克服精神懈怠、能力不足、脱离群众、消极腐败"四大危险",强化政治意识、大局意识、责任意识、忧患意识"四种意识",增强自我净化、自我完善、自我革新、自我提高能力"四种能力"的重大举措,是破解当前很多问题、难题和永葆党的生机与活力的一把金钥匙。

　　广大领导干部在教育实践活动中一定要牢固树立马克思主义群众观,继承和发扬好党的优良传统,高度重视从根本上解决好形式主义、官僚主义、享乐主义和奢靡之风这"四风"问题,真正深入到人民群众中间,始终把人民放在最高位置,与人民群众一起过、一起想、一起干,要相信群众、发动群众、团结群众、依靠群众,切实做好动员群众、宣传群众、教育群众、组织群众、服务群众工作,针对党在思想建设、作风建设、组织建设和制度建设等方面存在的问题,认真听取群众意见,诚心接受群众监督,坚决纠正损害群众利益的行为,多做、做好人民群众期盼、拥护的好事,真正达到增强党性、端正思想、改进作风、纯洁队伍、提高本领的效果。领导干部到基层调研,一定要自己掌握调研活动的主动权,不仅走"规定路线",更要有"自选动作",一定要多看一些没有提前准备的地方,多进几户没提前通知的普通百姓家,多搞一些没打过招呼的随机性调研,坚决避免出现"被调研"现象,这样才能在深入、全面、深透、准确了解情况的基础上做好群众工作。

令人欣慰的是,在习近平同志为总书记的新一届党中央领导下,自觉抓好教育实践活动正成为很多地方的自觉行动。笔者在调研中看到,从 2013 年 3 月 29 日开始,山东省威海市环翠区全面启动"包百村(居)连万户"工作,区委、区人大、区政府、区政协的主要领导干部带头深入基层,认真走访并听取人民群众意见建议,各部门单位分别成立了由主要领导干部挂帅的包村连户工作领导小组,各乡镇、街道也相继召开了党委会、村居两委干部会议等,按照区里统一部署,各级各部门从 4 月 1 日至 15 日集中开展了第一次深入群众大走访活动。活动期间,全区广大机关干部统一佩戴工作证,按要求向广大群众发放了《关于为民办实事致全区人民的公开信》、《环翠区民生手册》、联系服务卡等资料,认真填写《民情实录》,积极向群众宣传为民办实事的计划和有关政策法规,详细了解人民群众的实际困难和意见建议。在《关于为民办实事致全区人民的公开信》中,把 2013 年规划论证的、总投资 11.4 亿元的 10 大类、71 项民生工程的有关情况一一详细通报给广大群众,并公布了建议、监督、举报电话及电子信箱等。"包百村(居)连万户"工作大大提高了全区领导干部做好新形势下群众工作的能力,进一步增强了领导干部和人民群众的感情,得到了人民群众的热烈拥护、大力支持和高度赞扬。辽宁省盘锦市兴隆台区通过积极开展"兴隆兴衰,我的责任"等主题活动助推群众路线学习教育,建立领导干部包(帮)扶项目责任制,真心实意帮助企业解决困难;在窗口单位开展"我的岗位我负责,我在岗位您放心"活动,坚决克服吃拿卡要、推诿扯皮等不良现象。做到了严格执行八项规定倡导节俭务实之风,大力弘扬敢于亮脸亮心、敢于担当责任、敢于面对困难、敢于开拓进取,全心全意为人民服务的精神。山西省泽州县注重把基层作为领导干部砥砺品质、增长才干、锤炼作风的熔炉,优先把那些群众观念强、与群众知心交心的党员干部选进各级领导班子,让更多的优秀干部从基层来,有潜力的干部到基层去。黑龙江省哈尔滨市平房区将宣传工作的视角聚焦基层、聚焦群众,深入到企业、镇村、街道社区、学校等基层,充分挖掘、提炼、升华和宣传哈南新城建设一线和来自基层的先进典型,使意识形态工作成为教育实践活动的有力助推器……正是真正牢记一切以人民利益为重,真正做到发展为了人民,真正高举全心全意为人民服务的旗帜,真正让人民成为各级党委、政府工作的评判者,教育实践活动得到了广大人民群众的积极拥护和大力支持。

2013 年 10 月,习近平总书记就坚持和发展"枫桥经验"作出重要指示强调,各级党委和政府要充分认识"枫桥经验"的重大意义,发扬优良作风,适应时代要求,创新群众工作方法,善于运用法治思维和法治方式解决涉及群众切身利益的矛盾和问题,把"枫桥经验"坚持好、发展好,把党的群众路线坚持好、贯彻好。1963 年,浙江诸暨市枫桥镇干部群众创造了"发动和依靠群众,坚持矛盾不上交,就地解决;实现捕人少,治安好"的"枫桥经验",取得了良好的社会效果,也引起党中央的关注,毛泽东主席亲笔批示要各地仿效,经过试点,推广去做。1964 年 1 月 14 日,中共中央发出指示,把"枫桥经验"推向全国。50 年过去了,一个诞生于 20 世纪 60 年代的基层社会治理经验为什么跨越两个世纪依然历久弥新?关键就在于"枫桥经验"揭示出,只有真正相信、发动和依靠群众,才能尊重和保护好群众的首创精神,激发和调动群众的积极性、创造力,我们党和政府的工作才能真正得到人民群众的支持、信任和拥护。"枫桥经验"是党的群众路线和全心全意为人民服务宗旨的集中体现,如何根据形势变化不断赋予其新的内涵,不断提高新形势下做好群众工作的能力和水平,切实解决好涉及群众切身利益的突出问题,是我们今天开展教育实践活动应该解答好的重大课题。正如习近平总书记所指出:我们要牢记全心全意为人民服务的根本宗旨,认真组织开展以为民务实清廉为主要内容的党的群众路线教育实践活动,始终保持同人民群众的血肉联系,牢固树立正确政绩观,多做打基础、利长远的事,不搞脱离实际的盲目攀比,不搞劳民伤财的"形象工程"、"政绩工程",坚决反对形式主义、官僚主义。要坚持真理,坚持原则,真抓实干,勇于担当,言必信、行必果,真正做到对历史和人民负责。要自觉遵守廉政准则,严以律己,廉洁自律,正确行使人民赋予的权力,自觉接受监督,乐于接受监督。要严格管好自己的亲属和身边工作人员,坚决反对一切消极腐败现象,坚决不搞特权,始终保持共产党人清正廉洁的政治本色。要深入抓好反腐倡廉工作,坚持有案必查、有腐必惩,任何人触犯了党纪国法都要依纪依法严肃查处,决不姑息,党内决不允许腐败分子有藏身之地。这是开展好教育实践活动的指导原则,也是每一位领导干部应该牢记的行为准则,是每一名真正的共产党人都应该做到的。

2013年6月18日,习近平总书记出席党的群众路线教育实践活动工作会议并发表重要讲话指出,人心向背关系党的生死存亡。党只有始终与人民心连心、同呼吸、共命运,始终依靠人民推动历史前进,才能做到坚如磐石。开展党的群众路线教育实践活动,就是要把为民务实清廉的价值追求深深植根于全党同志的思想和行动中,夯实党的执政基础,巩固党的执政地位,增强党的创造力、凝聚力、战斗力,使保持党的先进性和纯洁性、巩固党的执政基础和执政地位具有广泛、深厚、可靠的群众基础。我们必须看到,面对世情、国情、党情的深刻变化,精神懈怠危险、能力不足危险、脱离群众危险、消极腐败危险更加尖锐地摆在全党面前,党内脱离群众的现象大量存在,集中表现在形式主义、官僚主义、享乐主义和奢靡之风这"四风"上。我们要对作风之弊、行为之垢来一次大排查、大检修、大扫除。他强调,这次教育实践活动的主要任务聚焦到作风建设上,集中解决形式主义、官僚主义、享乐主义和奢靡之风这"四风"问题。这"四风"是违背我们党的性质和宗旨的,是当前群众深恶痛绝、反映最强烈的问题,也是损害党群干群关系的重要根源。"四风"问题解决好了,党内其他一些问题解决起来也就有了更好条件。教育实践活动要着眼于自我净化、自我完善、自我革新、自我提高,以"照镜子、正衣冠、洗洗澡、治治病"为总要求。照镜子,主要是以《党章》为镜,对照党的纪律、群众期盼、先进典型,对照改进作风要求,在宗旨意识、工作作风、廉洁自律上摆问题、找差距、明方向。正衣冠,主要是按照为民务实清廉的要求,勇于正视缺点和不足,严明党的纪律特别是政治纪律,敢于触及思想、正视矛盾和问题,从自己做起,从现在改起,端正行为,自觉把党性修养正一正、把党员义务理一理、把党纪国法紧一紧,保持共产党人良好形象。洗洗澡,主要是以整风的精神开展批评和自我批评,深入分析产生问题的原因,清洗思想和行为上的灰尘,保持共产党人政治本色。治治病,主要是坚持惩前毖后、治病救人方针,区别情况、对症下药,对作风方面存在问题的党员、干部进行教育提醒,对问题严重的进行查处,对不正之风和突出问题进行专项治理。因此,我们一定要深刻认识到,"四风"问题与世界观、人生观、价值观有密切联系,要坚定理想信念就必须切实解决好世界观、人生观、价值观这个"总开关"问题。随着各地积极行动起来积极开展批评和自我批评,认真查摆和剖析聚焦"四风"并制定具体整改方案,"四风"问题已经成为人人喊打的过街老鼠。

2013 年 10 月 26 日,中共中央政治局常委、中央党的群众路线教育实践活动领导小组组长刘云山在京主持召开中央党的群众路线教育实践活动领导小组第五次会议并讲话指出:教育实践活动必须坚持学习教育与整改落实相结合,整改落实就是实践。整改落实既要全面有序推进,还要针对文山会海、检查评比过多过滥、超标配车、多占住房以及门难进、脸难看、事难办等群众反映强烈的问题开展专项整治。专项整治要做到"准"、"狠"、"韧",不见成效决不收兵。要对准"四风"顽疾进行整治,哪个问题突出就着重抓哪个,一个问题一个问题解决,从具体事情抓起,抓一项成一项;要重拳出击进行整治,狠狠地抓,用改革精神,拿出硬的措施治歪风、树新风;要有一股韧劲进行整治,一天不放松地抓,持之以恒、久久为功。整治的目标和措施要向群众公布,整治的过程和效果要请群众参与、让群众评判,群众满意的才通过。5 月 21 日,他主持召开中央党的群众路线教育实践活动领导小组第一次会议并发表讲话中指出,在全党深入开展以为民务实清廉为主要内容的党的群众路线教育实践活动,是党的十八大作出的战略部署,是以习近平同志为总书记的党中央坚持从严治党、加强党的建设的重大决策。中央对开展党的群众路线教育实践活动高度重视,习近平总书记多次作出重要指示,提出明确要求,中央政治局常委会议和中央政治局会议进行了研究。开展好教育实践活动,对于增强广大党员干部的宗旨意识和群众观念,保持党同人民群众的血肉联系,进一步巩固党执政的群众基础;对于坚持党要管党、从严治党,解决党员干部作风方面存在的突出问题,不断增强党的凝聚力创造力战斗力;对于保持党的先进性和纯洁性,充分发挥各级党组织的战斗堡垒作用和广大党员的先锋模范作用,在全党全社会凝聚起实现中华民族伟大复兴中国梦的强大力量,具有重要意义。7月5日,他主持召开中央党的群众路线教育实践活动领导小组第二次会议并在讲话中强调,开展好教育实践活动,一定要贯彻整风精神,坚持从严、务实,坚持高标准、高质量。从严就是要引导党员干部本着严肃认真的态度参加教育实践活动,以对党和人民高度负责的精神严格要求,对作风之弊、行为之垢来一次大排查、大检修、大扫除。务实就是教育实践活动要始终突出一个实字,在学习教育上要有实实在在的举措,在查摆问题上要紧密联系思想实际和工作实际,在整改落实上要建立改进作风的切实管用的长效机制。学习教育要紧扣为民务实清廉主题,提高针对性实效性,引导党员干部牢固树立人民创造历史、人民是真正英雄的唯物史观,树立以人为本、人民至上的价值观,树立立党为公、执政为民的执政观。要把学习教育与听取意见有机结合起来,在学习教育的基础上听取意见,在听取意见中深化和提升学习教育的效果,把征求到的意见带到学习讨论中来,引导党员干部从思想深处弄清楚作风问题产生的根源,找到问题的症结所在,明确努力改进的方向。8月14日,他主持召开中央党的群众路线教育实践活动领导小组第三次会议时强调,在教育实践活动中,一把手要用更高的标准严格要求自己,带头深入学习,带头查找和剖析"四风"方面存在的问题,带头开展批评和自我批评,带头制定整改落实措施,真正把自己摆进去,切实做到认识高一层、学习深一步、实践先一着、剖析解决突出问题好一筹,为领导班子和党员干部作出榜样。开门搞活动、开门听意见是教育实践活动的一个重要原则,只有敞开大门、开门纳谏,才能听到真心话、找到真问题。开门要真开门,开个门缝不行,半开半掩也不行,"玻璃门"、"弹簧门"更不行。只有这样,才能克服体内循环、自弹自唱的现象。教育实践活动必须直奔需要解决的问题,而且是具体问题,有针对性的问题。无论是学习教育还是查找问题,都要求党员干部把自己摆进去,在活动中真正受到教育、得到提高。9月30日,他主持召开中央党的群众路线教育实践活动领导小组第四次会议并在讲话中强调,教育实践活动越是向前推进,越要坚持从严标准,坚持时间服从质量、进度服从效果,不能前紧后松、虎头蛇尾。要把专题民主生活会作为新的开端,着眼长远进行整改,紧紧围绕坚定理想信念、树立正确政绩观、推动工作落实、确立正确用人导向,着力解决思想问题和实际问题。要针对查摆出来的"四风"突出问题,进行专项整治,研究解决的具体措施,建章立制、标本兼治。要组织开展"回头看",查漏补缺、加强薄弱环节,没达标准的要及时"补课",切实做到思想上不放松、力度上不减弱,确保教育实践活动不空、不虚、不偏、不走过场。认真盘点中央党的群众路线教育实践活动领导小组的每次会议,我们都可以深切感受到党中央的决心之大、标准之高、要求之严,明白党中央不仅对教育实践活动面临的困难、挑战非常清楚,更有必胜的信心和把握。因此,我们一定要坚信,有党中央的高度重视和全力推进,有全党、全国各族人民的大力支持,我们坚信教育实践活动一定会让新时期的共产党人面貌一新,像延安整风那样在党的历史上具有重大的里程碑意义。

两千多年前,滕文公请教儒学大师孟子如何治理百姓时,孟子用最简洁的话回答:"民事不可缓也!"中国共产党的根本宗旨,就是全心全意为人民服务,维护最广大人民群众的根本利益。越是在经济发展关键期、社会转型深水区,越需要唤起对人民群众的忠诚之心,越需要坚守群众路线这条"执政生命线"。面对复杂的国际国内形势,越来越多的人认识到,能否在任何条件下都始终保持和人民群众的血肉联系是关系到党的生死存亡的重大问题,也是我们面临的重大考验和严峻挑战之一,也凸显出了深入开展好教育实践活动的历史必然性和现实紧迫性。2014 年 2 月 9 日,刘云山主持召开中央党的群众路线教育实践活动第九次会议并强调,搞好教育实践活动关键是强化各级党委的责任,无论是省区市党委还是市县乡镇党委,都要把教育实践活动摆在突出位置,强化担当、落实责任,下大功夫、花大精力,确保教育实践活动扎实推进。他同时对第二批教育实践活动提出要求,强调要像抓第一批活动那样抓好第二批活动。因此,我们一定要始终牢记"为民、务实、清廉"的活动主题,牢固树立、始终坚持、深入贯彻党的群众路线,切实认识清楚和真正摆正同人民群众之间的关系,才能真正弄清楚和解决好"为了谁"、"依靠谁"和"我是谁"的这个时代命题,才能真正树立群众意识、站稳群众立场、增进群众感情,才能真正对人民群众有感恩之情、敬畏之心,才能真心实意、心甘情愿地去做好一名人民的好公仆,成为新时期全心全意地为人民服务的优秀践行者。广大领导干部要像习近平总书记强调的那样,要以整风精神开展批评和自我批评,开好民主生活会,坚持开门搞活动。各级领导干部既是活动组织者、推进者、监督者,更是活动参与者,要以普通党员身份把自己摆进去,力争认识高一层、学习深一步、实践先一着、剖析解决突出问题好一筹。要以这次活动为契机,制定新的制度,完善已有的制度,废止不适用的制度。制度一经形成,就要严格遵守,执行制度没有例外。在活动中一定要戒除形式主义、注重实际效果,真正下大力气去解决好人民群众反映强烈、亟待解决的突出问题,想尽一切办法一定让所有的人民群众尽快告别穷日子、苦日子,拥有更幸福、更美好的生活,共同享有人生出彩、梦想成真的机会。

三、以核心价值体系为抓手,加强统一战线建设,增强团结共创伟业的能力

作为中国共产党夺取革命胜利的三大法宝之一和毛泽东思想的重要内容之一,统一战线今天依然是我们党执政兴国的一个重要法宝。正如江泽民所强调:"统一战线作为党的一个重要法宝,绝不能丢掉;作为党的一个政治优势,绝不能削弱;作为党的一项长期方针,绝不能动摇。"[1]随着党的十八大报告指出"倡导富强、民主、文明、和谐;倡导自由、平等、公正、法治;倡导爱国、敬业、诚信、友善;积极培育和践行社会主义核心价值观"和党的十七届六中全会提出"以建设社会主义核心价值体系为根本任务",并要求把社会主义核心价值体系融入国民教育、精神文明建设和党的建设全过程,贯穿改革开放和社会主义现代化建设各领域,如何科学践行社会主义核心价值观成为各界关注和思考的焦点。因此,广大党员干部应该积极、主动、科学引导作为中国参政党的民主党派成员等统一战线力量按照习近平总书记"要敢于讲真话,敢于讲逆耳之言,真实反映群众心声,做到知无不言、言无不尽"的新要求,大力加强社会主义核心价值体系建设,在坚持人民至上、劳动优先、共同富裕为中心的社会主义核心价值观的同时,结合自身实

---

① 《江泽民文选》第三卷,人民出版社 2006 年版,第 143 页。

际概括、凝练、培育更加契合统一战线的社会主义核心价值观,以"爱国、同心、劳动、共富、公正、和谐"十二个字作为统一战线力量的核心价值观,自觉成为科学践行社会主义核心价值观的表率,这样必将大大加强统一战线建设,增强团结共创伟业的能力。

(一)大力加强社会主义核心价值体系建设是民主党派发展的需要

价值观是社会意识形态的核心内容,既表现为价值取向、价值追求,又表现为价值尺度和准则,具有主体性、多元性、科学性、指导性等基本特性。核心价值观是一个组织或个人最根本的思想观念,核心价值体系是人们思想观念、价值取向和行为方式的总体反映,是一个社会意识形态的主体和灵魂,加强社会主义核心价值体系建设,是在新的历史条件下巩固和加强社会主义主流意识形态的战略举措,是增强民族凝聚力、提高国家竞争力的迫切需要和重大抉择。我们应引导民主党派成员深刻认识到凝练、践行社会主义核心价值观的重要前提就是要大力加强社会主义核心价值体系建设,这不仅是坚定正确的理想信念和政治方向的需要,也是提升参政议政的核心能力的需要,更是进一步提升民主党派成员整体素质、"同心同德同向同行"推动多党合作事业健康快速发展的需要。

首先,大力加强社会主义核心价值体系建设是坚定正确理想信念和政治方向的需要。党的十六届六中全会把构建社会主义核心价值体系摆在突出的位置,并明确提出了"用马克思主义中国化最新成果武装全党、教育人民,用中国特色社会主义共同理想凝聚力量,用以爱国主义为核心的民族精神和以改革创新为核心的时代精神鼓舞斗志,用社会主义荣辱观引领风尚。"这种以马克思主义为指导、以中国特色社会主义共同信念为主题、以改革创新为特征的时代精神和爱国主义为内核的民族精神为精髓、以社会主义荣辱观为基础的"四位一体"的社会主义核心价值体系,在探索意识形态的内在矛盾关系和本质内涵上取得了重大突破。党的十七届六中全会将社会主义核心价值体系称为"兴国之魂",更是将其提升到了前所未有的高度。因此,大力加强社会主义核心价值体系建设是包括全体民主党派成员在内的全体中国人民坚定正确理想信念和政治方向的需要。

中国共产党"提出建设社会主义核心价值体系",是有其"十分丰富而深刻的理论渊源"的,继承和发扬中华民族优秀传统文化乃是其中的一项非常重要的内容,中华民族的优秀文化传统理应构成建设社会主义核心价值体系的重要基础。① 面对新形势、新挑战、新考验,以核心价值体系建设为抓手,在民主党派成员中树立社会主义核心价值观,始终坚持马克思主义在意识形态领域乃至整个国家的各个领域以及每个人的全部工作、学习、生活中的指导地位,对于有效推动广大民主党派成员凝聚思想共识,增强政治责任、政治意识和政治品德,形成共同的身份认知、价值认同有着重要的现实意义。这就要求广大民主党派成员通过大力加强社会主义核心价值体系建设来坚定正确的理想信念和政治方向,成为"为人民服务"思想的坚定传承者和中国特色社会主义事业的优秀建设者。

其次,大力加强社会主义核心价值体系建设是在新时期提升参政议政核心能力的需要。参政议政主要是对国家政治、经济、文化和社会生活中的重要问题以及人民群众普遍关心的问题,深入开展调查研究,充分了解百姓需求,积极反映社情民意,认真进行协商讨论。在我国当前的政治生活中,参政议政一般被作为各民主党派、工商联、无党派民主人士和其他爱国人士参与国家政治生活的泛称,是广大民主党派成员参与国家政治生活的主要形式,也是体现自身价值的重要途径。各民主党派、无党派民主人士和其他爱国人士长期以来与中国共产党通力合作,尤其是随着改革开放以来中国共产党领导的多党合作和政治协商制度得到进一步充实、发展和完善,也对各民主党派、无党派民主人士和其他爱国人士的参政议政能力提出了更多、更高的要求。近些年来,每年的全国两会上,都有一些全国人大代表、全国政协委员因为只想着为其所代表的利益集团说话等原因发表一些"雷言雷语",造成了非常不好的政治影响、社会影响及国际影响。而深入剖析不难发现,这些代表委员社会主义意识形态观念不强、意识形态能力薄弱是根本原因。因此,在新的历史时期,广大领导干部尤其是党的领导干部要像毛主席、周总理那样主动去多结交一些民主党派等党外人士朋友,主动、积极帮助他们提高意识形态能力,使其深刻认识到,要积极参政议政并有所作为,就必须具备过硬的参政议政能力,而大力加强社会主义核心价值体系建设

---

① 参见《社会主义核心价值体系学习读本》,中共党史出版社2007年版,第1—2页。

是在新时代提升参政议政核心能力的需要。只有始终高举爱国主义、社会主义两面旗帜，才能真正在参政议政中作出更多、更大的成绩。

理论是指导实践的航标，核心价值体系是一个社会前进的方向盘、指南针，是一个国家发展的稳定剂、加速器，古今中外，每一个国家都非常重视核心价值体系建设，并以此引领国家发展。正如孟子在《孟子·告子上》中所说："恻隐之心，人皆有之；羞恶之心，人皆有之；恭敬之心，人皆有之；是非之心，人皆有之。恻隐之心，仁也；羞恶之心，义也；恭敬之心，礼也；是非之心，智也。仁义礼智，非由外铄我也，我固有之也，弗思耳矣。"他提倡德治，提倡礼治，这也是传统儒家"以德治国"的重要含义，是社会主义核心价值体系建设中不可忽视的文化基因之一。《管子·牧民》则提出了"国之四维，一维绝则倾，二维绝则危，三维绝则覆，四维绝则灭。倾可正也，危可安也，覆可起也，灭不可复错也。何谓四维，一曰礼，二曰义，三曰廉，四曰耻。"在此基础上，"礼义廉耻，国之四维"融入儒家的思想体系，成为中国封建社会的核心价值体系，并延续数千年。实践证明，我国社会主义核心价值体系是五千年文明中形成的优秀文化传统与时代发展的先进文化的结晶，既总结吸收了中国历史文化的优秀传统，又顺应时代发展赋予新的内涵，是决定中国特色社会主义事业的发展方向的"兴国之魂"。一个人用什么样的核心价值体系来武装自己，就决定了其意识形态立场，也决定了其会站在什么样的政治立场来认识和处理问题。建设中国特色社会主义是我们全社会的共同理想，也是社会主义核心价值体系的主题和灵魂，我们应该用中国特色社会主义共同理想来统一思想、引领方向、鼓舞人心、凝聚力量，才能真正建设好社会主义核心价值体系。作为中国特色社会主义事业的建设者和参政党一员，各民主党派成员、无党派民主人士和其他爱国人士都应该、也必须积极加强社会主义核心价值体系建设，自觉将"同心"思想转化为自己的价值取向，不论社会思想观念如何多样、多变，不论人们价值取向发生怎样变化，都要坚持社会主义核心价值体系绝不能动摇。

再者，大力加强社会主义核心价值体系建设是进一步提升民主党派成员整体素质的需要。以民主党派为代表的统一战线成员大都是来自各行各业的精英人士，既有优秀的专家、学者，又有成功的企业家、领导干部，其言行对其他社会成员有着很强的示范作用。这就要求我们必须坚持把社会主义核心价值融入民主党派事业发展的全过程,把理想信念教育作为民主党派成员学习践行社会主义核心价值体系的重中之重,引导民主党派成员增强走中国特色社会主义道路、为党和人民事业不懈奋斗的自觉性和坚定性,做共产主义远大理想和中国特色社会主义共同理想的坚定信仰者、大力践行者。中国民主建国会(简称民建)和全国工商联的卓越领导人孙起孟就是我们的榜样,他积极推动民建始终不渝地遵从人民群众的根本利益,倡导民建把"及时了解和准确反映社情民意"作为履行参政党职能的一个重要方面进行大力推动,紧紧围绕中国共产党和国家的工作中心,聚焦人民群众普遍关心的热点、难点问题,积极参政议政、建言献策。由此逐渐形成了民建自己的优良传统,也激励着更多民主党派成员努力弘扬优良传统,与中国共产党紧密团结,共同致力于中国特色社会主义事业。他身上体现出来的高度的政治使命感和历史责任感,高尚的道德风范和人格魅力,影响、感染和激励了一代又一代民建人和其他民主党派成员,成为全体民主党派成员宝贵的精神财富。

(二)结合自身实际概括、凝练、培育社会主义核心价值观

我国大力建设的社会主义核心价值体系作为党和国家指导思想与社会主义理想信念的有机统一,是面向整个社会、全体国民、具有普遍指导意义的价值观念体系,是巩固全国人民共同的思想基础、推进中国特色社会主义事业的精神动力。民主党派作为我国政治生活的重要主体,如何在社会主义核心价值体系框架内结合自身实际概括、凝练、培育准确反映自身定位、适应时代发展要求的核心价值观,是每一位民主党派成员都不可回避、必须认真解答好的重大时代课题,也是广大领导干部必须关注和思考的重要问题。

首先,概括、凝练、培育社会主义核心价值观一定要坚持社会主义这个前提。黑格尔曾经指出:"政治情绪,即爱国心本身……只是国家中的各种现存制度的结果,因为在国家中实际上存在着合理性,它在根据这些制度所进行的活动中表现出来。这种政治情绪一般说来就是一种信任……是这样一种意识:我的实体性的和特殊的利益包含和保存在把我当做单个的人来对待的他物(这里就是国家)的利益和目的中,因此这个他物对我来说就根本不是他物。"[1]毛泽东早在井冈山时期就鲜明地指出:"无产阶级思想领导

① [德]黑格尔:《法哲学原理》,范扬、张企泰译,商务印书馆1961年版,第266—267页。

的问题,是一个非常重要的问题。边界各县的党,几乎完全是农民成分的党,若不给以无产阶级的思想领导,其趋向是会要错误的。"①刘少奇也进一步指出:"我们党的建设中最主要的问题,首先就是思想建设问题,就是以马克思列宁主义——无产阶级的科学思想去教育与改造我们的党员、特别是小资产阶级革命分子的问题,就是和党内各种非无产阶级的思想进行斗争并加以克服的问题。"②由此可见,社会主义核心价值观就是要通过凝聚社会共识去规范公民的行为,通过成功塑造国家形象、彰显制度精神来获得国民对国家制度、国家精神的认同,并自觉通过这种核心价值观来规范自己的行为。我们必须深刻认识到,社会主义核心价值观体现着国家的利益和目的与公民相一致、国家精神能够自觉地转化为公民内心道德法则的思想特征,社会主义核心价值观的概括必须体现我国社会主义制度的根本性质,而不是在追求所谓"普世价值"中迷失方向。

当今世界正发生广泛而深刻的变化,西方敌对势力在意识形态领域对我国实行西化、分化的攻势越来越强大、形势越来越隐蔽、危害越来越巨大,这种渗透和反渗透的斗争在本质上就是社会主义价值体系与资本主义价值体系的较量,这更加凸显出建设社会主义核心价值体系所具有的复杂性、艰巨性、紧迫性、针对性和指导性。党的十六届六中全会第一次提出建设社会主义核心价值体系的战略任务,十七大则首次将"建设社会主义核心价值体系"正式写入报告中,指出"社会主义核心价值体系是社会主义意识形态的本质体现",并一步步提高到了前所未有的高度。从意识形态的渗透和反渗透看,从核心价值观上突破,从而达到在根本上推翻马克思主义、颠覆社会主义主流意识形态的目的,是当前美英等西方资本主义国家对中国进行西化、分化战略的新动向,也应是我们当前反和平演变的重点所在。马克思主义为我们提供了科学的世界观和方法论,也决定着社会主义核心价值体系的性质和方向。这就要求民主党派成员概括、凝练、培育社会主义核心价值观必须以马克思主义为指导、以社会主义根本价值属性为基调,绝对不能忘了坚持社会主义这个前提。个别民主党派成员认为自己不是共产党

①　《毛泽东选集》第一卷,人民出版社1991年版,第77页。

②　刘少奇:《论党》,人民出版社1980年版,第14页。

员,在概括、凝练、培育社会主义核心价值观方面可以消除阶级属性,可以多多借鉴资本主义价值观甚至可以资本主义价值观为指导,一味强调所谓的"民主、自由"等。这是非常错误的,广大领导干部要及时发现、坚决纠正这种错误。提醒民主党派作为社会主义中国的参政党,同样必须时刻注意坚持社会主义方向,在概括、凝练、培育自己党派的核心价值观时体现出鲜明的社会主义属性。

其次,概括、凝练、培育社会主义核心价值观应该结合民主党派的自身特点。价值观是现代政党的立党之本,具有特定的政治信仰是民主党派不同于一般社会组织的重要特征之一,并且这种政治信仰是建筑在一种共同的价值认同之上的。不同党派、团体由于政治地位、成员特点、历史使命、社会角色、发展方向等方面不同,在概括、凝练、培育社会主义核心价值观上也自然有着不同要求和各自的特色。一个成员构成特色鲜明、组织长期相对稳定的民主党派,自然会在长期的发展历程和成长实践中逐渐形成共同的主要价值理念,也可以称之为核心价值观,并成为党派存在、发展和壮大的精神支柱,也是概括、凝练、培育社会主义核心价值观的思想基础。参政党是民主党派在我国多党合作和政治生活中的基本定位,根据中国共产党同各民主党派和无党派人士"长期共存、互相监督、肝胆相照、荣辱与共"的方针,民主党派在中国革命、建设和改革的各个时期始终坚定地与中国共产党站在一起,形成了坚持中国共产党的领导、弘扬爱国主义精神、积极建言献策等许多优良传统,这些优良传统使民主党派成员在核心价值观的概括、凝练、培育方面具有延续性,丰富的历史内涵和鲜明的时代特征有效结合,使得概括、凝练、培育体现民主党派特色的社会主义核心价值观成为可能。

社会主义核心价值观是中国共产党团结各个民主党派、社会团体和无党派人士建设强大国家的精神纽带和不竭动力,是引领社会思潮朝着正确方向发展的伟大旗帜。例如作为主要由经济界人士组成的、具有政治联盟特点的、致力于建设中国特色社会主义事业的政党,民建在经济社会发展中发挥着越来越重要的作用,而经济社会生活的各方面都蕴含和体现着价值导向,对人们的价值认知、价值判断、价值选择产生不可忽视的重要影响。因此,民主党派成员应该积极在"重温历史、同心同行"中弘扬优良传统,充分发挥自己的独特优势,积极对国家的经济社会发展建言献策,积极推动把社会主义核心价值体系的要求转化为法律规定和制度设计,使国家在经济、政治、社会、文化等方方面面的政策都有利于社会主义核心价值体系建设,注重在日常管理中体现正确的价值导向,尤其要防止出现一些具体政策措施与社会主义核心价值体系不一致甚至相背离的现象。由此可见,概括、凝练、培育社会主义核心价值观是找准、明确、强化民主党派成员角色定位的重要途径,是民主党派成员进一步体现自身价值的前提和基础,是增进民主党派成员思想认同、推动民主党派成员积极献身祖国建设的重大举措。

再者,概括、凝练、培育社会主义核心价值观必须遵循文化和社会发展规律。马克思早就指出,19 世纪的无产阶级的"社会革命不能从过去,而只能从未来汲取自己的诗情。它在破除一切对过去的迷信以前,是不能开始实现自己的任务的。"[①]列宁也曾指出:"对工人运动自发性的任何崇拜,对'自觉因素'的作用即社会民主党的作用的任何轻视,完全不管轻视者自己愿意与否,都是加强资产阶级思想体系对工人的影响。"[②]任何一个社会都存在多种多样的价值观,但核心价值观作为一种道德文化力量,其形成和发展应从属于文化发展规律,并最终受社会基本矛盾规律的制约和规范。并且,一种进步的核心价值观应该既来自于社会又高于社会,不仅能够引导广大社会成员凝聚共识、团结奋进,而且能够引领和推动整个社会真正实现科学发展。当前,由于贫富差距加大、两极分化严重等因素的影响,我国社会阶层分化日趋明显,不同社会阶层的思想观念、价值取向、行为方式与利益诉求差异很大,如何把这些不同阶层的人们团结起来为建设中国特色社会主义而共同奋斗,概括、凝练、培育社会主义核心价值观是关键所在。因此,民主党派成员概括、凝练、培育社会主义核心价值观必须遵循文化和社会发展规律,坚持马克思主义基本原理及其中国化的先进理论对于文化建设、思想建设的引领,坚持前瞻性、引导性和科学性,这样才能是非分明、方向正确,从而使符合社会主义核心价值体系的行为得到肯定、鼓励,违背社会主义核心价值体系的行为得到制约、惩戒,使社会主义核心价值观成为全社会都能遵循的价值目标和价值导向。

①　《马克思恩格斯文集》第 2 卷,人民出版社 2009 年版,第 473 页。
②　《列宁专题文集　论无产阶级政党》,人民出版社 2009 年版,第 83 页。

只有马克思主义在揭示社会历史发展规律的同时,也揭示了人的需要和人的发展规律,从而真正把握了文化发展的内在要求和客观趋势,站到了当代人类文化发展的历史高度。面向世界、面向未来、服务人民是社会主义先进文化发展繁荣的不竭动力,也是社会主义核心价值观不可遏止的力量所在。我们在本世纪中叶所要实现的现代化和中华民族的伟大复兴,究竟是坚定不移走向共产主义的更为坚实的基础,还是成为以资产阶级"启蒙价值"为基础的所谓现代性社会?这不仅是意识形态聚焦于核心价值观对于当代中国的重要性、迫切性所在,也是"中国向何处去"问题在新形势下的凸显。我们培育、推行社会主义核心价值观应该坚持正确的方向和道路,这是不容含糊的大是大非问题。尤其是面对当前纷繁复杂的国内外形势,面对国内外敌对势力对中国的渗透、破坏甚至颠覆,面对进一步深化改革所面临的各种利益冲突,我们更应该深切体察、理解中国共产党作为执政党在此时此刻高瞻远瞩地提出社会主义核心价值体系的良苦用心、政治智慧和远见卓识,更加坚定跟着中国共产党走中国特色社会主义政治发展道路的决心和信心,成为建设社会主义核心价值体系的排头兵。

(三)自觉成为科学践行社会主义核心价值观的表率

民主党派科学践行社会主义核心价值观既是建设社会主义核心价值体系的重要环节,也是民主党派建设社会主义核心价值体系的重要内容,更是民主党派自身发展、加强统一战线建设和投身中国特色社会主义建设的需要,是时代的呼唤、使命的要求、人民的期待,广大领导干部应该积极、主动帮助民主党派成员在大力加强社会主义核心价值体系建设的实践中,在概括、凝练、培育社会主义核心价值观的基础上,在积极、认真参政议政中自觉成为科学践行社会主义核心价值观的表率,在加强自身建设中自觉成为科学践行社会主义核心价值观的表率,在实现"两个百年目标"中自觉成为科学践行社会主义核心价值观的表率,才能在民族振兴、国家富强的伟大实践中彰显自身价值。

首先,在积极参政议政中自觉成为科学践行社会主义核心价值观的表率。民主党派在反对国民党专制独裁的进程中而生,在探索救国救民道路上发展,追求民主、自由、进步是民主党派重要的价值追求。而在改革开放的今天,民主党派作为我国的参政党,肩负着辅助中国共产党治国理政的职能,其除了代表和维护民主党派成员及其所联系群众的利益和要求外,也必须突破代表自身阶层利益的局限,切实努力实现好、维护好、发展好全体人民的根本利益。广大领导干部要引导广大民主党派成员既要敢于直面民主党派思想政治工作中党派成员分散、组织结构松散、政工人员缺乏、活动经费有限等问题,又必须深刻认识到民主党派成员既是平等公民又不是普通群众,加入民主党派绝对不是捞取个人政治资本的砝码,既然有幸成为民主党派的一名成员,就应该对自己在政治上有更高的要求,时刻注意加强纯洁性和先进性建设;要不怕困难、积极奉献、敢于创新、勇于进取,用社会主义核心价值观统一思想、指引方向、规范言论、指导行动,把树立和践行社会主义核心价值观转化为履行参政党职能的内在精神力量,在弘扬优良传统中学习、在提高思想素养中进步、在树立宣扬典型中引导、在推动社会发展中检验、在积极参政议政中提升;要带头强素质,树正气,作表率,立风范,讲奉献,比贡献,把社会主义核心价值体系建设贯穿于参政党履行职能的全过程,以积极参政议政的实际行动和强大影响力赢得人们对民主党派的理解和尊重,树立民主党派良好的社会形象。

参政议政、民主监督是民主党派的立身之基,也是其参与国家管理的最重要的基本职能,是其核心价值观得以充分体现的主要形式。由于民主党派成员在代表性方面各有自己不同的特色,这使得其在尊重广大群众在思想意识、价值观念上的差异性,在尊重差异、包容多样中有效引领社会思潮有着独特的优势,可以在包容和整合大多数群体的思想意识方面与中国共产党形成良好的互补与互动,在不断扩大和增强社会主义核心价值体系的包容度、影响力和引导性方面作出自己的独特贡献。2013 年 2 月 6 日下午,中共中央总书记、中共中央军委主席习近平在中南海邀请各民主党派中央、全国工商联新老领导人和无党派人士代表欢聚一堂共迎新春时指出,要继续加强民主监督。对中国共产党而言,要容得下尖锐批评,做到有则改之、无则加勉;对党外人士而言,要敢于讲真话,敢于讲逆耳之言,真实反映群众心声,做到知无不言、言无不尽。希望同志们积极建净言、作批评,帮助我们查找问题、分析问题、解决问题,帮助我们克服工作中的不足。这是对新时期统一战线工作的新定位,也是对民主党派的新要求。因此,民主党派成员应时刻注意以社会主义核心价值观指导自己的学习、生活和工作,坚决摒弃搞形式主义、做表面文章等错误做法,围绕党和政府的中心工作、涉及国计民生的重大问题以及经济社会建设中的重点热点难点问题,深入人民群众中间进行调查研究,在贴近实际、贴近生活、贴近群众的过程中提出好的意见、建议,积极探索参政议政、民主监督的有效途径和科学方法,提高参政议政的组织化、科学化、制度化水平,打造参政议政的更多"精品",在实干、敢干、能干、善干中实现自身价值,在积极、科学、有效、有力地参政议政中自觉成为科学践行社会主义核心价值观的表率,使社会主义核心价值观内化为价值观念、外化为自觉行动,在参政议政、民主监督方面做到敢言、忠言、真言、善言,积极主动为各级党委、政府建言献策、排忧解难,成为化解矛盾、维护稳定、增强团结、促进发展的重要桥梁和纽带,为民族振兴、国家富强作出更多、更大的贡献。

其次,在加强自身建设中自觉成为科学践行社会主义核心价值观的表率。对民主党派人士来说,科学践行社会主义核心价值观,既是一个统一思想的过程,也是一个解放思想的过程,更是一个大力加强自身建设的良机。新世纪新阶段,多党合作事业的地位更加重要、作用更加突出、任务更加艰巨,也对加强以民主党派为主体的统一战线力量自身建设提出了更多、更高的要求。列宁曾指出,无产阶级之所以能够而且必然会成为不可战胜的力量,就是因为其思想一致是用组织的物质统一来进行巩固的,而正是这个组织把千百万劳动者团结成为一支工人阶级的大军。因此,要在推进统一战线建设中加强民主党派自身建设,就必须继承和发扬优良传统,加强理论研究和思想教育,加强组织和人才队伍建设,认真研究如何解答好"建设一个什么样的参政党,怎样建设参政党"这个时代性的中心问题,注重提高民主党派成员整体素质,积极推进基层组织建设,大力加强党派机关建设,多措并举培养出一支适应新形势、新变化、新要求的高素质民主党派队伍,坚持与中国共产党思想上同心同德、目标上同心同向、行动上同心同行,加强以社会主义核心价值观为核心的能力建设,切实提高民主党派成员政治把握、参政议政、合作共事、科学发展等方面的能力,引导广大民主党派成员深刻认识到中国为什么必须坚持马克思主义指导地位而不能搞指导思想多元化,为什么必须坚持中国共产党领导的多党合作和政治协商制度而不能搞西方多党制,为什么必须坚持人民代表大会制度而不能搞"三权分立",为什么必须坚持公有制为主体、多种所有制经济共同发展的基本经济制度而不能搞私有化或"纯而又纯"的公有制……从而更加自觉地主动接受中国共产党的领导,更加坚定地维护中国共产党的执政地位,始终与中国共产党风雨同舟、肝胆相照、荣辱与共、和衷共济,真正做到"同心同德同向同行",成为执政党及时倾听民声、掌握民情、体察民意、汲取民智、凝聚民心的一条快捷而重要的、必不可少的"绿色通道",成为中国共产党最值得信赖的、最真诚、最可靠的朋友、战友、挚友和诤友。

"问渠哪得清如许,为有源头活水来。"邓小平曾强调指出:"不注意学习,忙于事务,思想就容易庸俗化。如果说要变质,那末思想的庸俗化就是一个危险的起点。"①中国特色社会主义是实现中华民族伟大复兴的必由之路,并已成为当代中国人民的共同理想。胡锦涛曾寄语希望各民主党派要将树立和践行社会主义核心价值体系作为中国特色社会主义主题学习教育活动的深化和延伸,牢固树立中国特色社会主义共同理想。科学践行社会主义核心价值观的过程,既是民主党派成员注重理论学习、加强思想修养、提升能力素质、不断超越自我的进步过程,也是积极应对世情、国情和民主党派自身情况的深刻变化,加快建设适应国内国际形势变化和时代发展要求的高素质参政党的重大举措和必由之路。民主党派成立之初就是为了寻求民族独立、人民解放的道路,这就决定了民主党派与中国共产党的合作既有奋斗目标上的一致性、党际关系上的平等性,也有特点优势上的互补性、发展进步上的互助性,这就在其相互关系上体现为合作共赢,实现中国共产党与民主党派在自身建设上相互促进、相互借鉴、共同发展。民主党派的历史就是一部与中国共产党风雨同舟、亲密合作的历史,这就要求我们要将科学践行社会主义核心价值观和大力弘扬民主党派的优良传统相结合,与履行参政党职能相结合,坚持人民利益高于一切的原则,自觉加强纯洁性和先进性建设,坚决抵制享乐主义、拜金主义、极端个人主义以及腐败现象的侵蚀,与人民幸福同心,与国家福祉齐步,与党派发展合力,与社会进步共行,与祖国富强并进,切实把社会主义核心价值体系转化为自觉加强参政党建设的生动实践。从而做到在各种政治风浪、大是大非面前,始终保持高度的

---

① 《邓小平文选》第一卷,人民出版社1993年版,第316页。

政治敏锐性、坚定的政治立场和清晰的政治鉴别力,坚决抵制各种不良思想的干扰,不为错误思潮所误导。

最后,在实现"两个百年目标"中自觉成为科学践行社会主义核心价值观的表率。学习社会主义核心价值体系、科学践行社会主义核心价值观,绝对不能仅仅停留在理论上,而是应该在祖国建设的伟大实践中深刻地体会社会主义核心价值体系的精神内涵,并以此指导我们的行动。胡锦涛在庆祝中国共产党成立 90 周年大会上的讲话中明确提出:"在本世纪上半叶,我们党要团结带领人民完成两个宏伟目标,这就是到中国共产党成立 100 年时建成惠及十几亿人口的更高水平的小康社会,到新中国成立 100 年时建成富强民主文明和谐的社会主义现代化国家。"①党的十八大又再次强调了"两个百年目标"。这"两个百年目标"是我们党和国家今后几十年的两大任务,也是我们今后一个较长时期内为之奋斗的中心目标。旗帜就是方向,旗帜就是力量,民主党派成员应该在我国本世纪上半叶实现"两个百年目标"的伟大实践中自觉成为科学践行社会主义核心价值观的表率。广大领导干部要积极引导民主党派成员中的企业家要积极参与国家经济社会建设、积极投身公益慈善事业,为坚持科学发展、缩小贫富差距、实现共同富裕作出自己的贡献;民主党派成员中的专家学者要积极为国家科学发展建言献策、身体力行并大力宣扬社会主义核心价值观,为早日建成更高水平的小康社会,建成富强、民主、文明、和谐的社会主义现代化国家贡献自己的智慧和力量。如江苏常州市钟楼区二十多位非公企业家在区委区政府引导下筹集 1000 万元资金成立了"时代先锋,钟楼楷模"基金,从 2013 年 2 月开始在全区范围开展首届"时代先锋·钟楼楷模"十佳人物评选。2013 年 10 月 25 日下午,钟楼区"时代先锋·钟楼楷模"基金成立暨十佳人物表彰大会举行,十佳人物成为践行社会主义核心价值观的榜样,企业家们也在积极推进社会主义主义核心价值体系建设中赢得了社会赞誉。因此,只要每一位民主党派成员都能自觉科学践行社会主义核心价值观,人人争先为实现中国梦献策出力,就会在新时代涌现出更多像黄炎培、张澜、李鼎铭等前辈那样

---

① 胡锦涛:《在庆祝中国共产党成立 90 周年大会上的讲话》,人民出版社 2011 年版,第 30 页。

的有识之士,在各自岗位上为社会努力工作、为国家积极奉献的同时也实现了自我的人生价值。

科学发展观是以人为本、全面协调可持续的发展观,发展的最终目的是为了最广大人民群众的根本利益是其价值取向。而要真正做到这一点,就需要社会主义核心价值观做引领,在科学践行社会主义核心价值观中把社会主义的未来和能够看得见、摸得着的成果联系起来,关注广大人民群众的呼声,回应人民的期待。这就要求中国共产党积极引导民主党派各级组织高举中国特色社会主义共同理想的旗帜,弘扬以改革创新为核心的与时俱进、开拓进取、求真务实、奋勇争先的时代精神,各级领导要以身作则、率先垂范,带头学习、科学践行社会主义核心价值观,将全体民主党派成员团结和凝聚起来为一个共同的目标而不懈奋斗。尤其是民主党派成员大多是具有一定事业成就、社会地位的各行各业的骨干精英,大都在所处的单位有较强的影响力、号召力,如果我们广大领导干部能团结、引导每一位民主党派成员都能成为科学践行社会主义核心价值观的表率,在发展中增进共识,在发展中致力创新,在发展中贡献力量,在发展中彰显价值,必将大大推动社会主义核心价值体系建设,使得社会主义核心价值观更加深入人心,在团结共创伟业中早日实现中华民族伟大复兴的中国梦。

第三节　坚持原则、尊重民意,抵制渗透演变

社会主义市场经济确立、发展二十多年来,由于我们过多强调市场经济而对社会主义这个前提强调得不够,一些地方盲目推进市场化导致公有制主体地位受到极大冲击甚至丧失,盲目推进所谓"媒体市场化",导致虚假新闻、有偿新闻等乱象不断。再加上国外各种文化产品大量进入中国市场以及不少国外媒体也纷纷开始进入中国人的生活,国内外各种声音、力量的冲突、较量,使得人们的思想更加多元、多变,利益多元化、矛盾复杂化、冲突尖锐化等导致一部分领导干部面对突发事件无所适从,面对资产阶级自由化等问题不敢主动"亮剑",态度不明、是非不清甚至姑息养奸等。面对复杂、多变、严峻的国内外形势,领导干部要想真正做到从容应对、不断进步,

就必须以真实性原则为抓手,加强新闻宣传工作,创新掌控舆论阵地的能力;以通达社情民意为抓手,加强六大能力建设,提高处置突发事件的能力;以坚持共同富裕为抓手,加强市场经济研究,增强推进科学发展的能力;以反意识形态渗透为抓手,加强国际问题研究,增强反和平演变的能力。

一、以真实性原则为抓手,加强新闻宣传工作,创新掌控舆论阵地的能力

真实观是马克思主义新闻观的几大基本内涵之一,新闻必须真实,这本来应该是所有新闻人普遍接受、自觉履行的重要原则,也是最基本的常识,似乎不用再费口舌。但事实却并非如此,看看近些年来不断出现的众多虚假新闻的涉事新闻单位中,不仅有网络媒体也有传统媒体,不仅有商业化媒体也有党报党刊,不仅有地方小报也有中央大报。并且,在网络化大潮席卷全球的今天,新媒体的快速发展对掌握意识形态工作的领导权、话语权提出了更多新挑战。由于社会主义意识形态缺失、媒体竞争加剧、市场化冲击、敌对势力渗透等多种因素的影响,有偿新闻、有偿不闻、有偿乱闻等违背新闻真实性原则的情况也不断发生,使得我们不得不深思"在网络时代应坚持什么样的真实观"。同时,也提醒我们广大领导干部要以真实性原则为抓手,大力加强新闻宣传工作,创新掌控舆论阵地的能力。

(一)必须严格监督新闻媒体始终坚持新闻真实性第一的原则

我党一直十分高度重视新闻的真实性,并把这一点提高到新闻工作的无产阶级党性原则来强调。早在 1925 年 12 月,毛泽东就指出:"我们反攻敌人的方法,并不多用辩论,只是忠实地报告我们革命工作的事实。……《政治周报》的体裁,十分之九是实际事实之叙述,只有十分之一是对于反革命派宣传的辩论。"[①]1956 年 5 月、6 月,刘少奇先后两次与新华社负责同志谈话,要求新闻"必须是客观的、真实的、公正的、全面的,同时必须是有立场的"[②]。1985 年 9 月,邓小平也向全党强调指出:"思想文化教育卫生部门,都要以社会效益为一切活动的唯一准则,它们所属的企业也要以社会

---

① 《毛泽东文集》第一卷,人民出版社 1999 年版,第 22—23 页。

② 中国社会科学院新闻研究所编:《中国共产党新闻工作文献汇编》(下卷),新华出版社 1980 年版,第 361 页。

效益为最高准则。"①1989 年 11 月,江泽民在中宣部举办的新闻工作研讨班上的讲话中强调:"新闻的真实性,就是要在新闻工作中坚持党的一切从实际出发、实事求是的思想路线。"②2008 年 6 月,胡锦涛在人民日报社考察工作时的讲话中也强调:"要注重在报道新闻事实中体现正确导向。"③但令人担忧的是,在媒体行业激烈竞争的压力下,一些新闻媒体忘记了这些要求,为了追求更高的点击率、收视率、阅读率等,竟然牺牲新闻真实性而去追求所谓轰动效应,甚至公然炮制虚假新闻来达到吸引受众眼球、谋取单位私利等目的。还有的新闻单位在市场经营的压力下,为了追求广告利益,以软新闻等形式变相出卖报刊版面、网站频道和电台、电视台的时段、栏目等,把一些未经核实或者根本就不进行核实的虚假新闻、广告等以新闻的形式进行发布、播出,导致这些虚假新闻误导民众、危害社会,尤其是一些假冒伪劣产品宣传、虚假医疗广告等方面的软新闻危害更为巨大。

媒体淡忘新闻真实性第一原则的教训应该被牢记。2010 年 11 月 16 日,湖北的《襄樊日报》刊发了《50 件有毒玉米奶疑流入我市 工商部门紧急排查》的报道,引起了全国众多媒体的转载和炒作。由于此稿严重失实,给湖北省和襄樊市造成了严重的负面影响。事件发生后,湖北省委宣传部向全省新闻单位通报了《襄樊日报》虚假报道案例,并责成襄樊日报社党委向襄樊市委、市政府作出深刻检查,将检查情况报省委宣传部。《重庆晚报》2011 年 1 月 19 日刊登新闻《母亲千里走单骑》说,从浙江温州到重庆黔江,行程两千多公里。一位年轻母亲在浙江打工 5 年,半夜梦见 6 岁儿子全身是血,与老鼠争食……第二天,她竟独自骑着摩托车,从浙江奔走两千多公里回渝,耗时 6 昼夜。而《华商报》记者胡国庆调查发现,这一"现代传奇"直到目前仍缺乏直接证据,几乎很难证实。《都市快报》评论员徐迅雷更是发现了三条与"从浙江骑摩托车到重庆"类似的新闻,统统都是《重庆晚报》刊发的。这难道仅仅是"巧合"?众多质疑自然使得媒体的公信力大打折扣。

---

① 《邓小平文选》第三卷,人民出版社 1993 年版,第 145 页。

② 《十三大以来重要文献选编》(中),人民出版社 1991 年版,第 775 页。

③ 胡锦涛:《在人民日报社考察工作时的讲话》,人民出版社 2008 年版,第 5 页。

黑记者、假记者横行多年的问题应该引起高度重视。与县市区、乡镇的基层领导干部交流时，大家几乎都对黑记者、假记者深恶痛绝，却又无可奈何，呼吁有关主管部门严加管理、彻底整顿。但是，黑记者、假记者横行并不是近年才有，而是一个存在二三十年的老问题，有关主管部门也曾多次打击假报刊、假记者站、假记者和假新闻等，但却一直没有真正解决好这个问题。2013年2月，中央电视台《焦点访谈》节目连续报道了一个叫李德勇的《购物导报》记者，打着所谓综合记者站的牌子，大肆招聘所谓记者、办假记者证，四处打着采访的旗号去敲诈敛财。报道称，李德勇等人在外出敛财的时候首选方式是收取现金，但自己从不直接收钱，而是采取先派"记者"去谈曝光等问题，等被采访对象愿意"花钱免灾"的时候再让经营人员甚至司机去讨价还价以及收钱。并且，如果被采访对象实在不能或者不方便提供现金也没关系，他们竟然可以让对方通过汇款或者转账到《购物导报》等方式完成"交易"。由此可见，这个李德勇并不是假记者，而是一个真记者，并且是一个报社知道且和报社有着利益联系的真记者，这也许正是其被称为黑记者的原因所在。其实，李德勇事件只是揭开了一些媒体买卖记者证、买卖版面等众多问题的冰山一角，随着近年来所谓"媒体市场化"之风愈演愈烈，一些媒体为了经济利益，几万元到几十万一个买卖记者证，把报刊的版面、网站的频道或者电台、电视台的时段、栏目等承包给社会上的一些企业或者个人已经成为"公开的秘密"，一些管理部门也是睁一只眼闭一只眼。一家多次因为买卖记者证等问题被有关部门处罚的报社负责人告诉记者："不就是每次罚点钱，最多停业整顿或者撤换一些报社领导嘛，我们都有办法应付。罚的那点钱和我们挣的钱相比差远了，被撤换的报社人员也可以换个名字继续待在报社，停业整顿也只是暂时避避风头，过了风头再送些礼就可以重新开始了！主管部门对这些事情也是心知肚明，我们经常出事他们才有机会被送礼！所以，我们心里很清楚，有那么多盘根错节的利益链条存在，这些问题是很难得到根治的。"

不少新闻媒体始终坚持新闻真实性第一，注重社会效益和经济效益的统一，其做法值得借鉴和学习。《新民晚报》记者在采访上海干洗服务质量问题时，接到有人报料说干洗店用的洗涤剂大都是四氯乙烯，这是一种有毒致癌物质。在不少媒体看来，这肯定是一条可以制造轰动效应的爆炸性新闻。但《新民晚报》记者却没有马上发布这条消息,而是在进一步走访各方面专家后了解到,四氯乙烯本身的确有毒,但究竟在多大程度上致癌尚有争论,它在我国已全面推广多年,现在即便在西方发达国家,也是主流洗涤产品。所以,《新民晚报》最后在报道中并没有刻意突出夸大四氯乙烯致癌的问题,而是客观全面地报道了专家们的各种说法,这样报道虽然少了一些"卖点",但却避免了消费者不必要的恐慌,在赢得读者更大信任的同时凸显出媒体的社会责任和公信力。这也表明,媒体始终牢记自己的使命和职责、主动履行社会责任,也是增强公信力的最佳路径。

对于新闻媒体炮制虚假新闻的行为,仅靠社会舆论的谴责是远远不够的,需要中宣部、中央外宣办、国家新闻出版广电总局等有关部门和各地的新闻宣传主管部门采取切实措施加以严格监管,一旦发现就严厉惩处绝不手软,不仅对其进行政治、经济等惩罚,而且要求其公开纠正和道歉,还要追究有关人员的责任。对一些情节恶劣的新闻单位要在全国进行通报,对屡教不改的要坚决对其进行关停,甚至追究其主管部门负责人的责任。

(二)必须高度重视新闻从业人员的政治素质教育和领导权掌握

新闻的生命在于真实,真实是新闻的首要标准和第一选择,要求时间、地点、人物、起因、经过、结果等因素都要真实无误。真实性原则是马克思主义新闻观中最为核心的关键词之一,也是马克思主义新闻观的主要理论支撑。但通过对一些虚假新闻的剖析,我们发现,政治素质和业务素质的低下导致新闻从业人员缺乏明确的方向性,往往为了追逐个人名利等而不顾新闻的真实性。2010年12月22日,《成都商报》第18版刊登了一篇题为《夜上黄山　谁让救援队变敢死队?》的报道,其中有段文字说复旦学生"三次报警失败后,一个队员想到了上海的亲戚。当时的说法是,他二姨父影响很大,如果向他求助,绝对有效。"这是记者在采访中听说的,不仅没有加以核实,而且是为了制造轰动效应就尽快发表了出来。虽然后经证实所谓"二姨夫"并非"影响很大",而只是一个普通上海市民。但稿件利用一些民众的仇官、仇富、仇名人的心理,故意渲染"二姨夫",造成的恶劣社会影响却很难挽回。

当前一个不容忽视的现象是,不少记者尤其是年轻记者不愿意深入基层、深入生活、深入实际"跑新闻",而是乐意跑会议、打电话采写稿件,尤其是现在很多单位举行新闻发布会都会给到场的记者发红包,有的单位为了让刊登的新闻稿件完全按照自己的意愿而不惜花大价钱,"吃人嘴软、拿人手短",使得记者在采写新闻稿件的过程中很可能不去核实被采访对象提供的新闻材料的真实性,而是以其单方面提供的、没有经过核实的新闻素材为基础编发稿件造成虚假新闻的产生。这些正面报道甚至所谓典型报道中的不实报道问题在一些为单位、个人等歌功颂德的正面新闻中最为明显,高铁通车之初大量过分拔高甚至吹嘘的正面报道、一些刚使用不久就出事故的所谓献礼工程在投入使用时的正面报道等也都是这样的例子,产生了很恶劣的影响。

此外,随着以微博为代表的网络信息传播的即时性、随意性、碎片化等特性进一步凸显,再加上点击率、收视率、阅读率等指挥棒的压力驱使,使得网络成为虚假新闻的重灾区,而一些传统媒体的编辑、记者习惯于从微博、论坛等网络媒体上寻找新闻线索,甚至于对这些新闻线索不加必要的核实就加以报道,这些报道再通过网络媒体在网络上进行二次传播,使得虚假新闻的恶劣影响凸显。从"金庸去世"到谣传抢盐,很多虚假新闻最初都是在微博上出现,并且连中国新闻社主办的《中国新闻周刊》这样的知名媒体也成为假新闻的制造者。网络上的虚假新闻被一些传统媒体不加核实加以传播,严重损害了整个媒体行业的公信力。尤其是《中国新闻周刊》"金庸去世"的谣言让人还记忆犹新,其教训之深刻发人深思。2013 年 3 月,同样属于中国新闻社旗下的中国新闻网又再次爆出造假丑闻,该网发布的《深圳90 后女孩当街给残疾乞丐喂饭　感动路人》图片新闻,被很多网站广泛转载后被证实为是假新闻。原来,这张新闻照片竟是中国新闻社广东分社副社长郑小红和通讯员、"网络推手"石金泉摆拍的假新闻,是利用人们的爱心进行炒作。并且,这个"网络推手"石金泉早在 2011 年就因制造《眼癌宝宝母亲跪爬,被"富家公子"戏弄》的假新闻被曝光,也曾向社会公开道歉。而已经在假新闻的阴沟里翻过船的中国新闻社竟然对这种有"前科"的"网络推手"的稿件依然轻信、盲信,没有进行认真核查就贸然刊发。是根本没有汲取教训还是其中另有隐情?不能不让人怀疑这种虚假新闻背后存在猫腻。尽管中国新闻网为此发出道歉信,但这样的假新闻对人们爱心的伤害、对社会公德亵渎又该谁来负责?同一个新闻单位为何连续发生如此性质恶劣的假新闻？人们对此有太多疑问，这些疑问应该引起有关新闻单位和主管部门的重视和深思！曾国藩曾强调"乱世须用重典"，这个原则对今天的新闻界同样适用，如果一次次假新闻之后只是道歉或者批评教育，最多也是罚款降职，注定是无法根治虚假新闻的。

在网络飞速发展的今天，由微博、论坛等爆料引发的假新闻也越来越多。由《微博天下》总编辑王甘霖亲自管理的《微博天下》杂志官方微博2012年初发出了一条"免费午餐涉嫌洗钱遭到中纪委调查"的微博，引发了一场关于"免费午餐"是否足够干净透明的网络争论。结果被新浪微博以此微博不属实且无确凿证据为由，注销了《微博天下》杂志官方微博账号。2011年8月13日，《广州日报》刊发了《9月起年终奖计税方法调整　避免奖金越多所得越少》，对《国家税务总局关于修订征收个人所得税若干问题的规定的公告》(简称"47号公告")进行了详尽解读。新华社、中央电视台等国家级媒体也相继对此进行报道。8月15日，国家税务总局发文辟谣。这起"乌龙事件"堪称2011年新闻造假之冠，其中的教训应该深刻总结。

2013年10月22日，长沙市公安局通过官方微博"@长沙警事"证实，《新快报》记者陈永洲因涉嫌损害商业信誉罪，已于10月19日被长沙警方依法刑事拘留。10月23日，长沙市公安局表示，经调查，从2012年9月26日至2013年8月8日，《新快报》及其记者陈永洲等人在未到中联重科进行实地调查和核实的情况下，捏造虚假事实，通过其媒体平台发表关于中联重科的负面文章。2013年6月，中联重科曾就此事专门派人前往新快报社进行沟通，要求其到中联重科进行实地调查和了解真实情况，停止捏造、污蔑和诋毁行为。但《新快报》社及陈永洲不顾要求，仍然继续发表关于中联重科的负面文章。长沙市公安局认定，陈永洲捏造的涉及中联重科的主要事实有三项：一是捏造中联重科的管理层收购旗下优质资产进行利益输送，造成国资流失、私有化；二是捏造中联重科一年花掉广告费5.13亿，搞"畸形营销"；三是捏造和污蔑中联重科销售和财务造假。在报道过程中，陈永洲没有具体依据，也未向相关监管、审计部门和会计师事务所进行咨询，只是凭自己的主观臆断。长沙市公安局称，经市公安局执法监督支队审核，认定嫌疑人陈永洲捏造并散布虚伪事实，损害中联重科的商业信誉，给中联重科造成重大损失，其行为触犯了《中华人民共和国刑法》第二百二十一条之规定,涉嫌损害商业信誉罪。据办案民警介绍和陈永洲本人供述,2013 年 5 月中旬,陈永洲接到中间人电话,要求以他的署名发表一篇关于中联重科广告费的负面报道,由于自己在出差途中,陈永洲便让中间人直接和报社联系予以安排。证据显示,在发表针对中联重科的失实报道期间,陈永洲多次收受他人提供的数千元至数万元人民币不等的"酬劳",其中有一次就多达 50 万元。据陈永洲供述,他在不到一年时间内先后发表的十余篇中联重科负面报道中,只有"一篇半"是自己在他人安排采访下完成的,其余都是由他人提供现成文稿,自己只在此基础上进行修改加工,有的甚至看都没看,就在《新快报》等媒体上刊发,"我没有审核这些文章的真实性"。陈永洲对自己的涉嫌犯罪行为悔恨不已,表示"主要是贪图钱财和为了出名才这样做的,我被利用了","违背了新闻操守","对当前的新闻媒体来说,我可能不是孤例,整个新闻行业应该以此为戒"。在事实面前,10 月 23 日、10 月 24 日连续两天通过在头版显著位置以醒目大标题《请放人》、《再请放人》等不正常方式给警方施加压力的《新快报》不得不在 10 月 27 日头版就陈永洲收钱发表大量失实报道一事致歉。10 月 26 日,中华全国新闻工作者协会也发文严厉谴责《新快报》记者陈永洲涉嫌有偿新闻、虚假报道等违规行为,指出陈永洲的行为严重违反了《中国新闻工作者职业道德准则》,严重违背了新闻真实性原则,严重损害了新闻媒体公信力。《新快报》在长达一年的时间中连续发表多篇该记者署名的捏造事实的报道,严重失职,也应承担相应的责任。面对逐渐明晰的案情,不少网友纷纷呼吁尽快查封《新快报》,严惩其总编辑、值班总负责人、相关部门主任和背后指使的企业、个人等所有涉案人,并借机对整个新闻行业进行一场大整风,对全国媒体关门一批、换人一批、扶持一批,彻底整治新闻行业的混乱局面。由此可见,一些记者乃至整个媒体机构置新闻的真实性于不顾而沦为企业之间恶性竞争的工具,甚至为了利益搞有偿新闻、新闻造假乃至敲诈勒索,不仅给记者这个职业乃至整个新闻行业抹黑,也让媒体的公信力受到极大损害,是所有媒体机构和新闻从业人员都不应该忘记的警示。

据日本新闻网 2012 年 2 月 16 日报道,日本大分县近日发生了一起女童失踪案件,当地警方于 5 日逮捕了这位女童的母亲,指控这位母亲杀害自己女儿并抛尸。当天,共同社记者将得到的一张母女二人的照片随同新闻稿配发。6 日,日本全国有 41 家报纸杂志刊登了这张照片。但结果发现,这张照片并非案件主角的照片。发现问题后,共同社立即登门向受害者道歉,并逐一追查问题原因和责任。16 日,该社以"把关不严,核实怠慢"为由,免去了总编辑奥野知秀的职务,并对 3 名董事进行了减薪处分。此外,和采编该新闻相关的 9 名编辑记者也受到了相应的处分。《成都商报》对《夜上黄山 谁让救援队变敢死队?》报道失实事件的处理措施则是:辞退当事记者,当版责任编辑和新闻中心主任被撤职,新闻中心分管编委被停职,当日值班签片的编委被扣罚责任风险金 3000 元,《成都商报》总编辑陈舒平本人也扣罚责任风险金 3000 元,向成都日报报业集团党委作出书面检查等。共同社和《成都商报》处理问题的方式都值得我们借鉴和学习。

因此,我们必须高度重视新闻从业人员的政治素质和业务素质教育。要坚持以马克思主义为指导,在所有新闻单位的从业人员中弘扬以爱国主义为核心的民族精神、以改革创新为核心的时代精神和社会主义核心价值观等。同时,要注重把意识形态教育与新闻业务紧密结合,并使这种培训经常化、长期化、制度化。要求每一位新闻从业人员都要牢记做到:不仅新闻来源要真实、可靠,来源所反映的事实也必须真实;不仅所报道的单个事情要真实、准确,更要注意和善于从总体上、本质上以及发展趋势上去把握真实性,坚持追求新闻的宏观真实和本质真实的统一。尤其是要注重"走转改"活动的长期化、经常化、制度化,推动更多新闻从业人员深入基层一线,采访发布权威、完整、准确的信息,通过第一线、第一手的切身采访去伪存真,还原事实真相,增强媒体的公信力。而对于那些故意制造虚假新闻的记者,要坚决吊销其记者证,并驱逐出新闻队伍,同时通过其所在的媒体以及更多媒体刊登公告来通告全社会让其付出身败名裂的代价。

同时,我们必须高度重视掌握好新闻单位的领导权,确保把领导权始终掌握在真正忠于马克思主义、敢于坚持马克思主义的马克思主义者手中。当前,一些新闻单位的负责人意识形态能力薄弱,为了所谓明哲保身或追求经济利益、轰动效应,不仅忘记了肩负的政治责任、社会责任,而且没有明确的是非标准,面对宣扬西方的民主宪政、普世价值、公民社会、新自由主义、历史虚无主义等错误思潮的言行不敢坚决站出来旗帜鲜明地反对,有的甚至变相支持,产生了非常恶劣的政治影响和社会影响,对这些媒体的负责人要坚决撤换,让那些真正忠于马克思主义、敢于坚持马克思主义的意识形态专家成为新闻媒体的领导者。

(三)必须严厉惩处利益集团和新闻从业人员相互勾结制假行为

随着市场经济的市场交换等原则几乎渗透到每一个领域,一些政治、经济、文化等领域的利益集团为了打击竞争对手或者谋取私利,自己出面或者利用公关公司、广告公司、传媒策划机构等,用金钱、名利、美色等收买一些新闻媒体的编辑、记者甚至负责人,相互勾结起来制造虚假新闻来达到不可告人的目的。近年来多次爆出的中国乳业两大巨头蒙牛、伊利之间在媒体上的相互攻击战就是一个典型代表。据警方证实:2010 年 7 月 14 日,蒙牛"未来星"品牌经理安勇与北京博思智奇公关顾问有限公司共同商讨炒作打击竞争对手——伊利"QQ 星儿童奶"的相关事宜,并制定网络攻击方案。网络攻击手段包括:寻找网络写手撰写攻击帖子,并在近百个论坛上发帖炒作;联系点击量较高的个人博客博主撰写文章发表在博客上,并"推荐到门户网站首页"、"置顶"、"加精"等操作,以提高影响力;此外还发动大量新闻网站及草根博客进行转载和评述,总计涉及费用约 28 万元。整个操作链由"蒙牛'未来星'品牌经理安勇——北京博思智奇公关顾问公司(郝历平、赵宁、马野等)——北京戴斯普瑞网络营销公司(张明等)、博主(网络写手)——李友平(戴斯普瑞公司合伙人)"这样串联而成。2011 年 3 月,呼和浩特市回民区人民法院作出判决,安勇以及受雇于蒙牛乳业的公关公司北京博思智奇公关顾问有限公司副总经理肖雪梅等六名被告人通过网络媒体捏造和散布虚伪事实,诋毁和损害了伊利集团的商业信誉和"QQ 星儿童奶"的商品声誉,其行为构成损害商业信誉、商品声誉罪,分别被判处有期徒刑等刑罚。如果不是警方介入,这种多方勾结践踏新闻真实性原则的制假行为很难被发现。但这只是极少数被查处的事件之一,而没有被查处的类似事件可以说是在大部分新闻单位都不同程度地存在。

曾经引起很大反响的深圳"缝肛门"报道也是一个教训。2010 年 7 月 23 日,一名孕妇在深圳凤凰医院顺产生下男婴后,其丈夫陈默发现产妇肛门处被缝线了,一开始的报道说"缝肛门"是指把肛门缝上,是恶意的报复。但事实却是陈默的描述是出于误解。因为手术之后不久,他发现太太身体下面比较疼,肛门周围有线,再加上与护士之间的不愉快,才产生这样的怀疑。由于陈默缺乏专业的医学知识,他的怀疑是有一定理由的。但是媒体并没有对包括助产士在内的医院一方进行平衡性采访,就想当然地认为这是事实了,就把陈默单方面描述的情况作为事实、作为新闻的真相进行传播。最后调查发现,缝的其实是痔疮,是痔疮治疗的一种手术。而《南方都市报》记者虽然在报道正文中描述了法医鉴定结果,缝的是痔疮而不是肛门。但是这篇报道标题却是《法医鉴定:产妇肛门的确被缝》,记者的逻辑竟然就是:"痔疮长在肛门上,缝了痔疮就等于缝了肛门。"更发人深省的是,面对记者这样的报道,编辑部的把关形同虚设,这样一篇假新闻在编辑、值班的副总编或者总编那里竟然是一路绿灯,难怪有人怀疑报社被陈默买通了!

因此,必须建立健全相关把关制度,从采写稿件的记者到编辑、值班的总编或者副总编,都要肩负起、担当好把关人的角色。新闻媒体对于涉及曝光、攻击一些单位、个人的稿件要严格把关,要认真核查记者是否采访到了事件涉及的各方,尤其是利益对立的双方必须都采访到。同时,一旦发现利益集团和新闻从业人员相互勾结制造虚假新闻的行为,必须严厉惩处,同时在全单位乃至在全行业、全社会进行通报,让这些害群之马无藏身之地。并且,要敢于与第三方一起联合主动公布举报方式,欢迎社会各界举报虚假新闻等新闻违规行为,对于被查证属实的举报则重奖举报人。我们相信,只要有关主管部门、有关领导干部真正重视并愿意解决这些问题,而且有决心、有毅力对这些行为长期采取高压、严打态势,一定能最大可能减少类似行为再次发生。

此外,要特别注意加强对网络上的虚假新闻和造谣、传谣行为的打击,尤其是那些通过虚构情节、捏造事实、篡改历史等手段攻击党的领导和社会主义制度的行为。从2013年5月初开始,国家互联网信息办公室在全国范围内集中部署打击利用互联网造谣、故意传播谣言等行为,不仅关闭了一批造谣、传谣的微博账号,而且对相关人员处以治安拘留等处罚。同时欢迎全社会都来积极举报谣言,并对举报有功者进行奖励。正如国家互联网信息办公室有关人士特别指出:有一些微博上的所谓"大V"账号以"求证"、"求真相"、"求辟谣"等手段和方式故意扩散谣言,引导了一些甚至大量不明真相的网民盲目跟风,严重损害了网络媒体的公信力,扰乱了正常的网络传播秩序,阻碍了网络的健康发展。2013 年 8 月,全国公安机关集中打击网络有组织造谣、传谣等违法犯罪专项行动大幕拉开,行动不仅严厉打击了造谣、传谣行为,而且对进一步净化网络环境具有重要意义。希望有关部门今后要敢于、多于拿一些"粉丝"数量巨大的并造谣、传谣的"大 V"人士进行开刀,关闭其账号甚至追究其法律责任。并且,在开展集中打击行动的同时,要尽快建立、完善长期打击造谣、传谣行为的长效机制,任何时候都对造谣、传谣行为保持高压态势。

因此,我们一定要切记,新闻工作与党的事业休戚与共,马克思主义新闻观的一个重要原则就是要坚持新闻工作的党性原则。全体领导干部尤其是思想宣传战线的领导干部一定要深刻认识到,舆论引导能否发挥作用及其发挥的程度,必须要以公信力作支撑,只有坚持无产阶级的新闻真实观才能牢牢掌握新闻舆论的引导权、主动权、领导权、主导权。新闻媒体必须始终坚持党性原则,坚决与党中央在思想上、政治上、行动上保持一致。在任何时候、任何情况下,都要坚持"政治家办媒体"的原则,新闻媒体作为党和人民的喉舌的性质不容置疑,党管媒体的方针不能改变,党管舆论导向的原则不能动摇。对于一些地方和媒体盲目推进所谓"媒体市场化"的错误做法要严令禁止,绝对不能允许那些攻击我们党和国家的言论在新闻媒体上出现,绝对不能放任资本等市场力量左右新闻媒体的发展方向和内容导向,绝对不能让我们的新闻从业人员和新闻媒体成为某些人或利益集团左右舆论乃至敌对势力西化、分化中国的工具。

二、以通达社情民意为抓手,加强六大能力建设,提高处置突发事件的能力

随着近年来突发事件的不断发生,能否积极、科学、及时、有力、有效、有利地应对突发事件,已经成为考察地方政府执政能力和执政智慧的试金石。如果应对得当,可以化险为夷,化"危"为"机";应对不当,小则影响党和政府形象,大则影响社会稳定的大局。因此,我们在应对突发性事件时应该给予高度重视,注重采取科学、及时、高效的好办法,只有这样,才能赢得民众的理解、信任甚至赞许,从而大大提升我们的执政能力。结合对近年来发生的一些突发事件的剖析,笔者认为,广大领导干部应该以通达社情民意为抓

手,加强提高应对风险、维护稳定等六大能力建设,提高处置突发事件的能力,笔者在这里用六个关键词来加以提炼、概括。

(一)第一个关键词是"及早发现"

经过三十多年的改革开放,中国已经积累了巨大的社会力量,这些社会力量借助网络这个新技术、新媒体平台,迅速得到释放,有时甚至是加倍、数十倍甚至数百万倍释放。网络新闻、手机短信、微博、微信、即时聊天工具、博客、论坛等新型传播形式在引导社会舆论方面都对广大领导干部产生了巨大冲击,尤其是微博的迅猛发展,使得世界真正成了"地球村",信息的传递速度和广度是过去任何一个时代所无法想象的。因此,我们必须清醒地认识到,网络时代信息传播速度、广度、深度远比我们想象得要快、要广、要杂、要深,想在互联网时代封锁突发事件的消息非常困难,传统的"内紧外松"的宣传策略和公共沟通方式显然已不适应当今网络时代的发展需要。因此,做好网络监控工作,第一时间及早发现相关突发事件信息是我们做好应对突发事件的第一步。

事实上,在社会生活中,意外事件的出现可以说是最不令人感到意外的事情。对一个地方的党委、政府而言,在本区域内发生这样那样的突发事件,几乎无可避免。并且,以前突发事件不是没有,也不是现在突发事件特别多发,而是以前由于信息传播速度、广度等原因的局限,绝大部分突发事件的影响局限于一个很小的地区范围内。而今天,互联网的迅猛发展,使得突发事件发生后很短时间内就可能迅速传遍全国乃至全世界。因此,在对本区域进行管理时,地方党委、政府不应该也不可能抱着"永不出事"的鸵鸟态度,也不应该怨天尤人地抱怨自己倒霉,更不能有"蒙混过关"的侥幸心理,而是应该积极、科学、有力、有效地为应对突发事件做好各种准备。

网络舆情本质上是广大民众和各级党委、政府之间的关系在新形势下的反映,作为社会冷暖安危第一信号,社会舆论如果不能及时"下情上达",势必会影响其参考、利用的价值,也容易发酵、酝酿成一些难以收拾的突发事件。互联网的快速、即时、共享的特点使得网上反映出的各类新情况、新动向不仅快捷,而且触角更深、更远,而互联网的即时性特点更使社会舆论走上了一条高时效性的信息高速公路。许多时候,新闻事件一发生,几小时甚至几分钟之内就开始有网民发表观点和看法,社会舆论情况能够得以快速反应。

因此,当今时代,科学、准确、快速、高效地汇集和分析网络舆情,及时、准确、全面地掌握社会思潮的发展动态,深入了解群众的所思所想,已成为加强社会建设、提高党的执政水平、掌握意识形态工作主动权的一个重要途径和重要方面。目前,不少地方都已经设立专门的网络管理和舆情监测机构,有的是在宣传部,有的是在外宣办,还有的在市委办公室,更有的县市专门设立了由市委或市政府直接领导的网络管理办公室,一般都会有专人负责对新华网、人民网、央视国际等中央重点新闻网站和新浪、搜狐、网易、腾讯等有影响的商业网站的网络新闻、微博、论坛、博客等进行监控,尤其是对出现在这些网站首页的与本地有关的网络信息给予高度关注,形成对领导定期汇总、汇报的机制。这是通达社情民意的有效手段,也是加强推进社会建设的一个重要方面,广大领导干部必须高度重视。不仅要求相关部门高度重视、认真做好舆情报送工作,而且要明确要求对与本地有关的突发事件舆情,要做到第一时间向有关领导汇报。毕竟,越早发现就越容易赢得主动。如在 2009 年的上海"钓鱼式执法"事件中,其实对于上海"钓鱼式执法"的质疑,当年国庆节之后在一些网站的论坛、博客就有反映,并且平面媒体随后不久就有了报道,但是因为有关车主没有像孙中界那样选择伤指以示清白的极端做法,没有在网络上形成热点。而当地网络管理和舆情监测机构更没有做到第一时间向有关领导汇报,最终导致了被动。

因此,我们应该进一步建立健全包括网络舆情收集报送机制等在内的网络监测机制。在 2011 年的全国政协工作报告中有这样一句话:"要畅通信息收集、报送和反馈渠道,积极探索利用互联网收集社情民意的新方式,及时准确地把握全局性、苗头性、倾向性问题,努力成为密切联系人民群众、反映群众意见诉求的重要渠道,成为党和政府舆情汇集和分析机制的重要方面。"这虽然是政协部门提出的,但却应该是对所有地方、部门、单位的要求,应该引起所有领导干部的重视。要通过网络监测机制随时掌握网络动态,做到在第一时间及早发现网上与本地有关的突发事件信息,并将信息及时反馈给相关部门,做到信息搜集及时、快捷、畅通,为各级党委、政府的及时、果断、科学决策打下坚实的基础。

（二）第二个关键词是"准确判断"

随着互联网的飞速发展和广泛运用,其影响力已渗透到社会生活的方方面面。网络不仅成为获取信息的重要渠道,而且成为网民发表意见、阐述观点甚至发泄情绪的重要场所,成为洞察社会舆论、了解社情民意的重要途径。因此,我们必须对监控、搜集到的与本地有关的突发事件信息作出准确判断,尤其是对突发事件的性质、严重程度、可能演变的情况等作出准确判断,这是我们能否成功应对突发事件的前提,是至关重要的一点。

因为浦东新区"孙中界事件"和闵行区"张晖事件"而遭到全国网民铺天盖地质疑的上海"钓鱼式执法"事件成为 2009 年 10 月影响最大的突发事件之一,就是没有做到"准确判断"的一个教训。其实,类似上海"钓鱼式执法"事件,全国不少地方此前都有,但由于当时互联网远没有今天这么发达、网民的参与意识也没有今天这么强烈等原因,没有在全国范围内引起大的反响。在新华社多媒体数据库中检索可以发现,新华社早在 2004 年 9 月就发过《(新华视点)秦皇岛:打"黑车"竟现"职业钓鱼族"》的文章,报道在河北省秦皇岛市专门有一些人为获取向交通部门举报非法营运"黑车"的高额奖励,采取布设圈套诱导司机收费并栽赃的手段,不管是否"黑车",统统纳入他们的举报范围,这些人通常被称作"钓鱼族"。而新华社黑龙江分社记者在 2007 年 9 月也曾有报道《哈尔滨规定交通稽查人员"钓鱼"执法将被开除》,指出当时哈尔滨市交通局决定,将严惩交通管理和稽查人员采用"钓鱼"方式执法等六种违法违纪行为,有关人员的违法违纪行为一经查实将立即被开除。由此可见,近几年"钓鱼式执法"在很多地方均已扎根,而且并没有得到有力治理,在民众中间积累了一定的怨气。而上海"钓鱼式执法"事件发生时适逢网络迅猛发展,自然激起了网民心中沉寂已久的不满,借助网络迅速演变成全国性事件。

随着网民言论空前活跃,网络舆论已显示了不可忽视的力量。近几年来,陕西"表哥"杨达才事件和"房姐"龚爱爱事件、重庆雷政富等"不雅视频"事件、湖南"湘潭神女"事件、"郭美美"事件、贵州瓮安事件、湖北邓玉娇事件、云南"躲猫猫"事件、陕西凤翔"血铅"事件、河南焦作"创卫"造假事件、上海"钓鱼式执法"事件、河南农民工张海超"开胸验肺"风波、山西繁峙乡党委副书记找小姐吸毒风波、陕西乾县科技局长大闹考场风波、湖北应城市长信箱雷人回复风波、武汉经适房"六连号"造假案、南京"天价香烟局长"周久耕案、甘肃省天水集体替考案、黑龙江哈尔滨市呼兰区史上最牛醉酒驾车案等一系列在社会产生广泛影响的事件,几乎都是首先在网络媒体中引起强烈的反响和激烈的辩论,进而形成强大的社会影响。

网络的开放性为社情民意的汇集提供了及时、丰富、鲜活的动态舆情信息来源,作为充分容纳民意、汇集民情、反映民声的一个平台,不同观点在网络上都有自己的一席之地。网民在论坛上互相沟通、互相探讨、互相争鸣,各类观点的交锋、碰撞,最终促成了网络舆论的海量性、复杂性,为准确分析和掌握社会舆论提供了便利,但也加大了通达社情民意的难度。因此,我们应该不断加强舆情工作,专门抽调力量甚至成立专门部门具体负责对网络舆情的监测、汇集、分析。在每日正常报送舆情信息的同时,建立网络突发事件舆情快速反应机制,确保重大突发事件发生后两三个小时甚至更短时间内完成社会舆情汇集、分析、报送,及时把握网上脉搏,为党政主要领导干部对突发事件迅速作出准确判断提供及时、有力的依据。越来越多的突发事件表明,在初期对突发事件的性质、严重程度、可能演变的情况等判断失误甚至错误是导致事件演变越来越激烈、越难以控制的最主要原因。

曾经很受关注的南京"患儿死亡事件"就是一个典型例子。2009 年 11 月 3 日上午,患儿徐某被家长送到南京市儿童医院就诊。根据检查结果,急诊医生初步诊断为右眶蜂窝组织炎并将其收治入院治疗,但 4 日凌晨患儿病情却迅速恶化,经抢救无效死亡。事后,患儿家长反映值班医生毛晓珺当晚是因为忙于上网"偷菜"而疏于治疗且态度恶劣,引起社会各界的极大关注和一些舆论的质疑。但面对这种情况,医院方面却判断失误,认为这只不过是一起普通的医患纠纷,不顾网上铺天盖地的质疑声,更没有向有关主管部门和领导汇报,而是医院自己匆忙进行简单调查后,就在 10 日向社会发布消息,认定值班医生当晚没有"偷菜"而是在写论文,主观上并无过错,只是业务水平还不够高,对患儿病情估计不足等。这和上海有关部门在"钓鱼式执法"事件中的表现惊人相似。上海市政府 2009 年 10 月 18 日要求浦东新区政府迅速查明事实,并将调查结果及时公布于众。而浦东新区城市管理行政执法局却没有对事件的严重性作出正确判断,竟然在 20 日就匆匆公布"调查报告",称"孙中界涉嫌非法营运行为情况属实","并不存在所谓的'倒钩'执法问题"。后来的事实证明,他们的做法都是"自作聪明"。而后来上海、南京市政府及时、果断地很快介入事件处理,并组成了由多方面人士参加的调查组及时展开客观、公正地调查,就是对这两起突发事件作出准确判断的结果。

因此,我们应该深刻意识到,网上的突发事件通常不是由孤立事件造成的,也不是偶然发生的,它是民众对当前社会矛盾问题不满情绪的集中宣泄。对这些问题予以高度关注、准确分析,有助于决策部门了解民众所思所想,掌握民众集中关注的社会问题。我们各级党委、政府应该有专人负责对与本地有关的网上舆情进行跟踪、搜集、研判,尤其是要关注中央和地方主要新闻网站、知名商业网站的首页新闻、论坛、微博、博客等,做到信息搜集快速、畅通、及时、准确,反应迅速、灵活、到位,遇到涉及地方敏感问题的网上舆情汇总、分析后要及时汇报给主管领导,遇到涉及全局、敏感问题的网上舆情,要及时向本地、本部门的党政一把手汇报,从而在作出准确判断的基础上采取科学、及时、有力、有效的措施进行处置。同时,网络监控部门要注意搜集、总结其他地方在应对突发事件中的经验、教训,为领导对突发事件的性质、严重程度、可能演变的情况等作出准确判断提供借鉴和帮助。

此外,建议各级党政主要领导干部也要养成每天上网的习惯,这更有利于及时发现和处理与本地有关的突发事件。从习近平、刘云山等中央政治局常委到其他不少中央政治局委员等高级领导干部,他们都能经常抽时间上网,而且多次强调要重视网络媒体的重要作用。并且,包括不少省委书记、省长、部长在内的很多省部级领导干部也都是上网、用网的榜样,那些以"工作忙没时间"等为理由不上网的领导干部应该好好反思!

(三)第三个关键词是"及时回应"

近年来的经验、教训证明,面对网上的突发事件,对突发事件的信息发布往往越早越主动越好,只有第一时间作出回应,及时、公开、准确地发布权威信息,才能最大限度避免谣言散布和不利影响的扩散。我们应该清楚地认识到,面对舆论的态度、回应质疑的水平和处理问题的方法都真真实实体现着广大领导干部的基本执政能力,应高度重视。

在信息可以通过网络快速、广泛传播的今天,封锁任何新闻都是不可能的,这已经成为越来越多人的共识。自《中华人民共和国政府信息公开条例》2008 年 5 月 1 日开始正式实施以来,在"公开是原则,不公开是例外"的要求下,不少地方都积累了通过信息透明缓解社会矛盾、应对突发事件的宝贵经验。但令人遗憾的是,还是有一些地方党委、政府不少时候不是争分夺秒第一时间对一些突发事件作出回应,而是往往事后几天还欺骗群众和网民说传闻是假新闻,进而归结为少数"别有用心"的人煽动"不明真相"的群众闹事,结果是让自己越来越被动甚至严重损害了党和政府在人民群众心目中的形象。2012 年 3 月 10 日,时任中共中央政治局常委李长春在全国两会期间来到海南代表团,与大家谈到 2012 年春节期间网络上对三亚旅游的一些批评声音。时任三亚市委书记姜斯宪提出,在网络时代,大家都有对社会现象进行评论的自由。如何加强必要的引导、管理,使网上言论保持理性、客观,是一个新的课题。李长春深有同感地说,随着网络微博等迅速发展,每一个人都成为一个"通讯社",这对宣传思想部门是新的挑战。"有点不好的地方就想捂住,反倒会越描越黑。"李长春指出,从大量的实践看,应对公共突发事件的最好办法还是公开透明,在第一时间发出权威准确信息,最大限度地压缩谣言传播的空间。但现在发生问题的,大量还是第一时间没有权威声音,或者第一时间发出的声音不准确,然后第二次、第三次修补,造成一次次的冲击波,越弄越被动。李长春希望大家转变思想观念,公开透明地应对,"这也是社会进步的一个重要标志"。

2009 年 6 月,因为当地永隆大酒店的一名年轻厨师涂远高非正常死亡而引发的数万群众围观起哄、设置路障堵塞交通,甚至有人故意纵火、打砸警车的湖北石首事件中,在长达八十多个小时的时间内,网络上的各种猜测、传言等铺天盖地,而体现当地党委、政府立场等相关反映的新闻却只有很少几篇,且语焉不详。在石首市区街头已经筑起街垒、警民对抗一触即发的关口,当地却反应迟钝甚至冷漠消极,不仅没有任何权威消息发布,竟然在地方政府网站上刊出一条新闻,说多部门举行联合消防演习。这种做法只能是欲盖弥彰,结果自然是网民基本上一边倒地质疑官方新闻的真实性,并认为这是政府在愚弄百姓。与此同时,在网络上,一些网民"实时直播"石首事件的消息就至少有一百多条,现场图片也有很多张,还有一些现场视频。一方面是网民不断在网上发布事件的大量最新动态、现场图片,另一方面是当地党委、政府装聋作哑,使得党和政府公信力受到很大损害。

众多突发事件的教训已经证明,搪塞群众、隐瞒事态只能迫使群众涌向网络通过微博、论坛等寻求真相,更容易导致谣言四起,甚至引发骚乱。河南杞县钴 60 事故就凸显出了这一问题的严重性。2009 年 6 月 7 日放射源故障就已发生,但当地却一直没有对此事作出回应。直到网上已是一片热议后,当地党委、政府才在 7 月 12 日第一次发布消息。而且当地有关部门负责人始终认为,没有必要去小题大做,也不用一开始就大张旗鼓地公布信息。结果,虽然最终经环保部门确认并无辐射泄漏污染,但并未能阻止大批群众奔向周边县市"避难",甚至引发西方媒体的恶意猜测和攻击,在全国乃至世界范围内产生了恶劣影响。

我们必须清醒地认识到,突发事件发生后,公众如果在第一时间听不到党委、政府部门的权威声音,就会用一些不实的消息甚至谣言来填充"空隙"或者"时间差"。所以,各级党委、政府在突发事件发生后,要力争在第一时间通过官方微博、官方网站发布消息,召开新闻发布会进行回应等方式发出声音,对公众需要的信息要坚持早说、主动说,从而达到"甄别事实,控制损失,加强沟通,赢得主动"的效果。诸多危机实践表明,危机爆发后的 24 小时是传播的高峰,此时是最考验决策者和管理者的应变能力、公关能力、决策能力和执行能力的关键时刻。在短时间内,地方党委、政府应在快速建立突发事件处理小组的基础上,利用日常建立起来的良好的媒体关系积极加以应对。首先是利用互联网技术和与主流新闻网站的良好关系及时在网上对不实内容予以澄清、更正,力争将不利影响在第一时间消除;其次是将需要澄清的事实及地方政府需要向公众公布的信息,准确、客观地通过报刊、电台、电视台等更多主渠道媒体公布;最后就是如果事件迅速激化难以控制,一定要快速主动地与不属于本地管辖范围的媒体单位的主管部门甚至中宣部、中央外宣办、国家新闻出版广电总局等有关部门进行沟通,寻求帮助,力争上下合力形成正确的舆论导向。在重庆雷政富不雅视频事件中,重庆有关方面的回应就比较及时,态度也十分明确,再加上查处及时,总体上赢得了网民认可。

有效的新闻信息发布是在充分研究党政机关、媒体和公众三方互动规律的基础上,把党委、政府信息和意图的传播从"只传不通"到"既传又通",从只"宣"不"传",到既"宣"又"传"的做法。在突发事件发生时,公众通过各种渠道获取的信息很多,但对其真实性、权威性等不能有效辨别。因此,各级党委、政府要重视培养优秀的新闻发言人,使其可以做到应对记者们的各种提问甚至质疑时从容自如,同时也能展现当地党委、政府透明、开放、自信的形象和姿态。这在客观上有利于感受公众的脉搏,及时解释党委、政府的立场,占领舆论的先机。而从媒体的心态看,在突发事件发生时,他们往往要求地方党委、政府提高信息的透明程度,以便让自己的稿件向公众传递更多的信息。如果以新闻发言人为统一出口,满足他们这方面的需要,他们在心理上自然是会有所倾斜的。另外,突发事件发生后,各路记者必然蜂拥而至。建立新闻发言人制度,可以不必使记者们东奔西跑,四处打探小道消息,既省去了很多麻烦,又能防止有人从中制造、传播谣言。

如何才能及时、准确、有效地发出权威声音?建议广大领导干部切记要善于利用新华社驻地方分社的优势。作为国家通讯社,新华社具有消息总汇、耳目喉舌、智囊团和思想库等功能,其权威发布新闻信息的功能和影响力是海内外公认的。因此,与新华社驻地方分社关系协调得好坏,事关解决突发性事件的媒体发布时效、质量、效果。因此,在突发事件发生后,地方党委、政府除了应立即向上级领导汇报外,也要同时向新华社驻当地分社及时通报。然后,充分利用新华社发布新闻通稿的功能,在第一时间将通稿及事件相关背景素材发布出去,尽快赢得权威阵地,发出权威声音。对有难处确实不便透露的信息,可利用新华社内参渠道向中央汇报,便于高层进一步掌握动态,进行下一步指挥与协调。

在突发事件发生后,地方报纸、电视台、电台、网站以及官方微博等是外界获取信息的重要来源,其作用同样不可忽视。由于这些媒体是当地党委、政府所掌控的,往往会害怕出错而不敢报道,其实这是不对的,是对大好资源的浪费。因此,我们应该积极利用好地方报纸、电视台、电台、网站以及官方微博等,绝对不能让这些媒体平台失声、失效。除转载新华社、《人民日报》等权威信息稿件之外,地方媒体要在事件报道方面更加注重细节性、现场感,力争把报道做细、做深、做好,不仅给当地公众以可信感、安全感、稳定感,而且也向外界传递更多权威信息。如果地方报纸、电视台、电台、网站、官方微博等的信息能成为各大媒体报道中除了政府新闻发布部门之外的另外一个重要的信息来源,无疑是对我们应对好突发事件一个非常好的帮助。

而在汶川大地震、拉萨"3·14"事件等突发事件中,我们之所以能赢得外界赞许,第一时间发布消息作出回应,公开、准确地发布权威信息是关键,这使得谣言没有了市场,也显示了我们党和政府的高度舆论自信。如在汶川大地震紧急救援时期,当地政府是一天一场、有时是好几场新闻发布会,多种形式的主流媒体放开进行新闻报道,互联网、手机、无线电、卫星通信等新技术传播媒介也各显神通,保障了灾情和救援工作的高度透明。信息开放的结果是不仅让谣言没有了传播空间,而且增强了社会凝聚力和民族自豪感,极大地振奋了民族精神,也提高了党和政府的威望,加深了党、政府和人民的血肉联系。

这里需要强调和提醒的是,"及时回应"一定不要忘记首次回应后坚持做好及时、持续沟通,力争在整个处置过程的每一阶段都做到"及时回应"。我们一定要根据事件进展,实事求是将所掌握的信息及时告诉媒体、告知公众,并不断更新调查、处理结果,这样才能做到始终正确引导舆论,防止谣言产生,避免造成社会心理恐慌,也有助于人们做好更充分的准备,为最终妥善处理好突发事件赢得良好的社会舆论氛围。

(四)第四个关键词是"谨慎定性"

虽然第一时间及时公布权威信息非常重要,但我们一定要注意掌握"查清多少,公布多少"的基本原则,然后再用滚动播报方式逐渐增加新的信息量,同时不要急于对事件进行定性或者下结论,这是应对危机最科学、最有效的办法。反之,如果盲目公布有争议的定性、推断或结论,随后又不断改变、修正甚至推翻自己的说法,就很容易陷入被动,失去群众的信赖。在2009年5月湖北巴东县发生服务员邓玉娇刺死官员邓贵大案件后,由于当地有关领导干部没有认识到对突发事件匆忙、盲目定性的严重后果,巴东警方在新闻发布会上对这起案件的细节,几次修改措辞,从"摁倒"、"推倒",再到"推坐"、"拉扯推搡"。官员的企图也从"特殊服务"到"异性洗浴服务",再到"陪其洗浴",一次比一次更加轻描淡写,引来网友斥责:"再开一次发布会,邓贵大是不是就该变成因公殉职了?"

上海"钓鱼式执法"事件中,浦东新区城市管理行政执法局同样忘记了"谨慎定性"的原则,竟然没有认真调查就匆匆公布"调查报告"称"孙中界涉嫌非法营运行为情况属实","并不存在所谓的'倒钩'执法问题"等。结果,在执法部门否认"钓鱼执法"之后,公众不但继续质疑其事实不清、真相不明、说法荒唐,更有人对"交通执法大队"每年高达数千万元的罚款表示疑虑,要求公布这些罚没款在上缴财政之后"返还了多少"……越来越多、越来越强烈的质疑,不仅让浦东新区城市管理行政执法局的"调查报告"成为笑柄,而且很快引来了新的调查的开始。而 2012 年 5 月 10 日云南巧家县白鹤滩镇花桥社区便民服务大厅发生 4 人死亡、16 人受伤的爆炸案后,案件还没有侦察清楚,巧家县公安局局长杨朝邦竟然就在几天后召开新闻发布会肯定地说:"这个案件是赵登用所为,这个是毋庸置疑的。我作为一个公安局长,面对这么多媒体,敢拿自己的职务、敢拿前程、敢拿法律、敢拿事实开玩笑吗?"①后来经云南省公安厅调查证实,赵登用只是被利用作为"肉弹",不仅没有参与爆炸案的预谋和策划,而且是此案的受害人之一。在事实面前,云南省昭通市公安局只好替巧家县公安局道歉说:"通报有不严谨、不确切的地方,给社会公众、赵登用及其家属带来了误导和影响,对此我们深表歉意!"②尽管如此,但已经在国内外造成恶劣影响,这是一个不该被忘记的教训!

因此,我们一定要牢记,在应对突发事件的过程中,如何对事件定性是一门很深的学问,并且非常关键。特别是在事件初期,定性是否科学、准确、客观,直接关系到事态发展的后续进程。分析包括一些导致严重冲突的群体性事件在内的众多突发性群体事件可以发现,主要当事人和围观、参与民众的诉求,往往都是区域性、行业性的经济、社会、民生利益等问题,并且大部分是单一议题,如抗议违规征地拆迁、环境污染、司法不公、官员腐败、企业裁员等。如果广大领导干部心中不能把人民群众利益放在重要位置,而是总是想着自己的乌纱帽第一,简单地把一些本来认真做好群众工作就可以处理好的具体经济、民生问题政治化、对立化,甚至无端、恶意用所谓"不明真相的群众"、"不法之徒"等推卸责任的说法把主要是要求解决经济、民生诉求的群众都当成"别有用心"的政治性、敌对性势力,甚至动辄使用武力、警力进行强行压制,就会激化、恶化矛盾。而突发事件一发生,不管事实

---

① 于松、吴君:《赵登用被利用遭手机遥控引爆》,《东方早报》2012 年 8 月 7 日。
② 《赵登用未参与预谋也是受害人》,《金陵晚报》2012 年 8 月 8 日。

真相如何，一些领导干部首先想到的是马上推卸掉个人、本部门的责任，没想到这样只能是失去人民群众的信任，损害党和政府的形象。2011 年 7 月，当甬温线动车特大交通事故发生后，铁道部的反应本来还算十分迅速，发言人王勇平也及时召开新闻发布会向中外媒体通报情况。但由于铁道部急于推卸责任，在事故原因尚未查明时，王勇平就贸然宣布此次事故是由于雷击造成，纯属天灾，与设备和人员操作无关。此言一出，舆论一片哗然。舆论纷纷指责铁道部在事故原因尚未调查清楚时就急于定性，匆忙地把责任归咎于天灾，是极端不负责的做法。

对于如何处置突发事件，全国政协主席俞正声在担任上海市委书记时根据自己实践总结提出的一个原则就是"速报事实，慎报原因、依法处置"。并且，在 2008 年 1 月上海发生群众反对磁悬浮扩建而举行的"散步"游行时，他作出"冷处理、徐图之、慎用警"的指示。这都非常值得大家借鉴、学习，尤其是"速报事实，慎报原因"值得大家牢记。

山西繁峙县发生的乡党委副书记找小姐吸毒风波中，当地有关部门就牢记"谨慎定性"的原则，处理较为得当。2009 年 6 月中旬，一篇名为《下属偷拍某书记宾馆内丑态全过程：又找小姐又吸毒》的帖子被在多个网站转发，发帖人称照片中的男子是"忻州市繁峙县某乡一个刚刚上任的副职干部"。帖子一共用 7 张视频截图记录了一个中年男子和一名女子在宾馆中吸毒、进行性交易的全过程……发帖人还指称该干部侵吞扶贫赈灾粮食款，有"价值 70 多万的车"，各大论坛纷纷转载这篇可以说是"图文并茂"的帖子，使之迅速成为网络热点事件。网民经过"人肉搜索"进一步查证，认为照片中男子就是繁峙县岩头乡党委副书记柴四清。"共产党的干部怎么如此乱搞？""一个刚刚步入乡镇的副职干部，巨额财产何而来？"不少网民看到帖子后发出质疑，随后陆续有人跟帖"曝光"柴四清任职以来贪污受贿、在任职辖区内私卖矿山等情况。并且，中央和地方众多媒体也纷纷跟踪报道，此事很快成为一个全国范围的热点事件。

就在网友在网上纷纷声讨、要求严查此事的时候，也有人对偷拍者的身份、目的提出质疑，更有自称繁峙县纪委工作人员的人在多个网站声称，"查办真相"是这位五十多岁的副职干部被下属设计陷害，尿检结果没有吸毒的痕迹，也没有贪污扶贫款。但值得肯定的是，当地有关部门并没有利用这个"机会"为当地领导干部推卸责任，更没有匆忙对事件进行定性。当有记者向繁峙县纪委核实，相关负责人如实相告："这个发帖人绝对不是我们的工作人员。"①并表示，在得知网上有关曝光照片的当天，县里就成立了由县纪委牵头组成的调查组，公安局、岩头乡配合，对网上反映的情况进行调查核实。很快，调查有了进展。16日，柴四清的一切职务都被停止，配合调查。参与调查的繁峙县纪委工作人员还进一步证实："由于有照片、宾馆入住记录等确凿证据，柴四清当场承认了吸毒、嫖娼等事实，并写下了书面材料。"②当地党委、政府的权威言论一出，再加上坦诚、负责的态度，让谣言马上没有了阵地，人们在赞许当地快速反应的同时，期待也相信当地党委、政府会对此事作出正确处理。不久之后的6月22日，柴四清被开除党籍、罢免职务，并被行政拘留。在这起突发事件的处置过程中，由于地方有关部门牢记"谨慎定性"的原则，整个过程及时、积极、科学、有力、有利，最终赢得了民众的支持、信赖和赞许。

（五）第五个关键词是"占据主动"

面对突发事件，如何去积极、科学、有效、有力、有利地回应是不少地方、部门和机构都在研究的话题。事实证明，如果回应及时、得当，媒体和民众还是更愿意相信党和政府，而不是相信网上的传言乃至谣言。因此，我们应该抓住机会，利用一切可以利用的手段、方式，在处置突发事件的过程中争取占据主动，积极放大主流声音，就可以正确引导舆论走向，营造良好的社会环境。

思路决定出路。突发事件发生，媒体和民众关心的议题是多方面的，其中有很多是对党委、政府不利的议题，一旦这些议题跃升为媒体的议题，便产生极大的影响力，阻碍危机的解决。因此，各级党委、政府一定要利用自己掌握信息源、拥有权威性等优势，积极与媒体形成和谐的关系，同时结合通过舆情监测所掌握的社情民意，主动设置议题，让对国家和社会有利、有助于突发事件处置的议题成为整个处置进程中民众最关心的议题。这就要求我们各级党委、政府的领导干部，应该学会一些转移焦点的公关技巧和注意锤炼自己的随机应变能力，从而做到每一个不同的阶段都能够根据形势

① 《吸毒嫖娼者竟曾是优秀干部》，《现代快报》2009年7月1日。
② 《吸毒嫖娼书记竟是优秀干部》，《重庆晨报》2009年7月1日。

巧妙转化议题,选择对自己有利的议题使之成为焦点问题,在"转危为机"中实现对自身形象有利的逆转。

对媒体而言,突发事件的产生往往是绝好的新闻素材,是其获得社会更多认同、产生较大反响以及实现跨越发展的一个良好契机。因此紧盯突发事件,进行及时、准确、出色的报道,是由媒体竞争的需要,也是利益驱动机制所决定的。并且,对媒体来说,及时传播事实、准确报道真相,才能更好地满足公众的知情权,这也是其责任甚至是天职所在。而从公共管理的角度看,正确引导媒体及时介入突发事件的报道,不仅可以权威、迅速、有效地发布事件的相关信息,满足包括政府、公众在内的信息需求,还可以引导、疏导公众情绪,增强群众对政府的信任感,帮助政府实现对突发事件的有效处理,从而达到有效沟通、消解危机乃至稳定社会的目的。所以,有些地方在突发事件发生后对媒体封锁消息是不明智的,并且常常会让自己更被动。而一味纠缠甚至指责媒体报道中的不准确、不适当之处,甚至与媒体对质、对抗更是错误的,这样常常会将事情搞得更加糟糕,甚至成为众矢之的的孤家寡人。曾任公安部新闻发言人的武和平说得好:"让媒体说话,天塌不下来!"各级领导干部要真正做到善待媒体、善用媒体和善管媒体,要真诚地和媒体交真朋友、做好朋友,实现与媒体的良性互动和深度合作。要深刻认识到,媒体朋友不仅可以在应对突发事件时架起与公众沟通的重要桥梁,而且可以帮我们出主意、想办法,是能够出大力、帮大忙的。这不仅是我们广大领导干部应有的清醒认识,而且应该是必须具有的良好心态。因此,在突发性事件发生以后,虽然媒体的话语常常是构成事件的主体语境,但是政府的声音也绝非无从表达,并且二者绝不是对立的。高明的领导干部要善于将党和政府的意志有效渗透到媒体报道之中,看似没有党和政府的声音,而实际上却是向着党和政府期待的发展方向去引导舆论。这就是要求我们按照新闻规律、媒体立场去操作,与媒体友好沟通、合作,最终在党委、政府和媒体、公众之间形成各方话语的趋同性。

因此,我们应该明白,在中国民主建设取得重要进展的今天,人民群众的权利意识大为觉醒,他们要求有对重大事件的知情权,要求对各级党委、政府领导干部的监督权,要求在重大社会决策时的参与权。因此,对于人民群众通过来信、来访和网络举报等渠道反映的问题,即使不完全正确或基本不正确,靠简单地封堵、删除也无法解决问题,最好能靠舆论调控和及时处置双管齐下来使得事件朝着良性解决的方向发展。所谓调控,就是对我们工作中的失误和社会上存在的问题,要允许批评意见的存在,同时注意加以正面解读、引导,放大主流的声音,缩小负面的杂音,营造良好的网上舆论环境,确保处置突发事件过程中的舆论安全。2009 年 3 月 1 日,时任中共中央政治局常委、中央书记处书记、中央党校校长的习近平出席中央党校春季学员开学典礼时提出,要使我们的党员领导干部不断适应新的形势,就必须不断提高综合素质,就必须提高六个方面的能力:"一要提高统筹兼顾的能力,善于运用唯物辩证法认识和处理问题,既统揽全局、统筹规划,又在重点突破中推动工作协调发展。二要提高开拓创新的能力,善于根据事物发展的客观规律推动思维创新、方法创新、实践创新、制度创新,创造性地开展工作。三要提高知人善任的能力,善于发现人才,正确识别人才,科学评价人才,合理使用人才,把各方面优秀人才汇聚到党和国家事业中来。四要提高应对风险的能力,善于对各种可能出现的风险进行科学预判和超前准备,增强临机处置能力,化风险为机遇,化被动为主动。五要提高维护稳定的能力,善于见微知著,增强维护稳定的果断性,及时化解矛盾纠纷,妥善处理群体性事件。六要提高同媒体打交道的能力,尊重新闻舆论的传播规律,正确引导社会舆论,要与媒体保持密切联系,自觉接受舆论监督。"①这六大能力都很有针对性,是新时期领导干部意识形态能力的核心,我们要认真对照自身加以提高。其中应对风险、维护稳定、同媒体打交道这三方面的能力都与应对突发事件密切相关,尤其是把提高同媒体打交道的能力单独列出来,无疑是提醒我们各级领导干部要高度重视、认真学会、积极主动同媒体打好交道,而不是被动应付。

在网络出现之前,传统媒体常常凭借其具有的一种为公众设置"议事日程"的功能,通过新闻报道、评论等为读者设置各种议题,公众对这些议程设置一般只能被动接受、参与。网络的出现改变了这种传播格局,不仅为公众交流观点、发表意见、参与管理提供了一个崭新的平台,使得网民可以

---

① 《习近平在中央党校春季学期开学典礼上强调 领导干部要加强党性修养提高综合素质》,《光明日报》2009 年 3 月 2 日。

根据自己的兴趣和价值观自行设置议题,并且也在不少时候引导媒体追踪着网络热点去报道。因此,在网络时代,包括各大网络媒体在内的新闻媒体必须高度重视网民呼声,积极回应网络议题,并经常主动设置议题才能赢得网民信任。而各级党委、政府则应该通过和媒体实现友好互动,一起通过主动设置议题有效引导突发事件的处置进程。例如,2009年3月,重庆市的高考报名结果显示,当地有上万名高中毕业生放弃高考,其中不少人来自农村学校。这不仅成为媒体报道的热点话题,也引发网民对教育公平等问题的议论,并有人把造成这种问题的矛头对准党和政府。这时候,当地有关部门和一些权威网络媒体主动回应议题,通过专栏发表评论,指出农村孩子通过读书考上大学实现社会流动,这不仅是实现国家的公平与效率的必要保障,也是保证整个社会充满活力的重要源泉,广大考生和家长不应受"读书无用论"的误导。同时指出,不要轻易指责农村父母和孩子的"短见",教育离不开包括实现就业公平、消除城乡差别等在内的社会制度的支撑。这些时评揭示了退考现象背后的深层社会原因,从个人命运谈到国家发展,并提出了一些建设性的意见,引导大家思考如何改变这种现状。通过对网络舆论的这种呼应、提升,重庆实现了对社会情绪的合理引导和有效疏导。

另外一个例子就是2008年哈尔滨市棚户区改造。在棚户区改造中,大规模拆迁难免出现不和谐声音,甚至引发极端性事件。为了防患于未然,当地政府在拆迁开始之前就适时引导媒体推出了"关注棚户区改造"、"困难群体住有所居"等系列报道,全方位宣传政府保障住房制度、棚户区改造给老百姓带来的幸福以及和谐拆迁理念等,提前消除了百姓心中疑惑,及时化解矛盾于无形之中。并且,在整个改造进程中,当地党委和政府一直积极主动介入引导舆论,通过宣传进程、展示成就等,保证了棚改拆迁工作顺利进行。

由于是突发性事件,党政主要领导干部出面回应非常必要,但也不要千篇一律。有的时候,我们如果邀请有关事件当事行业的专家来参与到突发事件的处置中来,通过让专家多说话来解疑释惑,领导干部自己则少说话,但结果还是由党委、政府在背后主导,这样往往更容易能在比较短的时间内赢得网民和舆论的信任。因此,不少时候,我们针对突发事件中的焦点、难点、热点问题,及时组织有关专家、领导干部在网络、电视等媒体上进行访谈,及时、科学解答大家心中的疑惑,不仅可以消除民众的疑虑,也可以树立党委、政府良好形象,搭建起一座党委、政府与民众积极、友好、有效沟通的桥梁。

（六）第六个关键词是"善于补救"

应对突发事件中,常常由于事情突发,再加上很多时候没有现成的经验可以借鉴,处置过程中出现一些错误、失误不仅不是不可饶恕,而且是难免的。重要的是,我们一旦发现失误、犯了错误,不仅要敢于承认错误,而且要很快、积极加以改正,以开诚布公、积极诚恳的态度和言行一致、一心为民的行动去赢得民众的认可,并利用媒体对这些补救措施进行解释、疏导甚至从正面进行解读,从而化被动为主动,最终赢得民众的理解和信任。

面对当今中国面临的复杂局面,工作中出差错、走弯路在所难免,根本不存在毫无差错的党委、政府。只要不是故意、恶意为之,党委、政府出现错误、失误并不可怕,可怕的不是党委、政府的管理、执法出错,而是出了错之后死不认错,甚至不分青红皂白地否认、坚持错误做法。有的领导干部甚至认为,出错了就是没面子,出错了就要有人受处分,出错了就降低了党和政府的公信力。其实,这种在错误面前的错误态度才是真正的执政灾难,不但维护不了党和政府的权威,反而会因其备受质疑而丧失了公众对党和政府的基本信任,从而动摇了公正执法、执政为民的社会理念。因此,广大领导干部面对舆论监督的理性状态应该是:当一个事件广受质疑时,各级党委、政府部门不但要诚恳、认真面对,还要及时组织进行独立、负责的调查;同时,针对舆论动态保持开放态度,发言人牢记"假话千万不能说,真话有时可以少说"的原则,积极配合媒体把各级党委、政府想要向公众传达的信息及时报道出去;在尽快查明真相之后,如果网上的信息错误甚至是谣言,就按照程序同有关网站进行交涉,让其删除这些信息以减少不良影响;如果各级党委、政府部门确实有错,就要勇于承认"我错了、对不起",并勇敢地承担相应责任。从这个意义上说,上海"钓鱼式执法"事件中,上海市浦东新区的认错和道歉,是现代社会的政党和政府应对舆论质疑的常识回归。

以人为本和依法治国是我们党的两大重要执政理念。在依法治国中如何体现以人为本,是各级领导干部面临的一道新考题。"民有所呼,我有所应",只有直面问题、主动作为,才能取信于民、赢得民心;罔顾民意、有错不改,甚至错上加错的思维和做法必须坚决摒弃。时任贵州省委书记石宗源在总结瓮安事件的经验教训时说:在瓮安事件发生之初,网上确实有许多谣言。但是通过媒体披露事件真相后,群众的质疑得到了回应,也对党和政府采取的措施开始理解、认同和支持。因此,坚持信息透明是能够迅速平息瓮安事件的最重要原因。他还强调,主要领导干部一定要第一时间到群众中间倾听群众呼声,并借助舆论监督、启动干部问责制等,才能真正平息事态。石宗源的话值得我们细细品味、借鉴。

我们以南京"患儿死亡事件"为例,由于南京市儿童医院匆忙调查后就在2009年11月10日认定值班医生当晚没有"偷菜"而只是写论文,主观上并无过错,只是水平还不够高,对患儿病情估计不足。医院的调查结论不仅再次引起社会不满,而且使得矛盾进一步激化。面对这种情况,当地显然是借鉴了上海的做法,由南京市政府出面积极应对,很快在11月11日就成立了由卫生行政主管部门工作人员、医患纠纷调解部门专家、新闻单位记者、计算机专家、综合性医院专家以及网民代表共14人组成独立的联合调查小组,其中新闻单位就包括新华社、《人民日报》、《扬子晚报》、《现代快报》、江苏电台5家媒体。联合调查小组连夜分别向医患双方共33人次进行调查核实事件经过,并调阅了相关的录像资料,检查了值班医生使用的电脑等,在较短时间内形成了最终调查结果。并且,联合调查小组很快公布结论认为,患儿家属的投诉情况基本属实。事件的处理结果也很快作出,除夜班值班医生毛晓珺给予吊销医师执业证书并行政开除的处分外,南京市儿童医院的院长、党委书记以及其他相关医护人员共11人也受到严厉处分。院方同时表示,下一步将充分尊重患方的意见来确定医患纠纷的解决途径,督促医院积极处理好后续事宜。这一系列举动,不仅赢得了民众的理解和信任,也得到了患儿家属的理解与认可。值得注意的是,参与调查的5家媒体的记者在调查结束后都专门写了报道,他们深入、翔实、公正的报道,同样赢得了民众的理解和信任,极大地帮助了当地处理好这起突发事件。

政府不可能不犯错,问题的关键在于肯不肯认错以及如何在舆论质疑中主动纠偏纠错。这时候,如果能积极、善于做好补救工作,让媒体主动赞扬政府敢于直面问题、主动纠错的做法,则会打一个漂亮的翻身仗。由于突发性事件具有不确定性,地方政府在进行处置时不仅可以借鉴国内外的先进经验,而且要学会积极借助外脑,利用相关专家、媒体朋友等资源,争取变被动为主动。上海市在这方面就比较聪明,他们在对上海"钓鱼式执法"事件进行正确处理之后,利用其和媒体尤其是新华社的良好关系,请新华社记者慎海雄执笔写了一篇《勇于纠错取信于民》的评论文章,在 2009 年 10 月 25 日发出,并在新华网、人民网、新浪网、搜狐网等重要网站重点位置展示,许多报刊也纷纷采用。这篇《勇于纠错取信于民》的评论指出:"执法过程中出现了问题和错误,并不可怕,可怕的是对错误的态度。是查明真相、有错必究,还是文过饰非、欲盖弥彰? 是痛定思痛、举一反三,还是我行我素、重蹈覆辙? 这对各级党的执政能力建设,同样是考验。令人欣慰的是,'倒钩'事件发生后,上海市委、市人大、市政府、市政协的领导同志都作出了回应,使真相一步步大白于天下。"①这样的报道对消除此前的不利影响,树立党委、政府良好形象的巨大作用可想而知。因此,建议各地党委和政府应该注意在党政部门、媒体记者和网民中发展一些网络评论员,使其在突发事件应对中发挥及时、有效、有力引导舆论的作用。很多时候,媒体记者、网民对地方党委、政府处理突发事件的认可、赞誉比地方政府的自我表扬强很多倍,尤其是网民用网言网语的评说更让人感觉亲切、可信!

三、以坚持共同富裕为抓手,加强市场经济研究,增强推进科学发展的能力

虽然邓小平在改革开放之初创造性地提出了"我们的政策是让一部分人、一部分地区先富起来,以带动和帮助落后的地区,先进地区帮助落后地区是一个义务。我们坚持走社会主义道路,根本目标是实现共同富裕"②,但曾经有较长一个时期,人们更多的是关注如何"让一部分人、一部分地区先富起来",共同富裕被不少人淡忘了。虽然不少中央领导同志多次强调要坚持走共同富裕道路,一些地方也积累了一些成功的实践经验,但近年来随着新自由主义等错误思潮泛滥,不仅有人大肆宣扬"彻底私有化"等错误论调,也有人盲信、迷信市场化,而且竟然有人提出"共同富裕是亡国之道"

① 慎海雄:《"倒钩"真相大白,勇于纠错取信于民》,《新华每日电讯》2009 年 10 月 26 日。
② 《邓小平文选》第三卷,人民出版社 1993 年版,第 155 页。

的谬论,在经济、政治指导思想上都引起极大混乱,也引发了一些人对我们能否坚持好社会主义基本经济制度的担忧。因此,以坚持共同富裕为抓手,加强市场经济研究,增强推进科学发展的能力,是新时期领导干部意识形态能力建设的核心内容之一,也是确保既不走封闭僵化的老路、也不走改旗易帜的邪路的重要保证。

（一）共同富裕是中国共产党人九十多年坚持不懈的追求目标

自从家庭、私有制和商品交换产生后,人类社会便出现了贫富差别以及由此而来的剥削压迫现象,消除贫富差别、过共同富裕的"等贵贱,均贫富"的生活,成为历代仁人志士和劳苦大众坚持不懈的朴素思想和追求目标。陈胜、吴广一句"王侯将相宁有种乎"揭开了中国历史追求"均贫富"斗争的序幕,尤其是北宋农民起义领袖王小波对贫苦农民所说的"吾疾贫富不均,今为汝辈均之"更为后世所传颂,再到洪秀全领导的太平天国起义制定了"有田同耕,有饭同食,有衣同穿,有钱同使,无处不均匀,无人不饱暖"的《天朝田亩制度》描述了贫苦群众想象中的共同富裕社会,"均贫富"成为所有农民起义的追求,就连康有为的著作《大同书》和孙中山"三民主义"的民生主义设计也都能看到一种明显的共同富裕理念。而从 1921 年建党以后,从毛泽东到邓小平,从江泽民到胡锦涛,再到习近平为总书记的新一届党中央,伟大的中国共产党人九十多年来就始终以民族独立、人民解放和国家繁荣富强、人民共同富裕为根本目标而不懈奋斗,一直把建设共同富裕的社会主义社会作为自己坚持不懈的追求目标。

中国共产党创始者陈独秀、李大钊、毛泽东等人,都是在中国传统文化熏陶下成长起来的,再加上他们之后接受马克思主义学说中马克思设想的各尽所能、各取所需的共产主义社会也是一种共同富裕社会,追求建立没有剥削的共同富裕社会成为中国共产党成立之初就为之奋斗的目标之一。李大钊对未来社会主义社会的一般经济原则进行设想,指出:社会主义"是使生产、消费、分配适合的发展,人人均能享受平均的供给,得最大的幸福。"①"社会主义是使生产品为有计划的增殖,为极公平的分配,要整理生产的方法。这样一来,能够使我们人人都能安逸享福,过那一种很好的精神和物质

---

① 《李大钊全集》第四卷,人民出版社 2006 年版,第 196 页。

的生活。照这样看来,社会主义是要富的,不是要穷的,是整理生产的,不是破坏生产的。"①我们由此可以看出,李大钊已经认识到"贫穷不是社会主义",社会主义的本质是通过解放和发展生产力并通过"极公平的分配"最终实现共同富裕。

1921 年 7 月在上海召开的中国共产党第一次全国代表大会讨论和通过了《中国共产党纲领》,这是中国共产党历史上关于党的建设的第一个马克思主义的光辉文献。《中国共产党纲领》规定了党的纲领是"以无产阶级革命军队推翻资产阶级,由劳动阶级重建国家,直至消灭阶级差别;采用无产阶级专政,以达到阶级斗争的目的——消灭阶级;废除资本私有制,没收一切生产资料,如机器、土地、厂房、半成品等,归社会所有"等,其中"消灭阶级差别"、"废除资本私有制,没收一切生产资料,如机器、土地、厂房、半成品等,归社会所有",都体现了共同富裕的思想,也表明我们中国共产党人一开始就是追求共同富裕的。

从土地革命开始,毛泽东亲自发动和领导的湖南炎陵县中村"插牌分田"是井冈山斗争时期第一次土地改革,以实现共同富裕为目的的"打土豪,分田地"使得党得到人民的衷心拥护。抗日战争时期,陕甘宁边区政府的施政方针中同样包含共同富裕的思想,正如毛泽东所说:"全国都要有人身自由的权利,参与政治的权利和保护财产的权利。全国人民都要有说话的机会,都要有衣穿,有饭吃,有事做,有书读,总之是要各得其所。"②

1949 年 6 月,在新中国成立前夕,毛泽东专门几次谈到要建设共同富裕、实现前人"大同社会"的理想。他在《论人民民主专政》一文中写道:"康有为写了《大同书》,他没有也不可能找到一条到达大同的路。……唯一的路是经过工人阶级领导的人民共和国。"③"由新民主主义社会进到社会主义社会和共产主义社会,消灭阶级和实现大同。"④从 1949 年到 1956 年,党通过两次性质不同却紧密衔接的生产资料所有制改革,消灭了因剥削制度带来的阶级间的贫富悬殊,使得贫富差距演变的趋势由扩大转向缩小,差距

---

① 《李大钊全集》第四卷,人民出版社 2006 年版,第 354 页。
② 《毛泽东选集》第二卷,人民出版社 1991 年版,第 808 页。
③ 《毛泽东选集》第四卷,人民出版社 1991 年版,第 1471 页。
④ 《毛泽东选集》第四卷,人民出版社 1991 年版,第 1476 页。

程度由悬殊转向平均。其中 1949 年到 1952 年的民主改革消灭了封建剥削制度带来的贫富悬殊,而 1953 年到 1956 年对生产资料私有制的社会主义改造则使城乡贫富关系发生了全面的、重大的变化。

新中国成立后,毛泽东一直把建立"人人平等、大家富裕"的社会主义社会放在了极其重要的地位。1955 年 10 月,毛泽东先是在党的七届六中全会上的讲话中提出:"要巩固工农联盟,我们就得领导农民走社会主义道路,使农民群众共同富裕起来。"①紧接着不久,他又在资本主义工商业社会主义改造问题座谈会上讲共同富裕。他说:"现在我们实行这么一种制度,这么一种计划,是可以一年一年走向更富更强的,一年一年可以看到更富更强些。而这个富,是共同的富,这个强,是共同的强,大家都有份,也包括地主阶级。"②

在一步步探索中,以毛泽东主席为代表的中国共产党第一代领导人设计的到达共同富裕的路径基本形成,成为毛泽东思想的闪光点之一。在他看来,实现共同富裕既是社会主义的必然归宿,也是中国共产党人责无旁贷的神圣使命。1957 年到 1978 年,虽然其间有不少波折,但在提高公有化程度和缩小收入差距过程中,中国成为世界上贫富差距最小的国家之一,用事实向世界证明了中国共产党坚持走共同富裕道路的正确性。

党的十一届三中全会后,邓小平继承并进一步发展、创新毛泽东的共同富裕思想。他不仅从我国生产力发展水平和人民生活的现实需要出发,创造性地提出了"我们的政策是让一部分人、一部分地区先富起来,以带动和帮助落后的地区,先进地区帮助落后地区是一个义务。我们坚持走社会主义道路,根本目标是实现共同富裕"③等理论和政策。而且还多次公开指出,实现共同富裕不仅体现着社会主义的本质,而且是生产力发展的要求和巨大动力。只有坚持共同富裕,才能体现社会主义的优越性,使人民更衷心地热爱和维护社会主义制度。1986 年 3 月,他指出:"我们坚持走社会主义道路,根本目标是实现共同富裕。"④1986 年 6 月,他又再次强调说:"社会

① 《建国以来重要文献选编》第 7 册,中央文献出版社 1993 年版,第 308 页。
② 《毛泽东文集》第六卷,人民出版社 1999 年版,第 495 页。
③ 《邓小平文选》第三卷,人民出版社 1993 年版,第 155 页。
④ 《邓小平文选》第三卷,人民出版社 1993 年版,第 155 页。

主义财富属于人民,社会主义的致富是全民共同致富。社会主义原则,第一是发展生产,第二是共同致富。我们允许一部分人先好起来,一部分地区先好起来,目的是更快地实现共同富裕。"①他由此确定了以发展生产力、社会主义共同富裕为核心的崭新社会主义观,这个先富带后富、实现共同富裕的战略构想是邓小平共同富裕思想的主要内容,是实现社会主义现代化战略目标的一项大政策。

1987年,党的十三大报告明确指出:"我们的分配政策,既要有利于善于经营的企业和诚实劳动的个人先富起来,合理拉开收入差距,又要防止贫富悬殊,坚持共同富裕的方向,在促进效率提高的前提下体现社会公平。"②由此可以看出,强调共同富裕和社会主义制度的有机统一,毛泽东与邓小平的认识是一脉相承的,这是他们共同富裕思想的理论基石,也体现出邓小平对毛泽东思想的继承和发展。

1989年6月,江泽民当选为中共中央总书记。在此前后,国内外局势发生了重大变化。就是在这样的形势下,以江泽民为核心的党的第三代中央领导集体,继续大力推进经济体制改革,依然继续强调坚持走共同富裕道路。就在1989年6月,他提出:"党的十一届三中全会以后,我们党实行了一项政策,即允许和鼓励一部分地区、一部分人通过诚实劳动和合法经营先富起来,带动全国人民走共同富裕的道路。这是符合按劳分配原则的。"③在各种思潮纷争的关键时刻,再次宣示了一定要走共同富裕的道路。

1992年初的"南方讲话"中,邓小平创造性地揭示出:"社会主义的本质,是解放生产力,发展生产力,消灭剥削,消除两极分化,最终达到共同富裕。"④这样就将共同富裕提升到了社会主义本质的高度,并同时强调要"消除两极分化"。这些思想在国内外引起很大反响。

1992年10月,江泽民在党的十四大报告中提出:"在分配制度上,以按劳分配为主体,其他分配方式为补充,兼顾效率与公平。运用包括市场在内的各种调节手段,既鼓励先进,促进效率,合理拉开收入差距,又防止两极分

① 《邓小平文选》第三卷,人民出版社1993年版,第172页。
② 《十三大以来重要文献选编》(上),人民出版社1991年版,第32页。
③ 《江泽民文选》第一卷,人民出版社2006年版,第48页。
④ 《邓小平文选》第三卷,人民出版社1993年版,第373页。

化,逐步实现共同富裕。"①不仅提到了要"实现共同富裕",而且同样提出了要"防止两极分化",表明了党中央对这一问题的清醒认识。

不管公平与效率的表述如何变化,共同富裕始终是江泽民关注的核心问题。他多次强调:"社会主义应当创造比资本主义更高的生产力,也应当实现资本主义难以达到的社会公正。从根本上说,高效率、社会公正和共同富裕是社会主义制度本质决定的。"②不仅在党的十五大报告中进一步指出"坚持和完善按劳分配为主体的多种分配方式,允许一部分地区一部分人先富起来,带动和帮助后富,逐步走向共同富裕"③,而且在党的十六大报告中强调:"制定和贯彻党的方针政策,基本着眼点是要代表最广大人民的根本利益,正确反映和兼顾不同方面群众的利益,使全体人民朝着共同富裕的方向稳步前进。"④始终强调、一直坚持共同富裕的发展方向,体现出江泽民在共同富裕问题上对邓小平思想的继承,进一步坚定了全党、全国人民走共同富裕道路的信心和决心。

党的十六大以后,胡锦涛同样坚定不移地坚持走共同富裕的道路。2007年10月,胡锦涛在党的十七大报告中提出:"要始终把实现好、维护好、发展好最广大人民的根本利益作为党和国家一切工作的出发点和落脚点……走共同富裕道路,促进人的全面发展,做到发展为了人民、发展依靠人民、发展成果由人民共享。"⑤2008年12月,他在纪念党的十一届三中全会召开30周年大会上的讲话中指出:"着力完善收入分配制度,保障和改善民生,走共同富裕道路,努力形成全体人民各尽其能、各得其所而又和谐相处的局面,为改革开放和社会主义现代化建设营造良好社会环境。"⑥尤其是2011年7月,他在纪念庆祝中国共产党成立90周年大会上的讲话中再次强调指出:"要坚持发展为了人民、发展依靠人民、发展成果由人民共享……加大收入分配调节力度,坚定不移走共同富裕道路,努力使全体人民

---

① 《江泽民文选》第一卷,人民出版社2006年版,第227页。

② 江泽民:《论社会主义市场经济》,中央文献出版社2006年版,第137页。

③ 《江泽民文选》第二卷,人民出版社2006年版,第17页。

④ 《江泽民文选》第三卷,人民出版社2006年版,第540页。

⑤ 《中国共产党第十七次全国代表大会文件汇编》,人民出版社2007年版,第15页。

⑥ 胡锦涛:《在纪念党的十一届三中全会召开30周年大会上的讲话》,人民出版社2008年版,第25页。

学有所教、劳有所得、病有所医、老有所养、住有所居。"①这被认为是中国共产党人对中国人民的庄严承诺,这个庄严承诺是对改革开放以来乃至中国共产党成立以来中国共产党人始终不渝地走共同富裕道路理想的坚持,全体共产党人应该坚定不移地去实现这个承诺。

由习近平担任起草小组组长、李克强和刘云山任副组长完成的党的十八大报告也明确提出"着力保障和改善民生,促进社会公平正义"②、"逐步建立以权利公平、机会公平、规则公平为主要内容的社会公平保障体系"③、"着力解决收入分配差距较大问题"④、"把保障和改善民生放在更加突出的位置"⑤等要求,这是尊重人民主体地位的体现,也增强了全国人民走共同富裕道路的信心。使更多人认识到,人民群众也只有在共同富裕的前提下,在充分享受到学有所教、劳有所得、病有所医、老有所养、住有所居这些看得见摸得着的实惠时,才会充分体会到自己主体地位被尊重,才会触摸和感受到实实在在的幸福。而党的十八大报告提出的"八个必须坚持"——"必须坚持人民主体地位,必须坚持解放和发展社会生产力,必须坚持推进改革开放,必须坚持维护社会公平正义,必须坚持走共同富裕道路,必须坚持促进社会和谐,必须坚持和平发展,必须坚持党的领导",更是给人们吃了一颗定心丸。"八个必须坚持"就像指路明灯,让全党和全国人民更加坚信:贯彻落实好党的十八大精神,坚持走好共同富裕道路,确保发展成果更多更公平地惠及全体人民,中国特色社会主义前景一定更加光明。

2012 年 11 月 15 日,十八届中央政治局常委与中外记者见面,习近平总书记发表讲话向全世界表示,一定不负重托不辱使命,坚定不移地走共同富裕道路。从毛泽东率先明确提出共同富裕到邓小平提出"先富带动后

---

① 胡锦涛:《在庆祝中国共产党成立 90 周年大会上的讲话》,人民出版社 2011 年版,第 25 页。

② 胡锦涛:《坚定不移沿着中国特色社会主义道路前进 为全面建成小康社会而奋斗——在中国共产党第十八次全国代表大会上的报告》,人民出版社 2012 年版,第 11 页。

③ 胡锦涛:《坚定不移沿着中国特色社会主义道路前进 为全面建成小康社会而奋斗——在中国共产党第十八次全国代表大会上的报告》,人民出版社 2012 年版,第 14 页。

④ 胡锦涛:《坚定不移沿着中国特色社会主义道路前进 为全面建成小康社会而奋斗——在中国共产党第十八次全国代表大会上的报告》,人民出版社 2012 年版,第 15 页。

⑤ 胡锦涛:《坚定不移沿着中国特色社会主义道路前进 为全面建成小康社会而奋斗——在中国共产党第十八次全国代表大会上的报告》,人民出版社 2012 年版,第 15 页。

富,逐步实现共同富裕",从江泽民强调共同富裕是社会主义制度的本质到胡锦涛强调"坚定不移走共同富裕道路",再到习近平如今"坚定不移走共同富裕道路"的庄严承诺,通过研究中国共产党九十多年的奋斗历程不难发现,共同富裕不仅是中国共产党人在革命战争年代和新中国成立后多年坚持不懈的追求目标,也是改革开放以来中国共产党人始终坚定不移的历史抉择,更是中国共产党新一代领导集体对人民作出的、在今后很长一个时期内继续长期坚持的庄严承诺。

习近平总书记在十八届中央政治局常委与中外记者见面时发表讲话表示,一定不负重托不辱使命,坚定不移走共同富裕道路。这也在国际上引起强烈反响,被认为是中国新一代领导人敢于直面问题、努力解决问题的体现。正如韩国《朝鲜日报》所指出:新当选的中国共产党领导人习近平发表重要讲话强调"共同富裕"和"反腐败",预示着这将是他在任期开始重点解决的国内问题,即在保持一定经济增长率的同时,通过缩减贫富、城乡和地区差距解决农村问题和扩大社会福利等,实现"发展"和"分配"两手抓。

2012年12月29日、30日,习近平总书记到河北省阜平县看望慰问困难群众,考察扶贫开发工作并强调:消除贫困、改善民生、实现共同富裕,是社会主义的本质要求。2012年12月28日,时任中共中央政治局常委、国务院副总理李克强在江西省九江市主持召开长江沿线部分省份及城市负责人参加的区域发展与改革座谈会指出:我们发展的目的是人民富裕、国家强盛,而发展最大的差距是城乡差距和区域差距,这也是现代化建设最大的难题。而要逐步缩小城乡差距,就必须坚定不移地走共同富裕道路。习近平、李克强在2012年岁末不约而同地关注共同富裕问题,再加上其他中央领导同志也纷纷关注共同富裕问题,表明了新一届党中央将以更大力度致力于早日实现共同富裕。

越来越多的事实表明,在经济发展取得重大成就的同时,中国共产党已经把尽快实现全体人民共同富裕提上了重要议事日程,使全党、全国人民受到莫大鼓舞。越来越多人清醒地认识到,实现共同富裕仅靠市场的力量难以完成,需要执政党清醒地看到问题所在,在政策上作出调整和倾斜。我们坚信,在以习近平同志为总书记的新一届党中央的坚强领导下,中国一定能坚定不移走好共同富裕道路,使得科学发展产生的巨大利益增量,改革开放带来的众多发展成果被最大多数人民群众所共享,实现中华民族伟大复兴的中国梦。

（二）共同富裕是党巩固执政地位、提高执政能力的必然要求

改革开放以后,邓小平结合社会主义中国革命和建设的实践,对社会主义本质问题进行了深入分析,创造性地提出共同富裕是社会主义的根本原则和本质的光辉论点,具有重大历史意义。但需要警惕的是,虽然中国改革开放三十多年以来已经成为世界上经济发展最快的国家,却也是世界上贫富差距扩大速度最快的国家和贫富差距最大的国家之一,两极分化问题严重已经成为越来越多人的共识,也成为许多突发性事件、群体性事件等社会问题爆发的根源。而这些问题如果不能尽快地、很好地加以解决,将对我们中国共产党的执政能力、执政地位提出严峻挑战,而共同富裕则是一把解决好诸多社会问题的金钥匙,也是从源头上巩固执政地位、提高执政能力的治本之策。

马克思、恩格斯首次将共同富裕理想建立在唯物史观的基础上,将其进一步升华,并努力通过现实论证使其由空想走向科学,为社会主义的实现和发展指明了前进的方向。马克思写道:在新的社会制度中,"社会生产力的发展将如此迅速……生产将以所有的人富裕为目的"[1]。恩格斯也认为,在社会主义社会"通过社会化生产,不仅可能保证一切社会成员有富足的和一天比一天充裕的物质生活,而且还可能保证他们的体力和智力获得充分的自由的发展和运用"[2]。这些思想激励着一代又一代中国共产党人为之奋斗。

中国共产党始终以消除两极分化、实现共同富裕、维护社会公正,作为中国特色社会主义的本质属性、根本要求和价值目标。社会主义的根本原则和本质特征是邓小平一直在思考的问题,这种思考也随着改革开放的进程而不断深入。改革开放初期,邓小平在 1985 年 3 月就提出:"一个是公有制,一个是共同富裕,这是我们必须坚持的社会主义的根本原则。"[3]1985年 9 月,他再次强调说:"在改革中,我们始终坚持两条根本原则,一是以社

---

[1]　《马克思恩格斯文集》第 8 卷,人民出版社 2009 年版,第 200 页。

[2]　《马克思恩格斯文集》第 9 卷,人民出版社 2009 年版,第 299 页。

[3]　《邓小平文选》第三卷,人民出版社 1993 年版,第 111 页。

会主义公有制经济为主体,一是共同富裕。"①在不断有人鼓吹私有化、否定共同富裕的今天,重温邓小平的这些教导,我们要更加坚定地坚持好以社会主义公有制经济为主体、共同富裕这两条根本原则,绝对不能走全盘西化、改旗易帜的邪路。

在改革开放的关键时期,面对社会上的一些言论和疑惑,邓小平进一步深化认识并最终提出了共同富裕是社会主义的本质的光辉论断。1990年12月,他在同江泽民等几位中央负责同志谈话时指出:"共同致富,我们从改革一开始就讲,将来总有一天要成为中心课题。社会主义不是少数人富起来、大多数人穷,不是那个样子。社会主义最大的优越性就是共同富裕,这是体现社会主义本质的一个东西。"②他在1992年的"南方谈话"中更是以精练的语言创造性地明确提出:"社会主义的本质,是解放生产力,发展生产力,消灭剥削,消除两极分化,最终达到共同富裕。"③在人们观念复杂多变的今天,这一光辉论断对于澄清错误认识、统一人们思想有着重大、深远的历史意义。并且,邓小平关于社会主义本质的概述,实质上由浅入深包含了三个关联的层次,第一层"解放生产力,发展生产力"是基础,这是因为社会主义的发展,为最终达到共同富裕创造充裕的物质条件。离开了这一生产力基础,"共同富裕"只能成为"空中楼阁"。第二层"消灭剥削,消除两极分化"是解放和发展生产力过程中所应坚持的宏观调控原则,也是基本途径,是通往社会主义性质"共同富裕"的必由之路。偏离了这一途径,即使生产力上去了,最后归宿也必定是资本主义的两极分化。第三层"共同富裕"是社会主义阶段的最高目标,也是上述两个层次的最终归宿。这三个层次相互依存,相互作用,共同体现了社会主义是生产力与生产关系矛盾运动的统一体。④ 我们要清醒地认识到这三个层次之间层层递进的关系,在大力发展生产力的同时坚决消除两极分化。并且,共同富裕理论就是邓小平社会主义本质理论的核心,它旗帜鲜明地把社会主义和其他剥削社会从根本上区别开来了。是不是坚持走共同富裕道路,是检验我们是否真正

① 《邓小平文选》第三卷,人民出版社1993年版,第142页。
② 《邓小平文选》第三卷,人民出版社1993年版,第364页。
③ 《邓小平文选》第三卷,人民出版社1993年版,第373页。
④ 《程恩富选集》,中国社会科学出版社2010年版,第82页。

419

走社会主义道路的试金石。

共同富裕是建立在社会利益最大化上的价值追求,体现了开阔的眼界和崇高的共产主义追求。江泽民也多次强调共同富裕是社会主义的本质要求,并要求以此指导行动。1995年9月,他指出:"要以邓小平同志关于让一部分地区一部分人先富起来、逐步实现共同富裕的战略思想来统一全党的认识。实现共同富裕是社会主义的根本原则和本质特征,绝不能动摇。"①并且,他还批评了社会上一些人放弃共同富裕思想的错误言行,进一步坚定了全党、全国人民走共同富裕道路的信心和决心。

因此,我们必须看到,改革开放以来,我国虽然国民经济高速增长,综合国力不断增强,人民生活水平普遍提高,但与此同时,贫富差距却在不断扩大并呈进一步扩大趋势,各种利益矛盾和冲突日渐凸显,贫富两极分化近年来已成为非常严重的社会问题,并由此引发其他诸多社会问题,甚至危及社会秩序稳定、党的执政基础以及社会的全面发展和进步,这已经引起越来越多人的强烈关注和担忧。而在贫富两极分化问题不断演变的同时,中国并没有建立起"先富带动后富"的保障措施和常规机制,甚至出现了"先富恃强凌弱"等现象。再加上部分富有者无所事事、骄奢淫逸且"为富不仁"甚至"为富不人",这和部分穷苦者四处奔波却失业流离、生活艰难形成鲜明对比,使部分人民群众心理失衡甚至仇视社会。更令人担忧的是,贫富两极分化严重还引发报复社会恶性案件连发、突发性事件多发、群体性事件不断等诸多社会问题,成为和谐社会建设和实现中国梦的拦路虎。

虽然毛泽东和邓小平在走向共同富裕路径的设计上有区别,但他们都认为两极分化是共同富裕的对立面。早在1955年7月,毛泽东就在中共中央召集的省委、市委、自治区党委书记会议上的报告中明确指出:"现在农村中存在的是富农的资本主义所有制和像汪洋大海一样的个体农民的所有制。大家已经看见,在最近几年中间,农村中的资本主义自发势力一天一天地在发展,新富农已经到处出现,许多富裕中农力求把自己变为富农。许多贫农,则因为生产资料不足,仍然处于贫困地位,有些人欠了债,有些人出卖土地,或者出租土地。这种情况如果让它发展下去,农村中向两极分化的现

---

① 《江泽民文选》第一卷,人民出版社2006年版,第466页。

象必然一天一天地严重起来。"①1965年5月25日,在送湖南省委书记张平化下山的时候,重上井冈山的毛泽东大声问:"中国是个农业大国,农村所有制的基础如果一变,我国以集体经济为服务对象的工业基础就会动摇,工业品卖给谁嘛! 工业公有制有一天也会变。两极分化快得很,帝国主义从存在的第一天起,就对中国这个大市场弱肉强食,今天他们在各个领域更是有优势,内外一夹攻,到时候我们共产党怎么保护老百姓的利益,保护工人、农民的利益?! 怎么保护和发展自己民族的工商业,加强国防?! 中国是个大国、穷国,帝国主义会让中国真正富强吗,那别人靠什么耀武扬威?! 仰人鼻息,我们这个国家就不安稳了。"②十年间两次旗帜鲜明地指出两极分化的巨大危害,可见毛泽东对这个问题的重视和忧虑。邓小平也早在1985年3月就提醒过:"社会主义的目的就是要全国人民共同富裕,不是两极分化。如果我们的政策导致两极分化,我们就失败了;如果产生了什么新的资产阶级,那我们就真是走了邪路了。"③因此,我们要深刻认识到,社会主义的本质是共同富裕,两极分化是和社会主义的本质不相容的。社会主义与资本主义的一个根本区别,就是少数人富裕与共同富裕的区别,而共同富裕就是解决好两极分化等诸多社会问题的一把金钥匙。

　　而要真正实现共同富裕,各级党委、政府的引导是关键,作为市场主体的企业积极参与也非常重要,广大领导干部要积极引导、支持企业成为实现共同富裕的主力军。在青藏铁路建设中,中铁建工集团主动为失去土地的藏族同胞在拉萨火车站工地义务举办了建筑技能培训班,涉及瓦工、油工、电工、管道工等多个工种,柳梧村33名藏族同胞参加了320多个课时的培训。在32标段工程施工过程中,中铁建工集团先后使用藏族民工一万余人次,发放工费共计6771万元,长期租用当地藏胞机械百余台,支付租赁费3230万元,使许多藏胞由此摆脱了贫困,走上共同富裕的道路。在中国吊车第一镇——湖南常德鼎城区灌溪镇,中联重科工业园建成投产后,不仅让1600多名当地农民不用背井离乡就成为收入可观的一线工人,而且带动全

①　《毛泽东文集》第六卷,人民出版社1999年版,第437页。
②　转引自马社香:《前奏——毛泽东1965年重上井冈山》,当代中国出版社2006年版,第151页。
③　《邓小平文选》第三卷,人民出版社1993年版,第110—111页。

镇90%的劳动力实现了当地就业；不仅是在灌溪镇，中联重科在益阳沅江市吸纳当地劳动力就业的人数超过3000人，在常德汉寿县有12000人主要从业于中联重科及其相关配套企业和新增的服务业。政府主导、企业配合、农民参与，以农民为中心创造多赢局面，中联重科探索出的这条新型城镇化道路，让很多农民不用出远门就过上了小康生活，在实现共同富裕的道路上大步前进。永业集团将发展农业视为最大的社会责任，将带动广大农民致富作为企业的重要目标，通过在全国建立的35000多个永业科技服务站，从一家生产肥料的小型民营企业发展成为一个服务农民的系统产业集群，从赚农民的钱到服务农民帮农民赚钱，依托科技服务站卖产品送服务，用科技服务给越来越多的农民提供致富解决方案，自然赢得了期盼实现共同富裕的农民发自内心的信赖和社会的广泛赞誉。因此，在实现共同富裕的过程中，各级党委、政府应该积极培育、大力支持更多企业像中铁建工、中联重科、永业集团那样积极投身共同富裕的伟大事业，使更多富有社会责任感的优秀企业成为实现共同富裕的主力军和排头兵。

共同富裕是建立在社会利益最大化上的价值追求，"最终达到共同富裕"，科学展现了社会主义最高纲领与社会主义初级阶段基本纲领之间的有机统一，是新世纪中国共产党人必须始终牢记的根本目标和历史重任。邓小平要求我们上世纪末本世纪初要解决共同富裕问题，现在十多年过去了，问题还在发展，没有真正破题，应引起足够的高度重视。当前，我国已经发展到邓小平所设想的"突出地提出和解决两极分化问题"的时候，发展到共同富裕由理想向现实转化的关键阶段。邓小平提出共同富裕是社会主义的根本原则和本质这一光辉论断，将共同富裕作为当代中国社会主义建设的根本目标，并揭示了实现这一目标的发展规律，不仅有助于我们牢牢把握中国特色社会主义的前进方向，而且为全面建成小康社会，为早日实现"两个百年目标"和中国梦，提供了思想保证和行动指南。

(三)纠正片面理解"一切以经济建设为中心"和盲目市场化

2013年4月8日至10日，习近平总书记在海南考察工作时指出，保护生态环境就是保护生产力，改善生态环境就是发展生产力。良好生态环境是最公平的公共产品，是最普惠的民生福祉。这是继党的十八大报告第一次提出"美丽中国"之后，习近平总书记又一次提醒全党和全国各族人民都要高度重视生态环境问题,也是对一些地方一味追求经济发展而忽视环境保护等违背科学发展观行为的警告。5月24日,他在主持中央政治局第六次集体学习时强调,要牢固树立生态红线的观念。在生态环境保护问题上,就是要不能越雷池一步,否则就要受到惩罚。并进一步指出,只有实行最严格的制度、最严密的法治,才能为生态文明建设提供可靠保障。最重要的是要完善经济社会发展考核评价体系,把资源消耗、环境损害、生态效益等体现生态文明建设状况的指标纳入经济社会发展评价体系,使之成为推进生态文明建设的重要导向和有力约束。因此,我们要深刻认识到,良好生态环境是真正建设"美丽中国"、实现中国梦的重要保证和核心内容,没有良好生态环境就无从谈起建设"美丽中国",也无法实现"两个百年目标"和中国梦。青山绿水、碧海蓝天,不仅是建设"美丽中国"的最大本钱,也是我们拥有美好生活的最重要保障,是实现中国梦的重要前提,我们每一个人都必须倍加珍爱、精心呵护。而要做到这一点,就要求我们必须加强市场经济研究,直面市场经济发展中出现的问题并找出对策,切实提高驾驭社会主义市场经济的能力,增强大力推进生态文明建设、真正实现科学发展的能力。

要真正解决好信仰迷失、道德滑坡、环境污染等市场经济发展中出现的问题,我们就应该坚持解放思想、实事求是、与时俱进、求真务实的思想路线,坚决反对主观主义、教条主义和经验主义,坚持用发展着的马克思主义指导我们的建设实践,尽快、坚决纠正对"一切以经济建设为中心"等思想的片面、错误理解。我们要科学、深刻地认识到,改革开放之初,在不少中国人温饱问题还没有解决的时候,邓小平提出"一切以经济建设为中心"有着其合理性,是针对当时的特殊国情而言,并且中国经济在这个思想指导下也取得了举世瞩目的伟大成就。但由于不少人尤其是一些领导干部非常肤浅、片面甚至错误地理解"一切以经济建设为中心"的本意,将其解读为"一切以GDP增长为中心",形成一种单纯的GDP崇拜,导致精神文明和意识形态建设被轻视、边缘化甚至被淡忘,整个社会呈现出道德滑坡、信仰迷失、极端物质化等危险现象。并且,一些领导干部以"一切以经济建设为中心"为幌子,在实际工作中坚持"先污染、后治理"的发展思路,对环保工作采取一种"说起来重要,做起来次要,与建设项目发生冲突时就不要"的错误态度,甚至公开或私下充当污染项目、污染企业的保护伞,使当地的生态环境遭受很大破坏，也让"美丽中国"建设面临严峻考验。2013年的春天、秋天、冬天和2014年春天，雾霾污染让北京、河北、黑龙江等全国不少地方的人们"很受伤"，再加上各地不断爆出的环境污染事件，化工厂、造纸厂、铝厂、钢厂……越来越多的工厂成为污染环境的罪魁祸首。更有一些企业被爆出让农民用污水灌溉农田、把污水注入地下……缺乏有力约束的市场经济让企业追逐利益而目无法纪、不顾社会责任的一面充分暴露，也让越来越多的人尝到了忽视环境保护、片面追求经济发展的恶果，严重的环境污染让越来越多深受其害的中国人感到了切肤之痛。网友根据北京雾霾沙尘问题和上海黄浦江死猪事件编写的一条短信"沙逼北京，猪投上海"在网上广为流传并得到不少人共鸣，虽然其寓意"傻逼北京，猪头上海"有些刺耳，但确实反映出人们对环境污染和食品安全两大问题非常不满意的严峻现实。

经过三十多年的摸索前行，我们在取得很大成绩的同时也付出了沉重代价。在又一个新的三十年开始之际，越来越多的人开始反思"一切以经济建设为中心"的历史局限性，才明白这么多年我们是片面理解甚至误解、歪解了邓小平的本意。因此，在全力实现中国梦的新历史时期，我们应该果断地停止对"一切以经济建设为中心"的片面理解和执行，始终坚持环境保护与经济发展齐抓并重、物质文明建设和精神文明建设两手抓两手硬的发展原则，做到经济建设、政治建设、文化建设、社会建设、生态文明建设和党的建设齐头并进，让中国梦彻底远离环境污染和精神污染。因此，不仅海南要按照习近平总书记所希望的那样处理好发展和保护的关系，着力在"增绿"、"护蓝"上下功夫，为全国生态文明建设当个表率，为子孙后代留下可持续发展的"绿色银行"。全国各地都要大力推进生态文明建设，像2013年12月的中央城镇化工作会议公报所要求的"让城市融入大自然，让居民望得见山、看得见水、记得住乡愁"，绝不能以牺牲环境或人民健康为代价发展经济，必须坚决打击污染环境、破坏环境的行为，同时以意识形态能力建设为中心大力加强精神文明建设，中华民族伟大复兴的中国梦才能真正实现。

由于相当一部分领导干部驾驭社会主义市场经济的能力薄弱，不少人长期以来一直都在提倡一次分配讲效率、二次分配讲公平，似乎一次分配可以不讲公平，二次分配可以不讲效率。正是深刻认识到公平正义问题已经成为制约我国经济社会进一步发展的重大障碍,党的十七大明确提出:"初次分配和再分配都要处理好效率和公平的关系,再分配更加注重公平。"①这也告诉我们,效率源于公平,公平是效率的前提,没有公平就会导致经济和社会运行效率的下降,必须将经济社会发展的中心从单纯的"效率导向"转向"公平导向"。公平不仅是起点的公平和机会的公平,而且包括过程的公平和结果的公平。因此,共同富裕不仅是经济发展的出发点和归宿,而且是贯穿经济发展过程的主线,是调动广大人民群众积极性的最根本途径,是经济发展的强大动力。必须清醒地认识到,调整收入的二次分配十分必要,但仅靠二次分配不可能真正缩小贫富差距。还应特别注重调整初次分配,尽快做到在初次分配中就能实现公平,为逐步实现共同富裕创造条件。因此,我们要警惕盲目市场化、私有化等错误思潮的误导,坚决做到初次分配和再分配都注重公平。

作为一种在 20 世纪 20 年代产生的现代资产阶级政治思想的主要派别,新自由主义从 20 世纪 70 年代以来在国际经济政策乃至意识形态扩张中扮演着非常重要的角色。新自由主义大力宣扬资本主义、市场自由等的普遍性,积极鼓吹经济资源私有化、经济活动自由化、经济调节市场化、经济利益最大化、国家干预最小化、全球经济资本化,极力维护资产阶级个人自由、资本主义私有制度,坚决反对社会主义和公有制。从本质上看,宣扬市场至上、高度私有化等理论的新自由主义既是一种资本主义经济形态,更是一种与马克思主义意识形态根本对立的意识形态体系。在新自由主义的代表人物、奥地利裔英国经济学家弗里德里希·哈耶克等人的思想理论影响下,2013 年 4 月 8 日因中风去世的"铁娘子"撒切尔夫人在 20 世纪 70 年代末出任英国首相后一直积极宣扬市场至上和高度私有化等理论,成为一名新自由主义思潮的崇拜者和大力推行者,高举新自由主义的大旗,主张减少国家对经济的干预,大力倡导自由经营,实施增加利率、降低直接收入税、提高间接收入税、缩减公用事业开支、削弱工会权力等改革措施,推行了一套以私有化为核心的改革方案,极力要在英国社会形成一个高度私有化、市场

---

① 　胡锦涛:《高举中国特色社会主义伟大旗帜为夺取全面建设小康社会新胜利而奋斗——在中国共产党第十七次全国代表大会上的报告》,人民出版社 2007 年版,第 39 页。

化的自由经济体系,在一定程度上激发了英国的经济活力。但她也因此付出了不小的代价,不仅几乎毁掉了英国在全世界曾经非常有名的福利制度,而且被称为民主国家独裁者。并且,她在 1990 年推出了"人头税"计划,加重了低收入群体的负担,使得其政策更加不得人心,最终于 1990 年 3 月 31 日在伦敦的特拉法加广场发生了超过 10 万人参加的严重骚乱,这也导致了她在 1990 年 11 月被迫辞职下台。此外,撒切尔夫人还和 20 世纪 80 年代初当选美国总统的罗纳德·威尔逊·里根一起成为推动着新自由主义风靡资本主义世界的"两大鼓手",二人合力为推动以西方为主导、市场为主导的全球化奠定了基础,改写了世界经济格局。因为撒切尔夫人大力推行新自由主义而进一步加剧了社会的两极分化,并出现了社会公平遭到严重破坏、失业率居高不下、犯罪率上升、社会秩序动荡等众多问题,美国著名左派学者诺姆·乔姆斯基甚至以"新自由主义病"命名其造成的一大堆社会问题。英国《金融时报》发表题为《金融危机的始作俑者?》的文章,称撒切尔夫人 1986 年放宽了金融管制,虽然推动了伦敦从此作为金融中心而开始崛起,但 2008 年爆发的国际金融危机的部分原因也应归咎于那次伦敦的金融大变革。英国《卫报》更是刊文称:"她留下的遗产是一个分裂的社会、个体的自私和贪婪的物质崇拜。这些东西加起来对人类精神的禁锢,远多于他们所释放的自由。"在撒切尔夫人去世当天,不少英国左翼民众专门举行庆祝派对,一些因当初她压制工会而憎恶她的矿工甚至欢呼这是"伟大的一天"。这不仅发人深思,而且催人警醒!

共同富裕是科学社会主义的基本原则,也是社会主义与资本主义的最根本区别。实现共同富裕,关键还在于坚持公有制经济的主体地位,这也是巩固执政地位、坚持社会主义道路的基础。没有公有制,就不能保障工人阶级(通过共产党)对国家的领导,这种领导权就失去了经济基础。① 正如《共产党宣言》中所说:"共产党人可以用一句话把自己的理论概括起来:消灭私有制。"②在公有制基础上实行的按劳分配,本身就是一种"公平分配",尽管其在不同发展阶段比重大小有所不同,但始终具有公平最大化、

---

① 参见《李崇富选集》,中国社会科学出版社 2010 年版,第 533 页。
② 《马克思恩格斯文集》第 2 卷,人民出版社 2009 年版,第 45 页。

剥削等不公平因素最小化的强大制度约束力,也是社会主义的制度优越性所在。所有制问题是涉及判断一个社会性质的标准问题,坚持公有制的主体地位,就为共同富裕提供了最重要的经济基础。如果公有制丧失了主体地位,就丧失了社会主义的经济基础,就会偏离社会主义道路,甚至走上改旗易帜的邪路,当然更谈不上共同富裕。

因此,我们应该深入总结社会主义市场经济确立、发展二十多年来的成败得失,尤其是认真、深入总结在发展社会主义市场经济中所犯过的错误、所走过的弯路、所面临的问题,特别是对当前的信仰迷失、道德滑坡、环境污染、盲目市场化和私有化等问题及其根源要有深刻认识,看到盲目市场化和私有化的巨大危害。一定要阐明社会主义市场经济的制度性依赖,强调社会主义市场经济鲜明的社会主义属性,始终坚持以公有制为主体、以共产党为领导、以实现共同富裕为社会目标,进一步提高广大领导干部驾驭社会主义市场经济的能力,将社会主义市场经济关进制度和法治的笼子里,使其既能充分发挥市场经济的积极作用,又能解决市场机制的缺陷和弊端,沿着科学社会主义的正确轨道继续前进。一定要弄清楚市场化只是手段,不是目的。如果对市场化不划底线、不设高压线,必然后患无穷!必须彻底摆脱对市场化的盲信、盲从甚至迷信,绝不能脱离社会主义盲目讲市场化。同时,从中央到地方,应专门部署对二十多年来国有企业私有化过程中国有资产流失的问题进行一次全国性的排查,同时向全社会公开征集相关线索,欢迎广大群众积极举报,并对其中的典型案例严厉查处、通报全国,借机建立健全国有企业改制中的国有资产、工人权益保护机制。此外,深入剖析实现共同富裕面临的困难,有针对性地研究出解决问题的办法。只有这样,才能真正驾驭好社会主义市场经济,真正实现科学发展、和谐发展。

四、以反意识形态渗透为抓手,加强国际问题研究,增强反和平演变的能力

虽然毛泽东、邓小平等都曾多次警醒全党要警惕资本主义、帝国主义的和平演变,邓小平更是一次次强调要坚决反对资产阶级自由化,但是令人遗憾、发人深思和催人警醒的是,美国等西方资本主义国家对社会主义国家的和平演变攻势不仅没有在苏东剧变后停止,而且把主要矛头对准中国后越

来越猛烈,成效也越来越得到凸显;资产阶级自由化思潮近些年来不仅再度泛滥,而且呈现出问题越来越严重、危害越来越巨大的趋势。而国外的和平演变攻势和国内的资产阶级自由化思潮相互呼应,使得我国意识形态领域的形势变得空前复杂,使得加强领导干部意识形态能力建设的任务变得更加迫切。因此,我们应该以反资本主义意识形态渗透、反对资产阶级自由化为抓手,加强世界社会主义发展等国际问题研究,才能有效增强抵制西方资本主义国家和平演变的能力。

(一)采取切实有力措施抵御西方资本主义国家的和平演变

虽然杜勒斯最初提出和平演变战略的主要矛头是对准苏联,但毛泽东却敏锐地觉察到了其巨大危害性并一直关注和思考。而1956年"匈牙利十月事件"的发生,使他更深感和平演变的危险性之大。1958年11月14日,新华社编印的第2513期《参考资料》上编发了杜勒斯在西雅图商会上的演说全文,毛泽东专门就此作了批示,并指示将这份材料在党的八届六中全会上印发,希望能引起广大领导干部的警惕和思考。在新华社同年12月28日播发的《再论无产阶级专政的历史经验》一文中,毛泽东再次提到杜勒斯有关和平演变的言论,指出:"我们从来认为敌人是我们最好的教师。现在杜勒斯又在给我们上课了。"①1959年1月28日,杜勒斯在美国众议院外交委员会的一次秘密会议上提供的一份证词中指出:"我希望鼓励苏联世界内部的演化,从而使它不再成为对世界自由的威胁,只管它自己的事情,而不去设法实现共产主义的目标和野心。"毛泽东剖析了杜勒斯的证词本质并一针见血地指出:这是表明美帝国主义企图使用腐蚀的办法,阴谋使资本主义在苏联得以复辟,而达到使用战争的办法达不到的侵略目的。1964年1月12日,他在题为《中国人民坚决支持巴拿马人民的爱国主义斗争》的谈话中指出,美帝国主义"还力图对社会主义国家推行'和平演变'政策,实行资本主义复辟,瓦解社会主义阵营"②。此后一直到逝世前,他都一直非常关注美国的和平演变策略并高度警惕,后来发动"文化大革命"也和此有着密切关系。

---

① 《建国以来重要文献选编》第9册,中央文献出版社1994年版,第562页。
② 《毛泽东文集》第八卷,人民出版社1999年版,第355页。

　　邓小平对美国等西方资本主义国家对中国的和平演变也一直有着深刻认识和比较高的警惕性，尤其是 1989 年春夏之交发生的政治风波使他更深刻意识到和平演变的巨大危害性。1989 年 9 月，他在会见美籍华裔学者李政道教授时指出："美国，还有西方其他一些国家，对社会主义国家搞和平演变。"①同年 11 月，他再次强调指出："西方国家正在打一场没有硝烟的第三次世界大战。所谓没有硝烟，就是要社会主义国家和平演变。"②把帝国主义对社会主义国家的和平演变比作"没有硝烟的第三次世界大战"，充分表现出了邓小平对这个问题的高度重视和警醒，也引起了全党的警惕。而在 1992 年的"南方谈话"中，他又一次警示全党："帝国主义搞和平演变，把希望寄托在我们以后的几代人身上……我们这些老一辈的人在，有分量，敌对势力知道变不了。但我们这些老人呜呼哀哉后，谁来保险？"③今天看来，他的这种担心不仅很深刻、很重要，而且是很有远见性的。

　　对社会主义国家进行和平演变，从 20 世纪 50 年代至今，一直是历届美国总统所主抓的重点工作之一。曾在 1953 年出任美国总统的德怀特·戴维·艾森豪威尔在回忆录中写道："1958 年我曾研究并草拟了一个建议，要求美苏大批交换大学生，总量可以达到一万人之多。我甚至草拟了一封给布尔加宁（时任苏联部长会议主席、苏共中央政治局委员）的信，想邀请数千名苏联学生到这里来，费用由我们来支付，并且由苏联人自己决定是否邀请同等数量的美国学生去他们的国家。"对于为何如此"大方"的目的，他也毫不隐瞒："一批新人有朝一日将会在苏联掌权，我要努力争取的就是这一代。"而戈尔巴乔夫、叶利钦就是美国争取的这一代人的代表。1989 年 9 月，当时仅仅是苏联最高苏维埃主席团成员的叶利钦访美，美国政府竟然以一个独立国家元首这样的极高规格来接待他，时任美国总统布什和国务卿贝克、国家安全顾问斯考克罗夫特以及前总统卡特等众多政要都专门会见了他。而叶利钦更是在访美期间大肆攻击、诋毁共产主义只不过"是一张幸福的乌托邦支票"，人力赞颂资本主义是那么"繁荣向上"。他自己后来

---

① 《邓小平文选》第三卷，人民出版社 1993 年版，第 325—326 页。
② 《邓小平文选》第三卷，人民出版社 1993 年版，第 344 页。
③ 《邓小平文选》第三卷，人民出版社 1993 年版，第 380 页。

也承认,从那时起"我已改变了自己的世界观","不再是一个共产党人了"①。1995 年 10 月,时任美国总统克林顿在参谋长联席会议上谈到苏联解体时说:"最近 10 年来对苏联及其盟友的政策清楚表明,我们所采取的清除世界上最强大的国家之一以及最强大军事联盟的路线是多么正确。我们获得了杜鲁门总统想要通过原子弹从苏联获取的东西。"②1998 年夏,他再次指出,同中国交往的一个最大好处是给美国提供了在公开以及私下场合督促中国的领导改变方向的一个重要手段。一些美国官员和学者也认为,市场化与民主、自由是不可分割的,要鼓励、引导中国走市场化的改革道路,就必然会导致中国出现支持西式民主的力量。可见,美国一直在绞尽脑汁利用一切机会和手段对中国进行和平演变,这一切应该引起我们的高度警惕和警醒。

江泽民、胡锦涛也对和平演变问题有着高度警惕。1989 年 12 月,江泽民就指出:"国际敌对势力妄图从我们党的第三代、第四代人身上打开缺口,实现他们所希望的和平演变。"③1991 年 4 月,他又指出,腐败现象同敌对势力的和平演变、资产阶级自由化泛滥有着密切关系,并反过来又成为国内外敌对势力进攻我们的口实。

而苏联解体则让美国等西方国家把和平演变的重点放到了中国,再加上随着中国改革开放的步伐加快,全球化、市场化使得经济、文化、社会乃至政治等领域的对外交流越来越多,西方资本主义的价值观对中国人思想观念的影响也越来越大。而随着网络在 20 世纪末、特别是在 21 世纪的迅猛发展,互联网成为和平演变与反和平演变斗争最主要的战场之一,我们的反和平演变斗争也面临前所未有的考验。1998 年 12 月,江泽民在纪念党的十一届三中全会召开 20 周年大会上的讲话中强调:"要始终警惕国际国内敌对势力的渗透、颠覆和分裂活动。任何破坏我国安定团结的政治局面的行为,都是违背中国人民的意志和根本利益的,不论这些破坏社会安定的因素来自哪里,我们都必须坚持四项基本原则,旗帜鲜明地加以反对,并坚决

---

① [俄]鲍里斯·叶利钦:《总统笔记》,东方出版社 1995 年版,第 166 页。
② [俄]尼·伊·雷日科夫:《大国悲剧》,新华出版社 2008 年版,第 380 页。
③ 《江泽民文选》第一卷,人民出版社 2006 年版,第 100 页。

把它们消除在萌芽状态。"①要求全党要始终坚持四项基本原则,并旗帜鲜明地反和平演变,表明了他对国际国内敌对势力对我国进行渗透、颠覆、分裂活动的高度警惕性。在庆祝中国共产党成立 70 周年大会上的讲话中,江泽民更是鲜明指出:"和平演变和资产阶级自由化思潮,对我国的独立和主权,对我们的建设和改革开放,构成现实的威胁。在这种情况下,确有一些党组织软弱涣散,一部分党员和党的干部经不起考验,头脑不清醒,立场不坚定,甚至有的违法乱纪、腐败变质;有的顽固坚持资产阶级自由化立场,丧失国格人格,站到了党和人民的对立面。党在思想、政治、组织、作风方面都存在不少亟待解决的问题。这种情况说明,在新的历史条件下,我们党不仅要继续经受执政的考验,而且面临着改革开放和发展商品经济的考验,面临着反对和平演变的考验。"②就是提醒全党要警惕和平演变的巨大危险,并且把和平演变与资产阶级自由化两大现实危险并列在一起,有很强的警示作用。

胡锦涛对和平演变的巨大危害也早有体会并且态度鲜明。1989 年,刚被任命为西藏自治区党委书记的胡锦涛就指出,这是境内外分裂主义分子在外国敌对势力的支持下,有计划、有组织和有预谋的活动,实质是分裂祖国、反对共产党和颠覆社会主义制度的严重政治斗争,也是国际敌对势力和社会主义国家之间的渗透与反渗透、颠覆与反颠覆、和平演变与反和平演变斗争的组成部分。他担任中共中央总书记之后,在一系列讲话中也包含了同样的意思。2004 年 9 月,他在党的十六届四中全会第三次全体会议上的讲话中强调指出:"意识形态领域历来是敌对势力同我们激烈争夺的重要阵地,如果这个阵地出了问题,就可能导致社会动乱甚至丧失政权。敌对势力要搞乱一个社会、颠覆一个政权,往往总是先从意识形态领域打开突破口,先从搞乱人们的思想下手。"③不仅指出了意识形态斗争的复杂性,同时也强调了意识形态工作的重要性。2007 年,他在党的十七大报告中指出:"积极探索用社会主义核心价值体系引领社会思潮的有效途径,主动做好

---

① 《江泽民文选》第二卷,人民出版社 2006 年版,第 260 页。
② 《十三大以来重要文献选编》(下),人民出版社 1993 年版,第 1652 页。
③ 《十六大以来重要文献选编》(中),中央文献出版社 2006 年版,第 318 页。

意识形态工作,既尊重差异、包容多样,又有力抵制各种错误和腐朽思想的影响。"①这表明他在思考如何才能主动做好意识形态工作,而这一点对做好反和平演变斗争非常重要。党的十七届六中全会决定要深化文化体制改革,推动社会主义文化大发展大繁荣,不仅有助于加强反和平演变斗争,而且推动中国文化走出去,也是向全世界宣扬中华文明和我们社会主义的价值观。

但令人遗憾的是,尽管中央态度比较鲜明,一些地方、部门和单位却对反和平演变斗争不够重视甚至非常轻视、漠视。不少领导干部不仅工作中很少提反和平演变斗争,自己头脑中也缺少这根弦。

因此,我们要以苏联为前车之鉴,并深刻意识到全球化、市场化、网络化冲击下的和平演变与反和平演变斗争的极端复杂性、艰巨性,从以下几个方面采取有力、有利、有效的措施加以积极应对。首先,我们要高度警惕美国等西方资本主义国家对我国海外留学生、工作人员等海外人员的和平演变。随着中国经济的迅猛发展和走向世界的步伐加快,越来越多的中国人到国外留学,不少人完成学业后留在了国外或者到外企工作,容易成为西方敌对势力渗透的对象。因此,我们必须高度关注、正确引导我国海外留学人员的思想动态,要严防美国等西方资本主义国家在双边或者多边文化、教育、学术等交流中对中国派出的人员进行和平演变。1982 年,时任美国总统里根得知中国有 6500 名访问学者和留学生在美国时,立即表示:"有 6.5 万人更好,这是长期投资"。美国一位极右翼的参议员甚至公开宣称:"我们的做法有着明确的外交政策目标,就是要让这些在美国留学的外国留学生接受民主、自由原则的熏陶,这是作为美国的立国之本的。"富布赖特项目就是美国为了对外传播美国价值观尤其是对社会主义国家进行和平演变专门设立的,主要是通过把专家、学者等人员派遣到他国去进行学术交流或者"帮助"工作,使其成为传播西方价值观的使者。早在 1947 年 11 月,美国就与中国签署富布赖特协议。1979 年 1 月 1 日,中美两国正式建交后,美国就主动提出要在华恢复实施富布赖特项目。根据富布赖特计划,美国不惜花

---

① 胡锦涛:《高举中国特色社会主义伟大旗帜为夺取全面建设小康社会新胜利而奋斗——在中国共产党第十七次全国代表大会上的报告》,人民出版社 2007 年版,第 34 页。

费巨资,派了很多教授来到中国,分布到了中国很多重点高校。并且,从1983年开始,当时的美国新闻署也每年花钱派20名左右的学者到中国大学、科研院所等单位巡回讲学。美国认为,这种投入是非常值得的,美国应该向正在成长的中国年轻一代灌输美国的价值观念,这比传授科学知识更重要。并强调绝对不要忽视训练一批数量可观的、深受西方价值观影响的中国未来领导人的重要意义。1989年5月9日,美国的某政府机构就致电美驻华使馆称,从当前的中国形势看来,我们派到中国的教授们对传播美国文明、宣传美国文化以及推进中国民主化进程起了关键作用。这些通过富布赖特项目来到中国的美国教授把他们带来的宣传美国民主的小册子在大学师生中间广泛传播,并声称要把中国的大学生培养成具有不同信仰的、认同西方价值观的现代派新人,甚至扬言要在几年最多几十年之内彻底改变中国的社会主义性质。1985年11月开始出任美国驻华大使的温斯顿·洛德感慨地说:"来中国的'富布赖特'学者们的贡献是不可磨灭的。他们在任期结束离开中国以后,其影响将永远地留在中国。"事实上,1986年的学潮和1989年春夏之交政治风波的发生,和这些"富布赖特"学者们以及美国新闻署派到中国巡回讲学的学者们在中国的"辛勤劳动"是密不可分的。因此,我们要对参与文化、教育、学术等中外交流的人员加强社会主义意识形态教育,并采取灵活、隐蔽的方式对这些交流活动进行全程监管,将和平演变的危险降低到最低限度。

其次,我们要高度警惕美国等西方资本主义国家千方百计地渗透、收买、控制中国的一部分领导干部、官方学者尤其是高级领导干部。为了培养自己在中国的利益代理人,美国一直在不惜代价、不择手段、千方百计地渗透、收买中国的一部分领导干部、官方学者,重点是以中央党校、中国社会科学院、国务院发展研究中心和我国各省区市、某些部委办局的研究所、研究室等智囊机构的一些负责人、骨干科研人员以及一些学者型官员作为重点拉拢、演变对象,通过基金会、非政府组织等形式资助科研项目,利用以所谓"国际访问学者"的名义邀请其访美、出资邀请其参加一些由美方控制的进修项目、出资邀请其参加国际论坛或国际会议等多种形式进行渗透、拉拢,最终达到和平演变、控制利用的目的。他们不仅通过这些人打探、窃取中国的情报,而且还通过这些人的地位、思想和影响力等千方百计对中国的最高决策机构、最高领导层起到潜移默化的影响作用,企图使中国在政策制定、经济发展、人才选拔等多方面按照这些人在美国影响下制定的所谓"路线图"进行,为全面西化、分化中国打下坚实基础。因此,我们要高度重视这些领导干部、学者的意识形态能力建设,使其具有坚定的理想信念和过硬的反渗透能力,能够自觉抵制西方的和平演变。同时,要积极对西方可能采取的渗透、收买手段、方法有针对性地制定对策。

最后,我们要努力采取科学、有效的措施最大限度地消除西方对青少年一代价值观、人生观、世界观的影响和演变。为达到西化、分化中国之目的,美国中央情报局专门制定了有名的《十条诫令》,主要内容是用物质来引诱、败坏中国青少年的思想道德,鼓励其藐视、鄙视乃至进一步公开反对其原来所受的共产主义教育等思想教育,并通过各种手段创造他们接触、向往、沉迷色情的机会;通过电影、电视、书刊、无线电波和新式的网络、宗教传播等一切可能的方式,让中国青少年向往美国的衣、食、住、行、教育、娱乐等方式;想尽一切办法把中国青少年的注意力从原来以政府为中心的传统吸引开来,努力使其精力集中在体育表演、游戏、享乐、色情书刊、犯罪性的电影和宗教迷信等方面;故意制造一些事端,引导中国人公开讨论、公开批判官员的腐败、制度的不民主等话题,从而使他们潜意识中不知不觉被种下分裂的种子;不断通过制造新闻、谣言以及编造历史等手段丑化中国的现任领导人和已故领袖,并利用中国官员自己的言辞来攻击他们本身和他们的政党、制度等等。三十多年来,我国的性犯罪、暴力犯罪、毒品犯罪、信仰迷失、道德滑坡、贪污腐败、民族矛盾、邪教渗透等众多问题呈上升趋势,一定程度上这就是美国一直坚持对中国进行渗透、和平演变的"巨大成绩",应该引起我们的高度警惕。我们应该采取科学、有力、有效的措施最大限度地减少甚至禁止西方的色情、暴力、奢靡等文化在中国的传播,并大力打造富有吸引力、感染力、凝聚力、号召力的社会主义新文化来吸引青少年和丰富人民的精神文化生活,这样才能使其真正彻底远离西方腐朽文化的影响。

(二)旗帜鲜明反对错误思潮、坚决抵御西方意识形态渗透

习近平总书记强调指出,中国是一个大国,决不能在根本性问题上出现颠覆性错误,一旦出现就无法挽回、无法弥补。马克思列宁主义、毛泽东思想一定不能丢,丢了就丧失根本。旗帜指引方向,旗帜引领道路,积极、主动

做好意识形态工作就是树立旗帜、引领方向,也是事关新时期意识形态能力建设成败的关键性问题。决不能在根本性问题上出现颠覆性错误,就是警示我们要始终坚持的社会主义的前进方向,意识形态能力建设同样如此。我们要是非分明、敢于亮剑,旗帜鲜明反对错误思潮、坚决抵御西方意识形态渗透。

经济建设是党的中心工作,意识形态工作是党的一项极端重要的工作。但不可否认的是,改革开放三十多年来,不少领导干部过分重视经济建设,而忽视了意识形态工作,在一些地方和部门明显存在着说起来清楚、做起来不清楚的现象,这也是较长一个时期以来意识形态领域杂音、噪音不断甚至西方错误思潮一度泛滥的重要原因。我们常常强调经济建设是中心工作,但这绝不是说其他工作都不重要了,可以一俊遮百丑了。历史和现实反复证明,能否做好意识形态工作,事关党的前途命运,事关国家长治久安,事关民族凝聚力和向心力。巩固党的群众基础和执政基础,包括物质和精神两方面。精神上丧失群众基础,最后也要出问题。毛泽东当年把不问方向、不问路线的人比作"倒骑毛驴的张果老",虽然面朝东方蓬莱,但路走错了,永远都到不了目的地。曾有人问邓小平,长征中都做了些什么?他只说了三个字"跟着走"。这短短三个字,道出了旗帜、道路问题的重要性。我们一定要深刻认识到,只有物质文明建设和精神文明建设都搞好,国家物质力量和精神力量都增强,全国各族人民物质生活和精神生活都改善,中国特色社会主义事业才能顺利向前推进。因此,习总书记强调"意识形态工作是党的一项极端重要的工作",有着特殊的重要意义,也标志着党中央对意识形态工作的高度重视再次达到了一个新的历史高度。

改革开放以来,世界正处在大动荡、大变革、大分化和大调整之中,全球范围内各种思想文化交流交融交锋更加频繁,在全球化、市场化、网络化的大潮冲击下,国际思想文化领域斗争深刻复杂,西方国家把我国发展壮大视为对其价值观和制度模式的挑战,通过各种手段、方式加紧对我国进行思想文化渗透,使得当前的意识形态领域并不平静甚至暗流涌动,也注定了我们在意识形态领域面临的斗争和较量是长期的、复杂的、艰巨的。一个政权的瓦解往往是从思想领域开始的,政治动荡、政权更迭可能在一夜之间发生,但思想演化是个长期过程。思想防线被攻破了,其他防线就很难守住。面对西方国家的意识形态渗透,我们必须提高警惕、认真研究、科学应对、坚决抵御,始终把意识形态工作的领导权、管理权、话语权牢牢掌握在手中,任何时候都不能旁落,否则就要犯无可挽回的历史性错误。

不仅是西方国家加强了对中国的意识形态渗透,我国国内一些错误思潮也时有出现,并且同样危害巨大。有的宣扬"普世价值"论、新自由主义、军队国家化等西方错误价值观;有的专拿党史国史说事,企图用历史虚无主义的手法否定我们党的领袖和历史;有的以"反思改革"为名,试图否定改革开放和四项基本原则⋯⋯这些错误思潮严重影响了人们的价值判断和思维方式,造成了比较大的思想混乱。我们可以看到,在一些单位和一些人那里,党的意识淡漠了,党性原则讲得少了。有的对党的政治纪律、宣传纪律置若罔闻,甚至明知故犯、为虎作伥;有的还专门针对那些党已经明确规定的政治原则来说事,口无遮拦、毫无顾忌,受到敌对势力追捧,不以为耻、反以为荣;有的宣传思想阵地不为党服务,甚至为错误思潮的传播提供舞台、阵地;有的宣传思想工作者不愿意甚至不敢坚持党性原则,面对错误思潮不敢表明态度⋯⋯这也警示我们,如果不高度重视意识形态工作和积极加强意识形态能力建设,如果在坚持党性这个根本问题上没有明确观点和立场,如果面对有人宣扬错误思潮和西方敌对势力对我国意识形态渗透不能旗帜鲜明地进行反击和抵御,那就是政治上不合格,就不是一名真正的共产党人,也就丧失了作为领导干部最起码的资格。

由于西方敌对势力不断加大对中国的意识形态渗透力度、强度、广度,一些错误思潮对广大党员干部尤其是党的高级领导干部的侵蚀危害性巨大,党的一部分高级领导干部面对西方错误思潮的暧昧、放任甚至间接、直接的支持态度,再加上党的一些高级理论工作者尤其是经济学、法学、政治学学者认可甚至大肆宣扬这些错误思潮,不仅会导致了广大党员、群众的思想困惑甚至混乱,而且可能导致了国家政策乃至决策被误导,并引发了信仰迷失、道德滑坡、权钱交易、贪腐横行、两极分化、环境污染等不少问题,使我们面临严峻的执政考验。正如邓小平所说:"凡是闹得起来的地方,都是因为那里的领导旗帜不鲜明,态度不坚决。"[①]"我们的宣传工作还存在严重缺

[①] 《邓小平文选》第三卷,人民出版社 1993 年版,第 194 页。

点,主要是没有积极主动、理直气壮而又有说服力地宣传四项基本原则,对一些反对四项基本原则的严重错误思想没有进行有力的斗争。"①"有些人把'双百'方针理解为鸣放绝对自由,甚至只让错误的东西放,不让马克思主义争。这还叫什么百家争鸣? 这就把'双百'方针这个无产阶级的马克思主义的方针,歪曲为资产阶级的自由主义的方针了。"②如果我们不能旗帜鲜明地反对错误思潮、坚决抵御西方敌对势力的意识形态渗透,就有可能重新出现邓小平当年所批判的怪现象:"从中央到地方,在思想理论战线上是软弱的,丧失了阵地,对于资产阶级自由化是个放任的态度,好人得不到支持,坏人猖狂得很。好人没有勇气讲话,好像自己输了理似的。"③我们必须始终坚定不移地坚持四项基本原则,尤其是牵涉到大是大非问题、政治原则问题,决不能含糊其辞,更不能退避三舍甚至东西摇摆、左右迎合,一定要立场坚定、理直气壮、旗帜鲜明地主动发声,明确反对、勇敢揭露、有力回击一切错误思潮,占领意识形态的制高点,坚决抵御西方国家的意识形态渗透。对敢于碰硬、敢于批评、做得正确的同志,各级党委首先要支持,而且要公开支持。我们讲立场坚定、保持一致,不能只是一句空话。

我们同时要深刻认识到,在我国社会深刻变革和对外开放不断扩大的条件下,各种社会矛盾和问题相互叠加、集中呈现,人们思想活动的独立性、选择性、多变性、差异性明显增强,思想道德领域出现了一些不容忽视的现象,一些人理想信念不坚定,一些腐朽落后思想文化沉渣泛起,拜金主义、享乐主义、极端个人主义有所滋长。再加上我国周边安全环境也出现了一系列新情况、新态势和新问题以及国内市场经济出现的个别负面效应、西方错误思潮的噪音杂音等带来的冲击,给我国的改革、建设和发展带来了一系列前所未有的新挑战、新课题、新机遇。我们在集中精力进行经济建设的同时,一刻也不能放松和削弱意识形态工作。只有意识形态工作坚强有力,人们才会彻底明白举什么旗、走什么路、朝着什么目标和方向前进,才会真正焕发出攻坚克难的精神伟力和创造活力,才能把社会各阶层的人团结到一起。因此,做好意识形态工作,必须讲人民性,把实现好、维护好、发展好最

---

① 《邓小平文选》第二卷,人民出版社 1994 年版,第 364 页。
② 《邓小平文选》第三卷,人民出版社 1993 年版,第 47 页。
③ 《邓小平文选》第三卷,人民出版社 1993 年版,第 195 页。

广大人民根本利益作为出发点和落脚点,切实解决好"为了谁、依靠谁、我是谁"这个根本问题。要树立以人民为中心的工作导向,把服务群众同教育引导群众结合起来,把满足需求同提高素养结合起来,坚决克服有些地方意识形态工作脱离生活、不接地气、同群众贴得不够紧的问题,坚决克服一味迎合市场带来的低俗化现象,做到在多元中立主导,在多变中求团结,在多样中谋共识。要不断坚定我们的价值自信、民族自信,引导全党全国人民高举的道路自信、理论自信、制度自信、政治自信、价值自信的旗帜去全面深化改革。

做好意识形态工作,宣传思想部门承担着十分重要的使命,必须守土有责、守土负责、守土尽责。但是,做好宣传思想工作仅靠宣传思想部门是不够的,必须全党动手。各级党委要负起政治责任和领导责任,加强对宣传思想领域重大问题的分析研判和重大战略性任务的统筹指导,不断提高领导意识形态工作的能力和水平。同时,要动员各条战线各个部门一起来做,把意识形态工作同各个领域的行政管理、行业管理、社会管理更加紧密地结合起来。经济、教育、科技、政法以及其他承担社会管理职能的各部门,要加强同宣传思想工作部门的沟通和配合,自觉支持宣传思想战线工作。工会、共青团、妇联等人民团体要动员社会力量支持、参与、做好意识形态工作。在事关党和国家命运的政治斗争中,所有领导干部都不能也不该做旁观者,要发出统一的明确信号,形成一呼百应的态势,从而形成全党、全社会都来关心、支持意识形态工作的良好局面。

习近平总书记强调,我们必须把意识形态工作的领导权、管理权、话语权牢牢掌握在手中,任何时候都不能旁落。面对错误思潮兴风作浪和西方意识形态渗透,必须在整个意识形态领域打响、打胜一场对错误思潮的反击战,广大党员干部要立场坚定、旗帜鲜明地坚决反对一切错误思潮,对那些执迷不悟、顽固不化者要毫不手软、严厉打击。引导广大党员干部时刻高举马列主义、毛泽东思想、中国特色社会主义理论的旗帜,以身作则,教育、引领人民群众正确看待历史、认清现实,坚信和拥护中国共产党的领导和社会主义制度,敢于、善于同一切错误言行进行坚决地斗争,确保意识形态领导权、主导权始终牢牢掌握在真正的马克思主义者手中。同时,我们应该在适当时机,坚持实事求是和解放思想的原则,像1945年党的六届七中全会通过的《关于若干历史问题的决议》和1981年党的十一届六中全会通过的《关于建国以来党的若干历史问题的决议》那样，集中全党、全国各族人民的智慧，对改革开放三十多年来的成败得失进行深入、深刻总结，既要充分看到我们的伟大成就和经验，也不回避问题和失误，统一全党的认识，增强全党的团结，确保改革的正确方向，增强道路自信、理论自信、制度自信、政治自信、价值自信，朝着正确的方向去努力实现"中国梦"，沿着正确的道路进一步全面推进中国特色社会主义的伟大事业。

（三）加强世界社会主义运动等国际问题研究从根本上保障国家安全

观察问题有没有国际视野，考虑问题有没有国际理念，研究问题讲不讲国际主义，判断问题讲不讲国际意识，是对处于改革开放大潮中的领导干部的一个基本要求，也是大兴学习之风、增强工作本领的客观需要，更是抵制和平演变、保障国家安全的时代呼唤。因此，要深刻认识到反资本主义意识形态渗透、反对资产阶级自由化、反和平演变斗争的长期性、复杂性、艰巨性，加强对世界社会主义运动以及当代资本主义发展等国际问题的研究，站在时代高度、运用辩证思维、拓宽全球视野来科学判断我们所处时代的国际国内形势及其发展趋势，准确分析当前的挑战、机遇与任务，是我们党领导和推动中国特色社会主义事业向前发展的基本立足点，也是新时期领导干部意识形态能力建设的重要着力点。

从全世界范围来看，人类社会仍然处在由资本主义向社会主义过渡这个大的历史时代。这一判断关系到党的指导思想——马克思主义的历史地位和现实指导意义的根本问题，关系到党的前进方向和纲领、路线、方针、政策与全部战略、策略如何确立和制定等一系列重大问题，甚至关系到党和国家兴废存亡等关键问题。如果否定了我们对时代的这个基本判断，就意味着现有的所有社会主义国家在这个世界上就没有立足的历史合理性、正当性和必然性，相当于自己否定了自己存在的历史必要性。正因为当今人类社会所处的仍然是由资本主义向社会主义过渡这个大的历史时代，我们才作出判断：帝国主义和无产阶级革命仍是当今时代的本质，和平与发展仍然是当今时代的主题，世界多极化、经济全球化和科技革命不断创新仍然是当今时代的重要特征。并且，从总的形势来看，首先在美国爆发的国际金融危机的进一步蔓延,使得马克思主义思潮在世界各地其中包括在西方强国都有所复兴,但世界社会主义运动处于低潮的状况在短期内还难以根本改变,"西强我弱"的态势在短时期内也不会有根本性变化。而为了转嫁危机甚至借机扩张势力,国际垄断资本主义正加紧进行着新一轮瓜分世界特别是资源的争夺进程。在这个过程中,资产阶级与工人阶级和人民群众、发达资本主义国家与发展中国家、社会主义与资本主义的矛盾都将变得更加深刻、错综复杂,甚至在一定时期和一些地区会尖锐和激化,世界的动荡将可能进一步加剧。西方敌对势力对我国这个世界上最大的社会主义国家实施西化、分化的战略绝不会改变,中华民族走中国特色社会主义道路的历史性选择也绝不能改变。我们必须清醒地认识到,即使中国走上资本主义道路,以美国为首的西方世界也绝不允许一个强大中国的出现,它们现在千方百计对俄罗斯的遏制就充分说明了这一点。

因此,我们应该从以下几个方面重点努力来应对复杂的国际国内形势,从根本上维护国家安全:第一,以党的十八届三中全会决定成立的国家安全委员会为抓手建立反资本主义意识形态渗透、反对和平演变斗争的有效、长期机制。国家安全委员会应下设几十人甚至上百人的研究和办事机构,从顶层设计上统筹和研究党和国家的全局性和长远性的安全发展战略问题,制定国家安全的相关政策、对策等。第二,从根本上解决目前有时候存在的外交问题严重影响甚至统领国内问题的不正常现象。随着美国重返亚太等因素影响,我国的周边形势和国际形势变得日益复杂。应以国家安全委员会为中心,统筹党政机关的研究部门,对接和紧密联系外交部、国防部、公安部、安全部、中国社会科学院和解放军总参谋部等相关部委、单位,对涉及国家安全的全局性、长远性、根本性问题进行统筹安排,让外交工作更好地为国家的整体安全战略服务。第三,旗帜鲜明地提出和加强反和平演变斗争。引导广大党员干部充分、深刻认识到当前和平演变与反和平演变斗争的艰巨性、复杂性、长期性,做好长期反和平演变斗争的思想、组织等多方面的准备。第四,重新倡导和高举国际主义旗帜。国际主义是共产主义在世界社会主义运动和国际关系中的具体体现,实行国际主义是各个国家的无产阶级的应尽义务。我国现行《宪法》第二十四条明确指出:"国家提倡爱祖国、爱人民、爱劳动、爱科学、爱社会主义的公德,在人民中进行爱国主义、集体主义和国际主义、共产主义的教育,进行辩证唯物主义和历史唯物主义的教育,反对资本主义的、封建主义的和其他的腐朽思想。"①但由于一个时期以来我们对国际主义讲的比较少,导致在我国外交工作中仅仅强调"韬光养晦"而忘记"有所作为"。因此,应该重新倡导和高举国际主义旗帜,对人民群众进行国际主义教育,对广大党员干部进行国际主义教育,团结和凝聚更多、更强大的同情、认可、支持和帮助社会主义革命和建设的力量,反对一切形式的霸权主义。

当今世界正处在大动荡、大变革、大分化和大调整之中,我国周边安全环境也出现了一系列新情况、新态势和新问题,再加上国内市场经济负面效应凸显、资产经济自由化思潮再度泛滥等带来的冲击,给我国的改革、建设和发展带来了一系列前所未有的新挑战、新课题、新机遇,这就要求我们必须高度重视、认真研究、科学应对。在这方面,中国社会科学院是工作做得最早、成就最多、影响最大的,并且至今仍然是世界社会主义研究的引领者。早在苏联解体前夕,中国社会科学院就有不少学者开始从苏联发生的变化中分析出世界社会主义运动将发生的重大变化,提出了一些有预见性的建议、理论。在苏联解体之后,中国社会科学院更是进一步加强了对世界社会主义运动的研究,并团结了国内外不少研究世界社会主义问题的专家、学者。到了1994年1月4日,时任中共中央总书记江泽民作出重要批示:在党校、中宣部、社科院组织一些人跟踪研究这一类的问题。中国是当今最大的社会主义国家,我们当然要韬光养晦,但也不能放弃对社会主义这个大主题的研究。根据江泽民批示精神,以中国社会科学院为主并牵头,有中央对外联络部、中央编译局、国家教委、新华社和中央党校等单位参加,成立了国外社会主义研究协调组,长期对世界社会主义进行跟踪研究,希望通过中国学者的客观探索,对社会主义在世界范围内的发展给出更明确的答案。随后,在世界社会主义运动处于低谷、一些人理想信念发生动摇的时代背景下,国外社会主义研究协调组紧锣密鼓地展开了工作,所做的大量工作得到了中央领导同志的高度评价。2000年4月29日,为了进一步做好世界社会主义研究工作,根据时任中共中央政治局委员、中国社会科学院院长、中

---

① 《十一届三中全会以来重要文献选读》(上),人民出版社1987年版,第586—587页。

国社会科学院世界社会主义研究中心首席顾问李铁映的建议,在国外社会主义研究协调组的基础上,中国社会科学院世界社会主义研究中心正式成立,中国社会科学院副院长、党组副书记李慎明担任中心主任。世界社会主义研究中心成立伊始就确定了自己的主要任务是研究、总结苏东剧变的原因、教训以及原社会主义国家执政党的思想理论和政治路线等,跟踪研究原社会主义国家的社会主义和左翼力量的情况,研究现有社会主义国家在政治、经济、文化、社会建设和党的建设以及改革开放中的经验和问题、对策等,并研究世界社会主义出现的新动向、新思潮、新问题和提出新建议、新对策、新理论。经过多年的努力,世界社会主义研究中心不仅出版了《社会主义:理论与实践》、《社会主义的历史、理论、前景》、《勃列日涅夫时期的苏联》、《古巴社会主义研究》、《叶利钦的西化改革与俄罗斯的社会灾难》、《居安思危——苏共亡党二十年的思考》、《全球化与现代资本主义》、每年一本的世界社会主义黄皮书《世界社会主义跟踪研究报告——且听低谷新潮声》、世界左翼和社会主义思潮暨世界社会主义研究小丛书以及电视专题片《居安思危之一:苏共亡党的历史教训》、《居安思危之二:"颜色革命"警示录》、《居安思危之三:苏联亡党亡国 20 年祭——俄罗斯人在诉说》等众多研究成果,举办了世界社会主义论坛、世界社会主义和资本主义最新动态研讨会、"建立中国的理论研究和话语体系"座谈会等众多研讨活动,而且编辑出版了《世界社会主义研究动态》、《世界社会主义研究》等系列研究刊物,给中央领导同志和有关部门进行科学决策提供很好地参考和借鉴,也向全世界回答了"马克思主义还有生命力吗"、"社会主义将走向何处"等事关社会主义发展前途和命运的重大问题,成为全世界社会主义研究力量的中心。

除了世界社会主义研究中心,外交部的中国国际问题研究所、中共中央对外联络部当代世界研究中心、中国社会科学院国家文化安全和意识形态建设研究中心、新华社世界问题研究中心等也纷纷加大了对国际问题的研究力度,其推出的一系列研究成果与世界社会主义研究中心的研究成果一起成为广大领导干部了解世界、判断形势、科学决策的重要参考依据,也有助于我们深刻认识到反资本主义意识形态渗透、反对资产阶级自由化、反和平演变斗争的长期性、复杂性、艰巨性,认识到反资本主义意识形态渗透、反对资产阶级自由化、反和平演变斗争已经构成了我国改革开放的一个重要方面,是我们必须长期坚持的指导思想和行为准则。我们要弄清楚苏联解体的根本原因是和平演变的外部因素和资产阶级自由化的内部因素的结合,戈尔巴乔夫正是在内部因素、外部因素的共同影响下一步步带领苏联走上了亡党亡国的歧途。无论是在什么年代,谁是我们的敌人、谁是我们的朋友永远是第一位的重要问题。因此,在复杂多变的国际环境中,我们要注重和美国等西方资本主义国家打交道,但绝不能看美国脸色做事,更不能以美国愿意不愿意、喜欢不喜欢、答应不答应作为自己对外政策的判断标准,而要始终坚定不移地奉行多年来一直坚持的独立自主的和平外交政策,敢于、勇于、善于反对霸权主义,积极推动建立公正合理的国际政治、经济新秩序。

因此,今天我们更要紧绷反资本主义意识形态渗透、反对资产阶级自由化、反和平演变这根弦,把国内国际这两大斗争结合起来。正如邓小平在1987 年所指出的:"在实现四个现代化的整个过程中,至少在本世纪剩下的十几年,再加上下个世纪的头五十年,都存在反对资产阶级自由化的问题。去年九月召开的党的六中全会上,有的同志主张在《中共中央关于社会主义精神文明建设指导方针的决议》中不要写反对资产阶级自由化……我在那个会上讲了话。当时我说,反对资产阶级自由化不仅现在要讲,而且还要讲十年到二十年。今天,我又加上五十年。"[1]我们今天一定要继续立场坚定、旗帜鲜明地反对资产阶级自由化,并且以此作为判断一名党员干部是否合格的重要标准之一,对于那些不敢、不愿甚至反对抵制资产阶级自由化的领导干部要坚决不提拔、不重用甚至不使用,顽固不化甚至出卖党和国家利益的要严肃查处。要教育广大党员干部深刻认识到,资产阶级自由化与反对资产阶级自由化的斗争不仅当前依然存在,而且今后很长一个时期内会继续存在,我们要做好长期斗争的充分准备。同时,我们也深刻认识到,资产阶级自由化与反对资产阶级自由化的斗争、和平演变与反和平演变的斗争是紧密联系在一起的,资产阶级自由化思潮泛滥很大程度上就是美国等西方资本主义国家对我国进行和平演变的结果,资产阶级自由化分子的很多言行就是为了和美国等西方资本主义国家对我国进行的和平演变相互呼

---

[1] 《邓小平文选》第三卷,人民出版社 1993 年版,第 211 页。

应、相互配合,最终引导中国走上全盘西化的邪路。这就要求我们一定要清醒地认识到资产阶级自由化与反对资产阶级自由化的斗争不仅是党外斗争也是党内斗争,和平演变与反和平演变的斗争不仅是国际问题也是国内问题,要充分认清境内外以及隐藏在党内的资产阶级自由化分子鼓吹的"军队国家化"、"去意识形态化"、新自由主义、历史虚无主义、"普世价值"论等错误言论、思潮的反党、反社会正义的本质,不仅要不为其所误导,而且要始终坚持马列主义、毛泽东思想和中国特色社会主义理论为指导,在旗帜、方向、道路问题上坚定不移,不动摇、不懈怠、不折腾,对"举什么旗,走什么路"作出最鲜明、最正确、最直接、最深刻的回答,坚持改革的正确方向。只有如此,才能带领全党、全国各族人民进一步深化对中国特色社会主义总依据、总布局、总任务的认识、理解和认同,牢记总依据是社会主义初级阶段,总布局是经济建设、政治建设、文化建设、社会建设和生态文明建设"五位一体",总任务是实现社会主义现代化和中华民族伟大复兴,敢于同国内一切敌对势力作坚决地斗争,坚决反对资产阶级自由化、反和平演变,既不走封闭僵化的老路,也不走改旗易帜的邪路,始终坚持并沿着中国特色社会主义的康庄大道这条正确道路去实现中华民族伟大复兴的中国梦。

结论 在一个新的研究领域 尝试用理论指导现实

　　从法国特拉西创造出意识形态这个词汇到马克思、恩格斯在《德意志意识形态》里对意识形态的概念、内涵、本质作出科学概括,从曼海姆赋予意识形态以"利益集团的思想体系"的含义到列宁第一个提出社会主义意识形态的概念并率先提出了加强意识形态能力建设的初步理念,从毛泽东一直坚持把马克思主义基本原理和中国实际相结合、积极提倡和大力推进马克思主义意识形态能力建设到邓小平在新时期以反对资产阶级自由化、反和平演变斗争为抓手探索在改革开放形势下如何确保马克思主义在意识形态领域的指导、主导地位,从江泽民、胡锦涛在全球化、市场化、网络化的大潮冲击下继续坚持确保马克思主义在意识形态领域的指导、主导地位到习近平"中国特色社会主义是社会主义而不是其他什么主义"、"意识形态工作是党的一项极端重要的工作"等精彩论述,在一次次将马克思主义意识形态理论推向一个又一个历史新高度的发展历程中,要高度重视和大力加强领导干部意识形态能力建设已经成为从中央到地方越来越多领导干部的共识。而如何在始终坚持不断发展、完善马克思主义意识形态理论的同时,深刻、清醒地分析和认识新时期领导干部意识形态能力建设面临的巨大挑战,深入、冷静地剖析和借鉴其他国家意识形态能力建设中的经验教训,在实事求是和解放思想的辩证统一中归纳、提炼出新时期领导干部意识形态能力建设的科学路径自然是本书的重点、难点和亮点,也是运用理论知识求解现实问题、指导现实发展的一次有益尝试。

　　新中国成立以来,我们党一直高度重视意识形态工作,从毛泽东到习近平,党的历届领导集体和主要领导人都把意识形态工作作为党最重要的中心工作之一,这也使得领导干部意识形态能力建设越来越受到重视。从毛泽东强调"凡是要推翻一个政权,总要先造成舆论,总要先做意识形态方面的工作"①,到邓小平多次强调要长期坚持反对资产阶级自由化、反和平演变,从江泽民指出"我们党历来重视意识形态工作。这方面工作做得好不好,直接关系社会主义事业的成败"②,到胡锦涛强调"经济工作搞不好要出大问题,意识形态工作搞不好也要出大问题……在集中力量进行经济建设的同时,一刻也不能放松意识形态工作"③。虽然中间经历过波折,但党一直没有放松对意识形态工作的领导权、主导权、控制权。尤其是习近平总书记不仅强调"必须站在提高党的执政能力、巩固党的执政地位的高度,深刻认识加强和改进党对意识形态工作领导的重要性和紧迫性"④、"意识形态工作是党的一项极端重要的工作"等,而且要求坚持党管意识形态不动摇,各级党委尤其是主要领导同志要负起政治责任和领导责任,提出要进一步增强党对意识形态领域的控制力和党的思想政治工作的影响力,再到其对中国特色社会主义的正本清源、对改革开放前后两个历史时期的辩证对待以及对马列主义、毛泽东思想的理性坚持等让人为之振奋、倍受鼓舞的一次次重要讲话,让全党、全国各族人民更加全面客观地认识当代中国、看待外部世界,对实现中华民族伟大复兴的中国梦、对社会主义的光明前途、对共产主义的美好未来充满信心。因此,面对新时期的新挑战、新考验、新机遇,越来越多的领导干部深刻意识到了做好意识形态工作的极端重要性,自觉行动起来加强意识形态能力建设。

在尝试科学界定意识形态能力的定义和内涵的同时,本书借鉴国内外意识形态工作的经验教训,提出了从十个方面大力加强领导干部意识形态能力建设:以领导干部道德为抓手,加强思想道德建设,坚定正确理想信念的能力;以纠正错误倾向为抓手,加强理论知识学习,增强引导社会思潮的能力;以弘扬红色文化为抓手,加强先进文化建设,增强建设价值自信的能

---

① 《建国以来毛泽东文稿》第 10 册,中央文献出版社 1996 年版,第 194 页。

② 《江泽民文选》第一卷,人民出版社 2006 年版,第 160 页。

③ 《十六大以来重要文献选编》(下),中央文献出版社 2008 年版,第 684 页。

④ 周咏南:《始终坚持党管意识形态牢牢把握正确舆论导向》,浙江在线 http://zjnews.zjol. com.cn/05zjnews/system/2004/08/05/003149670.shtml。

力;以清除不合格党员为抓手,加强纯洁性建设,增强主动拒腐防变的能力;以教育实践活动为抓手,加强调查研究工作,增强做好群众工作的能力;以核心价值体系为抓手,加强统一战线建设,增强团结共创伟业的能力;以真实性原则为抓手,加强新闻宣传工作,创新掌控舆论阵地的能力;以通达社情民意为抓手,加强六大能力建设,提高处置突发事件的能力;以坚持共同富裕为抓手,加强市场经济研究,增强推进科学发展的能力;以反意识形态渗透为抓手,加强国际问题研究,增强反和平演变的能力。由于理论功底不够深厚、学术研究能力还有待提高等原因,这只是一种初步探索,目的就是引起更多人对意识形态能力问题的关注和思考,希望全党、全国的领导干部都高度重视和大力加强意识形态能力建设,这既是夯实党的执政基础、提高党的执政能力、巩固党的执政地位的需要,也是我们"既不走封闭僵化的老路、也不走改旗易帜的邪路"的根本保证。

科学揭示社会制度变迁规律、指引社会前进方向是马克思主义政党与其他一切政党的一个根本区别,也是体现马克思主义政党革命性、先进性的重要标志之一。中国特色社会主义制度的确立由我们国家的性质和国情所决定,中国共产党就是在带领全国人民建立新中国、建设社会主义的过程中展示出了自己的革命性、先进性,在改革开放三十多年的不懈奋斗中证明了中国特色社会主义制度是人类的美好社会制度,体现出对马克思主义政党执政规律、社会主义建设规律、人类社会发展规律的深刻理解和科学把握。正如习近平总书记在新进中央委员会的委员、候补委员学习贯彻党的十八大精神研讨班开班式上发表重要讲话时所强调:中国特色社会主义是社会主义而不是其他什么主义,科学社会主义基本原则不能丢,丢了就不是社会主义。一个国家实行什么样的主义,关键要看这个主义能否解决这个国家面临的历史性课题。历史和现实都告诉我们,只有社会主义才能救中国,只有中国特色社会主义才能发展中国,这是历史的结论、人民的选择。[①] 这些话对那些曲解、诋毁甚至攻击中国特色社会主义制度的言论给予了有力回击,发人深思、令人振奋、催人奋进。我们坚信,在以习近平同志为总书记的

---

① 参见李章军:《毫不动摇坚持和发展中国特色社会主义　在实践中不断有所发现有所创造有所前进》,《人民日报》2013 年 1 月 6 日。

党中央的正确、坚强领导下,我们的社会主义制度一定会在不断发展中越来越成熟,我们社会主义理论的科学性、革命性、先进性一定会进一步充分展现,我们的社会主义道路一定会越走越宽广。而这就要求我们高度重视领导干部意识形态能力建设,不断增强适应新形势、应对新挑战、发现新机遇、干出新成绩的能力,这样才能真正实现中华民族伟大复兴的中国梦。

什么是真正的中国特色社会主义?正如习近平总书记所指出:改革开放前、改革开放后是两个相互联系又有重大区别的历史时期,本质上都是我们党领导人民进行社会主义建设的实践探索,两者绝不是彼此割裂的,更不是根本对立的。不能用改革开放后的历史时期否定改革开放前的历史时期,也不能用改革开放前的历史时期否定改革开放后的历史时期。这段话不仅澄清了社会上对于中国特色社会主义的一些错误认识,而且坚定了全党、全国人民的价值自信,也是我们大力加强领导干部意识形态能力建设的重要指导思想。

人民对美好生活的向往,就是我们的奋斗目标,也是我们加强领导干部意识形态能力建设的重要准则。中国梦的本质内涵是实现国家富强、民族复兴、人民幸福,也就是让国家更强盛、人民更幸福,中华民族对世界作出更大贡献。中国梦推崇"国家好,民族好,大家才会好",坚信国家的强大是人民福祉的保障。当今世界日益成为一个"地球村",不同文化的交流、交融、交锋比以往任何时候都更加频繁,这就要求我们必须以高度的文化自觉和文化自信,大力加强社会主义核心价值体系建设,走出一条具有中国气派的文化建设、文明建设之路,通过价值自信真正实现民族自信,为实现中国梦凝聚强大力量。具有宽广国际视野的习近平总书记认为:中国与世界已成为利益共同体,中国梦的实现离不开世界的和平与发展。正如他所指出,世界繁荣稳定是中国的机遇,中国发展也是世界的机遇。中国不仅是合作共赢的积极倡导者,更是合作共赢的切实践行者。这些话正是他面对西方发达国家所体现出的高度价值自信,也让更多人明白:中国梦追求的是促进世界共同发展、建设和谐世界,实现中国梦是世界的重大利好,是全世界人民的福祉。

毛泽东一直强调要在意识形态领域坚持马克思主义的指导地位,强调要在意识形态建设中不断加强和改善党的领导,在对非马克思主义意识形态的斗争中既要坚持原则又要讲求方法,要求每一位党的领导干部都要认真学习、真正运用好马克思主义意识形态理论。邓小平在改革开放之初也向全党明确指出:"马克思主义的思想理论工作是不能离开现实政治的……不能设想,离开政治的大局,不研究政治的大局,不估计革命斗争的实际发展,能成为一个马克思主义的思想家、理论家。"①因此,面对各种非马克思主义的声音、思潮的滋长,面对思想理论领域里的噪音、杂音的出现,我们绝不能脱离时代、脱离实际去搞意识形态能力建设,更不能仅仅把意识形态能力建设作为一种理论学习,而是应该时刻牢记"意识形态工作是党的一项极端重要的工作",深刻认识到意识形态领域斗争的艰巨性、复杂性、长期性,根据时代变化、工作实际和人民群众的需求去认真研究如何切实加强党对意识形态工作的领导,面对多样、多变、多元的社会思潮冲击始终坚持马克思主义在意识形态领域的指导、主导地位,在与错误思潮、敌对势力的斗争中始终坚持党管意识形态不动摇,通过大力加强领导干部意识形态能力建设进一步增强党对意识形态领域的领导力、影响力、控制力和凝聚力。

正如毛泽东所指出:"掌握思想教育,是团结全党进行伟大政治斗争的中心环节。如果这个任务不解决,党的一切政治任务是不能完成的。"②加强意识形态能力建设是我们党的建设和干部队伍建设的中心环节,如果在意识形态能力建设中出问题,就很可能是全局性、根本性的大问题。因此,我们要通过加强党的纯洁性、先进性建设,通过大兴学习之风、坚持毛泽东思想,通过加强作风建设、教育实践活动,在坚持道路自信、理论自信、制度自信、政治自信、价值自信中不断强化意识形态能力建设的自觉性、积极性,使之成为全体领导干部不断增强工作本领、努力创造伟大成就的自觉行动。

我们一定要牢记"思想和政治又是统帅,是灵魂。只要我们的思想工作和政治工作稍为放松,经济工作和技术工作就一定会走到邪路上去"③。这句话揭示了加强意识形态能力建设的重要性和紧迫性,并具有重要的指导意义、时代意义。我们坚信,随着社会主义事业的不断发展,随着中华民

---

① 《邓小平文选》第二卷,人民出版社 1994 年版,第 179 页。
② 《毛泽东选集》第三卷,人民出版社 1991 年版,第 1094 页。
③ 《毛泽东文集》第七卷,人民出版社 1999 年版,第 351 页。

族越来越强大地屹立于世界民族之林,意识形态能力建设作为执政能力建设最核心内容的重大意义和时代价值将进一步得到凸显,意识形态能力建设的呼声将会越来越强大,也必将吸引更多人加入到意识形态能力研究队伍中来,推动意识形态能力研究取得更多更好的、能够真正服务时代、造福人民的新成果。因此,我们应该按照毛泽东提出的培养接班人的五个条件——要懂得马列主义、要为大多数人服务、要能团结大多数人、要有民主作风、要能自我批评,时时对照自身实际,以意识形态能力建设为核心,大力提高习近平总书记要求的六种能力——统筹兼顾的能力、开拓创新的能力、知人善任的能力、应对风险的能力、维护稳定的能力、同媒体打交道的能力,旗帜鲜明地坚决反对宣扬西方的民主宪政、"普世价值"论、公民社会、新自由主义、历史虚无主义等错误思潮的言行,坚持学习、学习、再学习和实践、实践、再实践,在不断增强意识形态能力中争做全心全意为人民服务的典范,夺取社会主义建设事业中一个又一个新胜利,早日真正实现中华民族伟大复兴的中国梦。

参考文献

一、经典原著类

1.《马克思恩格斯全集》第 1 卷、第 2 卷、第 3 卷、第 4 卷、第 7 卷、第 9 卷、第 10 卷、第 11 卷、第 16 卷、第 17 卷、第 18 卷、第 19 卷、第 21 卷、第 22 卷、第 25 卷、第 29 卷、第 30 卷、第 35 卷、第 37 卷、第 42 卷、第 44 卷、第 46 卷、第 47 卷，人民出版社中文第 1 版。

2.《马克思恩格斯文集》第 1—10 卷，人民出版社 2009 年版。

3.《列宁专题文集　论马克思主义》，人民出版社 2009 年版。

4.《列宁专题文集　论辩证唯物主义和历史唯物主义》，人民出版社 2009 年版。

5.《列宁专题文集　论论资本主义》，人民出版社 2009 年版。

6.《列宁专题文集　论辩社会主义》，人民出版社 2009 年版。

7.《列宁专题文集　论无产阶级政党》，人民出版社 2009 年版。

8.《列宁全集》第 4 卷，人民出版社 1984 年版。

9.《列宁全集》第 5 卷，人民出版社 1986 年版。

10.《列宁全集》第 13 卷，人民出版社 1987 年版。

11.《列宁全集》第 46 卷，人民出版社 1990 年版。

12.《列宁全集》第 55 卷，人民出版社 1990 年版。

13.《斯大林文集》（1934—1952 年），人民出版社 1985 年版。

14.《斯大林全集》第 12 卷，人民出版社 1955 年版。

15.《毛泽东选集》第一至四卷，人民出版社 1991 年版。

16.《毛泽东文集》第一至八卷，人民出版社 1999 年版。

17.《毛泽东哲学批注集》，中央文献出版社 1988 年版。

18.《建国以来毛泽东文稿》第 10 册，中央文献出版社 1996 年版。

19.《邓小平文选》第一卷，人民出版社 1993 年版。

20.《邓小平文选》第二卷，人民出版社 1994 年版。

21.《邓小平文选》第三卷，人民出版社 1993 年版。

22.《江泽民文选》第一至三卷，人民出版社 2006 年版。

23.江泽民：《论社会主义市场经济》，中央文献出版社 2006 年版。

24.胡锦涛：《高举中国特色社会主义伟大旗帜　为夺取全面建设小康社会新胜利

而奋斗——在中国共产党第十七次全国代表大会上的报告》,人民出版社 2007 年版。

25.胡锦涛:《在纪念党的十一届三中全会召开 30 周年大会上的讲话》,人民出版社 2008 年版。

26.胡锦涛:《在人民日报社考察工作时的讲话》,人民出版社 2008 年版。

27.胡锦涛:《在庆祝中国共产党成立 90 周年大会上的讲话》,人民出版社 2011 年版。

28.胡锦涛:《坚定不移沿着中国特色社会主义道路前进　为全面建成小康社会而奋斗——在中国共产党第十八次全国代表大会上的报告》,人民出版社 2012 年版。

29.《李大钊全集》第一至五卷,人民出版社 2006 年版。

30.《刘少奇选集》(上),人民出版社 1981 年版。

31.《刘少奇选集》(下),人民出版社 1985 年版。

32.刘少奇:《论党》,人民出版社 1980 年版。

33.《周恩来选集》(上),人民出版社 1980 年版。

34.《周恩来选集》(下),人民出版社 1984 年版。

35.《陈云文选》第一至三卷,人民出版社 1995 年版。

36.《陈云文选》(1926—1949 年),人民出版社 1984 年版。

37.《李先念文选》,人民出版社 1989 年版。

38.《中国共产党历史第一卷(1921—1949)》(上、下),中共党史出版社 2011 年版。

39.《中国共产党历史第二卷(1949—1976)》(上、下),中共党史出版社 2011 年版。

40.《建国以来重要文献选编》第 6 册,中央文献出版社 1993 年版。

41.《建国以来重要文献选编》第 7 册,中央文献出版社 1993 年版。

42.《建国以来重要文献选编》第 9 册,中央文献出版社 1994 年版。

43.《建国以来毛泽东文稿》第 10 册,中央文献出版社 1996 年版。

44.《建国以来重要文献选编》第 12 册,中央文献出版社 1997 年版。

45.《十一届三中全会以来重要文献选读》(上),人民出版社 1987 年版。

46.《十二大以来重要文献选编》(中),人民出版社 1986 年版。

47.《十三大以来重要文献选编》(中),人民出版社 1991 年版。

48.《十三大以来重要文献选编》(下),人民出版社 1993 年版。

49.《十四大以来重要文献选编》(中),人民出版社 1997 年版。

50.《十四大以来重要文献选编》(下),人民出版社 1999 年版。

51.《十六大以来重要文献选编》(中),中央文献出版社 2006 年版。

52.《十六大以来重要文献选编》(下),中央文献出版社 2008 年版。

53.《中国共产党第十七次全国代表大会文件汇编》,人民出版社 2007 年版。

54.《毛泽东邓小平江泽民论世界观人生观价值观》,中国人民大学出版社 1997 年版。

55.《科学发展观重要论述摘编》,中央文献出版社、党建读物出版社 2008 年版。

56.《鲁迅全集》第 1—18 卷,人民文学出版社 2005 年版。

二、专著类

1.侯惠勤:《马克思的意识形态批判与当代中国》,中国社会科学出版社2010年版。

2.侯惠勤、姜迎春、吴波:《新中国意识形态史论》,安徽出版社2011年版。

3.侯惠勤、姜迎春、黄明理:《冲突与整合:如何认识我国社会主义改革开放实践过程对人们思想的影响》,中国人民大学出版社2004年版。

4.《侯惠勤自选集》,学习出版社2012年版。

5.孙伯鍨、侯惠勤:《马克思主义哲学的历史和现状》(上、下卷),南京大学出版社2004年版。

6.侯惠勤等:《马克思主义意识形态论》,南京大学出版社2011年版。

7.侯惠勤主编:《正确世界观人生观的磨砺》,南京大学出版社2002年版

8.侯惠勤主编:《马克思恩格斯列宁论意识形态》,人民出版社2009年版。

9.李慎明:《全球化背景下的中国大党建》,人民出版社2010年版。

10.李慎明:《全球化背景下的中国国际战略》,人民出版社2011年版。

11.《李慎明自选集》,学习出版社2007年版。

12.李慎明主编:《居安思危——苏共亡党二十年的思考》,社会科学文献出版社2011年版。

13.李慎明主编:《历史的风——中国学者论苏联解体和对苏联历史的评价》,人民出版社2007年版。

14.李慎明主编:《世界社会主义跟踪研究报告(2008—2009)》,社会科学文献出版社2009年版。

15.王伟光主编:《社会主义通史》第1—8卷,人民出版社2011年版。

16.张全景主编:《共产党通史》第1—3卷,人民出版社2011年版。

17.胡绳主编:《中国共产党历史的七十年》,中共党史出版社1991年版。

18.俞吾金:《意识形态论》(修订版),人民出版社2009年版。

19.黄楠森、庄福龄:《马克思主义哲学史》第1卷,北京出版社1991年版。

20.《程恩富选集》,中国社会科学出版社2010年版。

21.《李崇富选集》,中国社会科学出版社2010年版。

22.吴恩远:《苏联史论》,人民出版社2007年版。

23.辛向阳:《中国特色社会主义道路研究》,河北人民出版社2011年版。

24.金民卿:《大众文化论——当代中国大众文化分析》,中共中央党校出版社2002年版。

25.柯延主编:《毛泽东生平全记录(1893—1976)》(上、下),中央文献出版社2009年版。

26.江明武主编:《周恩来生平全记录(1898—1976)》(上、下),中央文献出版社2009年版。

27.苏台仁主编:《邓小平生平全记录(1904—1997)》(上、下),中央文献出版社2009年版。

28.胡连生、杨玲:《当代资本主义的新变化与社会主义的新课题》,人民出版社 2000 年版。

29.郭强:《论马克思的研究方法》,中国社会科学出版社 2010 年版。

30.肖德甫:《世纪悲歌——苏联共产党执政失败的前前后后》,中共党史出版社 2008 年版。

31.曹长盛等主编:《苏联演变过程中的意识形态研究》,人民出版社 2004 年版。

32.王立新:《苏共兴亡论》,中共中央党校出版社 2007 年版。

33.糜海波:《马克思阶级概念的当代演变》,中国社会科学出版社 2012 年版。

34.倪力亚:《论当代资本主义社会的阶级结构》,中国人民大学出版社 1989 年版。

35.《社会主义核心价值体系学习读本》,中共党史出版社 2007 年版。

36.沈汉:《资本主义史》,学林出版社 2008 年版。

37.孙伯鍨:《孙伯鍨哲学文存》第 1 册,江苏人民出版社 2010 年版。

38.孙伯鍨、张一兵主编:《走进马克思》,江苏人民出版社 2008 年版。

39.苏星:《论社会主义市场经济》,中共中央党校出版社 1994 年版。

40.宋士昌主编:《科学社会主义通论》第 1 卷,人民出版社 2004 年版。

41.陶德麟等著:《当代中国马克思主义与若干重大理论现实问题》,人民出版社 2012 年版。

42.徐崇温:《当代资本主义新变化》,重庆出版社 2004 年版。

43.俞可平、李慎明、王伟光主编:《马克思主义研究论丛——阶级和革命的基本观点研究》,中央编译出版社 2008 年版。

44.庄福龄主编:《马克思主义史》(1—4 卷),人民出版社 1996 年版。

45.童世骏:《意识形态新论》,上海人民出版社 2006 年版。

46.杨立英:《全球化、网络化境遇与社会主义意识形态建设研究》,人民出版社 2006 年版。

47.彭继红:《中国共产党意识形态工作研究(1949—2009)》,湖南大学出版社 2011 年版。

48.张宏毅:《意识形态与美国对苏俄和中国的政策》,人民出版社 2011 年版。

49.敖带芽:《社会主义意识形态建设:热问题与冷思考》,人民出版社 2011 年版。

50.聂立清:《我国当代主流意识形态认同研究》,人民出版社 2010 年版。

51.袁铎:《非意识形态化思潮研究》,中国社会科学出版社 2008 年版。

52.魏小萍:《探求马克思:〈德意志意识形态〉原文文本的解读与分析》,人民出版社 2010 年版。

53.石本惠:《党的先进性建设与执政党的意识形态建构》,上海人民出版社 2010 年版。

54.杨立英:《全球化、网络化境遇与社会主义意识形态建设研究》,人民出版社 2006 年版。

55.周凡:《后马克思主义》,中央编译出版社 2007 年版。

56.国际货币基金组织:《世界经济展望》,中国金融出版社 1997 年版。

57.中国社会科学院新闻研究所编:《中国共产党新闻工作文献汇编》(下卷),新华出版社 1980 年版。

58.张盾:《马克思的六个经典问题》,中国社会科学出版社 2009 年版。

59.朱继东:《查韦斯的"21 世纪社会主义"》,社会科学文献出版社 2013 年版。

60.[德]伊曼努尔·康德:《纯粹理性批判》,蓝公武译,商务印书馆 1957 年版。

61.[德]黑格尔:《精神现象学》下卷,贺麟、王玖兴译,商务印书馆 1979 年版。

62.[德]黑格尔:《历史哲学》,王造时译,商务印书馆 1963 年版。

63.[德]黑格尔:《法哲学原理》,范扬、张企泰译,商务印书馆 1961 年版

64.《费尔巴哈哲学著作选集》(上卷),荣震华等译,三联书店 1959 年版。

65.《费尔巴哈哲学著作选集》(下卷),荣震华等译,商务印书馆 1984 年版。

66.[澳]安德鲁·文森特:《现代政治意识形态》,袁久红等译,江苏人民出版社 2005 年版。

67.[英]大卫·麦克里兰:《意识形态》,孔兆政、蒋龙翔译,吉林人民出版社 2005 年版。

68.[英]约翰·B.汤普森:《意识形态与现代文化》,高铦等译,译林出版社 2005 年版。

69.[德]亨利希·库诺:《马克思的历史、社会和国家学说》,袁志英译,上海译文出版社 2006 年版。

70.[法]笛卡尔:《哲学原理》,关文运译,商务印书馆 1958 年版。

71.[英]约翰·洛克:《人类理解论》下册,关文运译,商务印书馆 1981 年版。

72.[美]刘易斯·科塞:《理念人》,郭方等译,中央编译出版社 2001 年版。

73.[法]奥古斯特·科尔纽:《马克思的思想起源》,王谨译,中国人民大学出版社 1987 年版。

74.[法]雷蒙·阿隆:《社会学主要思潮》,葛志强译,华夏出版社 2000 年版。

75.[英]艾瑞克·霍布斯鲍姆:《革命的年代》,王章辉等译,江苏人民出版社 1999 年版。

76.[法]蒲鲁东:《贫困的哲学》,徐公肃、任起莘译,商务印书馆 1961 年版。

77.[俄]亚·尼·雅科夫列夫:《一杯苦酒——俄罗斯的布尔什维主义和改革运动》,徐葵等译,新华出版社 1999 年版。

78.[加]艾伦·伍德:《新社会主义》,尚庆飞译,江苏人民出版社 2002 年版。

79.[英]戴维·麦克莱伦:《马克思传》,王珍译,人民出版社 2010 年版。

80.[俄]尼·伊·雷日科夫:《大国悲剧》,徐昌翰译,新华出版社 2008 年版。

81.[俄]鲍里斯·叶利钦:《总统笔记》,李垂发等译,东方出版社 1995 年版。

82.[美]丹尼尔·贝尔:《意识形态的终结》,张国清译,江苏人民出版社 2001 年版。

83.[美]路易斯·费希尔:《列宁》,彭卓吾译,国际文化出版公司 2010 年版。

84.[美]C.赖特·米尔斯:《马克思主义者》,商务印书馆 1965 年版。

85.[美]马丁·李普塞特:《政治人——政治的社会基础》,张绍宗译,上海世纪出版集团 2011 年版。

86.[美]赫伯特·马尔库塞:《单向度的人——发达工业社会意识形态研究》,刘继译,上海译文出版社 2008 年版。

87.[美]埃里克·奥林·赖特:《阶级》,刘磊、吕梁山译,高等教育出版社 2006 年版。

88.[美]埃德加·斯诺:《毛泽东自传》,王衡译,中国青年出版社 2009 年版。

89.[美]埃里克·奥林·赖特主编:《阶级分析方法》,马磊等译,复旦大学出版社 2011 年版。

90.[美]J.埃尔斯特:《理解马克思》,何怀远译,中国人民大学出版社 2008 年版。

91.[美]兹·布热津斯基:《大失控与大混乱》,潘嘉玢等译,中国社会科学出版社 1995 年版。

92.[美]兹·布热津斯基:《大失败》,军事科学出版社 1992 年版。

93.[美]弗朗西斯·福山:《历史的终结及最后之人》,黄胜强、许铭原译,中国社会科学出版社 2003 年版。

94.[美]卡尔·波普尔:《开放的社会及其敌人》下册,郑一明译,中国社会科学出版社 1999 年版。

95.[美]约瑟夫·熊彼特:《资本主义、社会主义与民主》,吴良健译,商务印书馆 2009 年版。

96.[美]R.L.海尔布隆纳:《马克思主义:赞成与反对》,易克信、杜章智,中国社会科学院情报研究所 1982 年版。

97.[匈]卢卡奇等:《历史与阶级意识》,杜章智译,商务印书馆 1999 年版。

98.[英]唐纳德·萨松:《欧洲社会主义百年史》,姜辉、于青海等译,社会科学文献出版社 2008 年版。

99.[英]艾瑞克·霍布斯鲍姆:《革命的年代》,王章辉译,江苏人民出版社 1999 年版。

100.[德]马克斯·韦伯:《新教伦理与资本主义精神》,康乐、简惠美译,三联书店 1987 年版。

101.[英]弗里德里希·奥古斯特·哈耶克:《通往奴役之路》,王明毅、冯兴元等译,中国社会科学出版社 1997 年版。

102.[美]托马斯·弗里德曼:《世界是平的:21 世纪简史》,何帆等译,湖南科学技术出版社 2006 年版。

103.K.Mannheim, *Ideology and Utopia*. London: Routledge and Kegan Paul; 1955.

104.Hans Barth, *Wahrheit und Ideologie*, Frankfurt: Suhrkamp Verlag, 1961.

105.Dahrendorf, Ralf, *Class and class conflict in industrial society*, Stanford: Stanford University Press, 1965.

106. Zolberg Aristide: *International labour and working class history*, New York:

Cambridge University Press,1999.

三、论文类

1.习近平:《始终坚持和充分发挥党的独特优势》,《求是》2012 年第 15 期。

2.习近平:《扎实做好保持党的纯洁性各项工作》,《求是》2012 年第 6 期。

3.刘云山:《为了谁　依靠谁　我是谁——关于贯彻党的群众路线的几点思考》,《求是》2011 年第 16 期。

4.胡锦涛:《坚定不移走中国特色社会主义文化发展道路　努力建设社会主义文化强国》,《求是》2012 年第 1 期。

5.赵乐际:《落实党的十八大精神　深化党建研究工作》,《求是》2013 年第 5 期。

6.侯惠勤:《马克思的意识形态批判与哲学变革》,《马克思主义研究》2011 年第 12 期。

7.侯惠勤:《"普世价值"与核心价值观的反渗透》,《马克思主义研究》2011 年第 11 期。

8.侯惠勤:《国际金融危机中马克思主义的复兴》,《红旗文稿》2010 年第 12 期。

9.侯惠勤:《马克思主义方法论的四大基本命题辨析》,《哲学研究》2010 年第 10 期。

10.侯惠勤:《建设马克思主义学习型政党要认真研读经典著作》,《前线》2010 年第 7 期。

11.侯惠勤:《中国共产党在意识形态建设理论上的创新》,《新视野》2010 年第 2 期。

12.侯惠勤:《新中国主流意识形态建设的基本经验》(上、下),《思想理论教育导刊》2009 年第 8 期。

13.侯惠勤:《论资产阶级实行思想统治和价值渗透的方式》,《红旗文稿》2009 年第 8 期。

14.侯惠勤:《我们为什么必须批判抵制"普世价值观"》,《马克思主义研究》2009 年第 3 期。

15.侯惠勤:《试论马克思主义理论的"内在紧张"》,《中国社会科学》2007 年第 3 期。

16.侯惠勤:《改革开放是决定当代中国命运的关键抉择》,《北京大学学报》2009 年第 1 期。

17.侯惠勤:《马克思主义的指导是构建社会主义核心价值体系之根本》,《毛泽东邓小平理论研究》2007 年第 3 期。

18.侯惠勤:《意识形态的变革与话语权》,《马克思主义研究》2006 年第 1 期。

19.侯惠勤:《弱化与强化:意识形态的当代走向与马克思主义的话语权》,《毛泽东邓小平理论研究思想》2004 年第 6 期。

20.侯惠勤:《努力把唯物辩证法运用于解读马克思》,《南京大学学报》(哲学社会科学版)2004 年第 4 期。

21.侯惠勤:《试论马克思主义的意识形态功能与价值》,《常熟高专学报》2003 年第 3 期。

22.王伟光:《深入研究中国发展道路和发展经验 丰富和发展马克思主义社会形态理论》,《中国社会科学》2011 年第 1 期。

23.王伟光:《牢固树立"革命理想高于天"的理念》,《马克思主义研究》2011 年第 7 期。

24.李慎明:《以人为本的科学内涵和精神实质》,《中国社会科学》2007 年第 6 期。

25.李慎明:《毛泽东关于保持党和政权永不变质战略思想产生的渊源、发展脉络及相关思考——纪念中国共产党成立 90 周年》,《马克思主义研究》2011 年第 10 期。

26.程恩富《现代马克思主义政治经济学的四大理论假设》,《中国社会科学》2007 年第 1 期。

27.程恩富、李伟:《马列主义是认识和改造世界的科学方法与指南》,《马克思主义研究》2011 年第 1 期。

28.李崇富:《邓小平理论是同马克思主义一脉相承和与时俱进的科学体系》,《马克思主义研究》2012 年第 1 期。

29.李崇富:《自觉划清马克思主义同反马克思主义的界限》,《高校理论战线》2010 年第 2 期。

30.金民卿:《意识形态虚假性及其超越》,《人民论坛》2010 年第 14 期。

31.辛向阳:《邓小平"南方谈话"的重要论断与当代中国发展》,《当代世界与社会主义》2012 年第 1 期。

32.辛向阳:《中国模式内涵探析》,《理论探讨》2010 年第 5 期。

33.姜辉:《论当代资本主义的阶级问题》,《中国社会科学》2011 年第 4 期。

34.周新城:《阶级观点和阶级分析方法是观察复杂政治现象的一把钥匙》,《求实》2001 年第 8 期。

35.赵智奎:《马克思恩格斯的科学社会主义学说及其当代启示》,《马克思主义研究》2011 年第 1 期。

36.叶青纯:《深入推进首都反腐倡廉建设 坚决维护党的纯洁性》,《前线》2012 年第 5 期。

37.陈锡喜:《当前意识形态工作面临的矛盾和加强意识形态工作思路的探索》,《毛泽东邓小平理论研究》2005 年第 5 期。

38.曹国圣:《马克思主义意识形态话语权在当代中国的重建》,《广西社会科学》2005 年第 7 期。

39.郭明飞:《全球化时代挑战我国主流意识形态的西方思潮分析》,《社会主义研究》2007 年第 1 期。

40.[美]瑞克·范塔西娅:《从阶级意识到文化、行动与社会组织》,《国外理论动态》2012 年第 3 期。

41.朱继东:《领导干部道德规范问题的危害、根源和对策》,《理论探讨》2013 年第 6 期。

42.朱继东:《党的纯洁性建设新机制的有效探索》,《马克思主义研究》2012 年第 10 期。

43.朱继东:《中国为何要坚定不移地走共同富裕道路》,《马克思主义研究》2012 年第 2 期。

44.朱继东:《代表委员"雷言雷语"的危害、根源和治理对策》,《理论探索》2012 年第 5 期。

45.朱继东:《谁在引导卡扎菲自我背叛》,《红旗文稿》2012 年第 3 期。

46.朱继东:《苏共亡党的意识形态教训及时代警示》,《思想教育研究》2012 年第 9 期。

后　记

　　这本书是在我的博士论文的基础上修改完成的,也是我迄今为止最重要的一部著作。看着已经初步修改完成的书稿,我又回想起2010年3月博士入学考试和9月正式入学报到的难忘时刻,回想起三年的时间里为了学习而忙碌的一个个日日夜夜,回想起从博士论文写作的难忘历程,我更深感自己当初读博的选择是那么明智和重要,深深感谢那么多学识、人品都非常令人尊敬的老师对我的关爱,感谢有那么多同学和朋友对我的大力帮助。正是在良师和诤友们的关心、帮助下,使我从对理论的陌生甚至排斥到深深喜欢上理论研究,并在一点点的进步中体会到了人生的又一种价值。

　　从事新闻工作十多年,我一直认为新闻的力量可以推动时代进步,也在一次次揭批丑恶、黑暗中品味记者的尊严,在一篇篇改变行业、地方甚至整个国家发展进程的稿件中展现自己的人生追求,同时也在一次次稿件被封杀甚至个人遭受打压的无奈中感叹伸张正义的艰难。同时,我也在几年前感到了事业发展的天花板,觉得如果不自我加压就会泯然于常人也。因此,我选择了读博,一来是为了圆自己多年来的博士梦,二来也想为自己的人生开辟一块新天地,三来也想看看自己在新的领域能否也干得比较好。当我幸运地接到中国社会科学的最高学府——中国社会科学院研究生院的博士录取通知书的时候,激动的心情久久难以平静,多年来的梦想成真,我觉得自己的人生将从此发生重大改变。

　　三年的博士学习生活中,既有聆听一位位国内外著名大师讲课时的如饥似渴,也有真正第一次写学术论文时的不安,还有因为基础不好上英语课时的忐忑,更有学术论文发表时的欣喜……从博士一年级下学期开始,我就深深喜欢上了理论研究工作,不仅如饥似渴地阅读相关著作,而且积极写稿、投稿，积极参加各种学术活动，忙得很充实、很快乐。三年让我发生了自己都没有想到的巨变，从一篇篇学术理论文章的相继发表，到在一些学术论坛上发表主题演讲，再到参加一些国家社科基金项目，甚至还有学术著作出版，在不断收获的同时，我也下定了长期从事理论研究的决心。

　　新时期领导干部意识形态能力建设这一选题，是导师指导和我的理论兴趣、工作实践相结合的结果。多年的新闻工作经历使我对社会比一般学者了解得更为深入，也深知一些领导干部忽视理论学习、轻视意识形态工作等问题，面对新时期的全球化、市场化、网络化三大考验，这一问题尤其凸显。经过将近两年的博士学习生活之后，我最终决定从加强广大领导干部意识形态能力建设研究入手，尝试用自己所学的理论知识去解决现实问题、指导现实发展。由于意识形态能力是个新概念，意识形态能力建设研究也自然是一个新领域，没有较多的文献可以参考，我只有自己去探索。所以，在完成博士论文的过程中，我切实地体会到"书到用时方恨少，事非经过不知难"的深意，从确定选题、搜集和消化资料、梳理文献到最后动笔写作并最终完稿，这是一个令人煎熬的漫长过程，也是一个难得的学习过程。有不少个夜晚，我曾辗转难眠，只为论文无从下笔，苦于创新艰难；但也有多少次，我曾暗自喜悦，只为学有所悟，提出了一些自己的理论见解。

　　在研究过程中，我更加深刻地感受到，意识形态能力问题实质上是执政能力建设的核心问题，是一个事关党和国家前途命运的根本性问题。尽管我梳理了马克思主义意识形态理论的发展历程，探寻、总结了意识形态能力的萌芽、发展规律，也曾试着从十个方面对新时期领导干部意识形态能力建设提出了自己的建议，但是总觉得自己的总结不是很到位，提出的建议还有不少欠缺。因此，我把这次博士论文的写作作为对意识形态能力问题研究的开端，决心在论文完成以后继续把这个问题进一步深入研究下去，进一步完善意识形态能力的定义，更好地针对现实完善领导干部意识形态能力建设的科学路径，争取在这方面的研究中形成自己的理论特色。我相信，这也是导师对我的期望，更是我对党和国家作出自己贡献的一个机会。因此，在根据新的形势发展和自己进行更深入调研的基础上进一步修改并出版本书，也是对研究的进一步深化，是我担任项目负责人的北京市社会科学基金项目《网络时代的领导干部意识形态能力问题研究》的研究成果。

能在三年中学有所成,我要感谢不少老师、同学和朋友,其中最感谢的是我的导师侯惠勤教授。能在一位业内很多人都非常敬仰的名师指导下开始马克思主义发展史专业的学习,我深感幸运。导师治学严谨,知识广博,思维缜密,他对社会现实的洞悉,对思辨逻辑的把握,对辩证法的运用,总会让我们在体会学术研究之神圣的同时又感受到很多乐趣。清楚记得,导师在我入学之初就教导我要根据哲学史的思想发展脉络来读书,并悉心为我设计读书计划,这让我在后来的学习、写作中感触颇深,受益匪浅。并且,不仅是在博士论文撰写的过程中,导师从选题、文献综述、开题、设计论文框架、确定研究重难点以及如何更好地理论联系实际等很多环节都对我给予了精心指导和点拨,开拓了我的研究思路,确保了论文能够顺利成稿;而且,三年来,导师从学习、工作、生活等多方面都对我的成长、进步付出了巨大心血,我能从一个理论界的门外汉成长为一名青年学者,不仅发表了几十篇理论文章,出版了两本著作,还获得了教育部"博士研究生学术新人奖"、中国社会科学院研究生院优秀研究生、中国社会科学院研究生院奖学金一等奖、安东石油奖学金一等奖等多项奖励,这一切都离不开导师的关心、指导、帮助。我知道,虽然导师当面对我夸奖很少,但却多次在背后肯定我的进步和成绩,他是希望能用他自我严格要求的精神激励我取得更大成就。而正是这三年的师生情谊,使我对"恩师"两个字有了更深刻的了解,也更加对导师从内心深处充满感激! 高山仰止,景行行止,虽不能至,心向往之。我今后唯有始终以恩师为榜样,不断努力,方不辜负恩师的教导和厚望! 借此机会,我真诚地对恩师的悉心培养、不倦教诲表示崇高敬意和诚挚感谢!

我从内心深处非常感激的另外一位老师是中国社会科学院的副院长、党组副书记李慎明研究员,他在做人、做学问方面都是我的榜样。从博士一年级下学期跟着他在世界社会主义研究中心从事理论研究至今,我有十多篇理论文章是在李院长指导下完成的,其中好几篇文章还获得有关领导的批示和好评,多篇文章被知名报刊转发,为写好博士论文奠定了较好基础。并且,在李院长的带领下,我还参加了一些重大课题的调研和写作,完成了一本理论著作。正是在李院长的人格魅力感染下,使我深深喜爱上了理论研究,并决心投身理论研究。在这里,我对李院长表示崇高敬意和深深谢意!

　　我还非常感谢中国社会科学院马克思主义研究院院长程恩富老师。正是在他的无私帮助和大力关心、指导下,我作为一名在读的博士生,在一年半的时间里在马克思主义理论研究的最权威刊物《马克思主义研究》上独立发表了三篇文章,一篇被人大报刊复印资料《中国共产党》2013年第3期全文转发,一篇获得中国社会科学院研究生院2012年研究生优秀学术论文一等奖,并且三篇论文都在本书中得到体现,为本书增色不少。这三篇文章从确定选题到最后成稿,都得到了程院长的精心指导和帮助,我在这里对程院长表示崇高的敬意和深深地感谢!

　　除前面三位老师外,我还要特别感谢我在清华大学马克思主义理论博士后流动站的合作导师、马克思主义学院院长艾四林教授,他的教诲使本书增色不少。此外,博士学习三年中,我还有幸得到了中国社会科学院马克思主义研究院、研究生院以及社科院其他院所的不少老师无私地指导和帮助,从他们那里获取知识和智慧。李崇富老师的严谨,辛向阳老师的博学,罗文东老师的睿智,吴恩远老师的认真……还有黄晓勇、张冠梓、姜辉、张树华、崔民选、黄石松、王立强、金民卿、张顺洪、赵剑英、王一程、翟胜明、赵智奎、李菱、曹苏红、刘建明、谭扬芳、钟君、刘晓欣等很多领导、老师和朋友,这里就不再一一提及。我衷心地感谢各位领导、老师和朋友,祝福诸位老师和朋友身体健康、万事顺意、事业辉煌!

　　此外,我还要感谢我的同学王青、李艳艳、骆小平、刘光峰、张钊、肖斌、童晋、吴金平、伍景玉、李锦顺、瞿会宁、李宗芳以及和我同一导师的姜迎春、叶红云、申亚杰、夏一璞、王贺兰等同学,你们都给我了很多帮助,在此深表感谢! 还有其他不少同学和朋友,感谢你们三年来对的帮助和关心,感谢你们在我写作本书的过程中给予的帮助!

　　最后还要深深感谢我的家人。我在中央电视台工作的爱人李晓梅和在北京实验二小读书的爱女朱丹彤,为了让我顺利完成博士学业和顺利出版本书,她们给予了我莫大的支持和帮助,作出了很多奉献和牺牲。她俩一位作为栏目主编事情繁多,一位在忙于创作自己的长篇小说《猫之女》《黑白交锋》,却都心甘情愿、不辞辛苦地经常督促我写好本书,并提出了很好的修改意见。还有我的爸爸朱五德、母亲韩云、妹妹朱素英和岳父李文教、岳母牛海秀等亲友,他们都很支持我攻读博士学位,并对本书出版给予了我很多关心、支持和帮助。借此机会深表感谢!

我还要特别感谢人民出版社的厚爱,感谢人民出版社常务副总编陈亚明、哲学与社会编辑部编辑李之美的辛勤劳动,使得本书得以顺利出版。

正如习近平总书记所强调"意识形态工作是党的一项极端重要的工作",在新一届党中央的高度重视下,各级党委、政府都非常重视意识形态工作,党委主要负责同志带头抓意识形态工作这个优良传统得到恢复,意识形态工作正在迎来一个新的春天,我很幸运能用自己这本书为进一步加强意识形态工作作出自己的一份努力。

受本人理论水平、研究能力和研究时间等因素所限,本书疏漏、欠缺之处难免,还有不少需要改进之处。敬请各位专家、学者和同仁、朋友指正为盼,也期待广大领导干部提出宝贵的意见和建议!

在本书正式出版之际,我再次向所有关心、爱护、帮助我的人表示最诚挚的感谢与最美好的祝愿!

朱 继 东

2014 年 3 月于北京家中

责任编辑:李之美

图书在版编目(CIP)数据

新时期领导干部意识形态能力建设/朱继东 著. —北京:
人民出版社,2014.4(2023.11 重印)
ISBN 978－7－01－013236－5

Ⅰ.①新… Ⅱ.①朱… Ⅲ.①领导人员-意识形态-建设-中国
Ⅳ.①D630.3

中国版本图书馆 CIP 数据核字(2014)第 040550 号

新时期领导干部意识形态能力建设
XINSHIQI LINGDAO GANBU YISHIXINGTAI NENGLI JIANSHE

朱继东 著

人民出版社 出版发行
(100706 北京市东城区隆福寺街 99 号)

北京汇林印务有限公司印刷 新华书店经销

2014 年 4 月第 1 版 2023 年 11 月北京第 21 次印刷
开本:710 毫米×1000 毫米 1/16 印张:30
字数:480 千字 印数:70,001-72,000 册

ISBN 978－7－01－013236－5 定价:68.00 元

邮购地址 100706 北京市东城区隆福寺街 99 号
人民东方图书销售中心 电话 (010)65250042 65289539